当代中国学术思想史丛书

总策划 赵剑英　总主编 赵剑英

当代中国抗日战争史研究

Research on the War of Resistance Against
Japanese Aggression in Contemporary China

(1949—2021)

杜继东 吴敏超 主编

中国社会科学出版社

图书在版编目(CIP)数据

当代中国抗日战争史研究：1949—2021 / 杜继东，吴敏超主编. -- 北京：中国社会科学出版社，2025.6. (当代中国学术思想史丛书). -- ISBN 978-7-5227-5118-4

Ⅰ. K265.07

中国国家版本馆 CIP 数据核字第 20256P42E5 号

出 版 人	赵剑英
责任编辑	吴丽平　耿晓明
责任校对	杨　林
责任印制	戴　宽

出　　版	中国社会科学出版社
社　　址	北京鼓楼西大街甲 158 号
邮　　编	100720
网　　址	http://www.csspw.cn
发 行 部	010-84083685
门 市 部	010-84029450
经　　销	新华书店及其他书店
印刷装订	北京君升印刷有限公司
版　　次	2025 年 6 月第 1 版
印　　次	2025 年 6 月第 1 次印刷
开　　本	710×1000　1/16
印　　张	28.25
字　　数	466 千字
定　　价	169.00 元

凡购买中国社会科学出版社图书，如有质量问题请与本社营销中心联系调换
电话：010-84083683
版权所有　侵权必究

序 一

中国社会科学出版社计划出版《当代中国学术思想史丛书》，这对传承我国学术史研究的历史传统，繁荣发展哲学社会科学具有重要的意义。

一

《当代中国学术思想史丛书》（以下简称《丛书》）是近几年中国社会科学出版社吸取了我国哲学社会科学界专家学者的建议，经过广泛深入的学术咨询和学术研讨，才确定的重要出版项目。

《丛书》涉及历史学、考古学、文学、哲学、美学、宗教学、逻辑学、法学、教育学、民族学、经济学、国际政治学、国际关系学、敦煌学、语言学、简帛学等不同的学科和研究领域，内容丰富，能够比较全面地反映当代中国哲学社会科学领域的研究状况。《丛书》执笔者均为国内知名的学科带头人，在相关领域有长期深入的研究，这支作者队伍是《丛书》质量的重要保证，也折射出中国社会科学出版社对这套《丛书》立项的重视。

《丛书》包括三部分内容：一、当代中国学术史；二、年度综述；三、前沿报告。出版的是当代中国学术史的部分成果，展示了新中国特别是改革开放以来哲学社会科学相关领域建设与发展的状况，是对该时期相关学科发展历程与收获的检阅与巡礼，反映了中国哲学社会科学各个学科进步的内在动力和创造，实际上是一部规模恢宏的中国哲学社会科学学科发展史，必将为中国哲学社会科学的学科发展奠定良好基础，有力促进其繁荣与发展。

二

在我国，学术史撰写具有悠久的历史传统和鲜明的特色。"学术"一词，先秦典籍已有（如《礼记》等），有时被简称为"学"，如"世之显学，儒墨也"（《韩非子·显学》）、"论学取友"（《礼记·学记》）等。"学术"概念的内涵，历来学者多有探讨。在中国学术史上，人们对"学术"的理解和界定是多元的，很难用一种固定的含义来把握，但是又具有相对稳定和明晰的意义。"学术"自然含有"学"与"术"两方面的内容，用今天的话来说是既有理论意义，又有实践作用；"学"与"术"在中国传统学术观念中是不可分割的，所以被《庄子·天下》称作"道术"。梁启超、钱穆先生各自撰有学术史著作，其"学术"比较接近班固《汉书·艺文志》的某些内容，相当于今天我们所说的"观念文化"，涵盖哲学、经学、史学等的思想观点、理论体系和研究方法。梁启超曾在《学与术》一文中，根据体用原则对"学"与"术"的关系作了发挥，认为"学者术之体，术者学之用。二者如辅车相依而不可离。学而不足以应用于术者，无益之学也；术而不以科学上之真理为基础者，欺世误人之术也"（《饮冰室文集》之二十五下），就具有近现代学术的基本风貌和精神，体现了学术史的时代性。

先秦时期的《庄子·天下》、《荀子·非十二子》（当然，也有学者根据《韩诗外传》所引，认为是《非十子》，如章学诚等）、《尸子·广泽》、《吕氏春秋·不二》、《韩非子·显学》等都是我国古代学术史的经典作品。

《庄子》称"道未始有封"（《齐物论》）、"道术无乎不在"（《天下篇》）、"无所不在"（《知北游》），在强调道具有普遍性和无限性，并且寓于万物中，不能瞬息离开万物。《天下篇》还简明扼要地勾勒了先秦学术史的演变脉络，即从"神巫之学""史官之学"到"百家之学"的过程，"天下多得一察焉以自好""道术将为天下裂"正反映了春秋战国时期学术分化、发展与演进的史实，即由"官师合一之道""官守学业"到"私门著述"（章学诚《校雠通义·原道》）的变化历程。这些论述都具有深邃的学术视野，有助于后人研究先秦时期的学术史。还有，《荀子·

非十二子》集中论述了先秦它嚣魏牟、陈仲史鰌、墨翟宋钘、慎到田骈、惠施邓析、子思孟轲共十二子的学术内容与弊端，表彰仲尼子弓、舜禹之道，主张"上则法舜禹之制，下则法仲尼子弓之义，以务息十二子之说，如是则天下之害除，仁人之事毕，圣王之迹著矣"。《吕氏春秋·不二》指出"老聃贵柔，孔子贵仁，墨翟贵廉（疑应为'兼'），关尹贵清，子列子贵虚，陈骈贵齐，阳生贵己，孙膑贵势，王廖贵先，兒良贵后"的学术差异，希望能够从不同的学术见解中找出其相同点。《韩非子·显学》比较详细地描述了儒墨两派显学的发展状况，保留了"儒分为八，墨离为三"的儒墨学派演变的资料，为后人研究指出了方向。不过，韩非重点批评的是"愚诬之学"，认为"无参验而必之者，愚也；弗能必而据之者，诬也"，强调"参验"的重要性。

从先秦学术史资料中可以看出，"和"是有差别（矛盾）的统一性，而"同"则是无差别的统一性。孔子明确地指出，他自己主张"和"而反对"同"。在以孔子为代表的儒家思想的影响下，中国古代学术史要求从不同的学术思想派别中找到它们的统一性，这个目标促使中国古代学术思想既重视研究事物的相异面，又要找到它们之间的统一性，这是中国古代学术史能够持续发展的方法论和认识论的理论依据。

《史记·太史公自序》载司马谈《论六家要旨》，从《易大传》"天下一致而百虑，同归而殊途"开端，分述阴阳、儒、墨、名、法、道德六家学术要旨，认为它们都有共同的目标，只不过出发点不同，理论的深浅有别。在分类上，以各家各派的派别名称取代具体的代表人物，是学术史发展的必然趋势，评论褒贬有度，反映了当时学术发展的趋势。西汉末刘歆《七略》，也是重要的学术史作品，后被吸收进《汉书·艺文志》中。《汉书·艺文志》历来受到学者们的重视，曾被清代学者章学诚称为"学术之宗，明道之要"（《校雠通义·汉志六艺》）。《七略》《汉书·艺文志》最重学术源流，对后世学术史影响很大。我国古代正史中的《艺文志》（或《经籍志》）、《儒林传》等包含了丰富的学术史内容，成为学术史研究的重要资料。

从宋代开始，出现了以学派为主的学术史典籍，如南宋朱熹《伊洛渊源录》（这是学案体学术史的开创之作），明代周汝登《圣学宗传》，明末清初孙奇逢《理学宗传》等，均具备以学派为主勾勒学术思想演变的雏形。《伊洛渊源录》收录周敦颐、二程、邵雍、张载及程门高足的传记与时人评价，贯穿着洛学学派的学术思想，邵、张仅被视为洛学的羽翼，这一点未必准确。《圣学宗传》欲会通儒释，后被黄宗羲等批评。《理学宗传》虽网罗学派较多，但以程朱、陆王为主贯穿学术史。可见在学术史上真正会通各个学派并不是一件轻而易举的工作。

清朝初年，黄宗羲《明儒学案》和黄宗羲、全祖望等《宋元学案》则是学案体学术史的集大成之作。《明儒学案》是一部系统的成熟的学案体学术思想史著作，侧重分析各家学术观点，"为之分源别派，使其宗旨历然"（《明儒学案·序》），体例上以"有所授受者分为各案，其特起者，后之学者，不甚著者，总列诸儒之案"（《明儒学案·发凡》），按照人物学术思想异同划分学派归属，处理学案分合。《宋元学案》出于多人之手，经历曲折，但卷帙浩大，资料丰富，注重人物之间的师承关系，并将其作为认定学派的主要依据。这种注重学术宗旨、学派传承的研究方法，对清代江藩《国朝汉学师承记》《国朝宋学渊源记》等都多有影响。

在我国近代，有些学者自己撰述学术史著作，其中有些成为传世之作，如梁启超《中国近三百年学术史》《清代学术概论》、钱穆《中国近三百年学术史》等。他们所阐述的"学术"，包含对中国传统思想文化的理解，也包括关于现实政治思想的评价等，具有综合性的特色。20世纪末、21世纪初，我国学人力图恢复这个传统，在新的起点上进行关于中国学术史著作的撰述。

今天我们看到以"学术史"命名的著作已有若干种，有的偏重中国文明起源的研究；有的着重典章制度源流演变的探讨；还有的侧重历史文献和出土文献的考察。这些毫无疑问都属于"学术"范畴，从不同的角度和学科去研究具体学科的演变，总结学术经验与教训，为学科学术的未来发展提供借鉴，无疑是一件有意义的事情。

三

我国历史上的学术史传统源远流长，它是中华文化的智慧结晶和文化宝藏。无论是序跋体、传记体、目录体、笔记体、学案体、章节体、学术编年体等，中国学术史的优秀传统大体上可以归纳为：

1. 重视文献资料考订，坚持"明道之要"的学术原则。学术史著作重视文献资料考订，将学术史建立在可靠的资料基础上，这是学术史研究的基础。前贤在梳理学术史时，除强调实事求是，斟酌取舍，重视无征不信外，还主张"学"与"术"的结合，既重视文献资料的整理爬梳，又重视文化意义与学术精神的彰显弘扬。这就是学术史著作有关于"明道之要"（《校雠通义·原道》《校雠通义·补校汉艺文志》）的原因。《明儒学案》主张学术史研究要努力反映各种学术体现"道"的宏大与无所不包，"学术之不同，正以见道体之无尽"，并以大海与江河等关系为例："夫道犹海也，江、淮、河、汉以至泾、渭蹄涔，莫不昼夜曲折以趋之，其各自为水者，至于海而为一水矣。"（《明儒学案·序》）江淮河汉虽各有曲折，但都同归于海；学术虽有学派的不同，但都是道的体现。

2. 注重学术变迁的源流和发展脉络考察。"辨章学术，考镜源流"（《校雠通义·焦竑误校汉志》）一直是学术史的传统。如在《庄子·天下》《荀子·非十二子》以及《史记》等史传作品的影响下，探讨学术流变的传承变化，成为学术史的重要内容和特色，《七略》《汉志》重学术源流后成为学术史著作的通例。

3. 重视对于学术史中不同学派特色的研究，揭示它们在中国学术史上的独特贡献。在对学派学术特色把握的基础上，重视研究不同学派思想的差异与融合，则是学术繁荣和发展的生命力。战国时期诸子百家之学的争辩交融，汉唐宋元时期儒、道、佛三教的发展与融合，明清时期中学与西学的会通，均深藏着相反而相成的学术精神。清初，黄宗羲、全祖望撰《宋元学案》，以理学家为主干，但并不排斥其他学派的学者，如永嘉学派的陈亮、叶适，王安石新学，苏氏蜀学，强调不同学派的交流影响，相反相成，正如黄宗羲所主张的："有一偏之见，有相反之论，学者于其不同处，正宜着眼理会，所谓一本而万殊也。以水济水，岂是学问！"（《明儒学案·发凡》）

4. 继往开来，重视学术创新与进步。中国古代学术著作，在梳理学术流变的过程中，侧重学术的继往开来，袭故弥新，"以复古为解放"（《清代学术概论》）。不夺人之美，不隐人之善，否则，将被视为"大不德"（《清代学术概论》）。《四库全书总目》在一定程度上吸收了当时的研究成果，订正某些缺失，提要穷本溯源、辨别考证，展现了学术史的发展脉络和成果。正是这种订正增补，反复斟酌，使学术史长河滔滔不息，绵延两千多年而不绝，即使在民族遭遇重创的危急关头，中华文化中卓著的学术精神依然能够鼓励世人勇挑重担，成为民族发展的脊梁，正因为如此，学术兴替往往被视作民族精神生死存亡的大事。

5. 学术史带有明显的整体性、综合性、学术性，力求将学术思想、政治、经济、文化思想等熔于一炉，避免支离破碎。《庄子·天下》说："后世之学者，不幸不见天地之纯，古人之大体，道术将为天下裂。"《天下篇》的作者看到关于天地的整体学术被分裂为各个不同的部分，"譬如耳目鼻口，皆有所明，不能相通"，这很有见地。古代因为还没有现代意义的学科观念，传统的经史子集提供了更多融通交流的机会和可能，使传统的学术史研究能够注重整体性、综合性、学术性，并具有浓郁的民族文化的特色，又有很强的时代性。

四

中国古代学术史是我们宝贵的思想文化财富，在新时代如何吸收其优长，从更加开阔的学术视野出发，不仅看到思想史上学派间的差异，更加着力研究"差异"是如何转化为"融合""会通"的。如果我们能够在这方面进行细致的梳理研究，找出"融合"的关节点，以及"会通"与"创新"的关系，也许这是克服学术史研究中某些概念化、公式化的有效途径，使学术史研究更加具体、实在，逐步接近于学术史的原貌。

中国古代学术史重综合、完整与学术的特征在今天仍然具有时代意义。虽然现在的哲学社会科学主要是分门别类的研究，当然这是学科分化与发展的标志，但是由此而带来的学科分离与隔绝，则是学者们需要关注的问题。学科间的会通，是学科发展特别是交叉学科、跨学科、新兴学科产生和发展的关键。在西方，自文艺复兴以后，人文社会科学的发展，得益于经济学、社会学、地理学、人类学、心理学、人口学、语言学等学科的交流和相互借鉴，而且与自然科学的发展紧密相关，这个经验值得借鉴。

我国哲学社会科学的发展，需要学科间的交融（交叉融合），为此，可首先从不同学科的学术史研究着手，任何一门学科的学术史必然与其他学科有关，因此，对于学术史的研究，无疑为哲学社会科学各门学科之间的交叉与融合奠定了基础。可喜的是，当代中国学人已成功撰写了不少学术史著作，为我国哲学社会科学理论创新体系的建设提供研究成果。

《当代中国学术思想史丛书》的出版，肯定会为我国哲学社会科学的繁荣和发展作出新的贡献。

张岂之
2010年7月16日

序　二

　　何为中国近代史？这一发问如果是在20年前，甚至在10年前，回答是不同的。有关中国近代史的起止时间，在相当长的时间内，人们的认识是不一致的。在绝大多数的研究机构、高校与教科书中，1919年被视为中国近代史的终点，那以后的历史被称为"中国现代史"。近代史研究所率先把1840—1949年的历史作为自己的研究对象，打破了1919年的界限。如今，多数人都会同意，中国近代史是1840—1949年的中国历史。近代史时限的变迁，在某种程度上反映了近代史研究的深入，反映了人们对"近代"认识的深化。

　　"当代中国近代史研究系列"是对中华人民共和国成立以来中国近代史研究之研究，它以对1840—1949年的历史的研究为考察对象，而无论这段历史研究在当时是被称为"近代史研究"，还是"现代史研究"。

　　民国年间，对于中国近代史的研究已经起步，但近代史学科获得迅速发展并成为系统的科学的研究则是在中华人民共和国成立之后。在以往学人的认知中，研究距离太近的历史难称学问，因为这一研究既可能包含着执笔人难以摆脱的情感倾向，又受制于历史结果还没有充分显现的现实困境，其研究结果便难以避免不够客观和不够准确的风险。因此，过近的历史是不宜研究的。"厚今薄古"的倡导，改变了这一状况，近代史研究受到前所未有的重视，获得空前发展。应该说，近代史研究的发展不仅仅是一项人为的政策的推动，实际上是适应了一个变动的社会的需求。社会发展对重新解释新近的历史提出了要求，人们需要认识刚刚过去的历史，肯定未来的发展方向。简言之，社会需要造成了中国近代史研究的大踏步发展。

近代史研究的发展进程大致与共和国的发展同步：当社会发展呈现繁荣景象时，学术发展亦呈现勃勃生机；当社会发展遭遇曲折时，学术研究亦出现曲折。因此，新中国成立以来的近代史研究亦大致可以1978年为界，分为两个大的发展时期。倘若细分，这两个大的时期内又可分为几个各具特色的发展阶段。对此，本丛书并未强求统一，而由各卷根据各自的学科发展特点来做分期研究。

总体而言，在前一阶段，中国近代史学科完成奠基并获得蓬勃发展。中国近代史作为一门独立的学科得到确认，并日益发展为历史研究中的显学。研究者以马克思列宁主义为指导来观察近代中国的发展过程，建立起比较系统的马克思主义近代史学科体系，并对近代史上的若干重大问题展开了实证性研究，形成了近代史研究的初步繁荣景象。

任何学术都难以避免时代的影响。社会发展对于近代史研究的需求，形成了强大的学科发展推动力，其利弊兼而有之。一方面，它促进了近代史研究的空前发展；另一方面，它的工具性要求，又不可避免地对近代史研究造成了困扰，这种困扰在前17年中便已存在，而在"文化大革命"中达到极致，其弊端彻底显现。"影射史学"一度使近代史研究在很大程度上沦为路线斗争的阐释性工具，沦为空头政治的奴婢，失去了自己的独立性，失去了自己的科学性。

"文化大革命"结束后的拨乱反正，使中国社会进入一个新时期，也使近代史研究进入一个新时期。社会的开放、思想的解放，为学术发展创造了一个宽松的环境，新论新知不断涌现，近代史研究的各个领域都出现了大发展，这一发展不仅表现在人们以新的视角来看待历史进程，观念和结论不断更新，还大量表现在对历史细节的还原上，各类史实的更正俯拾皆是。可以说，你很难找到一个原封不动停滞不前的领域。若干史实的重现和基本观念的拨乱反正，大大推动了近代史学科的发展，使人们对于近代史的认识更加接近历史的真实。

近代史的研究领域也大为开阔，由比较偏重政治史的局面，发展成多领域百花盛开的局面，形成了门类齐全的完整的近代史研究体系。传统的政治史、外交史、军事史研究新作迭出；原先基础较薄弱的文化史、思想史、经济史、社会史、民族史、边疆史研究有了极大发展；以往几近空白的人口史、灾荒史、观念史等新的研究领域不断开拓。在传统学科经历着知识更新的同时，新学科的发展势头迅猛，近代史研究整体呈现出蓬勃发展的局面。

改革开放以来近代史研究的发展，不仅得益于人们的思想解放，也得益于对外学术交流的拓展。不同文化之间的交流与借鉴是社会发展的重要途径，也是文化发展的重要途径。社会的开放，打开了人们的眼界，使人们看到了一个真实的而不是书本中的世界，造就了健康的理性的平等的世界观。人们不再一概以戒惧之心看待海外学术，而是以开放的胸怀取其精华。频繁的国际学术交流，缩小了中国史学与世界史学之间的距离，促进了中国近代史研究的繁荣。正所谓"文明因交流而多彩，文明因互鉴而丰富，文明因包容而发展"，诚哉斯言！

我们看到，学术发展与社会发展之间的关系绝不是被动的单向影响，而是互有影响互为促进。一方面，社会发展不断向学术研究提出新的命题，无论人们赞成与否，社会热点与需求总是要反映到学术研究中来；另一方面，学术研究的成果又影响了社会的认识。即使是一些在某些方面领先或超越了社会认识的成果，起初或许不能为社会所理解所接受，但数年或若干年后，它们逐渐为社会接受，成为社会认识，推动了社会的发展。这样的例子在改革开放以来的近代史研究中并不少见。

常有人感叹，今日之研究再无往日之"大师"再现。也有人忧虑，史学的"碎片化"及"多元化"正侵蚀着学科的发展。我以为，尽管这些现象确实存在，应该引起我们足够的注意，但却不必过于忧虑。或许是学科分工的过于精细，今日已很少得见过去那种百科全书式的大师，然而，与往日相比，更多的更为精深的研究在今天并不少见。科学研究本身就是一个探索的过程，既会有谬误的存在，也会有"无意义的碎片"的存在。正是在不断的切磋与争论中，谬误得以纠正，碎片得以扬弃与整合，科学得以向前推进。以此而观，今天的近代史研究仍然行进在健康发展的道路上，仍处于繁荣与可持续发展期。

史学的繁荣，并不在于观念或结论的一统，而恰恰在于学术论争所呈现出来的科学精神和求实态度的倡行。关于这一点，有关革命史范式和现代化范式的论争颇具典型意义。尽管两种范式的论争并没有结束，也很难得出孰优孰劣的结论，但越来越多的人认为，历史是丰富多彩的，对于历史的观察也应该是多视角多方位的，不必以一个范式否定另一个范式，实际上也不可能以一个范式取代另一个范式，不同范式的相互补充与共存，则更能展现历史的多重面相。革命史范式与现代化范式的讨论，对近代史研究的推动作用是显而易见的，它开阔了人们的视野，丰富了近代史研究。

正如改革开放的成果不只是体现在物质生活的极大改善，更为长远的是体现在人的思想变革上一样，近代史研究的繁荣，不仅是体现在科研成果的数量丰富上，这是外在的、有形的，而更为长远的无形的变化是，人们摒弃了非此即彼的思维方式，以更为宽广的视野更为宽容的态度来从事研究，以平等的态度来进行学术对话。这一思想方式的变化，影响深远，是近代史研究得以持续发展的长久性的保证。

知识的发展总是在前人知识积累的基础上进行的，历史学便是一门立于巨人肩膀之上的学问。近代史研究也是如此，它是在不断的积累和更新中发展的，今天的成就是一代代学者努力的结果。为进一步推动近代史研究的深入发展，回顾中华人民共和国成立以来近代史研究各分支学科的发展过程，把握学科的前沿动态，由此而明确今后的发展方向，是一项很有意义的基础性工作。

本丛书按专题分卷，分别为《当代中国近代史理论研究》《当代中国晚清政治史研究》《当代中国近代经济史研究》《当代中国近代思想史研究》《当代中国近代社会史研究》《当代中国近代文化史研究》《当代中国近代中外关系史研究》《当代中国民国政治史研究》《当代中国现代化史研究》《当代中国革命史研究》《当代中国台湾史研究》《当代中国抗日战争史研究》《当代中国近代史料学的轨迹和成果》《当代中国基督宗教史研究》《当代中国口述史研究》，另有《当代中国近代史研究》1卷，计16卷。

这些专题涵盖了近代史研究的主要领域，本所各研究室（编辑部）负责人及资深学者分别担纲相关各卷，全所同事广泛参与。杜继东及科研处的同事们承担了丛书烦琐的组织工作，中国社会科学出版社的编辑人员承担了繁重的编校工作。在此，谨向为本丛书撰写和出版付出各种努力的同事们朋友们致以谢意。

该丛书中各种疏漏定然难免，我们期待着学界同行的指正。因受本所学科构成所限，丛书16卷并不能覆盖近代史研究的所有重要领域。我们设想，待未来时机成熟时，我们将邀请所外学者来共同参与这一工作，以形成一个更为完整的中国近代史学科前沿报告系列。

王建朗

2015年11月19日

目　　录

前　言 …………………………………………………………… （1）

第一章　东北抗战史 ………………………………………… （1）
　　一　东北抗战史研究概况 ………………………………… （2）
　　二　东北抗日义勇军研究 ………………………………… （10）
　　三　东北抗日联军研究 …………………………………… （13）
　　四　史料、理论方法及其他 ……………………………… （19）
　　五　东北抗战史研究的几点思考 ………………………… （25）

第二章　伪满洲国史 ………………………………………… （28）
　　一　伪满洲国史研究的三个时期 ………………………… （28）
　　二　伪满洲国史研究的主要论题 ………………………… （34）
　　三　深入研究的思考与建议 ……………………………… （52）

第三章　正面战场史 ………………………………………… （55）
　　一　正面战场研究的四个阶段 …………………………… （55）
　　二　正面战场研究的相关论题 …………………………… （61）
　　三　关于正面战场研究的思考 …………………………… （79）

第四章　敌后战场史 ………………………………………… （82）
　　一　敌后战场研究的起步阶段 …………………………… （83）
　　二　敌后战场研究学术化的起步与发展 ………………… （84）

三　敌后战场研究的深化和拓展 …………………………………… (97)
　　四　展望 ……………………………………………………………… (110)

第五章　陕甘宁边区史 ……………………………………………………… (112)
　　一　研究概况 ………………………………………………………… (112)
　　二　讨论的主要问题 ………………………………………………… (118)
　　三　结语 ……………………………………………………………… (140)

第六章　华北抗日根据地史 ………………………………………………… (143)
　　一　华北抗日根据地的创建和展开 ………………………………… (147)
　　二　根据地政权与党组织 …………………………………………… (151)
　　三　根据地经济 ……………………………………………………… (157)
　　四　根据地社会与文化 ……………………………………………… (163)
　　五　结语 ……………………………………………………………… (168)

第七章　华中抗日根据地史 ………………………………………………… (170)
　　一　资料出版与综合研究 …………………………………………… (170)
　　二　"发展华中"战略研究 …………………………………………… (175)
　　三　根据地的经济建设 ……………………………………………… (178)
　　四　根据地的政治建设和党的建设 ………………………………… (183)
　　五　根据地的社会与文化 …………………………………………… (186)
　　六　总结与展望 ……………………………………………………… (188)

第八章　华南抗战史 ………………………………………………………… (191)
　　一　华南抗战史研究的两个主要阶段 ……………………………… (191)
　　二　华南抗战研究的评述与展望 …………………………………… (210)

第九章　湖南抗战史 ………………………………………………………… (216)
　　一　1949—1978 年 …………………………………………………… (216)
　　二　1979—2005 年 …………………………………………………… (219)
　　三　2006—2015 年 …………………………………………………… (229)
　　四　2016—2021 年 …………………………………………………… (238)

五　结语 …………………………………………………… (242)

第十章　抗战大后方史 ……………………………………… (247)
　　一　大后方研究的发展历程 ……………………………… (247)
　　二　大后方研究的相关论题 ……………………………… (250)
　　三　大后方研究的开放格局 ……………………………… (267)

第十一章　沦陷区史 ………………………………………… (276)
　　一　研究概况 ……………………………………………… (276)
　　二　沦陷区研究的相关论题 ……………………………… (284)
　　三　沦陷区研究中存在的问题与前瞻 …………………… (299)

第十二章　战时中外关系史 ………………………………… (301)
　　一　研究概述 ……………………………………………… (301)
　　二　七七事变与全民族抗战初期的外交 ………………… (312)
　　三　"苦撑待变"：太平洋战争爆发前的中国外交 ……… (317)
　　四　太平洋战争爆发后加入反法西斯同盟与战时
　　　　盟国外交 ……………………………………………… (322)
　　五　强权政治下战后世界政治经济秩序的重建 ………… (325)
　　六　中国共产党对外关系的发展 ………………………… (329)
　　七　结语 …………………………………………………… (331)

第十三章　海外华侨与抗日战争 …………………………… (335)
　　一　华侨与抗战研究的阶段性发展 ……………………… (335)
　　二　华侨与抗战研究的重要论题 ………………………… (340)
　　三　关于华侨与抗战研究的思考 ………………………… (360)

第十四章　战后处置与战争遗留问题 ……………………… (364)
　　一　遣返日本侨俘 ………………………………………… (364)
　　二　审判战争罪犯 ………………………………………… (375)
　　三　战争责任问题 ………………………………………… (387)

第十五章　抗战史料整理和出版 …… （395）

　　一　概述 …… （395）

　　二　综合性史料 …… （397）

　　三　战争爆发原因相关史料 …… （399）

　　四　日本侵华政策、策略及进程相关史料 …… （400）

　　五　正面战场及国统区相关史料 …… （405）

　　六　中共领导的敌后战场及抗日根据地相关史料 …… （411）

　　七　日伪政权与沦陷区相关史料 …… （414）

　　八　日军暴行资料 …… （417）

　　九　战后审判史料 …… （420）

　　十　口述史料 …… （422）

　　十一　影像史料 …… （426）

前　　言

　　学术研究，贵在创新。判断一篇论文、一部著作有无学术价值，可从若干方面来看。例如，问题意识是否明确？是否填补空白？能否开辟新局？是否发前人所未发、言前人所未言？是否有新资料、新方法、新观点？是否与前人形成对话？是否解决关键性问题？是否具有全国性乃至世界性意义？能否对以后的学术研究产生启迪作用？

　　要做到学术创新，首先必须全面了解前人的研究，在前人研究基础上提出问题，取舍材料，"大胆假设，小心求证"，以严密的逻辑推导出自己的观点，做到自圆其说。正如牛顿所言："如果说我比别人看得更远些，那是因为我站在了巨人的肩上。"本书全面回顾和总结1949年新中国成立至2021年间中国大陆学界关于抗日战争的资料出版和学术研究成果，目的即在于此。

　　当然，抗日战争史的涵盖范围极广，主编者虽然列出15个专题，请各位作者尽可能多地列举已有研究成果，但因篇幅有限，不可能面面俱到，条条精准。相反，挂一漏万、评说不当之误恐在所难免，还望识者多多批评，多多包涵。

　　2025年是中国人民抗日战争暨世界反法西斯战争胜利80周年，希望本书的出版能够对抗日战争史的研究有所裨益。

　　各章作者信息如下：
　　第一章　　东北抗战史　　　　王希亮　黑龙江省社会科学院研究员
　　第二章　　伪满洲国史　　　　孙　瑜　哈尔滨师范大学历史文化学院教授

第三章	正面战场史	陈　默	四川大学历史文化学院副教授
第四章	敌后战场史	齐小林	中共中央党校教授
第五章	陕甘宁边区史	温艳、黄正林	陕西师范大学历史文化学院教授
第六章	华北抗日根据地史	王龙飞	华中师范大学中国近代史研究所副教授
第七章	华中抗日根据地史	吴敏超	中国社会科学院近代史研究所研究员
第八章	华南抗战史	左双文	广西师范大学马克思主义学院特聘教授 广西师范大学中共党史党建研究院研究员
第九章	湖南抗战史	郭　辉	湖南师范大学历史文化学院教授
第十章	抗战大后方史	赵国壮	西南大学历史文化学院教授
第十一章	沦陷区史	高莹莹	中国社会科学院近代史研究所副编审
第十二章	战时中外关系史	侯中军	中国社会科学院近代史研究所研究员
第十三章	海外华侨与抗日战争	张秀明	中国华侨华人历史研究所研究员
第十四章	战后处置与战争遗留问题	徐志民	中国社会科学院历史理论研究所研究员
第十五章	抗战史料整理和出版	刘　萍	中国社会科学院近代史研究所研究员

杜继东

中国社会科学院中国式现代化研究院历史研究部主任

2025 年 1 月 6 日

第一章

东北抗战史

1931年九一八事变爆发后，东北军主力奉当局不抵抗命令，撤往锦州及关内，留在东北的东北军爱国官兵、警察、地方士绅、知识分子、工农民众以及一部分绿林豪杰纷纷组织起来，掀起声势浩大的抗日守土武装斗争，最盛时投身抗日的武装人数达三四十万。与此同时，中国共产党各级组织也选派一批优秀共产党员深入东北的边疆、山区和农村，发动民众组建抗日反满游击队、人民革命军以及东北抗日联军，一时间，东北各地反满抗日斗争如火如荼，方兴未艾。

从20世纪30年代开始，随着东北抗日反满斗争的蓬勃发展，关内各媒体、出版机构、新闻记者以及自由撰稿人等也把目光瞄向东北的抗日反满斗争，撰写并出版一批反映东北抗日反满斗争的作品，成为东北抗日斗争史研究的拓荒之作，也为后来东北抗战史的研究积累了可贵的资料。

从1949年新中国成立到20世纪80年代，东北各大专院校、人文社会科学机构以及中共党史研究机关对幸存的老战士、老抗联进行采访或口述史整理，也有一批老战士撰写回忆录，部分档案部门还进行了史料征集建档工作，其中许多资料成为有利用价值的绝版资料，为东北抗战史的研究奠定了坚实的基础。

20世纪80年代初，东北三省在中共中央领导人的指示和支持下，联合开展东北抗日联军史的研究，东三省财政机关投入比较充分的经费，组织数十名从事中共党史、中国近现代史以及东北地方史的研究骨干，在全面充分筛查和收集史料的基础上，展开了为期十余年的研究，一大批有分量并经得起历史检验的成果问世，掀起了东北抗战史研究的热潮。

进入21世纪至今，东北抗战史研究仍然是东北学界的热门选项之一。在前人研究的基础上，学界的研究更为细微、更为深入，史料的挖掘也进一步拓展和丰富。一批硕士和博士研究生也把东北抗战史作为学位论文选题。可以肯定的是，随着大量中外史料的不断挖掘和整理问世，东北抗战史的研究必将取得创新和进步。

一　东北抗战史研究概况

毛泽东在《论联合政府》一文中指出："中国人民的抗日战争，是在曲折的道路上发展起来的。这个战争，还是在一九三一年就开始了。"①1931年的九一八事变，是日本继发动甲午战争、日俄战争后全面侵吞中国东北的侵略战争。从这一天开始，揭开了中华民族局部抗战的序幕，也意味着东北爱国军民从此展开了长达14年的抗日战争。换言之，东北爱国军民抵御侵略、守土抗战的历史不仅深深融汇于中华民族抗日战争的史册之中，也成为中外学界密切关注、深入研究的重大课题之一。

（一）新中国成立初期至20世纪80年代

历史告诉人们，九一八事变的爆发，不仅仅是发生在中国东北的局部事件，也是扭转中国近代史走向、引发东亚变局、带有世界史意义的重大历史事件。因此，从事变爆发的那一刻起始，关内的新闻媒体、文化出版机构以及知识界人士等都把目光瞄向东北，密切关注事态的发展，尤其关注东北爱国军民自发抗战的英勇之举。其间，一大批记述东北军民抗战的作品纷纷问世。②这些著述一定程度上记录了东北军民前仆后继、不怕牺牲、英勇抗日的悲壮历史，比较客观地反映出东北抗战初期的中日格局以及各抗日武装的概貌，为东北抗战史的研究积累了可贵的史料。当然，由于时空、交通等因素制约，上述著述的资料源大多来自各抗日武装或地方

---

① 毛泽东：《论联合政府》，《毛泽东选集》第3卷，人民出版社1991年版，第1034页。
② 东北问题研究会：《国难痛史》，1932年印行；李剑翁：《暴日侵占东北写真记》，军事新闻社1932年版；曾宗孟：《九一八周年痛史》，北平九一八学社1932年版；印维廉、管举先编：《东北血痕》，中国复兴学社1933年版；时敏：《还我河山》，中国自强学社1934年版；上海东北难民救济会编：《东北三省义民血战记》，1932年印行；东北民众救国义勇军军政委员会编：《血染白山黑水记》《九一八与东北民众救国军》，1932年印行；东北民众抗日救国会编：《东北义勇军概况》，1932年印行；云光侠编：《东北抗日救国血战史》，1933年印行；东北义勇军总司令部政治训练部编：《中国国民救国军抗日血战史》，1933年印行；赵侗：《我们怎样为抗日复土而奋斗》，生活书店1939年版；等等。

媒体的信息，极少有作者亲临现场获取第一手资料，所以，其中难免有失真之处。此外，也不排除作者热心讴歌抗日将士，旨在振奋民族精神、扩大抗日武装影响之初衷。

中华人民共和国成立以来，最先有一批亲身经历东北抗日斗争的抗联官兵，出于宣传革命斗争史的目的，撰写一批反映中共领导东北民众坚持抗日反满斗争的回忆录。[①] 这些回忆录大多从中国革命史的视角，展示东北抗日战争期间中国共产党人顽强不屈、英勇献身的斗争精神，彰显中国共产党在东北抗战过程中发挥的中流砥柱作用，并为建设东北根据地、赢得全国解放战争的胜利作出了重大贡献。

此一时期，一些文博机构还整理出版了一批馆藏档案资料，如东北军区司令部编印的《东北抗日联军历史资料》（4册，1955年）、吉林省图书馆编印的《东北抗日联军——馆藏参考资料目录》（1962年）、东北地方文献联合目录编辑组编印的《东北地方文献联合目录》第3辑"东北抗日联军及东北抗日武装斗争史料索引"（1983年）、旅大市图书馆编印的《东北抗日联军及其他抗日武装活动的敌伪资料参考目录》（1985年）、吉林省档案馆编译的《东北抗日运动概况》（吉林文史出版社1986年版）等。

东北三省分别成立中共党史资料征集委员会，组织人员并动员大专院校学生在全社会征集包括抗战史在内的中国革命史和中共党史资料，其中包括一部分奉系军阀人物、东北军人物，重大历史事件，东北地方军事、政治、经济、民生状况的"三亲"史料。在东北抗战史方面，除中国共产党领导的抗日武装外，还征集到部分东北义勇军的相关史料，包括部队组成、领导人身份及背景、隶属关系、主要活动及其最后结局等。尤为可贵的是，此时期一大批参与中国革命或东北抗战的亲历者或知情者健在，而且距离抗战历史时日并不久远，他们所讲述的历史带有一定的客观性，其中还有一些参加过东北抗日义勇军的官兵（如国民党系统、土匪武装等，有些人当时还戴着"历史反革命"的帽子）。上述这些史料大多以回忆录或采访记录的形式留存于纸面，并存档于各党史资料征集委员会、地方政治协商会议文史资料研

[①] 冯仲云：《艰险的途程》，北方文艺出版社1960年版；周保中：《战斗在白山黑水》，辽宁人民出版社1983年版；李延禄口述，骆宾基整理：《过去的年代——关于东北抗联四军的回忆》，黑龙江人民出版社1979年版；张瑞麟述，张静整理：《在漫漫长夜中——张瑞麟回忆录》，黑龙江人民出版社1985年版；王明贵：《踏破兴安万重山》，黑龙江人民出版社1988年版；周保中：《东北抗日游击日记》，人民出版社1991年版；等等。

究委员会或地方档案馆之中。遗憾的是，十年"文化大革命"期间，有相当一部分史料流失，当然也不排除其中有些史料散存于民间。

应该指出的是，新中国成立之初至党的十一届三中全会召开之前，由于主客观因素的影响，东北三省的大专院校、人文社会科学研究机关对东北抗战史的研究基本停留在资料收集整理阶段，尚未对东北抗战史展开系统研究。其间除一部分抗战老战士发表过一批带有史料意义或回忆录性质的文章外，文博部门及政府宣传机关出于宣传中国共产党革命历史以及教育民众、激发革命精神之目的，组织人员编写了一批讴歌中共领导下的抗联志士的著述。其中仅讴歌抗日女英雄赵一曼的书就达七八部。[1]

20世纪80年代，东北抗战史的研究开始步入学术研究的正常轨道，但最初出现的是一批记述和赞誉抗日英雄的人物传记。[2] 这些人物传记大多是中国共产党领导的反满抗日游击队、人民革命军以及抗日联军的英模人物，唯一例外的是，黑龙江省社会科学院党史研究室编纂的《东北抗日烈士传》中收录了抗日烈士邓铁梅等非共产党人的事迹。由于这批成果多由历史专业人员执笔，既有史料意义，又有一定的学术价值，也是东北学界展开东北抗战史研究的开拓之作。

（二）20世纪80年代至21世纪初

1980年8月，中共中央党史研究室召集东北三省中共党史研究室及社会科学研究机关的领导赴京参加座谈会。经过与会人员的充分酝酿和讨论，会议形成组织三省科研力量共同编写《东北抗日联军斗争史》的一致意见，并获得时任中共中央组织部部长胡耀邦的批示和支持。于是，东北三省成立起由三省原省委书记于林、李荒、李剑白为组长的《东北抗日联

---

[1] 李志刚：《赵一曼的故事》，少年儿童出版社1954年版；张麟等：《赵一曼》，中国工人出版社1957年版；温野等：《抗日女英雄赵一曼》，黑龙江人民出版社1958年版；东北烈士纪念馆编：《抗日英雄赵一曼》，辽宁人民出版社1959年版；北京市实验中学历史组编著：《赵一曼》，中华书局1959年版；等等。另外，还有温野等：《抗日英雄陈翰章》，辽宁人民出版社1959年版；周保中讲：《抗日小英雄姜墨林》，黑龙江人民出版社1965年版；郭肇庆：《抗日英雄魏拯民》，辽宁人民出版社1959年版；顾为民：《抗日英雄李兆麟》，辽宁、吉林、黑龙江、延边人民出版社1959年联合出版。

[2] 黑龙江省社会科学院地方党史研究所、东北烈士纪念馆编：《东北抗日烈士传》（3册），黑龙江人民出版社1981年、1982年版；中共辽宁省委党校党史教研室编：《满洲省委烈士传》，辽宁人民出版社1981年版；中共辽宁省委党校党史教研室编：《辽宁抗日烈士传》，辽宁人民出版社1982年版；吉林省民政厅编：《吉林革命英烈》，吉林人民出版社1982年版；等等。

军斗争史》编写领导小组，抽调三省党史研究室、社会科学院的科研力量，决定以三省联合编写《东北抗日联军斗争史》作为首要攻关任务，与此同时，抽调力量展开东北抗日联军各军史以及东北义勇军史的研究。在中共东北三省省委和《东北抗日联军斗争史》编写领导小组的直接领导下，以及东三省财政机关基本保障科研经费，东三省档案馆、图书馆大力支持和协同等有利条件下，科研人员经过8年之久的努力，推出一批颇有分量的研究成果。① 上述研究成果不仅带有拓荒意义，也是新中国成立以来东北学界抗战史研究带有里程碑意义的重大成果。

第一，上述成果是新中国成立以来首次对东北各抗日武装（东北抗日义勇军各部、东北反日游击队、人民革命军、东北抗日联军）的系统研究，初步勾勒出各抗日武装的形成过程、领导体系、抗战业绩、发展与结局等，奠定了东北抗战史研究的基础。

第二，首次对九一八事变后自发兴起的各抗日义勇军进行了带有肯定意义的研究。新中国成立以来对东北义勇军的抗日活动基本持否定态度，尤其是其中一部分义勇军将领为原东北军中下级军官、警政人员、地方士绅等，甚至有部分义勇军头领曾是占山为王、打家劫舍的土匪头目，加之大多义勇军的抗日活动仅维持到1933年初便崩溃瓦解，所以长期以来学界将东北义勇军的抗日活动视为研究禁区，即便触及也一笔带过，或者贬大于褒。

第三，史料的充分整理和利用。在中共东北三省省委和领导小组的直接领导下，三省学术队伍联合进行东北抗战史的研究，带有官方修史的意义，因此获得财政、档案、图书等部门的支持，以及田野调查、资料查询、资料翻拍复印等方面的便利，使研究队伍得以收集和整理了大批量的东北抗战史料，包括部分当时不对外开放的档案资料，为后来的深入研究以及专题研究等奠定了资料基础。

第四，培养了东北抗战研究的基础队伍。直接参与《东北抗日联军斗争史》《东北义勇军史》《东北义勇军人物志》及东北抗日联军各军史研

---

① 包括《东北抗日联军史》（人民出版社1991年版）、《东北抗日义勇军史》（上、下，黑龙江人民出版社1987年版）、《东北抗日义勇军人物志》（上、下，黑龙江人民出版社1987年版）。另外还有黑龙江人民出版社1985—1988年陆续出版的著作，主要有霍燎原《东北抗日联军第一军》；霍燎原等《东北抗日联军第二军》；刘枫《东北抗日联军第三军》；龚惠等《东北抗日联军第四军》；刘文新《东北抗日联军第五军》；赵亮《东北抗日联军第六军》；元仁山《东北抗日联军第七军》；叶忠辉等《东北抗日联军第八、九、十、十一军》；等等。

究的人员共计几十人，如果将"外围"参与专题研究的人员计算在内，人数达百余人。除骨干成员外，这支研究队伍中有相当一部分研究者是年轻学者，又多是从整理及研究基础资料起步，经过十几年甚至更长时间的磨砺，这支研究队伍成长为东北抗战史研究的骨干力量，至今仍然发挥着不可替代的作用。

东北三省联合攻关及研究成果的推出，也引领了东北学界抗战史研究的热潮。几乎与上述成果问世同时，东北地区各大专院校、人文社科研究机构以及中共地方党史、史志部门等都涌现出一批热衷抗战史研究的骨干力量，因此有大批东北抗战史研究成果面世。[①] 除少数通史类著作外，大多属于专题研究性质的成果，包括区域抗战史、流亡关内的东北籍抗日救亡人物、东北抗日救亡运动、抗联歌曲、东北抗日游击斗争史等。另外，还编纂出版了一批抗联老战士的回忆录。[②]

此一时期，在抗日将领以及抗战英烈的研究方面，出现一批人物传记作品。这些人物传记仍然以东北抗日联军的代表人物为主体，包括杨靖宇、周保中、李兆麟、魏拯民、夏云阶、汪雅臣、赵一曼、八女投江英烈等英模人物。[③] 但是，围绕历史上曾受过不当处分的抗联人物或中共满洲省委负责人，如对于赵尚志、罗登贤等人的研究，由于史料的阙如或学术的谨慎，学界的研究略显迟缓。相反，随着20世纪80年代以来对东北抗

---

① 潘喜廷等:《东北抗日义勇军》，辽宁人民出版社1986年版；黑龙江省政治协商会议文史资料研究委员会编辑部编:《义勇军松江浴血》，黑龙江人民出版社1986年版；吉林省政治协商会议文史资料研究委员会:《抗日救国风云录——抗日自卫军、义勇军史料专辑》，1985年印行；李鸿文:《东北抗日游击战争史略》，吉林教育出版社1990年版；李敏:《东北抗日联军歌曲选》，哈尔滨出版社1991年版；胡淑英等:《辽宁抗日风云录》，辽宁人民出版社1991年版；常好礼:《东北抗联路军发展史略》，吉林大学出版社1993年版；孙邦主编:《伪满洲国史丛书·东北救亡》，吉林人民出版社1993年版；霍燎原:《王德泰与抗联第二军》，吉林教育出版社1994年版；李剑白:《东北抗日救亡人物传》，中国大百科全书出版社1991年版；王连捷:《东北救亡七杰》，白山出版社1992年版；刘庭华:《中国局部抗战史略——从"九一八"到"七七"》，军事科学出版社1995年版；中共黑龙江省委党史研究室编:《黑龙江抗日烽火》，吉林大学出版社1995年版。

② 张瑞麟:《张瑞麟回忆录》，黑龙江人民出版社1991年版；李荆璞:《长白雄风》，中国人民大学出版社1993年版；陈雷:《征途岁月——陈雷回忆录》，黑龙江人民出版社1991年版；黑龙江政协文史和学习委员会编:《抗联英雄于天放》，2004年印行；中共吉林省党史工作委员会:《回忆周保中》，吉林人民出版社1989年版；彭施鲁:《我在抗日联军十年》，吉林人民出版社1992年版；等等。

③ 赵亮等:《冯仲云传》，黑龙江人民出版社1994年版；赵俊清:《杨靖宇传》，黑龙江人民出版社2015年版；刘枫等:《李兆麟传》，黑龙江人民出版社1989年版；李云桥:《赵一曼传》，黑龙江人民出版社2005年版。

日义勇军研究的深入，东北抗日义勇军的抗战地位及历史作用得到学界的肯定性评价，一批非中共领导的抗日武装领导人以及在抗日战争中英勇献身的抗日志士被纳入学界的研究对象。① 除马占山、李杜、王德林、冯占海、苏炳文等义勇军主要领导人外，唐聚五、黄显声、邓铁梅、李春润、王凤阁、苗可秀、郑桂林、梁锡福等英模人物，以及绿林义士"老北风"（张海天）、"老梯子"（高鹏振）、"宫傻子"（宫长海）、"海青"（李海青）等人物的传记或小传也相继问世。

此一时期，还有一批比较优秀的论文问世。② 这些论文大多针对某一专题，进行比较深入的研究。如针对20世纪30年代初中共"北方会议"的研究，解析"左"倾机会主义路线对建立东北抗日民族统一战线的负面影响。还有就东北抗日民族统一战线建立过程中的波折起伏的研究，揭示东北抗日民族统一战线在酝酿建立过程中的复杂性，以及中国共产党人为此付出的努力等。还有文章专题研究各路军史，从其诞生、成长、壮大的历史过程再现东北抗日联军崛起的艰难曲折，也从另一侧面赞誉抗联官兵不屈不挠、誓死抗日的坚定信念。

另外，此一时期关内抗战史的研究亦掀起高潮，尤其是在纪念中国人民抗日战争胜利40周年及50周年前后，抗战史研究成果如喷泉般涌现，一大批有分量的著作呈现在读者面前。③

---

① 王鸿宾等：《马占山》，黑龙江人民出版社1985年版；《马占山将军》编审组：《马占山将军》，中国文史出版社1987年版；王希亮：《李杜将军传》，黑龙江人民出版社1985年版；王希亮：《响马·营长·总司令——王德林传》，黑龙江人民出版社1987年版；王希亮、谭译：《冯占海将军》，1991年印行；等等。

② 李鸿文：《论中共中央"北方会议"对东北抗日斗争的影响》，《东北师大学报》1984年第6期；王鸿斌、王秉忠：《东北义勇军的抗日斗争》，《社会科学辑刊》1981年第1期；吕永华：《顽强的斗志 卓绝的斗争——东北抗日联军第一路军第二、三方面军抗战评述》，《军事历史研究》1987年第3期；米镇波：《利用东北斗争经验制定抗日统一战线的战略》，《党史纵横》1988年第12期；蒋颂贤：《东北抗日联军第十军英勇斗争初探》，《北方文物》1987年第3期；等等。

③ 龚古今等主编：《中国抗日战争史稿》（上、下），湖北人民出版社1983年版；马仲廉编：《抗日战争史话》，中国青年出版社1983年版；何理：《抗日战争史》，上海人民出版社1985年版；胡德坤：《中日战争史（1931—1945）》，武汉大学出版社1988年版；罗焕章等：《中华民族的抗日战争》，军事科学出版社1987年版；王桧林：《中国抗日战争全书（1931—1945）》，山西人民出版社1995年版；军事科学院军事历史研究部：《中国抗日战争史》（上、下），解放军出版社1995年版；魏宏运：《抗日战争史》，河北人民出版社1995年版；中共中央党史研究室研究部：《中华民族抗日战争史（1931—1945）》，中共党史出版社1995年版；章伯锋、庄建平主编：《抗日战争》，四川大学出版社1997年版；刘大年主编：《中国抗日战争史丛书》（26卷），北京出版社1995年版；等等。

一是这些著作大多属于通史类的专著或史料汇编，尤其是刘大年主编的《中国抗日战争史丛书》(26卷，北京出版社1995年版)，章伯锋、庄建平主编的中国近代史资料丛刊《抗日战争》(四川大学出版社1997年版)等，在中国抗日战争研究中占据重要的地位。其他抗日战争通史类的作品也多由国内著名的近现代史及中共党史研究大家，以及军事科学院的学者担纲，可称之为新中国成立以来中国抗日战争史研究成果最丰硕、最醒目的第一高峰期。

二是这些留存于世的大作多从1931年九一八事变起始展开研究，尽管当时的"八年抗战说"仍在国内学界占有主流地位，但几乎所有著作均没有忽略七七事变前的"局部抗战"，并将其纳入中国抗日战争史研究的重要范畴。

三是内地中国抗日战争史的研究，自然涉及大量有关东北抗战的内容、人物和史料，丰富和补充了东北抗战史某些方面研究的空缺或不足，无疑对东北抗战史的研究起到巨大的推进作用。

(三) 21世纪至今

1986年，当东北三省联合攻关东北抗战史接近尾声时，时任中共中央党史研究室主任廖盖隆提议，三省联合作业的队伍不要解散，希望转入"东北沦陷史"的研究。是时，除吉林省研究人员推出《伪满洲国史》，辽宁大学研究人员出版《九一八事变史》及发表部分论文外，东北沦陷史的研究基本处于蛮荒时期。于是，从1986年开始，东北三省社会科学院历史研究部门担负起联合攻关东北沦陷史的任务。

20世纪90年代初，经过数年努力，东北三省联合攻关队伍先后推出一批有关东北沦陷史的著作。其中，包括编年体的东北沦陷大事年表、三卷本的东北沦陷史以及东北沦陷史论文集，以及一批有关东北沦陷时期的政治、军事、经济、文化、殖民教育等方面的专题研究。[①] 因为殖民压迫与反抗斗争是一对矛盾的两个方面，因此，这些研究成果中还含有部分东

---

① 《东北沦陷十四年大事编年》，辽宁人民出版社1990年版；《中国东北沦陷十四年史纲要》，中国大百科全书出版社1991年版；《东北沦陷十四年史研究》第1辑，吉林人民出版社1988年版；《东北沦陷十四年史研究》第2辑，辽宁人民出版社1991年版；《苦难与斗争十四年·东北沦陷史》(上、中、下)，中国大百科全书出版社1995年版；等等。

北抗战史的内容，尤其涉及东北民众在反对日伪经济盘剥、反抗日本移民侵略、抵制奴化教育、抗拒殖民地文化专制等方面，一定程度上弥补了东北抗战史偏重军事斗争研究、其他领域涉及不深的不足。

2001年6月，中央领导要求东北三省继续做好东北抗日联军等历史的编研工作。2002年8月，中共中央党史研究室召集东北三省党史研究室领导开会，决定继续在中共东北三省省委的领导下，三省团队联合编写《东北抗日联军史》《东北沦陷史（综合卷）》《中共满洲省委史》（简称"东北三史"），并由中共中央党史研究室具体指导和部署。自此以后，东北三省联合团队在中共中央党史研究室指导下，步入编写"东北三史"的历程。2015年，《东北抗日联军史》（2册）率先出版（中共党史出版社2015年版），《东北沦陷史（综合卷）》和《中共满洲省委史》也进入审稿阶段。

随着东北三省联合编写"东北三史"的展开，又一轮东北抗战史研究的热潮在学界掀起。有关东北义勇军、东北抗日联军的著述，以及东北抗战的专题研究成果也层出不穷。《东北抗日联军史》编写组成员修改和补充东北抗日联军各军史，并于2005年后陆续出版。另外，对东北抗日义勇军的研究也有新的突破。① 黑龙江教育出版社还组织东北各大专院校、科研机构专业人员着手编纂东北抗日义勇军人物系列丛书，包括马占山、李杜、冯占海、王德林、苏炳文、唐聚五等20多位义勇军将领的人物传记。据悉，这套丛书已经定稿并进入最后审稿阶段。

尤其在东北抗日义勇军的研究方面，学界经过史料的挖掘整理，进一步突破禁区，包括一些绿林抗日英杰也被纳入研究视野。在这方面，东北各地的党史研究室、政协文史资料研究委员会及史志部门相关人员进行了大量深入细致的调查研究工作，他们不辞辛苦、走访当事人或亲闻亲历者后裔，挖掘到一批有价值的史料，使一批为抗日守土壮烈牺牲的绿林好汉彪炳于抗战英烈的史册之中，如老北风（张海天）、老梯子（高鹏振）、宫傻子（宫长海）、天照应（张锡武）、李海青（李忠义）、平东洋（栾天林）、苑九占（九占）、邓文山（海中山）、亮山（刘纯启）、金山好（金

---

① 孙文政主编：《马占山与江桥抗战史料汇编》，中国文史出版社2017年版；徐占江等编著：《苏炳文与海满抗战》，内蒙古文化出版社2011年版；谭译：《冯占海抗战纪实》，吉林人民出版社2017年版；孙文政：《江桥抗战历史考索与研究》，黑龙江人民出版社2019年版。

海山)、盖中华等。有关东北抗战史的论著更是层出不穷,而且涉及方方面面。① 这批论文涉及面广、研究专细,包括对抗战人物的重新评价、苏联对东北抗战的支持和援助、少数民族的抗日斗争、东北抗战期间国民党人士的地下斗争、中共中央与东北抗战的联系路径、中共重要领导人与东北抗联的关系,以及东北抗战期间民族统一战线的建立等。

还应该指出的是,有关东北抗战已经不属于东北学界的"专利",关内一批学者也投身东北抗战史的研究之中,而且取得可喜的成果。还有,关内一些高等院校的历史学博士、硕士研究生中,也有人对东北抗战产生浓厚兴趣,把东北抗战史作为毕业论文选题。

二 东北抗日义勇军研究

如前所述,改革开放之前,东北学界对东北抗日义勇军的研究一直处于几乎无人问津的状态,即便有些著述涉及东北义勇军的抗战,也是浅尝辄止,或者缀以"抗日不足,扰民有余"等字样。党的十一届三中全会以后,尤其是以东北三省联合展开东北抗战史研究为契机,东北抗日义勇军的研究才被纳入学界的研究规划之中。迄今为止,有关东北义勇军的研究著述可以用"丰硕"二字来概括。

(一) 东北义勇军抗战史的综合研究

20 世纪 80 年代以前,有关东北义勇军抗战史的研究基本以马占山领导的江桥抗战为代表,其他义勇军的抗战经历几乎如同白纸。80 年代中

---

① 常好礼:《论中共中央"一·二六"指示信及其对东北抗日斗争的影响》,《学习与探索》1986 年第 1 期;张洪杰主编:《可歌可泣的诗篇——毛泽东与东北抗日联军》,中央文献出版社 2013 年版;鲁志美:《浅析下层统一战线对东北抗日斗争的影响——兼论北方会议对抗日斗争的危害》,《世纪桥》2002 年第 6 期;李倩:《日伪时期吉林人民抗日武装斗争研究》,博士学位论文,东北师范大学,2006 年;王连捷:《东北抗日联军后期斗争若干问题的研究》,《抗日战争研究》2008 年第 4 期;车霁虹:《长征胜利后的党中央与东北抗日武装斗争》,《奋斗》2016 年第 9 期;彭训厚:《苏联对中国东北抗日斗争的支援与配合》,《抗战史料研究》2016 年第 2 期;孔令波等:《试论东北抗日义勇军 1933 年的抗日斗争》,《抗战史料研究》2016 年第 2 期;曹艺:《苏联与东北抗联的后期抗日斗争》,《北京党史》2018 年第 2 期;孟凡东、王占斌、康基柱:《九一八事变后东北地区少数民族抗日斗争述要》,《黑龙江民族丛刊》2019 年第 4 期;张宽:《中共满洲省委领导的东北抗日斗争研究》,博士学位论文,吉林大学,2020 年;张宇琪:《抗日战争时期的冯仲云研究》,硕士学位论文,长春理工大学,2020 年;等等。

期，东北三省联合攻关团队推出《东北义勇军史》（2册，黑龙江人民出版社1987年版）、《东北抗日义勇军人物志》（2册，黑龙江人民出版社1987年版），把义勇军抗战史的研究扩展到东北全境各路义勇军队伍的组建、规模、分布、领导体系以及主要战绩等方面。其中包括以原东北军为主体的马占山、李杜、丁超（后附逆）、冯占海、苏炳文等部；以东北军中下级军官为首领、联络地方民众及绿林武装组建的王德林、唐聚五、郑桂林、耿继周、李春润等部；以爱国人士或热血男儿为号召、聚集工农民众组建的抗日武装，如邓铁梅、王凤阁、于百恩、赵大中等部；还有部分绿林抗日武装，如老北风、盖中华、项青山、老梯子、亮山、金山好、李海青、宫傻子、平东洋等部。在地域分布及组织体系方面，仅辽宁及内蒙古东部地区，就有东北民众抗日救国会组织指导的五大军区（后改为军团），下辖百余支人数不等的部军。在主要战绩方面，除已经享誉国内的江桥抗战、哈尔滨保卫战、反攻哈尔滨、海满抗战外，对镜泊湖战斗、辽东三角地区抗战、辽西及沈阳近郊义勇军围攻沈阳城、辽北地区汉蒙民族联合抗日武装、袭击沈阳城及沈阳机场、辽南关门山战斗以及各路义勇军数次攻打县以上城镇的战况，都予以比较深入的梳理和研究。

（二）东北抗日义勇军将领研究

由于东北义勇军将领的出身或背景原因，20世纪80年代以前，除马占山、邓铁梅等少数人员外，其他著名抗日义勇军将领鲜有人关注。随着思想解放和改革开放的深入，义勇军将领的研究逐渐被纳入学界的研究视野。迄今为止，马占山、李杜、王德林、冯占海、苏炳文、唐聚五、王凤阁、邓铁梅、郑桂林等将领的传记（或专辑）业已问世。绿林抗日英豪老北风（张海天）、老梯子（高鹏振）、李海青（李忠义）、宫傻子（宫长海）、金山好（金海山）以及诸多义勇军将领的小传也由专业人员整理发表。

（三）东北抗日义勇军的作用及历史地位研究

1931年九一八事变之前，朝鲜共产党被共产国际解散，一部分朝鲜共产党员转而加入中国共产党，但中共在东北的力量仍然比较薄弱。因此，九一八事变爆发后，首先举起抗日义旗的是留在东北的部分东北军地方部队，如马占山、李杜、冯占海等部。随之，一部分爱国人士登高而呼，聚集不甘做亡国奴的工农民众、知识分子、地方实力派以及部分绿林豪杰，组成各种类型、各种旗号的抗日武装,统称东北义勇军,最盛时达三四十万人之多,无疑成为日本侵略东北、炮制伪满洲国、推行殖民统治的最大障碍。从这一意义上说,东北义勇军是奠基中华民族抵御外侮新长城的第一块基石。随着东北义勇军研究的深入,以往"贬大于褒"的一面倒评价不仅有所改观,而且对东北抗日义勇军的作用和历史地位予以了肯定性结论。① 这些研究成果热情赞誉一大批热血男儿不屈强敌、勇赴国难,与侵略者展开你死我活的抗争,他们以流血和牺牲为代价,向世界宣示中华版图不容割裂、中华民族尊严不容践踏的决心和意志。

东北义勇军的兴起,正是国际联盟派出李顿调查团到中日两国进行调查、国际舆论密切关注东北局势的关头。东北义勇军的抗战,以实际行动向中外彰显中华民族抵御侵略、否认傀儡政权伪满洲国的坚强意志,也使出席国联会议的中国代表挺起腰杆、撑起"以公理对强权"的姿态。正因为东北义勇军的抗战声势,李顿调查团进入哈尔滨时指定要会见马占山,日伪当局却层层设障,百般阻挠。李顿调查团无奈决计通过苏联边境,然后转入一江之隔的黑河马占山军驻地,日本方面竟然使用卑鄙手段威逼苏联政府不得向李顿调查团一行发放签证,导致李顿调查团会见马占山的计划落空。② 但这一事实也充分说明东北抗日义勇军的影响至深至大。1933 年初,东北义勇军主力失败入关后,遗留在东北的各义勇军余部有相当数量加入中国共产党领导的反满抗日游击队、人民革命军以及后来的抗日联军,如抗联第八、第九军,原本就是李杜将军领导的吉林自卫军系列,抗联第十军则是义勇军蜂起时期的"双龙队"。此外,抗联第一、二、三、四、五、六、七军中,也包含一部分义勇军的余部。抗联师团级以上军官柴世荣、汪雅臣、李荆璞、王汝起、傅显明、史忠和、杨泰和、李天柱、宫显廷、苏衍仁等,均是义勇军出身,他们在追随中国共产党领导的抗日游击战争中光荣加入中国共产党,其中绝大部分人在后来艰苦卓绝的战斗生涯中英勇献身。另外,东北抗日联

---

① 卞直甫:《东北抗日义勇军的爱国精神述略》,《锦州师院学报》1985 年第 1 期;王希亮:《试论东北义勇军的抗日活动及其历史地位》,《社会科学辑刊》1988 年第 1 期;胡玉海:《东北义勇军抗战的历史地位》,《辽宁大学学报》2005 年第 5 期;焦润明:《论东北义勇军精神及其历史意义》,沈阳"九·一八"历史博物馆编《"九一八"研究》(第十五辑),辽宁人民出版社 2016 年版;于德泉等:《东北抗日义勇军研究述评》,《绥化学院学报》2012 年第 8 期;张洪兴:《东北抗日义勇军在抗战中的历史地位》,《奋斗》2015 年第 9 期;等等。

② 王希亮:《禁锢与监控:李顿调查团与西方记者密访马占山风波》,《日本侵华南京大屠杀研究》2019 年第 3 期。

军活动的主要地域，除现今的辽吉两省交界一带外，至少有九个军活跃在黑龙江地区，这一地域恰恰是马占山、李杜、王德林、冯占海、苏炳文、李海青等义勇军活动的地区。从上述意义上说，东北义勇军的先驱性的抗战，也为中国共产党领导的东北抗战创造了组织、地域和人才条件。因此第二版的《东北抗日联军史》明确肯定，"东北抗日义勇军是东北人民革命军、东北抗日联军的前身之一，是最早奋起从事武装抗日斗争的先驱"。"东北抗日义勇军的反日斗争，为中国共产党在东北提出建立武装抗日统一战线的方针提供了依据"，"东北抗日义勇军为东北抗日游击战争培养锻炼了一批军事领导人才，积累了丰富的抗日斗争经验"。①

三 东北抗日联军研究

（一）东北抗日联军综合研究

1991年版的《东北抗日联军斗争史》及2015年版的《东北抗日联军史》，均是在中央领导的批示和指示下，在中共中央党史研究室的指导下，以及中共东北三省省委的领导和支持下，由东北三省党史研究室党史研究者以及社会科学院史学研究人员共同编写的，从这个意义上说，此两部大部头的专著带有官方修史的意义，基本代表了东北主流学界的观点和学术水准。以2015年版的《东北抗日联军史》为例，全书计分四编，84.9万字，分别是"九一八事变爆发，东北人民反日斗争兴起""东北抗日联军组成，抗日斗争的新形势""全国抗战爆发，东北抗日联军坚持开展艰苦游击战争""东北抗日联军实行战略转移，为抗战最后胜利而斗争"。该著作从九一八事变爆发，中共中央及中共满洲省委发出全国民众一致抗日的号召起始，首先展现东北三省抗日义勇军的兴起、斗争、影响和结局，以及中国共产党人对抗日义勇军的工作。与此同时，中共中央以及中共地方党组织选派多名优秀共产党员深入日伪势力相对薄弱的农村、山区、边疆等地，发动民众组织各种形式的抗日反满游击队。因此，当1933年初东北义勇军主力失败入关，东北义勇军抗日活动陷入低潮后，中国共产党领导的几十支抗日游击队脱颖而出。从此，中国共产党成为领导东北民众反抗侵略、抗日复土的中流砥

---

① 《东北抗日联军史》编写组：《东北抗日联军史》上册，中共党史出版社2015年版，第85、166、167页。

柱。1936年后，遵循中共中央建立反日统一战线的方针，各抗日反满游击队在经历人民革命军时期后，联合东北地域的一切反日力量，相继改编成东北抗日联军，最盛时达11个军、3万余人。1937年全民族抗战爆发后，东北抗日联军各部积极配合关内抗日武装，展开活跃的游击战争，沉重打击日伪势力，振奋了各界民众的民族精神，并把抗日反满的火种播到民众之中。进入1939年后，日伪当局不断增调兵力对东北抗日联军进行疯狂"围剿"，同时采取所谓的"治本"毒策，将抗日武装活跃的地域划分为"匪区"或"半匪区"，强令居住在这些地域的民众无条件迁入"集团部落"，同时颁布《保甲连坐法》《惩治叛徒法》《惩治盗匪法》等一系列反动法律，还授予日伪军头目"临阵格杀"的权力，旨在割断抗日联军同民众的联系，企图将抗日武装饿死困死在深山老林。在极端艰难困苦的恶劣条件下，抗日联军大幅度减员，从3万余人锐减到2000余人，不得不进行战略转移，进入苏联境内培训整顿，以待时机。另外，该专著并不局限于军事史的记述，还包括东北地区抗日统一战线问题、东北地方党组织的变迁及其活动、东北抗日游击根据地的建立、东北地区城乡民众的抗日反满斗争、日伪军警阵营的哗变、日伪当局对东北民众的法西斯殖民统治、抗联小分队的后期斗争以及配合苏联红军光复东北等方方面面。

《东北抗日联军史》发行的同时，国内学界关于东北抗联斗争史的研究也进入一个新的高潮期，主要标志是研究的对象和范围有所扩展，从以往局限于抗联军事史、抗联发展史等研究领域拓展到抗联组织状况、政治思想工作、干部队伍建设、后勤补给、文化艺术工作、抗联女兵群体等各方面。另外，在研究视角以及史料挖掘和运用等方面也有所突破和创新。[1]

---

[1] 彭施鲁、王一知：《东北抗日联军文艺工作概况》，《吉林艺术学院学报》1989年第S1期；徐庆儒：《东北抗日联军的后方勤务》，《军事历史》1990年第6期；王甲山等：《东北抗日联军政治思想工作述略》，《党史纵横》1990年第6期；周圣亮：《东北抗日联军反"集团部落"斗争》，《龙江党史》1998年第3期；王凤贤等：《日伪制造"检举逮捕事件"对东北抗日联军的危害及影响》，《黑龙江社会科学》2019年第6期；刘会军等：《东北抗日联军干部队伍建设述论》，《史学集刊》2019年第6期；陈令军：《东北抗日联军的作战特点及作用探讨》，《东北抗联史学术交流会文集》（未刊），2011年；王航：《东北抗日联军军旅文化管窥》，《中国纪念馆研究》2014年第2期；曹正钰等：《东北抗联歌谣的主题分类及思想表达——以李敏〈东北抗日联军歌曲选〉为例》，《北方音乐》2020年第14期；张雪：《东北抗日联军的粮食补给研究》，《兰台内外》2020年第18期；李志铭等：《东北抗日联军抗疫斗争述评》，《长春市委党校学报》2020年第3期；于大洋：《东北抗日联军歌谣文化》，《兰台世界》2021年第12期；丛彦坤：《〈东北抗日联军政治军事学校讲义第二种〉解读》，《兰台世界》2021年第11期；刘冬生：《东北抗日联军的武器状况与供给来源探析》，《世纪桥》2021年第6期；白路：《中共东北党组织的政策转型与抗日武装整合研究（1931—1937）》，博士学位论文，吉林大学，2020年。

（二）抗联人物研究

20世纪80年代，东北三省人文社会科学机构以及党校、党史研究机关先后编纂发行了多部东北抗战英烈的传记。[①] 此外，抗联杰出人物杨靖宇、赵尚志、李兆麟、冯仲云、赵一曼、周保中、魏拯民、李延禄等人的传记或小传也出版发行过多种版本。

21世纪以来，在东北三省联合编纂东北抗日联军史的推动下，收集抗联英烈人物史料、致力编纂抗联人物传记也成为党史或近代史研究学者的重要选题之一。有必要强调的是，2015年，赵尚志、杨靖宇、冯仲云和周保中等抗联重要领导人的新编传记问世，每部传记36万字至50万字不等，可以称之为东北抗联重要人物的顶级传记。[②] 众所周知，后三部的传主在历史上争议不大，唯有赵尚志，由于当时艰苦斗争的历史环境以及主客观因素的影响，曾经三次被错误开除出党，直到新中国成立初期，甚至中共黑龙江省委正式恢复赵尚志党籍之后，在部分抗联老战士及其遗属群中仍有诟病赵尚志的某些言论流传。2015年新版《赵尚志传》系作者继1989年推出首部《赵尚志传》的第4版。在初版"后记"中，作者指出："有关赵尚志生平中的个别段落……如1940年末到1941年秋，赵尚志在苏联期间的处境和活动，笔者至今尚未发现能说明他这一时期史迹的确切材料，为坚持把握以坚实的史料作基础，反映历史实际，对于赵尚志在这一阶段的处境、活动乃至功过是非，笔者实在不敢随意杜撰，妄加评说。在这部传记里只好让它'暂告阙如'了。"[③] 20世纪80年代第1版《赵尚志传》发行后，作者为了把最真实的赵尚志呈现在读者面前，下更大气力收集、整理和利用能够收集到的史料，在充分肯定和赞誉传主热爱祖国、对党忠诚、对敌斗争勇敢顽强、宁死不屈的高贵品质的同时，也不回避传主自身存在的弱点、缺点和错误，并对传主三次被错误开除出党的原因和

[①] 黑龙江社会科学院党史研究室：《东北抗日烈士传》（3册），黑龙江人民出版社1981年、1982年版；中共辽宁省委党史教研室：《满洲省党烈士传》，辽宁人民出版社1981年版；中共辽宁省委党校党史教研室编：《辽宁抗日烈士传》，辽宁人民出版社1982年版；吉林省民政厅编：《吉林革命英烈》，吉林人民出版社1982年版；等等。

[②] 赵俊清：《赵尚志传》《周保中传》《杨靖宇传》《冯仲云传》，黑龙江人民出版社2015年版。

[③] 赵俊清：《赵尚志传》，黑龙江人民出版社2015年版，第397页。

经过等逐一予以交代分析。同时，作者还补充了初版"阙如"的史料，从而把一个真实的抗日英雄人物呈现到读者面前。作者在2015年版《赵尚志传》的"写在前面"中写道："作者深知，为人立传难，为有争议的人物立传更难，由于赵尚志曲折、复杂的经历，在过去，人们对于他的看法是存有很大争议的。就是在今天，对他的评价、认识也不一定完全一致。"为此，他把握的原则是："一、传文须有坚实的史料作基础；二、不做无事实根据的褒贬；三、全面地、客观地记述。"[①] 负责出版第4版《赵尚志传》的黑龙江人民出版社在"说明"中指出，"作者本着历史唯物主义、辩证唯物主义的原则和秉笔直书、存真求实的精神，认真做了修订工作，补充许多重要和新近发现的有价值的史料，增加了一些史实的细节描述，使本书内容更加准确、翔实，从而进一步提高了本书的史学品位和学术价值"。[②]《赵尚志传》第4版的发行，应该是学界坚持求真求解、敬畏历史的品质体现。

（三）抗联后期斗争研究

1939年后，在日伪当局的重兵"围剿"下，尤其是日伪当局强力实施"归屯并户""集团部落""保甲连坐"等法西斯毒策以来，东北抗日联军失去广大民众的支持，终日被困在深山老林之中，衣食、药品、弹药无援，连最起码的生存条件也难以维系。在万般无奈的情况下，为了保存抗联的有生力量，抗联各部相继撤往苏联境内，东北抗联进入后期斗争的艰难时期。随着新中国成立后苏联返还中国部分抗联档案文献（其中的一部分被结集出版[③]），以及苏联方面部分档案文献的公开，抗联后期斗争的研究成果也颇为丰硕。其中包括抗联领导人与苏联远东当局召开的会议；进入苏联境内的抗联人员编成苏联远东军第88旅（内部称抗联教导旅）；中共东北党委员会的成立；南、北野营的设置及概况；抗联队伍的学习整训及战斗力的提升；抗联与苏联代表（王新林）的联络及关系；抗联小分队的设立及其在东北境内的游击活动；抗联情报人员的贡献与牺牲；抗联

[①] 赵俊清：《赵尚志传》，黑龙江人民出版社2015年版，第4页。
[②] 赵俊清：《赵尚志传》，黑龙江人民出版社2015年版，第2页。
[③] 中央档案馆、辽宁省档案馆、吉林省档案馆、黑龙江省档案馆编：《东北地区革命历史文件汇集》（70册），1994年内部印行。

教导旅配合苏联红军光复中国东北等。① 要点如下：

一是抗联余部进入苏联境内后，并不意味着东北抗联抗日斗争的失败。事实上，东北抗联在东北境内的后期斗争一直持续到东北光复，其间也获得许多战绩，为处在水深火热中的东北民众送去了希望的曙光。尤其抗联情报人员不怕牺牲、前仆后继，在日伪当局戒备森严的军事禁区获取大量情报，为苏联红军出兵东北提供了可贵的军事情报，避免苏军更大的牺牲。苏联对日宣战后，抗联官兵随同苏联红军光复东北，各领导人以苏军卫戍副司令的身份控制了东北57个战略要地（大中城镇），为东北解放战争的胜利奠定了坚实基础。

二是抗联入苏部队编成苏联远东军第88旅后，在中共东北党委员会坚持下，对队伍的领导始终保持相对的独立性，因此内部又称抗联教导旅。然而，抗联入苏部队毕竟"寄人篱下"，其间，时有苏方擅自调动抗联部队，组织特别情报小队，差遣部分人员潜入东北完成指定任务等事情发生。苏联方面之所以对困境中的抗联部队予以援助，很大目的在于服从苏联方面的远东战略，通过抗联武装刺探日本关东军情报，防御关东军的突然入侵。

三是抗联第三、六、九、十二支队在东北境内的抗日游击活动及其社会影响，以及抗联情报人员潜入东北的各类活动对苏联红军顺利进军东北

---

① 谢文：《东北抗日联军的战略反攻》，《军事历史》1995年第6期；赵润峰等：《论东北抗日联军后期斗争的历史作用》，《龙江党史》1997年第1期；王连捷等：《关于东北抗日联军后期斗争几个问题的探讨》，《社会科学辑刊》2000年第2期；季淑芬等：《抗联教导旅朴英山小部队电台调查始末》，《世纪桥》2004年第3期；吕志贤等：《抗联三路军"野营"整训期间的小部队抗日活动》，《世纪桥》2004年第4期；王惠宇：《苏日中立条约与东北抗日联军的战略转移》，《河北学刊》2006年第6期；彭施鲁：《东北抗日联军教导旅组建始末》，《中共党史资料》2006年第2期；王连捷：《论东北抗日联军后期与苏联远东军的关系》，《辽宁大学学报》2008年第5期；马芳：《东北抗日联军在苏联秘密整训的台前幕后》，《档案天地》2012年第10期；王惠宇：《东北抗日联军教导旅的国际性及其历史意义》，《兰台世界》2014年第31期；边疆：《浅谈东北抗日联军教导旅的组建始末》，《黑河学刊》2015年第12期；沈志华：《试论八十八旅与中苏朝三角关系——抗日战争期间国际反法西斯联盟一瞥》，《近代史研究》2015年第4期；金成镐：《论东北抗联教导旅朝鲜民族群体及其历史地位》，《延边大学学报》2019年第1期；张虹萍等：《东北抗日联军教导旅组建背景探析》，《兰台世界》2016年第8期；王惠宇：《东北抗日联军在苏联整训期间党的建设叙论》，《长白学刊》2019年第4期；郝江东：《远东战役视角下东北抗联教导旅初探》，《中共党史研究》2019年第9期；李涛：《东北抗日联军教导旅与苏联远东战役》，《军事历史研究》2019年第11期；郝江东：《根据四份俄罗斯档案看东北抗联教导旅历史》，《党的文献》2020年第2期；郝江东：《东北抗联教导旅组建过程中的苏联因素》，《中共党史研究》2020年第4期；贾立庆：《东北抗日联军的战略转移及后期情况》，《黑龙江史志》2021年第10期；等等。

的作用。

四是东北党委员会的成立，抗联教导旅南、北野营的军事训练，政治学习概况，以及军事素养和政治觉悟的提升。

五是抗联教导旅领导人与苏联代表王新林之间的联络、关系与争执问题。

六是从国际主义视角研究抗联教导旅的国际意义，以及同苏联、朝鲜的关系。

（四）抗联游击战略战术及战绩书写

东北抗日联军成立以来，面对的是兵员数量、武器装备、交通机动以及后勤补给等方面均占绝对优势的日伪军警宪特，这就决定了抗日联军不可能如同东北抗战初期东北义勇军那样，对敌实施死打硬拼的阵地战、防御战或者攻击战，唯有采取机动灵活的游击战术才是抗联各部队得以坚持到底的可行性方针。随着抗联斗争史研究的不断深入，一些学者把研究视角瞄向抗联各部队以及抗联主要领导人的游击战略战术方面，出现了一批有学术价值和史料价值的论著。[①] 这些论著大多通过抗联各部队采取游击战术与日伪军作战的战例，分析研究抗日斗争游击战术的成败利弊，总结抗日游击斗争的经验教训。还有些论著分析研究抗联指挥员杨靖宇、赵尚志、王明贵等人指挥作战的具体战例，以及他们总结出的适合东北山区游击作战的具体方法。如赵尚志总结归纳的10种游击战术，包括运动战与阵地战；外线战与内线战；进攻战与防守战；歼灭战与消耗战；化整为零与集零为整；避实就虚，敌进我退，敌退我进；迂回奇袭；小包围与大包围；诱敌、毁敌、间敌、疲敌、惑敌；敌在明处我在暗处，行踪飘忽，出没无常等，均是在残酷对敌斗争中总结出来的行之有效的战略战术。

关于东北抗日联军的战绩问题，由于史料源的单一性，大多论著多采用抗联官兵的回忆录，20世纪30年代国内报刊有关抗联斗争的报道，《东北地

---

① 车迎坤：《杨靖宇在东北抗日战争中对游击战术的灵活运用》，《龙江党史》1995年第Z1期；王长海：《试析东北抗联第一路军游击战术思想的形成和发展》，《通化师范学院学报》2004年第3期；李志铭：《东北抗日联军的战略战术及其历史价值》，《长白学刊》2016年第1期；王恩宝：《赵尚志：东北抗战中善用游击战术的将领》，《学习时报》2018年10月1日；张磊：《东北抗联游击战略战术论析》，《哈尔滨市委党校学报》2019年第1期；王晓兵等：《王明贵的抗日游击战术》，《百年潮》2019年第3期；侯庆海、关晓英：《东北抗联游击战略战术浅析》，《黑龙江史志》2019年第8期；等等。

区革命历史文件汇集》，以及日伪时期遗留下来的部分"匪警情报"或日伪当局编纂的美化侵略者、贬低抗日军的战史、战记等。20世纪90年代，日本通过亚洲历史资料中心网络平台公开的文档资料中，极少有关东军与抗日联军作战的信息，或双方伤亡人数等的记载。七七事变前，在日伪军的联合进攻下，东北义勇军主力失败进关，唯有中国共产党领导的抗日武装独擎抗日反满大旗。这支武装最盛时虽然有数万之众，但对比日本关东军却是势单力薄，且失去当时国民政府的任何援助和支持。在这样的态势下，日本关东军改变此前集中主力、各个击破的战术，采取分散配置的方针，主要布局在中苏边境地区，一方面戒备苏联方面的动态，另一方面寻求北犯入侵的时机。负责"围剿"东北抗日联军的作战任务，则由日军独立守备队指挥官（或伪满军政部日籍军官）驱使伪满军警进行，因此在日本的文档文献中极少有日军与抗联作战的记载。而在日伪遗留下来的有关伪满警察的史料中，记载有日伪警察"围剿""扫荡"抗日武装的时间、地点、作战经过、双方伤亡情况等，但多是夸大日伪警察战绩、贬低抗日武装的内容，尤其关于双方伤亡的数字，可信程度较低。因此，在缺失中日史料对比认证、日伪警察资料又往往不可信的情况下，有关东北抗联的战绩书写，不可避免地存在推测、估算或放大之笔。

四　史料、理论方法及其他

（一）史料收集、整理与研究

20世纪80年代初，东北三省联合编纂东北抗日联军史之时，资料源主要来自以下几个方面。一是20世纪30年代媒体、出版机构、自由撰稿人等编写的有关东北抗战的文章、书籍、报刊资料等；二是20世纪五六十年代东北各地党史征集委员会组织人员收集、整理、记录的口碑史料；三是日伪统治时期遗留下来的"匪警情报"，日伪军政当局、满铁等编写的宣传品、内部资料及部分图书资料；四是新中国成立以来东北各地政协文史资料研究委员会收集整理并出版发行的"三亲"资料；五是田野调查资料，包括采访幸存老战士、亲历亲闻者以及部分义勇军、抗联官兵后代等；六是文档系统、人文社会科学机构编辑发行的有关抗战史的资料丛书。尤其是20世纪90年代，三省联合团队再编抗联史之时，中央档案馆及辽、吉、黑三省档案馆将馆藏档案资料合作编成《东北地区革命历史文件汇集》，其中大部分是抗联教导旅及中共东北地方党组织负责人有关东北抗日游击战争的报告、总结、来往信件，以及同苏联代表的联络记载等，该资料集的编成，为东北抗战史研究增添了大量有利用价值的史料，所以2015年版《东北抗日联军史》采用了其中的大量资料。其他有关东北抗日研究的著述里，也不同程度地引用了该资料集的史料。

有必要指出的是，东北抗战史的研究，除部分成果利用日伪统治时期遗留下来的文档资料外，大多著述缺失日本史料的运用，尤其围绕抗日武装的缘起与分布、活动范围、主要战绩、双方伤亡状况等方面，往往单方面依赖中文资料，缺失日文史料的辅证或比较研究，因而存在语焉不详、模棱两可、主观推测、个别失真等问题。2015年《东北抗日联军史》第2版发行之时，日本亚洲历史资料中心已利用互联网平台公开日本国立公文书馆、外务省外交史料馆、防卫厅（省）防卫研究所等机构馆藏的档案文献，包括近代以来日本政治、军事、社会、经济、外交、文化，以及殖民地经营与统治等分野的文献资料，其中包括一部分涉及东北抗战史的档案文献。但由于各方面的原因，迄今为止东北抗战史的研究极少利用这些史料。另外在借鉴战后国外学者（包括日本、韩国及欧美学者）的研究成果方面也存在一定差距。

（二）"东北抗联精神"的弘扬与诠释

"东北抗联精神"充分肯定了东北抗日联军14年不怕牺牲、前仆后继、艰苦卓绝的抗战精神，也是对东北学界及社会各界全面深入研究抗联斗争史的肯定。何谓"东北抗联精神"？"东北抗联精神"的内涵是什么？东北学界有多种版本。[①] 以上关于"东北抗联精神"的阐释大同小异，只是表述形式有所不同。经宣传部门组织学者多次论证和阐释，大体归纳为：忠贞报国、勇赴国难的爱国主义精神；勇敢顽强、前仆后继的英勇战斗精神；坚贞不屈、勇于献身的不畏牺牲精神；不畏艰苦、百折不挠的艰苦奋斗精神；休戚相关、团结御侮的国际主义精神。

---

① 车霁虹：《论东北抗日联军的历史地位及抗战精神》，《北方文物》2012年第4期；赵俊清：《东北抗联精神探源》，《奋斗》2021年第18期；张洪兴：《东北抗联精神》，白山出版社2010年版；刘信君：《东北抗联精神及其历史定位》，黑龙江省社会科学院、东北地区中日关系史研究会编《东北沦陷与东北抗战研究——纪念抗日战争胜利七十周年》，黑龙江人民出版社2017年版；等等。

以上种种对"东北抗联精神"的诠释，笔者以为忽略了一个更重要的内涵，即"捍卫国家领土主权、维护国家领土完整"的民族主义精神。20世纪80年代初期的东北三省的联合研究，从1927年以来中共"土地革命、武装割据"的革命纲领出发，阐述中共"北方会议"的"土地革命与反日斗争结合"的"左"倾路线，以及中共满洲省委抵制"北方会议"精神，从下层统一战线入手，逐渐建立东北地区抗日反满统一战线的历程。在展开东北义勇军以及东北抗联抗战的历史书写过程中，也多是依循中国革命史和中共党史研究的理论体系及思想方法，极少从东亚史乃至世界史的视角审视或解析东北抗战问题。从某种意义上言，东北抗战史成为中国革命史及中共党史的组成部分，客观上忽略了东北抗战对东亚史及世界史的意义。

（三）"八年抗战说"与"十四年抗战说"的讨论

自20世纪80年代开始，东北学界就提出"十四年抗战说"。[①] 此外，一些内地学者也发文认为中国抗日战争应始于九一八事变。[②] 东北学界之所以一再呼吁"十四年抗战说"，很大程度上出于东北地区自1931年日本发动九一八事变后，就展开了艰苦卓绝的抗日复土斗争，直到1945年日本战败投降。他们认为，坚持"八年抗战说"，无异于等同"否定"东北民众的14年抗战，以及七七事变前发生的长城抗战、淞沪抗战、察哈尔抗战及绥远抗战等。事实上，从中国革命史和中共党史的历史分期而言，1927年蒋介石背叛革命后，直到1937年第二次国共合作，中共的革命纲领一直坚持土地革命，武装建立苏维埃政权，即第二次国内革命战争时期。九一八事变爆发后，南京国民政府采取依靠国联、以"公理对强权"的方针。与此同时，出动重兵"围剿"红军。结果是，红军不得不进行战

[①] 王秉忠：《"八年抗战说"之异议》，《社会科学辑刊》1987年第5期；广德明：《抗日战争研究起点综述》，《社会科学辑刊》1990年第10期；王维礼：《关于中国抗日战争开端问题的研究——兼论九一八事变的历史地位》，《中共党史研究》1991年第5期；王贵忠：《"九·一八"事变是中国抗日战争起点研究综述》，《沈阳师范大学学报》2005年第9期；程舒伟：《关于抗日战争开端问题的几点认识》，《社会科学战线》2010年第4期。

[②] 孙礼刚：《中国人民的抗日战争始于"九·一八"事变》，《东疆学刊》1989年第3期；经盛鸿：《再论中国抗日战争是十四年》，《南京大学学报》2000年第11期；郭化光：《抗战始于"九一八"》，《中国国情国力》2002年第7期；刘庭华：《论"九一八"是中国抗日战争的起点》，《抗日战争研究》2006年第1期；张静等：《中国共产党与东北地区的抗日斗争——以九一八事变为起点》，《南开学报》2015年第4期。

略转移,展开震惊世界的二万五千里长征。自九一八事变至七七事变,无论主观或客观方面,抗击日本侵略、收复东北失地、解决民族矛盾问题并没有成为中国政府及主要政党的首选。换言之,九一八事变后,从国家和民族层面并没有把反抗日本侵略作为基本国策,这应该是当时历史展现的实况。当然,从中国抗日战争史的研究视角出发,九一八事变无疑是中国抗日战争的起点,举凡国内外所有关于中国抗战史的研究著述,无一不是从日本发动九一八事变、东北民众奋起抵抗起始,包括马占山江桥抗战以及东北义勇军、东北抗联的抗日活动,均在抗日战争史的著述中占有重要的地位。所以,"八年抗战说"不能片面理解为"否认"东北民众及其他抗战的历史意义。概言之,1931年九一八事变至1937年七七事变的6年间,尽管东北以及上海、察哈尔、绥远等地掀起了抗日斗争,但毕竟与1937年七七事变后的全民族抗战有别,视之为"局部抗战"则比较符合历史客观发展的真实。

在中国抗日战争起点问题上,为了提升马占山领导的江桥抗战"第一枪"的影响力,有学者认为中国抗日战争应以江桥抗战为起始点①,主要理由是日本发动九一八事变后,东北军奉张学良不抵抗命令不战而溃,结果致使日本关东军在半个月时间里轻取辽吉两省及南满铁路沿线大中城市,唯有黑龙江省代主席马占山率领爱国军民打响守土抗战的第一枪,应该认定为中国抗战的真正开端,甚至是世界反法西斯战争的起点。此类观点属一家之言,尚可继续讨论。

(四)地域意识与历史真实

20世纪80年代初,位于黑龙江省黑河市一侧的黑龙江畔,有一座马占山将军俄式风格的私邸,地方政府为了建设江畔公园,不顾文史文博人员的劝说和反对,毅然决然将这座私邸拆除。进入80年代中期,随着侵华日军南京大屠杀遇难同胞纪念馆、中国人民抗日战争纪念馆等各地展示

---

① 周喜峰:《论江桥抗战是中国抗日战争的开端》,《齐齐哈尔大学学报》1995年第10期;魏国忠等:《论江桥之战标志着我国抗日战争的开始》,《黑龙江民族丛刊》2005年第3期;孙文政:《江桥抗战揭开了世界反法西斯战争的帷幕》,《理论观察》2005年第1期;张超:《永载史册的抗战第一枪和最后一枪》,《黑龙江档案》2015年第6期;林旭媛、刘锐:《江桥抗战开创了世界反法西斯战争的第一战场——中国东北战场》,《齐齐哈尔师范高等专科学校学报》2008年第2期。

中国抗日战争的馆所相继建成布展,一些地方政府逐渐意识到保护地方文物和战争遗迹的重要性,此后不仅极少发生拆除马占山私邸之类的事情,而且有些地方为了提升本地域的知名度,致力于开发和利用地方文物、遗迹等,或者聘请学者、领导人为其论证、题词等,甚至不计历史的真实,进行夸大虚假式的渲染。至今,在黑龙江省的虎林和东宁原日本关东军军事要塞遗址处,分别竖立有两座纪念碑,前者有中共中央原军委副主席迟浩田题词"第二次世界大战终结地",后者有中共中央原副主席李德生题词"第二次世界大战最后战场"。1945年8月15日,日本昭和天皇宣布无条件投降后,盘踞在虎林和东宁要塞的关东军守备队没有获知消息,因此两地的日军继续顽抗到8月26日,直到被苏联红军歼灭。且不论"终结地"或"最后战场"之说是否科学准确,仅从历史事实和时间上考量,两地日军顽抗至8月26日,亦不属于"终结"和"最后"。众所周知,苏联红军出兵中国东北的同时,还出动重兵进攻库页岛及千岛群岛,最后夺取南千岛群岛(日本称北方四岛)的时间为1945年9月5日。冀热辽军区八路军李运昌部奉朱德总司令命令向东北挺进时,驻守山海关的日伪军拒绝向八路军投降,在苏联红军炮兵小队的支持下,李运昌部攻克山海关的时间为1945年8月30日。另外,盘踞江苏省高邮的5000余日伪军凭仗高墙壁垒,拒绝向新四军投降。当年12月17日,在华中野战军粟裕将军的指挥下,出动15个团向高邮城发起总攻,战斗进行一周左右,日伪军被迫投降,高邮解放。以上列举的几次战斗,仅从时间上考量,均发生在虎林、东宁战斗之后,虎林和东宁之战的"终结"或"最后"之说事实无根。然而问题在于,时至今日,每逢9月18日、8月15日或9月3日等关联中国抗日战争的重要时日,两地都要举行一些本来无可非议的纪念活动,但仍然着眼于宣传"终结地"或"最后战场"之说,包括"江桥抗战为中国抗日战争起点"说,目的是扩大地域影响,客观结果却是把扭曲的历史传递给不明历史真相的民众或青少年一代。尤其是一些地方媒体出于扩大地方知名度的心理,盲目因循地方政府的宣传口径,利用影视、纸媒等宣传工具以讹传讹,渲染有加,其负面影响自不待言。

2014年,华文出版社出版发行一部《中国抗日战争·镜泊湖大捷之谜》,作者系抗联第四军军长、"镜泊湖大捷"指挥者李延禄的后人。在此前后,地方史学工作者通过挖掘史料、实地考察,也发表了一批有关镜泊湖连环战的文章,基本观点是该战"击毙天野旅团长以下3000人以上"、可称之为"抗战第一大捷",但由于各方面原因,战后"70余年来一直被埋没"等。这些观点面世后,引起学界、媒体及社会各界的关注和争议,甚至导致一场涉及名誉权的诉讼。

有学者为此收集整理了大量中日文资料,经史料研究和对比认定,在公开发表的文章中指出,1932年3月初,关东军为了"剿灭"在镜泊湖一带活跃的王德林部义勇军,分别出动两路人马,一路由日军独立守备第六大队大队长上田利三郎中佐指挥,率领所部组成上田支队,从敦化向宁安一带进攻。另一路由第十五旅团旅团长天野六郎少将指挥,率领一个大队、两个中队及通信队、汽车队、医疗队等从哈尔滨东部出发向海林、宁安进发。前者为大队建制,相当于营,大约500人。天野率领的部队也不超过1000人。所以仅从日军参战人数看,击毙天野旅团长以下3000余人之说不成立(1933年,天野旅团长随同第二师团回国,1964年病故)。另外,日军的作战日志显示,天野旅团根本没有进入镜泊湖山区,而是以进入宁安为作战目标,抗日义勇军在镜泊湖山区的作战对象是上田支队。①

如同前述,随着抗日战争研究和宣传的深入,许多地方政府深刻意识到保护抗战遗迹、宣传地方抗战人物和英雄事迹,不仅是激发地方民众民族精神的有效载体,也是扩大地方知名度、吸引外资、促进文化旅游、发展地方经济的重要渠道。历史和文化搭台,经济唱戏,固然应该支持,但也因此出现罔顾历史真实、随意扩大渲染的乱象。尤其是一些地方展览馆所,随便使用"第一""最后""最早""发源地""发祥地""终结地"之类的名词,或冠以"抗联第一村""抗联发源地""义勇军发源地""抗战第一枪"等名称,以吸引游客。仅抗战"第一枪"之说,就有"北大营抗战第一枪""沈阳城警察抗战第一枪""江桥抗战第一枪""辽西义勇军抗战第一枪""中共领导的抗战第一枪""中国农民抗战第一枪"等。还有些展览馆所、碑文等在展示或书写内容方面,或由非历史专业人员主创,或遵从地方首长意旨,内容脱离实际、主观武断,甚至张冠李戴、随意拔高、夸大虚构之处屡屡可见,无异于亵渎历史,缺乏对历史的敬畏感,有遗患青少年一代以及后世之虞。

---

① 王希亮:《镜泊湖连环战》,《光明日报》2015年8月13日第16版;王希亮、周丽艳:《"镜泊湖连环战"战绩考辨》,《抗日战争研究》2020年第2期。

五　东北抗战史研究的几点思考

20世纪80年代以来，东北地区各高校以及社会科学研究机构开始关注东北抗战史的研究，尤其是在中共中央领导人的批示和支持下，以及东北三省省委的直接领导下，东北三省社会科学研究机构采取联合攻关的形式，集中队伍、集中资料、集中经费，展开了长达三四十年的系统深入研究，取得了不容低估的丰硕成果。然而，研究未有穷期，东北学界以及国内学界直面的抗战研究远远没有画上休止符，仍然有许多有待挖掘、有待深入、有待创新和提升的问题在呼唤着学人。

（一）拓宽史料来源，在史料挖掘和利用上下大气力

近些年来，以中国抗战文献数据平台为代表，包括满铁调查部600余万部档案文献的编辑影印发行，以及《民国文献类编》《抗日战争史料丛编》《近代日本对华调查档案资料丛刊》《中国近代史档案资料汇编》《中华民国时期外交文献汇编》《中华民族抗日战争军事资料集》等大型档案文献资料相继出版印刷，令学人们眼花缭乱，如坠宝山之中。此外，日本村山富市内阁时期，设立亚洲历史资料中心平台，部分公开了国立公文书馆、外务省资料馆以及防卫厅（省）资料馆所藏的文档文献资料，其中包括日本侵华期间的政治、经济、军事、外交、殖民地经营、文化侵略与渗透等诸领域的档案文献资料。还有苏联、韩国、东南亚等的文档文献的部分开放，无疑为东北抗战史深入研究拓宽了视野和研究领域。

遗憾的是迄今为止，已公开发行的东北抗战史研究成果中极少有利用上述文档文献资料的作品，不能不说这也是东北抗战史研究的一大薄弱环节。同时也说明拓宽东北抗战史研究的史料源，并非像20世纪80年代那样可望而不可即，只要下大气力，完全有可能在史料收集和利用方面为东北抗战史的研究开辟更为乐观的前景。

（二）致力口述史的整理、研究与对比认证

20世纪60年代，东北三省党史征集委员会曾比较广泛地征集包括东北抗战史在内的中国革命史及中共党史资料。此时的时间节点距离抗战时期并不久远，接受调查的采访对象又大多保持有可信的记忆力，因此提供的口述史资料相对比较接近真实。这批资料尽管在"文化大革命"中部分遗失,但仍有相当部分收存于东北各省市档案、党史、史志、政协文史委员会等机构,期待这些机构依据国家档案法规,组织专业人员对这些资料予以整理和研究。

随着东北抗战史研究的不断深入,东北地区一些市县级机构也成立东北抗日义勇军或东北抗日联军学术研究团体,在挖掘地方史料,开展乡土调查,走访义勇军或抗联后代等活动中发挥重要的作用,积累了大量乡土史料。这些史料中包括东北学界极少有人问津的绿林、大刀会、红枪会等抗日武装的活动,以及地方士绅、知识界人士和普通民众的对日态度及社会反响等。这对于研究九一八事变后东北社会各阶层的抗战动员,以及事变发生后东北社会的嬗变等都具有重要的意义。当然,这些史料也有待于进一步整理和研究,尤其有必要利用相应的文档史料予以对比认证。

(三)致力创新开拓,抓住要点、攻克难点,提升东北抗战史研究水准

如果从20世纪80年代算起,东北抗战研究已经进行了四十几个年头,取得的丰硕成果毋庸置疑。但是,学界面临的研究任务依然艰巨,仍有许多难点和要点等待学人们去攻克。

一是注重东北抗战史的战绩研究。东北抗日斗争是在失去政府支持、孤悬敌后、敌强我弱的严峻局势下展开的,每获取一次即便是微小的战绩,也要付出相当大的牺牲。正因为如此,对于东北抗战的战绩有必要予以认真和深入的研究,唯有如此,方能以历史的真相揭示中国抗日战争的残酷性。目前在日本靖国神社里总计供奉着2463109名战死者(含伤病死)名录,除明治维新时期日本国内战争阵亡的政府军官兵外,其余全部是历次侵略战争中阵亡的军人、军属或公务人员,其中属于九一八事变1.7万人、七七事变19万人、第二次世界大战213万人。另据东北三省合作编写的第2版《东北抗日联军史》记载,截至1937年9月,日本关东军在中国东北战死及伤病者总计17.82万人。从目前国内有关东北抗战史的战绩研究成果看,累计所有战斗或战役毙伤日军的人数,或许远远超过日本靖国神社祭祀的人数。因此,对于东北抗战战绩的研究仍有较大的拓展空间。尽管此项研究难度极大,笔者以为只要充分深入挖掘史料,进行中日史料的对比认证，有可能一点一滴地进取，积以时日，成效自见。

二是东北抗日游击区及游击根据地的研究。九一八事变后，中国共产党领导民众在东北部分山区、农村、边境或偏远地区发动群众，建立起多处抗日游击根据地或游击区，并组建起形式各异的抗日政权，以及反日会、救国会、妇女会等群众组织，成为东北抗日武装反满抗日斗争的重要支撑。尽管这些游击区或游击根据地最后在日伪当局的残酷围攻下先后丧失，但是，游击根据地和游击区的存在对于扩大中共基层组织建设、广泛发动民众、开展爱国主义和民族主义教育、壮大中华民族抗日统一战线等方面都发挥了不可替代的作用。为此，首先是东北学界应该注重东北游击根据地和游击区的研究，借鉴内地抗日根据地的研究经验，从东北抗战史、东北地方党史、沦陷时期东北社会史、日伪殖民统治史等多学科、多层次的视角展开研究，当是突破研究瓶颈，开拓创新的途径之一。

三是东北抗战史与东北沦陷史的结合研究。东北抗战是在日本武装侵吞中国东北、炮制傀儡政权伪满洲国、对东北全面实行殖民统治的背景下进行的。因此，东北抗战中的任何活动都脱离不了日伪殖民统治下的大背景，包括日伪当局的法西斯军事机构、镇压反满抗日运动的方针决策、日本侵略移民、经济统制措置、法西斯文化专制、奴化教育、地方傀儡政权建制、伪满"协和会"等方方面面。倘若对上述问题知之甚少，研究肤浅，势必脱节现实背景、就事论事，影响东北抗战史的研究深入。

四是继续进行东北抗日联军的难点研究。在东北抗战的 14 年里，由于东北地方党组织与中共中央失去联系，大部分时间由中共驻共产国际代表团领导。尤其是史料的阙如，许多难点仍有待突破。诸如中共满洲省委撤销后四个地方省委的组建及与抗日联军各部队的联系；东北抗战期间的"党""军"关系；抗日联军各路（军）领导人之间的联络交流；抗联西征研究；中共驻共产国际代表团与东北抗日战争；东北抗日统一战线的建立与曲折发展；抗联情报人员与苏联情报机关；苏联远东政策与抗联教导旅；个别抗联领导人被误杀、误罚的原委；抗联战绩研究（口述史、回忆录的史实认证）；东北三省档案馆合编《东北地区革命历史文件汇集》中的史实考证等。

第 二 章

伪满洲国史

1932年3月1日，在日本关东军和满铁的策划下，伪满洲国宣告成立。9日，溥仪在长春道尹衙门举行"执政"典礼，至1945年8月15日日本战败投降，历时十三载有余。因伪满洲国的建立与九一八事变密切相关，故伪满洲国史研究多以九一八事变为开端。对于这段历史，中国学界亦称之为东北沦陷十四年史。日本国内还有"十五年战争"的提法，这显然掩盖了其战争的侵略性。

自新中国成立以来，中国学界关于伪满洲国史的研究大体经历了三个时期。1949年新中国成立后至1978年改革开放前为第一个时期，是伪满洲国史研究的肇始时期，主要以日本对华经济侵略、资源掠夺和奴化教育为主线进行资料的挖掘和整理，也有一些研究成果面世。1979年至2000年是第二个时期。这是伪满洲国史研究的发展时期，研究内容逐渐丰富，研究视角也不断拓宽，呈现出日伪侵华档案资料整理与专题研究并重的局面。2001年至2021年为第三个时期。这是伪满洲国史研究的快速发展时期，一批青年学者投身于伪满洲国史研究行列，研究视角也向政治、经济、文化、社会、宗教、金融、农业、工商、税收等更深层次拓展。在诸多学者的共同努力下，国内学界关于伪满洲国史研究取得了较为显著的成就。

一 伪满洲国史研究的三个时期

（一）肇始时期（1946—1978）

抗日战争胜利后，中国又步入三年解放战争时期，东北作为主战场，战事频仍，动荡的局势也影响到学术界。尽管如此，这一时期国内还是出现了少量研究伪满洲国史的著作,其中主要以东北经济丛书和东北经济小丛书为代表。东北经济丛书有《东北的资源》①《东北的贸易》②《东北的工业》③《东北的矿业》④ 4 册。这套丛书重点论述了伪满时期东北的资源、贸易、工业、矿业等,是研究伪满时期东北经济问题的重要参考著作。《东北经济小丛书》⑤ 由东北物资调节委员会研究组编,共 20 卷 27 册:《资源及产业》(上、下)、《人文地理》《农产(生产篇)》《农产(加工篇)》《农产(流通篇)》(上、下)、《农产(合作社篇)》《林产》《畜产》《水产》《矿产》《煤炭》《钢铁》《机械》《化学工业》(上、下)、《水泥》《纸及纸浆》《纤维工业》《运输》《电信》《电力》《水利》《金融》《贸易》。该丛书论述了清末、民国及伪满时期东北的各类经济问题,对伪满时期着墨尤多。该丛书涵盖面广,资料性强,是研究伪满经济史不可或缺的中文参考资料。这两套经济史著作反映了当时东北经济的发达程度和经济地位的重要性。

新中国成立后,日本侵华档案资料的整理研究受到国家的高度重视,国内关于伪满洲国史的研究逐步开展起来。1951 年,东北师范大学教育系编写《伪满奴化教育》⑥ 一书,开创了国内关于伪满洲国奴化教育研究之先河。该书比较全面地介绍了伪满时期的教育制度、教育内容、学校、教师等问题,是国内关于伪满洲国奴化教育最早的研究著作。1956 年,国家科学规划委员会将编辑和出版满铁史资料作为社会科学发展十二年规划的重点内容,编纂工作由吉林省社会科学院解学诗牵头,与吉林大学一些学者共同承担。原计划出版 8 卷,最终仅第 2 卷《路权篇》⑦ 和第 4 卷《煤铁篇》⑧ 出版。该资料集虽然以"满铁史资料"命名,但由于伪满洲国将各项行政管理权移交给满铁,所以该资料集中有相当一部分是研究伪满洲国史不可忽略的资料。后来国内学界出版的大型近代日本对华调查及满铁

---

① 詹自佑:《东北的资源》,东方书店 1946 年版。
② 张念之:《东北的贸易》,东方书店 1948 年版。
③ 郑学稼:《东北的工业》,东方书店 1946 年版。
④ 施良:《东北的矿业》,东方书店 1946 年版。
⑤ 东北物资调节委员会研究组编:《东北经济小丛书》,中国文化服务社沈阳印刷厂 1947 年、1948 年印行。
⑥ 东北师范大学教育系编:《伪满奴化教育》,1951 年 8 月。
⑦ 吉林省社会科学院《满铁史资料》编写组编:《满铁史资料(路权篇)》,中华书局 1979 年版。
⑧ 吉林省社会科学院解学诗主编:《满铁史资料(煤铁篇)》,中华书局 1987 年版。

档案资料,均将该套资料包含其中。

1960年1月,全国政协以"保存和积累历史资料,并推动撰写资料的开展"为目的,编辑出版《文史资料选辑》,至1966年共出版55辑。《文史资料选辑》既收录"三亲"史料,也收录一部分研究性文章,其中不乏关于伪满洲国史的研究成果。陈修和论述了张作霖时期、张学良时期、日伪时期东三省兵工厂的建造和变迁情况,归纳了产品和技术的发展概况,揭露和批判了日本对东北兵器工业的野蛮掠夺。① 毕玉洲、戴善友考察了伪满"道德会"的建立、组成、发展和没落历程,指出伪满"道德会"得到日伪当局的扶植,协助日伪当局愚弄人民,传播奴化教育。② 政协抚顺市委文史办公室考察了日寇策划平顶山大屠杀及残忍杀害平顶山民众的经过及其恶劣后果,指出平顶山事件不仅是东北人民、全中国人民,也是全世界一切被压迫被奴役的人们永远不能忘记的一笔血债。③

孔经纬探讨了九一八事变至抗战胜利期间日伪在东北的工业扩张及其掠夺性质,认为日本在东北搞工业,正是通过残酷剥削和掠夺的办法,把东北变成日本垄断和独占的军事工业基地,在投资、原料来源及市场等方面有力助长了日本帝国主义垄断资本的发展与扩张。④

据粗略统计,1949年至"文化大革命"结束,与抗战有关的著作共有60余部,论文400余篇,其中有一部分涉及伪满洲国史。在胡华、胡乔木、荣孟源等编著的若干本通史著作中,大部分设有抗日战争史相关章节,其中一部分是关于伪满洲国史的研究内容。李新等主编的《中国新民主主义革命时期通史(初稿)》重点论述了九一八事变、日本在东北的殖民统治和东北人民的抗日斗争等内容。⑤ 总的说来,这一时期国内虽有部分学者开始关注伪满洲国史研究,但面世的论文和著作较少,属于研究的起步阶段。

---

① 陈修和:《奉张时期和日伪时期的东北兵工厂》,中国人民政治协商会议全国委员会文史资料研究会编《文史资料选辑》第25辑,中华书局1962年版。
② 毕玉洲、戴善友:《记伪满"道德会"》,中国人民政治协商会议辽宁省委员会文史资料研究委员会编《文史资料选辑》第4辑,辽宁人民出版社1964年版。
③ 参见政协抚顺市委员会文史办公室《平顶山大屠杀惨案始末》,中国人民政治协商会议辽宁省委员会文史资料研究委员会编《文史资料选辑》第4辑,辽宁人民出版社1964年版。
④ 孔经纬:《日俄战争至抗战胜利期间东北的工业问题》,辽宁人民出版社1958年版。
⑤ 参见李新等主编《中国新民主主义革命时期通史(初稿)》,人民出版社1962年版。

(二) 初步发展时期（1979—2000）

1978年12月召开的党的十一届三中全会，重新确立解放思想、实事求是的思想路线，学术研究走向繁荣，史学研究重现生机，伪满洲国史研究作为日本侵华史和抗日战争史研究领域的一个重要方面，也逐渐引起学界的重视。对于伪满洲国史的专题研究，最早是从东北地区开始的，主要是在《东北沦陷十四年史》编纂委员会和《东北沦陷十四年史》总编室的组织下开展起来的。《东北沦陷十四年史》编纂委员会及总编室于1986年10月成立，以东北三省的社会科学院为中心，组织东北专家学者搜集和整理东北沦陷时期的历史资料，编纂《东北沦陷十四年史》系列丛书。《东北沦陷十四年史》编纂委员会主任为于林，副主任为李荒、李剑白，委员有王充间、胡厚钧、单荣范、陈炎、谢肇华、刘民声、王承礼、吴俊杰、潘景隆、吕钦文、盛彦、张志新、孙继武等。《东北沦陷十四年史》总编室主编为王承礼、孙继武，副主编为王秉忠、步平，编委有于德有、马越山、孔令波、王希亮、邓一民、孙玉玲、孙继英、李茂杰、李作权、辛培林、张世杰、赵长碧、霍燎原等。《东北沦陷十四年史》编纂委员会实为《东北沦陷十四年史》总编室的领导机构。

在《东北沦陷十四年史》编纂委员会和总编室的组织下，国内逐渐形成一支研究伪满洲国史的专业队伍，相继出版《东北沦陷十四年史丛书》，主要有：《中国东北沦陷十四年史纲要》、《苦难与斗争十四年》（上、中、下）、《满铁史》、《满映——国策电影面面观》、《日本向中国东北移民的调查与研究》、《劳工的血与泪》、《日军暴行录（辽、吉、黑卷）》、《东北抗日联军》、《"九一八"国难史》、《苏联出兵东北》、《日伪警察与宪兵》、《长城抗战史》、《流亡青年的脚步》等。此外，《东北沦陷十四年史研究》（第一、二、三辑）也刊发了大量关于伪满洲国史的研究论文。

此一时期，解学诗和苏崇民在伪满洲国史研究领域著作颇丰，影响很大，还有一些学者主要以《伪皇宫陈列馆年鉴》《东北沦陷史研究》等刊物为园地，发表了一批研究伪满洲国史的论文。长春伪满皇宫陈列馆从1984年起开始出版《伪皇宫陈列馆年鉴》，此后每年或每两年一期，刊发关于伪皇宫陈列展览、伪满历史、博物馆学、陈列馆管理、溥仪研究等方面的论文，其中有不少内容涉及伪满政治、经济、军事、文化等。《东北沦陷史研究》（季刊）由《东北沦陷十四年史》编纂委员会创办于1996

年，至 2004 年 4 月停刊，共出版 30 期，刊发了大量关于伪满洲国史的论文。此外，《东北亚论坛》和《社会科学战线》等期刊也发表了一些探讨伪满洲国史的论文。

在东北学者的持续努力下，伪满洲国史研究逐渐受到国内其他地区学者的重视。1991 年，中国社会科学院近代史研究所和中国抗日战争史学会创办《抗日战争研究》，刊登研究抗日战争史、近代以来中日关系史、伪满洲国史、战后遗留问题的论文，其中有关伪满洲国史的论文多围绕九一八事变展开。这一时期，学界比较关注九一八事变相关问题，也开始涉及伪满洲国的教育、劳工、日本对东北的移民等问题，表明国内学术界对伪满洲国史有了较全面和深入的研究。

（三）快速发展时期（2001—2021）

这一时期，随着国内高等教育的发展和研究生队伍的扩充，越来越多的学者开始将伪满洲国史作为研究对象，逐渐形成了一支研究伪满洲国史的专业队伍。值得注意的是，由于地域关系，相关研究人员仍多集中于东北地区高校和科研院所，如吉林大学、东北师范大学、辽宁大学、大连大学、哈尔滨师范大学、吉林省社会科学院、辽宁省社会科学院、黑龙江省社会科学院等。此外，侵华日军第七三一部队罪证陈列馆、九一八历史博物馆、伪满皇宫博物院的部分学者也涉足伪满洲国史研究领域。伪满皇宫博物院在推动伪满洲国史研究方面做出了较大贡献。从 2000 年开始，该院推出 4 期《伪满皇宫博物院年鉴》，收录了大量研究伪满洲国史的论文。长春溥仪研究会成立于 2005 年 8 月，是由长春市政协牵头，与伪满皇宫博物院、吉林省社会科学院历史研究所、吉林大学文学院等机构共同发起的以爱新觉罗·溥仪生平及其时代背景和相关统战政策为研究对象的地方性、学术性和非营利性民间组织。该研究会于 2011 年 10 月创办《溥仪研究》（后改为《溥仪及其时代》），刊发了大量研究伪满洲国史的论文，为伪满洲国史研究成果提供了重要的展示平台。

在此时期，侵华日军第七三一部队罪证陈列馆逐渐成为国内研究日军细菌战和化学战的重要机构。侵华日军第七三一部队罪证陈列馆始建于 1982 年，于 1985 年 8 月 15 日正式对外开放。早期主要由韩晓等人进行相关研究。后来，以金成民、杨彦君为首的一批研究者数十次到日本、美国等收集相关档案和文献资料，把陈列馆建设成为侵华日军细菌战资料收藏中心和学术交流中心，并推出一系列资料集、学术专著和学术论文，在揭露日本细菌战罪行和推动日本军事史研究方面做出了重要成绩。

此一时期，《抗日战争研究》继续关注伪满洲国史研究，发表了一系列相关论文。2008年，侵华日军南京大屠杀遇难同胞纪念馆创办《日本侵华史研究》，2018年改名为《日本侵华南京大屠杀研究》，也发表了一些研究伪满洲国史的论文，为相关研究提供了重要的学术平台。2006年9月5日，首届溥仪研究国际学术讨论会在伪满皇宫博物院召开。此后，每两年举办一届，至2021年底已举办八届（从第七届开始更名为"溥仪及其时代"国际学术研讨会）。这也为伪满洲国史研究提供了一个良好的学术平台。

这一时期，与伪满洲国史相关的大型资料集相继问世。2011年，解学诗、苏崇民主编的《满铁档案资料汇编》（15卷）由社会科学文献出版社出版，其中第14卷主要是伪满洲国建立后对华经济侵略的稀有档案和文献。2012年，解学诗编的《满洲交通史稿》（20卷）由社会科学文献出版社出版，其中不乏与伪满洲国交通相关的档案资料，为深入研究伪满洲国交通史提供了重要文献支撑。2015年，解学诗、宋玉印主编的《满铁内密文书》（30卷）由社会科学文献出版社出版，收录资料超半数是"密级"资料，含特密、极密等，多数是满铁手抄本，少数是复印件，且多为非公开的内部文书，其中有相当一部分涉及伪满洲国，是进一步揭露日本侵华的铁证。

2016年，吉林省社会科学院和中国社会科学院近代史研究所联合成立国内首个日本侵华史研究机构——吉林省日本侵华历史研究中心（吉林省社会科学院满铁研究中心）。该中心成立后，相继出版多套近代日本对华调查档案资料。其中，邵汉明、王建朗主编的《近代日本对华调查档案资料丛刊 第一辑 满铁调查月报》（100册），郭连强、金以林主编的《近代日本对华调查档案资料丛刊 第二辑 经济调查》（50册），邵汉明、王建朗主编的《近代日本对华调查档案资料丛刊 第三辑 贸易调查》（60册）由国家图书馆出版社先后出版，且入选中国历史研究院发布的2019—2020年全国主要史学研究与教学机构重要成果。其后，邵汉明、王建朗主编的《近代日本对华调查档案资料丛刊 第四辑 农业调查》（140册）、《近代日本对华调查档案资料丛刊 第五辑 兴亚院调查》（60册）由国家图书馆出版社相继出版。2021年，谢群主编的《伪满洲国联合协议会记录档案》

（30卷）由国家图书馆出版社出版，这是目前公开出版的首套有关伪满洲国联合协议会记录档案资料，对于深入研究伪满洲国相关政策的出台过程提供了重要资料。

这一时期，中国社会科学院、北京大学、南京大学等高校与学术机构的学者也开始关注伪满洲国史研究，并有一批硕士、博士学位论文以伪满洲国史研究作为主题，这表明伪满洲国史研究已从过去东北一隅的研究状态向全国范围扩展。

二 伪满洲国史研究的主要论题

1949年以来，关于伪满洲国史研究，学者们重点关注以下几个方面。

（一）综合研究

1980年，多位作者合写的《伪满洲国史》面世，这是国内首部研究伪满洲国史的学术成果，涉及九一八事变、伪满洲国建立、法西斯军事统制与殖民镇压、经济统制与掠夺、对人民的剥夺与奴役、殖民文化统制与教育、东北人民的抗日斗争、伪满洲国覆灭等内容，开中国伪满洲国史研究之先河，且为其后的伪满洲国史研究开创了新的体系。[1] 1995年，解学诗出版的《伪满洲国史新编》[2]，采用大量新资料，以时间为经，以军事、政治、经济、文化为纬，详细论述了伪满洲国从酝酿、建立、演变至解体的全过程，是国内研究伪满洲国史的权威著作。这两部著作经受时间的检验，已成为国内伪满洲国史研究者的主要参考书。

陈本善主编的《日本侵略中国东北史》[3]论述了日本发动甲午战争、日俄战争，提出"二十一条"，发动九一八事变，建立伪满洲国，强化殖民统治，加紧经济压迫，疯狂掠夺物资和镇压东北人民等内容，其中用很大篇幅对伪满洲国史做了论述。王秉忠、孙继英主编的《东北沦陷十四年大事编年》[4]以历史编年的形式描述东北沦陷十四年史。王承礼主编的

---

[1] 姜念东、伊文成、解学诗等：《伪满洲国史》，吉林人民出版社1980年版。
[2] 解学诗：《伪满洲国史新编》，人民出版社1995年版。
[3] 陈本善主编：《日本侵略中国东北史》，吉林大学出版社1989年版。
[4] 王秉忠、孙继英主编：《东北沦陷十四年大事编年》，辽宁人民出版社1990年版。

《中国东北沦陷十四年史纲要》[①] 以九一八事变、七七事变和珍珠港事件为节点,通过三个时期论述东北沦陷十四年史。解学诗的《历史的毒瘤——伪满政权兴亡》[②] 兼顾伪满政权兴衰的历史脉络及其各个侧面,提出伪满政权是日本帝国主义在悍然占领我国东北地区的同时制造的傀儡政权,是不为中国政府和人民所承认的彻头彻尾的伪政权,也是日本帝国主义实行武装占领、进行军事殖民统治的军政府。张辅麟的《伪满末日》[③] 主要论述伪满灭亡前的历史。王承礼、常城、孙继武主编的《苦难与斗争十四年》[④] 论述了日本殖民统治中国东北的残暴性、野蛮性,以及在意识形态领域统治的严酷性。李素明的《傀儡登场——伪满洲国》[⑤] 属于伪满洲国简史,论述了从日本人策划"皇姑屯事件"、九一八事变到傀儡政权覆灭的历史。高晓燕主编的《东北沦陷时期殖民地形态研究》[⑥] 从九一八事变、殖民地政治形态、殖民地经济的形成与膨胀、殖民地文化教育与思想禁锢、东北社会五个方面论证了伪满洲国殖民地政权的傀儡本质。

在东北通史著作中也有关于伪满洲国史的内容,如薛虹、李澍田主编的《中国东北通史》[⑦] 考察了日伪殖民统治的确立与强化、东北人民的抗日斗争和太平洋战争后日伪的垂死挣扎等主题。辛培林等主编的《黑龙江开发史》[⑧] 探讨了日本帝国主义对东北资源的疯狂掠夺和严重破坏、工商贸易的殖民地化、殖民主义文化与抗日文化之间的斗争、日本帝国主义的"经济统制"和"百万户移民""北边振兴"及奴化教育、日本的经济掠夺等问题。佟冬主编的《中国东北史》[⑨] 比较完整地论述了从九一八事变到伪满政权覆灭的历史,其中包括日本对东北的法西斯统治、经济掠夺、文化专制与奴化教育、日本对东北的移民与对苏作战准备、东北人民的抗日斗争等问题。

[①] 王承礼主编:《中国东北沦陷十四年史纲要》,中国大百科全书出版社1991年版。
[②] 解学诗:《历史的毒瘤——伪满政权兴亡》,广西师范大学出版社1993年版。
[③] 张辅麟:《伪满末日》,吉林教育出版社1993年版。
[④] 王承礼、常城、孙继武主编:《苦难与斗争十四年》,中国大百科全书出版社1995年版。
[⑤] 李素明:《傀儡登场——伪满洲国》,中国友谊出版公司2001年版。
[⑥] 高晓燕主编:《东北沦陷时期殖民地形态研究》,社会科学文献出版社2013年版。
[⑦] 薛虹、李澍田主编:《中国东北通史》,吉林文史出版社1991年版。
[⑧] 辛培林、张凤鸣、高晓燕主编:《黑龙江开发史》,黑龙江人民出版社1999年版。
[⑨] 佟冬主编:《中国东北史》第6卷,吉林文史出版社2006年版。

（二）军事侵略

伪满洲国的建立是以日本对中国东北的军事占领为前提的，所以日本的军事侵略是伪满洲国史研究者关注的重要主题，其中最重要者为九一八事变、日军侵华罪行和日军细菌战及化学战。

1. 九一八事变

九一八事变是学界最早关注的伪满洲国史研究主题。1981年易显石等著的《"九·一八"事变史》①出版，是国内比较早的全面研究九一八事变的专著。该书不仅描述了九一八事变的过程，而且纠正了九一八事变铁路爆破地点的地名错误，明确指出是"柳条湖"而不是"柳条沟"。该书受到中国学界的高度评价，也受到日本方面的赞誉，有日本学者称其是中国方面编著的有关九一八事变的第一部通史，是一部实事求是的书。②王绍中认为，九一八事变是日本帝国主义长期推行"大陆政策"的必然结果，它开始了变中国为日本殖民地的阶段，国民政府"不抵抗政策"是日本帝国主义侵略阴谋得逞的主要原因。③吴廷璆指出，九一八事变是日本帝国主义精心策划的，既非偶然发生的事件，也不能说是在军政根本对立的情况下由少数法西斯军人发动的，而是日本帝国主义侵华政策发展的必然结果。④郑梅探讨了九一八事变与日本法西斯政权初步建立之间的关系。⑤高书全等论述了日本发动九一八事变武装占领中国东北等问题，认为日本军部对关东军发动九一八事变持默许态度。⑥赵东辉论述了柳条湖事件、东北各地沦陷、日本统治东北的"独立国"方案、伪满洲国的成立和《日满议定书》等问题，剖析了九一八事变与伪满洲国建立的内在逻辑。⑦步平、荣维木等从全国抗战的角度观察九一八事变，揭示了马占山

---

① 易显石、张德良、陈崇桥等：《"九·一八"事变史》，辽宁人民出版社1981年版。
② 刘德有、马兴国主编：《中日文化交流事典》，辽宁教育出版社1992年版，第889页。
③ 王绍中：《试述变中国为日本殖民地的"九·一八"事变》，伪皇宫陈列馆编《伪满皇宫陈列馆年鉴（1984年）》。
④ 吴廷璆主编：《日本史》，南开大学出版社1994年版。
⑤ 郑梅：《"九·一八"事变与日本法西斯政权的初步建立》，郭素梅、张凤鸣主编《东北沦陷十四年史研究》第3辑，黑龙江人民出版社1996年版。
⑥ 高书全、孙继武、顾民：《中日关系史》第2卷，社会科学文献出版社2006年版。
⑦ 赵东辉：《九一八事变与伪满洲国成立》，东北沦陷十四年史总编室、日本殖民地文化研究会编《伪满洲国的真相——中日学者共同研究》，社会科学文献出版社2010年版。

江桥抗战的意义，讴歌了东北民众不屈不挠的抗日斗争。①

2. 日军侵华罪行

马维颐、肖炳龙对虎头要塞的历史背景、日本守备军概况和虎头要塞的覆灭过程进行考察后指出，对虎头要塞遗址进行保护、研究、开发、利用，对进一步揭露日本帝国主义的侵华罪行、促进日本进行反省、强化爱国主义教育，都将产生积极影响。②史丁全面梳理关东军从建立、扩张到灭亡的历史，认为关东军是十足的侵略者和战争罪犯，犯下了战争屠杀罪、反人类罪、侵略别国主权和领土罪、研制和使用细菌及化学武器罪等重大罪行。③金辉、肖景全探讨了1932年9月16日平顶山惨案发生的原因、经过和后果。④李茂杰论述了伪满警察、日本殖民统治者对东北人民镇压的实态、诺门罕战争与对苏作战准备等问题。⑤

3. 日军细菌战及化学战

韩晓、辛培林等人依据大量调查和走访资料，全面揭露了侵华日军七三一部队在华进行细菌战的罪恶行径。⑥金成民论述了七三一部队及其各支队、其他细菌部队、细菌战、特别移送、对细菌战犯的审判、日军细菌战研究与遗址保护等问题，深刻揭示了七三一部队及所属各支队进行的细菌实验和犯下的细菌战罪行。⑦高晓燕探讨了日军在东北的化学战部队、日军对东北抗日武装使用毒气和东北抗日联军积极的防毒措施等。⑧陈致远论述了日本细菌战部队的建立过程、七三一部队残酷的人体试验、七三一部队在华的细菌战、长春第一〇〇部队的细菌试验、七三一部队的败亡，以及美国对日本细菌战罪行的掩盖等问题。⑨杨彦君解读了七三一部

---

① 步平、荣维木主编：《中华民族抗日战争全史》，中国青年出版社2010年版。
② 马维颐、肖炳龙：《对虎头要塞的初步研究》，郭素梅、张凤鸣主编《东北沦陷十四年史研究》第3辑，黑龙江人民出版社1996年版。
③ 史丁：《日本关东军侵华罪恶史》，社会科学文献出版社2005年版。
④ 金辉、肖景全：《辽东抗战与平顶山惨案》，《辽宁省博物馆馆刊》2007年第2辑。
⑤ 李茂杰：《治安机构》《镇压的实态》《诺门罕战争与对苏作战准备》，东北沦陷十四年史总编室、日本殖民地文化研究会编《伪满洲国的真相——中日学者共同研究》，社会科学文献出版社2010年版。
⑥ 黑龙江省政协文史资料委员会、哈尔滨市政协文史资料委员会合编：《日军七三一部队罪恶史》，黑龙江人民出版社1991年版。
⑦ 金成民：《日本军细菌战》，黑龙江人民出版社2008年版。
⑧ 高晓燕：《日军对东北抗日武装使用毒气考》，《世纪桥》2008年第11期。
⑨ 陈致远：《日本侵华细菌战》，中国社会科学出版社2014年版。

队兵要地志班部分档案，还解析了七三一部队的人员构成。① 宋丽蓉、赵士见对侵华日军第一〇〇部队进行深入研究后指出，该部队并非"局限于东北一隅"，而是更多服务于日本本土和中国其他战场，乃是日军兽医人才培养和输出中心、畜类细菌武器研究中心，是日本细菌战体系的重要组成部分。②

由于细菌战罪行的残酷性和特殊性，在国内学者持续不断的努力下，侵华日军细菌战罪行及相关研究已引起国际社会的普遍关注。

（三）政治压迫

政治压迫是统治阶级对被统治阶级实行的政治上的强制统治，以暴力为后盾的强制性政治统治是政治压迫的基本特征。伪满时期日本对中国东北各民族实施严酷的政治压迫，相关研究大致可分为日本对中国东北的政治统治问题、"协和会"问题等。

1. 政治统治

王希亮的专著全面系统地论述了日本对中国东北的政治压迫，举凡日本对傀儡政权的操纵和控制、军事镇压和"治安肃正""王道主义"旗号下的奴化统治及愚民政策、"协和会"与"教化团体"、警宪统治、殖民地民族政策等，均做了深入探讨，堪称研究日本对中国东北进行政治压迫的权威著作。③ 郭素梅认为，伪满治安庭和特别治安庭的设立是日伪以"合法"手段屠杀东北人民的又一铁证。④ 张宗海考察了伪满洲国的俄侨事务局。⑤ 方艳华在深入研究的基础上揭示，伪满的"王道政治"是日伪共同策划下出现的一个怪胎，张扬"顺天安民"，标榜"施行仁政"，兜售"正己修身"，侈谈"民族协和"与"大同思想"，实为欺世盗名的勾当。⑥ 王希亮对日伪统治东北时期的立法及其实质进行深入研究后认为，伪满洲

---

① 杨彦君：《七三一部队人员编成考》，《历史研究》2019年第3期。
② 宋丽蓉、赵士见：《发展·组织·人员：侵华日军第100部队再研究》，《军事历史研究》2021年第4期。
③ 王希亮：《日本对中国东北的政治统治（1931—1945年）》，黑龙江人民出版社1991年版。
④ 郭素梅：《伪满治安庭和特别治安庭的设立》，郭素梅、张凤鸣主编《东北沦陷十四年史研究》第3辑，黑龙江人民出版社1996年版。
⑤ 张宗海：《伪满洲国的俄侨事务局》，郭素梅、张凤鸣主编《东北沦陷十四年史研究》第3辑，黑龙江人民出版社1996年版。
⑥ 方艳华：《伪满"王道政治"的出笼与其异化错位研究》，《兰州学刊》2007年第5期。

国从立法程序到司法过程，均是以维护殖民统治秩序、镇压东北民众反抗、掠夺战争资源、盘剥东北民众为最基本的法律指导思想，出台了一系列带有浓厚封建主义和法西斯主义色彩的法律条款，将东北民众严密禁锢在国家机器的"法制"暴力之下，剥夺了东北民众的基本人权及生存权。① 刘峰论述了日本在伪满统治中的"自治派"和"统制派"，认为两者之间既有摩擦，也有配合，共同统一在日本帝国主义侵略我国东北、奴役东北人民的大目标之下。② 高聪通过论述"郑孝胥内阁"辞职事件，揭示关东军以控制伪满"内阁总理"及"阁员"人事任免的方式，扶植亲日势力，排斥复辟势力，以实现对伪满的绝对控制，导致伪满政权进一步傀儡化、形骸化。③

2. "协和会"

"协和会"成立于1932年，是伪满洲国最大的国民化组织机构，在日本对中国东北的殖民统治历史上产生过重要作用。赵聆实将日本侵略者所提的"民族协和"口号作为研究对象，认为日本帝国主义在其统治中国东北的14年里，以"民族协和"推行其民族吞并政策，中国人民蒙受了灭种、灭族的欺凌。④ 车霁虹解析了"协和会"在伪满基层政治统治中的影响和作用。⑤ 刘萍考述了伪满"勤劳奉公法"的出台与"协和会"的关系，认为在"协和会"的推动下，伪满政府颁布了"勤劳奉公法"，使之成为伪满后期劳务新体制的重要内容。⑥ 陈秀武探析了"协和会"的建立过程，认为"协和会"与伪满政府表里一体，成为宣传伪满"建国"精神的有力武器。⑦ 刘建华考察了伪满"协和会"初期会务机构的设置及其调整，指出"协和会"是在关东军的操纵与控制下建立起来的十足的侵略性组织，也是欺蒙、愚弄东北人民的欺骗性组织。⑧ 王紫薇认为，"协和会"

---

① 王希亮：《评日伪统治东北时期的立法及其实质》，《东北史地》2012年第1期。
② 刘峰：《日本在伪满统治中的"自治派"与"统制派"》，《世界历史》2020年第1期。
③ 高聪：《日"满"之间的政治博弈：以"郑孝胥内阁"辞职为中心》，《日本侵华南京大屠杀研究》2020年第4期。
④ 赵聆实：《论"民族协和"的反动实质》，郭素梅、张凤鸣主编《东北沦陷十四年史研究》第3辑，黑龙江人民出版社1996年版。
⑤ 车霁虹：《试析协和会在伪满基层政治统治中的影响和作用》，《北方文物》2004年第3期。
⑥ 刘萍：《伪满"勤劳奉公法"的出台及其与协和会的关系》，《抗日战争研究》2006年第1期。
⑦ 陈秀武：《初创期的"协和会"与伪满建国精神》，《东北师大学报》2011年第4期。
⑧ 刘建华：《伪满协和会初期会务机构的设置及其调整》，《日本侵华史研究》2013年第1期。

是伪满洲国殖民体制的产物，它也必然随着日本在中国东北殖民统治的消亡而烟消云散。① 高琳涵剖析了伪满"协和会"的傀儡性质，认为"协和会"虽在表面上摒弃了政党性质，但在一步步发展中逐渐贴合了动员型政党的发展模式。②

（四）经济掠夺

近代以来帝国主义国家侵占殖民地的根本目的就是掠夺，日本对中国东北的侵占也不例外。伪满政权建立后，日本大肆掠夺东北的各类资源，给东北人民带来巨大灾难。日本对中国东北的经济掠夺也是学界比较关注的问题，相关研究大体可分为经济统制、工矿业掠夺、农业掠夺、满铁研究等。

1. 经济统制问题

解学诗的《满铁与华北经济（1935—1945）》是关于日伪当局对华进行经济统制的权威著作，该书详细分析了伪满洲国建立后日伪当局利用满铁"进军"华北，实施掠夺煤炭、铁矿、盐、棉花等经济侵略政策的经纬，并深刻剖析了日伪当局的经济掠夺给中国农工商业、交通运输业、金融贸易等造成的严重破坏。③

张福全考察了1840—1949年辽宁地区的经济发展史，其中包括九一八事变前日本在辽宁建立的一批垄断性企业，以及伪满时期日本对辽宁地区的工业掠夺。④ 顾明义等以满铁为中心，探讨了日本统治旅大时期的工业发展概况及民族经济的分化等问题。⑤ 滕立贵重点论述了伪满经济统制政策的演变。⑥ 孔经纬考察了伪满殖民地经济的形成、扩展和深化过程。⑦ 辛培林等揭露了日本在九一八事变后对东北土地、农产品、矿产资源、森林资源、工业和商业等方面的掠夺情况。⑧ 中日两国学者合编的《伪满洲

---

① 王紫薇：《"协和会"与伪满洲国的殖民体征》，《外国问题研究》2015年第1期。
② 高琳涵：《伪满协和会傀儡性及其政党本质》，大连市近代史研究所、旅顺日俄监狱旧址博物馆主编《大连近代史研究》第16卷，辽宁人民出版社2019年版。
③ 解学诗：《满铁与华北经济（1935—1945）》，社会科学文献出版社2007年版。
④ 张福全：《辽宁近代经济史（1840—1949）》，中国财政经济出版社1989年版。
⑤ 顾明义等主编：《日本侵占旅大四十年史》，辽宁人民出版社1991年版。
⑥ 滕立贵：《伪满经济统治》，吉林教育出版社1992年版。
⑦ 孔经纬：《新编中国东北地区经济史》，吉林教育出版社1994年版。
⑧ 辛培林、张凤鸣、高晓燕主编：《黑龙江开发史》，黑龙江人民出版社1999年版。

国的真相——中日学者共同研究》①，在一定程度上反映了两国学界在一些历史问题上的共识。该书第五章"经济与产业"论述了"满洲国"的经济政策、"满洲产业开发五年计划"和"经济掠夺"等问题。苏崇民以九一八事变前东北的经济形势、殖民地经济体系的形成（1931—1936）、有计划的经济掠夺及全面经济统制（1937—1941）、战时经济体制和紧急经济掠夺为主题，全面考察了日本统治东北期间使东北经济殖民地化的过程。②

此外，学术界也发表了一系列关于经济统制问题的文章，其中解学诗探讨了伪满的经济"统制"和五年计划问题，认为伪满"产业五年计划"失败的根本原因在于计划本身的性质，即无限贪婪的战争掠夺，完全脱离了客观可能性；同时也要看到，服务于这种掠夺的经济"统制"，由于它违背了客观经济规律，助长了经济上的混乱和矛盾。③季秀石在考察日本对我国东北工矿业的控制和掠夺政策后指出，日本的经济掠夺政策是随着侵略战争发展的不同阶段而在不断变更的。它既受到侵略战争全局的制约，也与日本经济的发展状况及世界人民的反法西斯斗争相联系。④宋德玲论述了伪满时期日本帝国主义对黑龙江地区的经济掠夺，认为该时期日本在黑龙江地区控制交通、金融等经济命脉，大肆掠夺自然资源，掠夺劳动力资源，给当地经济造成严重危害。⑤李雨桐探讨伪满时期东北的经济状况后指出，严重的通货膨胀、独特的专卖制度、特殊的货币问题，是伪满时期经济领域面临的重要问题，也是导致伪满经济瓦解及政权溃败的重要因素之一。⑥

2. 工矿业掠夺问题

解学诗、张克良编著的《鞍钢史（1909—1948年）》叙述了1949年前的鞍山钢铁公司历史，记录了日本帝国主义疯狂掠夺我国东北钢铁资

---

① 东北沦陷十四年史总编室、日本殖民地文化研究会编：《伪满洲国的真相——中日学者共同研究》，社会科学文献出版社2010年版。
② 苏崇民：《日本侵占下东北经济的殖民地化——侵略者是怎么干的，侵略者都干了什么》，北京交通大学出版社2018年版。
③ 解学诗：《评伪满的经济"统制"和五年计划》，《社会科学战线》1981年第3期。
④ 季秀石：《日本对我国东北经济侵略和掠夺政策的变迁及其实施》，《史林》1986年第2期。
⑤ 宋德玲：《伪满时期日本帝国主义对黑龙江地区的经济掠夺》，《北方文物》1997年第3期。
⑥ 李雨桐：《伪满时期中国东北工矿业发展述略》，《长春工程学院学报》（社会科学版）2017年第3期。

源、残酷压榨广大工人的罪恶史实,也论述了当时钢铁生产技术和管理方面的情况。① 高岩主编的《吉林工业发展史》对伪满时期吉林省的殖民工业进行了详细论述,指出吉林的工业乃至整个经济都是典型的殖民地性质,所办的工业,实为日本帝国主义在吉林殖民的产物。② 高晓燕主编的《东北沦陷时期殖民地形态研究》论述了日伪对工矿业的统制、日本垄断资本对东北经济的全面控制和伪满时期东北民族工商业的凋敝等问题。③ 鲍振东等著的《辽宁工业经济史》论述了1840—2010年辽宁省工业经济的发展演变,其中包括"日本军国主义统治下重化工业'超前'发展""殖民地工业经济体制与畸形工业结构"和"全面经济统制下的疯狂掠夺与殖民工业经济崩溃"等内容。④ 孙瑜论述了日伪统治下中国东北殖民地工业体系从建立、扩张、衰落直至终结的演变过程。该书通过对清末、民国、伪满时期中国东北的制油工业、面粉工业、煤炭工业、电力工业、石油工业等19个工业门类的梳理和分析,以具体史实揭示了日本对中国东北工矿业的控制和掠夺,揭露了日本对中国东北民族工业的排挤和吞并,阐述了该体系对东北经济后续发展的阻碍以及对东北环境的破坏。⑤

此外,学术界也发表了一系列关于工矿业掠夺问题的文章。刘英杰指出,伪满时期日本帝国主义不仅从政治、军事和经济上对中国东北实行全面统治,而且采取"竭泽而渔""杀鸡取卵"式的破坏性殖民掠夺政策,致使东北的能源资源遭到严重的洗劫和摧残。⑥ 王询简要论述了近代辽宁殖民地工业兴衰的轨迹。⑦ 李雨桐认为,由于日本资本的介入,伪满时期东北工矿业呈畸形发展态势,一方面加速了重工业的发展,使得东北整体工业发展极不平衡,中国民族工业则遭到毁灭性打击,毫无存在和发展余地。⑧

---

① 解学诗、张克良编著:《鞍钢史(1909—1948年)》,冶金工业出版社1984年版。
② 高严主编:《吉林工业发展史》,中国经济出版社1992年版。
③ 高晓燕主编:《东北沦陷时期殖民地形态研究》,社会科学文献出版社2013年版。
④ 鲍振东、李向平等:《辽宁工业经济史》,社会科学文献出版社2014年版。
⑤ 孙瑜:《统制与掠夺——日伪统治时期中国东北殖民地工业体系研究》,黑龙江人民出版社2021年版。
⑥ 刘英杰:《伪满时期日本对中国东北能源的掠夺》,《社会科学辑刊》2002年第5期。
⑦ 王询:《辽宁工业经济发展的轨迹及反思》,《东北财经大学学报》2010年第4期。
⑧ 李雨桐:《伪满时期中国东北工矿业发展述略》,《长春工程学院学报》(社会科学版)2017年第3期。

3. 农业掠夺问题

衣保中指出，日伪在东北大搞移民入侵和土地掠夺，在东北建立了殖民地。日伪实施的"粮谷出荷"、粮食配给等一系列殖民地掠夺政策，使科学技术对农业生产的促进作用受到严重禁锢，使东北农业处于衰退状态。[①] 刘铁民论述了九一八事变后日本对东北地区农业的统制和掠夺，认为其目的是为日本帝国主义进行侵略战争提供物质保证。[②] 孙瑜考察了伪满的马产业，指出伪满的马产业是一个适应战争需要的畸胎，它给东北人民带来了巨大的痛苦和灾难。[③] 杨帆在探讨伪满时期日本对"东边道"地区的耕地掠夺及"粮谷出荷"后指出，为维持日益扩大的对外战争，日本力图将包括"东边道"在内的中国东北变成其"大东亚粮谷兵站"，强制执行"粮食出荷"政策，以达到支撑战争并长期侵占中国东北的目的。[④] 关于伪满林业政策，王希亮认为，九一八事变日本独占东北后，包括大兴安岭、小兴安岭、长白山、张广才岭、完达山、老爷岭等资源丰富的林区均遭到毁灭性砍伐。俄日两个帝国主义国家对东北森林破坏性的殖民开发，导致东北森林资源锐减，进而造成东北生态环境的恶化，也引发了人类生存环境以及生产生活方式等生态空间的变迁。[⑤] 孙瑜揭露了伪满时期日本对中国东北淡水渔业的控制和掠夺，认为这种掠夺主要通过水产统制、渔业移民和会社掠夺来实现，体现了日本对华侵略的全面性、残酷性和险恶性。[⑥]

4. 满铁研究问题

"南满洲铁道株式会社"，简称满铁，1906年成立，1907年4月正式开业。总社设于中国大连，分社设于日本东京，1945年日本战败投降后停止经营。存世40年间，满铁把持东北经济命脉，掠夺东北资源，涉足政治、军事、情报等领域，为日本发动九一八事变、制造伪满洲国及进一步发动七七事变，侵占华北、鲸吞中国做了准备。苏崇民的《满铁史》[⑦] 是我国第一部全面论述满铁的专著，此书系统论述了满铁自成立到覆灭的全

---

① 衣保中：《中国东北农业史》，吉林文史出版社1993年版。
② 刘铁民：《九一八后日本对我国东北农业的统制和掠夺》，《党史纵横》2009年第8期。
③ 孙瑜：《伪满洲国的"马政"与马产业变迁》，《中国农史》2014年第4期。
④ 杨帆：《伪满时期日本对东边道地区耕地掠夺及"粮谷出荷"》，《东北师大学报》2016年第1期。
⑤ 王希亮：《近代中国东北森林的殖民开发与生态空间变迁》，《历史研究》2017年第1期。
⑥ 孙瑜：《论伪满时期日本对中国东北淡水渔业的控制与掠夺》，《中国农史》2018年第2期。
⑦ 苏崇民：《满铁史》，中华书局1990年版。

过程，对满铁历史中的诸多问题，尤其是满铁与东北殖民地化问题做了专门研究，具有很高的学术价值。该书还被译成日文，为日本学界所重视。

田富认为，满铁在日本帝国主义侵华过程中多方攫取中国权益，干涉中国内政、参与分裂中国的阴谋活动，对华进行文化侵略，向日本当局提供情报，绝非单纯的一家企业。他指出，与民间财阀相比，满铁具有受日本政府支配的明显特征；与日本驻华使领馆和军队相比，满铁具有全方位多功能性、隐蔽性和欺骗性、持久的遗患性等特点。[①] 解学诗等主编的《满铁与中国劳工》[②] 从伪满洲国的劳动政策和满铁劳动体制切入，通过对劳动管理和工人劳动与生活过程的剖析，揭示中国工人的政治经济地位与状态，同时也从劳动问题角度旁及日本战时经济体制运行中的矛盾。解学诗的另一部专著再现了"满铁调查部"的全貌，并对满铁及其调查部进行了概括性评述，深刻揭示了满铁作为"国策会社"在日本侵华战争中所发挥的作用。[③] 武向平将满铁在国联调查团来华期间的"应对"措施进行系统分析论述，厘清了满铁从九一八事变爆发至国联调查团报告书发表过程中所起的作用。[④] 郭铁椿探究了满铁与九一八事变的关系，认为满铁在九一八事变之前就竭力鼓吹、怂恿日本政府以武力解决所谓"满蒙"问题，其中"满洲青年联盟"所起作用最为恶劣。九一八事变爆发后，满铁又不遗余力地运送大批关东军作战人员和军事物资，修复被中国抗日志士破坏的铁路桥梁，为关东军提供大批经费和抚恤金，参与筹建伪满洲国，为关东军提供大批情报，还在满铁附属地内建立自卫团等，罪不可恕。[⑤] 吴玲考察了满铁社员会与日本对华侵略的关系，认为九一八事变后，满铁社员会成员自发配合关东军军事侵略，充当侵略中国东北的帮凶；日本强占中国东北后，满铁社员会觊觎"满洲"内地乡土文化，妄图长期占据中国东北。[⑥]

（五）文化入侵

文化入侵是一个国家或民族对他国或另一民族通过文化改造和思想改

[①] 田富：《论满铁在日本帝国主义侵华活动中的政治作用》，《松辽学刊》2001年第2期。
[②] 解学诗、[日] 松村高夫主编：《满铁与中国劳工》，社会科学文献出版社2003年版。
[③] 解学诗：《隔世遗思——评满铁调查部》，人民出版社2003年版。
[④] 武向平：《满铁与国联调查团研究》，社会科学文献出版社2015年版。
[⑤] 郭铁椿：《满铁与九一八事变》，《抗日战争研究》2007年第2期。
[⑥] 吴玲：《满铁社员会与日本对华侵略》，《学术交流》2020年第9期。

造而达到征服目的的一种行为。为了尽快同化东北各民族，日本大肆输入日本文化，粗暴改造东北文化，力图从文化角度配合侵略行径。相关研究大致可分为文化传媒问题、奴化教育问题和"满映"研究等，具体如下：

1. 文化传媒问题

李亚婷论述了九一八事变前后日本对中国东北的文化侵略，认为伴随着军事侵略和占领，日本对东北进行了更为野蛮、残酷、深层次的文化侵略。① 代珂以伪满广播剧为视角，梳理广播剧在伪满时期的产生、发展、演变脉络，考证和分析了在日本统治监管下文化传媒的实际状态。② 李娜探究了满铁文化侵略政策的提出、制定及其历史根源和理论依据，梳理了满铁文化侵略机构的设立、调整过程，阐述了满铁在中国东北的文化侵略方式、活动及其特征，揭露了满铁的文化侵略在日本侵华战略中起到的巨大作用。③ 蒋蕾、杨悦认为，伪满新闻统制形成了独特的"特殊法现象"，而一系列对新闻工作者施暴的特殊刑事法则是伪满的间接新闻法。④ 石嘉认为，1931年日本强占东北以后，进一步强化在东北的文化侵略；日本外务省文化事业部先后援建伪满"国立文化研究院"、图书馆、博物馆以及"满蒙学术调查团"，加紧掠夺和控制东北的人文与自然资源；组建"日满文化协会"，以学术研究为名，极力鼓吹"满洲独立"论调；利用庚款补给各类留学生，妄图将其培植成亲日汉奸和殖民统治协力者。⑤ 刘怡君考察了日本对伪满洲国的殖民文化政策，认为日本为消磨中国人民的反抗意志，使之成为日本帝国主义任意摆布的"忠良之国民"，强行向中国民众灌输以"王道主义""民族协和"为核心内容的所谓"建国精神"，进行精神摧残和毒害，并在"官制统治"下推行"泛日化"，导致日本法西斯殖民主义文化泛滥，人类文明遭受严重浩劫。⑥ 李群论述了沦陷时期黑龙江地区的新闻事业，认为伪满时期日本以法西斯专制手段在新闻、出版、广播等领域实施全面的殖民主义专制统治，企图以殖民地文化泯灭东北民众的民族意识，扼杀反满抗日精神，顺从日本的殖民统治，进而将东北永

---

① 李亚婷：《九一八事变前后日本对中国东北的文化侵略》，《"九一八"研究》2014年第1期。
② 代珂：《伪满洲国的广播剧》，《外国问题研究》2014年第3期。
③ 李娜：《满铁对中国东北的文化侵略》，社会科学文献出版社2015年版。
④ 蒋蕾、杨悦：《以法律之名制造的"新闻樊篱"——对伪满新闻统制的历史考察》，《社会科学战线》2016年第6期。
⑤ 石嘉：《伪满时期日本在东北的文化侵略》，《日本侵华史研究》2017年第3期。
⑥ 刘怡君：《日本对伪满洲国殖民文化政策浅析》，《外国问题研究》2018年第1期。

远纳入日本的版图。①

2. 奴化教育问题

王野平主编的《东北沦陷十四年教育史》重点论述了日本对中国东北奴化教育的主要模式——"新学制"。②齐红深认为，伪满时期日本帝国主义为了造就服从他们的知识干部和愚弄广大中国人民，在沦陷区积极实施奴化教育，进行文化教育侵略。③王鸿宾等主编的《东北教育通史》指出，日本侵略者为了达到长期霸占我国东北的罪恶目的，一开始就把教育作为进行殖民地统治的重要手段，在东北全面推行法西斯奴化教育，企图以此泯灭东北人民的祖国观念和民族意识，消蚀反满抗日的斗争意志，其结果严重破坏了中华民族的传统文化，是日本帝国主义在中国欠下的一笔难以偿还的血债。④王希亮、王凤贤认为，日本帝国主义侵占中国东北以后，为了奴化东北人民，培养亲日奴才，维持反动的法西斯殖民统治秩序，在东北推行了一条彻头彻尾的奴化教育方针。⑤姜树卿、单雪丽论述了日本侵略者的奴化教育方针、奴化教育体制、教育制度、殖民地学校教育，还对东北教育界的抗日救亡斗争做了考察。⑥

3. "满映"研究

"株式会社满洲映画协会"，简称"满映"，是伪满洲国于1937年在长春成立的一个电影机构，名义上是一家电影公司，但具有明显的伪满洲国政府宣传机构的特点。"满映"做了大量"日满协和"的宣传，美化日本帝国主义的侵略政策。胡昶、古泉的专著通过考察"满映"的历史，揭示日伪统治者如何利用电影这种易于为群众接受的艺术形式，推行殖民主义政策和宣传殖民主义文化，为强化其统治服务。⑦王艳华通过对"满映"导演和作品的考察、介绍和分析，揭示了日本殖民者对东北人民在思想、

---

① 李群：《黑龙江新闻传播史研究（1901—1949）》，中国社会科学出版社2021年版。
② 王野平主编：《东北沦陷十四年教育史》，吉林教育出版社1989年版。
③ 齐红深：《东北地方教育史》，辽宁大学出版社1991年版。
④ 王鸿宾、向南、孙孝恩主编：《东北教育通史》，辽宁教育出版社1992年版。
⑤ 王希亮、王凤贤：《伪满的殖民地奴化教育》，郭素梅、张凤鸣主编《东北沦陷十四年史研究》第3辑，黑龙江人民出版社1996年版。
⑥ 姜树卿、单雪丽主编：《黑龙江教育史》，黑龙江人民出版社2002年版。
⑦ 胡昶、古泉：《"满映"——国策电影面面观》，中华书局1990年版。

文化方面进行殖民统治的实质。① 郭淑梅、张珊珊论述了日本殖民电影的"本土化"问题,认为日本通过"满映"制造殖民电影,配合战争需要,以达其文化侵略目的。其中重要手段是对"满映"演员进行包装、推介,发表演员对"满映"的"忠诚、感恩"之言,制造"满映"是伪满洲国文化娱乐的象征和东北青年圆电影艺术梦"最佳场所"的假象,为殖民地虚假繁荣的"日满亲善"景象提供模板。② 逄增玉剖析了"满映"电影杂志的殖民主义宣传策略及其复杂性,认为"满映"电影杂志在为殖民主义国策电影鼓吹宣传之际,出于占领市场的考量,也采纳了一般电影刊物的若干编排手法,在总体上的殖民性中掺杂了少许市场性和电影刊物的逻辑。③ 王晖认为,"满映"是日本对内对外进行思想战和宣传战的工具,特别是甘粕正彦担任理事长期间,因其军人身份及与日本上层侵略者的关系,决定了"满映"文化侵略的基本属性;随着日本的战败投降,"满映"走入历史的末路。④

(六)宗教控制

伪满时期日本也通过宗教维护其殖民统治,使宗教沦为巩固日伪政权的重要工具。李辉探讨了伪满时期日本神道教在东北的主要活动及其影响,认为日本妄图利用神道的影响力赢得"满洲国国民"的崇敬,进而使之成为"新天地"的精神支柱。⑤ 吴佩军、傅学艺以天主教延吉教区为中心,论述了伪满时期的政教关系,认为延吉教区德国天主教本笃会与伪满政权始终处于妥协与冲突的互动关系中,妥协是主要的,冲突则是次要的,冲突主要表现在教会学校"国有化"、神社参拜等问题上。⑥ 孙江考察了伪满统治下的红卍字会,认为红卍字会在历经伪满的政治压制后,最终

---

① 王艳华:《"满映"与东北沦陷时期的日本殖民化电影研究——以导演和作品为中心》,吉林大学出版社 2010 年版。

② 郭淑梅、张珊珊:《殖民电影"本土化":伪"满映"制造虚假繁荣》,《学术交流》2014 年第 4 期。

③ 逄增玉:《"满映"电影杂志的殖民主义宣传策略及其复杂性》,《社会科学战线》2016 年第 6 期。

④ 王晖:《"满映"的设立与日本对东北的文化侵略》,大连市近代史研究所、旅顺日俄监狱旧址博物馆主编《大连近代史研究》第 17 卷,辽宁人民出版社 2020 年版。

⑤ 李辉:《伪满时期日本神道教在东北的主要活动及其影响》,《兰台世界》2012 年第 22 期。

⑥ 吴佩军、傅学艺:《伪满时期的政教关系——以天主教延吉教区为中心》,《外国问题研究》2013 年第 1 期。

不得不放弃政治中立的立场，成为伪满统治的附庸——教化团体。① 刘扬探析了东北沦陷时期日伪对东北宗教的控制，认为该时期日本对东北宗教实行"分而治之"的策略，对顺从者进行扶植，对反抗者进行打压和控制；日伪对宗教的控制与利用取代了宗教界的自由发展，使东北的宗教信仰出现畸形发展态势。② 吴佩军在研究伪满殖民政权的东正教政策后指出，日本殖民政权从强化统治和对抗苏联的需要出发，针对伪满境内的东正教会制定了怀柔和高压并举的宗教政策。③ 王晓峰的专著探讨了伪满时期东北本土宗教以及扎根于东北的基督教、天主教、东正教等外来宗教的生存状态，剖析了东北各教与政治的互动关系，揭示了伪满时期东北的佛教、喇嘛教、基督教、伊斯兰教等宗教的真实面貌。④ 徐炳三指出，伪满时期日军以日本宗教人士为骨干，掌控沦陷区宗教组织，在沦陷区建立日本宗教联合体，作为日本控制沦陷区宗教的执行机构和沟通日本本土宗教的纽带。⑤

（七）社会奴役

伪满社会充斥着血腥与罪恶、奴役与压迫，也衍生了各种毒瘤。其研究大致可分为劳工问题、移民问题、烟娼赌匪问题等。具体如下：

1. 劳工问题

刘功成叙写了大连工人阶级队伍从 1879 年开始形成到 1949 年中华人民共和国成立之前 70 年间的历史，用一定篇幅介绍了伪满时期大连的工人运动史。⑥ 李联谊对伪满的特殊工人进行研究后指出，特殊工人是中国工人特别是东北煤矿工人的组成部分，他们在被日本帝国主义劫持到东北后，同沦陷区煤矿工人一起在中国共产党的领导下开展斗争。⑦ 王渤光论述了抚顺工人和特殊工人的抗日斗争。⑧ 丰满发电厂工人运动史编审委员

---

① 孙江：《救赎宗教的困境——伪满统治下的红卍字会》，《学术月刊》2013 年第 8 期。
② 刘扬：《东北沦陷时期日伪对东北宗教的控制——以寺庙管理立法为中心的考察》，《溥仪研究》2013 年第 4 期。
③ 吴佩军：《伪满殖民政权的东正教政策》，《外国问题研究》2014 年第 3 期。
④ 王晓峰：《伪满时期日本对东北的宗教侵略研究》，社会科学文献出版社 2015 年版。
⑤ 徐炳三：《"扭曲"的十字架——伪满洲国基督教研究》，科学出版社 2018 年版。
⑥ 刘功成：《大连工人运动史（1879—1949）》，辽宁人民出版社 1989 年版。
⑦ 李联谊：《中国特殊工人史略》，抚顺市科协印刷厂 1991 年印行。
⑧ 王渤光主编：《抚顺人民抗日斗争四十年》，辽宁人民出版社 1992 年版。

会探讨了日伪时期丰满发电厂工人的苦难与反抗斗争。① 苏崇民等认为，伪满时期东北工人阶级除遭受日伪政权的法西斯统治和殖民主义的政治压迫外，还直接遭受日本资本的剥削，整个东北地区已变成日本法西斯强盗的一座集中营。② 张凤鸣、王敬荣概述了日本侵略者掠夺和残害中国劳工的总体状况，并收录了大量当事人的回忆录，为揭露日本军队侵华罪行提供了很多新的证据。③ 吕冬冬、栾莹论述了近代日本对本溪湖的掠夺，以及中国劳工的斗争。④

2. 移民问题

左学德的《日本向中国东北移民史（1905—1945）》是我国第一部系统记述和研究日本移民侵略东北历史的著作。该书证实日本向中国东北移民绝不是帮助中国发展农业，也不是单纯的经济移民，而是日本帝国主义对中国进行殖民侵略的重要组成部分。⑤ 高乐才的《日本"满洲移民"研究》也是研究日本"满洲移民"的重要著作，该书认为，日本对中国东北的战略意图，就是要通过移民来壮大日本在中国东北的实力，防御、进攻苏联，镇压东北抗日武装力量，解决关东军的后备兵员，建立起"新大陆政策的据点"，进而吞并中国，称霸亚洲。⑥ 孙继武等通过田野调查收录了大量"三亲"史料，深入研究了日本移民对中国东北土地的掠夺、武装移民、百万户移民、"满蒙开拓青少年义勇军"等问题。⑦ 马伟认为，日本"北满"移民是一次"民族侵略迁徙行为"；日本移民政策最终改变了"北满"的人口结构、民族结构和社会结构，并影响其社会走势。⑧

3. 烟娼赌匪问题

孙彤、郑敏论述了日伪所谓的"十年断禁"烟毒政策，认为该政策名禁实纵，其结果导致烟毒更加猖獗，最后不得不抛弃其伪装，实行彻底的鸦片政策。日本帝国主义借伪满之手不仅控制鸦片专卖，而且掌控着鸦片

---

① 丰满发电厂工人运动史编审委员会编：《丰满发电厂工人运动史（1937—1985）》，丰满发电厂工人运动史办公室1992年版。
② 苏崇民、李作权、姜壁洁主编：《劳工的血与泪》，中国大百科全书出版社1995年版。
③ 张凤鸣、王敬荣主编：《残害劳工》，黑龙江人民出版社2000年版。
④ 吕冬冬、栾莹：《历史的见证——本溪湖劳工问题研究》，吉林人民出版社2006年版。
⑤ 左学德：《日本向中国东北移民史（1905—1945）》，哈尔滨工程大学出版社1998年版。
⑥ 高乐才：《日本"满洲移民"研究》，人民出版社2000年版。
⑦ 孙继武、郑敏主编：《日本向中国东北移民的调查与研究》，吉林文史出版社2002年版。
⑧ 马伟：《日本"北满移民"研究》，中国社会科学出版社2015年版。

走私活动,是世界上最大的鸦片种植、制造、贩卖者。① 刘丽丽在考察伪满时期日本在黑龙江地区的鸦片毒化政策后指出,九一八事变后,日本以伪满洲国的名义,在中国东北实行罪恶的鸦片毒化政策,由日伪当局垄断经营鸦片的生产、收购、加工、销售,鼓励甚至强迫中国人吸食。黑龙江地区土地肥沃,适合罂粟生长,因此受到日伪当局的重视,成为重要的鸦片种植和生产基地,导致黑龙江地区烟毒泛滥,地力民生两受其害。② 聂景周叙述了1949年前长春妓院的情况,包括伪满时期长春妓院妓女的来历与社会背景、妓女的斑斑血泪等。③ 马瑞群论述了伪满时期东北的博彩业,认为伪满洲国成立后,在伪政府的支持下,博彩业在短时间内获得飞速发展。博彩业给东北地区的社会生活和抗日活动带来极大危害,成为日伪获取财富、收集情报的工具,也成为无法改变当时社会状况的东北人民逃避现实的途径。④ 刘景岚、姜莹剖析九一八事变后东北土匪参与抗日的原因后指出,由于东北土匪队伍抗日意志不够坚定、与正规军相比组织纪律性差、匪性难改和日伪重兵进攻、抗战队伍粮弹不济等主客观原因,这些绿林土匪的抗日有很大的局限性。⑤

(八)民族迫害

伪满洲国建立后大肆宣扬"日满一心一德""民族协和""五族协和"等,实质是推行以日本民族为核心的民族迫害政策。范婷婷论述了伪满时期黑龙江省少数民族的教育问题,认为该时期日伪统治者为了泯灭黑龙江省各少数民族的民族意识,巩固殖民统治秩序,极力灌输法西斯思想,大肆进行殖民教育。⑥ 石岩考察了伪满时期日本对东北少数民族的民族政策,认为日本通过民族同化和离间政策,挑拨少数民族和汉族之间的矛盾,还

---

① 孙彤、郑敏:《日伪鸦片"十年断禁"政策的提出及其实质》,大连市近代史研究所、旅顺日俄监狱旧址博物馆主编《大连近代史研究》第6卷,辽宁人民出版社2009年版。
② 刘丽丽:《九一八事变后日本在黑龙江地区推行的鸦片毒化政策》,《长春师范大学学报》2019年第9期。
③ 聂景周:《解放前长春妓院一瞥》,中国人民政治协商会议长春市南关区文史编委会编《南关文史》第1辑,1991年。
④ 马瑞群:《试论伪满时期东北的博彩业》,《绥化学院学报》2020年第12期。
⑤ 刘景岚、姜莹:《试析"九一八"事变后东北土匪抗日原因及其局限性》,《东北师大学报》2013年第6期。
⑥ 范婷婷:《伪满时期黑龙江省少数民族教育述论》,《黑龙江民族丛刊》2011年第6期。

利用收买和欺骗手段,操纵少数民族上层人物,组建反动武装,镇压东北抗日力量。虽然东北各少数民族受到残酷摧残与迫害,但他们与汉族人民一道同日伪统治者进行了顽强不屈的斗争。① 高乐才对伪满时期日本对蒙古族上层的政策进行研究后指出,伪满洲国成立后,日本为稳定殖民统治,对内蒙古地区的管理形式采取以蒙古"王公为中心"体制的所谓"民族自治"的怀柔政策。当伪满洲国各级政权完全控制在日本人手中时,便开始废除传统的蒙古王公制度,实行"特权奉上",蒙古王公享受了两个多世纪的特权被彻底剥夺。② 李茂杰论述了伪满时期鄂伦春族的困难与抗争,认为日伪名义上打着"民族协和""建设王道乐土"的招牌,实则推行对鄂伦春族逐渐灭绝的政策,使鄂伦春族人民受到严重摧残,过着非人的生活,人口逐年减少,也引起他们不屈不挠的斗争。③ 韩顺兰、安成日考察了日本对中国东北朝鲜族民众的"皇民化"政策,认为日本在东北朝鲜族民众中推行"皇民化"政策的险恶用心,在于利用居住在中国东北地区的朝鲜族民众的"特殊法律地位",进一步巩固其在东北地区的殖民统治,扩大在中国东北地区的侵略"权益"。④ 李阳在探讨日伪当局对满族的殖民统治后指出,为加强对满族人民的殖民统治,日伪当局对满族实施政治、经济和教育奴化,对满族人民进行精神摧残,使满族人民承受了长达14年的法西斯压迫与剥削,致使满族人口大幅减少。⑤

(九) 殖民科研机构

关于伪满洲国殖民科研机构的研究,也是伪满洲国史研究的重要组成部分。刘国华对伪满洲国大陆科学院的成立过程、机构组织、实验室项目等进行了系统研究。⑥ 梁波的专著对近代日本在华设立的台湾总督府研究所、"满铁中央试验所""满铁地质调查所""满铁铁道技术研究所"、上海自然科学研究所、伪满洲国大陆科学院等殖民科研机构进行了详细阐

---

① 石岩:《伪满时期日本对东北少数民族的民族政策》,《满族研究》2012年第1期。
② 高乐才:《伪满时期日本的蒙古族上层政策》,《外国问题研究》2012年第2期。
③ 李茂杰:《伪满时期鄂伦春族的苦难及反抗斗争》,大连市近代史研究所、旅顺日俄监狱旧址博物馆主编《大连近代史研究》第14卷,辽宁人民出版社2017年版。
④ 韩顺兰、安成日:《论日本对中国东北朝鲜族民众的"皇民化"政策》,《日本研究》2014年第4期。
⑤ 李阳:《伪满洲国时期日伪对满族的殖民统治》,《东北亚研究论丛》2016年第1期。
⑥ 刘国华:《伪满洲国大陆科学院》,《中国科技史料》1986年第4期。

述，并科学地总结中国近现代科技发展历史的经验和教训，为 21 世纪中国科学技术的发展、创新能力的提高、创新体系的建设等提供有益的历史镜鉴。①

三 深入研究的思考与建议

如上所述，国内学界对战后伪满洲国史的研究确实取得了一系列成果，但总的来看，相关研究尚处于发展阶段，呈现出不够均衡、不够深入、重复研究现象比较严重等问题。因此，进一步深入拓展该领域的研究既是现实所需，也是大势所趋。如何进一步推进有关伪满洲国史的研究？笔者谨提出如下几点建议供学界同人参考：

第一，应坚持正确的政治方向、学术导向和价值取向。从本质上讲，伪满洲国是日本殖民地性质的傀儡政权，这也是伪满洲国的根本属性。围绕该政权，日本对中国东北进行了军事侵略、政治压迫、经济掠夺、文化入侵、宗教控制、社会奴役和民族迫害等，建立了一整套殖民统治体系。任何粉饰日本殖民统治、为日本侵略行径辩护、违背客观实际和马克思主义基本原理的论调，都是错误的，应该予以严厉批驳。伪满洲国史研究涉及许多战争遗留问题，如日本遗孤（遗华日侨）问题、"慰安妇"问题、细菌战和化学战问题、战争赔款问题、强征劳工问题、历史观问题等，既具有很高的学术价值，也具有重要的现实意义，在政治方向、学术导向和价值取向方面尤其不能出现差错。

第二，坚持伪满综合史研究和专门史研究相结合。如前所述，从 1980 年开始，国内陆续出版了一批有影响的伪满洲国综合史研究著作，其中以姜念东等著的《伪满洲国史》和解学诗的《伪满洲国史新编》为代表。它们从宏观角度对伪满洲国史的各个方面进行了总体概括和论述。伴随着近年来新资料的解密和新视角的扩展，伪满洲国综合史研究也亟待推出全新成果。遗憾的是，与伪满洲国专门史研究相比，伪满洲国综合史研究略显薄弱。这就需要相关学者投入大量时间和精力，推出高质量的伪满洲国综合史研究新成果。综合史研究的发展将对专门史研究起到引领作用，专门

---

① 梁波：《技术与帝国主义研究：日本在中国的殖民科研机构》，山东教育出版社 2006 年版。

史研究的发展将使综合史研究更加全面和深入，二者是相辅相成的关系，缺一不可。

第三，坚持定性研究和定量研究相结合。定性研究，是就事物性质而言，多指从理论角度对问题进行探讨与研究。定量研究是从数量上进行研究的方法。这里的定性研究主要是指伪满洲国的殖民地傀儡性质和日本对中国东北的殖民掠夺性质等问题。定量研究多指对伪满经济生产的各种指标的研究。目前日本方面多倾向于定量分析，但因统计的时间范围、地域范围和使用材料的不同，导致研究结论与中国迥异。中国学界的研究多注重定性研究，即从其殖民性和掠夺性上进行总体论述，但定量分析不足。量化分析具有很强的科学性、准确性和信服力，如果对当时东北工厂的生产额、库存量、工人数、失业率，对东北对日本的出口量、进口量，对东北矿业的开采量、运输量等进行详细分析，更能说明伪满经济的殖民性和日本对东北经济的掠夺性。因此，将定性研究和定量研究相结合将更有益于探索伪满洲国史的本质问题。

第四，坚持政治研究、军事研究和经济研究相结合。近年来对伪满洲国经济史的研究逐渐受到学界重视，并取得了一系列成果。但需要注意的是，伪满洲国经济问题的本质是日本要吞并中国东北，掠夺东北各种资源，为其进一步侵略中国和进行对外战争服务，归根结底是政治问题。如果忽略这一本质特点，关于伪满洲国经济史的研究就会陷入就事论事的碎片化境地，得出偏颇甚至错误的结论。日本方面的一些研究就因忽视政治而偏重经济，导致偏见频出，甚至有人得出日本侵略东北是为了"建设东北"及"复兴东北"等谬论。

第五，引导更多关内学者介入这一研究领域。由于地域关系，一直以来研究伪满洲国史的学者多为关外学者，关内学者全身心投入此项研究的较少。一方面，关外学者在资料收集和田野调查方面具有天然优势；另一方面则是缘于历史发展的连续性，他们更容易感受到这段历史的影响。此外，地方政府的提倡和资助也发挥了重要推动作用。这些因素使关外学者对伪满洲国史研究更有热情和使命感，成为伪满洲国史研究的主力。近年来，一部分关内学者从研究兴趣和现实需要出发也逐渐开始从事伪满洲国史研究。他们多集中于北京、上海、南京等地的综合性高校和科研院所，且已经推出一些高质量成果。然而，从研究人数、成果数量和研究涉及的范围来看，均与关外学者有较大差距，应通过设立项目和专栏等方式，引导更多的关内学者关注伪满洲国史研究，从而产出尽可能多的高质量研究成果。

值得一提的是，近年来满铁资料的充分挖掘，大量日文档案的公开，网上数据库资料的开放，为伪满洲国史研究提供了新的契机。而现代教育制度的发展，硕士生、博士生培养体系的完善，为伪满洲国史研究提供了颇具潜力的科研后备力量，是伪满洲国史研究得以持续发展的人力保障。

总之，经过几十年的发展，伪满洲国史研究在众多学者的努力下取得了一定的成绩，但仍有很大的探索空间，可谓任重而道远。

第 三 章

正面战场史

正面战场是抗日战争的主要战场之一。关于抗日战争正面战场的研究是当代抗日战争史研究的一个重要分支。自新中国成立以来，关于正面战场的研究经历了四个阶段，在正面战场的地位等宏观问题、历次会战和战役等具体问题以及战时国民党军队这三个方向涌现出较多成果。在抗日战争史研究学科不断发展的大背景下，正面战场研究仍有很大的拓展空间。

一 正面战场研究的四个阶段

自1945年抗日战争结束，与之相关的历史研究便已开始。新中国成立以后，抗日战争史研究持续深入，关于正面战场的讨论也不断进步。1949年至今，与正面战场相关的研究经历了四个发展阶段。分别是1949—1978年、1979—1995年、1996—2010年、2011—2021年。除了第一个阶段和第二个阶段之间具有较为明显的分界线外，其余几条分界线并不十分明显，改革开放之后关于正面战场的研究呈现出线性发展的特征。

(一) 1949—1978年

从1949年至1978年，此30年中历史研究受到政治、社会诸多因素的影响，不同时段不同方向的研究呈现出各异的发展轨迹。就抗日战争正面战场而言，相关研究长期停留于较为初级的阶段，很多论题并未得到讨论，甚至学界关于整个正面战场的看法亦显片面，与史实存在较大距离。

早在抗日战争胜利后不久，相关研究就已开始。在国统区，为数不少叙述抗战正面战场历次会战的著作次第出现。有的著作按照国民党官方两期抗战的叙述脉络介绍战事;① 有的著作将抗日战争正面战场的战事分为三个时期进行叙述;② 还有的著作已经将局部抗战诸役和全民族抗战历次会战汇入到同一个叙事之中;③ 也有著作开始从军事战略层面对战争进行复盘,以强调国民政府的合法性。④ 解放区出版了高天、李石涵、朱泽甫等编写的以及华北大学教务处刊印的《中国人民抗日战争史略》等小册子。⑤ 这些著作较为一致的特点是对国民党在正面战场的抵抗评价较低,指责国民政府全民族抗战初期丧师失地、抗战中期妥协甚至投敌和抗战后期发生大溃败。⑥ 考虑到当时国共内战正酣,解放区的抗战史写作具有如此取向是可以理解的。不过,这样的叙事在新中国成立后得以延续了数十年。

黄美真等认为新中国刚成立之时,抗日战争史研究曾有一个良好的开端,但这样的工作之后屡遭挫折,直至在"文化大革命"中陷入停顿。粗略估计,这一时期与抗战有关的著作有60余部,论文和文章400余篇,其中相当一部分涉及正面战场。胡华、胡乔木、荣孟源等人的若干本通史中便有抗日战争史的章节,李新的《新民主主义革命通史》中将"抗日战争"撰成一卷。不过,此时的抗日战争史被局限在中共党史或革命史的框架内,专门的研究尚不多见;具体到抗日战争正面战场,多数论著的观点仍是国民党基于其阶级属性,推行一套单纯依靠政府和正规军的片面抗战路线,之后又积极反共、消极抗日。⑦

王连捷分析了上述状况的原因:除了"左"的影响外,研究者自身的情感代入、马克思主义理论水平和知识结构上的问题、档案资料开放的不足,都造成了抗日战争正面战场的研究停滞不前。⑧ 即便如此,一些正面战场上的战役依然被这些论著提及,如胡华的著作就提到了国民党军队在

---

① 蒙藏委员会编译室:《抗战八年来之经过:从七七到九九》,1945年编者自印版。
② 佚名:《我国对日抗战史》,大东书局1948年版。
③ 廖子东:《中日八年战争回顾》,时事日报社1945年版。
④ 冯子超:《中国抗战史》,正气书局1946年版。
⑤ 参见黄广友《刘大年与新时期抗日战争史研究》,《南京大学学报(哲学·人文科学·社会科学)》2017年第4期。
⑥ 朱泽甫:《中国抗战史讲话》,光华书店1948年版。
⑦ 参见黄美真、张济顺、金光耀《建国以来抗日战争史研究述评》,《民国档案》1987年第4期。
⑧ 王连捷:《抗日战争史研究综述》,高树桥主编《东北抗日斗争论文集》,辽大彩色图文印刷中心1995年版。

台儿庄战役取得的胜利。①

(二) 1979—1995 年

从 1979 年改革开放至 1995 年抗日战争胜利五十周年，抗日战争研究经历了一个前所未有的快速发展期。相应地，关于正面战场的研究也迎来了第一个高峰期。十余年来，关于正面战场的一些宏观问题得到充分讨论，重要的会战、战役也渐渐被研究者们关注。

在抗日战争通史的写作中，学者逐渐将抗日战争正面战场作为重要的内容进行复原。龚古今、唐培吉 1983 年的著作就已经述及国民党军队参加的历次会战，不过相关评价尚受到前一阶段话语的影响。② 何理 1985 年的著作与之类似，关于正面战场的叙述占据的篇幅并不大。③ 张宏志 1985 年的著作呈现出某种改变，开始将正面战场和敌后抗战并列看待，并对淞沪会战等几次大型战役进行了专章论述。④ 与此同时，三部专门介绍、讨论抗日战争正面战场的著作相继出现，郭雄等人择要介绍了正面战场上的重要会战，⑤ 陈小功利用日本战史丛书和台湾方面的抗日战史，更为详细地从战略态势的层面讲述正面战场，⑥ 张宪文及其团队的成就最为突出，他们以中国第二历史档案馆馆藏的档案为基础，系统而全面地讲述了正面战场的历次会战、战役。⑦ 此外，张振鹍等人编写的日本侵华史著作，也以较大篇幅叙述了从局部抗战到全民族抗战 14 年间正面战场的若干次战役。⑧ 之后的抗战通史，均对抗日战争正面战场进行了较为完整的叙述。⑨

这时的研究，首先集中在关于抗日战争正面战场的评价等宏观问题上。自 1980 年张晔提出全面评价抗战初期国民党战场以来，⑩ 如何看待正

---

① 参见周一平《新中国成立后抗日战争史研究的发展》，《党史研究与教学》1995 年第 4 期。
② 参见王连捷《抗日战争史研究综述》，高树桥主编《东北抗日斗争论文集》，辽大彩色图文印刷中心 1995 年版。
③ 何理：《抗日战争史》，上海人民出版社 1985 年版。
④ 张宏志：《抗日战争的战略防御》，军事学院出版社 1985 年版。
⑤ 郭雄等编：《抗日战争时期国民党正面战场重要战役介绍》，四川人民出版社 1985 年版。
⑥ 陈小功：《抗日战争中的国民党战场》，解放军出版社 1987 年版。
⑦ 张宪文主编：《抗日战争的正面战场》，河南人民出版社 1987 年版。
⑧ 中国社会科学院近代史研究所编：《日本侵华七十年史》，中国社会科学出版社 1992 年版。
⑨ 军事科学院军事历史研究部：《中国抗日战争史》，解放军出版社 1994 年版；中共中央党史研究室第一研究部编：《中华民族抗日战争史：1931—1945》，中共党史出版社 1995 年版。
⑩ 张晔：《怎样看待抗战初期的国民党战场》，《新时期》1980 年第 3 期。

面战场成为学者们竞相谈论的话题。抗战初期正面战场的作用、相持阶段正面战场的态势、国民党持久战略的内涵、正面战场与敌后战场的关系等问题是讨论的焦点，李新、何理、刘庭华、余子道等前辈学人和中青年学者对此发表了看法，徐焰、王建朗等青年学者也参与了探讨。[1]

其次，关于正面战场历次会战的具体研究也越来越多。最先的一批当属马振犊关于淞沪会战、张宪文关于台儿庄战役、江抗美关于武汉会战与高秋萍关于南昌会战的讨论。[2] 稍后，学者们较为侧重地辨析了九一八事变后的"不抵抗"责任、一·二八淞沪抗战中国民政府的作为、长城抗战和察绥抗战中各方的复杂关系、国民政府发动淞沪会战的动机等问题。[3] 1995年前后，与台儿庄战役、武汉会战、冬季攻势、南昌会战、入缅援英战役等相关的研究成为热点。[4]

此外，战时国民党军队也步入学者们的视野。关于国民党军事机构的介绍和初步讨论开始出现。

(三) 1996—2010年

1995年之后，抗日战争研究进入常态发展阶段。有研究者认为抗日战争胜利五十周年后相关研究热度下降。[5] 但是，关于抗日战争正面战场的研究，正在经历一个量的积累。既有问题的讨论日益深入，而一些新的取向也在萌芽之中。

全面反映抗日战争的著作中，均运用大量篇幅叙述正面战场的诸次战役，并在此基础上进行中肯的评论。比如李新、陈铁健主编通史中的四卷，萧一平、郭德宏主编的抗战全史，张海鹏主编通史的第7卷，都体现出如此特色。[6] 而且，也有若干以正面战场为主要内容的专著出现。张宪文主编的十四年抗战史，详尽地讲述各次会战、战役的经过，并大量使用

---

[1] 参见张济顺《国民党正面战场的历史作用估价》，姜义华主编《社会科学争鸣大系(1949—1989)·历史卷》，上海人民出版社1991年版。

[2] 参见黄美真、张济顺、金光耀《建国以来抗日战争史研究述评》，《民国档案》1987年第4期。

[3] 参见京中《抗日战争史研究述略》，《抗日战争研究》编辑部编《1945—1995抗日战争胜利五十周年纪念集》，近代史研究杂志社1995年版。

[4] 参见曾景忠《中国抗日战争正面战场研究述评》，《抗日战争研究》1999年第3期。

[5] 郭德宏：《近十年来抗日战争史研究新进展述评》，《党史研究与教学》2005年第6期。

[6] 李新、陈铁健主编：《中国新民主主义革命通史》第6—9卷，上海人民出版社2001年版；萧一平、郭德宏主编：《中国抗日战争全史》(3卷本)，四川人民出版社2005年版；张海鹏主编：《中国近代通史》第7卷，江苏人民出版社2007年版。

中国第二历史档案馆的史料和外国史料,对战事进行分析和评判,提出了独到的见解。① 郭汝瑰、黄玉章的正面战场战史是这一时期关于正面战场最为系统的专著。其最大的价值不仅在于深度复原每一场会战的过程,而且在于它对于各次会战的得失展开分析,提出言之有据、令人信服的结论。②

关于正面战场宏观问题的评述依然在继续。战略阶段的划分、是否存在反攻阶段、正面战场与敌后战场的关系等话题仍旧被研究者们讨论。③ 除了国民政府的持久作战战略、有无抗战决心、何时开始消极抗战外,国民党军队的游击作战开始成为较多关注的问题。④ 学者们言说中的正面战场,其历史地位也变得愈发重要。⑤ 刘大年在其主编的著作中明确指出了蒋介石、国民党的参加对于全民族抗战的重要意义。⑥

这一时期关于具体会战、战役的讨论较上一时期有明显增加。2000年前后,学者们对于缅北滇西战役和豫湘桂会战的兴趣较为浓厚,纷纷提出与过往认知不一样的看法。⑦ 同时,武汉会战的经过和战略抉择也一再被学者们论及。⑧ 关于卢沟桥事变前后各方面之间的博弈以及淞沪会战的战略意义还保持着一定热度。⑨ 此后,关于其他会战、战役的研究亦不鲜见。诸次会战的史实重建工作,在这个阶段初步完成。

2000年之后,关于战时国民党军队的全面研究开始涌现。戚厚杰的论著对于战时国民党军队的基本架构、组成单位进行了细致的考证。⑩ 曹剑浪的军史则在逐年介绍国民党军队战事的同时,对于其沿革、演变展开了详尽的叙述。⑪ 李宝明的著作将重心放在各大军系的演进以及它们与蒋介

---

① 张宪文主编:《中国抗日战争史(1931—1945)》,南京大学出版社2001年版。
② 郭汝瑰、黄玉章主编:《中国抗日战争正面战场作战记》上、下册,江苏人民出版社2002年版。
③ 杨青:《近年来抗日战争史研究综述》,《教学与研究》2000年第9期。
④ 荣维木:《三十年来抗日战争研究述评》,徐秀丽主编《过去的经验与未来的可能走向——中国近代史研究三十年(1979—2009)》,社会科学文献出版社2010年版。
⑤ 潘李军:《十年来抗日战争正面战场研究综述》,《高校社科动态》2013年第4期。
⑥ 参见刘大年、白介夫主编《中国复兴枢纽——抗日战争的八年》,北京出版社1997年版。
⑦ 参见曾景忠《中国抗日战争正面战场研究述评》,《抗日战争研究》1999年第3期。
⑧ 唐国东:《抗日战争军事史研究述评》,《军事历史研究》2002年第4期。
⑨ 参见曾景忠《中国抗日战争史研究动态》,《中学历史教学》2005年第4—5期合刊。
⑩ 戚厚杰:《国民革命军沿革实录》,河北人民出版社2001年版。
⑪ 曹剑浪:《国民党军简史》上、下册,解放军出版社2003年版。

石的关系上。① 每一年都有学者讨论战时国民党军队的方方面面，比如2007年就出现了国民兵组训、四川兵役、监狱调服兵役、军队经商的研究，② 2008年出现了陆军抚恤机构、四川优抚工作、政府兵力动员、军队武器装备建设等方面的研究。③

（四）2011—2021年

2011—2021年是抗日战争史再度加速发展的时期。与抗日战争正面战场相关的研究也呈现出欣欣向荣的景象。权威著作中关于抗日战争正面战场的论述渐趋一致。个案研究成为主流，且研究者不约而同地在精细化的道路上持续前进。

正面战场的叙述在各类通史中占据了非常重要的位置。2011年李新主编的民国史中，第8、9、10三卷对不同时期的正面战场有详细论述。④ 同年出版的"马克思主义理论研究和建设工程"抗战史，尽数记述了全民族抗战初期正面战场重要会战，并且将敌后反攻与滇缅战场的反攻等量齐观。⑤ 张宪文2016年出版的四卷本抗战史，对于正面战场的全部进程做出了迄今为止最为翔实的还原，除了大型会战外，一些中小规模的战役如1937年的平绥线、津浦线作战、1938年的厦门之战也得到呈现。⑥ 2019年步平、王建朗出版的八卷本抗战史，不仅并列论述两个战场的战事，而且首次设置专卷研究国民党军队和中共武装在战时的状况和各自的演变。⑦

关于正面战场宏观问题的讨论逐渐淡出，具体会战、战役的研究则呈现出新的发展特点。一方面，老一辈学者对于既有问题的兴趣不减，如魏宏运、余子道关于淞沪会战战略动机的探讨依然在继续。⑧ 另一方面，新一代学者对于战事的关注点转向既有研究常常忽视的一些细节和机制，尝

---

① 李宝明：《"国家化"名义下的"私属化"：蒋介石对国民革命军的控制研究》，社会科学文献出版社2010年版。
② 李日升等：《抗日战争史研究综述》，《湖南工程学院学报》2009年第1期。
③ 孙扬：《2008年中国现代史研究综述》，《民国研究》2009年第1期。
④ 李新总主编：《中华民国史》第8、9、10卷，中华书局2011年版。
⑤ 《中国抗日战争史》编写组编：《中国抗日战争史》，人民出版社2011年版。
⑥ 张宪文主编：《中国抗日战争史》，化学工业出版社2016年版。
⑦ 步平、王建朗主编：《中国抗日战争史》第2、4卷，社会科学文献出版社2019年版。
⑧ 参见潘李军《十年来抗日战争正面战场研究综述》，《高校社科动态》2013年第4期；光新伟：《近五年来抗日战争史研究述评》，《上海党史与党建》2015年第7期。

试对会战、战役的进程做新的解释。① 值得一提的是，这十年高校和科研院所之外的力量对于正面战场的热情高涨，一些作者怀着极大热忱投入到史实的复原之中，将某些会战的经过逐日重现。如余戈关于反攻滇西的三部曲，首开"微观战史"的先河。② 又如武汉大学出版社策划的"经典战史回眸·抗战系列"丛书，也赢得了相当高的关注度。

这十年来关于正面战场军队的研究取得了更大的进展。正如王建朗所说，抗日战争军事史研究"从以往关注想不想打及如何规划打的问题，深入到探讨能不能打的问题，探讨影响战斗力的各种因素"。③ 研究者们希望从军队战斗力生成的角度重新审视正面战场的成败，因此国民党军队的组织架构、指挥系统、军队编制、武器装备、军需后勤、兵力动员、军队人事、军政关系等方面内容，不同程度地得到了相对系统的讨论。目前为止，学界对于国民党军队在战时的基本状况和发展脉络已经有了较为全面的认识。

二 正面战场研究的相关论题

新中国成立以来的 70 余年时间里，关于抗日战争正面战场的研究经历了上述四个阶段的发展后已蔚为大观。正面战场的地位、分期、反攻、军事战略等宏观问题在长期的讨论之后逐渐产生了被普遍接受的结论。在战史的范畴内，自九一八事变开始至反攻桂柳为止的二十余次大中型会战，均出现不同程度的专门研究。围绕正面战场的主体——国民党军队的讨论，其广度持续拓展，使得学界对于正面战场有了新维度的理解。

（一）宏观问题

正面战场作为抵抗日军侵略的重要阵地，其对于整个抗日战争的作用，逐渐被人们所承认。自 20 世纪 90 年代以来，学界普遍将国民党领导

---

① 蒋宝麟：《一·二八停战后的上海市保安队与八一三战事的起源》，《民国档案》2020 年第 4 期；杨向昆：《首都城防战备与南京保卫战》，《日本侵华史研究》2017 年第 4 期；张仰亮：《抗战时期国民政府作战指导体制探析——以中条山战役为中心》，《民国档案》2018 年第 4 期。

② 余戈：《1944：松山战役笔记》，生活·读书·新知三联书店 2009 年版；余戈：《1944：腾冲之围》，生活·读书·新知三联书店 2014 年版；余戈：《1944：龙陵会战》，生活·读书·新知三联书店 2017 年版。

③ 王建朗：《回顾与前瞻：抗日战争研究三十年》，《抗日战争研究》2021 年第 3 期。

的正面战场和中国共产党领导的敌后战场视为一个不可分割的整体。阮家新认为，正面战场与敌后战场是统一的中国抗日战争战场的不同组成部分，虽然各自独立但又相互配合、相互依存，二者缺一不可。不宜把国共纠纷与中日战争混为一谈，正面战场和敌后战场是抗日军队作战地域的划分，是统一的持久战略下合理的分工。①

关于正面战场和敌后战场孰为主战场，曾发生过争论，尤其是进入相持阶段后的主战场是正面战场还是敌后战场仍存在讨论的空间。有学者提出在中国战场上对日作战的主要战线在正面战场。② 也有学者认为进入相持阶段，尤其是1941年之后正面战场的作用就降到次要地位。③ 现在学界逐步避开两个战场孰主孰次的讨论，采用更为公允的说法。张宪文指出正面战场"在相当长的时间内发挥着主战场的作用"，④ 郭汝瑰、黄玉章认为正面战场"担负着较大规模的正规战任务，抗击敌人的较大规模的进攻"。⑤ 张海鹏评论称："中国抗战初期，正面战场起了积极作用，到中后期，正面战场作用降低，敌后战场作用升高。"⑥

至于正面战场和敌后战场之间的配合关系，何理认为抗战初期尚不存在两个战场配合的问题，此时国共军队既有战略统一行动，也有战役战斗的直接支援；抗战中期两个战场呈战略配合支持之势；抗战后期则是一种战略策应、掩护的关系。⑦ 有研究表明，两个战场之间的战役战斗层面的配合并不鲜见，即便在国共关系转冷的抗战中期，百团大战和中条山战役中国共军队依然在配合作战。⑧ 有学者指出，不应该将正面战场与国民党军队、敌后战场与中共武装严格对应，某些战役"在空间上出现了错综复杂、犬

---

① 阮家新：《关于抗日战争两个战场的再探讨》，《抗日战争研究》编辑部编《1945—1995抗日战争胜利五十周年纪念集》，近代史研究杂志社1995年版。
② 马振犊：《血染辉煌——抗战正面战场写实》，广西师范大学出版社1993年版。
③ 刘庭华：《关于国民党正面战场的历史地位》，《抗日战争研究》2006年第2期；刘庭华：《论国民党正面战场的历史地位》，《军事历史》2015年第4期。
④ 张宪文主编：《中国抗日战争史》，南京大学出版社2001年版，第13页。
⑤ 郭汝瑰、黄玉章主编：《中国抗日战争正面战场作战记》上册，江苏人民出版社2002年版，第44页。
⑥ 张海鹏：《第二次世界大战历史的宏观反思》，《中共党史研究》2015年第8期。
⑦ 何理：《中国抗日战争史整体的民族战争》，《军事学术》1985年第8期；何理：《论抗日战争的整体性和社会性》，《抗日战争研究》1999年第4期。
⑧ 刘贵福：《国民政府军队对百团大战的反应和策应配合》，《抗日战争研究》1995年第2期；刘贵福：《抗战中期的国共配合作战问题——以百团大战、中条山战役为中心的讨论》，《抗日战争研究》2007年第2期。

牙交错的局面,因此将这两个战场截然归属某一个党是不符合史实的"。①

全民族抗战爆发后,抗日战争正面战场经历了八年战火。如何观察这八年的战场局势变化,涉及一个战略阶段划分的问题。目前"三阶段"论是学界较为接受的一种观点:抗日战争敌我攻防应划分为两个层次,在总态势上中国只有战略防御而无战略反攻。在这个态势下的抗战分为三个阶段:敌之战略占领我之战略退却、敌之战略保守我之准备反攻的战略相持、敌之战略退却我之战略反攻。② 有学者认为抗战正面战场只存在两个阶段,即战略防御阶段和战略相持阶段;③ 还有学者分析因豫湘桂战役国民党军队溃败,抗战正面战场应包含五个阶段,即退却、相持、退却、相持、反攻。④

将抗战正面战场划为两个阶段的看法实际上否认了正面战场反攻的存在。而国民党军队在正面战场是否发动过反攻特别是战略反攻,也是重要问题。长期以来由于国民党军队在豫湘桂的溃败,导致相当一部分学者认为抗日战争只存在敌后战场的战略反攻而不存在正面战场的战略反攻。这样的看法在后来的研究中得到某种修正。贺新城认为1944年初中国军队在缅北滇西已进行局部反攻,是在极其困难的条件下收复失地和配合盟军作战。⑤ 刘五书则认为从1945年4月湘西会战开始,国民党军队事实上对日本展开了战略反攻。⑥ 苏盾将1944年春夏至1945年年初视为战略反攻的第一阶段,将1945年春夏到日本投降视为其第二阶段。⑦ 目前主流的抗日战争史著作都明确认定正面战场存在反攻阶段。⑧

抗日战争何时进入相持阶段,多数人的看法是武汉会战之后中日双方在正面战场便进入了相持。不过仍有相当数量的不同看法。刘庭华主张1938年11月至1940年夏为相持阶段的过渡阶段,1941年开始正面战场

---

① 邱锦、戚厚杰:《八路军在太原失守前的抗日应为正面战场作战——兼与刘庭华先生等商榷》,《民国档案》2007年第3期。
② 李继华:《关于抗日战争的战略层次与阶段划分》,《抗日战争研究》1995年第3期。
③ 马仲廉:《再谈抗日战争的阶段划分》,《抗日战争研究》1996年第3期。
④ 崔义中、赵鹏:《抗日战争应为五个阶段》,《人文杂志》2008年第4期。
⑤ 贺新城:《论中国抗战的战略反攻》,《中共党史研究》1995年第5期。
⑥ 刘五书:《论抗日战争正面战场的战略反攻》,《抗日战争研究》1995年第3期。
⑦ 苏盾:《对中国抗日战争的战略反攻的再认识》,《贵州社会科学》2005年第5期。
⑧ 张宪文主编:《中国抗日战争史》第4卷,化学工业出版社2018年版;步平、王建朗主编:《中国抗日战争史》第2卷,社会科学文献出版社2019年版。

才进入完全的相持阶段。① 隆武华则将相持阶段的开端划在了 1939 年冬第一次长沙会战结束、昆仑关对峙期间日军攻势停顿的时刻。② 吴晓晴的看法与之类似,认为抗战相持阶段开始于 1939 年 9 月。③ 虽然相持阶段这一概念原出自毛泽东"三阶段"说中,但抗战事实上何时进入相持阶段依然是一个值得讨论的问题。

正面战场的战略指导或军事战略,同样是宏观层面上相当重要的问题。学界基本上接受国民政府总的战略方针也是持久战的观点,并详细对比了国民政府持久战和中共持久战思维的差异。余子道分析:国民政府的持久战是持久消耗战,主要是由"持久战略、消耗战略、单纯防御战略、以阵地战为主运动战游击战为辅的战略等等组成的";具体的口号为众所周知的"积小胜为大胜";国民政府能够正确认识国力、军力的对比,明白长期抗战的意义,企图通过消耗削弱敌人最终转到战略反攻;其战略方针包含着错误的一面,如不彻底、动摇、过度依赖外力、战场消极防御、偏重阵地战等。④ 黄道炫对比国共两党持久战的区别,指出国民党持久战思维的局限主要在于"片面抗战路线和单纯防御战术"。⑤ 陈红民肯定了国民政府相持阶段的持久战略:坚持持久战、重视湖南、屏蔽大后方、不再固守大城市、应战而不求战的策略基本上是正确的。⑥ 桑兵对国民政府的持久战战略则有不同的看法,他分析国民党的所谓"持久"其实是速胜论的变相,事实上国民政府尤其是蒋介石本人十分渴望尽快进行反攻以取得胜利。⑦

国民政府是否重视游击战是其持久战略的附带问题。学界大多承认国民政府也曾在游击战上做出尝试和努力,但效果不理想。杨奎松通过对比国共两党敌后游击战,指出国民党的敌后游击战带有配合正面战场作战的

---

① 刘庭华:《抗日战争时期的国民党战场》,《历史教学》1986 年第 7 期。
② 隆武华:《论抗日战争战略相持阶段的到来——与传统观点的商榷》,《中共党史研究》1989 年第 1 期。
③ 吴晓晴:《对抗日战争战略相持阶段何时形成的历史考察》,《南京师大学报(社会科学版)》2000 年第 1 期。
④ 余子道:《中国正面战场对日战略的演变》,《历史研究》1988 年第 5 期。
⑤ 黄道炫:《国共两党持久战略思想之比较研究》,《抗日战争研究》1996 年第 3 期。
⑥ 陈红民:《略论抗战相持阶段国民政府的军事战略——以南岳军事会议和长沙会战为中心的研究》,《南京师大学报》2003 年第 6 期。
⑦ 桑兵:《抗日战争的持久战要多久——国共高层的抗战时长预判》,《学术月刊》2021 年第 1 期。

性质，是一种辅助战法；国民政府的敌后游击战缺乏民众的支持和配合；既无法与日军长期周旋，又无力同中共的敌后武装进行竞争。① 肖一平明确表示国民政府组织的游击战起到的作用不大，国民党军队的敌后游击战场并不存在。② 吴敏超发现国民党军队的游击作战呈现出抗战前期发展良好、抗战中后期衰弱萎缩、南方地区好于北方地区的特点。③

（二）会战和战役

自局部抗战开始以来至全民族抗战胜利，正面战场经历了大大小小二十余次会战和战役。今天关于这些会战和战役的研究，已经不存在空白，不过关于不同会战、战役的研究之深度，具有明显的差异。

关于九一八事变之后与正面战场相关的讨论集中于所谓的"不抵抗"责任。张学良是没有奋起抵抗的直接责任人，但蒋介石对待日方侵略的态度深刻地影响了他的行为。曾景忠判断张学良自觉自主奉行了不抵抗政策，命令东北军坐视日军侵略；蒋介石和国民政府的方针是准备抵抗并诉诸国联。④ 李东朗则根据张蒋在"力求避免与日人发生冲突"上达成高度的共识，断定国民政府亦在相当程度上负有责任。⑤ 一·二八事变之后的淞沪抗战，学者们对于国民政府在其间的抵抗进行了较高评价。陈谦平指出：淞沪抗战爆发以后蒋介石与国民政府的对日政策由"一边交涉、一边抵抗"转变为"积极抵抗、预备交涉"，其派出嫡系的第五军参战的着眼点在于抵抗，以此迫使英美出面干预；这样的抵抗达到了目的，并为局部抗战局面的形成奠定了基础。⑥

局部抗战诸役中，热河抗战中国民党军队一触即溃的原因逐渐为人们所了解，刘大禹在分析此时局势时，洞察到蒋介石自身微妙的地位、"剿

---

① 杨奎松：《抗战期间国共两党的敌后游击战》，《抗日战争研究》2006 年第 2 期。
② 肖一平：《略论中国抗日战争的特点》，《科学社会主义》1997 年第 4 期。
③ 吴敏超：《论抗战时期国民党军队的敌后作战》，《杭州电子科技大学学报（社会科学版）》2015 年第 6 期。
④ 曾景忠：《澄清九一八事变时不抵抗方针研究的误区》，《史学月刊》2003 年第 8 期。
⑤ 李东朗：《张学良、蒋介石与"九一八"事变时的不抵抗主义——基于张学良回忆的讨论》，《史学集刊》2017 年第 1 期。
⑥ 陈谦平：《蒋介石与一·二八淞沪抗战》，《近代史研究》2019 年第 5 期。

共"的实际、国联的软弱都是制约国民政府坚决抵抗的因素。① 长城抗战是这一阶段中日在正面战场上规模最大的一次对抗。学界一致肯定二十九路军和国民政府中央军在长城沿线的浴血抵抗,对于国民政府的一边坚决抵御一边持续交涉的行为,也抱以一定程度的理解。② 察哈尔抗战是以冯玉祥为首的地方军事集团对日本侵略的一次抵抗。研究者在充分肯定冯玉祥等人爱国情怀的同时,也注意到背后复杂的内情——冯玉祥、方振武、吉鸿昌等人抗日的背后,也有联络国民党内反蒋势力联合倒蒋的动机。③ 绥远抗战是蒋介石、阎锡山、傅作义从中央到地方三位一体协作抗日的典范。杨天石对其中蒋介石所产生的作用进行详细梳理后指出:蒋介石在解决两广事变后对日转趋强硬,主动部署各部队收复失地;在"安内有成"的背景下,国民政府取得了战役的胜利。④

卢沟桥事变之后的平津抗战,是全民族抗战爆发后的第一仗。关于此次战役,学界虽已不再指责国民政府的游移和妥协,但关注点依然集中于国民政府和华北地方当局的应战决心上。王建朗揭示了此次事变后中国各方暧昧的态度以及对于全面开战的信心不足,⑤ 曾景忠则强调,与此前相比国民政府尤其是蒋介石态度已转趋强硬,做好了全面对抗的准备。⑥ 对于事变期间张自忠在天津的表现,张皓认为他力争在国家领土不失的前提下维护二十九路军的地位,属于"忍痛含垢,与敌周旋"。⑦

学者们关于淞沪会战讨论的热度始终不减,所争论的第一个问题是战争的起因,张振鹍的看法比较有代表性:作为导火线的"虹桥机场事件"是日军挑起的偶发事件,但随后战事的迅速扩大则是国民政府主动计划的结果。⑧ 中国主动进攻是否导致日军进攻轴线的改变,学界的争论不断,

---

① 刘大禹:《抗日与"剿共":蒋介石的两难选择——以1933年的热河危机为中心》,《历史教学(高校版)》2008年第12期。
② 步平、王建朗主编:《中国抗日战争史》第1卷,社会科学文献出版社2019年版。
③ 王晓荣:《吉鸿昌与察哈尔抗日的几个史实问题》,《近代史研究》2000年第4期。
④ 杨天石:《绥远抗战与蒋介石对日政策的转变》,《晋阳学刊》2012年第4期。
⑤ 王建朗:《卢沟桥事件后国民政府的战和抉择》,《近代史研究》1998年第5期。
⑥ 曾景忠:《卢沟桥事变爆发后,蒋介石有未下定抗战决心》,《民国档案》2008年第1期。
⑦ 张皓:《忍痛含垢,与敌周旋——七七事变期间的张自忠》,《北京师范大学学报(社会科学版)》2014年第3期。
⑧ 张振鹍:《淞沪抗战:中国的主动进攻与日军主要作战方向的改变》,《抗日战争研究》1996年第3期。

目前有论者认为所谓的战略轴线可能并不存在,蒋介石判断日军的主攻方向正是沿江而上,国民党军队在淞沪的顽强抵抗,挫败了日军的此种战略。① 国民政府发动淞沪会战的意图可能是多方面的,既为牵制华北日军,又为保护上海经济利益;既有拱卫首都守卫长江的企图,又有吸引国际目光的考虑。② 淞沪会战的战略意义,或许并不如其所预想的那么积极。陈廷湘认为此役不仅没有为国民政府获取更大的战略空间和有利的战略态势,反而造成了巨大的损失,且过早将局部战争升级为全面战争,对于弱国其实不利,唯其优化了中国抗战的精神环境和国际环境,有助于持久抗战的继续。③

太原会战是淞沪会战同一时期中日之间在华北地区的大规模对抗。目前关于这场会战总体性的研究还比较薄弱,学者们对于此役国共协同作战尤感兴趣。马仲廉将忻口战役中国民党军队和八路军的合作称为正规战与游击战在战役层面相互配合的典型。④ 淞沪会战后国民党军队在南京遭遇了惨败和屠杀,学界对于南京保卫战的关注点更多集中于微观史实的考证,关于南京保卫战的总体情况,孙宅巍指出南京守军并非一触即逃,而是展开了壮烈的抵抗,战役失败和指挥官唐生智在撤退阶段贸然改变命令有关。⑤

1938年正面战场爆发了两次大规模会战——徐州会战和武汉会战。关于前者的总体情况,曾景忠有专门研究,认为此战国民党军队运用持久消耗、攻势防御等战略成功地迟滞日军攻势,保存了自身力量。⑥ 台儿庄战役是徐州会战的重要组成部分,研究者们对这次大捷的考察为数不少,认为其胜利与地理位置、交通条件、战略方针和当地人民支持分不开。⑦ 不过金之夏的研究显示,由于史料存在严重的选择性记忆和失忆,台儿庄战役全部过程和具体细节中尚有很多争议待考。⑧

---

① 徐勇:《日本侵华既定战略进攻方向考察》,《抗日战争研究》1996年第3期。
② 余子道:《蒋介石与淞沪抗战》,《军事历史研究》2014年第3期。
③ 陈廷湘:《重评淞沪会战的战略意义》,《四川大学学报(哲学社会科学版)》2014年第3期。
④ 马仲廉:《国共两党军队协同作战之典型一役——忻口战役之研究》,《抗日战争研究》1996年第1期。
⑤ 孙宅巍:《南京保卫战再研究》,《日本侵华南京大屠杀研究》2019年第1期。
⑥ 曾景忠:《蒋介石与徐州会战》,《近代史研究》1994年第6期。
⑦ 《笔谈:国民政府的国防建设与抗战时期的正面战场》,《抗日战争研究》2012年第2期。
⑧ 金之夏:《抗战军事史口述回忆的"蔽"与"弊"——以台儿庄战役为中心的考察》,《南京大学学报(哲学·人文科学·社会科学)》2018年第4期。

武汉会战从1938年初夏持续至初冬，规模巨大且旷日持久。与之相关的许多问题均得到学界的充分讨论。会战之初国民政府掘开花园口黄河大堤历来为人所诟病，渠长根的论文表明以水为兵的战法经过了长期的酝酿和综合判断，并受兰封战役失败触发，并非权宜之计，更不是惊慌失措。① 构成会战的马当湖口战役、南浔战役、黄广战役均得到专门的考察。② 武汉会战期间国民政府的战略问题，是学界一直谈论的话题。敖文蔚展现了此时蒋介石战略、战术思想上积极防御的特点与其对于战局的积极影响。③ 罗敏认为武汉会战期间蒋介石战略思想上经历了"决战""固守""交涉"几个阶段的转变，说明其尚未真正形成持久战略的观念。④ 武汉沦陷的同时，日军趁机犯粤占领广州。关于广州保卫战的失利，左双文认为蒋介石的战略误判和余汉谋的准备不足对此当负主要责任。⑤

相持阶段到来后至1941年底太平洋战争爆发的三年，一般被认为是全民族抗战的中期。这一时期正面战场爆发了近十次较大规模的会战、战役。1939年春的南昌会战是相持阶段的第一次会战，目前学界对其关注似显不足。张宪文等人认为该会战第一阶段南昌失陷和罗卓英指挥失误有关，后一阶段反攻南昌不利则缘于蒋介石改奇袭为强攻。⑥ 随枣会战的研究现状与南昌会战类似，近来的研究重新复原汤恩伯军团的战地表现，汤恩伯军团虽有违抗战区命令的行为，但具体战斗中作战勇猛并掩护友军撤退，还付出了巨大代价具有一定功劳。⑦ 第一次长沙会战被国民政府称为"湘北大捷"，学界对此次所谓"大捷"的兴趣大过会战过程本身，认为此次会战之后有意识地夸大宣传非常成功，不仅振奋了民心士气，还让日军陷入尴尬的舆论境地。⑧ 桂南会战因其中的昆仑关战役尤为著名，相关

---

① 渠长根：《1938年花园口决堤的决策过程述评》，《江海学刊》2005年第3期。
② 柯育芳：《武汉会战马当湖口战役述论》，《民国档案》2017年第3期；郭代习：《万家岭战役述评》，《抗日战争研究》1996年第2期；柯育芳：《论黄广会战中国军队反击作战的战术运用》，《抗日战争研究》2008年第1期。
③ 敖文蔚：《武汉抗战时期蒋介石的战略战术思想》，《近代史研究》1999年第6期。
④ 罗敏：《武汉会战前后蒋介石的战略决策——兼论国共两党持久战略之发展》，《近代史研究》2021年第2期。
⑤ 左双文：《蒋介石与华南抗战》，《近代史研究》2015年第6期。
⑥ 张宪文主编：《中国抗日战争史》第3卷，化学工业出版社2017年版。
⑦ 柯育芳、胡若晨：《汤恩伯军团与随枣会战》，《湖北省社会主义学院学报》2015年第3期。
⑧ 步平、王建朗主编：《中国抗日战争史》第2卷，社会科学文献出版社2019年版。

研究亦较深入。陈铮指出广西特殊的政情对于昆仑关的胜利起到积极作用，学生军在配合军队作战中提供了相当大的帮助。① 王涵、张皓则发现桂南会战的成败与蒋介石与白崇禧为首的桂系之间控制与反控制的斗争有关。② 1939 年底国民政府发动的冬季攻势，以往学界对其评价不高。后来研究者通过分析原始材料发现此役国民党军队实际上给日军造成不小的伤亡，也产生了震慑作用，③ 而且部分战区不抗日只"反共"的说法与事实不符。④

1940 年中日之间在正面战场上相对沉寂，只爆发了一次大规模会战——枣宜会战。目前学界对于此次会战的讨论还比较薄弱，多集中在会战第一阶段张自忠殉国的经过，而对于会战的成败缺乏整体性的认识。按照郭汝瑰、黄玉章的分析，会战前一阶段在枣阳附近的鏖战中国民党军队尚未失利，但第二阶段日军变招转攻宜昌，出乎国民政府的意料，从而导致其陷入被动。⑤

进入 1941 年正面战场风云再起，大规模会战、战役接连不断。该年 1、2 月发生的豫南战役，是目前研究最为不足的战役，数本抗战史著作均未设专章讨论此役。根据李新荣的研究，国民党军队在豫南会战中识破了日军的意图，并进行了合理部署，予其沉重打击。⑥ 接下来在江西爆发的上高会战，是这一阶段国民党军队表现最为突出的战例。其胜利原因与日军部署不力、国民党军队准备充分和当地军民团结协同有关。⑦ 现在的研究更侧重于战场细部的还原，隆鸿昊对于战区划分、日军会合地点、第二挺进纵队指挥官进行了翔实的考证。⑧ 中条山战役是这一年国民党军队最大的败仗。学界关于这场败仗的讨论可谓相当充分。讨论的重点之一是此役之中中共是否拒绝国民党出兵助战的请求。杨奎松认为，基于毛泽东"善于隐蔽自己保存实力"的军事主张，中共军队的确没有出兵损失自身

---

① 陈峥：《第三届广西学生军与昆仑关战役》，《军事历史研究》2012 年第 3 期。
② 王涵、张皓：《控制与反控制：桂南会战中的蒋白之争》，《民国档案》2017 年第 4 期。
③ 涂小元：《冬季攻势述评》，《军事历史研究》2004 年第 3 期。
④ 雒春普：《阎锡山与第二战区的"冬季攻势"》，《抗日战争研究》1994 年第 2 期。
⑤ 郭汝瑰、黄玉章主编：《中国抗日战争正面战场作战记》下册，江苏人民出版社 2002 年版。
⑥ 李新荣：《试论抗战时期的豫南战役》，《郑州大学学报（哲学社会科学版）》1995 年第 4 期。
⑦ 邹耕生：《上高会战述评》，《江西社会科学》1995 年第 12 期。
⑧ 隆鸿昊：《对上高会战细节的几点考证》，《首都师范大学学报（社会科学版）》2009 年第 5 期。

力量。① 至于战役的失败，最近的研究认为徐永昌等人对于日军渡河西犯的战略误判以及基于此种判断进行的应对方案，为战役败北埋下了伏笔。② 第二次长沙会战是这一阶段最后一次大规模会战，可惜关于它的讨论却不多见。郭汝瑰、黄玉章分别考察了长沙地区作战和其他战区策应作战，认为国民党军队在长沙地区遭遇了失败，但第六战区趁机反攻宜昌的战斗取得了一定战果。③

太平洋战争爆发后，抗日战争进入最后一个阶段。这数年时间内正面战场也发生了大小不等的十余次会战、战役。第三次长沙会战国民党军队成功地挫败日军的企图并对其造成了伤亡，既有研究已经充分肯定其国际意义，近来的研究更为细化，对薛岳采用的"天炉战法"进行了客观的分析，其诱敌深入、逐次抵抗进而全力反攻是制胜原因。④ 1942年中国远征军入缅作战遭遇失败，其主要责任在于史迪威不顾客观情况过度命令远征军进攻，蒋介石出于全局考虑放弃抵制史迪威最终导致军事行动告负。⑤ 同一时期日本为报复杜立特轰炸东京而发动的浙赣会战，终因蒋介石放弃反攻衢州而以失败告终，有研究显示，蒋介石的决策转向和他对于美中军事合作的失望有关，而蒋的此种行为也严重影响了后来的中美关系。⑥

1943年正面战场的会战集中在长江、洞庭湖周边。鄂西会战中虽然日军占据了主动，但最终因在石牌战役中未能奏功，反而遭遇了国民党军队的反击。国民党军队稳住局势，保卫了陪都。⑦ 常德会战中国民党军队与日军进行残酷巷战并使得常德城失而复得。关于此次会战的研究相对丰富，朱清如的专著对战场的方方面面都进行了细致的复原，也发现了很多新的细节，比如日第十一军发动会战的原因，便是试图消灭第六战区，振奋日军

---

① 杨奎松：《关于中条山战役过程中国共两党的交涉问题——兼与邓野先生商榷》，《近代史研究》2010年第4期。
② 张仰亮：《国民党军事高层在中条山战役前的策略因应》，《历史教学》（下半月刊）2018年第2期。
③ 郭汝瑰、黄玉章主编：《中国抗日战争正面战场作战记》下册，江苏人民出版社2002年版。
④ 隆鸿昊：《试论抗战时期第九战区作战方法——以"天炉"战术为中心的研究》，《抗战史料研究》2015年第2期。
⑤ 黄道炫：《缅甸战役蒋介石、史迪威的失败责任》，《抗日战争研究》2001年第2期。
⑥ 付辛西：《中美战时军事合作的个案分析——以浙赣战役期间蒋介石军事决策为中心》，《民国档案》2015年第3期。
⑦ 步平、王建朗主编：《中国抗日战争史》第2卷，社会科学文献出版社2019年版。

士气，不惮违反大本营维持现状的命令，而这一目的显然未能实现。①

1944年正面战场可分为东战场和西战场。前者的豫中、长衡、桂柳三次会战构成了豫湘桂大战；后者的会战则包含了驻印军的缅北战役和远征军的滇西战役。关于豫湘桂大战总体的看法，学界现在已采取相对辩证的眼光。姜良芹强调从客观效果来看，日军并未达到战略企图，国民党军队的抵抗有力支援了盟军作战，而且对于敌后战场的发展也有相当大的帮助。② 当然，蒋介石、国民政府、国民党军队在此间所暴露出的种种问题，仍然为学者所反复提及。刘熙明认为豫中会战的失利，情报的失误导致的错误军事部署是其主要原因，其中国民党军队的通信问题又是其最为薄弱的环节。③ 王奇生则将长衡会战的失利归结为军令部判断失准、军委会部署失当、战地指挥系统紊乱、军队作战能力低下四大原因。④ 贺怀锴认为蒋介石对于整个豫湘桂会战负有不可推卸的责任，到了桂柳会战期间，他仍然以自己的主观臆断具体调度战场，最终导致一败再败。⑤ 驻印军反攻缅北与远征军收复滇西的战役的重要性一再被研究者提及，以至于曾景忠明确将其理解为"抗日战争的西线"，具有特殊的军事战略地位。⑥ 经过多年讨论，现在关于此"二战"役的考察都偏微观，如谢本书分别讨论了惠通桥之战、滇西的细菌战以及滇西慰安妇问题，⑦ 陈默从编制和装备两个方面比较了驻印军和远征军的异同，并将其视为两者战斗力差距的根源。⑧

1945年正面战场的三次战役为豫西鄂北会战、湘西会战和反攻桂柳战役。目前关于这三次战役的专门研究为数不多。郭汝瑰、黄玉章分析豫西鄂北会战中国民党军队在部署和应对时仍难以对抗日本，唯日军力量已达极限，无法取得更大战果。⑨ 湘西会战是日方基于对中国军队的刻板印象发动的一次攻击，然而得到各种美援的国民党军队已经发生变化，以至于

---

① 朱清如：《常德会战史研究》，湖南人民出版社2014年版。
② 姜良芹：《试论抗战后期的国民党战场》，《齐鲁学刊》2000年第6期。
③ 刘熙明：《国民政府军在豫中会战前期的情报判断》，《近代史研究》2010年第3期。
④ 王奇生：《湖南会战：中国军队对日军"一号作战"的回应》，《抗日战争研究》2004年第3期。
⑤ 贺怀锴：《蒋介石与豫湘桂战役》，《四川师范大学学报（社会科学版）》2021年第2期。
⑥ 曾景忠：《试论中国抗日战争的西线战场》，《历史研究》1996年第2期。
⑦ 谢本书：《滇西抗战史三个问题的探讨》，《学术探索》2020年第5期。
⑧ 陈默：《发展历程、武器装备、作战体系：抗战后期国民党军中的美械部队》，《抗日战争研究》2017年第2期。
⑨ 郭汝瑰、黄玉章主编：《中国抗日战争正面战场作战记》下册，江苏人民出版社2002年版。

日军攻势受挫，而在退却过程中遭遇猛烈的围追堵截，双方此役的伤亡比也不同于以往会战。① 反攻桂柳作战，因国民党军队过于保守，仅收复了柳州和桂林，未能乘势攻下广州湾并以此进攻粤、港。②

海空军抗战诸战役是抗战正面战场的重要组成部分。关于海军抗战，贺怀锴重点讨论了抗战中期之后国民党海军主力到长江中下游敌占区开展水雷游击战的史事，对其屡建战功、牵制日军、拱卫陪都的作用给予了高度评价。③ 杨新新注意到抗战时期海军的一次小规模战斗——虎门海战，揭示了虎门要塞炮台与广东海军配合得当取得战斗胜利的真相。④

陈应明、廖新华编著的抗日空军战史，以时间和战斗区域为序，讲述了中国空军坚持抗战的全过程。⑤ 袁成毅从中美空军联合作战的效果、中国为美军空袭日本提供的帮助、中国民众对于中美联合作战的贡献出发，强调了对日空战过程中中美双方的战略支持。⑥ 柏晓斐、罗玉明为湘西会战的胜利找到了新的解释：此役中驻芷江的中美空军的出色发挥是关键因素，制空权的掌握和有利作战气象条件下的出击，加剧了日军的后勤困难，最终导致其失败。⑦ 萧明礼则关注了中美空军对日航运空袭，指出空袭造成一连串导致航运体系瘫痪的连锁反应，以至于沦陷区煤铁船运量锐减，一定程度阻碍了日本战时生产体制的运行。⑧

（三）战时国民党军队

从关注战事本身到关注战争的主体——军队，是这些年来抗日战争正面战场研究的一个重要转向。从 20 世纪 80 年代开始，学界对于抗战时期国民党军队的研究逐渐深入，到今天为止，国民党军队在技术、制度、文化等不同层面的内容都得到了较为完整的复原。

---

① 步平、王建朗主编：《中国抗日战争史》第 2 卷，社会科学文献出版社 2019 年版。
② 戚厚杰：《胜利大反攻》，南京出版社 2017 年版。
③ 贺怀锴：《抗战时期长江流域国民政府海军敌后游击战》，《近代史研究》2020 年第 3 期。
④ 杨新新：《"风起伶仃"：1937 年"9·14"虎门海战再考察》，《中南大学学报（社会科学版）》2016 年第 6 期。
⑤ 陈应明、廖新华编著：《浴血长空：中国空军抗日战史》，航空工业出版社 2006 年版。
⑥ 袁成毅：《从对日空战看中美相互战略支持》，《历史研究》2015 年第 4 期。
⑦ 柏晓斐、罗玉明：《制胜与致胜：湘西会战中美空军对日作战述论》，《历史教学》（下半月刊）2020 年第 3 期。
⑧ 萧明礼：《"敌机跳梁"：抗战后期中美空军对日航运空袭（1943—1945）》，《抗日战争研究》2019 年第 3 期。

战时国民党军队的指挥管理系统由国民政府军事委员会及所属部、会构成。关于军事委员会,自20世纪80年代相关介绍性论文发表后,学界对于军委会的讨论从未断绝,其关注点主要集中于战时军委会组织的沿革和演变。① 汪朝光通过考察战争初期军委会的扩张和改组,肯定了这一变化对于国民政府坚持抗战的积极意义。② 王涵观察战争末期及战后初期军事委员会改组为国防部的经过,揭示了其幕后蒋介石和陈诚的政治运作。③ 军委会之下最为重要的四大部门军令部、军政部、军训部、政治部,其组织、功能、人事也都被学者关注。叶铭梳理军令部的作战指导业务,复原了其具体流程,并通过个案分析作战指导存在的问题。④ 王涵注意到1944年蒋介石以陈诚取代何应钦担任军政部长的人事调整,并以此为切入点考察了战争后期军政部臃肿庞大、腐败废弛的问题。⑤ 朱金元、陈祖恩在白崇禧的传记中专章讲述了白崇禧担任军训部部长期间对于该部业务开展的贡献。⑥ 郭洋专门考察了政治部创建之初的运行,发现其在开展颇有成效的工作的同时受困于人事纠葛、经费困难。⑦

四大部之外其他部、会的情况,学者们也进行了复原。张皓专门讨论战时委员长侍从室的架构和人事,并明确指出其成为蒋介石"内廷机构"的实质。⑧ 郤耿豪分析战时后方勤务部及所属兵站的架构,并着重关注了其仿造美军体制进行的改革。⑨ 李晓社指出,除军法执行总监部这样的军法执行机构外,军委会和军政部还分别设有军事立法和军法行政的组织。⑩ 贾国雄研究战时军委会所属军事运输部门的沿革,揭示了人事变动对于运输统制局兴衰的重要作用。⑪ 李翔将注意力放在军委会所属的抚恤委员会,

---

① 步平、王建朗主编:《中国抗日战争史》第4卷,社会科学文献出版社2019年版。
② 汪朝光:《全面抗战初期国民政府的军政机构改组》,《中州学刊》2015年第11期。
③ 王涵:《台前幕后:国民政府国防部筹备设立过程考论》,《民国档案》2019年第1期。
④ 叶铭:《抗战时期军令部作战指导业务初探》,《抗日战争研究》2017年第2期。
⑤ 王涵:《徘徊与抉择:蒋介石改组军事委员会的心路历程(1944—1946)》,《日本侵华南京大屠杀研究》2019年第2期。
⑥ 朱金元、陈祖恩:《民国十将领》,团结出版社2010年版。
⑦ 郭洋:《战时国民政府军事委员会政治部的初期组织与运作》,《日本侵华南京大屠杀研究》2019年第4期。
⑧ 张皓:《派系斗争与国民党政府运转关系研究》,商务印书馆2006年版。
⑨ 郤耿豪:《国民革命军兵站体制的沿革》,《军事历史研究》2017年第1期。
⑩ 李晓社:《抗战时期国民政府军事法制机构述略》,《军事历史研究》2011年第2期。
⑪ 贾国雄:《论国民政府抗战时期的交通运输管理体制》,《西南师范大学学报(人文社会科学版)》2005年第4期。

指出这个新成立的机构对于促进地方重视抚恤工作的积极意义。① 王华斌、黄家盛讨论军统局这一个敏感机构，复原了其筹划潜伏、诛杀汉奸、配合作战等积极行为，也揭露了其内在的局限和不太光彩的行为。② 此外，军委会之外以国防之名建立的国防最高会议（国防最高委员会），它的组织和运行基本被研究清楚，其作为蒋介石本人智囊团队和幕僚组织的属性也渐为人所熟知。③

战时国民党军队的状况，涉及许多方面的问题。战时国民党军队的编制决定着其战斗力的基本面。陈默通过复原战时军、师编制的演进，发现从战争初期的1937年编制逐步过渡至1942年编制后，国民党军队的人员和装备水平已大大降低，与其战斗力的滑落相互吻合。④ 武器装备的具体情况和性能，也是关系国民党军队战斗力强弱的重要因素。高翔考察全民族抗战爆发前陆军制式武器的选定过程，指出武器制式化努力的失败对于提升国民党军队战斗力的不利影响。⑤ 章慕荣复原了从九一八事变开始国民党军队武器装备的生产历程，认为此十余年国民党军队兵工生产存在各种缺陷，尤其是抗战中期外援断绝、武器自造困难相当程度削弱了军队的作战能力。⑥ 此外，军用通信对于作战相当重要。李沛霖探究了战时电信建设与军队通信之间的关系，强调电信与军事领域的相互作用，以及军队倚重电信对电信事业发展的推动作用。⑦ 马建凯观察了两次淞沪之战国民党军队通信兵的作业，认为数年间其进步极为有限，国民党军队从淞沪会战到南京保卫战的溃散恰与之有关。⑧

军需关联着军队的衣食住行，其中又以军粮问题最为重要，相关的研

---

① 李翔：《抗战时期国民政府陆军抚恤机构初探》，《抗日战争研究》2008年第1期。
② 王华斌、黄家盛：《军统在抗战中的"双重性"》，《党史研究与教学》2013年第5期。
③ 张燚明：《蒋介石与国防最高委员会的创建》，《抗日战争研究》2019年第1期。
④ 陈默：《抗战初期的国军整理：部队的整补扩充和新编制的形成（1937—1938）》，《抗日战争研究》2013年第1期；陈默：《艰难的演进——抗战相持阶段国军的编制嬗变（1939—1944）》，《抗日战争研究》2015年第2期。
⑤ 高翔：《1928—1935年国军陆军制式武器的选定》，《抗日战争研究》2018年第2期。
⑥ 章慕荣：《日本侵华时期国民政府陆军武器装备建设之考察》，《抗日战争研究》2008年第1期。
⑦ 李沛霖：《电信与军事：以抗战时期为中心的考察》，《安徽史学》2017年第6期。
⑧ 马建凯：《国民政府通信战备与淞沪、南京之役（1932—1937年）》，《军事历史研究》2021年第5期。

究也很丰富。张燕萍梳理战时军粮由粮饷合一、屯粮价拨制度到粮饷划分、主食公给制度的转变，正面评价了国民政府的积极因应。① 吴敏超的观察侧重于军粮在地方的征集情况，她以1942年叶集的军粮征集为例，发现国民政府在征集军粮时往往波及社会的各个阶层，且存在征购价格低、强迫承购者运输的问题。② 刘树芳在考察上述问题的同时重点关注了军粮的仓储情况，找到了其问题所在：储存不善导致军粮损耗惊人，而军粮的加工不足又影响官兵的携带和食用。③ 学者们还将目光下移，比对了各省军粮的征集、储存、运输情况的差别。④ 军粮之外的副食，也开始得到研究者的注意，李喆观察到重庆卫戍部队在获得副食过程中对地方构成了多重滋扰。⑤ 军队的被服情况近来得到研究。梁馨蕾讨论战时国民党军队军服的生产和补充情况，注意到军服生产本身不足、军需部门以次充好、基层部队征发强购的问题。⑥ 军马问题也有相关研究。毛光远探讨了战时军马的补充机制及其困境：国民政府运用采购、民间征调、国营军牧场建设等办法均缓不济急，长期以来的马政废弛导致军马补充极其困难。⑦

军医和后勤也影响着国民党军队的实际状态。关于国民党军队的医疗，李常宝以荣誉军人第十八临时教养院为例分析伤兵的情况，发现重武器伤害是主要致伤原因，而非战斗伤亡也很普遍。⑧ 姬凌辉考察战时卫生人员的训练工作，指出战时卫生人员联合训练所的设立与发展呈现出"军民结合"的特点，但实际上成效却稍显不足，其中人事纷争是影响绩效的因素。⑨ 于宁将目光聚焦于远征军入缅援英作战阶段的卫生勤务工作，观

---

① 张燕萍：《抗战时期国民政府军粮供应评析》，《江苏社会科学》2007年第4期。
② 吴敏超：《战时军粮谁承担？——以国统区叶集军粮案为中心的探讨》，《抗日战争研究》2017年第1期。
③ 刘树芳：《抗日战争时期国民政府陆军粮政述论》，《军事历史研究》2019年第4期。
④ 汤水清、罗玉明、温波：《抗战时期国民党军队的粮食供给——以湖南省和第九战区为例》，《军事历史研究》2004年第3期；郑康奇：《抗战时期陕西国统区军粮研究》，《经济社会史评论》2019年第3期。
⑤ 李喆：《战时国民党军士兵的副食获取与驻地军民关系——以重庆卫戍区为中心》，《抗日战争研究》2021年第1期。
⑥ 梁馨蕾：《全国抗战时期国民党军队军服生产与保障述论》，《军事历史研究》2021年第3期。
⑦ 毛光远：《抗战时期国民政府军马补充机制及其困境》，《近代史研究》2019年第3期。
⑧ 李常宝：《抗战期间的国军伤兵群体考察——以军政部荣誉军人第十八临时教养院为中心》，《近代史研究》2012年第4期。
⑨ 姬凌辉：《全面抗战爆发前后国民政府卫生人员训练工作述略》，《民国档案》2020年第4期。

察到战局不利情况下，部队卫勤保障系统运作失序，卫生机关疲于应付，最终导致了巨大的伤亡。① 国民党军队的后勤系统被学界讨论了多年。邰耿豪梳理了国民党军队后勤系统由日式兵站向美式联勤保障发展的过程，认为其顺应世界军事变革的潮流，为与美军配合作战提供了帮助。②

上述偏物质的方面之外，国民党军队在制度上的内容也被研究者们充分讨论。其中最为突出的是军队人事和教育。张瑞德的专书分别讨论了国民党军队的人员构成、人事制度、官兵的教育与训练、参谋人员的培养等内容。③ 他对国民党军队不同阶层的成员出身进行了初步的量化分析，得出结论：高级军官素质不足、中下级军官出身行伍过多。④ 最近肖如平关于战时军官的任官与授衔的研究，表明国民政府已经将军官的任官与任职区别开来，其人事制度较过去更为成熟。⑤

关于军官的教育，项浩男以战时中央军校第七分校为例，探讨在规模不断扩大的情况下胡宗南通过黄埔精神维系同学关系，塑造共同认知以培养军队人才的路径。⑥ 叶铭重点观察战时参谋人员的教育情况，复原了陆军大学、参谋补习班、特训班为主轴高中低三个层次的战时参谋教育体系，并估计了其实际效能以及军令部在其中所发挥的作用。⑦ 鄢海亮从国民党军步炮协同作战问题入手，得出了国民党军队步兵、炮兵协同教育的痼疾源于兵种单一、教员素质不佳、训练时长短的观点。⑧

士兵是国民党军队中另一个重要群体。士兵的征集涉及兵役制度及其运行。关于这个问题，已经有相当多的研究。目前研究者们已经将目光下沉到战时各个省份，讨论各地兵役开展的具体情况。⑨ 一些热门话题如

---

① 于宁：《力难胜任：中国远征军卫勤保障的运作与困境》，《民国档案》2021 年第 3 期。
② 邰耿豪：《国民革命军兵站体制的沿革》，《军事历史研究》2017 年第 1 期。
③ 张瑞德：《山河动：抗战时期国民政府的军队战力》，社会科学文献出版社 2015 年版。
④ 张瑞德：《抗战时期国军各阶层成员出身背景及素质的分析》，《抗日战争研究》1993 年第 3 期。
⑤ 肖如平：《抗战时期国民政府军官的任官与授衔》，《军事历史研究》2019 年第 4 期。
⑥ 项浩男：《缩影：胡宗南与中央陆军军官学校第七分校的创立和办学》，《民国档案》2019 年第 2 期。
⑦ 叶铭：《抗战时期国民党军参谋教育体系初探》，《抗日战争研究》2016 年第 2 期。
⑧ 鄢海亮：《全面抗战时期国民党军步炮协同作战问题》，《抗日战争研究》2021 年第 3 期。
⑨ 莫子刚：《抗战时期贵州役政之初探》，《抗日战争研究》2008 年第 4 期；隆鸿昊：《抗战时期湖南兵役初探》，《抗日战争研究》2013 年第 3 期；兰雪花：《抗战时期福建的兵役》，《抗日战争研究》2016 年第 2 期。

"抓壮丁"的实态和本质也被较为清晰地呈现。① 另外一些相对较冷的问题比如监犯调服军役也被人所关注。② 还有一些过去被讨论过的问题得到了有价值的再研究,比如姜涛就重新审视知识分子从军运动,觉察到蒋介石在强调青年从军以提高军队素质与战力的背后,暗藏着他试图鼓励青年党团员参军以"再造党军"的努力。③ 至于士兵的训练,陈默梳理了入伍前、战地、整训期的士兵训练,发现各个阶段均存在着训练不达标的问题。④ 隆鸿昊则强调第九战区进行了相对扎实的士兵训练,尤其对突击部队进行了强化训练,收到了良好效果。⑤

军队与政治的关系是正面战场上国民党军队研究的重要内容。各军事集团的互动、军队与地方政府的联系、军队的政工和党工,都属于这个范畴。李宝明对于战时各军队集团有专书研究,其核心观点是:抗战时期是蒋介石将国民党军队进一步"私属化"的重要阶段,中央军尤其是其嫡系急剧膨胀坐大。⑥ 陈默通过分析蒋介石越级指挥的动因,认为此时地方军事集团的势力并未削弱,相反也得到了某种程度的发展,致使蒋介石无法实现令行禁止。⑦ 黄天华复原抗战后期地方军事集团筹组"西南联防政府"的史实,证明战时中央与地方军事集团关系的多歧和易变。⑧

关于地方的军政关系,相当多的学者都注意到战时驻军和地方政府之间的紧张关系,比如第七战区和广东省政府的龃龉,⑨ 比如胡宗南将其战干团毕业学员派遣到陕西省引发的冲突。⑩

关于战时国民党军队的政工和党工。卢毅通过对比中共军队的政治工作,认为国民党军队政治工作的痼疾在于政工人员的地位始终未能确定和

---

① 冉绵惠:《抗战时期国统区"抓壮丁"现象剖析》,《史林》2009年第4期。
② 赵金康:《抗战时期国民政府的监犯调服军役》,《抗日战争研究》2010年第3期。
③ 姜涛:《再造党军:知识青年从军运动与青年军》,《近代史研究》2020年第6期。
④ 陈默:《不教而战:抗战时期国民党军士兵的教育与训练》,《民国档案》2016年第2期。
⑤ 隆鸿昊:《抗战时期第九战区的士兵训练》,《日本侵华南京大屠杀研究》2020年第2期。
⑥ 李宝明:《"国家化"名义下的"私属化":蒋介石对国民革命军的控制研究》,社会科学文献出版社2010年版。
⑦ 陈默:《蒋介石"越级指挥"再诠释——兼论抗战时期国民党军中的内在逻辑》,《史林》2019年第4期。
⑧ 黄天华:《抗战后期地方军人筹组"西南联防政府"及各方因应》,《四川师范大学学报(社会科学版)》2020年第6期。
⑨ 王英俊:《1944—1945年广东军政关系再探》,《抗日战争研究》2019年第3期。
⑩ 刘东庆:《胡宗南与战时工作干部训练团》,《抗日战争研究》2021年第2期。

宣传内容过于空洞。① 郭洋则深入到基层连队，发现其政工存在人手不足、军政不和的弊端，而背后以军事为中心的一元化理念才是其失败的核心问题。②

海军和空军同样是国民党军队重要的组成部分，其战时的发展建设也得到一定讨论。关于战时海军，贺怀锴回顾蒋介石对于海军派系的分治和整合，展示了蒋介石通过重用粤系、东北系海军，创办电雷学校，选送学生留洋制衡闽系海军的努力。③ 欧阳格案件是抗战时期海军发展中的大事件，沙青青对这个事件进行了专门的考证，认为除了派系纷争外，此案的判决也受到当时海军人事处置策略变化的影响。④ 抗战后期国民政府曾经派出相当数量的海军军官赴英美学习，黄山松认为这样的派遣不仅有利于消除民国海军内部的派系藩篱，而且对建立全国统一的海军起到了重要作用。⑤

抗战时期空军经历了跌宕起伏的发展历程。袁成毅分析了全民族抗战前夕空军建设的成败，认为虽然接近日本空中力量的既定目标远未实现，但其一定程度上扩大了空军（航空队），培养了人才，建立了航空工业，对于后续战事产生了深远的影响。⑥ 古琳晖对全民族抗战时期的空军发展进行梳理，分别从军制改革、装备补充和教育训练三个方面审视了其所遭遇的困难，认为最核心的困难还是缺乏独立的航空工业。⑦ 陈开科专门讨论了抗战初期的苏联援华空军志愿队的问题，高度评价了这一支力量在培训中方人员、拦截日机、轰炸日舰机场、打击地面目标等方面的重要作

---

① 卢毅：《国民党军队政工的发展历程及其痼疾（1924—1949）——兼与中共军队相比较》，《党史研究与教学》2010 年第 4 期。
② 郭洋：《全国抗战时期国民党军基层连队的政治工作》，《军事历史研究》2021 年第 6 期。
③ 贺怀锴：《蒋介石对国民政府海军派系的分治与整合（1927—1949）》，《安徽史学》2021 年第 1 期。
④ 沙青青：《用、弃之间：欧阳格案与蒋介石的海军人事处置》，《抗日战争研究》2014 年第 4 期。
⑤ 黄山松：《参战与重建——二战时期国民政府海军军官赴英美参战、实习的背景与经过述论》，《杭州师范大学学报（社会科学版）》2012 年第 3 期。
⑥ 袁成毅：《全面抗战前国民政府空军建设评析》，《杭州师范大学学报（社会科学版）》2013 年第 2 期。
⑦ 古琳晖：《全面抗战时期中国空军建设述评》，《军事历史研究》2009 年第 2 期。

用。① 徐亮对太平洋战争爆发后美国援华志愿航空队的改编进行观察，关注到中方高层、美国军方以及陈纳德之间的互动导致改编后的空中力量不增反减。② 梁善明注意到战时空军失事、事故频发的情况，并试图找寻航空委员会的应对之策，发现通过改革制度、改善装备、改用美式训练等方法虽然一定程度上起到了作用，但受制于战事发展，空军的飞行失事发生率终究难以控制。③

三 关于正面战场研究的思考

经过 70 余年的发展，尤其是经过最近 40 年的努力，抗日战争史研究已然蔚为大观。与正面战场相关的讨论，也迈上了一个新台阶，在多个方面取得了令人瞩目的成就。相应地，在将来的一个时段里，关于正面战场的讨论仍需要面对一些尚未解决的问题，以得到进一步提高。

首先，关于正面战场的总体看法还有待进一步归纳和提炼。具体来说，关于正面战场的地位，既不能一味抹杀又不能过度拔高；正面战场与敌后战场之间各自独立又相互配合的事实，应当予以足够肯定和充分讨论；正面战场的反攻作战，尤其是在境外的反攻作战需要被正视；正面战场的持久消耗战略的成败可以一分为二地看待；正面战场的游击作战情况尚待系统地复原。

十多年前一些学界先进就意识到公正评述正面战场的重要意义。陈铁健注意到公正评述正面战场与开展国际学术对话的关系：过去西方对于中国战场在第二次世界大战中的作用普遍重视不够，其中一个原因就是中国人自己的研究存在不足，甚至有时还不无自我否定。自我否定常常可能导致人亦否定的结果。这不仅不利于学术，而且无助于今天中国的对外友好交流。④ 上述看法放在今天依然具有很强的指导价值。

---

① 陈开科：《中苏外交战略协调背景下的苏联援华空军志愿队》，《抗日战争研究》2015 年第 4 期。

② 徐亮：《"权宜之计"：美国援华志愿航空队之改编》，《抗日战争研究》2019 年第 1 期。

③ 梁善明：《困局与应对：全面抗战时期中国空军频发的飞行失事及整治》，《日本侵华南京大屠杀研究》2021 年第 3 期。

④ 陈铁健：《抗日战争史研究浅议》，《南京大学学报（哲学·人文科学·社会科学版）》2005 年第 4 期。

其次是正面战场会战、战役的个案研究，需要在具体化、精细化的方向上深化。相较过去，学界对于正面战场上的每一次会战、战役都有专门的讨论，部分会战还得到了较高"分辨率"的复原。但这并不意味着研究者们的任务便已完成。事实上，军事史研究的不足反而是抗日战争史学界共同的感受。2015 年一次重要讨论会上，与会者便一致认为近年来抗日战争史的主体——军事史的推进还"极为有限"，即使是有研究，也集中在淞沪会战、中条山战役、豫湘桂战役等知名会战上，且"深入探究技术战术的也比较薄弱"。① 这样的批评是中肯而公允的，目前关于抗战相持阶段历次会战的讨论便存在明显的进步空间。比如南昌会战、随枣会战、第一次和第二次长沙会战、上高会战、鄂西会战，中国军队到底是胜是败，胜在哪里又败在何处？当下学界尚未给出一个普遍接受的答案。袁成毅建议研究者"除了对重大战役作继续深入的研究外，还应当进一步挖掘一些在作战手段、作战效果等方面具有独特性的战役战斗"。② 这或许是一个可选的进路。

关于历次会战、战役的重思，有赖于基本史实的重建。会战、战役的某些核心细节如双方的伤亡数字就非常关键，直接影响着研究者对于战事的评价。杨奎松在 2016 年的笔谈中，反复重申核心细节的重要性，并以他指导的一篇学位论文为例，指出淞沪会战后至南京保卫战前国民党军队在正面战场给日军予以较大伤亡的史实。③ 稍晚些时候，杨奎松以台儿庄战役日军伤亡人数为例撰文，梳理了既有研究中各种数据的谬误，并呼吁研究者将来在处理具体会战、战役时要甘于投入更多的时间和精力，运用多方史料将这些数字考证确实。④ 事实上，需要考实的何止于数字，会战、战役双方的事前想定、参谋作业、情报获取、交战部队的状况、行军路线选择、后勤线路的设置等，都应当得到经过多方史料比对、细密而周全的复原。

最后，关于战时国民党军队的全面考察，依然值得继续推进。曾景忠

---

① 董佳：《新世纪以来中国抗日战争史研究的回顾与前瞻》，《北京行政学院学报》2015 年第 5 期。
② 袁成毅：《抗日战争军事史研究中的问题及可能突破的路径》，《中共党史研究》2021 年第 5 期。
③ 杨奎松：《抗日战争研究理应重视战争史研究》，《抗日战争研究》2016 年第 1 期。
④ 杨奎松：《中国抗日战史亟须加强对日方资料的利用与研究——以台儿庄战役日军伤亡人数问题为例》，《抗日战争研究》2021 年第 3 期。

在 1999 年建议对国民党军队展开系统研究，至少应该包括"国民政府统帅部至各战区的指挥运作，战略方针和部署，战术运用；国民政府军队状况，内部的军事训练、政治工作、士气、作战能力、后勤保障等；战地和后方的军政关系、党政军民关系；政治动员、军事动员、供给支援；各战区和各部队包括军种之间的协同，各战场之间的配合；国民政府军队与盟军的关系"。王奇生于 2010 年倡议重点讨论军队的组织结构与运行机制，包括"军队的层级构成与组织系统，军事集团与山头派系，战略战术与作战能力，武器装备与后勤给养，情报传递与通信系统，政工制度与兵民关系，以及军官的出身、教育、待遇、人事升迁，士兵的招募、训练、素养、兵饷、晋升机会、官兵关系、生存状态与心理体验等等"。① 时至今日，经过学界同人的努力，上述大多数话题已得到不同程度的关注，有些问题甚至可以说基本得到了解决。

但是不难发现，曾、王二人所提及的一些内容仍旧未得到令人满意的答案。比如战时国民党军队的战术运用、士气、后勤，战区、部队、军种之间的配合，国民党军队和盟军的协作，就鲜见讨论。又如武器装备、情报传递、通信系统、官兵关系等，也较少见到深入的研究。更重要的是，除了前述李宝明、张瑞德的专书外，系统论述战时国民党军队状况和演变的论著还未见问世。这暗藏着一个值得重视的问题：迄今为止，学界对于战时国民党军队仍缺乏一个整体性的认识。到底这是怎样的一支军队，其主要的特点是什么，主要的缺陷在哪里？研究者们尚未归纳出一个被普遍接受的解释。日本学者已经清晰地梳理旧日本陆军逐渐产生自我意识、脱离政府存在进而绑架国家走向不归之路的"异化"过程，② 或许这是未来国内抗日战争正面战场研究者讨论战时国民党军队的一个尝试方向。

---

① 曾景忠：《中国抗日战争正面战场研究述评》，《抗日战争研究》1999 年第 3 期；王奇生：《革命与反革命：社会文化视野下的民国政治》，社会科学文献出版社 2010 年版，"前言"第 6 页。
② ［日］户部良一：《日本陆军史：近代化的异化》，韦平和、孙维珍译，社会科学文献出版社 2016 年版。

第四章

敌后战场史

抗日战争是中华民族取得完全胜利的民族解放战争。战争是抗日战争时期中国的时代主题，决定着民族的存亡、政治力量的兴衰。在中华民族抵抗日本进攻的过程中，形成了正面和敌后两个战场，前者主要由国民党军队担负，后者主要由共产党领导的八路军、新四军、东江纵队担负，直至最后胜利。

敌后战场又称解放区战场。全民族抗战爆发初期，"敌后"的概念已经出现。大体而言，1943年抗战六周年之际，中国共产党开始使用"敌后战场"这一概念，1944年"敌后战场"得到频频使用。1944年9月，"敌后解放区"的概念开始出现，年底中国共产党提出"中国解放区"的概念。抗日战争胜利前夕，在党的七大上，中国共产党最高领导层对解放区战场做出系统论述。"敌后战场"和"解放区战场"的指向未发生根本变化，称谓变化背后的政治和策略考量值得关注。我们更多采用"敌后战场"这一概念。

敌后战场和抗日根据地，是两个紧密联系的概念，彼此互为条件。在相当长的时间，两者的研究是混同在一起的。但是，两者的区别是明显的，1944年6月，叶剑英在延安与中外记者西北参观团的谈话中强调，"敌后战场有三个，即华北、华中、华南三大敌后战场"，"每一个战场，又分为几个抗日根据地"。由此可见，敌后战场比敌后根据地广阔，根据地是战场的支撑，战场是根据地的屏障。因此，敌后战场的研究应该从军事和战场的角度出发，其范围包括华北、华中、华南解放区，八路军、新四军和华南抗日纵队，以及东北抗日联军。

党的七大以后，关于敌后战场的研究逐渐展开。在抗日战争胜利80周年之际，回顾和总结既往的研究，展望未来研究的走向，实在有其必要。

一　敌后战场研究的起步阶段

1949—1978年，是敌后战场研究的起步阶段。在这一阶段，初步搭建起敌后战场研究的框架，整理出版了一些重要的史料。

这一时期，关于中共党史、革命史的通史著作，都有专章对敌后战场和武装斗争做重要论述。有关抗日根据地的研究，也会重点涉及敌后战场的基本情况。例如，齐武的《一个革命根据地的成长——抗日战争和解放战争时期的晋冀鲁豫边区概况》（人民出版社1957年版）。

着重从军事角度研究敌后战场的成果也开始出现。1953年人民出版社编辑出版的《抗日战争时期的人民解放军》，将中共领导的敌后武装斗争分为三个历史时期：深入敌后，开创解放区战场（1937—1940年）；艰苦奋斗，坚持解放区的抗日战争（1941—1942年）；恢复和扩大解放区，发动局部反攻和争取抗日战争的最后胜利（1943—1945年）。该书还从总体上论述了中共武装力量在抗日战争时期的战斗发展的历程，对敌后战场的历史分期影响至今。中国人民解放军河北军区政治部编的《冀中抗日战争简史》（河北人民出版社1958年版），同样以叙写战争为主，着重论述了中共武装力量在冀中的战斗和发展。穆欣编著的《晋绥解放区民兵抗日斗争散记》（上海人民出版社1959年版），论述了晋绥民兵发展和战斗概况。

20世纪60年代初，在中央军委领导下，《八路军一二〇师及晋绥根据地战史》《一二九师及晋冀鲁豫根据地战史》《山东军区战史》《新四军战史》《晋察冀军区战史》《太岳纵队兼军区抗日战争史》《冀热辽军区战史》等，在内部出版发行。这些战史较为翔实且具有地域特色，全面展示了中国共产党领导敌后战场的基本情况。

史料的收集和编辑，为此后的研究打下坚实基础。抗日战争时期，中共各军队开始编纂战史资料。1951—1960年，《毛泽东选集》第1—4卷陆续出版，其中第2、3卷收录毛泽东抗日战争时期的著作、讲话、指示、命令等，是研究敌后战场的重要文献，是认识、理解敌后战场的重要依据。为编写人民解放军战史，《晋察冀抗日战争史资料选编》《一二九师暨晋冀鲁豫军区抗日战争战史》附件《资料选编》，以及《新四军抗日战争战史资料选编》等相继完成，是研究敌后战场最直接的资料。

报刊资料是研究敌后战场的重要史料。这一时期影印出版的报刊资料有《解放日报》《新华日报》《群众》《八路军军政杂志》等。回忆录给人以鲜活的逻辑框架。解放军三十周年征文编辑部出版《星火燎原》，其中第6、7集是亲历者关于抗日战争的回忆。中国青年出版社编辑出版的《红旗飘飘》，也陆续发表了关于敌后战场的回忆。

抗日战争时期日本人在华反战活动相关资料也有出版。1963年人民出版社出版的《野坂参三选集》（战时篇），内含野坂参三在延安工作时期的文章。

"文化大革命"时期，历史研究工作基本停顿下来。受极"左"思潮影响，中共党史变成路线斗争史。敌后战场的研究同样不能幸免，受到极大干扰，正常的学术讨论不能展开。

这一阶段，学术界大体梳理了中国共产党领导的敌后战场的基本脉络，史料的收集和整理为进一步深化敌后战场的研究打下了基础。具体到敌后战场，学界的观点是一致的：敌后战场是抗日战争的主要战场，它抗击了多数日军和几乎全部伪军，对抗日战争的最后胜利起着决定性作用，人民的力量在敌后战场不断发展壮大，为新民主主义革命的胜利准备了重要条件。

二 敌后战场研究学术化的起步与发展

党的十一届三中全会后，在思想解放的大潮中，学界开始对新中国成立30年抗日战争研究和敌后战场研究进行反思。经过反思，学者们开始对敌后战场研究给予更多关注，禁区不断被打破，新议题和新观点不断提出，学术争鸣此起彼伏。在曲折和复杂的过程中，敌后战场的研究走向学术化。

在这一时期，敌后战场研究的史料得到极大扩充。中央档案馆整理出版《中共中央文件选集》（中央党校出版社1991年版），其中第11—15册收录抗日战争时期中共中央的重要文献。中央文献研究室和军事科学院编辑出版毛泽东、刘少奇、周恩来、朱德、任弼时、邓小平、彭德怀、刘伯承、徐向前、叶剑英、聂荣臻、项英、陈毅、贺龙、罗荣桓、粟裕、彭雪枫、杨成武、王树声、萧劲光、张爱萍、景晓村、吕正操等的选集、军事文集、军事文选，其中包含抗日战争时期的报告、命令和指示等。此外，中共中央领导人和将帅年谱、传记也相继出版。这些都极大地丰富和加深了学界对敌后战场的认知。

对于敌后战场研究而言，军事部门编辑的史料尤为重要。在这一时期，军事科学院战争理论研究部整理编辑了《游击战参考资料选编》（1981年印行）；中国人民解放军历史资料丛书编审委员会出版了《八路军》《新四军》等；中国人民解放军总参谋部《一二〇师战史》编写办公室整理了《第一二〇师陕甘宁晋绥联防军抗日战争时期资料丛书》（1994年印行）；安徽军区编写了《新四军在安徽》（安徽人民出版社1982年版）；南京新四军和华中根据地研究会编辑出版了《新四军和华中抗日根据地史料选》（上海人民出版社1984年版）。

此外，中国人民解放军政治学院政治工作教研室编纂了《军队政治工作历史资料》（战士出版社1982年版）；中国人民解放军总政治部联络部编纂了《敌军工作史料》（1987年印行）。在这些资料选编中，抗日战争时期的内容占据重要篇幅。

战俘工作是中共军队政治工作的重要组成部分。1985年解放军出版社出版水野靖夫著《反战士兵手记》；香川孝志、前田光繁著《八路军内日本兵》；小林清著《在中国的土地上：一个"日本八路"的自述》。1987年张惠才、韩凤琴翻译出版了由日本共产党中央委员会编辑的《反战兵士物语》，题名《从帝国军人到反战勇士》（中国文史出版社1987年版）。小林清著《在华日人反战组织史话》也在中国出版（社会科学文献出版社1987年版）。王庭岳著《在华日人反战运动史略》（河南人民出版社1989年版）是较为完整介绍日人反战运动的专著。张文华编写了《攻心战——淮北抗日根据地敌军工作》（金陵书社出版公司1994年版）。学苑出版社2000年出版的《一个老八路和日本俘虏的回忆》，内含八路军敌军工作者刘国霖和日本俘虏铃木传三郎的回忆。

后勤是军事斗争工作的基础。中国人民解放军历史资料丛书编审委员会出版了《后勤工作》；后勤学院学术部历史研究室、中国人民解放军档案馆整理编纂了《中国人民解放军后勤史资料选编·抗日战争时期》（金盾出版社1991年版）；总后勤部军事生产部党史资料征集领导小组编纂了《军需生产史料丛书：1927—1949》（解放军出版社1991年版）；北京军区后勤部党史资料征集办公室编纂了《晋察冀军区抗战时期后勤工作史料选编》（军事科学出版社1985年版）；南京军区后勤部编写了《华东部队革命战争年代后勤工作概述》（1988年印行）；何正清编辑了《刘邓大军卫生史料选编》（成都科技大学出版社 1991 年版）。

抗日战争时期，各根据地的军事工业，对于敌后战场的武装斗争有重要意义。中国人民解放军历史资料编审委员会编辑出版了《军事工作·根据地兵器》（解放军出版社 2000 年版）；1984—1990 年，中国兵工学会兵工史编辑部编印了《兵工史料》（共 18 辑，其中第 12 辑为新四军第四师军事工业史资料专辑）；《中国近代兵器工业档案史料》编审委员会出版了《中国近代兵器工业档案史料》第 4 册（兵器工业出版社 1993 年版）。1990—1994 年，中国兵器工业历史资料编审委员会内部编印了革命根据地军工史料丛书，包括《晋冀豫根据地》《晋绥根据地军工史料》《新四军军工史料》《晋察冀根据地军工史料》《冀鲁豫根据地军工史料》《山东根据地军工史料》（年份不详）。此外，各相关部门编纂了新四军军事工业方面的史料，包括《新四军军工史料》第 1、2 辑；《新四军军事工业资料》第一师、第二师、第三师、第五师、第六师、第七师、浙东纵队等（1985—1992 年印行）。

一些军兵种也做了大规模资料整理工作。以通信兵为例，通信兵史编审委员会办公室编辑了《抗日战争时期军委三局大事记》（1985 年印行）、《中国人民解放军通信兵史料回忆选编·抗日战争时期军委三局》（1987 年印行）、《中国人民解放军通信兵历史文献资料汇编·抗日战争时期中央军委部分》（1988 年印行）；北京军区司令部通信部通信兵史编写组编了《晋察冀军区通信兵历史文献资料选编·抗日战争时期》（1988 年印行）、《晋察冀军区通信兵回忆史料选编·抗日战争时期》（1990 年印行）、《晋察冀军区通信兵大事记·抗日战争时期》（1990 年印行）、《八路军前方总指挥部 129 师暨晋冀鲁豫军区通信兵历史文献资料选编·抗日战争时期》（1991 年印行）；兰州军区通信兵史编写办公室编辑了《中国人民解放军西北通信兵历史文献资料选编·抗日战争时期》（1987 年印行）；济南军区司令部通信兵史编写组整理编辑了《山东军区通信兵历史资料选编》（1987 年印行）；南京军区司令部通信兵史编写组整理编辑了《新四军、华东军区、第三野战军通信兵历史资料选编》（1988 年印行）。

在这一时期，区域抗战史的资料得到丰富和扩展。广东省档案馆整理出版了《东江纵队史料》（广东人民出版社 1984 年版）；河北省档案馆整理编辑了《地道战档案史料选编》（河北人民出版社 1987 年版）；东北抗日联军史料编写组编纂了《东北抗日联军史料》（中共党史资料出版社

1987年版）；山西新军历史资料丛书编审委员会编辑出版了《山西新军历史资料丛书》（中共党史出版社1993年版）；宁波市新四军暨华中敌后抗日根据地研究会编纂了《浙东抗战与敌后抗日根据地史料丛书》（中共党史出版社2001年版）等；江苏省档案馆编纂了《苏中人民反扫荡反清乡斗争》（档案出版社1985年版）；冀中人民抗日斗争史资料研究会办公室编辑了《冀中人民抗日斗争资料》（1—50辑，1983—1989年印行）；八路军山东纵队史编审委员会编辑了《八路军山东纵队》（山东人民出版社1991—1993年版）；中共河北省委党史研究室编辑了《长城线上无人区》《冀东武装斗争》《冀中武装斗争》（上）、《冀中地道战》《回民支队》《一二〇师在冀中》（中共党史出版社1993—1997年版）；河北省档案馆整理了《地道战档案史料选编》（河北人民出版社1987年版）；太行革命根据地史总编委会编辑了《地方武装斗争》（山西人民出版社1995年版）。

回忆录引导研究者快速进入历史现场，建立起历史叙事的基本逻辑。党的十一届三中全会以后，为保留历史真实，解放军元帅和高级将领的回忆录陆续出版，比如彭德怀、聂荣臻、徐向前、杨成武、陈再道、萧克、李达、黎玉、许世友、黄克诚、吕正操等。日记是重要的史料，战争亲历者的日记弥足珍贵，主要有：《陈赓日记》（战士出版社1982年版）；冯毅之《抗战日记》（1984年印行）；王紫峰《战争年代的日记》（中国文史出版社1986年版）；《汪大铭日记（1939—1945）》（中共镇江市委党史资料征集研究委员会、中共句容县委党史资料征集研究委员会1987年印行）；杨国宇《刘邓麾下十三年》（重庆大学出版社1991年版）；《王恩茂日记·抗日战争》（中央文献出版社1995年版）；高厚良《烽火岁月》（蓝天出版社1995年版）；《杨思一日记》（浙江省新四军研究会金萧分会1997年印行）；《人间世：陈嘉（杜襟南）日记初叶（1933—1950）》（中共广州市委党史研究室2000年印行）；《赖传珠日记》（解放军文艺出版社2000年版）；理京、理红整理出版的《高鲁日记》（内蒙古大学出版社2004年版）；《独臂将军彭绍辉日记》（军事科学出版社2005年版）；卢云山、杨弘编《周士第将军阵中日记》（石家庄机械化步兵学院印刷厂2005年印行）。

敌后战场重要的战役、战斗的史料开始整理出版。何理等编辑了《百团大战史料》（人民出版社1984年版）；军事博物馆整理了《百团大战历史文献资料选编》（解放军出版社1991年版）。

研究敌后战场，日军方面的资料极为重要。天津政协编辑了日本防卫厅的《华北治安战》(天津人民出版社1982年版); 李惠、李昌华、岳思平编写了《侵华日军序列沿革》(解放军出版社1987年版)。这是学界重视日方资料的初步。

在这一时期,各根据地史料纷纷推出,其中也有涉及敌后战场的内容,在此不一一列举。值得注意的是,中央档案馆、广东省档案馆整理编辑了《广东革命历史文件汇集》(1982—1991年陆续出版),内容起止时间为1919—1949年。中央档案馆和辽宁省、吉林省、黑龙江省档案馆整理编辑了《东北地区革命历史文献汇集》(1988—1991年陆续出版),内容起止时间为1923—1945年。

史料的收集和整理工作,极大地推进了抗日战争研究。在这一时期,抗日战争通史类著作开始出现,主要有:龚古今、唐培吉主编《中国抗日战争史稿》(湖北人民出版社1984年版);何理《抗日战争史》(上海人民出版社1985年版);军事科学院军事历史部编著《中国人民解放军战史·抗日战争时期》(军事科学出版社1987年版);军事科学院军事历史部编著《中国抗日战争史》(解放军出版社1991年后陆续出版);刘大年主编《中国复兴枢纽——抗日战争的八年》(北京出版社1995年版);罗焕章、支绍曾著《中华民族的抗日战争》(军事科学出版社1987年版);王秀鑫主编《中华民族抗日战争史》(中共党史出版社1995年版);王桧林主编《中国抗日战争全书》(山西人民出版社1995年版);张宪文主编《中国抗日战争史(1931—1945)》(南京大学出版社2001年版)。在这些著作中,敌后战场的内容占据重要位置。

以敌后战场为主题的研究成果大量涌现。如陈平著《千里"无人区"》(中共党史出版社1992年版);王淇主编《砥柱中流——抗战中的解放区战场》(广西师范大学出版社1995年版);张生、王明生著《中国敌后战场》(中国青年出版社1995年版);张宏志著《中国抗日游击战争史》(陕西人民出版社1995年版)。

八路军、新四军是敌后战场的主力,八路军、新四军的研究成果纷纷出现,主要有:张廷贵、袁伟、陈浩良著《中共抗战部队发展史略》(解放军出版社1990年版);中国人民解放军第二野战军战史编委会编著《八路军第一二九师战史》(解放军出版社1991年版);第一二〇师陕甘宁晋绥联防军抗日战争史编审委员会编著《陕甘宁晋绥联防军抗日战争史》(军事科学出版社1994年版);刘家国著《浴血奋战——抗日英雄八路军》

(广西师范大学出版社 1995 年版)；岳思平著《八路军抗战史》(广西人民出版社 1995 年版)；田玄著《铁军纵横——华中抗战的新四军》(广西师范大学出版社 1995 年版)；马洪武主编《新四军与抗日战争》(南京大学出版社 1995 年版)；北京军区战史编写组编著《晋察冀军区抗日战争史》(军事科学出版社 1986 年版) 和《晋察冀暨华北军区武装力量发展史》(军事科学出版社 1996 年版)；第一二○师陕甘宁晋绥联防军抗日战争史编审委员会编著《八路军第一二○师暨晋绥军区战史》(1997 年印行)；王辅一著《新四军简史》(中共党史出版社 1997 年版)；等等。

政治工作是中国共产党军队建设和军事斗争的重要内容，这方面的著作主要有：军事科学院军事历史研究部编著《中国共产党军队政治工作七十年史》(解放军出版社 1991 年版)；总政治部联络部编著《新四军敌军工作史》(1997 年印行) 和《八路军敌军工作史》(1998 年印行)。

后勤和卫生工作对于军队的发展和战斗力有重要意义，这方面的成果有：乔光烈主编《中国人民解放军后勤简史》(国防大学出版社 1989 年版)；徐庆儒主编《中国人民解放军革命战争后勤史简编》(金盾出版社 1991 年版)；总后勤部、军事经济学院编著《中国人民解放军财务简史》(中国财政经济出版社 1991 年版)；石文光、伏斟主编《新四军卫生工作史》(人民军医出版社 1991 年版)；陆军第 39 集团军编《新四军第三师卫生史》(白山出版社 1996 年版)。

区域性的敌后战场研究成果也开始出现，主要有：内蒙古军区著《大青山武装抗日斗争史略》(内蒙古人民出版社 1984 年版)；北京军区晋察冀战史编写组编《晋察冀军区抗日战争史》(军事科学出版社 1986 年版)；《鄂豫边区革命史》编辑部编《新四军第五师抗日战争史稿》(湖北人民出版社 1989 年版)；《东江纵队史》编写组著《东江纵队史》(广东人民出版社 1985 年版)；《东北抗日联军斗争史》编写组著《东北抗日联军斗争史》(人民出版社 1991 年版)；张国祥著《山西抗日战争史》(山西人民出版社 1992 年版)；冀南军区战史编辑委员会编著《冀南军区战史》(蓝天出版社 1993 年版)；中国人民解放军贵州省军区编著《冀鲁豫军区抗日战争战史》(1994 年印行)。

敌后战场重大战役的研究有：王政柱著《百团大战始末》(广东人民出版社 1989 年版)；岳思平著《鏖战华北——震惊中外的百团大战》(广西师范大学出版社 1995 年版)。

值得注意的是，外国人视野中的抗日战争和敌后战场，也得到学界关注。1985年新华出版社出版《史沫特莱文集》，其中《中国的战歌》《中国在反击》涉及敌后战场的内容。1986—1988年，新华出版社出版外国人看中国抗战丛书，涉及敌后战场的有：詹姆斯·贝特兰著《华北前线》；伊斯雷尔·爱泼斯坦著《中国未完成的革命》；埃文斯·福代斯·卡尔逊著《中国的双星》；斯坦因著《红色中国的挑战》；哈里森·福尔曼著《北行漫记》；班威廉、克兰尔著《新西行漫记》；白修德著《中国的惊雷》等。1987年，国际文化出版公司出版林迈可著《八路军抗日根据地见闻录——一个英国人不平凡经历的记述》。1988年，新华出版社出版《斯特朗文集》，其中《人类的五分之一》涉及敌后战场的内容。

经过学者的共同努力，抗日战争研究和敌后战场的研究，出现空前繁荣的景象。在这一时期，学术界针对若干问题展开热烈讨论。

关于敌后战场的战略方针问题。此前一般认为，1937年8月中共中央在洛川会议上提出"独立自主的山地游击战"或"基本的是游击战，但不放松有利条件下的运动战"的战略方针。在这一时期，有学者对此提出不同见解。马齐彬等提出，早在1935年12月瓦窑堡会议上，中共中央政治局就通过了《关于军事战略问题的决议》，确定"游击战争对于战胜日本帝国主义及其汉奸卖国贼的任务，有很大的战略作用"。[①] 杨奎松从历史演变的角度，详细考察了中国对日军事战略的演变过程，认为瓦窑堡会议期间，中国共产党领导人首要考虑的是对蒋介石军队作战。1936年夏，毛泽东提出对日作战的游击战争战略，是基于红军十年内战的历史经验。全民族抗战爆发后，中共中央关于对日军作战战略的思考，随形势发展也有所变化，1937年8月22—25日，洛川会议上中共中央内部对毛泽东主张的"独立自主的山地游击战"有不同意见；1937年12月中共中央政治局会议上，关于对日作战战略的不同看法依然存在。1938年毛泽东发表《抗日游击战争的战略问题》和《论持久战》，将中国共产党的军事战略规定为"基本的是游击战，但不放松有利条件下的运动战"。党的六届六中全会上毛泽东权威得到确立，中国共产党对日军事战略逐渐统一。[②] 在另一篇文

[①] 马齐彬、赵丽江：《抗战初期中国共产党领导的人民军队的战略转变》，全国中共党史研究会编《抗日民主根据地与敌后游击战争》，中共党史资料出版社1987年版，第33—47页。

[②] 杨奎松：《抗日战争爆发后中国共产党对日军事战略方针的演变》，《近代史研究》1988年第2期。

章中，杨奎松梳理了抗日战争时期中国共产党对日作战战略方针随形势变化不断调整的历史过程。① 田玄认为，毛泽东提出的"独立自主的山地游击战争"，主要针对抗日民族统一战线中不可靠的同盟者；作为一个战略概念，它包容了游击战与运动战多方面的内容，与"运动游击战"并不矛盾。②

关于敌后战场的形成问题。毛泽东在《论联合政府》中指出："中国的抗日战争，一开始就分为两个战场：国民党战场和解放区战场。"这成为党史、军史和战史的定论。刘庭华提出不同看法，认为抗日战争一开始不存在国民党正面战场与解放区敌后战场，敌后战场的形成有一个过程。中国共产党领导的八路军1937年8、9月向华北抗日前线挺进，至1938年3、4月完成在山西的战略展开，创建晋察冀、晋西北、晋东南根据地，刚刚站稳脚跟，应当说此时尚未形成一个敌后战场。1938年4月21日，中共中央向八路军发出开展河北、山东平原抗日游击战的指示，八路军派主力开辟冀鲁平原，1938年底至1939年初，开辟了华北敌后战场。1940年冬，新四军创立华中抗日根据地，形成华中敌后战场。③ 王淇等认为"解放战场的开辟从一开始就是自觉的行动"，是一个逐步发展的过程，华北、华中和华南三个地区敌后战场的形成时间也不同。从八路军出师华北，到在山西周围创建山区抗日根据地，到1938年4月深入冀鲁豫平原建立平原根据地，再到党的六届六中全会提出"巩固华北"战略方针，到1939年初华北敌后战场形成。1938年4、5月，新四军第一、二支队挺进苏南创建茅山根据地，到1939年上半年第三纵队在皖南反"扫荡"的胜利，第四支队、第五支队开辟津浦路东、西根据地，以及新四军江南部队北上和新四军游击支队东进，"华中战场初步形成"。"1939年春季以后，华南地区抗日游击战争日益活跃。"至此，"广阔的解放区战场已经形成"。④ 有学者坚持原来的观点，张宏志认为，"中国抗战一开始就出现了两个战场，国民党正面战场、共产党敌后战场；国民党军队在正面进行内线防

---

① 杨奎松：《抗战时期中国共产党对日军事战略方针的演变》，《历史研究》1995年第4期。
② 田玄：《彭德怀与华北抗战初期的"运动游击战"问题考析》，《军事历史研究》1999年第1期。
③ 刘庭华：《中国抗日战争史研究的几个问题》，《史学月刊》1987年第3期。
④ 王淇主编：《砥柱中流：抗战中的解放区战场》，广西师范大学出版社1995年版。

御，共产党军队深入敌后，举行广泛的外线进攻"。①

关于敌后战场和正面战场的关系问题。新中国成立后的30年间，在军史、党史和战史中，很少提到正面战场。在这一时期，学界不仅肯定正面战场的存在，而且对正面战场和敌后战场的关系给予更多的积极评价。徐焰强调，在抗日战争期间，"国共双方尽管在两个相互独立的战场抗战，并且双方一直有着尖锐的对立和斗争，但是这种斗争还始终局限于抗日民族统一战线内部。由于中日矛盾始终是主要矛盾，两个战场各自的主要任务也都是对日作战，因此两个战场'互相需要，互相配合、互相协助'的互为依存关系，始终占着主导地位"。② 王桧林指出，抗日战争期间"中国确实存在着两个不同的战场，二者还存在着矛盾与斗争，有时斗争很尖锐"，"但在整个抗战时期，中日矛盾这个主要矛盾，是决定一切的。两个战场虽有冲突，但未完全破裂。二者的配合是主要的"；"过分夸大二者的对立是不正确的"。③ 傅吉庆指出："抗日战争的胜利，是两个战场军民艰苦奋战的结果，两个战场同时存在，分散了敌人的力量，使其顾此失彼，从而由强变弱，由主动变被动。"④ 何理强调"中国抗战是长期在两个不同的战场上进行的"；"正面战场和敌后战场，是在总的持久战战略方针的指导下的整体战争相互关联的组成部分，其总体关系是相互依存、相互支持、相互配合、相互策应"。⑤

在肯定正面战场存在，并且与敌后战场之间相互依存、相互支持的关系时，学者也探讨了两个战场产生的原因。刘庭华认为，抗日战争中两个战场的出现，是以抗日民族统一战线的形成为前提的，有其历史必然性。徐焰强调，两个战场的出现，起因是国共双方军队的分割指挥，以及随战局演变，国共双方对战场的不同选择，更深层次的原因则是双方代表的阶级不同。王桧林从历史演变的角度强调，两个战场的存在，是1927年以来中国政治军事在抗日战争时期延续和发展的结果。何理认为，两个战场

---

① 张宏志：《中国抗日游击战争史》，陕西人民出版社1995年版，第217页。
② 徐焰：《抗日战争中两个战场的形成及其相互关系》，《近代史研究》1986年第4期。
③ 王桧林：《抗日战争时期中国的总格局——一个战争、两个战场、三种政权》，《抗日战争研究》1991年第2期。
④ 傅吉庆：《论中国抗日战争的两个战场》，《中共党史研究》1995年第5期。
⑤ 何理：《论抗日战争的整体性和社会性》，《抗日战争研究》1999年第4期。

的存在，是中国近代政治发展和抗日战争客观规律决定的，全民族抗战爆发后，八路军挺进山西是希望与阎锡山及国民党军队共同抗战，太原陷落后，国民党军队退出山西和华北大部分地区，八路军实行进一步的战略展开，创立了敌后战场。

两个战场的区别，以及由此导致的在抗日战争中的不同作用，是学界讨论的又一热点。多数学者强调两个战场在不同时期的作用不同。魏宏运指出，"抗战之初的两年，国民党对日作战比较积极"；"国民党战场自广州、武汉失陷后，一直处于防御状态，招架不住敌人的进攻"；"战争的中心从1939年开始转入敌后战场，特别是华北地区，成为战局的中心"。[①] 在另一篇文章中，魏宏运强调，"历史的演变，使中国抗日战争明显分为正面战场和敌后战场。正面战场以国民党所统率的正规军为其主力。敌人的后方，则以共产党领导的游击军为中流砥柱，占大多数"；"抗战后期，正面战场没有严重的战争，而敌后游击战急速地向前发展"，"成为抗日战争的中流砥柱"。[②] 徐焰指出，从抗战爆发到武汉失守，"国民党正面战场抗击了侵华日军的主要兵力"。从武汉失守到1944年春，正面战场仍然坚持作战，其战略作用日益降低，敌后战场在全民族抗战中日益发挥出重要的战略作用。敌后战场的重要作用，不能单纯从其牵制的敌军数量来看，主要从其屏护正面战场的战略地位来看，确已成为中国抗日战争的主战场。1944年4月到日本宣布投降，正面战场重新成为日军进攻的重点，在国民党节节败退时，敌后战场展开了局部反攻。[③] 何理强调，抗日战争中两个战场作用地位是一个变化的过程，而不是简单固定的或一成不变的。在战略防御阶段，国民党军队无论从哪一方面来说，都是全国抗战的主体；敌后战场的迅速发展，已构成战略规模，能够发动百团大战规模的攻势战役。太平洋战役后，正面战场作用地位进一步下降，敌后战场作用地位进一步上升。1944年前后，敌后战场转入攻势作战，抗击侵华日军50%

[①] 魏宏运：《关于抗日战争时期敌后战场的几个问题》，《历史档案》1985年第3期。
[②] 魏宏运：《抗日游击战推动了抗日战争的历史进程》，南开大学历史系中国近现代史教研室编《中外学者论抗日根据地——南开大学第二届中国抗日根据地史国际学术讨论会论文集》，档案出版社1993年版。
[③] 徐焰：《抗日战争中两个战场的形成及其相互关系》，《近代史研究》1986年第4期。

以上和全部伪军,成为抗日战争的中流砥柱。① 刘庭华进一步细化了上述观点,认为在防御阶段,国民党正面战场是中国抗战的主战场,敌后战场在战略相持阶段1941年后上升为中国抗战的主战场。②

百团大战是八路军在华北战场进行的重要战役。新中国成立后,由于彭德怀受到批判,在相当长的时间里,百团大战的学术研究受到干扰。在这一时期,百团大战的学术研究逐渐展开。蒋杰认为,百团大战使用了华北我军几乎全部力量,以战略进攻的姿态展开,超出了战略防御的限度,与"基本的是游击战,但不放松有利条件下的运动战"的战略方针相违背,政治上表现了对国民党顽固派的疑惧,组织方面未经军委正式批准就行动了,应该检讨。③ 金春明提出反对意见,认为抗日战争时期民族矛盾是主要矛盾,为了中华民族的利益,必须拉住蒋介石,时间越长越好,笼统地说八路军打日本就是保卫蒋介石,是不对的;在百团大战发动前30天,八路军总部曾向中央汇报,最初计划动用23个团,在执行中逐渐发展到100个团,这样重大的战役没有得到中央批准就进行,在组织纪律上是有缺点的,但不能说完全没有请示中央。百团大战后,根据地困难局面的形成,与日军策略转变、灾荒等原因也有一定关系。但是,不能否认八路军总部过高估计了自己的力量,在战略战术上也有不适当的方面,违背了中共中央"基本的是游击战,但不放松有利条件下的运动战"的战略方针。④ 索世晖进一步强调,八路军为贯彻党中央方针,依据"独立自主的游击战"的战略原则,发动百团大战,严重打击了蒋介石妥协投降的阴谋,驳斥了顽固派的反共谣言,巩固和发展了中国共产党在抗日民族统一战线中的领导地位。百团大战始终是在党中央的指导下进行的,没有超过敌后战略防御的限度,百团大战后华北根据地的困难局面不能笼统归咎于百团大战。⑤ 张洪祥、高德福指出,百团大战"减轻日本对正面战场的压力",忽视阶级斗争的看法是不恰当的。发动百团大战,是为了影响全国战局,克服投降危险,争取时局好转,也是为了打破日军的"囚笼政策",

---

① 何理:《论抗日战争的整体性和社会性》,《抗日战争研究》1999年第4期。
② 刘庭华:《论敌后战场的历史地位》,《历史教学》2005年第8期。
③ 蒋杰:《百团大战问题的探讨》,《近代史研究》1979年第1期。
④ 金春明:《还百团大战以本来面目》,《辽宁大学学报(哲学社会科学版)》1979年第6期。
⑤ 索世晖:《百团大战应充分肯定》,《近代史研究》1980年第3期。

谋我军的发展。① 1987年，军事科学院军事历史研究部编著的《中国人民解放军战史》强调，"百团大战，是抗日战争中我军在华北地区发动的一次规模最大、持续时间最长的带战略性的进攻战役"，"向全世界表明了中国共产党及其领导的军队，是抵抗日本侵略的中流砥柱"。其存在的问题主要是："战役的规模过大，持续的时间太长，特别是第二阶段采取与我军装备不相适应的攻坚战，因而过多地消耗了八路军的有生力量和根据地的人力物力，给后来坚持华北抗战带来一些不利的影响；而且采取强攻日军有坚固设防的城镇据点的打法，也不符合当时以游击战为主的作战方针。"②

20世纪90年代，百团大战的研究向纵深进展。袁旭考证了百团大战参战兵力和战绩，认为实际参战部队80个团左右，3个参战集团的战斗统计比较准确，可作战绩计算的基本依据。③ 王人广回应了袁旭的研究，强调百团大战结束后，第十八集团军总部整理了《百团大战各阶段作战概述》，其数据较为准确。④ 周小宁不同意袁旭的意见，认为百团大战实际参战兵力确实有100多个团；1940年12月15日，《新华日报》（华北版）公布的《百团大战总结战绩》比较准确，延安公布的战绩错误较多，百团大战战绩较为准确的来源是八路军总部编制的《百团大战各阶段作战概述》。⑤ 丁则勤利用日文资料，详细论证了百团大战前后日军对中共的政策，认为百团大战是日军对中共政策的转折点。⑥

平型关战斗是八路军与日军的首次战斗。针对平型关战斗违背了党中央战略方针，是前线指挥员"运动游击战"思想产物的论点，袁旭提出自己的看法，认为平型关战斗是必要的，也是有利的，符合毛泽东后来总结的"基本的是游击战，但不放松有利条件下的运动战"的战略方针。虽然

---

① 张洪祥、高德福：《关于百团大战评价的几点商榷》，《南开史学》1980年第2期。
② 解放军军事科学院军事历史研究部编著：《中国人民解放军战史·抗日战争时期》，军事科学出版社1987年版，第214—215页。
③ 袁旭：《平型关战斗与百团大战若干史实的考订》，《抗日战争研究》1991年第2期。
④ 王人广：《关于百团大战战绩统计的依据问题》，《抗日战争研究》1993年第3期。
⑤ 周小宁：《百团大战参战兵力究竟有多少？——与袁旭商榷》，《军事历史》1992年第5期；周小宁：《百团大战克敌据点等战绩考》，《军事历史》1997年第2期。
⑥ 丁则勤：《百团大战前华北日军对中共力量的认识和对策》，《抗日战争研究》1997年第3期；丁则勤：《论百团大战后日本对华北的政策》，《抗日战争研究》2000年第2期。

对党中央战略方针的转变，某些指挥员在思想上准备不足，但不能笼统把凡带运动性质的战斗都看作这些错误思想的产物。① 此后，袁旭和王人广对平型关战斗的具体史实和敌我伤亡数据进行了考证。薛生平认为，平型关战斗体现了独立自主的原则，采取集中优势兵力伏击敌军的手段，发挥了战役突然性和红军近战的特长，实行了"以分散对集中，以集中对分散""打得赢就打，打不赢就走"的游击战术，对我军实现从国内正规战争到抗日游击战争的战略转变，具有深远的影响。②

敌后战场有无战略反攻，是学界热烈讨论的又一课题。1987年出版的《中国人民解放军战史·抗日战争时期》，详细论述了1943年至抗日战争胜利，敌后战场由局部反攻到全面反攻的发展过程。③ 王桧林提出不同意见，认为敌后战场有无战略反攻，需要从中国共产党对抗日战争的战略规定和实际战争历程两个方面考察。直到日本投降之前，不论整个抗日战争，还是敌后战场，敌强我弱的力量对比没有改变，战略反攻的条件还没有成熟，因而抗日战争战略反攻阶段也就没有到来。敌后战场的战略反攻是在日本宣布投降之后进行的，是受降和拒降之战，实质是国共争夺抗战胜利果实。④ 贺新城从大规模、复杂战争演进的角度出发，认为第二次世界大战中，由局部反攻发展到全面反攻是战略反攻的普遍规律。从1944年初起，中国军队在各种综合条件日趋有利的形势下，先后在敌后和西南两个战略方向展开局部战略反攻，使中国抗战脱出相持阶段，步入战略反攻的新阶段。1944年的敌后战场，不仅在各根据地周边展开反攻，而且组织部队发展河南，缩毂中原，进军湘粤边，南下苏浙皖，实施了对日军大纵深的战略进攻。1945年，经过春季、夏季攻势，敌后战场的反攻提升到一个新的水平。到日本投降前夕，局部战略反攻发展到全面战略反攻阶段。⑤

前面所列举者，是这个时期学术界讨论的热点。其他一些问题，比如

---

① 袁旭：《关于平型关战斗的评价问题》，《近代史研究》1983年第4期。
② 薛生平：《平型关大捷与八路军战略方针》，《中共党史研究》1995年第3期。
③ 军事科学院军事历史研究部编著：《中国人民解放军战史·抗日战争时期》，军事科学出版社1987年版。
④ 王桧林：《抗日战争有无战略反攻阶段问题》，《抗日战争研究》1993年第1期。
⑤ 贺新城：《论中国抗战的战略反攻》，《中共党史研究》1995年第5期。

武工队、敌伪军工作、地道战、中层战略等问题,学界也有所涉猎,其研究侧重宏观的政策梳理。①

1978—2005 年,学界对中共战略方针,敌后战场的形成、地位和作用,战役战斗的评价、战略反攻的有无,及其与正面战场的关系等,都进行了必要和合理的分析与解释。这符合人们对历史的认识规律,因为,人们对历史的认知只能始于总体和宏观。正如有学者所指出的:"统一于一种观点的做法不再为人们接受了,人们已和过去表面上一致的传统基本上决裂。"② 这是学术研究重大的进步,有助于卸去人们思想上的枷锁,为此后敌后战场的研究深入和拓展奠定了基础。

三 敌后战场研究的深化和拓展

如前所述,1978—2005 年的抗日战争研究和敌后战场研究,依然带有时代的烙印。正面战场和敌后战场研究的议题,背后的核心问题是国共两党在抗日战争中的地位和作用。

如何超越国共两党的抗日战争叙事,成为学界普遍思考的问题。何理强调,中国抗日战争是全国各族人民和各个不同的政治派别,团结一致,共同抵抗日本侵略的伟大民族战争,它所表现出的全民族战争的整体性、正义性,及其超出战争自身造成中国社会进步的深刻的社会性,是中国历史上任何一次反侵略战争及其他革命运动无法比拟的。国共两党对抗日战争的国际战略和持久方针具有基本的认同,同时也存在原则的分歧。正面战场和敌后战场的形成和发展是由中国政治和社会状态诸客观因素决定的,不是国共两党合作的初衷。

在这种认知之下,旧的议题逐渐失去热度,在新的议题尚未兴起的情

---

① 路元:《八路军军政杂志关于敌军工作的宣传》,《新闻研究资料》1983 年第 4 期;赵安博:《抗日战争时期延安日本工农学校》,《历史教学》1985 年第 3 期;徐则浩:《抗日战争中八路军、新四军的敌军工作》,《安徽史学》1987 年第 3 期;阎树森:《抗日战争时期对日本战俘的改造与中国共产党的人权保障政策》,《北京大学学报(哲学社会科学版)》1992 年第 1 期;柳茂坤:《抗日战争时期的敌后武工队》,《抗日战争研究》1993 年第 2 期;曹晋杰:《日本人反战同盟在华中的组织与活动》,《抗日战争研究》1995 年第 2 期;王晓岚:《中国共产党抗战时期对日伪的新闻宣传》,《河北学刊》1996 年第 6 期;周晓东:《论中共在抗日战争中的瓦解敌军工作》,《抗日战争研究》1997 年第 2 期;肖冬:《抗日战争时期在根据地创办的日本工农学校》,《党的文献》2002 年第 6 期。

② 魏宏运:《抗日根据地史研究述评》,《抗日战争研究》1991 年第 1 期。

况下，敌后战场的研究有所沉寂。根据近代史研究所图书馆的统计，2000—2010 年有关敌后战场的学术论文，多的年份 11 篇，少的年份仅有 5 篇；就其讨论的内容看，旧的议题已经很难引起研究者的兴趣。2010 年之后，敌后战场的研究有所转向，与战争本身密切相关的议题逐渐成为研究者讨论的热点。

史料是历史研究的基础。在这一时期，敌后战场资料的出版工作在稳步推进。八路军、新四军重要将领的军事文选相继推出，主要有：《刘伯承军事文选》《粟裕文选》《罗瑞卿军事文选》《谭政军事文选》《陈赓军事文选》《张云逸军事文选》《许光达军事文选》《罗炳辉军事文选》《许世友军事文选》《袁国平文选》《关向应文集》等。

资料集主要有：中共中央文献研究室、中央档案馆编辑的《建党以来重要文献选编》（中央文献出版社 2011 年版）；总政治部办公厅编辑的《中国人民解放军政治工作历史资料选编》（解放军出版社 2002—2010 年版）；中央党史研究室第一研究部、中国人民解放军档案馆编纂的《抗日战争时期八路军人员伤亡和财产损失档案选编》（中共党史出版社 2014 年版）。为了满足研究需要，中国抗日战争军事史料编审委员会编辑了《中国抗日战争军事史料丛书》（解放军出版社 2017 年版），包括《东北抗日联军》《八路军》《新四军》《华南人民抗日游击队》四大部分。此外还有，新四军和华中抗日根据地研究会整理的《新四军将领论抗日游击战》（中央文献出版社 2013 年版）；中共湖北省委党史研究室、湖北省新四军研究会编辑的《新四军第五师、鄂豫边区和八路军新四军中原军区历史资料丛书·电报类》（中央文献出版社 2017 年版）；黄桥战役纪念馆整理的《黄桥战役史料》（中共党史出版社 2016 年版）；杨奎松主编的《抗日战争战时报告初编》（上海三联书店 2015 年版）；金以林、罗敏主编的《中华民族抗日战争军事资料集》（社会科学文献出版社 2020 年版）。

2014 年湘潭大学出版社出版的《红藏：进步期刊总汇（1915—1949）》，内含一定数量的敌后战场的内容。值得一提的还有：江苏省档案馆、南京师范大学抗战研究中心编辑的《中华抗战期刊丛编》（国家图书馆出版社 2015 年版），中共山东省委党史研究室、山东省中共党史学会编辑的《山东党史资料文库》（山东人民出版社 2015 年版）；李宗远主编的《中国人民抗日战争纪念馆藏珍稀抗战文献汇刊》（国家图书馆出版社 2017 年版）；山东省档案馆编辑的《山东革命历史档案汇编》（新华出版社 2021 年版）。

这一时期出版的对敌后战场研究较有意义的日记有：王林《抗战日记》（解放军出版社 2009 年版）；《景晓村日记》（八路军山东抗日根据地渤海分会 2012 年印行）；《本色：秦基伟战争日记》（新华出版社 2013 年版）；《战火里的青春：刘荣战地日记选》（中国文史出版社 2014 年版）；《火线剧社女兵日记》（人民文学出版社 2016 年版）。回忆录有：张胜《从战争中走来：两代军人的对话》（青年出版社 2008 年版）；《从共产国际归来的军事教官：王智涛回忆录》（军事科学出版社 2015 年版）。

2015 年后，各地档案馆编辑出版了抗日战争的档案史料，涉及敌后战场的有《泰安市档案馆藏抗战档案选编》《菏泽市档案馆藏抗战档案选编》《德州市档案馆藏抗战档案选编》《大同市馆藏晋察冀抗日根据地档案汇编》《太行抗日根据地档案汇编》《胶东抗日根据地档案汇编》《渤海抗日根据地档案汇编》《苏中抗日根据地档案汇编》《高宝湖西抗日根据地档案汇编》《平定（路北）、平（定）东、平（定）西抗日根据地档案汇编》《苏中抗日根据地档案汇编》等，其他相关资料不再一一列举。

口述资料是文献资料的重要补充，2005 年以来有相当数量的口述资料出版。涉及敌后战场的主要有：张成德编《山西抗战口述史》（山西人民出版社 2005 年版）；江苏省新四军和华中抗日根据地研究会编《老兵话当年》系列丛书；张军锋主编《八路军口述史》（江苏人民出版社 2015 年版）；常莲霞主编《山东抗战口述史》（山东人民出版社 2015 年版）；国家图书馆国家记忆项目中心编《我的抗联岁月：东北抗日联军口述史》（中信出版社 2016 年版）；张连红主编《烽火记忆：百名抗战老战士口述史》（江苏凤凰教育出版社 2018 年版）；沈阳市档案馆编《黑土地上的红色记忆：东北抗日义勇军、抗日联军亲历者口述档案汇编》（沈阳出版社 2020 年版）。

日军史料的收集和整理逐渐得到重视，面世的成果主要有：徐平编著《侵华日军通览》（解放军出版社 2012 年版）；汤重南整理编辑《日本侵华战争军事密档·最高决策》（线装书局 2020 年版）。

这一时期，有关敌后战场的专著主要有：2017 年解放军出版社出版的中国人民解放军战史丛书，其中包括《八路军 129 师战史》《新四军战史》《八路军第一一五师暨山东军区战史》《八路军第一二〇师暨晋绥军区战史》；《东北抗日联军史》编写组著的《东北抗日联军史》（中共党史出版社 2015 年版）；军事科学院《山西新军史》编写组编写的《山西新军史》

(军事科学出版社2016年版);朱姝璇著《华南人民抗日游击队史》(江苏人民出版社2017年版);步平、王建朗主编的《中国抗日战争史》(社会科学文献出版社2019年版)。

敌军工作的研究包括:徐则浩《俘虏到战友——记八路军、新四军的敌军工作》(安徽人民出版社2005年版);杨文彬、殷占堂编著《在华日人反战运动纪实》(解放军出版社2015年版);常改香著《一种特殊形态的统战——延安日本工农学校研究》(人民出版社2016年版)。

这一时期,敌后战场研究的进展主要表现在以下几个方面:

中共军事战略研究不断深化。战争的胜利首先是战略的胜利。在战争史的研究中,战略必居首要位置。杨奎松比较了国共两党敌后游击战争,认为中共游击战成功,除战略战术运用成功之外,中共在敌后能取得农民的支持和拥护,至关重要。① 持久战是中华民族赢得抗日战争的最根本的战略,也是学界讨论的重要议题。杨奎松详细考察了毛泽东撰写《论持久战》的过程,认为其主旨是"通过宏大的视野和中外历史的比较,着眼于说明中国抗战为什么能够坚持下去并取得最终的胜利"。《论持久战》的目的是强调共产党及其领导的军队和群众性的游击战争不可替代的决定性作用。② 此外,杨奎松对于广为流传的中共抗战时期的"七分发展、二分应付、一分抗日"的军事方针做了翔实的辨析,指出其材料来源的错误,进而阐释了面对日军侵华带来的复杂局面,中共中央在军事战略上的思考和分歧。③ 罗敏对武汉会战期间国共高层对日战略的思考和运作进行了比较,指出中共中央持久战理论已经成熟,蒋介石及国民党的持久战理论则缺乏系统性、灵活性和成长性,这导致了两党武汉会战后的不同抵抗状态。④

桑兵认为,受日俄战争的影响,1914年持久战的思想即出现于中国思想界;第一次世界大战后,德国总结战争经验中持久战的战略战术,进一步影响中国思想界,在中国思想界流传;1932年淞沪抗战爆发,思想界所呼吁的持久战,口号大于实质。与此不同,中国共产党对日持久战的战略

---

① 杨奎松:《抗战期间国共两党的敌后游击战》,《抗日战争研究》2006年第2期。
② 杨奎松:《毛泽东为什么要写〈论持久战〉?》,《抗日战争研究》2018年第3期。
③ 杨奎松:《抗战初期中共军事发展方针变动的史实考析——兼谈所谓"七分发展、二分应付、一分抗日"方针的真实性问题》,《近代史研究》2015年第6期。
④ 罗敏:《武汉会战前后蒋介石的战略决策——兼论国共两党持久战战略之发展》,《近代史研究》2021年第2期。

思想，更多来源于国内革命战争的经验，有着更为坚实的实践基础，更为具体和切实可行。对于毛泽东《论持久战》的言说对象，桑兵认为"是全国军民，尤其是国民党、国民政府和国民革命军的军政领导层"，在"批评第一阶段的战略战术失误"的基础上，"向全国军民说明只要战略方针正确，中国抗战就能够最后取胜，同时对国民党和国民政府造成压力，促使其更好地实行全面抗战的方针"。除此之外，桑兵讨论了《论持久战》的传播和国统区各界的反应，及其他关于持久战的内容。①

张卫波考察了毛泽东的《论持久战》在国内外的传播过程及其影响。② 金伯文考察了《论持久战》在中共抗日根据地的阅读和接受，认为抗日根据地的中下层干部与基层兵民接受《论持久战》，主要通过中共的宣教工作。总体来说，中高级干部多被要求自修并深入研习《论持久战》，下级干部一般通过教材与课程的学习了解《论持久战》。在基层的社会教育与战士教育中，《论持久战》的核心观点则被"简化"，成为民族意识教育、政治常识与文化知识学习的一部分。③

黄道炫对持久战如何在敌后实行的讨论，超越了单纯军事问题的框架，试图对中共军事战略做出结构性的解释。在《中共抗战持久的"三驾马车"：游击战、根据地、正规军》中，黄道炫分析了游击战、根据地和正规军如何互为作用，构成党政军民一体化的总体战，造成持久战的基础，打破传统的单纯从军事角度研究战略的模式。④ 在《刀尖上的舞蹈：弱平衡下的根据地生存》中，黄道炫探讨了中共游击战争策略的灵活性和复杂性，强调中共要在敌后生存，必须坚持战斗，不可游而不击；同时由于自身居于弱势，这种战斗又必须以有利为原则，不能以损害自身生存为代价。⑤ 卢毅从中共军队装备的状况出发，论证了抗日战争时期中共军队

---

① 桑兵：《全面抗战前持久战思想的发生与衍化》，《抗日战争研究》2018 年第 3 期；桑兵：《〈论持久战〉的各方反响》，《学术月刊》2019 年第 9 期；桑兵：《鼓与呼：〈论持久战〉的舆论攻势》，《中山大学学报（社会科学版）》2019 年第 6 期；桑兵：《〈论持久战〉的言说对象》，《社会科学战线》2020 年第 7 期；桑兵：《抗日战争的持久战要多久——国共高层的抗战时长预判》，《学术月刊》2021 年第 1 期。

② 张卫波：《毛泽东〈论持久战〉的传播与影响》，《军事历史研究》2016 年第 3 期。

③ 金伯文：《〈论持久战〉在中共抗日根据地的阅读与接受》，《抗日战争研究》2019 年第 3 期。

④ 黄道炫：《中共抗战持久的"三驾马车"：游击战、根据地、正规军》，《抗日战争研究》2015 年第 2 期。

⑤ 黄道炫：《刀尖上的舞蹈：弱平衡下的根据地生存》，《抗日战争研究》2017 年第 3 期。

只能打游击战的原因。① 邹铖对全民族抗战时期中共军队作战原则做了考察，认为中共内部关于运动战和游击战的不同意见，根本原因在于对日军战斗力的不同认知，百团大战结束后，到1941年底，中共内部对只能同日军进行游击战达成了共识。②

中共开辟敌后战场，是学者讨论的热点。黄道炫指出，抗日战争初期中共武装力量在华北迅猛发展，得益于中共对统一战线和群众政策的成功运用，以及华北特殊的社会生态。③ 于化民考察了中共开辟华北游击战场的过程，认为敌后战场的出现完全是中共及其军队主动开辟的结果，体现了"保存自己、消灭敌人"的战争原则。④ 王士花认为，抗日战争初期中共山东武装的来源主要是民众动员、吸收国民党散兵游勇和民间武装，其背后是深刻的政治经济原因。⑤

中观层面的战略及其实施，受到学界的关注。李雷波将华中置于中共抗日的总体战略，以及国共关系的大背景下进行考察，认为中共中央发展华中战略的实施受到经济、地方实力派、国民党中央、日军等诸多条件的制约，而中共中央华中战略的实施本身也是导致局面变化的重要原因。在纷繁复杂的局面下，中共中央和中原局、南方局、东南局等表现了高度的原则性和灵活性，顺势而为，趋利避害，开创出华中新的局面。⑥ 吴敏超在考察新四军发展苏北战略的实施过程时，从国共双方及其内部不同层级间多重互动的角度出发，认为中共方面能够克服不同地域军政领导人的意见分歧，做到战略协同，国民党方面很难摆脱各军政当局互不配合的局面；导致双方经营苏北的不同结果。⑦ 郭宁从中共中央、八路军、新四军，以及八路军、新四军内部不同武装力量互动的角度，考察中共发展华中战略对山东根据地的影响，认为在中共中央的战略设计中，山东根据地原本

---

① 卢毅：《抗战：中共为何主要是打游击战》，《河北学刊》2016年第1期。
② 邹铖：《全面抗战时期八路军作战原则探析》，《抗日战争研究》2020年第1期。
③ 黄道炫：《抗战初期中共武装在华北的进入和发展——兼谈抗战初期的中共财政》，《近代史研究》2014年第3期。
④ 于化民：《中共领导层对华北游击战场的战略运筹与布局》，《历史研究》2015年第5期。
⑤ 王士花：《徂徕山起义与山东中共抗日武装的兴起》，《史学月刊》2015年第11期。
⑥ 李雷波：《中共"发展华中"战略中的八路军、新四军及其角色转换》，《中共党史研究》2020年第6期；李雷波：《一九四〇年八路军南下华中战略行动及其影响》，《中共党史研究》2021年第4期。
⑦ 吴敏超：《新四军向苏北发展中的国共较量》，《中共党史研究》2020年第1期。

是八路军发展中原地区的跳板,当中共中央决定以新四军为主发展苏北时,山东根据地遂向以巩固为目标。①潘泽庆考察了八路军局部反攻中的军事战略转变,认为八路军在局部反攻中运动战和攻击战逐渐增多,部队的编制体制、建设亦随之变化,是一个由自发到自觉的过程。②

中共在华南地区的军事战略,逐渐进入学者的视野。杨新新认为,抗战初期中共广东省委重统战、轻武装斗争,及至统一战线破裂,才走向独立发展武装的道路。③钟健对华南抗日武装工作开展过程进行了详细的考察,强调抗日战争初期广东省委通过统一战线和平发展武装,具有必要性和可能性,军事干部不足和没有正规军,极大地阻碍了华南武装工作的开展,但在遵从中共中央对战时地方工作的原则性指示下,经艰苦耕耘,终成珠三角、琼崖、东江鼎足而立的武装割据。④尹智博、左双文从国共离合的角度,考察了中共东江抗日武装的发展,认为国民党中央和地方的矛盾、组织和政治力不强,以及日伪的威胁,是中共东江抗日武装发展的外部环境。东江抗日武装表现出一定的战略眼光、政治敏锐性和领导能力,以及中共组织本身具备的纠错与反思机制,使其在挫折中不断成长。⑤

为应对局势变化,中共中央做出"向南发展"的战略决策。曾凡云认为,"向南发展"的战略,包括"绾毂中央,控制河南、皖北""发展东南,控制苏浙""发展华南,创建五岭根据地"三个有机联系的方面,经过各方面的努力,抗日战争结束时其目标基本得以实现。⑥李翔、李添华考察了中共建立五岭根据地计划的提出和终止,认为国民党在华南力量的强大和国际、国内局势的变化,是五岭根据地计划终止的重要原因。⑦盛差偲考察了豫湘桂战役爆发后新四军第五师在敌后发展战略的决策和实

---

① 郭宁:《从中原到苏北:中共发展华中战略及其对山东的影响》,《中共党史研究》2020年第4期。
② 潘泽庆:《八路军局部战略反攻中军事战略转变实践之考察》,《军事历史》2020年第5期。
③ 杨新新:《在"统战"与"敌后游击"间徘徊:中共东江抗日武装的建立及发展(1938—1943)》,《中共党史研究》2018年第2期。
④ 钟健:《从统战到自主:中共广东省委开展武装工作的历史考察(1938—1942)》,《抗日战争研究》2020年第3期。
⑤ 尹智博、左双文:《国共离合与中共东江抗日武装的发展(1940—1943)》,《中共党史研究》2021年第4期。
⑥ 曾凡云:《抗战后期中共"向南发展"的战略方针》,《军事历史研究》2015年第4期。
⑦ 李翔、李添华:《抗战胜利前后五岭根据地计划的提出与放弃》,《中共党史研究》2016年第7期。

施，认为其发展豫中、豫南和鄂南均未达到预期，国民党军在敌后依然保存实力，且地方实力派对国民党有相当的信仰，是其遇到的主要困难，而新四军第五师因实力问题难以兼顾巩固和发展，亦是重要原因。① 八路军三五九旅的南征，是中共"向南发展"战略的重要内容，黄正林考察了三五九旅南征问题，认为其完成了向新四军第五师输送干部和建立湘鄂赣抗日根据地的任务，但由于国民党在华南力量的巩固和抗日战争前后国际国内形势的变化，中共中央在湘粤边界建立根据地的目标没有实现。②

战役战斗的研究同样受到学者的关注。杨奎松重建了平型关战斗的相关史实，对参战部队、作战对象、歼敌人数、国民党军的表现等问题进行考察，开创利用多方资料互证研究具体战斗战役的先河，其结论得到普遍认可。③ 曾景忠考察了高桂滋部在平型关战役中的表现，认为高部在平型关战役中付出巨大牺牲，9月25日高师在团城口撤退，是被迫后撤，不是主动放弃，更不是早有预谋。27日，高师发起反攻，击溃当面日军。④

百团大战依然是学界关注的热点。刘贵福考察了国共两党在百团大战、中条山战役中的配合问题，认为在两场战役中，国共都给对方以支持，但都没有给对方以最大的支持。⑤ 针对此前学界对百团大战相关细节的争议，周忠全、曾刚、张煜利用解放军档案馆的档案做了澄清：八路军百团大战参战兵力为105个团，结束时间是1941年1月15日。⑥ 齐小林考察了百团大战期间中共军队的装备、技术和战术，认为虽然参加百团大战的主要部队采取了袭击的姿态，但由于中共军队在技术和协调等方面的困难，以及日军的严密防守和反击，袭击转变为攻坚，八路军的作战效能大为降低。⑦ 邹铖充分利用中日双方的档案、日记和回忆考察百团大战，

---

① 盛差偲：《豫湘桂战役爆发后新四军第五师在敌后的发展与调适》，《抗日战争研究》2021年第1期。
② 黄正林：《中国共产党的战略选择与八路军三五九旅南征问题研究》，《近代史研究》2021年第5期。
③ 杨奎松：《关于平型关战斗的史实重建问题》，《社会科学论坛》2006年第1期。
④ 曾景忠：《有关高桂滋师参与平型关战役之评析》，《抗日战争研究》2013年第3期。
⑤ 刘贵福：《抗战中期的国共配合作战问题——以百团大战、中条山战役为中心的讨论》，《抗日战争研究》2007年第2期。
⑥ 周忠全、曾刚、张煜：《百团大战研究中几个争议问题的历史见证》，《军事历史研究》2015年第4期。
⑦ 齐小林：《装备、技术、战术及作战效能：百团大战中的八路军》，《抗日战争研究》2016年第2期；齐小林：《抗日战争时期中共军队无线通信技术的运用》，《近代史研究》2021年第3期。

对齐小林的研究提出疑问，认为八路军在百团大战中尽可能发挥既有战术原则，作战效能亦不差。① 王士花考察了小部队和武工队在山东抗日根据地坚持和发展中的作用。② 潘泽庆考证了八路军夜袭阳明堡机场的时间。③

主动创造战场，是取得战役战斗胜利的重要条件。黄道炫对冀中地道战的研究强调，作为比较被动的防御设施，在中共高度高效的组织和动员下，地道战与地雷战、麻雀战、伏击战、村落战、反包围战结合，充分显示了战斗效力；民众中普遍存在的对日敌意，是日本在华控制的致命伤，也是中共得以进行地道斗争的基础。④ 宋弘考察了华北根据地的打狗运动，强调其对中共隐蔽行动的重要意义，以及中共娴熟的群众工作经验在其中的作用。⑤ 程森考察了华北平原的挖沟道运动，认为中共通过发动群众改造地貌、地物，使平原变为"丘陵"，成为中共持久战的地理依托。⑥

不同的战斗类型逐渐进入学者的视野。王龙飞考察了沁源围困战，认为正规军和民兵的紧密配合，以及中共持续的根据地建设和发动民众，是沁源围困战胜利的根本保证。⑦ 耿殿龙考察了晋西北民兵反碉堡作战，民兵在八路军和武工队领导下起到重要作用，展现出人民战争的伟力。⑧

武器装备是战争史研究的重要内容。曹敏华对抗日根据地的军事工业做了系列考察，强调中共中央领导、技术人才、企业管理，以及民众支持，合力推动了根据地军事工业的进步。⑨ 刘世超认为，中共山东抗日武装的武器，主要来自民间收集、敌军、顽军和兵工生产；虽然武器和技术

---

① 邹铖：《再看百团大战——关于〈装备、技术、战术及作战效能：百团大战中的八路军〉一文的商榷》，《抗日战争研究》2016年第4期。
② 王士花：《小部队建设与山东抗日根据地的坚持》，《中共党史研究》2019年第7期。
③ 潘泽庆：《关于八路军夜袭阳明堡机场时间的考证》，《军事历史》2016年第2期。
④ 黄道炫：《敌意——抗战时期冀中地区的地道和地道斗争》，《近代史研究》2015年第3期。
⑤ 宋弘：《"灭敌人耳目"：中共华北抗日根据地的打狗运动》，《抗日战争研究》2020年第1期。
⑥ 程森：《战争、地貌改造与社会动员——华北平原抗日根据地军民挖道沟运动研究》，《近代史研究》2021年第6期。
⑦ 王龙飞：《中共敌后抗战与日军"治安"困境——以沁源围困战为中心》，《中共党史研究》2017年第3期。
⑧ 耿殿龙：《人民战争：晋绥民兵的反碉堡作战（1942—1945）》，《军事历史研究》2021年第2期。
⑨ 曹敏华：《抗日战争时期晋冀豫根据地的兵器工业》，《党史研究与教学》2004年第6期；曹敏华：《抗日根据地兵工技术人才的汇集与兵工技术的进步》，《党史研究与教学》2008年第1期；曹敏华：《论抗日根据地兵器工业的建立与兵工企业之运作》，《抗日战争研究》2009年第1期。

较为落后,但适合自身装备和技术现状的作战原则的制定,使中共山东抗日武装依然能够取得长足进步。①王龙飞指出,大量发给民兵武器弹药是中共敌后游击战的创举,但随之而来的是武器来源、经费购置和管控等问题。②齐小林认为,战斗缴获、军工生产、民间收集和购买,以及向国民政府请领,是八路军获取弹药的四种主要途径。在不同阶段,这四种途径对于八路军弹药来源的贡献不同,其获取弹药途径的复杂及其努力状况,既体现了抗战时期统一战线的背景,也反映了中共超强的社会动员及执行能力和灵活多变的策略。③

兵役制度和军队建设是学者关注的重要问题。孙丽英考察了义务兵役制在晋察冀实施的背景、内容和效果,认为虽然义务兵役制在晋察冀实施的时间不长,但为兵役制度建设提供了借鉴。④王龙飞认为,介于"民"和"兵"的民兵,既舒缓了直接动员参军的困难,又确保了武装力量的可持续发展。中共抗日根据地军区体制的效能,在艰苦细致的工作下,有效整合了党政军民等几大要素。⑤郭宁考察了山东地方武装由游击队而正规化、再由正规化而地方军的发展历程,认为这表明了中共军队组织的灵活性。⑥杨焕鹏指出,民兵是中共向乡村社会渗透的重要手段,也是中共构建基层政权的重要方式。⑦

肖晓飞认为,新四军建立之初,采取国民党军司令部八大处的组织形式,参谋机关地位不够突出;重建军部后,在组织形式上司令部成为实际上的参谋机关,既从事军事工作,也从事政治工作,成为军队的枢纽。⑧叶铭指出,在中共军事体制中,参谋工作居重要位置,一方面为各级党委

---

① 刘世超:《中共山东抗日武装武器来源探析》,《抗日战争研究》2018年第4期。
② 王龙飞:《抗战时期太行根据地民兵的武器:困难与对策》,《史学月刊》2018年第1期。
③ 齐小林:《抗日战争期间八路军弹药来源问题研究》,《近代史研究》2020年第5期。
④ 孙丽英:《晋察冀志愿义务兵役制度述论》,《抗日战争研究》2005年第3期。
⑤ 王龙飞:《"全民皆兵"的缔造:抗战时期太行根据地的军区体制》,《抗日战争研究》2017年第4期;王龙飞:《从"民"到"兵":抗战时期太行根据地的兵员问题》,《开放时代》2019年第4期。
⑥ 郭宁:《正规化与地方化——论抗战时期中共山东地区的武装》,《中共党史研究》2016年第2期。
⑦ 杨焕鹏:《抗战时期中共领导的基层人民武装研究——以胶东抗日根据地为中心》,《中共党史研究》2015年第6期。
⑧ 肖晓飞:《走向正规化:新四军参谋工作初探》,《中共党史研究》2019年第9期。

提供军事决策的业务咨询，另一方面监督各项军事任务的执行，充分体现了党对军事工作的绝对领导。① 应星认为，在抗日战争和解放战争时期，中国共产党在中央一元化领导体制下实行了事实上的军事发包制，有效解决了动员和控制、集权和分权的张力问题。② 郝江东考察了东北抗联教导旅组建并编入苏联远东军序列的过程，认为苏联因素在其中起到重要作用。③

军需供给和医疗卫生是影响部队战斗力的重要因素。宋弘分别考察了抗日战争时期中共军队的衣装和日常卫生。他认为，虽然中共为士兵衣装付出了艰苦的努力，但总体上士兵衣装是短缺的，尤以冬装为最。中共重视对士兵个体日常卫生的管理，培养士兵的卫生习惯，向其灌输了卫生清洁的理念。④ 刘春梅在考察晋察冀边区战伤救护体系的建构和效果后指出，一切为了伤病员的理念、人民群众的支持和机动灵活的救治方法，是晋察冀边区战伤救护取得成绩的重要原因。⑤ 李恒俊考察了外来医务人员与新四军的关系问题，认为中共以抗战胜利为目标，在阶级观念基础上的灵活性，是中共军队吸纳和融合外来技术人员的重要原因。⑥

士兵的抚恤和保障，关系部队的稳定和士气，是中共军队建设的重要问题。宿志刚考察了陕甘宁边区代耕政策的发展历程。⑦ 把增强考察了精兵建设中晋西北对荣退军人的安置问题，认为其政策有效果，但问题同样不少。⑧

人是历史研究的核心。谢敏考察了抗日战争期间中共军队中的"新知识分子"干部，认为"新知识分子"干部与工农干部的矛盾，是中共军队

---

① 叶铭：《简析抗战时期中央军委参谋部门的军事职能与作用》，《抗日战争研究》2020年第3期。
② 应星：《军事发包制》，《社会》2020年第5期。
③ 郝江东：《东北抗联教导旅组建过程中的苏联因素》，《中共党史研究》2020年第4期。
④ 宋弘：《抗战时期华北八路军士兵的衣装》，《中共党史研究》2019年第12期；宋弘：《全面抗战时期华北八路军士兵的日常卫生》，《抗日战争研究》2019年第3期。
⑤ 刘春梅：《抗战时期晋察冀边区的战伤救护》，《军事历史研究》2016年第5期。
⑥ 李恒俊：《从"进入"到"融入"：新四军外来医务人员的吸纳与群体转化》，《抗日战争研究》2021年第3期。
⑦ 宿志刚：《抗战时期陕甘宁边区代耕问题研究》，《史学月刊》2007年第9期。
⑧ 把增强：《晋西北抗日根据地精兵建设中的荣退军人安置》，《军事历史研究》2013年第4期。

基层开展整风运动的诱因。在处理"新知识分子"干部问题时，虽然中共无法完全摆脱阶级话语的制约，但更多的是根据现实需要在两类干部间寻求平衡。① 任伟以《杨思一日记》为核心，探讨了浙东金萧支队日常的战斗生活，从微观角度剖析中共敌后游击战争的本质特征。② 吴敏超利用《汪大铭日记》，讨论在反"清乡"斗争中苏南抗日根据地干部的作战、征粮、整风等诸多活动，强调新四军的苦撑与坚持，即是日伪军的失败。③ 黄道炫考察了中共干部的婚恋管控政策，认为中共通过惩戒和引导，平稳地实施了对军队和党政干部婚姻的管控，保证了自身的战斗力，但这也成为个性与党性、个人与集体碰撞与交融的着力点。④ 此外，黄道炫有关华北敌后的日常生活、中共干部养成的研究，虽不直接涉及敌后战场，但对深化敌后战场的研究有着重要启示意义。

对手在战争史的研究中不可或缺，日伪军是敌后战场研究的重要内容。吴京昂详细考察了全民族抗战爆发后关内日军师团编制和调整的原因，及其对日军战斗力的影响。⑤ 叶铭考察了汪伪政权警卫部队的建立、人员构成、编制、武器配备，强调了汪伪政权警卫部队无法改变的傀儡性。⑥

日军在敌后的军事决策、行动和其他行为，也逐渐进入学者的视野。王萌认为，日军抗战初期放弃出兵青岛是由于上海战事的快速发展和海陆军矛盾所致；八路军的群众工作及日军暴行使日军在华北沦陷区的零星无序的"宣抚"工作归于无效。⑦ 张展详细考察了汪伪参战问题，认为汪伪参战是日本着眼于自身利益最大化的政策调整，不是日汪互动的结果。⑧

敌伪军工作是中共军队政治工作的重要内容，某种程度上讲，也是中

---

① 谢敏：《抗战时期"新知识分子"与中共军队干部》，《近代史研究》2014 年第 6 期。
② 任伟：《〈杨思一日记〉中的中共游击队战斗生活》，《中共党史研究》2018 年第 9 期。
③ 吴敏超：《苏南反"清乡"：中共干部汪大铭的作战与生活》，《史学月刊》2019 年第 6 期。
④ 黄道炫：《"二八五团"下的心灵史——战时中共干部的婚恋管控》，《近代史研究》2019 年第 1 期。
⑤ 吴京昂：《侵华日军关内师团的编制与分类》，《军事历史研究》2016 年第 3 期。
⑥ 叶铭：《武装的傀儡：汪伪政权警卫部队之管窥》，《抗日战争研究》2018 年第 2 期。
⑦ 王萌：《抗战初日军为何放弃出兵青岛》，《抗日战争研究》2012 年第 3 期；王萌：《日本在华北沦陷区的宣抚班及其"宣抚"工作》，《日本侵华南京大屠杀研究》2021 年第 3 期。
⑧ 张展：《日本对汪伪政府参战问题的决策探析》，《抗日战争研究》2020 年第 3 期。

共军队战斗力生成的重要因素。抗日战争时期中共军队敌军工作方针、策略和内容得到初步梳理。①侯竹青认为，新四军的伪军工作是一个从打到"拉""打"灵活结合的过程。②马秀谊指出，苏中新四军敌军工作有一个向灵活性、实用性转换的过程，灵活性、实用性主要表现在对各种矛盾和社会关系的利用，但其效果深受军事实力和具体措施的影响。③翁有为、李金晖讨论冀鲁豫根据地困难时期中共对伪军的争取，认为中共与伪军建立关系较容易，切实掌握较难，而且面对日军对伪军的整肃和国民党的竞争。不过，不管怎样，伪军都是不可忽视的战略力量。④叶铭以"靖江事件"为个案，探讨了敌军工作对于中共军队在敌后坚持和发展的意义。⑤

翟意安认为经过前期的调整和发展，1944年后中共对华北日伪军的宣传工作逐渐成熟，在其他工作的配合下，其效果日渐明显。⑥陶祺谌利用日方档案考察了中共对日军的宣传工作。⑦冯秀香考察了八路军对日军的标语宣传。⑧赵新利、周大军考察了八路军及其敌工部门的日语教育工作，强调其在对敌宣传、情报、战俘等工作方面的基础性作用。⑨

战俘工作是战争史和军事史研究的重要内容。王玉贵考察了中共对日本战俘的改造工作。⑩利用美军延安观察组的报告，吕彤邻和曲利杰等考察了美军对延安日本工农学校的评价，以及借鉴中共改造俘虏经验的意识

---

① 李仲元：《研究抗战时期我军对日伪军瓦解工作研究》，《南京政治学院学报》2005年第1期；陈岸然、李书吾：《抗战中我军瓦解日军的历史经验》，《军事历史研究》2005年第4期；杨海亮：《八路军敌军工作方针变化述析》，《延安大学学报（社会科学版）》2013年第4期；唐国东：《抗战时期新四军的瓦解日军工作》，《军事历史研究》2014年第1期。
② 侯竹青：《抗日战争时期新四军的伪军政策再研究》，《中共党史研究》2012年第9期。
③ 马秀谊：《抗战时期新四军对伪军工作策略研究——以苏中为例》，《军事历史研究》2018年第5期。
④ 翁有为、李金晖：《暗地开花：冀鲁豫根据地困难时期中共对伪军的争取》，《江苏社会科学》2019年第3期。
⑤ 叶铭：《敌军工作视域下的"靖江事件"》，《日本侵华南京大屠杀研究》2020年第3期。
⑥ 翟意安：《论抗战时期中国共产党对华北日伪军的宣传工作》，《民国研究》2013年春季号。
⑦ 陶祺谌：《由日方档案看全面抗战时期的中共对日宣传战》，《中共党史研究》2019年第10期。
⑧ 冯秀香：《抗战时期八路军对日军标语宣传探析》，《军事历史研究》2020年第2期。
⑨ 赵新利：《八路军的日语学习培训》，《军事历史研究》2018年第5期；周大军：《中共抗日武装的敌工日语教育活动》，《抗日战争研究》2021年第2期。
⑩ 王玉贵：《论中国共产党的日本战俘改造工作》，《江苏社会科学》2008年第5期。

形态困境。①

这一时期的敌后战场研究，大致可分为两个阶段，前一阶段相对低迷，后一阶段比较活跃。论题涉及战略、战役、制度、后勤、武器、卫生、日常生活、敌伪军工作等。虽然如此，很难说敌后战场研究引起了学界的普遍关注，战争史研究在学术界依然是小众的。从方法和理念上讲，学界更为重视历史过程和事实的再现，社会学、地理学、心理学、传播学等学科逐渐进入敌后战场的研究。但是，不得不指出，以战争自身的逻辑设置议题，尚未成为研究的常态，大多数研究在战争史的边缘打转。我们对于战争具体而实际的过程依然模糊。

四 展望

新中国成立后的抗日战争研究，取得了丰硕成果。

抗日战争时期，战争决定民族的存亡。但长期以来战争史在政治史研究的框架内展开，某种程度成为政治史研究的注脚。我们不得不承认，对于战争本身的认识是粗疏的，为国际学术界接受的战争史研究和写作模式尚未形成。敌后战场的研究同样如此。如何推进敌后战场的研究？有以下几个方面值得注意：

史料是史学研究的源头，时至今日，敌后战场史料的收集和整理已经取得相当的成就。在此基础上，需要加大核心史料的公开力度（尤其是20世纪60年代收集整理的战史资料），推进档案史料的深度发掘及公开资料的整合。此外，日文、英文史料的译介工作也亟待加强，为多种史料的运用和比对创造条件。

围绕战争进程设置议题，是敌后战场研究开拓新局面的根本。战争史研究的核心是作战进程，以及影响战争进行的各种复杂因素：军事思想、战略战术、武器装备、体制编制、后勤保障、卫生勤务、人才培养、军事训练、军政关系、情报通信、政治教育、敌军工作、作战指挥等。这些均需在知识层面进行梳理。在此基础上，才能深入讨论敌后战场的普遍性和

---

① 吕彤邻：《美军观察组延安报告中的日本工农学校》，《中共党史研究》2018年第7期；曲利杰、邓军：《抗战时期美军对中共对日心理战的考察与借鉴——以延安日本工农学校为中心》，《党史研究与教学》2020年第4期。

特殊性。

其他学科进入敌后战场研究领域,逐渐成为一种趋势,是推动敌后战场研究向前发展的重要动力。不同学科的视角和方法不同,关注的领域也有所不同。历史学者需要借鉴其他学科的方法和视角,在遵从历史学基本原则的前提下,呈现敌后抗日战场的多重面相。

敌后战场研究多学科交叉融合的成果,其角度与此前研究往往有很大的不同,这或许可以推动形成敌后战场研究微观与宏观研究相结合的新路径。微观研究观照宏观历史,方能凸显其意义。敌后战场与中国和世界密切关联,其研究需要从不同角度观照不同层面的宏观主题:抗日战争不同阶段的军政格局;中国共产党军事和战争发展历程;中华民族近代以来军事和战争的演进;世界军事和战争的变革。学界应打破敌后战场研究的藩篱,在更为广阔的历史背景之下,考察抗日战争时期中国共产党的军事战争活动。

战争史研究的根本目标是作战进程,这是毋庸置疑的。在此基础之上,探讨军事战争和近代社会经济、政治、文化、秩序之间的关系,彼此之间的形塑和改造,也是敌后抗日战争研究的题中之义。

第 五 章

陕甘宁边区史

陕甘宁边区是第二次国内革命战争时期，在刘志丹、谢子长、习仲勋等共产党人领导下建立的一块革命根据地，是中国共产党在土地革命时期保留下来的唯一比较完整的根据地，成为中央红军长征的落脚点。从1935年10月到1948年，陕甘宁边区作为中共中央所在地长达13年之久，是中国共产党发展的重要时期，历经抗日战争、解放战争两个重要历史阶段。因此，在中国现代史和中共党史脉络中，陕甘宁边区备受关注，不论文献整理还是学术研究，都取得令人瞩目的成就，面世的各种论文、著作，以及未刊出的博士和硕士学位论文，以汗牛充栋来形容一点也不为过。需要说明的是，因篇幅所限，本章主要涉及学界对全民族抗战时期陕甘宁边区历史的研究，苏维埃时期的陕甘宁苏区历史和解放战争时期的陕甘宁边区历史，以及中国共产党在延安13年的历史，即中共党史层面的历史研究，均不在本章关注范围。

一 研究概况

与中共党史和中国革命史相比，陕甘宁边区历史的研究起步较晚。从中华人民共和国成立至2021年，大致可以分为三个阶段。

第一个阶段：20世纪50—70年代。这个阶段的资料整理和出版可圈可点。1949年12月，陕甘宁边区政府秘书处编辑出版的《陕甘宁边区重要政策法令汇编》，是新中国成立后面世的第一部陕甘宁边区文献集，由"抗日战争时期的重要文献""解放战争时期的重要文献""现行的重要政策法令"组成，是研究陕甘宁边区史的综合性文献。史敬棠等搜集整理的《中国农业合作化运动史料》（生活·读书·新知三联书店1957年版）收录陕甘宁边区农业合作化史料近30篇，是研究合作化运动的重要资料。中国科学院历史研究所第三所编辑的《陕甘宁边区参议会文献汇辑》（科学出版社1958年版），收集1939—1946年陕甘宁边区四次参议会通过的纲领、报告、决议、提案、条例等，是研究陕甘宁边区参议会的重要文献。20世纪70年代初，《陕甘宁边区革命民歌选》（陕西人民出版社1972年版）等书出版，丰富了陕甘宁边区史料。

学术研究方面，这个阶段发表的学术论文不多，主要集中于社会主义改造完成到"文化大革命"前和1977年以后两个阶段。在新民主主义革命史的框架下，学者们重点关注陕甘宁边区的教育、互助合作、经济建设、选举等问题。[1]

第二个阶段：20世纪80—90年代。在此阶段，一方面从中央到地方相继成立党史征集委员会和党史资料征集办公室；另一方面，在抗日战争胜利50周年之际，中国共产党领导的抗日战争成为关注重点，陕甘宁边区史的文献整理和学术研究都取得突出成绩。《抗日战争研究》杂志的创刊是这个阶段抗战史学界的重大事项，[2] 抗日战争史相关研究成果因此有了专门的呈现平台。

（一）文献整理成就斐然

党的十一届三中全会后，党史资料的整理和出版提上议事日程，特别是因党史教学和研究的需要，各级党史部门、档案和研究机构参与其中，编辑出版了大量的陕甘宁边区历史文献。

第一类为综合性史料。甘肃省社会科学院历史研究室编的《陕甘宁革命根据地史料选辑》（甘肃人民出版社1981—1985年版），主要选录《红色中华报》《解放日报》《抗日根据地政策条例汇集·陕甘宁之部》《陕甘宁边区政策条例汇集》《陕甘宁边区重要政策法令汇编》《陕甘宁边区财政经济条例》中的史料。陕西省档案馆、陕西省社会科学院合编的《陕甘

---

[1] 刘泽如：《陕甘宁边区的普通教育》，《人文杂志》1958年第2期；张水良：《抗日战争时期陕甘宁边区的农业互助合作》，《历史教学》1959年第9期；梁继宗：《抗日战争时期陕甘宁边区的棉纺织业》，《经济研究》1963年第7期；梁继宗：《抗日时期陕甘宁边区的工业建设》，《西北大学学报》1977年第3期；方克勤、杨永华、李文彬：《抗日战争时期陕甘宁边区的选举制度》，《人文杂志》1979年第1期。

[2] 张海鹏：《〈抗日战争研究〉创刊推动了中国抗日战争史的学术研究》，《抗日战争研究》2016年第1期。

宁边区政府文件选编》（档案出版社 1986—1991 年版）是一部大型综合性资料集，主要收录 1937 年 9 月至 1950 年 1 月以陕甘宁边区政府名义形成的重要文件和电报等。1989—1994 年，中央档案馆、陕西省档案馆组织编辑了包括《中共陕甘宁边区党委文件汇集》《中共中央西北局文件汇集》（内部馆存本，1994 年印行）在内的大型资料集。这套资料集是边区党的系统的资料，除党务外，还涉及边区的政治、经济等多个方面，其中绝大多数是从未面世的原始档案，对研究边区政治、经济具有重要参考价值。1990 年，西北五省区编纂领导小组与中央档案馆编辑的《陕甘宁边区抗日民主根据地（文献卷）》（中共党史资料出版社 1990 年版），收录中共中央、中央军委等的重要文献资料和边区负责人的重要报告，共 300 余篇。中共庆阳地委党史办编辑出版庆阳地区新民主主义革命时期中共党史资料丛书，涉及陕甘宁边区时期的有：《陕甘宁边区时期陇东民主政权建设》（甘肃人民出版社 1990 年版）、《陕甘宁边区陇东的军事斗争》（内部资料，1992 年印行）、《陕甘宁边区陇东的文教卫生事业》（内部资料，1992 年印行）、《陇东的土地革命运动》（内部资料，1992 年印行）、《陕甘宁边区陇东的群众运动》（内部资料，1994 年印行）、《陕甘宁边区陇东党的统战工作》（内部资料，1995 年印行）、《陕甘宁边区陇东党的建设》（内部资料，1995 年印行）、《陕甘宁边区陇东的经济建设》（内部资料，1996 年印行）。这些资料是研究陕甘宁边区时期陇东分区的政治、军事、经济、文化、教育、医疗卫生等方面历史的重要资料。此外，20 世纪 80 年代人民出版社影印《解放日报》《解放》《共产党人》《八路军军政杂志》《中国文化》等延安时期出版的报刊资料，但因流通不广，这些资料在学术研究中的利用率并不高。

第二类是财政经济类史料。陕甘宁边区财政经济史编写组、陕西省档案馆编的《抗日战争时期陕甘宁边区财政经济史料摘编》（陕西人民出版社 1981 年版），是一部全面反映抗战时期边区经济建设的大型资料集。这部资料集是财政部财政科学研究所"组织和领导各地财政部门，会同档案馆和有关高等院校，展开的对全国 19 个抗日根据地财政经济史的研究"成果之一。"此项工作无论从文化积累还是从科学研究角度来讲，都是很有价值的。"[1] 陕甘宁革命根据地工商税收史编写组、陕西省档案馆编的

---

[1] 魏宏运：《抗日根据地史研究述评》，《抗日战争研究》1991 年第 1 期。

《陕甘宁革命根据地工商税收史料选编》（陕西人民出版社1985—1988年版），主要收录1935年10月至1950年陕甘宁边区工商税收方针政策、法令、条例、规章、制度、办法、工作总结、调查报告、领导人的讲话，以及与工商税收密切相关的财经方面的史料。

第三类是行业资料汇编。主要有：陕西师范大学教育科学研究所编的《陕甘宁边区教育资料》（教育科学出版社1981年版）；《陕甘宁边区政权建设》编辑组编辑出版的《陕甘宁边区的精兵简政资料选辑》（求实出版社1982年版）；陕西省妇女联合会编辑的《陕甘宁边区妇女运动文献资料选编》（内部资料，1982年印行）；宁夏回族自治区妇联运动史小组编辑的《陕甘宁边区妇运史资料汇编》（华文出版社1983年版）；陕西省工商行政管理局编的《陕甘宁边区的工商行政管理》（工商出版社1986年版）；陕西省体育文史工作委员会编的《陕甘宁边区体育史料》（内部资料，1986年印行）；陕西省总工会史研究室编的《陕甘宁边区工人运动史料选编》（工人出版社1988年版）；陕西省民族事务委员会编的《陕甘宁边区民族宗教史料选编》（陕西人民出版社1991年版）；雷志华、李忠全主编的《陕甘宁边区民政工作资料选编》（陕西人民出版社1992年版）；李敏杰主编的《延安和陕甘宁边区的双拥运动》（甘肃人民出版社1992年版）；中共陕西省委党史研究室编的《延安整风运动》（陕西人民出版社1992年版）；等等。

这个阶段还出版了一些有关陕甘宁边区的调查报告、回忆录、日记、文集、年谱等。如中央档案馆等编《林伯渠日记》（中共中央党校出版社1981年版）；中国人民银行金融研究所编《曹菊如文稿》（中国金融出版社1983年版）；《谢觉哉日记》（人民出版社1984年版）；陈俊岐《延安时期财会工作的回顾》（中国财政经济出版社1987年版）；《王恩茂日记·抗日战争》（中央文献出版社1995年版）；《黄亚光文稿和日记摘编》（陕西人民出版社1999年版）；等等。这些资料为陕甘宁边区历史研究奠定坚实基础。

（二）研究论著层出不穷

据不完全统计，这个阶段出版的著作有20余种，主要有：中共陕西省委党校、陕西省社会科学院合编的《新民主主义革命时期陕西大事记述1919—1949》（陕西人民出版社1980年版）；张希坡的《马锡五审判方式》（法律出版社 1983 年版）；杨永华、方克勤的《陕甘宁边区法制史稿（诉讼狱政篇）》（法律出版社 1987 年版）；星光、张杨主编的《抗日战争时期陕甘宁边区财政经济史稿》（西北大学出版社 1988 年版）；陕西审计学会、陕西省审计研究所编的《陕甘宁边区的审计工作》（陕西人民出版社 1989 年版）；郑生寿的《陕甘宁边区的对外政策》（中共党史资料出版社 1989 年版）；宋金寿、李忠全主编的《陕甘宁边区政权建设史》（陕西人民出版社 1990 年版）；房成祥、黄兆安的《陕甘宁边区革命史》（陕西师范大学出版社 1991 年版）；中国人民银行陕西省分行、陕甘宁边区金融史编辑委员会的《陕甘宁边区金融史》（中国金融出版社 1992 年版）；杨永华的《陕甘宁边区法制史稿（宪法、政权组织法篇）》（陕西人民出版社 1992 年版）；雷云峰总编的《陕甘宁边区史·抗日战争时期》（西安地图出版社 1993 年版）；李顺民、赵阿利的《陕甘宁边区行政区划变迁》（陕西人民出版社 1994 年版）；卢希谦、李忠全的《陕甘宁边区医药卫生史稿》（陕西人民出版社 1994 年版）；刘宪曾、刘端棻的《陕甘宁边区教育史》（陕西人民出版社 1994 年版）；李顺民、赵阿利的《陕甘宁边区行政区划变迁》（陕西人民出版社 1994 年版）；肖周录的《延安时期边区人权保障史稿》（西北大学出版社 1994 年版）；宋金寿主编的《抗战时期的陕甘宁边区》（北京出版社 1995 年版）；胡新民等的《陕甘宁边区民政工作史》（西北大学出版社 1995 年版）；赖伯年主编的《陕甘宁边区的图书馆事业》（西安出版社 1998 年版）；靳铭、曾鹿平的《人民代表大会制度的雏形——陕甘宁边区参议会制度研究》（陕西人民出版社 1998 年版）。除专著外，还有一定数量的学术论文面世。这个阶段陕甘宁边区研究的突出特点是：第一，涉及的问题比较广泛，包括陕甘宁边区的政治（政权、人权保障、参议会制度、政区等）、法律（刑事诉讼、宪法、组织法、马锡五审判方式等）、经济（减租减息、金融、合作制经济、公营工业、农业、手工业等）、文化教育（图书馆、教育史）、医疗卫生等各个方面。不论从资料整理还是从论著发表来看，一方面出现了通史性质的研究，有革命史、边区史，还有行业通史如金融史、民政史、卫生史等；另一方面陕甘宁边区经济史是这个时期研究的重点。第二，在延续传统革命史研究范式的同时，陕甘宁边区史研究出现方法上的变化，学者们开始使用社会史、区域史的研究方法。

第三个阶段：2000—2021 年。陕甘宁边区研究出现新变化，一是资料整理的范围不断扩大,二是研究论著水平明显提升。

继续推出综合性资料集。主要有:马骥主编的《陕甘宁边区三分区史料选编》(内部资料,2007年印行);孙照海选编的《陕甘宁边区见闻史料汇编》(国家图书馆出版社2010年版);《红色档案——延安时期文献档案汇编》(陕西人民出版社2011年版);王巨才主编的《延安文艺档案》(太白文艺出版社2015年版);高明、孙晓忠编的《延安乡村建设资料》(上海大学出版社2012年版)。宁夏回族自治区盐池县是抗战时期陕甘宁边区的重要组成部分,资料整理受到当地学者和档案部门的关注,面世的主要有:施原明主编的《报纸中的盐池·陕甘宁边区时期》(宁夏人民教育出版社2011年版);盐池县档案局编的《陕甘宁边区时期的盐池档案史料汇编》及《陕甘宁边区时期的盐池档案史料汇编(续集)》(宁夏人民出版社2016年、2017年版);宁夏回族自治区档案馆编的《中共宁夏档案文献选编(1927—1949)》(阳光出版社2018年版)。此外还有中共陕西省委党史研究室、咸阳市委党史研究室合编的《陕甘宁边区关中分区》(陕西人民出版社2016年版)。县级党史、地方志出版的文献有吴堡县党史志办编的《吴堡县党史资料汇编》(2002年印行);马兴文主编的《宁县党史资料汇编》(甘肃宁县县委党史办2006年印行)等。

除上述综合性的资料外,还有一些资料也颇具学术价值研究,如陈琳整理的《陈伯钧日记·文选》(中国财政经济出版社2002年版);"延安民主模式研究"课题组编的《延安民主模式研究资料选编》(西北大学出版社2004年版);艾绍润、高海深编的《陕甘宁边区判例案例选》(陕西人民出版社2007年版);史志诚主编的《陕甘宁边区禁毒史料》(陕西人民出版社2008年版);沈霞的《延安四年》(大象出版社2009年版);陕西省档案局编的《陕甘宁边区法律法规汇编》(三秦出版社2010年版);萧军的《延安日记》(牛津大学出版社2013年版);张希坡主编的《革命根据地法律文献选辑·陕甘宁边区》(中国人民大学出版社2018年版);栗洪武主编的《陕甘宁边区教育史料通览》(陕西师范大学出版社2019年版);薛可的《薛可同志延安游击队日记》(陕西人民出版社2019年版);等等。

因资料日趋丰富,越来越多的学者介入陕甘宁边区的研究,学术研究的深度与广度进一步提升,高质量学术著作纷纷面世,主要有:梁星亮、杨洪、姚文琦主编的《陕甘宁边区史纲》(陕西人民出版社2012年版);杨东的《乡村的民意:陕甘宁边区的基层参议员研究》(山西人民出版社

2013 年版）；欧阳华的《抗战时期陕甘宁边区锄奸反特法制研究》（中国政法大学出版社 2013 年版）；孙景珊的《抗战时期陕甘宁边区政治发展研究》（辽宁人民出版社 2014 年版）；巩富文主编的《陕甘宁边区的人民检察制度》（中国检察出版社 2014 年版）；张俊彪等的《陕甘宁边区财政经济史》（中国财政经济出版社 2017 年版）；李文的《陕甘宁边区的新闻事业》（人民出版社 2017 年版）；杨安妮的《陕甘宁边区农民政治参与 1937—1945》（社会科学文献出版社 2019 年版）；岳国芳的《延安时期陕甘宁边区乡村社会文化变迁研究》（陕西人民出版社 2020 年版）；韩劲松的《延安美术史》（江西美术出版社 2021 年版）；林喜乐的《陕甘宁边区盐业盐税史》（陕西人民出版社 2021 年版）；等等。上述论著的出版，表明 2000 年以来陕甘宁边区历史的研究不断向纵深展开。

二　讨论的主要问题

学术界关于陕甘宁边区的研究，涉及的问题非常之多，以下只能选择几个重要问题进行说明。

（一）边区的历史地位

陕甘宁边区的前身是西北苏维埃根据地，它既是中央红军的落脚点，又是中共领导抗战的出发点，有着很重要的历史地位。20 世纪 80 年代以来，许多学者对此问题作过论述。潘富盈认为，西北根据地的建立，使毛泽东红色政权的理论在西北得到具体体现；打开了西北地区革命斗争的大好局面，动摇了国民党在西北地区的统治；配合和支援了各路红军的战略转移，为中共把全国革命大本营放在大西北做了必要准备。[①] 这一观点得到学术界的认可。房成祥、黄兆安亦认为，西北根据地是第二次国内革命战争时期我国北方经过红军游击战争创建起来的根据地，是走农村包围城市道路的一个范例；把一批国民党军队吸引到自己周围，对南方各路主力红军向西北的战略转移起到有力的配合和支援的作用。[②] 宋金寿指出，西北苏维埃根据地的存在，对中共中央和中央红军的发展，实现由国内革命

---

① 潘富盈：《试论西北革命根据地的形成及其历史地位》，《西北师大学报》1985 年第 1 期。
② 房成祥、黄兆安主编：《陕甘宁边区革命史》，陕西师范大学出版社 1991 年版。

战争向民族革命战争的转变，建立以国共合作为主体的抗日民族统一战线，推动全国抗战的发动，都具有决定性的意义。① 可以说，"落脚点"和"出发点"是对西北根据地历史地位最中肯的评价。

林健成从历史沿革、全国革命的指导中心、根据地建设的模范、新中国的模型等几个方面论述了边区的历史地位，认为，陕甘宁边区新民主主义建设时间之长、典型性之强、内容之广都是其他根据地所不及的。因此，它的经验就更为完整和丰富。中共正是在这块"实验区"的土地上取得了新民主主义建设的经验，并造就了大批会搞建设事业的干部，所以后来就能比较顺利地完成全国新民主主义建设的任务，在此基础上开始了社会主义革命和建设。作为新中国的模型，陕甘宁边区是当之无愧的。②

（二）边区政治史

陕甘宁边区政治史研究涉及的内容十分广泛，包括边区政权的性质、民主选举、执政方式、参议会、三三制政权、精兵简政和社会动员等。

陕甘宁政权的性质、构成和特点是学术界关注的主要话题。关于边区政权的性质，1987年8月在边区政府成立50周年的学术研讨会上曾有过争论，概括起来有三种看法。第一种看法为，边区是国民党领导下的地方政府，边区实际上执行着一个地方政府的职能。第二种看法认为，边区是国共两党共同领导的联合政府，它受国民党行政上的领导，但在自身建设上与国统区完全不同。因此，边区政府是在特定历史条件下的一个特殊政权形式。第三种看法认为，边区是共产党领导的政权，国民党在所有实际问题上都无权插手，完全没有发言权。边区政府是苏维埃政府的继续和深入，是新中国的雏形。③ 从边区史研究的进展状况来看，第三种观点成为主流，学者们的看法逐渐趋于一致。

全民族抗战爆发前后，陕甘宁根据地在称谓上有"特区"与"边区"之别。杨东对该问题进行考辨后指出，"特区"与"边区"虽是抗战之前即已存在的区域之称，其区域名称则在"特区"与"边区"之间经历过曲折复杂的更名互替，既有国共两党之间的政治博弈，也有中共自身的多重考量，与中共对政治体制的认知也有关系。陕甘宁边区的名实之争又成为

---

① 宋金寿主编：《抗战时期的陕甘宁边区》，北京出版社1995年版。
② 林健成：《试论陕甘宁边区的历史地位及其作用》，《民国档案》1997年第3期。
③ 朱智文：《陕甘宁边区史研究中几个争论的问题》，《甘肃社会科学》1987年第6期。

抗战中后期国共两党政治博弈的焦点。①

宋金寿、李忠全认为，边区政权由三部分组成，即参议会、政府和法院。参议会是边区抗日民主制度的主要组织形式，是边区的权力机关和立法机关；边区政府是边区的最高行政机关；法院是边区的司法机关。边区的政权结构模式，既不同于西方资本主义的"三权鼎立"，也不同于国民政府的"五权宪法"，而是介于两者之间，时人称之为"两权半"，即立法、行政的独立和司法的"半独立"。② 熊宇良对边区统一战线政权的形成、选举制度、施政纲领、参议会等问题进行了论述。③

李智勇认为，全民族抗战时期边区政权有以下几个特点：1. "隶属"于南京国民政府，是其序列中的一个特别行政区；2. "两权半"是边区政权的独特结构，即立法、行政权的独立和司法权的"半独立"的政权结构模式，既不同于西方资本主义的"三权鼎立"，也不同于国民政府的"五权宪法"，是很独特的；3. "三三制"包容了社会方方面面的代表；4. "精兵简政"使政权成本与社会负担相对均衡；5. 实行中共党的"一元化"的绝对领导；6. 边区政权形态带有明显的实验性质，它是中国共产党对于战后新国家建设构想的全面实验和尝试。④ 杨东对陕甘宁边区基层政权进行研究后指出，作为大时代背景下产生的干部群体，边区县长的产生与任用、县长群体结构与施政要务、县长的工作方式与工作作风，都呈现出浓郁的延安气息和时代特征。⑤

任中和在把抗日民主政权同国民党当局和苏维埃政权进行比较研究后指出，与国民党当局相比，边区政权有四个不同特点：1. 政权的阶级基础不同；2. 政权的性质不同；3. 政权的组织形式不同；4. 政权的作用不同。与苏维埃政权相比，边区政权有六个不同特点：1. 实行民主专政的范围不同；2. 政权形式不同；3. 选举制度不同；4. 最高政府机关的隶属关系不同；5. 政府推行的经济政策不同，其中主要是土地政策不同；6. 政权的

---

① 杨东：《从特区到边区——陕甘宁根据地区域名称的政治博弈与生成逻辑》，《人文杂志》2019 年第 3 期。

② 宋金寿、李忠全主编：《陕甘宁边区政权建设史》，陕西人民出版社 1990 年版，第 160、162 页。

③ 熊宇良：《陕甘宁边区民主政治的伟大实践》，《党史研究》1984 年第 5 期。

④ 李智勇：《陕甘宁边区政权形态与社会发展（1937—1945）》，中国社会科学出版社 2001 年版。

⑤ 杨东：《陕甘宁边区县长的群体结构与施政要务》，《人文杂志》2016 年第 6 期。

任务不同。①

王志民对全民族抗战时期陕甘宁边区政权的国体进行探究后指出，陕甘宁边区政权的突出特点，就是真正实行了普遍、直接、平等、无记名的投票选举制度，是中国历史上最新型的选举制度，它真正体现了法律面前人人平等，人人都是新政权的主人。"三三制"是中共争取各阶级参加政权的一项重要政策，是陕甘宁边区政权建设的一项重要内容。②

韩伟讨论了陕甘宁边区民主代议制演进的问题，从苏维埃到议会、再到参议会，又到人民代表会的历史演进，是特定政治、历史条件下的产物，同时也反映出中共始终坚持马克思列宁主义民主理论的一贯性，以及努力追求适合中国国情的人民民主的艰辛历程。③ 高青山指出，参议会是具有人民代表会议性质的机构，它代表人民议事管事，具有创制权、复决权、选举权和罢免权，是同级政权机关中的最高权力机关。④ 靳铭、曾鹿平认为，参议会是边区实行民主政治的主要组织形式，也是抗日战争时期，中共领导的抗日根据地实施时间最长、最为完善的民主制度，对于抗日战争和解放战争的胜利，以及新中国成立后人民代表大会制度的建立都具有重大的历史意义。⑤ 谢觉哉是陕甘宁边区民主制度建设的代表性人物。梁凤荣探讨了谢觉哉民主选举的思想和贡献，⑥ 马成认为谢觉哉是陕甘宁边区民主法制的奠基人之一。⑦

"三三制"是抗战时期边区各级政权组织的主要形式，也是边区政治民主化的标志。王永祥认为，"三三制"的提出，与中共一贯坚持的民主立场和敌后政权建设的现实，以及国统区以中间力量为主要成分的民主宪政运动的政治意向密切相关，"三三制"是抗日根据地具有自己特色的完整的民主政治制度。⑧ 宋金寿认为，"三三制"在边区的实施，协调了各抗

---

① 任中和：《陕甘宁边区抗日民主政权的建立发展及其特点》，《历史档案》1987年第3期。
② 王志民：《论抗日战争时期陕甘宁边区政权的国体》，《社会科学》1989年第6期。
③ 韩伟：《陕甘宁边区民主代议机关的历史演进》，《党的文献》2016年第3期。
④ 高青山：《关于陕甘宁边区参议会》，《南开学报》1983年第5期。
⑤ 靳铭、曾鹿平：《人民代表大会制度的雏形——陕甘宁边区参议会制度研究》，陕西人民出版社1998年版。
⑥ 梁凤荣：《谢觉哉对陕甘宁边区民主选举制度建设的贡献》，《河南大学学报》2003年第5期。
⑦ 马成：《谢觉哉关于民主和边区参议会思想新论》，《东北师大学报》2011年第3期。
⑧ 王永祥：《论抗日根据地的"三三制"政权》，《南开大学学报》1992年第2期。

日阶级、阶层之间的关系，调动了各党派和无党派人士的积极性，促进了抗日民族统一战线政权的发展，改变了中共对政权工作的领导方式，加重了党对政权工作的领导责任。① 陈昌保指出，在"三三制"政权中，中共一元化的领导制度不变，边区参议会和边区政府十分注意及时向边区中央局和中共中央汇报请示工作，如有重要决定或重大举措，须经西北局批准，有关全局的重大问题要上报中共中央批准或同意。② 黄正林把"三三制"政权与中共执政能力结合起来进行考察后指出，为解决非党人士"有职无权"的问题，政府定期召开党外人士座谈会，作为"三三制"政权的一种补充；一些地方精英进入边区各级政府和参议会中，能够为中共政权服务，也为中共赢得较好的社会声誉；中共在新民主主义革命时期不断地制度创新，是中共取得革命胜利的重要原因之一。③

杨东认为，参议员通过各种形式和途径为国家出路和乡村建设建言献策的同时，也在践行着基层社会的民主自治；陕甘宁边区与华北抗日根据地参议员之间的显著差异，也在很大程度上影响着中国革命道路的发展模式。④ 杨东还在专著中指出，当乡村民众以参议员身份通过各种形式和途径为国家出路和乡村建设建言献策的同时，也在根本上塑造着自己的身份认同与角色感知；民众的参与和乡村的变动，正是通过基层参议会这一制度载体架起了中国革命通往胜利的桥梁。⑤

近年来，抗战时期边区的政治动员问题也受到学者关注。黄正林指出，社会教育是抗战时期中共在敌后抗日根据地一项重要的社会政策，其终极目的是要争取民众对中共政权及各项政策给予最大限度的认可；社会教育提高了民众和中共政权之间的亲和力，使中共逐步实现了对根据地乡村权力的控制。⑥ 黄正林也认为，随着抗战困难时期的到来，中共启动新

---

① 宋金寿：《"三三制"在陕甘宁边区的实施》，《党史研究》1985年第3期。
② 陈昌保：《试论陕甘宁边区民主政权的特色》，《江西师范大学学报》1997年第1期。
③ 黄正林：《中共在陕甘宁边区执政问题研究——以抗日民主政权和"三三制"为中心》，《中共党史研究》2017年第9期。
④ 杨东：《陕甘宁边区基层参议员的乡村实践及其历史思考》，《学术评论》2012年第Z1期；杨东：《陕甘宁边区基层参议员的社会结构与流动特征》，《抗日战争研究》2013年第1期；杨东：《地域社会中的参议员差异——陕甘宁边区与华北抗日根据地参议员的比较研究》，《人文杂志》2013年第3期。
⑤ 杨东：《乡村的民意：陕甘宁边区的基层参议员研究》，山西人民出版社2013年版。
⑥ 黄正林：《社会教育与抗日根据地的政治动员》，《中共党史研究》2006年第2期。

的动员模式，加强了对乡村社会的控制，提升了动员的深度和广度。①

关于边区的社会治理，李春耕指出，陕甘宁边区成立之初，党和边区政府采取积极措施，明确土地所有权、改善劳资关系、救济灾民难民、普及教育、改变旧婚俗、禁烟戒毒、剿除匪患、改造二流子、拥军优抗，取得良好效果，为边区人民营造了一个和谐安定的社会环境。② 程森认为，中共中央、陕甘宁边区政府将南泥湾作为军事、移民垦荒区，南泥湾由荒野逐步向田园转化。在此过程中，边区政府不断调整垦区的行政区划，垦区的性质也逐渐由军事垦荒区向民众生产区域转变。③

（三）边区经济史

对边区经济的总体研究。20世纪80年代初，随着中国农村经济体制改革的开始，学术界把研究视野转向对边区经济结构的研究。刘昭豪认为，边区经济主要由公营经济、合作经济、私人资本主义经济、个体经济、地主经济五种经济成分组成。这五种经济成分的存在是符合抗日民族统一战线政策和团结一切力量共同抗日要求的。前四种构成边区新民主主义经济体制。个体经济占首要地位，私人资本主义经济占第二位，公营经济占第三位，合作经济占第四位，地主经济占第五位。边区的经济构成决定了边区的经济性质是新民主主义经济，实质上是"新资本主义经济"。④

阎庆生、黄正林指出，陕甘宁边区为促进农业的发展采取一系列有效的措施，包括减租减息、开垦荒地扩大耕地面积、推广植棉、兴修农田水利、举办农业贷款、提高农业技术、组织农村劳动力、发展畜牧业八个方面。随着农业的发展，边区的农村手工业、商业和运输业也发展起来，使边区农村形成了农工商贸的经济结构。农村经济的发展，促使边区农村的阶级关系和农村的社会经济结构发生了很大的变化。⑤ 李祥瑞对边区合作社进行量化研究后认为，通过各种形式的合作社把广大农民、手工业者，

---

① 黄正林：《抗战时期陕甘宁边区战争动员问题研究》，《日本侵华南京大屠杀研究》2021年第3期。
② 李春耕：《陕甘宁边区的社会问题与党的社会工作》，《中共中央党校学报》2012年第2期。
③ 程森：《荒野向田园转化的政区适应——南泥湾垦区的变迁》，《中国历史地理论丛》2021年第2辑。
④ 刘昭豪：《抗日战争时期陕甘宁边区的经济构成及其性质和特点》，《湘潭大学社会科学学报》1983年第4期。
⑤ 阎庆生、黄正林：《抗战时期陕甘宁边区的农村经济研究》，《近代史研究》2001年第3期。

以及部队、机关、学校人员组织起来，开展农业和手工业生产，组织商品流通，调剂有无，对于发展边区经济、战胜日寇和国民党顽固派的经济封锁、夺取抗日战争的最后胜利，发挥了重要的作用。①

进入20世纪90年代，边区的私营经济开始受到学者的关注。许建平在论述边区发展私营经济的必要性和可能性、发展状况以及特点、作用和意义后指出，边区私营经济的发展，说明边区的新民主主义经济已经走向成熟。②王致中、魏丽英认为，在经济建设中，边区实现了由苏维埃时期对私营工商业的限制到扶植发展的转变。边区私营工业的发展，其资本来源具有多元的复杂性质，并非完全是私人资本，这是边区私人资本主义性质工业的一个重要特征。由于边区制定了合理可行的私营工商业政策，对促进边区工商业经济的健康发展，保障战时军民需要，促进边区生产和突破经济封锁以争取抗战的最后胜利，都产生了极其重要的作用。③

减租减息政策是抗日战争时期中共基本的土地政策。陕甘宁边区减租减息政策，学术界给予较多关注。汪玉凯认为，边区的减租减息，对于已经分配土地的地区，主要是调整贫、富、中农之间的租佃关系；对于未分配土地的区域，则主要是削弱封建剥削关系，保证农民的租佃权。减租减息政策的实行，削弱了农村的封建土地制度，在一定程度上引起了农村土地关系的变化。④孔永松认为，中共减租减息政策是特定历史阶段实行的特殊的土地政策，是综合"革命"与"改良"的两重性政策。⑤黄正林认为，抗战时期陕甘宁边区有大约40%的地方未经历过土地革命，成为中共推行减租的重点地区。佃权是减租中的核心问题，中共通过两种方式对农民的佃权进行保护。减租运动使乡村社会发生了很大变化。⑥岳谦厚、郝东升对减租减息背景下陕甘宁边区的地主经济进行探讨后指出，中共出于建立抗日统一战线的诉求，在允许地主阶层及其经济关系存在的同时，亦

---

① 李祥瑞：《合作社经济在陕甘宁边区经济建设中的地位》，《西北大学学报》1981年第3期。
② 许建平：《抗日战争时期陕甘宁边区私营经济的发展》，《中国经济史研究》1995年第3期。
③ 王致中、魏丽英：《伟大的历史性创造——论抗战时期陕甘宁边区的私营工商业政策与实践》，《甘肃社会科学》1995年第5期。
④ 汪玉凯：《陕甘宁边区实行减租减息政策的历史考察》，《党史研究》1983年第3期。
⑤ 孔永松：《试论抗战时期陕甘宁边区的特殊土地问题》，《中国社会经济史研究》1984年第4期。
⑥ 黄正林：《地权、佃权、民众动员与减租运动——以陕甘宁边区减租减息运动为中心》，《抗日战争研究》2010年第2期。

采取了诸如减租减息、公粮负担等一系列遏制大地主经济发展的措施，以逐步消解其经济乃至政治和社会影响力。①

张扬认为，抗战时期边区关于农业生产的某些方针政策和发展生产的具体措施，具有自身的时代特征，许多方针政策是实事求是的，是符合农业生产客观规律的，因而具有普遍的长远的指导意义。②王飞考察陕甘宁边区陇东分区的畜牧业后指出，畜牧业是陇东农业经济的重要组成部分，其经济产出占边区畜牧经济产出的1/3，是边区畜牧业发展的典范。③抗战时期，边区政府为发展农业经济，制定政策，发放农业贷款。阎庆生认为，农贷推动了农业生产和农村经济的发展，改变了边区农村的阶级结构，提高了人民的生活水平；农贷把边区金融事业同农村经济结合起来，推动了金融、贸易事业的发展。④高石钢、杨双利指出，陕甘宁边区的农贷形态经历了货币农贷—实物农贷—"借钱还钱，借粮还粮"的转变。⑤

"奖励移民"是边区经济建设中一项重要的农业政策，促进了边区经济的发展。孙业礼认为，移民不仅推动了边区农业的发展，也推动了工业和商业的发展。⑥王建华指出，农户计划是中国共产党改造小农经济的最初尝试，作为组织起来的重要一环，党试图通过组织边界的扩张与渗透，改造小生产者的痼疾乃至传统家庭伦理，赢得经济发展。在革命视域下，解决农户计划存在的问题，唯有社会主义集体化一途。⑦黄正林探讨陕甘宁边区粮食生产问题，认为中共和边区政府在增加粮食生产和保障粮食供应上做出巨大努力，使边区的耕地面积和粮食产量都有大幅度增加。粮食问题的成功解决，成为边区度过抗战最困难时段的首要因素之一。⑧

边区的工业是在一穷二白的基础上发展起来的，到抗战结束时已形成一定的规模。阎庆生在对边区的工业建设进行分期论述后指出，边区工业发展的主要原因在于，边区具有工业发展的良好环境，边区重视工业建设，整风运动为工业建设注入新活力，边区军民发扬艰苦创业精神开展劳

---

① 岳谦厚、郝东升：《抗战时期中共领导下的米脂地主经济》，《中共党史研究》2009年第6期。
② 张扬：《抗日战争时期陕甘宁边区的农业》，《西北大学学报》1981年第4期。
③ 王飞：《抗战时期陇东根据地畜牧业发展研究》，《中国农史》2019年第3期。
④ 阎庆生：《抗战时期陕甘宁边区的农贷》，《抗日战争研究》1999年第4期。
⑤ 高石钢、杨双利：《论抗战时期陕甘宁边区农贷形态的演变》，《中国农史》2013年第5期。
⑥ 孙业礼：《论抗战时期移民与陕甘宁边区的经济发展》，《西北大学学报》1988年第2期。
⑦ 王建华：《抗战时期陕甘宁边区的农户计划》，《中国农史》2010年第1期。
⑧ 黄正林：《抗战时期陕甘宁边区粮食问题研究》，《抗日战争研究》2015年第1期。

动竞赛。① 侯天岚考述公营工业发展概况后认为，"集中领导，分散经营"是边区公营工业发展过程中的主要方针。② 王晋林强调，边区私营工业是新民主主义经济的组成部分，配合了公营工业的生产和建设，为实现边区工业日用品的自给自足、促进边区经济建设的发展做出了贡献。③ 刘文楠考察边区纸烟业生产状况后指出，为发展本地经济，边区政府也开始鼓励公营经济下的纸烟生产，但由于边区原材料和技术水平的限制，公营经济中制定的生产和销售计划与现实需求脱节，边区生产的纸烟缺乏竞争力，边区发展纸烟业的努力基本失败。④ 康小怀、赵耀宏认为，陕甘宁边区的造纸业的发展，基本上满足了各项用纸需求，也解决了特殊用纸的生产问题。⑤

盐业是抗战时期边区的支柱产业之一。李祥瑞认为，抗战时期中共中央和西北局、边区政府对盐的产、运、销给予高度重视，从而在革命根据地经济史上写下了光辉的篇章。⑥ 黄正林指出，边区在盐业经营中私有制和公有制并存，盐业发展在增加政府的财政收入、打破国民党顽固派的经济封锁、稳定边区金融秩序、平抑物价等方面发挥了极为重要的作用。⑦付超认为，抗战时期陕甘宁边区政府始终将发展盐业与改善民生密切相连，不断强化对食盐生产、运输、销售等环节的管理，推动了边区社会的进步。⑧ 崔溶芝在对1941年陕甘宁边区的食盐督运政策进行考察后指出，边区政府为缓解边区严重的财政经济危机，提出食盐运输实行"官督民运"，督运食盐成为陕甘宁边区各级政府工作的重心；边区食盐的运销为陕甘宁边区带来巨大的经济、政治和社会效益，还锻炼了干部的行政能力，提高了边区政府的行政绩效。⑨ 汪红娟认为，皖南事变后食盐走私逐渐泛滥，对边区造成很大的政治经济影响；边区政府采取多种措施治理打击食盐走私，虽取得一定成效，但走私现象并未销声匿迹。⑩ 马俊恩考察

---

① 阎庆生：《论抗日战争时期陕甘宁边区工业建设》，《西北师大学报》1997年第2期。
② 侯天岚：《抗日战争时期陕甘宁边区的公营工业》，《西北大学学报》1981年第2期。
③ 王晋林：《抗战时期陕甘宁边区的私营工业》，《抗日战争研究》2009年第1期。
④ 刘文楠：《抗战时期陕甘宁边区的纸烟业》，《抗日战争研究》2013年第1期。
⑤ 康小怀、赵耀宏：《抗日战争时期陕甘宁边区的造纸业》，《中共党史研究》2017年第7期。
⑥ 李祥瑞：《抗日战争时期陕甘宁边区盐的产销及其经济地位》，《西北大学学报》1987年第2期。
⑦ 黄正林：《抗战时期陕甘宁边区的盐业》，《抗日战争研究》1999年第4期。
⑧ 付超：《抗战时期陕甘宁边区的盐业发展与民生改善》，《日本侵华南京大屠杀研究》2021年第2期。
⑨ 崔溶芝：《1941年陕甘宁边区食盐督运政策及其实施绩效》，《盐业史研究》2021年第2期。
⑩ 汪红娟：《抗战时期陕甘宁边区的食盐走私与缉私》，《河北学刊》2019年第5期。

了陕甘宁边区盐业的改良问题，认为1940年盐荒之后，边区政府采取开井汲卤、增筑与改良盐田、改良生产工具、改造盐池地形等措施，改良盐业生产技术，食盐增产效果显著，为边区社会经济发展和支持抗战做出了重要贡献。①

李祥瑞认为，边区的公营商业发展经历了三个阶段，边区公营商业分为政府统一经营者和各机关、部队、学校分散经营者两类。② 王强指出，全面抗日战争爆发后，中共陕甘宁边区的公营贸易发展迅速，形成中共公营经济发展史上的一个高潮，在中共调控边区金融经济方面扮演着不可或缺的角色。③ 魏建克、高尚斌认为，在私营商业的管理上，边区政府经历了从放任自流、管理困境到统一领导的发展转型。④ 李晓英指出，陕甘宁边区在人口增加、消费量增多的刺激下，商业贸易也随之发展起来，特别是带有客栈、货栈、中间商性质的私营过载栈得以迅速发展；1941年皖南事变后，公营过载栈也大量涌现。⑤

边区银行是在土地革命时期中华苏维埃人民共和国国家银行的基础上建立的，经历了一个不断发展壮大的过程。李祥瑞认为，抗战时期边区的财政、金融和生产是相互制约、相互联系的经济统一体，在这个统一体中，银行事业占有显著地位。⑥ 姚会元指出，边区银行的业务范围是多方面的，并不只局限于金融业，还兼管商业和贸易。⑦ 任学岭分析了边区政府在边币、法币斗争中采取的措施，总结了边币、法币斗争的历史经验。⑧ 任学岭还对"光华代价券""边币"和"贸易公司商业流通券"的发行情况做了论述。⑨ 黄正林对边区边钞发行的背景，光华券、边币和券币的发行过程和数量，边钞发行中存在的问题，边区银行业务和边钞发行的作用进行考察后认为，平衡贸易、稳定金融、发展经济、保障供给是边区货币

---

① 马俊恩：《抗战时期陕甘宁边区的盐业技术改良探析》，《盐业史研究》2021年第2期。
② 李祥瑞：《抗日战争时期陕甘宁边区的公营商业》，《西北大学学报》1984年第4期。
③ 王强：《抗日战争时期陕甘宁边区公营贸易的开展、整合与统制》，《党史研究与教学》2021年第4期。
④ 魏建克、高尚斌：《抗战时期陕甘宁边区私营商业兴存考析》，《抗日战争研究》2010年第4期。
⑤ 李晓英：《抗战时期陕甘宁边区的过载栈》，《中共党史研究》2017年第1期。
⑥ 李祥瑞：《抗日战争时期陕甘宁边区的银行》，《西北大学学报》1985年第3期。
⑦ 姚会元：《抗日战争时期陕甘宁边区的金融事业》，《党史研究》1985年第3期。
⑧ 任学岭：《论陕甘宁边区的边、法币斗争》，《延安大学学报》1997年第2期。
⑨ 任学岭：《简述陕甘宁边区货币》，《延安大学学报》1992年第4期。

发行过程中最基本的方针。① 耿磊的研究表明，朱理治在担任银行行长期间，稳健发行边币，调整贷款、汇兑、存款业务，扩充机构，完善相应规章制度，对陕甘宁边区金融业的发展做出很大贡献。② 余永定则对朱理治的金融思想及其现实意义做出阐发。③

抗战时期，货币贬值与物价上涨是影响边区经济发展和人民生活的一个突出问题。于松晶、薛微的研究表明，1945 年上半年延安物价指数达到 1937 年上半年的 14000 多倍。④ 高西莲认为，由于边区对国统区在经济上的依赖性和贸易上的关联性，边、法币比价和物价问题从边币一开始发行，就成为困扰边区金融工作的首要问题。⑤ 高强论述了 1941—1945 年陕甘宁边区货币发行中的通货膨胀与治理问题。⑥ 张燚明指出，太平洋战争爆发后，中共在各根据地发行多种边币，有力地排挤了法币，而国民党政府未能对政策适时加以改进，其对中共边币的遏制最终破产。及至 1942 年，中共取得这场货币斗争的胜利。⑦

财政问题是边区经济史研究的一个主要领域。星光把根据地财政分为三个阶段：1937—1939 年是初建阶段；1940—1942 年是困难阶段；1943—1945 年是好转阶段。⑧ 刘秉扬认为，陕甘宁边区财政的建立与发展经历了两个时期：从抗战开始到皖南事变，是边区财政的创建时期；皖南事变后到抗战胜利，是边区财政进一步发展及财政政策日趋成熟时期。⑨ 唐正芒、肖寒论述了贺龙担任西北财经委员会主任后对陕甘宁边区财政做出的贡献。⑩

抗战时期，边区对税收十分重视，颁布一系列税收法规，建立起完整

---

① 黄正林：《边钞与抗战时期陕甘宁边区的金融事业》，《近代史研究》1999 年第 2 期。
② 耿磊：《朱理治与 1941—1942 年陕甘宁边区银行》，《史学月刊》2015 年第 6 期。
③ 余永定：《朱理治的金融思想及其现实意义》，《中国经济史研究》2021 年第 4 期。
④ 于松晶、薛微：《抗日根据地的物价管理》，《历史档案》1999 年第 1 期。
⑤ 高西莲：《简论抗日战争时期陕甘宁边区的金融比价与物价问题》，《延安大学学报》1993 年第 1 期。
⑥ 高强：《陕甘宁边区货币发行初期的通货膨胀与治理》，《中国经济史研究》2010 年第 1 期。
⑦ 张燚明：《一九四〇年至一九四二年的国共货币斗争》，《中共党史研究》2021 年第 2 期。
⑧ 星光：《中国抗日根据地的财政》，南开大学历史系中国近现代史教研室编《中外学者论抗日根据地——南开大学第二届中国抗日根据地史国际学术讨论会论文集》，档案出版社 1993 年版。
⑨ 刘秉扬：《抗日战争时期的陕甘宁边区财政》，《西北大学学报》1986 年第 3 期。
⑩ 唐正芒、肖寒：《论抗战时期贺龙与陕甘宁边区的财经调整》，《毛泽东思想研究》2006 年第 6 期。

的税收体制，使税收成为边区主要财政来源。阎庆生、黄正林认为，边区税收的种类主要有农业税和工商税（货物税、营业税、牲畜雇佣税、盐税等），税收在边区经济建设、财政收入和配合对外经济斗争等方面发挥了重要作用。① 李俊良指出，边区的工商业税收是随着国内革命战争向抗日民族解放战争的转变，以及抗日战争时期政治、军事、经济形势的发展变化，逐步建立和发展起来的，大致以1941年1月皖南事变为界，1936年5月至1941年1月为初创时期，其后到1945年8月是完善时期。边区建立和发展工商业税制，反映了边区财政与经济关系的客观规律，曾发挥了重大的历史作用。② 章蓬、齐矿铸总结了边区农业税收的五个特点：1. 农业税收以"兼顾"为原则；2. 税收工作以生产发展、农民生活逐步改善为前提；3. 执行轻税政策，以实现农民的休养生息为目的；4. 简化征收手续以方便农民；5. 农业税采用有地区差别的累进税率，以平衡农民负担。③ 黄正林、文月琴认为，农业收益税主要是征收救国公粮。征收救国公粮，主要依靠政治动员来完成。皖南事变后，边区不断修正公粮征收条例，改革征收办法，使各阶层的负担趋于公平合理。从1943年开始，边区试行农业统一累进税，尽管取得一些成功的经验，但没有在边区全面推行开来。④ 周祖文指出，在中共的意识形态里，救国公粮是按累进征收的，但在实际运行过程中，基本上依靠政治动员来完成。1943年之后，公粮征收逐步走上进行土地调查、强调累进的农业累进税轨道。⑤ 谭虎娃分三阶段论述救国公粮征收与农民负担的问题，解释了三个阶段中政府与农民之间关系的调适。⑥ 李建国也讨论了救国公粮征收过程中边区政府如何采取措施减轻民众负担的问题。⑦

---

① 阎庆生、黄正林：《抗战时期陕甘宁边区税收问题研究》，《中国经济史研究》2001年第4期。
② 李俊良：《抗战时期陕甘宁边区的工商业税收》，《西北大学学报（社会科学版）》1989年第2期。
③ 章蓬、齐矿铸：《陕甘宁边区农业税收的特点与作用》，《人文杂志》1998年第4期。
④ 黄正林、文月琴：《抗战时期陕甘宁边区的农业税》，《抗日战争研究》2005年第2期。
⑤ 周祖文：《动员、民主与累进税：陕甘宁边区救国公粮之征收实态与逻辑》，《抗日战争研究》2015年第4期。
⑥ 谭虎娃：《抗战时期陕甘宁边区农民负担与边区政府的应对措施》，《中共党史研究》2014年第8期。
⑦ 李建国：《试析抗战时期陕甘宁边区民众的负担及边区政府减轻民众负担的措施》，《抗日战争研究》2010年第2期。

边区盐税始终是边区税制中的主力税种,是陕甘宁边区财政收入的主要来源之一。林喜乐的专著全面系统地呈现陕甘宁边区盐业、盐税制度和队伍建设的历史样貌,填补了陕甘宁边区盐业盐税史研究的空白。① 汪红娟认为,盐税在陕甘宁边区占据重要地位。皖南事变前,盐税在一定程度上弥补了外援不足造成的问题;皖南事变后,边区财政骤然吃紧,盐税地位愈益凸显。盐税收入为边区度过经济危机起到了重要作用。②

(四) 边区军事史

陕甘宁边区的军事斗争主要包括保卫河防、清除匪患、反摩擦斗争、支援全国各解放区的对日反攻等。王晋林认为,陕甘宁边区的军事斗争具有如下特点:1. 坚持把保卫边区、保卫中共中央作为军事斗争的首要任务;2. 坚持军事斗争与政治斗争相结合;3. 坚持主力部队、地方部队和群众武装相结合的军事组织体制;4. 坚持把军事斗争建立在依靠边区人民、打人民战争的基础上。③

在国民党制定"溶共、防共、限共"政策后,1939 年底至 1940 年初国共两党军队在陕甘宁边区周围发生大规模的军事冲突,其中环县事变最为典型,也是研究比较深入的问题。杨东指出,环县事变是抗战时期震惊陕甘宁边区的一起严重的群体性哗变事件。这次事变持续时间之长、影响范围之广、损失程度之重,为陕甘宁边区成立以来所仅见。④ 杨东认为,环县事变因国民党军事摩擦及边区政府税收负担和征粮工作失当引起。传统乡土规则在没有得到彻底改造之前,即便是中共革命向基层社会的强力渗透,同样会面临"内卷化"危机。⑤ 张海燕指出,环县事变是多种因素综合作用的结果,不能简单地归结于"政治土匪"的煽动,主因是环县政府和各级干部在扩兵征粮工作中无视民众利益,招致民怨,引发民变。事变发生后,边区政府多管齐下,积极应对,化危机为转机,善后工作取得

---

① 林喜乐:《陕甘宁边区盐业盐税史》,陕西人民出版社 2021 年版。
② 汪红娟:《抗战时期陕甘宁边区盐税问题研究》,《盐业史研究》2017 年第 4 期。
③ 王晋林:《抗日战争时期陕甘宁边区军事斗争述评》,《军事历史》2002 年第 6 期。
④ 杨东:《危机与转机:抗战时期中共对环县事变的应对》,《党史研究与教学》2014 年第 6 期。
⑤ 杨东:《事实与真相的双重考量——抗战时期陕甘宁边区环县事变探实》,《江苏社会科学》2016 年第 1 期。

显著成绩。① 另外，陈标对 1940 年胡宗南部李文第九十军进攻陕甘宁边区的一些问题加以考证，修正了前人著作中的一些错误。他还探讨了王震三五九旅北调应对何鼎文对陕甘宁边区的军事威胁等问题。②

（五）边区法制史

抗战时期，边区作为一个模范的抗日民主根据地，在法制建设上取得很大成绩。蓝全普编的《解放区法规概要》（群众出版社 1982 年版）部分章节对抗日战争时期边区颁布的一些重要法规有所论述。杨永华主编的《陕甘宁边区法制史稿》（陕西人民出版社 1992 年版）是一部全面反映边区法制建设的重要著作。进入 21 世纪后，陕甘宁边区法制史取得令人瞩目的成就。代表性著作有侯欣一的《从司法为民到人民司法》（生活·读书·新知三联书店 2020 年版）、汪世荣等的《新中国司法制度的基石》（商务印书馆 2011 年版）、胡永恒的《陕甘宁边区的民事法源》（社会科学文献出版社 2012 年版）、刘全娥的《陕甘宁边区司法改革与"政法传统"的形成》（人民出版社 2016 年版）、张炜达的《历史与现实的选择——陕甘宁边区法制创新研究》（中国民主法制出版社 2011 年版）等。

杨永华认为，边区司法只有"半权"，处于半独立状态。③ 如何来理解"司法半独立"？侯欣一认为包含三个维度：一是边区司法是由中国共产党领导，边区司法也成为执行党的路线、方针和政策的工具；二是边区政治体制不是三权分立，"司法权并非一项独立的权力，其产生和监督均受制于参议会"；三是行政机关与司法机关是上下级关系，司法机关由参议会产生，受同级政府领导，在行政机关领导下独立审判，司法机关对同级政府负责并报告工作。④

学者还从不同的角度对边区的法制建设进行更为深入的研究。徐增满对边区的法制主旨做出如下概括：实事求是的法制精神，依靠群众的法制

---

① 张海燕：《"环县事变"及其善后工作述论》，《中共党史研究》2014 年第 9 期。
② 陈标：《1940 年李文进攻边区危机始末》，《抗日战争研究》2001 年第 4 期；陈标：《1941 年王震旅北调始末与毛泽东等江亥电时间考》，《抗日战争研究》2000 年第 2 期。
③ 杨永华：《陕甘宁边区法制史稿（宪法、政权组织法篇）》，陕西人民出版社 1992 年版，第 262 页。
④ 侯欣一：《从司法为民到人民司法——陕甘宁边区大众化司法制度研究》，中国政法大学出版社 2007 年版，第 89—90 页。

路线，保障民主的法制原则，依据政策的法制方针，求实创新的法制作风，反帝反封建的法制内容。① 欧阳华对陕甘宁边区锄奸反特行政法律制度、刑事法律制度、经济法律制度等进行了详细论述。② 阮兴认为，抗战时期边区确立私人财产所有权与保护一切抗日人民财权的目标，以法律的阶级立场与司法审判的群众路线作为财权保护的基本原则，确定了此后边区及新中国成立初期财权保护的发展方向。③

陕甘宁边区的法源、人民司法等问题是 21 世纪以来学者关注的重点问题。胡永恒指出，1943 年之前陕甘宁边区民事审判援引"六法全书"，究其原因是边区自身立法不足，民事审判缺乏法律依据，加上中共实行统一战线政策，营造了较为宽松的政治氛围。同时，一批具有专业法学知识和较高文化素质的干部走上司法岗位，为边区援用"六法全书"提供了技术支持。1943 年下半年为何又停止"六法全书"的援用？原因在于整风运动进入审干运动后，边区司法系统发生重大的人员调整，在阶级斗争思维的主导下，援用"六法全书"的行为受到批判。此后，判决无法律依据的现象越来越多，调解也更为流行。④ 李娟强调，1943 年的司法大检讨，是以工农干部为代表的革命传统之司法理念，与以白区来延安的知识分子为代表的西方现代司法理念的交锋。⑤ 侯欣一从政治和法律相结合的视角对抗战时期陕甘宁边区人民调解制度进行论述后指出，边区的法律实践是人民司法制度形成史上的重要阶段。⑥ 潘怀平认为，陕甘宁边区刑事调解采用群众、群众团体、政府、法院相结合的恢复性司法模式，充分体现了陕甘宁边区司法的群众化乃至社会化特色。⑦ 潘怀平还指出，陕甘宁边区审判体制的建构体现了马克思主义法律思想中国化的历史轨迹。边区审判体制的建构，坚持民主集中制的政权本质原则，实现了从"司法行政合一"逐步走向"司法与行政分离"的阶段性转换，纠正了司法脱离民主

---

① 徐增满：《延安时期法制建设的概况及其主旨》，《延安大学学报》1999 年第 3 期。
② 欧阳华：《抗战时期陕甘宁边区锄奸反特法制研究》，中国政法大学出版社 2013 年版。
③ 阮兴：《抗战时期陕甘宁边区的财权法及其实践》，《兰州大学学报》2021 年第 6 期。
④ 胡永恒：《陕甘宁边区民事审判中对六法全书的援用——基于边区高等法院档案的考察》，《近代史研究》2012 年第 1 期；胡永恒：《1943 年陕甘宁边区停止援用六法全书之考察——整风、审干运动对边区司法的影响》，《抗日战争研究》2010 年第 4 期。
⑤ 李娟：《革命传统与西方现代司法理念的交锋及其深远影响——陕甘宁边区 1943 年的司法大检讨》，《法制与社会发展》2009 年第 4 期。
⑥ 侯欣一：《陕甘宁边区人民调解制度研究》，《中国法学》2007 年第 4 期。
⑦ 潘怀平：《陕甘宁边区时期刑事调解制度研究》，《中共中央党校学报》2011 年第 6 期。

"闹"独立的极端倾向。①

黄正林关注边区的经济立法，指出边区为推动经济建设，颁布农业、工业、商业、金融、财政、交通等经济法规，形成比较完整的经济法规体系，保证了中国共产党各项经济政策的落实，保护了各种经济成分的合法权益，并为新中国经济立法积累了丰富的经验。②

（六）边区社会史

在边区社会史研究中，胡新民、李忠全、阎树声编著的《陕甘宁边区民政工作史》（西北大学出版社1995年版）涉及边区许多社会问题，包括户籍管理与人口统计、自然灾害与救灾赈济、婚姻习俗与妇女儿童保护、民间陋俗的改革与社会新风尚的树立等。黄正林探讨了边区的人口流动、社会意识和习俗的变迁、社会经济结构和阶级结构的变化等问题。③ 雷甲平论述边区存在的烟毒、土匪、二流子等问题后指出，在中共中央和边区政府领导下，边区顺利进行经济建设和社会改造，边区被改造成新社会。④

齐霁认为陕甘宁边区成功的禁烟禁毒运动，基本上革除了社会恶习，它对于增进人民的健康，节约社会财富，发展农业生产，为抗日战争和解放战争的胜利，做出了重要贡献，也为新中国禁烟禁毒积累了经验。⑤

对陕甘宁边区社会保障、社会救济领域的关注是一个突出的特点。杨志文认为边区的社会保障分为三个阶段，对于基本保证了边区人民最低的生活需求，支援抗日战争，为中国社会保障事业的进一步发展积累了经验等都有重要意义。⑥ 宿志刚讨论陕甘宁边区退伍军人安置的问题，认为边区退伍军人的妥善安置，对稳定社会、激励士气、推动扩军有着重要的历史意义。⑦ 王强指出，边区坚持"劳资两利"原则，制定和颁布一系列政策和法规，保障了广大雇工的经济权益，调动了雇工的生产积极性和主动

---

① 潘怀平：《陕甘宁边区审判体制的建构经验与现实价值》，《中共中央党校学报》2015年第6期。
② 黄正林：《抗战时期陕甘宁边区的经济政策与经济立法》，《近代史研究》2001年第1期。
③ 黄正林：《论抗战时期陕甘宁边区的社会变迁》，《抗日战争研究》2001年第3期。
④ 雷甲平：《抗日战争时期陕甘宁边区的主要社会问题及其治理》，《抗日战争研究》2009年第1期。
⑤ 齐霁：《陕甘宁边区禁烟禁毒运动初探》，《甘肃社会科学》1999年第4期。
⑥ 杨志文：《陕甘宁边区社会保障政策初探》，《中共党史研究》1997年第6期。
⑦ 宿志刚：《抗战时期陕甘宁边区退伍军人安置问题研究》，《抗日战争研究》2008年第4期。

性，为争取抗战胜利发挥了应有的作用。① 张丹从机构建立、赈济救灾、拥军优属等方面论述了抗战时期陕甘宁边区的社会保障。② 严艳、吴宏岐对抗战时期边区移民的源流及成因、边区政府对移民的安置区域与移民效果进行了分析。③ 宿志刚探讨边区的代耕制度，认为边区政府颁布一系列相关条例和细则，制定代耕原则、代耕办法、代耕方式，对改善抗工属及退伍军人的生活、稳定军心、激励士气乃至抗战的胜利起到了重要作用。④ 杜君、欧瑞论述抗战时期陕甘宁边区政府对边区广泛的社会救助工作，认为边区实行分类救助原则，注重培养被救助群体的自救能力，形成了多元化救助体制。⑤

救灾工作是社会保障的重要组成部分。高冬梅认为，陕甘宁边区卓有成效的救济工作不仅在当时发挥巨大的经济、政治作用，而且为新中国成立后救灾体制的建构和社会救济事业的开展提供了借鉴和经验。⑥ 温艳指出，抗战时期中共在边区实施的灾荒救助与备荒政策，在当时具有一定的示范作用。⑦ 她还强调，中共在陕甘宁边区实行的荒政政策，巩固了边区的基层政权，提高了边区政府的执政能力，但由于战时状态，经济基础薄弱等原因，边区赈灾能力受到限制。⑧ 陈标考察了1942年8月延安发生水灾后，国民政府派员到延安进行调查、赈济的过程及相关问题。⑨

赵文指出，抗战时期日本帝国主义有计划地收买、勾结、组织和利用边区以外的土匪，对边区进行各种扰乱活动，严重地影响到抗日后方的巩固，为此，中共中央和边区政府制定一系列标本兼治的清匪政策和措施，彻底解决了土匪问题。⑩

牛昉、康喜平关注边区人口问题，认为边区政府采取一系列有效措施

---

① 王强：《抗战时期陕甘宁边区保障雇工权益研究》，《党的文献》2009年第6期。
② 张丹：《抗日战争时期陕甘宁边区的社会保障》，《江西社会科学》2000年第11期。
③ 严艳、吴宏岐：《陕甘宁边区移民的来源与安置》，《中国历史地理论丛》2005年第2辑。
④ 宿志刚：《抗战时期陕甘宁边区代耕问题研究》，《史学月刊》2007年第9期。
⑤ 杜君、欧瑞：《抗日战争时期陕甘宁边区的社会救助工作》，《东北师大学报》2019年第3期。
⑥ 高冬梅：《抗日根据地救灾工作述论》，《抗日战争研究》2002年第3期。
⑦ 温艳：《抗战时期中共在陕甘宁边区的灾荒救助》，《光明日报》2016年4月26日第11版。
⑧ 温艳：《国家与社会视阈下的陕甘宁边区荒政研究》，《历史教学（下半月）》2016年第1期。
⑨ 陈标：《1942年郑延卓赴延始末及相关史实考辨》，《抗日战争研究》2004年第3期。
⑩ 赵文：《试述抗战时期陕甘宁边区的土匪问题》，《宁夏大学学报》1999年第3期。

增加边区人口总量和提高人口素质，使边区的人口状况有了很大改善。①米瑞华、杨昕绘制陕甘宁边区人口密度分布图，分析关中分区和延属分区人口逐渐增长进而赶超绥德分区人口的原因，认为是"政策异质性"吸引人口迁入陕甘宁边区，而边区政府主动引导，使迁入人口得到有序安置，从而提高了生产力。②

黄正林认为，1937—1945年陕甘宁边区对乡村社会进行全面改造，使边乡村社会发生巨大变化。边区的乡村社会改造之所以取得成功，缘于中共对中国乡村社会的认识逐渐深刻。③ 王建华探讨中国共产党在改造乡村二流子过程中的"公民塑造"路径，认为边区政府的"公民塑造"与乡村社会改造是成功的，但必须清楚地看到理想与现实间的距离。④ 王建华从观念史学的角度考察陕甘宁边区的巫神改造运动，认为中共借用二流子的符号改造巫神，使得对二者的改造交织在一起，超越了西方相关社会理论的简单逻辑，促进了社会现代性的成长。⑤ 李旭东指出，陕甘宁边区的巫神作为迷信的产物，长期在当地的乡村社会扮演着"医者"的角色，把持着乡村的医疗卫生话语权，也成为中共强化基层社会控制的"绊脚石"。中共利用政治话语否定巫神这一职业存在的合法性，又动员群众改造巫神，继而在卫生运动中对巫神展开围剿。在逐步改造巫神的过程中，中共一方面在一定程度上扭转了边区乡村的迷信风气，另一方面则逐步争取民心，强化了对边区乡村社会的控制。⑥

女性问题是陕甘宁边区史研究历久弥新的话题。有学者指出，中共从多方面领导陕甘宁边区的妇女解放运动，使之经历从无到有、从无序到有序、从有序到走上正轨的三大阶段，始终把妇女解放和民族解放融为一体。⑦ 马慧芳认为，外来女性关于乡村妇女的思想意识和观念，对边区乡

---

① 牛旿、康喜平：《陕甘宁边区人口概述》，《延安大学学报》1992年第3期。
② 米瑞华、杨昕：《延安时期陕甘宁边区人口分布变动模拟》，《延安大学学报》2017年第5期。
③ 黄正林：《1937—1945年陕甘宁边区的乡村社会改造》，《抗日战争研究》2006年第2期。
④ 王建华：《乡村社会改造中"公民塑造"的路径研究——以陕甘宁边区发展劳动英雄与改造二流子为考察对象》，《江苏社会科学》2008年第4期。
⑤ 王建华：《乡村观念世界的现代转型——以延安时期改造巫神为中心的历史考察》，《南开学报》2018年第1期。
⑥ 李旭东：《陕甘宁边区的巫神改造与社会控制》，《苏区研究》2021年第6期。
⑦ 何毅、姜东苑：《中国共产党领导陕甘宁边区妇女解放运动的历史审视》，《西南民族大学学报》2021年第10期。

村妇女的社会参与、经济独立、求知、婚姻自主、自我保健等意识都产生了深刻影响。①

陕甘宁边区的妇女婚姻家庭问题受到学术界比较多的关注。秦燕认为，陕甘宁边区在改革婚姻家庭制度的过程中，出现法律与习俗、两性关系、新旧婚姻观念之间的冲突，边区政府为解决这些矛盾和冲突采取一系列措施，收到了较好的效果。②汪世荣指出，在陕甘宁边区司法实践中，高等法院通过对婚约的适度保护，对离婚自由的适当限制，尤其是对童养媳的坚决取缔及对寡妇再嫁的支持和保护，使婚姻自由原则与边区的社会实际相互契合。③丛小平以抗属离婚案件为切入点，对陕甘宁边区妇女在婚姻中的地位进行了探讨，认为妇女是地方社会与国家权力博弈中不可忽视的力量；不断修正的婚姻条例显示的是地方各种力量与国家权力的冲突与博弈，而妇女则作为一支重要的力量参与其中。④丛小平还指出，在20世纪40年代的法律实践中，基层法律工作者发展出"婚姻自主"的实践原则，用以处理婚姻纠纷，避免了"婚姻自由"引起的混乱，赋予女性当事人选择婚姻的决定权，并试图以此排除父母和第三方对妇女婚姻问题的干涉，从而削弱了父权势力。⑤

妇女在边区社会经济建设中的地位在学术界的研究中也得到肯定。周锦涛认为，中共将民族解放与性别解放结合起来，积极倡导女性生产运动，尤其在发动与改造女性二流子运动上，赢得广大农村女性的支持，从而成功整合了边区农村女性社会的生产力量，很大程度上增强了抗战胜利的后勤保障。⑥刘小红、赵杰指出，边区政府开展的宣传活动、发布的法令法规、建立的妇女组织，为妇女参加农业生产提供重要保障；边区妇女参与农业生产满足了抗战的客观需要，展现了妇女的伟大力量，也推动了

---

① 马慧芳：《抗战时期外来新女性对陕甘宁边区乡村妇女思想意识的影响》，《西北师大学报》2012年第1期。

② 秦燕：《抗日战争时期陕甘宁边区的婚姻家庭变革》，《抗日战争研究》2004年第3期。

③ 汪世荣：《陕甘宁边区高等法院推行婚姻自由原则的实践与经验》，《中国法学》2007年第2期。

④ 丛小平：《左润诉王银锁：20世纪40年代陕甘宁边区的妇女、婚姻与国家建构》，《开放时代》2009年第10期。

⑤ 丛小平：《从"婚姻自由"到"婚姻自主"：20世纪40年代陕甘宁边区婚姻的重塑》，《开放时代》2015年第5期。

⑥ 周锦涛：《抗战时期陕甘宁边区农村女性生产运动》，《党史研究与教学》2016年第2期。

妇女解放运动。①

医疗卫生工作在陕甘宁边区建设中占有重要地位，在抗日战争时期发挥了重大作用。秦爱民指出，边区医疗卫生工作从无到有、从小到大，逐步建立起较为完备的医疗体系，培养出大批医疗卫生人才，取得了显著成绩。② 温金童的研究表明，抗日战争时期陕甘宁边区缺医少药，极大地限制了边区卫生事业的发展，同时废弃中医论又使边区卫生工作雪上加霜。陕甘宁边区着力推行中西医结合的方针，摸索出一条独具特色的中西医结合的卫生工作之路，深刻地影响着新中国卫生事业的发展。③ 温金童进一步指出，抗日战争时期陕甘宁边区推行"私医入社"，堪称合作医疗的伟大创举，为缓解群众看病难的问题，构建和谐的农村发展环境发挥了重要作用。④ 有学者对陕甘宁边区的群众医疗进行考察后指出，抗战时期陕甘宁边区的社会发展面临诸多挑战，尤其是传染病的流行，直接威胁着民众的生命安全，对社会稳定和生产建设形成冲击。中共发起以实现"人财两旺"为出发点、以解决群众基本医疗需求为目的、以群众路线为基本遵循的医疗卫生运动，有效遏制疫情蔓延，改善了环境和民生，实现了政治权力与基层社会的良性互动。⑤ 张雨新认为，抗日战争时期以白求恩、阿洛夫为代表的外国援华医生，在医疗工作实践中提出"不要等病人来叩门""到病人中间去""一切为了病人"的群众医疗观，影响并推动了中共在陕甘宁边区推行的群众卫生运动。⑥

边区的疫病防治，也是学界所关注的话题。有论者指出，中国共产党和边区政府把疫病预防与控制当作一项重要的政治任务，采取成立防疫领导机构、开展卫生宣传、加强医疗机构建设、建立防疫机制、增强人民群众体质等一系列疫病防治举措，一定程度上控制了疫病的流行和蔓延，并

---

① 刘小红、赵杰：《论抗战时期陕甘宁边区妇女对农业生产的贡献》，《中国农史》2015年第5期。
② 秦爱民：《论抗战时期陕甘宁边区的医疗卫生工作》，《宁夏社会科学》2003年第5期。
③ 温金童：《试析抗战时期陕甘宁边区的中西医合作》，《抗日战争研究》2010年第4期。
④ 温金童：《抗日战争时期陕甘宁边区的合作医疗研究》，《西北民族大学学报》2020年第3期。
⑤ 张戈、傅建成：《抗战时期陕甘宁边区的群众医疗卫生政策及其实践——以边区疫病防治为中心的分析》，《西北大学学报》2021年第3期。
⑥ 张雨新：《抗战时期援华医生的群众医疗观及其影响——以陕甘宁边区为中心的考察》，《唐都学刊》2018年第4期。

积累了丰富的防疫经验。① 有学者对边区的传染病防治机制进行考察后认为，抗战时期陕甘宁边区面临传染病流行的严峻形势，党中央和边区政府积极防治，加强防疫领导机构建设，建立发热诊断、疫情上报、病原隔离和疫因调查的防疫机制，使边区传染病防治取得重要进展，人民卫生健康意识大大提高，传染病发病率和致死率普遍降低，烈性传染病基本得到控制。②

（七）边区文化教育史

抗日战争时期陕甘宁边区教育事业取得长足发展，为抗战建国和新中国教育事业的发展培养出一批高素质的人才。任钟印认为，抗战时期边区教育发展经历了三个阶段和两次改革，通过第二次改革，边区教育出现了一个新的局面。③ 王晋林的研究表明，陕甘宁边区文化教育中坚持为工农大众服务，走群众路线，建立新民主主义文化教育制度，实行文化教育中的统一战线，这些构成了边区文化教育的基本特点。④ 郑涵慧指出，边区的教育方针是抗战时期中共总路线在教育战线的概括和实践，具有无产阶级的革命性和马克思主义的科学性。⑤ 沈绍辉从教育宗旨、方针、学制、课程设置、教学方法、成绩考核及组织管理等方面对边区的师范教育进行了考察。⑥ 苗均全、刘东朝从办学指导思想、教学原则、办学方式、师资队伍建设和校园文化生活五个方面，对延安大学的办学特色作了较为详尽的阐述。⑦ 张秦英、刘汉华分析了边区社会教育的特点。⑧ 有学者指出，边区通过改善小学教员待遇和提高他们的地位、严格选用和考核人才、加强师资培训、鼓励教学观摩等多种途径，对小学教员队伍进行有效建设，取得了巨大成就。⑨

社会教育是抗战时期中共在敌后抗日根据地实施的一项重要社会政策。王玉珏认为，陕甘宁边区社会教育对教育方法的综合使用、对群众教

---

① 陈松友、杜君：《抗战时期陕甘宁边区的疫病防治工作》，《中共党史研究》2011年第6期。
② 王飞、王运春：《陕甘宁边区传染病防治机制》，《经济社会史评论》2020年第4期。
③ 任钟印：《论抗日战争时期陕甘宁边区的两次教育改革》，《华中师院学报》1984年第2期。
④ 王晋林：《陕甘宁边区文化教育发展的成因及特点》，《甘肃社会科学》2003年第3期。
⑤ 郑涵慧：《抗日战争时期陕甘宁边区教育方针研讨》，《西北大学学报》1984年第2期。
⑥ 沈绍辉：《陕甘宁边区的师范教育》，《延安大学学报》1994年第1期。
⑦ 苗均全、刘东朝：《论民主革命时期延安大学的办学特色》，《延安大学学报》1992年第1期。
⑧ 张秦英、刘汉华：《陕甘宁边区社会教育的特点》，《西北大学学报》1985年第3期。
⑨ 康小怀等：《抗战时期陕甘宁边区小学教员队伍建设初探》，《甘肃社会科学》2012年第1期。

育组织形式的创新、对教育环境的开发与优化、对思想政治教育本质和价值的体现、群众参与社会教育的广度与深度等,有力地证明了党的群众思想政治教育在抗战时期趋于成熟。① 王国红关注陕甘宁边区的女性教育问题,指出边区妇女教育以提高妇女文化水平、动员妇女参加抗战、改善妇女生活状况为宗旨,开辟了一条独具特色的妇女教育途径。②

识字教育是陕甘宁边区社会教育的主要内容。王建华指出,抗战初期陕甘宁边区开展扫盲运动,但忽视质量的形式主义使得大部分识字组成为空架子。为走出困境,边区政府多次进行路径转换,识字运动路径的转换反映了中共改造乡村社会的艰难过程。③

在识字教育中,陕甘宁边区曾积极推行新文字运动。秦燕指出,中共赋予拉丁化新文字很高的政治价值,并在革命根据地以政府的力量大力普及新文字,但并没有达到预期的效果。中共从推崇国际化向民族化的转向、去苏化、民众的冷漠和排斥,是新文字运动夭折的原因。④ 王建华认为,新文字在边区历经试点、推广、整改三个阶段。边区新文字运动存在诸多问题,文字改革也带来文化大众性与民族性的紧张。⑤ 王元周对新文字冬学运动进行考察后指出,这次推行新文字工作的经验教训在当时并没有得到很好的总结,从而影响到新中国成立后的文字改革。⑥ 栗洪武等则认为,陕甘宁边区新文字扫盲教育,是拉丁化新文字作为工农大众扫盲和普及教育工具实践中规模最大、时间最长、效果最好的实验活动,积累了中国文字改革若干可贵的经验与教训,而且为1958年制定《汉语拼音方案》提供了重要的理论和实践依据。⑦

---

① 王玉珏:《抗战时期陕甘宁边区社会教育的性质及地位新探》,《毛泽东思想研究》2016年第1期。

② 王国红:《陕甘宁边区的乡村妇女教育》,《江淮论坛》2007年第4期。

③ 王建华:《抗日战争时期陕甘宁边区的识字运动》,《中共党史研究》2010年第2期。

④ 秦燕:《陕甘宁边区新文字运动兴衰探析》,《中共党史研究》2010年第8期。

⑤ 王建华:《陕甘宁边区的新文字运动——以延安县冬学为中心》,《南京大学学报》2011年第3期。

⑥ 王元周:《抗日战争时期陕甘宁边区的新文字冬学运动》,《抗日战争研究》2009年第3期。

⑦ 栗洪武、樊红蕾:《陕甘宁边区新文字扫盲教育实验与〈汉语拼音方案〉制定》,《教育研究》2018年第7期。

三　结语

陕甘宁边区史是中国近代史领域中的重要组成部分，学术界进行研究起步较晚，但后劲很足、远景广阔，呈现出欣欣向荣的景象。梳理新中国成立以来有关陕甘宁边区史的研究成果，我们不难看出有以下三个突出特点：

第一，从学术史视角看，陕甘宁边区史研究的发展历程呈现出明显的波峰似的阶段性特征。从中华人民共和国成立至 2021 年 70 余年间，可分为 20 世纪 50—70 年代、80—90 年代和 21 世纪以来三个阶段，但高峰时期是在 20 世纪 80 年代到 90 年代初，文献资料整理出版的数量和研究论著发表的数量同步增加。相比较而言，前面两个阶段，整理出版的综合性文献资料和研究专著较多；后一阶段，整理出版的专题性、行业性、区域性文献资料和研究专著较多，尤其是近年来一些学者重视挖掘利用未刊档案，大大推进了资料创新和学术观点创新。前后阶段的研究论著不断继承发展，递进补充，共同推动了陕甘宁边区研究走深走实。

第二，随着研究视角的拓展，研究内容变得更加丰富多元。受研究视角和研究资料的影响与限制，以往陕甘宁边区史研究主要集中于政治史、经济史、军事史等方面，涉及法制史和社会史的研究仍处于从属、支流地位。与 20 世纪 90 年代之前陕甘宁边区史研究相比，近 20 年来的研究成果朝着更宽广、更纵深的方向发展，出现全方位、多角度的研究，涵盖政治、经济、文化、社会等诸多领域。尤其是随着档案文献资料的进一步挖掘和利用，妇女、婚姻、"三三制"、参议会、县政、金融、文化教育、司法审判制度、国共军事摩擦等方面的研究成果明显增加，研究议题不断增多，研究范围不断扩大，研究内容更加多彩。

第三，随着研究理论和研究方法的创新，研究深度明显增加，研究成果的学术水平明显提升。新中国成立后，陕甘宁边区史研究长期受革命史观研究范式的深刻影响，学者们重点关注教育、经济建设等方面问题。从 20 世纪 90 年代开始，受国内史学研究大环境发生变化的影响，社会史、区域史、新文化史等研究范式对陕甘宁边区史研究产生较大的影响，陕甘宁边区民政、医疗、卫生、人权保障等之前很少被关注的问题的研究开始起步。新方法和新理念的引入，明显推动了陕甘宁边区史研究朝着更加学术化的方向发展，学术研究的水平得到不断提升，一些研究者和研究成果被学术界所认可。特别是2010年李金铮指出"要想实现中共党史或革命史研究的真正突破，必须寻求研究思维的转换和研究视角的创新"，[1] 并以此为起点提出"新革命史"理念。其后数年间，李金铮发表多篇论文，不断充实和完善"新革命史"研究方法，[2] 且被越来越多的青年学者接受和运用，产出许多高水平论著，推动了陕甘宁边区史研究走向新的研究高峰期。

陕甘宁边区史研究厘清了诸多问题，呈现了诸多历史细节，取得了突出成绩。但是，这些成绩的取得并不意味着陕甘宁边区史研究已经十分成熟和完美，可以继续按部就班、因循守旧而不需再做任何改进。其实，陕甘宁边区史研究还存在一些不容忽视的问题，主要有以下两点：

第一，对已整理出版文献资料的利用显得不足，还有一些资料没有引起研究者们的注意。1. 对一些早已出版的资料的利用还不够充分。如中央档案馆和陕西省档案馆联合编辑的《中共中央西北局文件汇集》收集了包括抗战时期中共中央西北局研究室对边区政治、经济等方面的调查数据、研究报告，相关工作记录、工作总结在内的许多珍贵资料以及一些日记、笔记等，不少研究者有所忽视或解读尚不充分。2. 对基层档案资料的发掘和利用还很缺乏。陕甘宁边区研究已有成果高度依赖已出版的有关陕甘宁边区的各类资料汇编，对资料汇编中涉及较多的内容关注较多，涉及较少和未涉及的内容则关注较少，深入陕甘宁边区所辖区域的市级、县级档案馆去发掘利用基层档案的文章还比较少。3. 对国民政府、国民党相关档案资料的利用明显不足。陕甘宁边区虽然是中共领导下的边区政府，但与南京国民政府、国民党的联系也较多，一些往来电文、信函手札中多有相关资料，报刊资料中也有来自"外部"的观察和讨论，涉及政治、经济、文化、社会等诸多领域。这些资料都亟待进一步挖掘补充，既可突破单纯使用陕甘宁边区资料形成的研究资料限制，还可突破过多依赖陕甘宁边区自身形成的资料进行研究的研究视野限制。如果学者们在今后的研究中不断细化已有资料的研读，扩大资料搜集利用的视野，必将深化陕甘宁边区史

---

[1] 李金铮：《向"新革命史"转型：中共革命史研究方法的反思与突破》，《中共党史研究》2010年第1期。

[2] 李金铮：《再议"新革命史"的理念与方法》，《中共党史研究》2016年第11期；李金铮：《"新革命史"：由来、理念及实践》，《江海学刊》2018年第2期。

研究。

　　第二，近 20 年来陕甘宁边区研究成果数量虽多，但整体质量不佳，一些成果的学术水平着实堪忧。就目前发表的论文而言，一些所谓的研究自说自话，既不考证史实，也不顾及常识，按照所谓的"套路"写文章，或先预设"结论"再去拼凑、剪裁史料来论证所谓的"结论"是正确的。正如有学者一针见血地指出："有的党史论文，包括博士论文，仍充斥着一种特殊的'八股'叙事气息，浮于表面、大而无物、重复劳动，几无学术性可言。"[①] 要想取得陕甘宁边区史研究更多更大的成就，全面提升陕甘宁边区史研究的学术性和科学性，就必须扎扎实实研读文献资料，充分挖掘辨析新史料，学习新方法和引入新视角。只有如此，陕甘宁边区历史研究才有新且大的进步空间。例如，妇女与民族觉醒、战争时期的婚姻问题、战争与社会流动、乡村社会的分化与整合、教育文化与社会变迁、社会教育与民众观念的变迁、社会控制与乡村权力重建、自然灾害与社会保障等都是值得去探索的问题。最近有学者把环境史、生态史引入抗日根据地史研究，是一个比较好的开端，这对陕甘宁边区环境史、灾荒史研究有启迪和借鉴意义。前路漫漫，我们共同努力，携手并进，相信未来会有华彩篇章不断涌现。

---

① 李金铮：《中共党史回归历史学科的正当性》，《江海学刊》2021 年第 4 期。

第 六 章

华北抗日根据地史

八路军进入华北后，至太原失守前，主要以游击战和游击运动战直接在战役上配合友军作战，以少部兵力进行发动群众和组织群众武装的工作。1937年11月初太原失守以后，八路军各师主力分别在晋察冀、晋东南、晋西北和晋西南开展独立自主的山地游击战争，实现了在山西的战略展开。1938年4月，八路军以山西为基地向华北大幅度分兵，在河北、豫北平原、山东、冀热边和绥远等华北广大敌后区域发展游击战争，开辟了广大的敌后战场。伴随着这个过程，晋察冀、晋西北、晋冀豫、晋西南、山东等多块抗日根据地先后建立，深刻影响了历史进程，华北根据地也因之成为重要的研究对象。因议题本身的交叉特性，华北根据地史既是抗日战争史的一部分，也是中共革命史的重要组成部分，通常情况下华北抗日根据地史并不作为独立的研究对象出现。从1949年至当下，华北抗日根据地的相关研究在不同的历史阶段呈现出不同的面貌。这里以时间为线索，大体按1949—1978年、1979—2000年、2001—2021年三个阶段对70余年来华北抗日根据地研究做出简要梳理。限于识见，疏漏错讹在所难免，敬希方家教正。

1949—1978年，囿于资料、方法以及当时的政治环境，这一时期的研究成果总体数量偏少，出版的研究著作只有20余种，且主要集中在20世纪50年代；就学科分类而言，抗战史并非独立的研究领域，而是被结合到中共党史或中国革命史的研究论述中，因此在当时史家的研究理路中不存在"华北抗日根据地史"的概念。在当时以事件为中心的书写模式中，有个别学者提到华北某一抗日根据地的发展历程，例如，齐武的专著对晋冀鲁豫根据地的发展历程进行研究，涉及根据地成长的多个方面，是这一时期值得注意的著作。① 河北军区政治部组织梳理冀中抗日根据地的发展历程，不仅概述根据地总体发展脉络，对军民关系、武装发展等问题也着墨较多。② 上述两书可视为这一时期华北抗战史研究的代表性成果。

除却对华北各根据地整体性的研究之外，还有不少专题性质的研究成果。在根据地开创过程以及政权建设方面，朱仲玉以时间顺序为线索，分别对平西、冀东、平北等根据地的创建历程进行概括性考察。③ 魏宏运探讨根据地的民主选举特点与方式方法，认为极大地巩固了抗日民族统一战线并体现了"三三制"原则。④ 在经济方面，值得一提的是曾在山东根据地主持过财经工作的薛暮桥撰文考察了山东根据地经济建设方面的经验与教训，涉及减租减息、货币斗争等问题。⑤

总体而言，1949—1978 年的华北抗日根据地史研究处在起步阶段，学理色彩较淡。其时，抗战史研究也非独立领域，更多为配合党史、革命史等宣教需要而进行的地方史叙述。

1978 年党的十一届三中全会后，各行各业开始拨乱反正，学术研究亦不例外。中国革命史研究的要端之一便是重新回顾、梳理和评价革命活动家在各个历史阶段的重大历史活动及其思想理论。在思想解放的大背景下，出现了一股华北抗日根据地史撰述热潮，且学术性有所增强。如论者所言，以历史学科的标准面对革命史，寻求历史的真相而不是为政治定性提供证据，这样的思路大大改变了革命史研究的气质。⑥ 这一时期的成果中，既有整体性的华北抗日根据地史，也有各个根据地的专史。⑦ 同时，

---

① 齐武编著：《一个革命根据地的成长：抗日战争和解放战争时期的晋冀鲁豫边区概况》，人民出版社 1957 年版。
② 中国人民解放军河北军区政治部：《冀中抗日战争简史》，河北人民出版社 1958 年版。
③ 朱仲玉：《抗日战争时期的平西抗日根据地》，《历史教学》1959 年第 6 期；朱仲玉：《冀东抗日大起义和冀东军民的抗日斗争》，《历史教学》1960 年第 5 期；朱仲玉：《抗日战争时期的平北抗日根据地》，《历史教学》1962 年第 7 期。
④ 魏宏运：《抗日战争时期革命根据地的民主选举》，《历史教学》1953 年第 9 期。
⑤ 薛暮桥：《抗日战争时期和解放战争时期山东解放区的经济工作》，人民出版社 1979 年版；薛暮桥：《山东抗日根据地的对敌货币斗争》，《财贸经济丛刊》1980 年第 1 期。
⑥ 黄道炫：《关山初度：七十年来的中共革命史研究》，《中共党史研究》2020 年第 1 期。
⑦ 代表性的有太行革命根据地史总编委会编《太行革命根据地史稿（1937—1949）》，山西人民出版社 1987 年版；魏宏运、左志远《华北抗日根据地史》，档案出版社 1990 年版；谢忠厚《晋察冀抗日根据地史》，改革出版社 1992 年版；师文华主编《太岳革命根据地史》，人民出版社 1993 年版；申春生《山东抗日根据地史》，山东大学出版社 1993 年版；齐武《晋冀鲁豫边区史》，当代中国出版社 1995 年版；张国祥编《晋绥革命根据地史》，山西古籍出版社 1999 年版。

也产生了一批财政、教育、敌军工作等华北抗日根据地专题研究成果。[①]在学术脉络中，这些研究撰述成果对华北各个根据地的创建历程及若干专门问题进行还原和廓清，使原本分散零碎的史料信息得到有效整合，一些错谬得以纠正，奠定了各根据地史的基本论述框架。同时，因种种主客观限制，这一时期的研究成果在视野、思维和方法层面还存在着改进的空间。比如议题多集中于政治、经济等领域，研究对象则多呈现为历史人物和历史事件，倾向于宏大叙事，对基层社会生态的关注不够。还比如对历史的解读多循着"政策—效果"模式，带有简单化倾向；或者主要强调国家对社会的作用力，忽略社会对国家的反作用力；同时，表述上还存在明显的"以论代史"现象。总体上，对于革命过程的复杂性和根据地的丰富面相揭示得不够充分。

值得一提的是，20世纪八九十年代，根据地史相关的资料编纂出版方面取得丰硕成果。如《陕甘宁边区政府文件选编》《山东革命历史档案资料选编》《太行党史资料汇编》《晋察冀抗日根据地史料选编》等大型档案资料的成套出版，为相关根据地研究的推进奠定重要基础。此外，《中共中央文件选集》《中国共产党组织史资料》《中国人民解放军历史资料丛书》及一大批党的领导人著作、年谱、传记、回忆录等也涌现出来。这些资料既服务于当时的一些研究计划，客观上也为之后深化根据地史研究提供了重要条件。

1985年和1986年，系子和马齐彬分别发文探讨中共党史的学科性质，强调它既是历史学科，也是理论学科。[②]作为回应，周振刚、张静如、王朝美等在1987年纷纷撰文指出，中共党史应当是历史学科。[③]如论者所言，20世纪90年代以后，"由于中共党史不属于政治理论，而属于历史学

[①] 代表性的有朱玉湘主编《山东革命根据地财政史稿》，山东人民出版社1989年版；魏宏运主编《晋察冀抗日根据地财政经济史稿》，档案出版社1990年版；毛锡学、李德章主编《抗日根据地财经史稿》，河南人民出版社1995年版；张玉鹏、张文杰主编《冀鲁豫边区敌军工作》，河南人民出版社1995年版；刘晓林主编《晋察冀革命根据地工人运动史》，中国工人出版社1992年版；曹剑英：《晋察冀边区教育史》，河北教育出版社1995年版。

[②] 系子：《党史工作者要深入实际，研究现状》，《党史通讯》1985年第4期；马齐彬：《中共党史是党员干部必修的一门学科》，《党史研究》1986年第1期。

[③] 周振刚：《中共党史是理论学科吗？——关于中共党史性质的商榷》，《江汉论坛》1987年第5期；张静如：《党史学科建设的断想》，《党史研究》1987年第6期；王朝美：《略论中共党史理论和方法的若干问题》，《党史研究》1987年第5期。

的大局已定,中共党史研究者不可避免地开始大量接触史学研究的方法与规范,因此不少论著的写法明显地减少了许多武断的定论,而多了几分依据史实的分析"。①

华北根据地研究在较长时间里也是海外中国研究的热点问题。有意思的是,中外学界对这一领域的研究走过的路径非常相似。1949年中共全面夺取政权,学者们特别是美国学者急切地追问中共为什么能成功以及美国为什么失去中国。在浓烈的冷战氛围中,当时的研究普遍带有浓厚的政治意味,多围绕共产主义意识形态展开,使用的也多为二手资料。随着中美关系正常化和中国的开放,越来越多的海外学者有机会亲赴中国搜集资料。由此,研究范式也发生明显变化,放弃大而化之的理论追求,转而以具体根据地为中心,观察和研究中国共产党的革命道路。这个变化,正好契合中国的思想解放和改革开放的重大变革。1984年8月,由南开大学主办的中国抗日根据地历史国际学术讨论会,正是在这两个内外变化背景下召开的。也是在这个意义上,国内学界较早与国际学界在抗日根据地研究上展开对话与交流。

进入21世纪以后,华北抗日根据地史研究出现诸多新的研究内容与面相,这与近代史学界理论探索方面的进步有关。从20世纪80年代后期开始,学界出现"现代化范式"与"革命史范式"之争,双方代表性学者不断撰文阐释自身的学术理路。事实上,随着范式争论的进展,提倡"革命史范式"的学者们不断自省,认识到"革命史范式"下近代史研究中的诸多缺陷。② 事实上,范式讨论之后,双方均放弃"以己容彼"的主张,而是强调范式共存,积极引入多元理论扩展研究视野,"革命史范式"因之得以新生。③ 在视角转化与视野拓展方面,"新革命史"便是其中的代表性理论探索成果。借鉴国家与社会、传统与现代等理论方法考察中共革命的基层实践和乡村互动。"新革命史"分析革命的动员机制和运行逻辑,以及对于社会群体与社会个体的关怀,强调将中共革命置于20世纪中国社会经济变迁的大背景之中,利用新资料对历史细节进行重新解读,并对

---

① 杨奎松:《50年来的中共党史研究》,《近代史研究》1999年第5期。

② 吴剑杰将之概括为"研究对象的片面化,研究方法的单一化,研究思维的绝对化,研究理论的教条化"等问题。参见吴剑杰《关于近代史研究"新范式"的若干思考》,《近代史研究》2001年第2期。

③ 徐秀丽:《中国近代史研究中的"范式"问题》,《清华大学学报(哲学社会科学版)》2015年第1期。

革命文化给予关注。华北抗日根据地史既是革命史研究的重要组成部分，也是"新革命史"研究成果主要集中的领域，以下分专题对这一阶段华北抗日根据地主要研究成果进行总结。①

一 华北抗日根据地的创建和展开

全民族抗战爆发前中共在华北几乎没有军事力量，但是短时间内中共不仅顺利进入华北腹地，而且获得较大发展，这与抗战初期中共领导人灵活利用地方军事地理环境以及对战略机遇的把控密不可分。黄道炫以宏阔的视野，将中共在河北、山西、河南三地的战略展开进行比较分析，考察八路军在华北的进入与发展，指出中共的发展首先是自身努力的产物，其以武装为中心，统一战线与群众运动为两翼，最大限度地寻找在各省生存发展的具体路径，而这与战前华北的特殊态势及战争初期日军的进攻和占领方式也紧密相关。②张皓分析了南口战役对于中共创建根据地产生的影响。③赵诺注意到太行地区党组织的"战略展开"，从党政军各自不同的发展特点及复杂互动关系着手，指出党组织的展开并非上行下效的一致性行动，而是有着明显的差异性。④

山西是中共进入华北的前站，与地方实力派阎锡山以及牺盟会之间的复杂关系是中共在山西立足的重要背景。不同于以往主要依靠当事人回忆进行史实重建，导致难以对此问题进行深度探讨，2000年以后出现了利用多种史料力求贴近历史真实的努力。张冠军对传统说法加以初步论证，认为牺盟会由阎锡山一手成立并领导，之后为中共加以改造和利用。⑤杨奎松则从乡村与权力争夺的角度，进一步探究抗战爆发前后阎锡山与共产党在山西的角力过程，指出建立在乡村传统基础上的阎锡山不允许中共在山西公开合法活动，抗战爆发后中共得以以明暗两种方式进入山西，公开合法地介入山西的治理与抗日，也造成双方矛盾不断加

---

① 鉴于学界现状，这里梳理的研究成果以专题论文为主，兼及著作和学位论文。
② 黄道炫：《抗战初期中共武装在华北的进入和发展——兼谈抗战初期的中共财政》，《近代史研究》2014年第3期。
③ 张皓：《南口战役与中共华北抗日根据地的开创》，《党的文献》2014年第4期。
④ 赵诺：《抗战初中共党组织在太行山区的"战略展开"》，《中共党史研究》2016年第9期。
⑤ 张冠军：《牺盟会与共产党及阎锡山政权关系之辨误》，《晋阳学刊》2005年第4期。

剧，最终走向破裂。① 关于山东抗日根据地的创建过程，论者不仅注意到国民党实力派、地方士绅的作用，② 还关注到地理和社会环境、日军会师山东较晚、统一战线迅速开展等诸多因素叠加对山东根据地形态之塑造所起的作用。③ 王士花注意到，中共山东地方党在基本独立运行的情况下，通过群众动员、吸纳国民党军散兵和民间武装建立起自己的抗战力量。④ 另外关于华北地区的其他抗日根据地的创建史，也有一些零散的成果，一些研究细化到以县域为单位来考察中共势力的展开与根据地的创建。⑤

以区域为中心对华北各抗日根据地的创建历程展开研究，有利于更加切近观察中共在不同时空条件下运用地方资源创建根据地的过程。各根据地分属相对独立的地理单元，加上战争阻隔，延安中央与根据地之间、各个根据地之间保持统一和密切联系是值得探讨的重要课题。李金铮提示学界对各根据地之间的关系展开研究，指出每一区域既相对独立又非全然孤立，是与中共中央和其他区域发生"关系"的产物，而根据地的自主性在经济上表现得尤为明显，也影响了中央的决策。⑥

根据地的创建与发展离不开军事武装力量的支撑，但是此前有关华北抗日根据地军事史的研究，不仅成果少，深度与广度也不够。当然，这一问题不仅出现在华北抗日根据地史研究，也曾是整个抗战军事史研究面临的挑战。近年来的部分研究从军事体制、参军动员及具体的武装斗争方式方面深化了对华北抗日根据地的研究。

在根据地军事体制方面，孙丽英对晋察冀根据地1942年的志愿义务兵役制度进行研究，就义务兵役制的主要内容、实施的历史背景、过程、效果，以及该兵役制未能继续实施的原因做了探讨。⑦ 王龙飞对太行根据

---

① 杨奎松：《阎锡山与共产党在山西农村的较力——侧重于抗战爆发前后双方在晋东南关系变动的考察》，《抗日战争研究》2015年第1期。
② 郭德宏：《从〈民国山东史〉看地方抗战史及国民党地方实力派的研究》，《抗日战争研究》1996年第3期；李庆刚：《开明士绅对山东抗日根据地发展的贡献》，《东方论坛》2009年第4期。
③ 王东溟：《论山东抗日根据地以全省规模形成的原因》，《中共党史研究》1995年第3期。
④ 王士花：《徂徕山起义与山东中共抗日武装的兴起》，《史学月刊》2015年第11期。
⑤ 王悦：《武装、政权与群众：抗日根据地在山西沁县的创建研究（1937—1939）》，硕士学位论文，山西大学，2020年。
⑥ 李金铮：《抗日根据地的"关系"史研究》，《抗日战争研究》2016年第2期。
⑦ 孙丽英：《晋察冀志愿义务兵役制度述论》，《抗日战争研究》2005年第3期。

地军区体制的研究表明,纵向上军区之下细分军分区,军分区内又自上而下建立起县区村对应层级的武委会体系,横向上军区军分区内组织正规军、地方军、民兵组成的游击集团,其实质是以军事化的方式最大限度地组织抗战力量,实现"全民皆兵",使党政军民通过军区融为一体,形成根据地内军事化的组织动员体系。① 根据地把发展民兵作为构建"民"至"兵"的武装链条中的关键一环,缓解直接动员的压力,成为乡村自卫及秩序维护的重要力量和正规军的"蓄水池"。② 此外,把增强对精兵简政期间荣退军人的选定与安抚进行探讨,梳理了华北根据地荣退军人的选择标准、供给、组织与管理,指出中共在精简总体原则的统一中又赋予各地一定的灵活度。③

关于华北根据地农民参军的问题,以往相关论述主要表现为,中共出台的各项政策及革命活动,使农民生活得到改善,政治上得以翻身,从而增强了农民参军的积极性,④ 其不足在于忽视了乡村固有传统与中共革命动员之间的张力,将复杂的参军者个体笼统归为"人民群众"这一总称。20世纪90年代初魏宏运指出农民的民族意识在其中所起的作用,而农民民族意识的生长,与目睹日本侵略的惨烈及对民族未来的担忧有着密切的关联。他同时注意到中共对农民的思想引导。⑤ 近年来,学者们对该问题的研究更加细致,视野也更加开阔,社会经济环境的限制、各级党组织细密的动员工作、个人在革命中的生存性感受,以及农民面对政策引导的理性选择,都被纳入对农民参军影响因素的研究中。李军全指出,中共在军事动员中顺应农民传统意识,实施优待抗属政策,采取各项激励措施力求将优抗政策转化为群众的自觉行动,用高度的政治参与热情来消解农民固

---

① 王龙飞:《"全民皆兵"的缔造:抗战时期太行根据地的军区体制》,《抗日战争研究》2017年第4期。
② 姜涛:《中共抗日根据地的民兵、自卫队——以太行根据地为例》,《抗日战争研究》2014年第3期;王龙飞:《从"民"到"兵":抗战时期太行根据地的兵员问题》,《开放时代》2019年第4期。
③ 把增强:《抗战时期华北根据地精兵简政与荣退军人的选定和安抚》,《党史研究与教学》2014年第4期;把增强:《抗战时期中共精兵建设中荣退军人的安抚——以华北抗日根据地精兵简政期间为考察中心》,《河北大学学报》2014年第1期。
④ 肖一平、郭德宏:《抗日战争时期的减租减息》,《近代史研究》1981年第4期。
⑤ 魏宏运:《抗战第一年的华北农民》,《抗日战争研究》1993年第1期。

有意识对中共政治理念的阻碍,从而达到军事动员的目的。① 齐小林对这一问题进行了较为全面的研究,批判性地认为民族意识与阶级意识是一个发展着的过程,从农民切身利益和与之相关的心理视角来构建中共社会经济改革同农民参军之间的联系,将农民看作追求自身和家庭利益的个体,注重农村社会的社会心理与农民的物质利益诉求,把对农民参军问题的历史解释拉回到日常生活中来。②

对于中共在华北根据地的军事活动,学者主要从具体的战例、战斗方式层面进行考察。近年来诸多研究注意到在华北平原常见的地道战、反"扫荡"战争中展现出的中共敌后游击战争的实态面貌,邹铖以1942年5月冀中军区反"扫荡"战役为例,全景式呈现中共敌后武装力量积极调整对策、隐蔽斗争、利用两面政策、扩大武工队和扩大统一战线,在冀中地区不断发展壮大的过程。③ 黄道炫的研究表明,冀中的地道斗争不仅与日军在华北的统治形式有关,也离不开这一地区民众的民族主义情绪,而斗争的开展本身也显示出中共在冀中扎根的事实。④ 程森对华北平原地区为加强对日防御而展开的挖道沟运动进行研究,认为中共依靠其强大的组织动员能力保障道沟的修造和维护,道沟的修造使平原变成"人造丘陵",最终成为军民持久抗战的地理依托。⑤ 王士花指出,在面临1941—1942年日军"治安强化运动"的山东根据地,中共因时因势调整抗战战略方针与部队建设方向,实行主力军地方化,采取了"分散性、群众性、地方性"游击战争的模式。⑥ 这一阶段的研究关注到在日军治安战之下的华北根据地、中共具体的应对模式及其显示出的中共强大的组织动员体系和对华北的政治控制能力,这一方面是对日军军事和统治策略的因应,另一方面也不脱离中共长期以来着力建立的游击秩序之影响。此外,军事史作为具有学科交叉性质的研究方向,许多非

---

① 李军全:《军事动员与乡村传统:以晋察冀抗日根据地优待抗属为例》,《历史教学(下半月)》2011年第2期。
② 齐小林:《华北革命根据地农民参加中共军队动机之考察》,《中共党史研究》2014年第1期;齐小林:《当兵:华北根据地农民如何走向战场》,四川人民出版社2015年版。
③ 邹铖:《冀中八路军1942年"五一"反扫荡新探》,《抗日战争研究》2013年第2期。
④ 黄道炫:《敌意——抗战时期冀中地区的地道和地道斗争》,《近代史研究》2015年第3期。
⑤ 程森:《战争、地貌改造与社会动员——华北平原抗日根据地军民挖道沟运动研究》,《近代史研究》2021年第6期。
⑥ 王士花:《小部队建设与山东抗日根据地的坚持》,《中共党史研究》2019年第7期。

历史学专业，特别是科技史、军事史相关的学者也参与到这方面的研究中来，进一步增强了该领域的科学性。

总体而言，关于华北抗日根据地的军事战略以及军事史研究，主要的研究转向表现为从宏观层面的考察转至更多结合微观以及中观层面，研究重点从以往的对相关政策的阐述与阐发转向具体的实践层面。此外，通过挖掘新材料、关注区域性特点，相关成果逐渐摆脱以往各根据地军事相关研究"千篇一律"的观感。同时在丰富个案研究的基础上，一些学者尝试总结华北抗日根据地的一般性规律，如"全民皆兵"体系、三级武装力量生成机制等观点的提出，有助于进一步理解华北抗日根据地军事斗争中的复杂面相，特别是武装之外的要素，以及何谓"全民族抗战路线"。

二　根据地政权与党组织

在华北根据地的各项建设中，政权建设是中心环节。在20世纪八九十年代的华北根据地政权研究中，论者主要关注民主制度的确立与民主选举的开展，注意到民主选举的机制与技术、根据地政府的施政方式及民主选举后的政权结构。[①] 有学者以基层民主选举为例探讨民主运动开展的原则与方式。[②] 此外，张新法对党组织在根据地政权建设的作用也有所注意，以区域为中心基本理清了党组织的发展脉络，[③] 对于诸如根据地的法制建设、廉政建设、荒政建设等多个方面也有所涉及。事实上，有关华北根据地政权建设研究成果中，"三三制"的研究数量甚多，但是学术探究不够，同质化严重。

近年来的研究一方面在传统议题上有所推进，例如有些研究注意到"三三制"复杂多歧的实际运行样态，而非"文件一发，效果颇佳"的简单化阐释模式；[④] 另一方面趋向多元，眼光趋向下层，尤其关注到中共基层党组织和基层干部的作用，以及华北农村传统与外部环境的复杂变动，

[①] 田利军:《华北抗日根据地基层政权建设中的民主制度》，《西南民族学院学报》1999年第6期。

[②] 谢忠厚、居之芬:《民主建设的一个创举——略论一九四〇年晋察冀边区民主大选》，《河北学刊》1982年第1期。

[③] 张新法:《中共华北地方组织在创建抗日根据地中的地位与作用初探》，《抗日战争研究》2001年第3期。

[④] 崔卓琳:《"三三制"与太行抗日根据地民主政权建设》，《中北大学学报》2019年第5期。

以常理与常情来重新审视中国共产党在华北巨大的外部环境压力和内部诸多历史问题与自身问题叠加下，艰难而顽强地进行革命斗争的样态。

华北根据地是在与敌艰苦斗争中建立的，其形态必然受到日军侵华态势、我军对日作战形势与抗战策略变动的影响。"两面政权""灰色地带"就是这种状态下采取灵活斗争策略的表现。王士花指出，山东农村"两面政权"的出现与中共变通抗战策略密切相关，其存在为中共在敌后扎根、巩固和发展抗日根据地提供了诸如掩护、救助、情报、物资供应、协助瓦解敌军、破坏日伪行动等多方面支持。① 石希峤对鲁南地区的研究也表明，中共在这一地区采取将日伪的"爱护村""涂灰"的措施，使之外表"伪化"而实际支持中共，成为"灰色地带"。② 李金铮等学者的研究也表明，在冀中地区因应战争形势而出现的"堡垒户"，为抗日军民提供了落脚点和活动空间。③

处于上下之间的县一级政权也逐渐成为学界关注点之一。把增强对抗战初期晋察冀边区县政权的组织构成、职能、县政权会议制度的创建和完善进行探讨。④ 杨东对陕甘宁与华北根据地参议员群体进行比较研究后指出，华北根据地内地主士绅所占比例相比陕甘宁边区为多，高层参议员中这种情况尤甚。⑤ 另有学位论文关注到了县长群体的身份背景、政务工作及其在政权建设中所扮演的角色。⑥

近年的研究中，有不少学者从基层（村级）政权视角出发，关注中共政权建设给基层权力结构带来的影响，重视基层政权创建中遭遇的困境和挑战、新的乡村权力主角的出现、基层权力组织的再造，以及导致的乡村社会秩序的整合与资源的控制等方面。这一过程是漫长的，从初期利用乡村传统权威，到培养新式权威，再到后期新旧权威的转换，最终完成对乡

---

① 王士花：《抗战时期山东农村两面政权研究》，《中共党史研究》2013 年第 11 期。
② 石希峤：《创造"灰色地带"：中共与战时鲁南地区的"爱护村"（1938—1945）》，《中共党史研究》2017 年第 10 期。
③ 李金铮、宋弘：《坚持：抗战时期冀中区堡垒户的形成、使命与困境》，《抗日战争研究》2018 年第 1 期。
④ 把增强：《抗战初期晋察冀边区的县政权建设》，《军事历史研究》2015 年第 3 期。
⑤ 杨东：《地域社会中的参议员差异——陕甘宁边区与华北抗日根据地参议员的比较研究》，《人文杂志》2013 年第 3 期。
⑥ 孙健伟：《沂蒙抗日根据地的县长研究》，硕士学位论文，天津商业大学，2017 年；郝平蕾：《抗战时期晋察冀根据地县长研究》，硕士学位论文，天津商业大学，2017 年。

村社会的重新组织和发动。① 基于已有研究，齐小林进一步提出村级政权的塑造、乡村权力的转移和革命文化启蒙三位一体的阐释结构。② 除对村政权改造与重塑的过程加以探讨外，亦有从制度史角度对村政权构成与职能展开的研究。③

还有学者聚焦精兵简政、减租减息等根据地重要政策对于政权建设和党组织建设的影响。把增强对精兵简政这一问题深耕多年，指出为完成精兵简政任务，各地大多首先开展思想疏导与周密的组织和领导，采取多种动员方式，结合自身情况设定精简标准，力求区别对待、多元安置。精兵简政使得基层政权干部数量得到充实、素质得到提升，机关工作效率亦得到提高，官僚主义、文牍主义、会多、随意而为等现象都得到一定程度的遏制。④ 减租减息也对政权建设和党组织建设起到不容忽视的影响。杨发源注意到，具有中共党员和村民双重身份的基层党员，既要履行党员义务、服从组织决议，又需要考虑自身利益并处理与村民的关系，减租减息引发了基层党员应有的党性原则与农民固有的乡土原则之间的紧张。⑤ 另外，还有学者指出在灾荒救济过程中，通过广泛的社会动员和政策实践，中共的政策调适能力得到提升，政权的调动能力也得以增强。⑥

---

① 渠桂萍、王先明：《试述晋西北抗日根据地乡村权力结构的变动（1938—1945）》，《社会科学研究》2002年第1期；王先明、韩振国：《抗日根据地基层权力结构变迁初探——以抗战时期晋西北根据地为例》，《福建论坛》2010年第3期；岳谦厚、李卫平：《村选与根据地基层政权建设——1941年晋西北抗日根据地村选考析》，《党的文献》2010年第5期；李秉奎：《太行抗日根据地农村政权的改造与巩固》，杨凤城主编《中共历史与理论研究》第2辑，社会科学文献出版社2015年版。

② 齐小林：《村庄里的抗战：全面抗日战争时期的中国共产党与华北乡村》，《抗日战争研究》2021年第3期。

③ 邓红、梁丽辉：《"三位一体"：抗战时期晋察冀边区村政权的构成及职能》，《抗日战争研究》2011年第3期；刘树芳：《抗日战争时期晋察冀边区中共乡村党组织形态研究》，博士学位论文，中央民族大学，2013年。

④ 把增强：《抗战时期中共精兵简政中的编余人员安置——以华北抗日根据地政权简政为中心》，《抗日战争研究》2013年第4期；把增强：《抗战时期中共精兵建设之动员与人员裁减和处置——以华北抗日根据地精兵简政期间为考察中心》，《河北学刊》2014年第2期；把增强：《华北抗日根据地精兵简政期间基层政权建设述论》，《中州学刊》2014年第11期。

⑤ 杨发源：《党性与乡土之间——抗战中后期减租减息运动中的山东农村基层党员》，《四川大学学报》2016年第5期。

⑥ 张同乐：《1940年代前期的华北蝗灾与社会动员——以晋冀鲁豫、晋察冀边区与沦陷区为例》，《抗日战争研究》2008年第1期；胡颖莹：《灾荒救济与政权建设：以中国共产党应对1940年代前期晋冀鲁豫抗日根据地灾荒为例》，《理论观察》2021年第8期。

中共在抗战时期经历一个大发展阶段，尤其是抗战前期中共组织的大发展，一方面壮大了党的队伍，另一方面也产生了许多问题。罗平汉对抗战前期华北根据地中共上层组织的发展与整顿的过程做了全景式的梳理。[1] 中共的政权建设离不开基层党组织和党员，党员的入党动机、党员的群体构成及基层党组织的运行状态吸引了不少研究者的注意。杨豪指出，华北地区不同阶层入党的动机存在阶段性变化，民族意识、阶级觉悟、对中共的好感，以及个人利益需求相互扭结作用，展现出民众参与中共革命的复杂面相。[2] 李里峰对于党员群体构成的研究指出，抗战时期中国共产党的主体是农民，尤其是贫农和中农，而非产业工人。虽然并非"原典"意义上的真正的无产阶级，但恰恰是这种成员构成，使中共得以真正贴近中国革命的实质，拥有强大的群众支撑。[3] 当然，中共在根据地的基层组织并非一直坚强有力。有学者聚焦根据地农村基层党支部的运行实态，指出相持阶段的农村支部在某种程度上存在上下层脱节、应然与实然的张力，而中共的成功正在于不回避问题与勇于解决问题。[4]

干部是中共向下扎根的关键要素，对干部的构成、选拔、培养等问题也是学界关注的焦点。有学者从干部的社会组织结构、选拔机制及其在根据地政权建设中扮演的角色入手，较为清晰地梳理了晋西北根据地基层干部的成分构成和选拔培养。[5] 李轲注意到，中共基层党组织大发展中面临的巨大问题及猛烈的政治形势变动给党在基层的发展带来强烈影响，这些都成为战后土改整干运动发生的历史条件。[6] 杨奎松关注中共在干部的训练和基层党组织建设中遇到的困境，并指出，如何使缺少长期系统训练的农村基层干部在文化和政治水平上得到提升，把他们训练成懂政策、有理

---

[1] 罗平汉：《抗战前期华北地区中共组织的发展与整顿》，《中共党史研究》2013年第4期。
[2] 杨豪：《民众何以入党：华北根据地农村基层党员入党动机研究（1937—1949）》，《党史研究与教学》2017年第5期。
[3] 李里峰：《抗战时期中国共产党的社会基础问题——以山东抗日根据地为中心》，《抗日战争研究》2012年第2期。
[4] 李里峰：《抗战时期中国共产党的农村支部研究——以山东抗日根据地为例》，《中共党史研究》2010年第8期；李秉奎：《太行抗日根据地中共农村党组织研究》，中共党史出版社2011年版。
[5] 岳谦厚、董春燕：《抗日根据地时期中共基层干部群体——以晋西北抗日根据地为中心的研究》，《安徽史学》2009年第1期。
[6] 李轲：《抗战时期中共农村基层组织与党员发展之考察——以山西省长治县为例（1937—1945）》，硕士学位论文，华东师范大学，2011年。

想、遵纪守法的干部，成为长期延续、相当困难又不能不解决的重要问题。① 黄润青探讨的山东根据地遇到的干部荒和干部弱的问题及其解决办法具有相当的典型性，而把增强则提供了从体制变革的角度破解干部培养问题的重要经验。② 还有学者关注到华北根据地基层妇女干部的培养问题。③

干部的任用与管理也是关键问题。赵诺以太行根据地为例指出，尽管地方党组织提拔任用了一批基层干部，但政策性束缚使得干部获得持续晋升的机会相对有限，生发出干部进退升降的结构性矛盾。在此背景下，干部的忠诚度与能力之间的平衡、成分、人际网络诸因素，均对干部的进退升降产生重要影响。④ 肖红松等人梳理了基层干部向上（提拔）、向下（洗刷、简政、退出）、跨系统（党政群武各系统间迁转）与域外（调出该地）四种流动方式，指出每种流动各有相对特殊的因素、路径、规模和效应，在整体反映中共的干部政策取向和运行实态的同时，也能从中看到干部的个人选择。⑤ 李里峰指出，抗战时期中共干部群体存在本地干部和外来干部的分野，二者各有所长、各有所短，党组织为缓和二者矛盾付出很多努力，但始终未能真正解决这一问题。⑥ 赵诺注意到在太行根据地也因干部来源的复杂而形成离散却十分普遍的"土客矛盾"，并引起局部的武装冲突，给党组织对干部的管控和党组织自身的团结稳定造成不小影响。⑦ 还有学者关注干部待遇问题，指出晋察冀边区政府在县区两级干部中实行低标准广覆盖的供给制，村干部则不脱产；同时，利用政策漏洞或

---

① 杨奎松：《敌后中共农村基层干部队伍的配备、选拔与规训——以抗战胜利前后中共山西太南农村基层干部为例》，《抗日战争研究》2019年第4期。

② 黄润青：《"量""质"合一：中共山东根据地的基层干部队伍建设》，《党史研究与教学》2019年第2期；把增强：《从上层包办到简政放权：抗战时期中共干部作风建设之进路》，《河北学刊》2015年第2期。

③ 韩晓莉：《抗战时期华北根据地基层妇女干部的培养》，《中共中央党校学报》2018年第6期。

④ 赵诺：《抗战相持阶段中共华北根据地干部的进退升降》，《抗日战争研究》2017年第2期。

⑤ 肖红松、张永刚：《抗日根据地基层政权干部流动论析——以阜平县为中心的考察》，《河北大学学报》2020年第6期。

⑥ 李里峰：《本地人与外来者：抗战时期中共地方干部群体一探》，《抗日战争研究》2016年第4期。

⑦ 赵诺：《抗战初期中共地方干部群体内部的"土客问题"——以太行根据地为中心的讨论》，《近代史研究》2017年第3期。

监管不力攫取灰色收入的现象亦有发生。① 战争环境下，中共干部叛变事件亦有发生。杨东等指出，针对少数军政干部叛变事件，组织上通过正确及时的应对和善后措施，将其消极影响降到最低。② 还有研究关注到干部的日常生活，这是以往关注不多的方面。③

以整风为代表的中共在根据地的整党运动，对中共政权建设尤其是党组织建设的影响也是学界关注的重点话题。20 世纪 90 年代已经有学者注意到"肃托"问题，集中于"肃托"本身，没有接续讨论党组织建设。④ 此后很长一段时间对此问题的研究并不多见，近年来又涌现出来。程斯宇以整个华北根据地为范围，探讨以往研究较少关注到的整风运动中的"审干"，认为华北的审干相对延安为迟缓，但在上级督促及党组织自身建设需求的驱动之下，运动的中心亦从学习转向审干，审干的展开过程充分展现出中央与各根据地、上层与基层之间的互动与协调。⑤ 赵诺对 1940 年晋察冀根据地整党的研究表明，在整党中对干部进行秘密审查，对地方党组织的发展界限、党员干部去留、党政关系、干部政策走向等方面都产生重要影响。而此次整党，是对抗战初期党组织大发展的一次回应与调适，除了沿袭过去"自上而下""关门整党"的方式之外，其具体思路与办法已发生巨大变化，与此后的整风呈现接续和呼应关系。⑥ 赵诺的另一项研究指出，太行根据地整风作为华北根据地整风的典型，最初呈现出"似整非整"的延宕状态，此后在上级党组织的直接推动下得以全面铺开，整体而言呈现出"失焦而不失控"的状态。⑦ 郭宁的研究推翻此前认为山东根据地整风未发生"抢救运动"的认识，指出山东发生过"肃反"和时间不长的"抢救运动"，因罗荣桓在中央指示与地方实际之间求得平衡，才使得

---

① 岳谦厚、宋儒：《晋察冀抗日根据地基层干部待遇与廉政建设问题》，《抗日战争研究》2014 年第 4 期。
② 杨东、李格琳：《中共对华北抗日根据地军政干部叛变的应对处置》，《抗日战争研究》2019 年第 4 期。
③ 魏豪：《华北抗日根据地干部日常生活研究》，硕士学位论文，西北民族大学，2020 年。
④ 丁龙嘉、张业赏：《山东抗日根据地的"肃托"问题》，《中共党史研究》1995 年第 1 期。
⑤ 程斯宇：《中共华北抗日根据地的整风审干运动》，《抗日战争研究》2017 年第 4 期。
⑥ 赵诺：《中共晋察豫根据地的"1940 年整党"》，《抗日战争研究》2021 年第 3 期。
⑦ 赵诺：《中共太行区党委整风运动的历史考察（1942—1945）》，《抗日战争研究》2019 年第 1 期。

运动未转趋激烈。①

可以看出，眼光向下和"新革命史"视角在华北根据地研究中出现较多应用，加上引入政治学、社会学等学科理论和方法，使得华北抗日根据地政权建设与组织建设等问题在深度与广度上均有所推进。在此基础上，有学者尝试对中共在抗日根据地的政权与党组织建设进行整体性理解，认为中共在根据地的经验为其从局部建政走向全国执政奠定了重要基础。②

三　根据地经济

无论是抗日，还是巩固根据地，都离不开发展经济。根据地经济既自成体系，也与外界密切联系。近年来，有关根据地经济大而化之的宏观性论述愈发少见，较多从农业互助、土地政策、财政税收、工商业、货币金融等专题进行深挖。

互助合作运动是颇具中共特色的经济政策，学界对此给予较多关注。左志远将其发展划分为三个阶段，始于20世纪30年代末的互助合作社多是商业性质的消费合作社，20世纪40年代初建立的合作社多流于形式，1942年后才建立起生产型、专业型、综合型的生产合作社。③李金铮从借贷的角度梳理合作社的发展历程、合作社借贷的运作方式及其作用。④贺金林探讨变工互助运动的兴起和演变过程，认为变工互助运动不仅提高了抗日根据地农业生产的劳动效率，为抗日战争的顺利进行提供了重要的经济后盾，而且在一定程度上改变了农村的阶级状况，解放了广大妇女，给农村送去了先进的思想观念。⑤另外还有研究者注意到互助合作运动在劳动力动员、

---

① 郭宁：《学习、审干、民主检查：抗战时期中共在山东的整风运动》，《抗日战争研究》2019年第1期。

② 王龙飞：《破旧立新：中共在抗日根据地的政权建设》，《抗日战争研究》2021年第3期；郭宁：《发展与改造：抗战时期的中共党组织》，《抗日战争研究》2021年第3期。

③ 左志远：《论华北敌后根据地的互助合作运动》，南开大学中国近现代史教研室编《中外学者论抗日根据地——南开大学第二届中国抗日根据地史国际学术讨论会论文集》，中国档案出版社1993年版。

④ 李金铮：《论1938—1949年华北抗日根据地和解放区的合作社的借贷活动》，《社会科学论坛》1999年第9、10期。

⑤ 贺金林：《抗日根据地的变工互助运动》，《党的文献》2018年第2期。

提高根据地农业生产水平以及改变农村生产生活方面发挥的作用与影响。

随着相关研究的推进，有不少学者关注互助合作运动中的政治面相。魏本权对沂蒙根据地的研究表明，均平性和对等性是中共在根据地建立的劳动互助模式的基本取向，从互助到变工的演变通过党的生产动员完成，并形成了通过群众运动推动生产运动的动员模式。[①] 董佳进一步将视角集中于变工互助的组织动员，尤其是农民在早期合作化运动中的排斥和抗拒，县区下派外来干部、农村知识分子、劳动英雄和普通农民在此间的政治互动。[②] 中共在华北抗日根据地推行的互助合作运动本质上还是对传统农业生产方式的改造，超越经济层面，从组织动员的角度出发，可发现政党意志与革命场景间的背离、革命性改造与传统惯习制约之间等诸面相，而这又有助于加深对这一问题的理解。

减租减息是抗战时期中共的基本土地政策，也是长期以来中共党史与抗日战争史研究的热点之一。20世纪80年代以来的研究多聚焦于减租减息政策的提出及产生的影响，对其具体的实施过程有所忽视。[③] 近年来的研究则注意到减租减息的具体实践层面，即运动是如何推进的，政策是如何实施的，地主、农民等诸多角色在其中的反应和活动，以及减租减息在经济之外的多元意涵等，试图呈现减租减息运动的复杂性。

关于减租减息运动策略的研究，主要表现为聚焦某一根据地的典型个案。如王友明基于对山东莒南县减租减息问题的研究，提出中共地方组织在贯彻中央减租减息政策时，因要考虑当地实际而不得不采取变通形式，针对平原区多大佃户的情况而采取"拔地"，针对低山丘陵区雇工经营发达的实际而采取"增资"，以及其他诸如"找工""借粮""找问题""开斗争会"等措施，使地主富农的地权及其他财富逐渐向贫雇农转移，客观上达到土地改革的目的。[④] 徐建国注意到，中共对佃权的规定经历了从缺

[①] 魏本权：《革命与互助：沂蒙抗日根据地的生产动员与劳动互助》，《中共党史研究》2013年第3期。

[②] 董佳：《抗战时期中共晋西北根据地的变工运动述论》，《中共党史研究》2014年第9期。

[③] 朱玉湘：《山东抗日根据地的减租减息》，《文史哲》1981年第3期；李正中：《抗日战争时期的减租减息政策》，《历史教学》1984年第12期。

[④] 王友明：《抗战时期中共的减租减息政策与地权变动——对山东根据地莒南县的个案分析》，《近代史研究》2005年第6期；张玮：《战争·革命与乡村社会：晋西北租佃制度与借贷关系之研究》，中国社会科学出版社2008年版。

乏保障到单纯强调保障农民佃权再到强调保障农民较长期佃权的转变。①还有学者讨论运动开展的形式，指出在抗战后期中共经过长期实践找到了"说理会"这种把政策变为现实的最佳方法。②

减租的经济意义是长时间以来得到学界关注的问题，研究较为充分。衣保中认为，减租减息之后的租佃关系具有复杂性和多样性，不仅存在于地主、富农和农民间，也存在于中农、贫农之间，形成新民主主义性质的租佃关系。③王延中通过对山东地区的研究提出，减租减息运动的开展使农村租佃、借贷、雇佣等多种经济关系发生了变化。④近年的研究在已有研究的基础上进一步深化，且将土地的变动放在中长时段中加以探讨。张玮等考察抗战时期晋西北农村土地的快速流转情况，其结果是整个农村土地日益"均化"，而减租减息和负担政策是这种变化的主因。⑤王倩的博士学位论文对减租减息之下租佃关系的变化进行了深入而全面的探究。⑥

减息政策的推行，使得农村的借贷关系发生相当剧烈的变化，原本盛行的传统借贷特别是高利贷受到空前冲击，正因此20世纪80年代以来的研究多侧重于中共借贷政策的革命性。⑦近年的研究则发现，除禁止高利贷外，中共对私人借贷利率的规定有一个变化过程。最初由于利率降低，华北根据地民间借贷关系趋于停滞，有鉴于此，1942年后转而采取私人借贷自议的规定，同时着手建立新的借贷制度，但困难仍在持续。⑧李金铮认为，这种变化的根源，来自革命政策与民间传统和经济运行之间的内在

---

① 徐建国：《抗日根据地减租减息运动与中共保障佃权问题研究》，《党史研究与教学》2015年第3期。
② 俞小和：《抗日根据地减租减息中的"说理会"》，《中共党史研究》2016年第2期。
③ 衣保中：《试论抗日战争时期解放区的租佃形态》，《中共党史研究》1990年第2期。
④ 王延中：《抗战时期山东解放区农村经济关系的变迁》，《近代史研究》1991年第1期。
⑤ 张玮：《抗战时期晋西北农村土地流转实态分析》，《晋阳学刊》2009年第3期；张玮、岳谦厚：《中共减租政策中的两个环节及相关问题讨论——以抗时中共晋西北根据地区域为中心的考察》，《中国乡村研究》第5辑，福建教育出版社2007年版。
⑥ 王倩：《中共革命与华北乡村租佃关系的变迁》，博士学位论文，南开大学，2013年。
⑦ 高德福：《华北抗日根据地的减租减息运动》，《南开学报》1985年第6期。
⑧ 李金铮：《私人互助借贷的新方式：华北抗日根据地、解放区"互借"运动初探》，《中共党史研究》2000年第3期；李金铮：《华北抗日根据地私人借贷利率政策考》，《抗日战争研究》2001年第3期；徐建国：《实践中的转变：抗日根据地减租减息运动中的减息政策研究》，《安徽史学》2015年第5期。

紧张关系而进行的政策调整。① 张玮指出，为缓解借贷关系停滞造成的村民融资困难，晋西北地区一方面鼓励互助借贷，另一方面以西北农民银行为中心举办政策性优惠农贷，建立促进借贷的合作社。② 这都呈现出借贷政策在革命与传统、激进与妥协之间的复杂性。

中共对社会资源强大的掌控力，很大程度上来源于对群众的动员，在此层面而言，减租减息不仅是经济意义上的变动，也是中共在局部地区掌握和发动群众的社会革命。20世纪80年代后有研究者注意到这一问题，但大多强调减租减息背后的政治意涵和土地改革作为一项经济政策对中共革命的影响。近年来的研究则着重发掘减租减息作为一场社会变革和政治事件的内涵。有学者注意到，斗争不仅仅是一种行为和手段，也形成一种政治运作模式，在斗争对象的树立、斗争方式的运用、斗争分寸的把握、斗争果实的分配上都有其技术所在。③ 王志峰进一步指出，人地比例失调、资源总量匮乏的"资源陷阱"，宁"左"毋右的政策取向所造成的结构性痼疾，经济政治利益驱动下干部的行为方式，以及"运动"起来的农民容易失控脱序，共同导致并加剧了"左"的出现。④ 就减租减息的政治和社会变革作用而言，王龙飞关于太行根据地的研究表明，减租减息经历了从一项"改善民生"的政策向一场"明确阶级对立"的运动的演进过程，而减租减息作为一场政治运动，从实际与思想两个层面冲破和瓦解了根据地旧有的社会权势格局，树立了共产党领导下的基本群众的政治秩序。⑤ 不仅如此，通过减租减息，农民的阶级意识、组织意识、斗争意识、政权观念和参政意识等都有所提高。⑥

中共的土地政策对农民的心态究竟产生了怎样的影响？李金铮认为，

---

① 李金铮：《革命策略与传统制约：中共民间借贷政策新解》，《历史研究》2006年第3期；李金铮：《论1938—1949年华北抗日根据地、解放区的农贷》，《近代史研究》2000年第4期。

② 张玮：《中共减息政策实施的困境与对策——以晋西北抗日根据地乡村借贷关系为例》，《党的文献》2009年第6期。

③ 徐建国：《华北抗日根据地减租减息运动中"斗争"模式分析》，《中共党史研究》2011年第6期。

④ 王志峰：《山西根据地减租减息运动中"左"倾偏向何以发生》，《中国乡村研究》（第十五辑），广西师范大学出版社2020年版。

⑤ 王龙飞：《减租减息的演进——以太行根据地为中心》，《清华大学学报（哲学社会科学版）》2019年第6期。

⑥ 徐建国：《抗战时期晋冀鲁豫边区减租减息运动中农民的思想变迁》，《党的文献》2008年第5期。

本来给农民带来明显利益的土地改革并没有立刻燃起农民的热情,中共通过"挖穷根"等方法激发农民对地主阶级的被剥削感、革命斗争意识,农民对于地主的复仇情绪宣泄到极点。同时,农民存在既渴望富裕,又害怕富裕冒尖的矛盾心态。① 农民在减租减息的动员作用以及此后中共基层党组织同村民的关系方面,孙江有不同于以往的观察:在山西黎城,获得利益、没有增加负担的穷人对中共的拥护较为有限,甚至在得到好处后不但不积极参与村务,反而对"共产党没完没了的政治规训"渐生厌烦。同时,村干部的特权成为村民的共同关注点,进而形成村干部所代表的党组织同村民之间的对立。这种对立在日军进攻所造成的经济、政治困窘局面下激化,直接表现为村干部与村民间的冲突。而离卦道在黎城县的活动也正显示出这一地区党组织的薄弱,以至于不仅地主富农,就连得到好处的广大贫农和中农集结在"老爷"名下与中共组织对抗。② 王志峰的研究表明,在自耕农为主的晋西北社会,农民从减租减息中获益有限,相较租息他们更关心实际负担,因此减租减息激发农民拥护共产党的效应不应高估。③

工商业也是华北抗日根据地经济结构的一部分。早期关于华北抗日根据地商业贸易的研究,主要是以整个根据地的贸易发展为对象,而以银行、贸易方式或各类行政经济手段为切入点,考察其运作方式。李春峰从乡村民众的生存困境出发,着眼于商业贸易恢复和发展的内在动力,探讨晋察冀根据地对牙纪的规范和利用问题。④ 魏宏运对晋冀鲁豫根据地的考察表明,集市既是分散的、自由的,又是统一的、有组织的。⑤ 有学者聚焦于集市贸易网络的重建问题,指出由此展开的集市贸易,成为根据地内商品交易的主要形式。⑥ 还有学者考察根据地在残酷战争环境里的对外贸易。⑦ 对于政府在商业贸易活动中的作用,杨青对中共私营工商业政策的

---

① 李金铮:《土地改革中的农民心态:以 1937—1949 年的华北乡村为中心》,《近代史研究》2006 年第 4 期。
② 孙江:《文本中的虚构——关于"黎城离卦道事件调查报告"之阅读》,《开放时代》2011 年第 4 期。
③ 王志峰:《晋西北根据地的减租、公粮与动员(1940—1944)》,《苏区研究》2021 年第 1 期。
④ 李春峰:《革命与商业:抗战时期晋察冀边区的牙纪活动》,《党史研究与教学》2014 年第 3 期。
⑤ 魏宏运:《论晋冀鲁豫抗日根据地的集市贸易》,《抗日战争研究》1997 年第 1 期。
⑥ 韩晋成、岳谦厚:《晋西北抗日根据地的集市贸易》,《河北学刊》2015 年第 3 期。
⑦ 岳谦厚、韩晋成:《晋西北抗日根据地的对外贸易政策》,《中国高校社会科学》2015 年第 4 期。

变化进行了阶段划分;① 刘成虎的博士学位论文全景式考察了太岳根据地的经济统制;② 李春峰的研究显示晋察冀边区政府为有效规制商业贸易,在制定商贸政策、建立组织载体、培养商贸人才的同时,颁发多种经营凭证,提供充足的资金,开展各类物资的收购、贩卖、运销工作,还要求商铺、行贩提供具备商业信誉的保人。③

20世纪80年代以来,财政税收问题逐渐成为华北根据地经济史研究的重点,其中公粮征收是学界主要关注点。公粮征收是维持战争与政府运转的必要条件,但又不单纯是一项经济任务,一端连接着农民的税收负担和政府的财政收入,另一端又连接着中共与农民的政治接触和互动。周祖文对华北各根据地的救国公粮征收、统一累进税以及合理负担政策等问题展开较为系统的研究,产生了系列成果。④ 有论者也注意到田赋问题的政治意涵。张孝芳从国家与社会二元互动的视角指出,由于横亘在国家政权与农民之间的中间盘剥者截留本应该由国家政权统一支配的税赋,根据地政权通过改造村政权来消除这些中间盘剥者,有效地实现了国家政权对乡村社会的直接掌控。⑤ 关于华北抗日根据地的财政税收体系问题,也引起学者讨论。李玉蓉将经济问题与军事上的胜败直接联系起来,认为军事紧张与经济困难迫使中共建立军事财政体系,而抗战初期财政问题的解决为其扩充力量,扎根华北奠定基础;⑥ 孙健伟的研究也表明战时的经济斗争蕴含着经济与军事、政治双重含义。⑦

---

① 杨青:《抗战时期党的私营工商业政策与抗日根据地的私营工商业》,《中共党史研究》2004年第1期。

② 刘成虎:《太岳抗日根据地的经济统制与自由市场研究》,博士学位论文,山西大学,2012年。

③ 李春峰:《革命与经济:抗战时期晋察冀边区对商业贸易活动的规制》,《军事历史研究》2021年第2期。

④ 周祖文:《统一累进税与减租减息:华北抗日根据地的政府、地主与农民——以晋察冀边区为中心的考察》,《抗日战争研究》2017年第4期;周祖文:《"不怕拿,就怕乱":冀中公粮征收的统一累进税取径》,《抗日战争研究》2014年第3期;周祖文:《封闭的村庄:1940—1944年晋西北救国公粮之征收》,《抗日战争研究》2012年第1期。

⑤ 张孝芳:《抗日根据地的田赋整理》,《中共党史研究》2017年第9期。

⑥ 李玉蓉:《从进入山西到立足华北——1937—1940年八路军的粮饷筹措与军事财政》,《抗日战争研究》2017年第4期。

⑦ 孙健伟:《"黄金抗战"——胶东抗日根据地的黄金斗争与运金延安》,《近代史研究》2020年第1期。

此外，与根据地财税问题相关的新材料的发掘利用也值得注意。有学者通过挖掘太行文书中的"甘泉账本"，探讨甘泉村"财政无政府"状态下的赋税征收实态；① 还有学者基于清华大学所藏一批抗战时期村公所账本，考察太行、太岳地区"合理负担"整理工作成效和基层税收实况。②

关于根据地金融货币问题的研究主要集中在货币政策与货币战方面，其中北海银行吸引了较多关注。刘卫东对北海币、法币的关系进行研究后指出，北海币对法币经历了依附、保护到排挤的过程，而法币对北海币也有支持和抵制的经历，二者既互相依存，又互相斗争。③ 王士花等人的研究表明，中共在山东根据地的货币政策随着抗战形势的变化发生由维护法币到逐渐排挤、驱逐、停用法币的转变，随之而来北海币从分区独立发行的辅币转变为统一的法定货币。④ 还有学者发现了北海币发行量与山东根据地物价波动之间的相关性。⑤ 钟钦武以"排法"为线索对山东根据地的货币斗争进行再梳理后指出，中共通过"排法"斗争掌控了区域货币控制权。⑥

四　根据地社会与文化

抗日战争时期，华北根据地乡村发生了深刻变革。20世纪90年代即有学者对华北根据地乡村展开研究，如刘一皋分析了抗战中经济改革和政治变革对乡村社会的影响。⑦ 进入21世纪，有不少学者开始关注事件史与整体史之间的关系，探讨事件在历史结构中的位置及其如何影响结构变

---

① 冯小红：《全面抗战初期"财政无政府"状态下的赋税征收和农民负担——以1938年涉县甘泉村为中心的考察》，《近代史研究》2019年第3期。
② 李叶鹏：《整理合理负担与太行、太岳抗日根据地基层征收秩序的确立》，《抗日战争研究》2020年第1期。
③ 刘卫东：《抗战时期山东北海币与法币的关系述论》，《中国经济史研究》2010年第3期。
④ 王士花：《北海银行与山东抗日根据地的货币政策》，《史学月刊》2012年第1期；郭本意：《全面抗战时期山东地区国共铸币权之争》，《抗日战争研究》2018年第4期。
⑤ 刘志鹏、钟钦武：《抗战时期北海币发行量与物价波动关系研究》，《中国地方志》2017年第8期。
⑥ 钟钦武：《"排法"：山东抗日根据地货币斗争新探》，《中国社会经济史研究》2021年第3期。
⑦ 刘一皋：《抗日战争与中国北方农村社会发展——战时华北抗日根据地社会变革及其影响》，《中共党史研究》1995年第4期。

化。有学者注意到冬学运动的作用，认为中共在冬学运动的实践中，逐渐探索出一套革命教育理论，政治经济环境之外，一定程度上重构了根据地乡村的社会与文化。① 有学者关注"二流子"改造、乡村教师改造、"锄奸反特"、"打狗"运动在社会动员与政治整合中的意义。② 还有学者关注到中共主导下乡村社会权威的转移、群众运动中物质、精神和政治资源的全面整合等问题。③ 此外，有学者从区域视角观察战争与革命背景下根据地社会变革，发现农村土地经营方式更多趋向于自有自耕，阶级分野逐步冲击传统的宗族血缘认同，中农、贫农等原来的底层阶级开始成为农村的掌权者。④ 徐畅关于鲁西南地区的研究不仅突出民众的认知与声音，还以比较方式阐述问题，在整体上勾勒抗战时期鲁西冀南历史的同时，更加细致地探讨了当地战争、灾荒与瘟疫下民众的生态。⑤ 近年来，华北根据地社会史议题愈发宽广多样，研究不断扩充和丰富，禁毒、医疗卫生、农田水利、林业、儿童、迷信与反迷信运动乃至自然环境（例如野生动物）都成为考察和分析的对象。⑥

---

① 苏泽龙：《毛泽东的文化实践思想与乡村社会改造——以山西根据地冬学为例》，《毛泽东思想研究》2008年第2期；苏泽龙：《1941—1949年的山西冬学与乡村社会——以文化变迁为视角的区域社会史研究》，《社会科学战线》2008年第2期。

② 牛建立：《华北抗日根据地的"二流子"改造》，《中共党史研究》2010年第2期；张建梅：《再造与新生：华北抗日根据地二流子改造运动》，《广东党史与文献研究》2019年第4期；宋弘：《"灭敌人耳目"：中共华北抗日根据地的打狗运动》，《抗日战争研究》2020年第1期。

③ 贺文乐：《新革命史视野下"组织起来"之考察——以晋西北抗日根据地为例》，《历史教学（下半月）》2016年第1期；罗衍军：《抗战时期的生产动员与乡村社会整合：以山东为中心》，《河北师范大学学报》2016年第2期。

④ 刘润民：《战争·革命与吕梁山区社会之演变——1937—1945年临县乡村社会研究》，博士学位论文，山西大学，2007年。

⑤ 徐畅：《战争·灾荒·瘟疫——抗战时期鲁西南地区历史管窥》，齐鲁书社2020年版。

⑥ 董佳：《抗战时期中共对根据地社会生态改造研究：以陕北晋西北为例》，江苏人民出版社2020年版；肖红松：《中共政权治理烟毒问题研究：以1937—1949年华北乡村为中心》，人民出版社2013年版；谭忠艳：《中国抗日根据地社会保障研究》，北京大学出版社2021年版；曲晓鹏、邵通、于海珍：《中共革命与妇女生活的变迁：以华北抗日根据地为视角》，河北大学出版社2015年版；刘轶强：《革命与医疗——太行根据地医疗卫生体系的初步建立》，《史林》2006年第3期；牛建立：《华北抗日根据地的农田水利建设》，《抗日战争研究》2010年第2期；王星慧：《华北抗日根据地的儿童抗战游戏》，《河北学刊》2017年第3期；郑立柱：《华北抗日根据地的敬神活动与政府应对》，《中共党史研究》2015年第5期；牛建立：《华北抗日根据地的反迷信运动》，《党的文献》2021年第1期；程森：《战争环境下的人与野生动物——华北根据地除害兽运动研究》，《中国农史》2021年第3期。

妇女运动及婚姻问题是根据地社会史研究中受到较多关注的问题。早在20世纪80年代即有学者关注到这一领域，简要分析过华北根据地妇女组织与妇女运动的发展，介绍过根据地女性开展的教育、救护、参军、参政等工作。20世纪90年代，学界对妇女问题的研究进一步深化，有学者对华北根据地的婚姻问题、妇女参加生产问题中的诸方面进行了研究。[1] 近年来，随着社会史、新文化史等视角的引入，根据地女性议题得到进一步拓展。杨豪等人关注根据地女性的社会流动问题，指出中共政权通过对党政工作、学校教育、创造模范、培训骨干、新式富农等途径的改造、发明及继承，有力推动了冀中根据地乡村女性社会流动机制的良性运行，而该机制的良性运行影响着中共革命的进程，也重新塑造了政权与女性之间的关系。[2] 不少学者对根据地的各种生产运动和经营活动加以研究，进一步明晰妇女在根据地经济活动中扮演的经济角色。[3] 作为负责妇女运动的社会组织，妇救会的职能也受到关注。[4] 有学者指出，被妇救会动员起来的妇女生活发生许多改变，但这种变化并非根本性的，战争、传统及革命自身都使这些变化举步维艰。[5] 还有学者探讨妇女社会教育对农村社会变迁的影响。[6] 张志永的研究聚焦妇女中的特殊亚群体——"破鞋"，对"破鞋"群体进行改造使其中绝大部分转化为党员、干部和抗日群众等抗战革命力量。[7]

值得注意的是，一些学者的研究不只局限于婚姻制度自身的变化，开始将婚姻变革放在与民族战争、政治变动、权力结构、性别解放等多种因素相互纠缠的关系中加以审视，试图展现社会变革的复杂性。例如王克霞

---

[1] 傅建成：《论华北抗日根据地对传统婚姻制度的改造》，《抗日战争研究》1996年第1期；刘萍：《对华北抗日根据地妇女纺织运动的考察》，《抗日战争研究》1998年第2期。

[2] 杨豪、马良玉：《抗日根据地乡村女性的社会流动——以冀中抗日根据地为中心的考察》，《妇女研究论丛》2013年第2期。

[3] 徐爱新、李玉刚：《抗日战争时期河北农村妇女的大生产运动》，《社会科学论坛》2014年第11期；高正晓：《太岳革命根据地妇女生产劳动研究》，硕士学位论文，山西师范大学，2014年。

[4] 岳谦厚、王斐：《妇救会与中共婚姻变革的实践——以华北革命根据地为中心的考察》，《中北大学学报》2015年第2期。

[5] 王微：《传统、革命与性别视域下的华北妇救会》，《中共党史研究》2015年第2期。

[6] 董玉梅：《抗战时期妇女社会教育与农村社会变迁——以晋北抗日根据地为例》，《历史教学（下半月）》2018年第5期。

[7] 张志永：《从边缘到主流：抗战时期华北农村妇女特殊亚群体的演化》，《史林》2010年第1期。

的博士学位论文注意到革命战争与妇女解放构成二位一体的社会文化现象，发现妇女运动与社会革命之间有着公开的一致性和隐蔽的紧张关系。① 张志永分析了婚外性关系与参与中共革命运动之间的微妙关系。② 江沛等学者注意到1940年后"妻休夫"的离婚热潮表现出的婚姻自由诉求在抗战需要、乡村习俗、家庭与社会稳定之间的纠葛。③ 岳谦厚等学者考察华北及陕甘宁根据地婚姻新政下女性的具体生活实践，展现了革命与女性、传统社会及两性之间的复杂关系。值得一提的是，作者在研究婚姻习俗、军婚、新婚姻家庭形态等内容外，还特别考察了作为婚姻主体的女性本身对婚姻的切实体会和内在感受，更加细腻地展现了女性在婚姻问题上的心理变化，深化了根据地婚姻家庭史和女性史的研究。④

在新文化史的视角下，有学者从日常生活实态着眼，分析华北和陕甘宁两个根据地女性英模的生成逻辑与组织机理。⑤ 还有学者从身体史的角度，指出因抗战而产生的女性身体和心理变化，终因身体的弱势无法摆脱男性歧视和战争选择。⑥ 此外，中共官方意识形态对妇女"形象"的塑造、传统与革命互动视域下妇女形象的变迁、女性角色建构中的主动与被动都成为讨论的话题。⑦

关于根据地的文艺建设与文化变迁问题，20世纪80年代即引起研究者关注，主要集中在中共的文艺工作和文艺运动方面，⑧ 以《新文学史料》

---

① 王克霞：《革命与变迁——20世纪三四十年代沂蒙妇女生活状况研究》，博士学位论文，山东大学，2007年。
② 张志永：《华北抗日根据地妇女运动与婚外性关系》，《抗日战争研究》2009年第1期。
③ 江沛、王微：《传统、革命与性别：华北根据地"妻休夫"现象评析（1941—1949）》，《四川大学学报》2014年第3期。
④ 岳谦厚、王亚莉：《女性·婚姻与革命：华北及陕甘宁根据地女性婚姻问题研究》，中国社会科学出版社2018年版。
⑤ 张玮、王莹：《华北及陕甘宁抗日根据地女性英模的生活》，《安徽史学》2016年第5期。
⑥ 江沛、王微：《"三寸金莲"之变：华北中共根据地的政治动员与女性身体》，《福建论坛》2016年第1期。
⑦ 韩晓莉：《女性形象的再塑造——太行根据地的妇女解放运动》，《山西大学学报》2005年第5期；王微：《华北抗日根据地乡村妇女形象的重塑》，《河北大学学报》2014年第2期；王微：《树典立英：华北抗日根据地女劳动英雄的形塑》，《中华女子学院学报》2017年第5期；范红霞：《战争、妇女与国家——以华北抗日根据地农村妇女角色建构为中心》，《山西师大学报》2015年第4期。
⑧ 郭文瑞：《山西抗日根据地的戏剧运动》，《晋阳学刊》1984年第6期；靳希光：《中国共产党在抗日战争时期的文艺宣传工作》，《中共党史研究》1992年第5期。

为代表，汇集了一大批文艺忆述史料。① 文艺为革命服务是根据地文艺的基本特征。借由文艺活动进行革命动员是革命实践，也是长期以来该领域的热点问题。学者们既探讨中共主动开展的宣传动员活动，如派出战地服务团、发展文化教育事业激发民众的抗战意识等；② 也关注这样的主题：通过对秧歌、民间戏剧、节日等传统文化活动的革命改造以宣传中共的革命理念，服务于抗战动员。③

受新文化史等理论的影响，近年来兴起了通过对节日、话语、形象、仪式、图像、记忆等文化现象和符号去透视中共革命文化的研究热潮。李军全对根据地的国旗、党旗、领导人像进行研究，认为这些形式和符号是统一战线背景下中共建构革命政权权力象征的具体表现，其变化轨迹显现出中共自身政治的变化，而在运用领导人肖像服务革命政权方面，中共表现出深远的政治思虑和成熟的政治智慧。④ 节日娱乐也不仅仅是娱乐活动，其中反映了中共的政治技术运作。⑤ 王向贤对战争环境下"贞节"话语的流变进行考察后指出，革命贞节是性别、战争、知识与权力等多种因素交互作用之下形成的。⑥ 韩晓莉对劳动英雄运动的研究，展现出英模榜样在

---

① 余鸣：《战地黄花分外香——记山东抗日根据地的三次文艺大会演》，《新文化史料》1997年第4期。

② 袁桂海：《抗日战争时期中共在晋察冀根据地的文艺宣传——以西北战地服务团为考察中心》，《党史研究与教学》2006年第2期；郭夏云：《冬学教育与根据地民众政治意识形塑（1937—1945）——以晋西北根据地为例》，《党史研究与教学》2017年第4期。

③ 崔一楠、李群山：《"植入"革命：华北根据地的秧歌改造》，《党史研究与教学》2014年第4期；韩晓莉、行龙：《战争话语下的草根文化——论抗战时期山西革命根据地的民间小戏》，《近代史研究》2006年第6期；韩晓莉：《抗日根据地的戏剧运动与社会改造——以山西为中心的考察》，《抗日战争研究》2011年第3期；韩晓莉：《抗战时期山西革命根据地的戏剧运动》，《中共中央党校学报》2011年第4期；李先明：《抗战时期中国共产党领导下的文艺动员及其成效》，《南京社会科学》2015年第4期；李军全：《消"毒"：中共对华北地区乡村戏剧的改造（1937—1949）》，《党史研究与教学》2016年第3期；李军全：《过年：华北根据地的民俗改造（1937—1949）》，中国社会科学出版社2018年版。

④ 李军全：《"统一"与"独立"的双重思虑：中共根据地节庆中的国旗和党旗》，《江苏社会科学》2014年第1期；李军全：《肖像政治：1937—1949年中共节庆中的领导人像》，《抗日战争研究》2015年第1期。

⑤ 李军全：《二十世纪三四十年代华北根据地春节文娱述评》，《中共党史研究》2011年第2期；韩晓莉：《革命与节日：华北根据地节日文化生活（1937—1949）》，社会科学文献出版社2019年版。

⑥ 王向贤：《"抗属"的贞节》，《思想战线》2004年第1期。

乡村社会治理中的巨大作用。① 图像方面，行龙以《晋察冀画报》为例针对学界重文献轻图像的现象予以反思。② 陈旭清的博士学位论文对抗战记忆进行研究，聚焦"苦难"的历史记忆从个人到集体再上升至国家的过程。③

在学科交叉融合不断深入发展的趋势下，有关宣传手段与宣传途径的专题研究也日渐兴起。张汉静从文化传播史的角度回顾山西抗日根据地的创立、建设与发展，在传播学的概念和范畴中探讨中共增强自身社会影响力的过程，指出共产党人在山西根据地进行的文化传播活动是一套完整的社会体系，其在完成中共赋予的社会和政治任务的同时，牢牢掌握住了社会文化的主导权。④ 刘意则以《晋察冀日报》与"子弟兵"话语体系为切入口，通过重点分析新战士、将领、共产党员和英雄四个群体，深入探究军民一家亲的原因，从而探讨抗日根据地话语体系的塑造。⑤ 报刊是中共进行宣传的重要途径，有学者从体制机制的层面探讨报刊"交发合一"的发行模式。⑥

五 结语

经过几代学者数十年的接续努力，华北抗日根据地研究已有相当深厚的积淀。总体上看，相关研究呈现出由宏观到中观和微观、由粗疏到精细的趋势。在问题意识上，学界不再执着于革命为何成功等问题，而更加关注革命和战争如何改变根据地，以及根据地如何支持革命和战争。在议题上，随着研究视野的扩展和问题意识的转换，基于政治、经济等基本史实重建，学界更加重视作为革命和战争的生态系统的抗日根据地及这个系统与外部的关联互动，当然也包括对这个系统中诸要素的关注。作为研究结论，很难说有多少颠覆性的发现，但相较过去的大而化之和简单论断，许

---

① 韩晓莉：《抗战时期山西根据地劳动英雄运动研究》，《抗日战争研究》2012年第3期。
② 行龙：《图像历史：以〈晋察冀画报〉为中心的视觉解读》，《新史学（第一卷）：感觉·图像·叙事》，中华书局2007年版。
③ 陈旭清：《心灵的记忆：苦难与抗争——山西抗战口述史》，博士学位论文，浙江大学，2006年。
④ 张汉静：《山西抗日根据地文化传播史》，山西人民出版社2019年版。
⑤ 刘意：《〈晋察冀日报〉与"子弟兵"话语体系建构研究》，人民出版社2021年版。
⑥ 张荣杰：《论华北抗日根据地报刊发行模式》，《军事历史研究》2019年第1期。

多问题的探讨真正落到了实处，在求真求解上经得起再三追问。在这个意义上，不管是置于中共革命史还是抗日战争史范畴，华北根据地的研究都是其中相对成熟的领域。

2020年，有学者在总结新中国成立70年来中共革命史研究状况时指出："中共革命史研究走到今天，又处于一个新的瓶颈之中。这是一个相对高位平台的盘整，这样的盘整不是坏事，恰恰是知不足后寻求向上的动力。"① 华北根据地的研究也面临着如何突破瓶颈和下一步向何处去的困惑。就目前的研究现状而言，华北抗日根据地本身的研究已较为充分，时间和空间上的延展参照或许是可能的进路。在时间上，向前，根据地成为根据地之前的社会生态值得更为充分的揭示，原因在于其深度形塑了根据地的面貌；向后，全民族抗战时期中共在根据地许多施策的深远影响要到解放战争及之后才有更明确的显示，当然也有一些曾经轰轰烈烈但时过境迁便消散的元素。在空间上，华北抗日根据地习以为常的现象却不一定理所当然地发生在华中抗日根据地及其他根据地，反过来亦然，这提示我们对比之下各自的特性往往更为鲜明；根据地与根据地、根据地与沦陷区、根据地与国统区之间的联系与互动也值得更多的观照与更深入的研究。此外，基于包括根据地史在内的革命史在较长时间内具有鲜明的政治色彩，由此形成的一整套流传已久且具有较大影响力话语的特点，故而以寻常眼光看待根据地史，或者将根据地史作为中国近现代史一个普通的研究领域，是有必要且有意义的视角，有助于加深对根据地的理解。同时，鉴于革命史重论断的特点，更充分地呈现过程和细节也是值得继续努力之处。当然，时空的具体性和革命的多样性使我们越深入研究越难以得出普遍性或总体性的结论，学界目前似乎也已放弃了这方面的追求，但在资料越来越丰富和穷尽史料成为可能的当下，提出什么议题则是另一个需要直面的重要问题，毕竟不能止步于对细节的无尽求索。

---

① 黄道炫：《关山初度：七十年来的中共革命史研究》，《中共党史研究》2020年第1期。

第七章

华中抗日根据地史

华中抗日根据地是指全民族抗战时期新四军创建的苏北、苏中、苏南、淮北、淮南、皖江、鄂豫边、浙东八个根据地的总称。到抗战胜利时，根据地的主力部队31万人，根据地人民3000多万。作为中国共产党领导的敌后战场的主要组成部分，华中抗日根据地的军民为抗日战争做出巨大贡献。华中抗日根据地的局部执政经验，也为后来新中国的建设提供借鉴。有关华中抗日根据地的研究，[①] 自20世纪80年代以来有很大推进，包括资料出版、综合研究、根据地各方面建设研究等，以下试分别展开论述，并予以总结与展望。

一 资料出版与综合研究

改革开放以来，华中抗日根据地的综合性史料陆续出版，成为推动该领域研究的前提。1980年，新四军和华中抗日根据地研究会在南京成立。该会于1982—1988年编辑出版《新四军和华中抗日根据地史料选》（共8辑）。所收史料按时间顺序排列，从全民族抗战爆发至抗战结束，包括中共中央的决议与指示、新四军干部的讲演与文章等，涉及政治、军事、经济、司法、文教、卫生等各个方面。[②] 中国共产党历史资料丛书系列也于20世纪八九十年代出版，华中抗日根据地包含的各个根据地几乎都有专属资料集出版，如《浙东抗日根据地》（1987年）、《苏南抗日根据地》（1987年）、《淮南抗日根据地》（1987年）、《苏北抗日根据地》（1989年）、《皖江抗

[①] 学界有关华中抗日根据地研究的综述，此前较有代表性的有马洪武《华中抗日根据地史研究二十五年》，《抗日战争研究》2005年第3期。

[②] 马洪武等编辑：《新四军和华中抗日根据地史料选》，上海人民出版社1982—1988年版。

日根据地》（1990年）、《苏中抗日根据地》（1990年）、《淮北抗日根据地》（1991年）。此套丛书由各省党史研究部门分别编辑，收入档案资料、主要领导人的回忆等，具有较高的史料价值。① 河南省党史研究部门也于20世纪80年代出版《豫皖苏抗日根据地》《豫鄂边抗日根据地》《河南（豫西）抗日根据地》等。《豫皖苏抗日根据地》共两册，第一册为综述和文献资料，第二册为回忆录。②《豫鄂边抗日根据地》《河南（豫西）抗日根据地》均各一册，包括综述、文献资料、回忆资料和报刊资料等。③ 上述各根据地的资料集成为研究所在根据地的基础性史料。2003年，中国共产党历史资料丛书还出版了《中共中央华中局》。华中局成立于1941年5月，是抗战时期中国共产党在华中敌后的最高领导机关。该书收录中共中央给华中局的指示、华中局发出的文件和华中局领导人的报告等，还附有大事记和组织序列，可资参考。④

部分根据地出版了更为详细的资料集。1984—1985年，鄂豫边区革命史编辑部编纂《鄂豫边区抗日根据地历史资料》，共8辑，内容包括武装斗争、政治工作、政权建设、文化教育工作、群众工作、党的建设等。⑤ 1985年，豫皖苏鲁边区党史办公室、安徽省档案馆编纂《淮北抗日根据地史料选辑》，共7辑11册，约250万字。内容包括武装斗争、政权建设、群众运动、党的建设、财政经济、公安司法、文化教育等。⑥ 进入21世纪后，宁波市新四军暨华中敌后抗日根据地研究会编写的《浙东抗战与敌后抗日根据地史料丛书》出版，分为《抗日救亡与党的重建》《深入敌后抗击日伪》《反顽自卫　坚持抗日》《发动群众　创建根据地》《统战与政

---

① 中共党史资料出版社与中共党史出版社1987年后陆续出版。
② 中共河南省委党史资料征集编纂委员会编：《豫皖苏抗日根据地》，河南人民出版社1985、1990年版。
③ 中共河南省委党史资料征集编纂委员会编：《鄂豫边抗日根据地》，河南人民出版社1986年版；中共河南省委党史工作委员会编：《河南（豫西）抗日根据地》，河南人民出版社1988年版。
④ 中共江苏省委党史工作办公室、江苏省档案馆编：《中共中央华中局》，中共党史出版社2003年版。
⑤ 鄂豫边区革命史编辑部编：《鄂豫边区抗日根据地历史资料》，709研究所印刷厂1984—1985年印行。
⑥ 豫皖苏鲁边区党史办公室、安徽省档案馆编：《淮北抗日根据地史料选辑》，滁州地区印刷厂1985年印行。

权建设》《根据地的各项建设》《忍让为国 告别浙东》7卷。①

上述资料集的出版，有利于学术研究的深入开展。从20世纪80年代后半期开始，华中抗日根据地包含的八个根据地的通史性著作分别陆续推出。

1987年，《苏中抗日斗争》首先出版。该书包括苏中抗日斗争史稿、文献资料、回忆文章和苏中区抗日战争时期党政军组织系统沿革概况等几个部分。史稿部分以军事斗争为主线，以党的领导、统一战线和人民群众为重点，按照时间顺序论述苏中根据地的创建、发展、全面建设和巩固等。苏中抗日根据地是新四军继创建苏南茅山抗日根据地之后，北渡长江开辟的根据地。苏中地区平原辽阔、人口稠密，与日军占领的南京、上海隔江对峙，也是联系苏南、苏北、淮南、淮北各抗日根据地的枢纽，战略地位十分重要。② 同年，《苏南抗日斗争史稿》出版。苏南地处长江三角洲的鱼米之乡，京沪杭是国民党当局的政治经济中心。日军入侵后，南京是日本中国派遣军指挥机构和汪伪政权所在地，上海又成为日军经济掠夺和间谍特务活动的中心。苏南地区城镇星罗棋布，日军重兵驻防。极其重要的战略地位，决定了苏南抗日斗争的艰苦性、复杂性，也决定了苏南抗日根据地的发展带有波浪式起伏的特点。③《苏北抗日斗争史稿》于1994年出版。苏北抗日根据地是连接华中和华北的重要通道，是八路军主力部队一部到达苏北以后，同当地党委和军民开辟、发展的抗日民主根据地。苏北抗日根据地以平原为主，水网密布，农产品种类丰富。历史上，这里也是我国淮盐的主要产地。④

1994年出版的《淮北抗日根据地史》概述了与淮北抗日根据地密切相关的豫皖苏边区根据地、皖东北根据地和邳睢铜根据地的创建，以及淮北抗日根据地的巩固、建设和发展。淮北抗日根据地是华中新四军东进苏北、西连中原的前进阵地，是国民党军队东进苏北、北上山东的必经之地，也是日军华北派遣军和华中派遣军的接合部，掠夺物资和粮食的主要

---

① 宁波市新四军暨华中敌后抗日根据地研究会编：《浙东抗战与敌后抗日根据地史料丛书》，中共党史出版社2001年版。
② 中共江苏省委党史资料征集研究委员会苏中史编写组编：《苏中抗日斗争》，江苏人民出版社1987年版。
③ 中共江苏省委党史工作办公室、《苏南抗日斗争史稿》编写组编：《苏南抗日斗争史稿》，江苏人民出版社1987年版。
④ 中共江苏省委党史工作委员会编：《苏北抗日斗争史稿》，江苏人民出版社1994年版。

地区。敌、顽、我三方在这一地区形成复杂而激烈的斗争局面。① 1995年,《鄂豫边区抗日民主根据地史稿》历经10多年的努力成稿,大量抗战亲历者在史稿编撰过程中贡献了意见建议。该书将鄂豫边区抗日根据地的历史分为四个阶段:一是根据地开创的准备阶段(1937年7月至1938年10月);二是鄂豫边区抗日根据地的创建阶段(1938年10月至1941年1月);三是根据地在艰苦环境中坚持、发展与巩固阶段(1941年1月至1944年3月);四是根据地的最后胜利阶段(1944年3月至1945年10月)。作者认为,鄂豫边区是在敌顽我犬牙交错、战斗频繁、环境动荡的情况下进行建设的。日伪依靠其控制的城镇和交通网,把它分割成70多块大大小小的"豆腐块"。共产党领导下的鄂豫边区人民和武装是在这些"豆腐块"里,展开军事的、政治的、经济的和文化的斗争,建立起相对稳定的基本区和周围环绕着的游击区。②

　　进入21世纪后,其他各根据地的史书也纷纷出版。2001年,《淮南抗日根据地史》出版。淮南抗日根据地是华中地区政治、军事中心。刘少奇率领的中共中央中原局在皖东(即淮南)近一年时间。华中局和新四军军部在淮南2年8个月,领导了反"扫荡"、反"清乡"、反蚕食和反摩擦斗争,开展了整风、大生产、军政整训三大运动,巩固和发展了华中抗日根据地。③ 同年,《皖江抗日根据地史》出版。在华中各抗日根据地中,皖江抗日根据地创建较迟,新四军第七师也是全军组建较晚、人枪较少的一个师。但皖江抗日根据地利用扼守长江、靠近南京和芜湖的地理优势,坚持政治和军事斗争,根据地不断扩大和巩固。卓有成效的经济工作是皖江抗日根据地的一大特色。皖江抗日根据地像枢纽一样,从北、东、南三个方向,与淮南、苏南、鄂豫三块根据地连成一片,具有重要的战略意义。④《豫皖苏边区革命史》的上篇概述全民族抗战时期豫皖苏抗日根据地的创建与恢复。豫皖苏抗日根据地是联系八路军与新四军、华北与华中抗日根据地的重要纽带和桥梁。正因为地理位置重要,这里是兵家必争之地,日伪不断"扫荡",国民党军长期挑起摩擦。1941年5月,彭雪枫率领新四

---

① 欧远方、童天星主编:《淮北抗日根据地史》,中央文献出版社1994年版。
② 鄂豫边区革命史编辑部编:《鄂豫边区抗日民主根据地史稿》,湖北人民出版社1995年版。
③ 中共滁州市委党史研究室:《淮南抗日根据地史》,安徽人民出版社2001年版。
④ 中共巢湖市委党史研究室编:《皖江抗日根据地史》,无为县印刷厂2001年印行。

军第四师被迫撤出了皖苏根据地路西阵地。1944年8月起，新四军第四师又恢复与重建了这块根据地。① 2005年出版的《浙东抗日根据地史》概述根据地的创建、形成、巩固发展、扩大，以及抗战胜利后浙东游击纵队的北撤，探讨根据地党政军建设、群众工作、统战工作、财政经济与文化教育卫生等各方面情形。② 需要指出的是，浙东抗日根据地建成时间相对较晚，主力部队叫浙江游击纵队（而不是新四军某师），在一定程度上表明浙东抗日根据地的特殊性，创建与发展过程尤为不易。金普森认为，浙东抗日根据地是在抗战最困难、国共摩擦十分尖锐的时期，在远离华中基本地区的东海之滨建立和发展起来的。在坚持浙东抗战中，浙东抗日根据地面积扩大到2万余平方公里，建立浦东、三北、四明和会稽4个行政区和14个县一级政权，实现了中共中央在敌后开辟抗日根据地的战略意图。③

至此，华中抗日根据地的八块根据地都有了自己的史书。除各个根据地的通史性著作外，有关华中抗日根据地的总体研究在进入20世纪90年代以后也有重要推进，专题研究也开始出现。1990年，马洪武、陈鹤锦主编的《红旗十月满天飞》出版，系"纪念华中抗日根据地创立50周年学术讨论会"论文集。该书收入的70多篇论文，涉及各根据地的创建、重要战役战斗、党的建设、政权建设、统战工作、群众运动、财经工作、文化教育等，内容丰富，很多研究具有开创性质。④ 当然，不少论文也存在资料相对单一、篇幅较短等问题。1991年，马洪武主编的《华中抗日根据地史论》出版。该书收入36篇论文，主要涉及华中各个抗日根据地的创建、特点和历史作用。马洪武的《华中抗日根据地的历史地位》一文，代序言。他将华中抗日根据地的创建分为三个阶段：第一个阶段是基本形成阶段（1937年10月至1940年12月）；第二个阶段为坚持和巩固阶段（1941年1月至1943年12月）；第三个阶段为大发展阶段（1944年1月至1946年1月）。他提出，华中抗日根据地是坚持华中敌后抗战的新四军赖以生存和发展的地方，是消灭和驱逐侵华日军的重要战场，也为解放战

---

① 中共河南省委党史研究室：《豫皖苏边区革命史》，河南人民出版社2001年版。
② 浙江省新四军历史研究会编著：《浙东抗日根据地史》，中共党史出版社2005年版。
③ 金普森：《浙东抗日根据地的创建》，载南开大学历史系《中国抗日根据地史国际学术讨论会论文集》，档案出版社1985年版，第187—199页。
④ 马洪武、陈鹤锦主编：《红旗十月满天飞》，江苏人民出版社1990年版。

争的胜利和新中国的建立积累了经验，培养了党政军各方面的优秀干部。①

2003年，在各省都先后编写出版各自省属范围内的根据地史基础上，华中抗日根据地的第一部完整的通史性著作《华中抗日根据地史》出版。该书分为三个部分，即根据地的开辟、根据地的坚持和发展、根据地的建设，共28章，75万字，十分厚重。在根据地的开辟、坚持和发展部分，作者分别详细论述了各个根据地的开辟和发展的具体情形；根据地的建设部分，包含党政军建设、法制建设、财政经济建设、文化教育建设等方面；全书以根据地创立时华中的基本情况为首章，以根据地的历史地位结尾，前后照应。② 全书建立在改革开放以来各块根据地深入研究的基础上，又经过近8年的撰写修改，可谓华中抗日根据地研究的集大成者。

综上，至21世纪初，华中各抗日根据地的资料整理出版，各根据地和整个根据地的通史面世，为后续研究搭建基本框架，打下良好基础。21世纪以来20余年的研究，主要体现在致力于根据地各项专题研究的拓展和深化。当然，这些专题研究的资料基础和先行研究在20世纪八九十年代已开始积累，只是在进入21世纪后呈现出更加蓬勃发展、蔚为大观的态势。

二 "发展华中"战略研究

有关"发展华中"战略的研究，是近十多年来学术界研究的重点。抗日战争全面爆发后，华中是日军重点占领的地区。至1938年武汉会战后，华中的大中城市和平原地区大多为日军占领。南京国民政府西撤时，也在此留置大量军队。桂系占据大别山和附近地区，顾祝同的部队部署于皖南、苏南地区，江苏中部和北部则有韩德勤的军队。1940年汪伪政府成立，统治的主要区域亦为华中地区。因此，中国共产党领导新四军开辟华中抗日根据地，较之八路军创建华北抗日根据地更为艰难，过程更为曲折，时间上也相对较晚。发展华中抗日根据地，应将哪里作为重点发展区域，应由哪些部队作为主力承担发展任务？随着形势的发展变化，中共中央和华中地方有一个认识和决策变化的过程。

1938年党的六届六中全会正式提出发展华中的战略方针。王建国注意

---

① 马洪武主编：《华中抗日根据地史论》，南京大学出版社1991年版。
② 中国新四军和华中抗日根据地研究会编：《华中抗日根据地史》，当代中国出版社2003年版。

到"发展华中"过程的复杂性。他认为，中共中央刚开始对华中重视不够，在相当长的时期内没有对发展华中采取有力措施。1939年11月以后，中共中央下决心解决发展华中问题，但项英、陈毅分别主张重点发展皖南及江南，毛泽东也一度打算以八路军作为发展华中的主力。1940年6月，为解救江北被围困的新四军，陈毅最终决定率领江南新四军主力渡江。中共中央"发展华中"战略最终得以彻底贯彻、执行。① 王骅书等对"发展华中"的战略做出进一步辨析，所持观点与王建国有不同之处。他认为，华中地区敌后游击战前期局面不大的主要原因是当时国际国内形势综合作用的结果。八路军进华中、到苏北是中共对抗战全局的长久谋划，是突破限制、师出有名的策略需要。1940年春中共制定新战略，两军会师的军事行动是中共基于抗战全局长远考虑的标志性事件。② 彭厚文也讨论中共发展华中的战略方针，认为这一方针经历了一个演变过程。发展的主力，初期为八路军，后来转变为新四军；发展的方向，初期为鄂豫皖地区，后来转向皖东、淮北、苏北地区；发展的重点，初期为河南省，后来转变为苏北地区。这种变化，是中共对于抗战规律的认识不断深化的结果，也是发展华中的战略方针最终得以实现的根本原因。③

近年来，有年轻学者对中共发展华中战略做出更为细致深入的研究。李雷波探讨中共"发展华中"战略中八路军和新四军的角色转化问题。他认为，"华中"开始时指的是长江、老黄河之间以河南为中心的广大区域。最初部署是八路军——五师东进冀鲁边，再转道南下豫东区，与彭雪枫部共同发展华中敌后抗日游击战。但因1939年初国共关系的剧变，八路军暂停南下，而稍后新四军江北指挥部获准设立，为"发展华中"提供了新的战略空间。自此，新四军逐渐取代八路军，上升为"发展华中"的主角。④

在"发展华中"战略实行的过程中，最后是以发展苏北作为落脚点，相关史事也得到学者的关注。姚勇探讨中国共产党发展苏北战略方针的提出及其实现，尤其是刘少奇在其中所起的作用。发展苏北的成功，彻底改

---

① 王建国：《新四军"发展华中"考辨》，《抗日战争研究》2009年第1期。
② 王骅书、王祖奇：《抗战期间中共"发展华中"战略研究辨析》，《抗日战争研究》2012年第1期。
③ 彭厚文：《论抗战时期中国共产党发展华中的战略方针》，《中共党史研究》2014年第3期。
④ 李雷波：《中共"发展华中"战略中的八路军、新四军及其角色转换》，《中共党史研究》2020年第6期。

变了华中新四军被分割包围下的"微弱"地位，奠定了发展和巩固华中抗日根据地的坚实基础，打开了以苏北为中心的华中敌后抗战的新局面。①吴敏超研究新四军向苏北发展中的国共较量。她认为，这一较量既有军事层面的摩擦冲突，更有政治层面的运筹帷幄。中共方面基本能克服不同地域和军政负责人之间的意见分歧，保证战略的协同性。蒋介石本人对苏北的重视程度不够，敌后国民党军亦各自为政。从长时段和全局性眼光看，新四军向苏北的成功发展，使其重心不再局限于皖南和鄂豫皖边等山地丘陵地带，而是在更为广阔和富饶的江淮平原立足，是抗战时期中共从华北地区向南发展中最为关键的一环。②

豫皖苏根据地的开辟与变迁，也与"发展华中"战略有一定关联。早在20世纪80年代，张留学等就考察了1938—1939年豫皖苏抗日根据地的建立过程。1938年徐州沦陷后，中央指示河南省委将工作重心转向豫东。彭雪枫担任新四军游击支队司令员，与吴芝圃的豫东游击第三支队和肖望东的抗日先遣大队在西华县会合，后又向睢、杞、太游击区进发。1939年夏秋，以新兴集为中心的豫皖苏平原游击根据地形成，建立了肖、亳、永、夏、杞五县政权。③ 这其实就是上文提到的，中共中央一开始将"发展华中"的重心放在以河南为中心的区域。

梁馨蕾探讨皖东北抗日根据地的初创。徐州沦陷后，活动在山东的八路军一部率先南下苏皖边沦陷区开展游击战，建立党组织。随后，张爱萍率新四军游击支队部分力量亦由豫东进入皖东北，并与泗县的国民党盛子瑾部建立统战关系。在以泗县为中心的统战区基础上，八路军苏鲁豫支队、陇海南进支队与张爱萍部合作开辟了皖东北抗日根据地。④ 这一根据地的开创反映了八路军和新四军的合作。

经过学者们的长期努力，"发展华中"战略呈现出越来越清晰明朗的面貌。相关研究对抗战形势变迁、中央决策变化和华中地方执行情况，对八路军和新四军的配合与合作，对华中各地在整个战略的不同阶段扮演的

---

① 姚勇：《发展苏北战略方针的提出及其实现——刘少奇在发展华中斗争中的历史贡献》，《近代史研究》1989年第4期。
② 吴敏超：《新四军向苏北发展中的国共较量》，《中共党史研究》2020年第1期。
③ 张留学、毛锡学、鲁德政：《豫皖苏抗日根据地的建立》，《史学月刊》1981年第5期。
④ 梁馨蕾：《从沦陷区、统战区到机动区：中共皖东北抗日根据地的初创》，《中共党史研究》2021年第6期。

角色，均予以深入考察，也从整体上提升了对"华中"区域的认识。

三 根据地的经济建设

华中抗日根据地位于我国经济富庶、物产丰富的地区，经济建设和财经工作颇具特色与成效。华中抗日根据地不仅能在财政方面满足自身的发展需要，还能支援华北和党中央。当然，由于华中地区日伪军力量强大，统一战线内部国共之间也时有摩擦，根据地财政经济方面的斗争较之华北抗日根据地更为复杂、激烈。

在财政部财政科学研究所的统一指导下，华中根据地经济建设的专题性史料于20世纪80年代即被整理出版。安徽省编纂的《安徽革命根据地财经史料选》，辑录抗战时期淮南、淮北、皖江三个抗日根据地和解放战争时期安徽解放区的财政经济史料。全书共三辑，第一辑为鄂豫皖根据地和淮南根据地部分；第二辑为淮北根据地和皖江根据地部分；第三辑为解放区部分。[1] 江苏省编纂的《华中抗日根据地财政经济史料选编（江苏部分）》共4卷，计160万字。华中抗日根据地（江苏部分）包括苏南、苏中和苏北三块抗日根据地的全部和淮南、淮北两块根据地的一部分，是华中抗日根据地的中心区域，金融、贸易活跃，田赋和工商税收较多。此书4卷按时间顺序排列，大部分史料来自江苏省档案馆。[2] 湖北省编纂的《华中抗日根据地财经史料选编——鄂豫边区、新四军五师部分》1卷，收录1938—1946年有关新四军五师和鄂豫边区财政经济方面的文件、电报等共152件。[3] 财政部财政科学研究所还领导编写了《上海地下党支援华中抗日根据地》一书。上海人民在地下党的领导下，根据新四军和根据地的政治、军事、经济、文化等斗争的需要，运用各种方式，公开的和秘密的，合法的和非法的，克服日伪封锁的种种困难，把根据地的党、政、军各级领导干部，上海的各类技术、文化、教育的人才，以及军民所需的

---

[1] 安徽省财政厅、安徽省档案馆编：《安徽革命根据地财经史料选》（共3辑），安徽人民出版社1983年版。

[2] 江苏省财政厅、江苏省档案馆、财政经济史编写组编：《华中抗日根据地财政经济史料选编（江苏部分）》（共4卷），档案出版社1984—1986年版。

[3] 鄂豫边区财经史委会、湖北省档案馆、湖北省财政厅编：《华中抗日根据地财经史料选编——鄂豫边区、新四军五师部分》，湖北人民出版社1989年版。

物资，一批一批地输送到各抗日根据地，为保证根据地军事斗争的胜利和经济建设的发展起了巨大作用。①

另外，在财政部税务总局的指导下，由安徽省税务局牵头，安徽、江苏、湖北、河南、浙江五省税务局共同组织力量编纂了《华中抗日根据地和解放区工商税收史料选编》，分上、中、下三卷。上卷的时间范围从1937年7月全民族抗战爆发至1946年6月解放战争爆发，内容包括党政领导机关发布的各项税收政策、法令、会议决议，以及执行中的工作总结报告等文献资料。②安徽省还编纂了《安徽革命根据地工商税收史料选》，分上、下两册。上册包含抗战时期淮南、淮北和皖江根据地工商税收方面的相关史料。③上述资料都是华中抗日根据地财政和经济研究不可或缺的珍贵基础史料。

华中地区有关根据地经济建设的研究，一直常盛不衰。从20世纪80年代起，随着经济方面资料集的出版，相关学术著作也陆续推出。朱超南等撰写的《淮北抗日根据地财经史稿》认为，淮北抗日根据地的财经工作，随着根据地的建立、巩固和发展，经历了从不完善到逐渐完善的历史过程。淮北财经工作有几个显著特点：一是支援军队、支援战争，军费占财政支出的大部分；二是经济战线上的对敌斗争激烈，包括粮食统制、贸易统制、打击伪币等；三是财经工作始终遵循党的抗日民族统一战线政策，获得了各抗日阶层人民的支持；四是立足发展生产，克服财政困难。④应兆麟等编写的《皖江抗日根据地财经史稿》，全面探讨皖江抗日根据地的生产、贸易、财政、金融等各领域情况。作者认为根据地贯彻执行了"发展经济，保证供给"的财经工作总方针，逃离家乡的农民和小手工业者、小商人纷纷返回家乡，农业、手工业和商业都得到很大发展，经济恢复，生活水平提高，根据地快速发展。⑤刘跃光等主编的《华中抗日根据地鄂豫边区财政经济史》，从概论、财政、金融、减租减息、农业、工业、

---

① 财政部财政科学研究所、新四军研究会上海高校专题组编：《上海地下党支援华中抗日根据地》，华东师范大学出版社1987年版。

② 华中抗日根据地和解放区工商税收史编写组编：《华中抗日根据地和解放区工商税收史料选编》上卷，安徽人民出版社1986年版。

③ 安徽省人民政府税务局、安徽省档案馆编：《安徽革命根据地工商税收史料选》上册，安徽人民出版社1984年版。

④ 朱超南、杨辉远、陆文培：《淮北抗日根据地财经史稿》，安徽人民出版社1985年版。

⑤ 应兆麟、陈家骥、祖云编：《皖江抗日根据地财经史稿》，安徽人民出版社1985年版。

商业等方面展现了鄂豫边区财政经济的发展历程和特点。① 龚意农主编的《淮南抗日根据地财经史》，以财政（包括金融）为侧重点，记述了淮南抗日根据地的农、工、商各方面的经济状况。财政方面，根据地坚持开源节流、量入为出的财政工作原则；金融方面，淮南银行坚持以物资为准备基金的发行，抵制伪币，限制法币；经济方面，以农业生产为中心，建立军需、民用品的工业以及发展根据地商业。②

马洪武探讨了华中抗日根据地财政经济领域的四个特点：一是财政经济工作形式多样，各根据地根据自身环境和特点，灵活又具有创造性地进行财政经济建设。二是财政收入比较高，主要以工商税收为主，粮赋收入占的比重不算大。除保证华中地区的军民需要外，每年还抽出大批款子上送中央，支援全国抗战。三是财政经济战线上的斗争非常激烈。主要表现在粮食上、税收上、货币上与日伪作斗争。四是财政经济制度比较系统、完整。包括划分省县款，实行统一预决算制度，建立会计制度、审计制度、金库制度等。③ 王建国也总结出华中抗日根据地财经工作的几个突出特点。除与马洪武有共通之处外，他还提出典型的"战时"和"敌后"特征，以及合理的民众负担，关税、公粮和田赋征收比较轻。④ 俞小和等人认为，淮北抗日根据地通过发展纺织和手工业，开展金融斗争，实施贸易保护，逐渐实现了根据地经济上的"自给自足"，为抗战胜利提供物质保障。"自给自足"的特点，是被敌人逼出来的，更是根据地军民边打仗、边建设努力争取来的。⑤

在公粮征收方面，曾凡云认为华中抗日根据地局部征收公粮始于1940年。皖南事变后，华中抗日根据地公粮征收普遍展开。公粮是华中抗日根据地的最大收入，而不是土地税和货物税。公粮也是一种政治动员，根据地80%以上的居民均需负担。这不仅使公粮征收额大大增加，而且相对减

---

① 刘跃光、李倩文主编：《华中抗日根据地鄂豫边区财政经济史》，武汉大学出版社1987年版。2017年，中国财政经济出版社将其纳入"抗日战争时期根据地财政经济史丛书"，再次出版。
② 龚意农主编，杨联副主编：《淮南抗日根据地财经史》，安徽人民出版社1991年版。
③ 马洪武：《华中抗日根据地财政经济工作的几个问题》，载南开大学历史系编《中国抗日根据地史国际学术讨论会论文集》，档案出版社1985年版，第488—498页。
④ 王建国：《华中抗日根据地财经工作的特点》，载《牢记历史 振兴中华——江苏省纪念抗日战争暨世界反法西斯战争胜利60周年论文集》，中共党史出版社2006年版，第364—371页。
⑤ 俞小和、吴石英：《淮北抗日根据地经济是怎样实现"自给自足"的》，《党的文献》2018年第4期。

轻了人民负担，保证了根据地的军需民食。① 吴云峰探讨淮北抗日根据地救国公粮征收中的反隐瞒斗争。由于调查不深入、宣传解释不够、少数基层干部徇私舞弊、农民的贫困及多面负担、负担不够公平合理等因素，存在着各种隐瞒田亩、收获量的现象。根据地政府通过深入调查以掌握真实田亩数和收获量、动员和教育群众认识缴粮的意义、惩办违纪干部、完善征粮政策等，保证了救国公粮的顺利征收。②

在财政金融方面，王建国研究了华中抗日根据地的工商税收、田赋征收和货币斗争。在工商税收方面，征收工作最初由军队负责，没有固定的税率，随意性较大。根据地政权普遍建立后，沿用国民政府原有的税收制度并加以改进，先后实行定额税、比例税。1942年后，税收制度日渐完善，在一定程度上实行了累进税。③ 在田赋方面，各根据地较好地贯彻了"量能纳税"的原则。根据地政府采取田赋征粮、清查田亩、废除册书制度、整顿征收秩序等重要举措，实现了华中田赋征收史上的重大变革。华中根据地的田赋征收取得良好业绩，为新四军坚持华中抗战提供了稳定的经费来源。④ 金融领域，王建国认为，根据地在艰苦的敌后抗战中，与日伪展开激烈的货币斗争。根据地建立银行发行抗币，采取措施努力促进抗币成为主流货币，抗击伪币入侵。斗争一度呈胶着状态，伪币在根据地泛滥。最终抗币取代伪币，稳定了根据地的经济，也强化了华中民众对抗日民主政权合法性的认同。⑤ 章书范编著《淮南抗日根据地货币史》，详细论述淮南银行的建立和淮南银行币的诞生、发行与流通，以及根据地的货币政策与货币斗争。⑥ 该书收集了种类繁多的淮南银行币图片资料，很有参考价值。

减租减息是研究热点。王建国认为，在相当长的时间内，华中抗日根据地的减租减息运动一直停留在宣传阶段。随着军事形势的好转和根据地的巩固，1942年以后，减租减息运动逐渐深入，到抗战临近胜利时形成高潮。另外，华中抗日根据地减租减息运动的重点是减租，农民在减租中得

---

① 曾凡云：《华中抗日根据地公粮征收的历史考察》，《军事历史》2021年第2期。
② 吴云峰：《淮北抗日根据地救国公粮征收中的反隐瞒斗争》，《党的文献》2020年第1期。
③ 王建国：《论华中抗日根据地工商税收及对华中抗战的作用》，《江海学刊》2004年第1期。
④ 王建国：《华中抗日根据地田赋征收考述》，《中共党史研究》2012年第4期。
⑤ 王建国：《华中抗日根据地的货币斗争》，《军事历史研究》2015年第4期。
⑥ 章书范编著：《淮南抗日根据地货币史》，中国金融出版社2004年版。

到了客观的物质利益。出于发展借贷、促进生产的考虑，高利贷在华中抗日根据地一直存在。①吴云峰探讨华中抗日根据地的减息运动，认为减息政策经历了由不论新债旧债一律减息到旧债减息、新债自由议定的过程。当然，减息运动中也遇到一些难题，如地主惜贷、农民受传统观念的束缚未能有效配合减息政策、高利贷依然以隐蔽形式存在等。根据地采用灵活措施，平衡减息政策与借贷需求的关系，包括举办合作社、发放农贷，倡导贫富互助，调解债务纠纷等。总之，减息运动减轻了农民的债务负担，限制了高利贷，也维护了放贷者的合法利益。②

在华中各抗日根据地中，淮北抗日根据地的减租减息运动得到学界最充分的关注。李柏林的系列论文研究了淮北抗日根据地的减租减息如何改善农民生活、促进当地生产力的发展，并影响到根据地农民的社会流动和阶级结构的变化，如土地向中农、贫农手中分散，农民的政治参与意识日益增强。③杜桂剑等人深入探讨了淮北二分区的减租减息运动，认为中共减租减息政策的提出和执行并不完全同步，存在时间差。佃户在减租减息运动中是否表现积极，最重要的制约因素不是其认识问题，而是中共力量是否强大及政权是否稳定。④

在工业、手工业和农业生产方面，相关研究成果不是很多，主要集中于盐业和纺织业。两淮盐区是中国四大海盐产区之一。于海根研究根据地的盐务工作，认为1941年后两淮盐场的数量、面积和资金都有很大发展，是根据地的主要经济支柱。⑤周倩倩考察新四军实现对两淮盐场全面控制的过程。根据地通过增设盐场、采用较先进的经济组织和生产技术，促进了盐业生产。同时，根据地推行自由运销、公司运销和合作社运销等多种

---

① 王建国：《华中抗日根据地减租减息运动探析》，《江汉论坛》2004年第4期；《华中抗日根据地减租减息运动探析》，《中共党史研究》2010年第6期。
② 吴云峰：《减息政策与借贷需求——华中抗日根据地减息运动研究》，《党的文献》2019年第2期。
③ 李柏林：《减租减息与淮北抗日根据地乡村社会的变迁》，《抗日战争研究》2006年第2期；《减租减息与淮北抗日根据地农民的社会流动》，《湖北师范学院学报（哲学社会科学版）》2007年第1期；《减租减息与抗日根据地生产力的解放和发展——以淮北抗日根据地为中心》，《抗日战争研究》2010年第2期。
④ 杜桂剑、单明明：《抗战时期淮北二分区减租减息运动研究》，《抗日战争研究》2017年第1期。
⑤ 于海根：《试论华中抗日根据地的盐务工作》，《盐业史研究》1991年第3期。

方式，用食盐换取根据地需要的大量物资，为根据地的巩固提供了财政保障。① 朱正业等探讨淮南和淮北抗日根据地的纺织业，认为纺织业是这两块根据地的支柱产业。两淮边区政府通过实行互助合作及产、供、销一体化服务，奖励人才与技术，改革分配制度等一系列措施，实现了纺织品的自给自足，有利于根据地的民生所需和经济发展。②

黄爱军研究根据地的合作经济，认为在日、伪、顽实施经济封锁的农村游击战争环境中，根据地军民开展互助自救，合作经济得到普遍组织与广泛发展，几乎每个根据地的中心地区都办起了合作社。③ 吴云峰在考察淮北抗日根据地"按户兴家"计划和劳动互助合作后指出，在推广过程中，根据地政府针对劳动互助中产生的问题，广泛开展调查研究，从实际出发，制定合理的生产计划和互助合作形式，及时解决农户困难；同时，坚持自愿互利原则，发扬民主，加强监督，保证互助合作的公平合理，制定出合理的生产分配制度和劳动纪律，确保了互助合作的顺利开展。④

可以说，华中抗日根据地的经济建设方面的研究，无论在资料整理的丰富性上，还是在研究成果的多样性方面，都超过了根据地其他方面的建设。不过，经济建设仍需要更多议题的开拓和视角的更新，如将经济建设与政治建设、军事斗争等密切结合起来研究。因根据地基本在农村地区，在经济建设研究中也需要更注重农村、农业和农民本身的特性。

四 根据地的政治建设和党的建设

统一战线是中国革命取得胜利的三大法宝之一。华中地区日伪势力强大，中共力量开始时较为弱小，必须团结一切可以团结的力量进行抗日活动，统战工作尤为重要。曹景文、唐莲英著《新四军和华中抗日根据地统战工作研究》，全面研究了民运工作、对顽固派的统战工作、对地方实力

---

① 周倩倩：《华中革命根据地的两淮盐业活动》，《党史研究与教学》2014年第3期。
② 朱正业、杨立红：《淮南、淮北抗日根据地的制度变革与纺织业发展》，《抗日战争研究》2008年第1期。
③ 黄爱军：《华中抗日根据地的合作经济》，《军事历史研究》2015年第4期。
④ 吴云峰：《淮北抗日根据地的"按户兴家"计划与劳动互助合作》，《党的文献》2021年第5期。

派的统战工作、对开明绅士和民族资产阶级的统战工作、对日军的工作、对伪军和伪组织人员的工作、对帮会组织的统战工作、对知识分子的统战工作、对海外人士的统战工作等。作者认为,新四军和华中抗日根据地的统战工作既注重上层、又注重下层,讲究策略的灵活性,合法统战工作和隐蔽统战工作配合,既坚持党领导统一战线的基本原则,又在实施过程中根据具体情况采取相应的途径和方法。① 该书结构完整,呈现了华中抗日根据地统战工作的多个层次和取得的成效。

刘平探讨抗战时期中共对苏南帮会的改造。他认为,改造的具体策略和途径有:切实争取和利用帮会上层人物;利用帮会的组织形式进行灵活改造,旧瓶装新酒,使帮会为抗战服务;派有经验的同志深入帮会内部,进行整治宣传和组织改造。这些措施对于推动苏南民众抗日运动的高涨,均产生了积极影响。当然,在改造工作中也出现了一些"左"倾宗派倾向和狭隘的关门主义倾向。② 吴敏超利用多方资料考察浙东抗日根据地的统战工作。她指出,抗战中后期,浙江战场呈现出日伪军、国民党军、中共部队三方角力与斗争的状态。中共在弱势情况下制定灵活务实、行之有效的策略方针,成功统战了国民党军非嫡系的田岫山部和张俊升部,不但使自身力量逐步壮大,建立与巩固了四明山根据地,而且改变了浙东地区三方势力的力量对比。不断调整对田岫山、张俊升两部的统战工作方略,因时、因地、因人制宜,是1941—1945年中共在浙东地区从无到有、从弱到强的关键所在。③

乡选运动改造了根据地的基层政权,扩大了中共在农村的影响力,近年来得到学者的较多关注。曾凡云等认为,在乡选过程中,华中抗日根据地党政组织大力动员乡村民众积极参与。乡选最大化地展示了乡村民主,并建立了以广大民众为中心的新型基层政权,增强了乡村各阶层对抗日根据地政府的信任感与政治参与。④ 侯艳兴在考察苏中抗日根据地的乡选运动与农民民主意识的形塑后指出,通过乡选运动,农民产生民主意识,包括主人意识、平等意识和参与意识。乡选运动是改变农民政治思维方式、

---

① 曹景文、唐莲英:《新四军和华中抗日根据地统战工作研究》,上海人民出版社2016年版。
② 刘平:《略论抗战时期中共对苏南帮会的改造》,《江苏社会科学》1995年第2期。
③ 吴敏超:《浙东抗日根据地统战工作再研究》,《中共党史研究》2018年第9期。
④ 曾凡云、叶美兰:《华中抗日根据地乡选的历史考察》,《民国档案》2021年第3期。

形塑农民政治价值观的一种重要手段。①

根据地党的建设也是学者们关注的重点。侯竹青探讨华中地区乡村党务工作的转变。抗战初期，华中局领导层片面理解统一战线，束缚自己的手脚，不敢放手发展武装和建立根据地，致使中共的支部在根据地乡以下的农村没有普遍建立。刘少奇到达华中后，重整党务工作。随着各根据地抗日政权的建立和群众运动的开展，大量发展工农党员，中共乡村支部迅速发展，迈开乡村支部群众化的第一步。在日伪"清乡"中，中共的支部群众化进一步发展，在乡村中发挥了堡垒作用。② 侯竹青还对华中抗日根据地的干部地方化问题做了考察。干部地方化，指的是在发展根据地的过程中，外来干部地方化与本地干部的培养，并形成干部与当地群众之间的良好干群关系。抗战中期以后，根据地开始重视干部地方化问题，主要采取以下措施：一是整党，建立干部人事档案制度，加强对干部的管理和审查；二是建立系统的干部教育培训制度，加强地方干部的培养和教育；三是积极探索培养地方干部的制度和方法；四是建立保障制度，解决基层干部的后顾之忧。这些措施优化了根据地的干部结构，为改善当地干群关系起了重要作用。③ 吴敏超以苏南反"清乡"时期中共干部汪大铭的作战与生活为例，利用丰富的日记资料，研究日伪"清乡"区内坚持斗争的干部紧张作战、戎马倥偬的具体面相——昼伏夜出的生活方式，如何攻打日伪据点、开展群众工作、破坏封锁线竹篱笆等。由此也约略可见中共中层干部的培养方式，以及在困难危险关头中共抗日根据地苦撑坚持的韧性。④

朱庆跃以淮北抗日根据地的调查文献为中心，考察党的社会调查与群众工作本领的提升之间的关联。他认为，目前留存的大量调查文献反映了党的群众工作思想，比较准确地反映了民众的真实诉求，为党做好群众工作提供了重要参考。⑤

---

① 侯艳兴：《乡选运动与农民民主意识的形塑——以苏中抗日根据地为中心》，《中国农史》2021年第6期。
② 侯竹青：《支部群众化——抗战时期中共华中区乡村党务工作的转变》，《军事历史研究》2020年第5期。
③ 侯竹青：《抗日战争时期华中根据地干部地方化研究》，《党的文献》2016年第6期。
④ 吴敏超：《苏南反"清乡"：中共干部汪大铭的作战与生活》，《史学月刊》2019年第6期。
⑤ 朱庆跃：《抗战时期党的社会调查与群众工作本领的提升——以淮北抗日根据地调查文献为中心的分析》，《党的文献》2020年第5期。

在政治建设和党的建设方面，目前的研究更多地侧重于政策层面和一般过程的探讨，围绕一些重要事件和人物的精深化、立体化研究，仍有努力空间。

五　根据地的社会与文化

根据地社会与文化方面研究议题的拓展，顺应了21世纪以来历史研究从注重政治史、经济史转向关注社会史、思想文化史的潮流。华中地区紧邻上海等大城市，城市知识分子、工人、学生纷纷进入根据地，促进了根据地的文化与教育。

1985年，江淮大学校史编写组撰写《江淮大学校史》一文，概述1942—1944年创办的江淮大学的历史。江淮大学的创建是华中抗日根据地党和上海地下党通力合作的成果，是党对知识分子政策的具体体现。这所学校也成为上海抗日爱国青年来根据地学习和工作的桥梁与熔炉。[①] 2011年，《新四军江淮大学纪念文集》出版，收录了江淮大学师生们珍贵的回忆文章。[②] 20世纪90年代，梁小岑等编辑的《豫皖苏边区文艺史料选编》，收录了1938—1949年豫皖苏边区党委、行署和新四军四师直属的文艺单位等的历史文献、照片、图表和综合材料，以及一些有价值的回忆录。[③]

进入21世纪以来，学界对华中抗日根据地的社会与文化进行了较多关注。房列曙的专著考察安徽境内淮南、淮北、皖江抗日根据地的开辟和发展，首次较为全面地探讨了三个抗日根据地的政权结构、经济结构、文化教育结构、社会工作、社会保障和社会生活。[④] 这也是华中抗日根据地社会史领域的唯一一部专著。

李小尉研究了苏中抗日根据地的"三冬"运动与社会动员。"三冬"运动，即冬防、冬学和冬耕，是为应对日伪"清乡"而策动的全面的社会

---

① 江淮大学校史编写组：《江淮大学校史》，《安徽史学》1985年第4期。
② 上海市新四军历史研究会文教分会、新四军江淮大学校友会编：《新四军江淮大学纪念文集》，内部资料，2011年印行。
③ 梁小岑、刘立方、朱国龙编：《豫皖苏边区文艺史料选编》，河南省革命文化史料征编室1991年编印。
④ 房列曙：《安徽敌后抗日根据地社会史研究》，安徽人民出版社2007年版。

动员，包括强化民兵组织与训练，对民众进行思想教育和政治训练，培养民力，增加生产，在根据地的反"清乡"斗争中发挥了重要作用。冬防、冬学和冬耕三者将根据地的日常生活、思想教育与农业生产紧密结合，最终达到坚定民众意志、团结一致反"清乡"的目的。① 吴云峰等考察了华中抗日根据地的优抚工作。根据地十分注重对退伍、伤残军人和抗属的优抚工作。优抚经费既包括政府拨款，也包括民间筹集。优抚工作的特点是：物质与精神结合；适度保障，维持基本生活；对国民党军队一视同仁；把保障与鼓励自力更生相结合。②

徐柏森探讨了盐城地区抗战戏剧的功能、形态及其历史影响。他回顾了鲁迅艺术学院华中分院的创建及撤销过程，指出为斗争服务是抗战戏剧的社会功能，肯定了反"扫荡"过程中文艺战士的牺牲精神等。战时抗战戏剧，前期用的是话剧、舞剧等形式，后期则是以地方戏曲淮戏的形式，来展现根据地人民的斗争生活，地方文艺队伍的成员也扩大至中小学教师、基层干部、民间艺人和青年学生。话剧是"看过戏说好"，但群众没法参与，而新淮戏是"到嘴到肚"，戏剧回到民众之中。③

许厚今论述了新四军及华中抗日根据地的报刊概况，包括报刊种类、诞生发展的原因、报刊呈现的主要内容和办刊特点。④ 倪波等在研究苏中革命根据地的新闻出版业后指出，出版机构以报社、出版社和书店为主；出版物内容涉及政治思想、军事斗争、文化艺术、教育等多个方面；苏中根据地报刊种类繁多，达数十种，体现了全党、全军、全民办报的原则。⑤ 有关鲁艺华中分院的研究，刘则先和曹建林分别考察了它的创建缘由与历史作用。⑥

朱子文在考察江苏抗日根据地的教育改革后认为，根据地的教育注重干部教育和群众教育。干部教育通过创办学校、举办训练班和在职学习实

---

① 李小尉：《新四军苏中抗日根据地的"三冬"运动与社会动员》，《中国高校社会科学》2017年第1期。
② 吴云峰、房列曙：《论华中抗日根据地的优抚工作》，《安徽史学》2011年第4期。
③ 徐柏森：《论抗战戏剧的功能、形态及其历史影响——对新四军在盐城期间有关戏剧活动史实的回眸》，《文艺理论与批评》1997年第4期。
④ 许厚今：《新四军及华中抗日根据地报刊述论》，《安徽史学》2006年第6期。
⑤ 倪波、纪红：《苏中革命根据地的新闻出版业》，《南京大学学报（哲学社会科学版）》1995年第1期。
⑥ 刘则先：《鲁艺华中分院创建的缘由和功绩》，《盐城师范学院学报》1998年第1期；曹建林：《鲁艺华中分院的历史作用》，《档案与建设》2012年第5期。

现；群众教育方面，采取将私塾改为小学、说服学龄儿童入学、设立公立中学、开展冬学运动等举措；在教学内容上，主要为当时的民族战争服务。① 房列曙等研究了淮南抗日根据地的教育，涉及中学教育的艰难发展、新型小学教育的创办、创建干部学校、开展灵活多样的群众教育等。其中，淮南抗日根据地有中学 8 所，小学超过 740 所。根据地创办的各类学校，提高了根据地党员、干部和群众的文化水平和思想素质。②

华中抗日根据地社会文化方面的研究积累到了一定数量，但有影响力的成果还不是很多，未来需要突破就事论事的局限，在量的基础上实现质的突破。

六　总结与展望

华中抗日根据地研究经历改革开放以来 40 多年的发展，在资料整理与编辑、通史性著作出版和专题性研究方面都取得相当成就。尤其是各个根据地的通史和财政经济史研究成果较为丰富。不过，在党政军建设、社会与文化建设等方面，仍有很大的开拓空间。近年来，诸多年轻学者加入华中抗日根据地研究队伍，倾向于运用更广泛的史料，创新选题视角，注重历史的丰富性、复杂性和变化性，推出了一批质量较高的研究成果。较之起步较早、研究成果较多的陕甘宁边区、华北抗日根据地研究，华中抗日根据地研究呈现出热度渐升、新人辈出的可喜状况。2021 年，南京理工大学与《抗日战争研究》编辑部合作，举行了新四军与华中抗日根据地学术研讨会，产生了较大学术影响力。立足当下，展望未来，以下几个方面或是这一领域的研究增长点和可能趋向。

第一，注重中共中央决策与华中根据地具体发展情形的互动。中共中央的战略与决策指导和规定了华中抗日根据地各方面的发展，同时，中央的战略与决策在地方也有灵活运用的空间和实际落地的过程。中共中央的决策、部署和要求是动态的，根据形势的变化有所调整。各个地方的执行也有其独特的优势和困难。研究者需要更加注意各个层面资料的运用：一是中央层面资料的运用，如《中共中央文件选集》《建党以来重要文献选

---

① 朱子文：《江苏敌后抗日根据地的教育改革》，《南京师大学报（社会科学版）》1988 年第 1 期。

② 房列曙、姚尚右：《淮南抗日民主根据地的教育》，《中共党史资料》2006 年第 3 期。

编》等资料集，毛泽东、刘少奇等领导人的文集、军事文集、年谱、传记等；二是充分利用华中层面的资料，如《新四军·文献》《中共中央华中局》等资料集，项英、陈毅、饶漱石、赖传珠等新四军和华中抗日根据地领导人的资料；三是广泛收集各个根据地的资料，以及彭雪枫、黄克诚、粟裕、张云逸等各根据地领导人的史料。此外，地方档案、报刊、日记、回忆录等，都有助于我们增进对历史的丰富认知。研究者需要非常耐心地去爬梳和分析这些史料，比较其中对同一史事叙述的或大或小的差别，寻根溯源，观其流变，找到切入问题的合适角度和开展研究的有效方法。目前，部分研究以文件形式的指示、政策、报告为主，缺少在基层实践中的生动活泼的面相与案例，对于相关联的因素也较少涉及和探讨，在一定程度上导致各个根据地研究出现同质化倾向，这是需要避免的。总之，既要有宏观视野，又能落到实处，在根据地研究中不存在脱离中央的基层叙事，同时，真正高质量的基层叙事也一定是丰富多彩的。只有兼具开阔和纵深感的研究，才能站得住脚，推进学术，历久弥新。

第二，观照华中地区日伪和国民党军事、政治、宣传等各方面的活动，在多维度中推进华中抗日根据地研究。华中抗日根据地处于日伪包围之中，反"清乡"、反"扫荡"斗争激烈，国民党军与新四军的摩擦也此起彼伏。可以说，华中抗日根据地在大多数情况下都处于战斗状态或准备战斗状态，长久的巩固的安定时期较少。特别是根据地的军事斗争、货币斗争、统战工作等都需要在你来我往中呈现双方的角逐和发展变化。根据地的边界也处在不断变动的过程中，边界地带的交锋尤为激烈。因此，研究者需要放宽研究的视野，用联系的、比较的、动态的方法，而非孤立的方法来对待华中抗日根据地的史事。例如，在根据地较为巩固和不那么巩固的地方，减租减息、乡选、"三冬"运动等的开展进程都存在较大区别。

第三，加强华中抗日根据地与其他抗日根据地的比较研究，加强华中抗日根据地内八个根据地之间的关系研究。一般而言，较之北方的根据地，华中抗日根据地拥有更好的物质基础、更多的近在咫尺的大中城市，人民所受的教育水准相对高一些，同时也面临更强的日伪压力和更多的国民党军摩擦，尤其是沪宁杭地区，日伪军的力量尤其强大，据点众多。由上文有关"发展华中"战略的探讨可知，华中抗日根据地的发展较之华北也相对较迟，错过了日军占领华中地区后，第一时间利用民族主义发动民众、组织政权的窗口期，因此根据地的开创十分艰难。在华中抗日根据地内部，每个根据地因其所处的地理位置和经济状况不同、军政领导层的特点、新四军力量的强弱、日伪的占领情况等，巩固和发展程度也不一致。这些都需要扎实深入的个案研究予以推进，既注意共性，又展现更多的个性，以及其中的回环曲折，得出富有新意的结论。

第四，多从历史的和区域的视角研究华中抗日根据地。抗日根据地的创建和发展仅有数年时间，研究者需要从更长的时间维度和区域特点中观察根据地的各项事务，即注意历史的延续性和地域特点。如研究苏中和苏北抗日根据地的盐业时，需要往前追溯该地盐业发展的历史。根据地创建之后，当地面貌发生巨变，有的改变很彻底，有的是"旧瓶装新酒"。那么，对于"旧瓶"和"新酒"都要有相应的观照，不可偏废。有的政策措施是过渡性、渐进性的，其"承前"和"启后"的价值该如何判断。总之，我们不能割断历史的延续性，也不能脱离华中地方的实际来研究根据地。

第八章

华南抗战史

华南抗战历史的研究和资料的整理，起步较早。1945年抗战胜利后不久，国民政府军事委员会广州行营就组织编印了《广东受降纪述》（军事委员会委员长广州行营参谋处编，1946年）；广东省政府编译室编辑了《战时粤政：民国廿八年至卅四年九月一日》（广东省政府编译室编，1945年）；第七战区司令长官司令部参谋处编纂了《第七战区抗战纪实》（第七战区司令长官司令部参谋处编，1946年）；广东肃奸专员办事处编辑了《广东肃奸志》（广东肃奸专员办事处编，1946年）。此外，有云实诚编著的《粤战七年》（前锋报社1947年版）、杨应彬编撰的《八年抗战史料图解》（联美书店1947年版）等。但由于解放战争的爆发，这项工作受到一定影响。1949年中华人民共和国成立后，海峡两岸都有涉及华南抗战的文献或回忆录以不同形式发表，但较为零散。从大陆地区来看，这项研究真正受到重视并涌现成果较多的，是在改革开放以后，大约自20世纪80年代中期纪念抗战胜利40周年前后，华南抗战历史的研究真正起步，取得了一些阶段性成果。21世纪以来，研究工作进入新阶段，取得长足的进步。以下分两个阶段对相关研究略作梳理。

一 华南抗战史研究的两个主要阶段

（一）第一阶段：1980—1999年

这个阶段的研究是在"文化大革命"结束、拨乱反正之后，学界开始比较客观、全面地对待抗战历史。

在广东，这主要体现在两个方面。一是公正地评价抗战时期的中共广东党组织、华南抗日纵队及其主要领导人物。"文化大革命"前的反地方主义，尤其是"文化大革命"时的极"左"政策，使战时广东党组织和华南抗日游击队主要领导人基本受到不公正对待。"文化大革命"结束，才给战时广东党组织和游击队的主要负责人平反昭雪、恢复名誉、恢复工作，也才能对他们在抗战时期的历史功绩做出正确评价。

二是客观反映和评价广东国民党正面战场抗战的历史。过去对此极少提及，到 20 世纪 80 年代中期之后，才陆续有文章研究抗战时期广东国民党及国统区方面的情况。

这个阶段抗战史研究的主要力量是地方党史研究部门。这些部门集广东省内主要高校（中山大学、华南师范大学、广东省委党校、华南工学院等），以及广东省社会科学院、省档案馆、革命历史博物馆、省武装斗争史办公室等单位的相关教学、研究人员参与研究工作，较多的是从地方党史与地方史的视角切入。这些研究工作对还原中共党组织及游击武装、中共党组织及游击队的主要负责干部在抗战时期的活动和贡献发挥了很好的作用，开启了华南抗战历史研究学术化的新局面。

这个阶段的研究成果大致可以分为以下几类：

1. 中国共产党华南党组织与华南敌后战场研究

中共领导的华南敌后战场、敌后抗日根据地、抗战文化、重要历史人物是华南抗战历史的重要组成部分，对此，学界进行认真研究，取得若干代表性成果。1983 年，广东省委党史研究室就民主革命时期广东党史的重大事件、重大问题、重要会议、重要人物列出 185 个专题，由省市党史研究室、相关高校、省内相关社科研究机构分别承担，分工合作。抗战时期的课题，省委党史研究室陈逎赞、黄建新、袁小伦承担了《省港抗战文化》，刘树新承担了《中共南委、粤北省委被破坏的经过》，肇庆党史办承担了《抗日战争后期广东党组织对李济深的统战工作情况》。1983 年 12 月 2 日是东江纵队成立 40 周年，中共惠阳地委召开纪念大会，时任省委书记梁灵光，原东江纵队司令员曾生、政委尹林平、副司令员王作尧、政治部主任杨康华均出席会议，接着又在深圳、东莞、博罗、惠东、增城、龙门、海陆丰等地举行纪念大会。1985 年，又由省委党史研究室牵头，召开"对抗战前期省委工作评价"专题座谈会，为正确评价这一时期广东省委的各项工作打下了基础。

1985 年，广东省委党史研究室、广东省社会科学院、社会科学界联合会等单位联合主办"纪念抗战胜利四十周年"学术讨论会，这是广东省第一次召开全省性的抗战纪念学术研讨会,会后出版了论文集,主要涉及广东抗日救亡运动、华南抗日纵队、华南敌后战场、粤北会战、华侨和港澳同胞对广东抗战的支援、琼崖抗战等。① 1985年,广州市委党史研究室也主办了相同主题的学术讨论会,参会论文主要涉及广州抗日救亡运动、华南敌后战场、广州人民抗日斗争、八路军广州办事处等。② 这两本论文集是关于广东、广州抗战研究较早的成果。1988年,广东省委党史研究室又主办了"纪念东江纵队成立四十五周年"学术讨论会。

1984年12月,《东江纵队史料》由广东人民出版社出版,1985年7月该社又推出正式版《东江纵队史》。该书由华南师范大学政治系黄慰慈(后调广东省委党史研究室工作)、冯鉴川、张正等执笔。1986年9月,琼崖武装斗争史办公室主持编写的《琼崖纵队史》由广东人民出版社出版。该书较好地解决了琼崖纵队历史上一些有争议的问题,即纵队领导层在琼崖纵队发展的过程中曾对一些重大问题出现分歧和争议,使纵队遭受了一些损失。这是工作上的认识偏差和失误,还是两条路线的斗争?经过广泛调研,并召开琼纵老同志的座谈会,大家达成共识,不把问题归结为两条路线的分歧,也不在书中点名批评曾任琼崖特委书记的林李明。③ 自1986年12月至1996年,相关著作陆续出版,华南抗日游击纵队各部分的历史编纂都得以顺利完成。④

1993年,中共广东省委党史研究室选编的《广东党史研究文集》出版,其中第3册为抗日战争时期,该书以专题论文的形式,从党的组织、主要游击部队、各抗日民主政权、统战工作、文化工作等不同角度论述了此时期广东党史的内容。作者多为省委及各地市党史研究室的研究人员,他们曾经承担相关专题的调研访谈工作,有较为充分的积累。例如《抗日

---

① 广东省中共党史学会编:《广东抗战史研究:纪念抗日战争胜利四十周年论文集》(以下简称《广东论文选编》),广东人民出版社1987年版。

② 《纪念抗日战争胜利四十周年学术讨论会论文选编》(以下简称《广州论文选编》),广州市委党史研究室1986年印行。

③ 参见陈遐趱《广东党史工作十年回顾》,中共广东省委党史研究室1999年版,第25—31页。

④ 深圳市委党史办、东江纵队港九大队史征集编写组:《东江纵队港九大队六个中队队史》,广东人民出版社1986年版;《东江纵队史》编写组编:《东江纵队史》,广东人民出版社1995年版;中共汕头市委党史研究室、中共梅州市委党史研究室编:《韩江纵队史》,广东人民出版社1995年版;中共湛江市委党史研究室编:《南路人民抗日斗争史料》,广东人民出版社1996年版;中共江门市委党史研究室编著:《广东人民抗日解放军史》,广东人民出版社1996年版。

战争时期的中共广东省委》《中共南委、粤北省委被破坏的经过》的作者刘树新，就曾负责南委事件的走访复查工作，是了解这一事件最为全面的学者。谢毕真、黄建新、胡提春、陈支平、李森祥、唐昆宁等作者的有关论文，对潮梅、东江、北江、中共特别支部等党组织，对东江纵队、珠江纵队、韩江纵队、广东人民抗日解放军以及潮汕、南路等地的武装斗争，对东江、琼崖等地区抗日民主政权的建设都做了专门论述。[1] 1994 年，由广东省人民武装斗争史编纂委员会组织学者撰写的《广东人民武装斗争史》（5 卷）出版，其中第 3 卷研究抗日战争时期，从抗日武装的创建和敌后游击战争的开展、抗日根据地和抗日民主政权建设、各主要抗日游击部队的发展壮大等方面，较好地再现了中共领导的广东人民抗日武装成长壮大的史实。[2] 1999 年，《中国共产党广东地方史》第 1 卷出版，该书以近 200 页的篇幅，利用大量档案史料与当事人访谈记录，对抗战时期中共广东党组织的工作做了较为系统的论述，成为研究这一时期中共广东党史的权威性著作。[3]

华南抗战中共人物研究亦取得重大进展。1984 年，陆永棣、刘子健合著的《方方》由广东人民出版社出版；1992 年，东江纵队司令员曾生的《曾生回忆录》由解放军出版社出版；1994 年，关于东江纵队政委尹林平的专题资料《尹林平》由广东人民出版社出版；1991 年，关于东江纵队副司令员兼参谋长王作尧的专题资料《怀念王作尧将军》由广东人民出版社出版；1994 年，关于东江纵队政治部主任杨康华的专题资料《怀念杨康华》由广东人民出版社出版；1994 年，关于珠江纵队司令员林锵云的专题资料《怀念林锵云同志》由广东人民出版社出版；1995 年，刘田夫（曾任第四战区中共特支书记）的《刘田夫回忆录》由中共党史出版社出版；1998 年，关于抗战时期第一任广东省委书记张文彬的专题资料《怀念张文彬》（叶文益主编）由中共广东省委党史研究室印行。

陈弘君、官丽珍论述了周恩来在指导华南敌后游击战争、促进统一战线方面的贡献。[4] 莫振山从推动建立广州地区的抗日民族统一战线、对海

---

[1] 中共广东省委党史研究室编：《广东党史研究文集》第 3 册，中共党史出版社 1993 年版。
[2] 张正、冯鉴川、郑可益：《广东人民武装斗争史》第 3 卷，广东人民出版社 1995 年版。
[3] 中共广东省委党史研究室编：《中国共产党广东地方史》第 1 卷，广东人民出版社 1999 年版。
[4] 陈弘君、官丽珍：《周恩来与华南抗战》，《抗日战争研究》1998 年第 3 期。

外华侨和香港各界的统战工作、支持华南抗日武装斗争、领导香港抗战文化工作、秘密大营救的总指挥等方面论述了廖承志对华南抗战的贡献。[1] 据卢权考证，叶挺曾在 1938 年 12 月回到广东短暂出任东路总指挥部副指挥职务，在深圳设立指挥部，积极扩充抗日武装，但因蒋介石极力阻挠而重返新四军。[2]

这期间，若干阐述中共在华南抗战中的地位、作用、贡献的论文先后问世。曾生等回顾了东江纵队创建和发展壮大的过程；[3] 张正论述了东江纵队在抗击日伪、国际反法西斯合作方面的历史地位；[4] 黄慰慈、李慰祖对东江解放区路东抗日民主政权及琼崖纵队的建立与历史功绩做了较为深入的探讨。[5] 曾庆榴等论述了中共领导下的华南抗日武装建立与发展的历程及其贡献；[6] 陈永阶以较大篇幅论述了中共琼崖党组织在抗战时期发展壮大的脉络。[7] 钟钦正、袁小伦梳理了八路军驻广州办事处的史实。[8] 李军晓对八路军驻香港办事处的性质、作用、地位等进行了探讨。[9] 曾博先、罗永平根据中央档案馆档案等资料梳理了抗战初期张云逸在华南开展统战工作的情况。[10] 郑可益、黄振位论述了华南敌后战场的开辟及其重要历史地位。[11]

---

[1] 莫振山：《廖承志与华南的抗日救亡工作》，《暨南学报（哲学社会科学版）》1989 年第 3 期。
[2] 卢权：《叶挺广东抗战二三事》，《抗日战争研究》1993 年第 3 期。
[3] 曾生：《东江纵队与反法西斯战争》，载《广东论文选编》；邬强、黄业：《东江纵队》，《军事历史》1984 年第 2 期。
[4] 张正：《东江纵队在反法西斯战争中的地位和作用》，《华南师范大学学报（社会科学版）》1985 年第 3 期。
[5] 黄慰慈：《东江解放区路东抗日民主政权》，《惠阳师专学报（哲学社会科学版）》1983 年第 1 期；黄慰慈、李慰祖：《琼崖抗日根据地的建立及其历史作用》，《华南师范大学学报（社会科学版）》1985 年第 3 期。
[6] 曾庆榴、陈弘君、罗慰年：《中国共产党领导的华南抗日武装的建立、发展及其历史贡献》；冯鉴川：《华南抗日纵队的建立及其历史贡献》，均见《广东论文选编》。
[7] 陈永阶：《琼崖革命根据地斗争史概述》，《中山大学学报（哲学社会科学版）》1982 年第 4 期。
[8] 钟钦正、袁小伦：《八路军驻广州办事处的建立及其历史功绩》，载《广州论文选编》。
[9] 李军晓：《八路军驻香港办事处述略》，《抗日战争研究》1997 年第 3 期。
[10] 曾博先、罗永平：《抗战爆发前后张云逸在华南从事的统战工作》，《中南民族学院学报（哲学社会科学版）》1985 年第 2 期。
[11] 郑可益：《论华南敌后抗日战场的开辟及其历史贡献》，《华南师范大学学报（社会科学版）》1995 年第 3 期；黄振位：《论华南敌后抗战的历史地位》，《广东社会科学》1995 年第 4 期。

广东青年的抗日救亡组织与救亡运动是新时期学者们关注较早的选题。普文论述了1937—1940年初普宁地区青年抗日救亡运动,黄义祥探讨了广东青年抗日先锋队投身轰轰烈烈的抗日斗争的史实。①陈恩等从更大的范围对广东青年抗日先锋队在宣传和动员抗战、组织抗战进步力量方面的作用做了较为系统的梳理,此文有的作者本身就是当年青抗先的活跃人物。②张江明、曾建昭从战时青年运动与武装斗争的角度,指出抗战时期广东青年运动在中共的领导和指导下,密切配合武装斗争,范围广,形式多样,贯穿于整个抗战时期,发挥了积极的作用。③任贵祥论述了华侨对中共抗日斗争做出的贡献。④钟钦正从组织游击武装袭击敌伪、建立地下交通站、搜集情报筹集经费、对学生工人工作、开展抗日宣传等方面概述了广州人民的抗日斗争。一些学者就广州地区的青年、劳工、妇女界参加抗日斗争的情况进行了研究。⑤

2. 国民党华南抗战研究

沙东迅对粤北第一次会战前华南正面战场的形势、会战经过进行考述,对这次会战做了较为客观的评价。陈阳、林俊聪探讨了1938年6月的南澳抗战。⑥卜穗文介绍了惠广战役后段的增城正果之战。⑦梁山等学者第一次全面论述了广东正面战场作战,把广东正面战场分为三个阶段,对各个阶段的战况进行了概述,也分析了华南正面战场抗战的局限性。⑧张晓辉评析了广东正面战场的作战策略与指导思想、战略相持阶段广东正面

---

① 普文:《普宁抗日救亡运动三年》,《学术研究》1980年第4期;黄义祥:《战斗在南海之滨的广东青年抗日先锋队》,《学术研究》1981年第3期。
② 陈恩、唐健、温盛湘等:《广东青年抗日先锋队的战斗历程》,《学术研究》1982年第3期。
③ 张江明、曾建昭:《抗战时期广东青年运动与武装斗争》,《广东青年职业学院学报》1995年第1期。
④ 任贵祥:《华侨对华南抗日斗争的贡献》,《党史研究与教学》1988年第5期。
⑤ 钟钦正:《广州人民的抗日斗争》;黄穗生:《抗战初期广州青年的抗日救亡运动》,均见《广东论文选编》。广州工运史办公室:《关于抗战初期广州市劳工干部训练班的一些情况》;广州市妇运史小组:《在广州沦陷区坚持妇女工作的女共产党员》,均载《广州论文选编》。
⑥ 沙东迅:《试论粤北第一次会战》;陈阳、林俊聪:《南澳抗战的经过及其历史意义》,均见《广东论文选编》。
⑦ 卜穗文:《抗日战争时期的增城正果之战》,载《广州论文选编》。
⑧ 梁山、王付昌、钟海谟:《抗日战争时期的广东正面战场》,《中山大学学报(哲学社会科学版)》1988年第3期。

战场的特点、广东正面战场的地位与作用。①

关于华南国民党抗战人物的研究也开始受到关注。倪俊明主编的《广东近现代人物词典》提供了包括国民党抗日将领在内的许多战时华南地区各方人物的基本情况和线索，颇具参考价值。② 沙东迅研究了战时广东省主席李汉魂抗战时期的活动及作用。③ 左双文讨论了出任第四战区司令长官后的张发奎在两广抗战中的作用与地位问题。④

张晓辉探讨了日本以各种手段对广东实行经济封锁与广东对敌经济反封锁问题，以及在抗战前期国统区存在的粤港贸易线问题，指出这条以香港为枢纽的南方外贸运输线，对于维持战时国统区的经济发挥了重要作用。⑤

3. 日本在华南的侵略罪行、战争破坏研究

曾庆榴、官丽珍叙述了日本对广东的大规模轰炸与袭扰情况。⑥ 沙东迅揭露了日军占领广州前在粤的种种罪行及日军在华南进行的细菌战、化学战问题。⑦ 符和积考察了日军在海南所犯种种暴行。⑧

关于日军在华南地区的经济掠夺、经济统制、走私活动，较早进行这方面研究的是彭梅娇，她从金融、工业、商业、交通运输四个方面揭露了日本对广州的经济侵略。⑨ 黄菊艳在对日本侵粤造成的经济损失进行梳理后指出，战时日本侵略者对广东沦陷区的工业、商业、金融业实施全面统制和经济掠夺，以使这些地区的经济纳入其战争经济体系。⑩

---

① 张晓辉：《论抗日战争中的广东国民党战场》，《暨南学报（哲学社会科学版）》1996 年第 4 期。
② 广东省中山图书馆、广东省珠海市政协编：《广东近现代人物词典》，广东科技出版社 1992 年版。
③ 沙东迅：《抗日战争时期的李汉魂》，《学术研究》1995 年第 1 期。
④ 左双文：《张发奎与两广抗战述论》，《抗日战争研究》1995 年第 4 期。
⑤ 张晓辉：《论抗战战略相持阶段广东的对敌经济反封锁》，《暨南学报（哲学社会科学版）》1994 年第 4 期；张晓辉：《抗战前期的粤港贸易线》，《广东社会科学》1995 年第 5 期。
⑥ 曾庆榴、官丽珍：《侵华战争时期日军轰炸广东罪行述略》，《抗日战争研究》1998 年第 1 期。
⑦ 沙东迅：《日军在全面进攻广东前对广东的侵扰及广东军民的反侵扰斗争》，《广东史志》1999 年第 4 期；沙东迅：《侵华日军在粤进行细菌战之概况》，《抗日战争研究》1996 年第 2 期；沙东迅：《侵华日军也曾在粤进行化学战》，《抗日战争研究》1998 年第 4 期。
⑧ 符和积主编：《铁蹄下的腥风血雨——日军侵琼暴行实录》，海南出版社 1995 年版。
⑨ 彭梅娇：《抗日战争时期日本对广州的经济侵略》，载《广州论文选编》。
⑩ 黄菊艳：《日本侵略者对广东的经济掠夺与经济统制》，《广东社会科学》1996 年第 4 期；黄菊艳：《抗日战争时期广东经济损失初探》，《广东史志》1998 年第 2 期。

黄增章、袁琍芬对广州沦陷时期敌伪的主要报纸《广东迅报》《中山日报》《民声日报》《南粤日报》等做了介绍，并订正了某些回忆录中记忆失误之处。① 郑泽隆利用相关档案资料对日伪在粤统治的若干问题加以考察，如日军华南宪兵队在沦陷区的宪警统治、日伪当局在广东占领区的奴化宣教政策及其罪恶活动，并对汪伪政权在广东的傀儡统治做了概述。②

4. 抗战时期的香港、澳门研究

这方面较早的成果是马鼎盛、朱生灿、曾建昭、关卫等人关于香港战役、省港大营救及香港、澳门同胞踊跃回国参加抗战及其曲折经过的研究。③ 马鼎盛对日军进攻香港后英军抵抗的经过及香港很快陷落的原因做了较有深度的分析，对驻港英军的抵抗努力给予相应的肯定。④ 黄建新、莫振山论述了中共在香港的抗战文化活动。⑤ 袁小伦则从中共与省港抗战文化视角展开讨论。⑥ 随着香港、澳门回归的临近，学者们对民国时期港澳未能收回的问题进行探讨。刘存宽、刘蜀永认为，国民政府未能收回香港的原因在于英国顽固的殖民主义立场和国民政府外交上的软弱。⑦ 左双文对抗战胜利前后国民政府中央与广东地方当局在澳门问题上的谋划及未能收回的原因做了分析。⑧ 抗战初期，大量内地难民来港，张丽认为，难民潮的出现，一方面加重了香港政府和香港社会各阶层的压力，另一方面也给香港社会注入了活力。⑨ 1997年，广东省委党史研究室陈弘君、李淼祥、袁小伦主编的《香港与中国革命》一书由广东人民出版社出版，其中

---

① 黄增章、袁琍芬：《广州沦陷时期敌伪报纸述要》，《中山大学学报（哲学社会科学版）》1987年第1期。

② 郑泽隆：《齐藤美夫与日寇在华南的宪警统治》，《广东党史》1997年第5期；郑泽隆：《日伪政权在广东的奴化宣教述略》，《广东史志》1999年第3期；郑泽隆：《汪精卫与广东伪政权》，《广东党史》1998年第4期。

③ 马鼎盛：《香港战役十八天》，《广东社会科学》1985年第3期。朱生灿等：《香港沦陷后，抢救文化界人士、爱国民主人士和国际友人的斗争》；曾建昭、胡裕农：《香港青年学生对广东抗战的贡献》，均见《广东论文选编》。关卫：《澳门四界救国会回国服务团参加抗日救亡运动的概况》，见《广州论文选编》。

④ 马鼎盛：《香港战役十八天》，《广东社会科学》1985年第3期。

⑤ 黄建新、莫振山：《中国共产党在香港的抗战文化活动》，《中共党史研究》1988年第6期。

⑥ 袁小伦：《中国共产党与省港抗战文化活动》，《近代史研究》1992年第2期。

⑦ 刘存宽：《1942年关于香港新界问题的中英交涉》，《抗日战争研究》1991年第1期；刘存宽：《英国重占香港与中英受降之争》，《抗日战争研究》1992年第2期；刘存宽、刘蜀永：《1949年以前中国政府收复香港的尝试》，《历史研究》1997年第3期。

⑧ 左双文：《抗战胜利前后中国收回澳门的谋划与流产》，《近代史研究》1999年第6期。

⑨ 张丽：《抗日战争时期香港的内地难民问题》，《抗日战争研究》1994年第4期。

关于抗战时期的论文有杨建《"一二九"前后香港的抗日救亡运动与中共组织的重建》、罗修湖《八路军驻香港办事处》《"七七"事变后香港的抗日救亡运动》、官丽珍《港九大队述略》、梁洪浩《华商报史略》，以及曾建昭、谭力浠、朱生灿、袁小伦等与前述研究接近的论文。莫世祥、陈红的《日落香江——香港对日作战纪实》是内地第一部较为系统介绍香港对日作战的著述。① 左双文对抗战时期中共在澳门的活动及定位做了评析。② 郭昉凌归纳了澳门在抗战中的特殊地位和作用。③

（二）第二阶段：2000—2021 年

自 2000 年开始，华南抗战史的研究进入发展和比较繁荣的时期，取得了一系列新进展。

1. 华南抗战历史的综合研究

左双文的《华南抗战史稿》是一本相对综合地讨论华南抗战历史的专著。④ 沙东迅的《粤海抗战史谭——沙东迅广东抗战史学论文选集》是一本论文集，内容主要涉及侵华日军在粤罪行、广东军民的抗日斗争、抗战时期的广东国民党当局、国统区及国民党正面战场的作战等。⑤ 此外，沙东迅以"纪事"的形式，依时间顺序逐条呈现了 1937—1945 年广东抗日战争的方方面面。⑥

2014 年，由沙东迅主编，沙东迅、左双文、王涛、王付昌等编纂的《广东通史》抗战部分出版，⑦ 这一部分约 6 章 70 万字，对抗战时期的广东历史做了较为全面的研究，包括救亡运动在广东的开展、华南正面战场的抗战、中共党组织与华南敌后战场、日军侵粤与日伪在广东沦陷区的统治、港澳同胞与海外华侨对广东抗战的支援、战时的广东社会等内容。

2015 年，由广州市文化广电新闻出版局主持的《广州抗战史》一书出版，全书 9 章 43 万字，以翔实的史料，对广州抗战历史做了较为全面

---

① 莫世祥、陈红：《日落香江——香港对日作战纪实》，广州出版社 1997 年版。
② 左双文：《民主革命时期中国共产党在澳门的活动》，《中共党史研究》1999 年第 5 期。
③ 郭昉凌：《试论澳门在广东抗战中的地位和作用》，《湛江师范学院学报》1999 年第 4 期。
④ 左双文：《华南抗战史稿》，广东高等教育出版社 2004 年版，2015 年以《华南抗战史》书名修订再版。
⑤ 沙东迅：《粤海抗战史谭——沙东迅广东抗战史学论文选集》，中国文史出版社 2005 年版。
⑥ 沙东迅编著：《广东抗日战争纪事》，广州出版社 2004 年版。
⑦ 方志钦、蒋祖缘主编：《广东通史》（现代下册），广东高等教育出版社 2014 年版。

的梳理。① 2017年，朱姝璇出版了研究华南抗日游击队历史的专著。②

2016年，左双文承担国家社会科学基金重大项目"华南抗战历史文献的整理与研究"，分为5个子课题，有老中青学者及硕博士研究生数十人参加，已在《历史研究》《近代史研究》《中共党史研究》《抗日战争研究》《学术研究》等权威及核心期刊发表论文30篇，其他报刊13篇，《新华文摘》全文转载3篇，出版大型史料集《华南抗战时期史料汇编》第1辑（50册，广东教育出版社2019年版）。2019年和2020年，项目组召开两次华南抗战史学术研讨会。

2. 中国共产党与华南抗战研究

（1）关于华南敌后战场和华南敌后抗日根据地

如果说上一阶段的研究主要强调其存在及其重要意义，这个阶段的一些研究则开始进一步探讨其为什么得以存在？以何种方式存在？为何要选择这样的方式存在？与其他的区域和方式比较，有些什么新的创造和不同特点？意义何在？在这方面，李翔、李坤睿、钟健等人的研究做出了新的开拓。李翔指出，中共华南党组织最终在东宝惠成功建立起抗日根据地，是经过反复考量、反复实践，在错综复杂的对敌斗争中不断尝试、不断争取的结果，而不是一开始就清楚明确、一步到位的。③ 李坤睿将琼崖游击纵队视为中共抗日武装在与上级相对隔绝的环境下自主斗争的一个重要范本，对琼崖特委和琼崖游击队由琼东北到琼文迁到琼西北的美合、再由美合迁回琼文、再由琼文迁到琼西北六芹山这三度迁址的内在原因做了深度考析。④ 抗战后期，中共中央提出"发展华南"、建立五岭根据地的战略设想，派出八路军南下支队远道南征，调动华南游击纵队北上配合。黄正林、李翔等对此进行考察，对该计划的战略价值、计划的实施与由于时局突变而做的调整，以及八路军南下与东江纵队北上的利弊得失，做了恰如其分的分析和评述。黄正林指出，1944年日军发动"一号作战"后，中共中央确立向南发展的战略，意图是在湘粤边建立敌后抗日根据地，打通华北、华中和华南的战略通道，并决定由八路军三五九旅主力南下执行这

---

① 广州市文化广电新闻出版局（版权局）编：《广州抗战史》，广东人民出版社2015年版。
② 朱姝璇：《华南人民抗日游击队史》，江苏人民出版社2017年版。
③ 李翔：《东江抗日根据地选址考析》，《历史研究》2019年第1期。
④ 李坤睿：《三迁择路：抗日战争时期中共琼崖根据地选址问题研究》，《中共党史研究》2019年第6期。

一战略。三五九旅到达湘粤边地区时，日本宣布投降，失去建立敌后抗日根据地的条件。中共中央为增加与国民党在重庆谈判的筹码，决定让出广东至河南。该事件折射出抗战胜利前后，中共中央根据国内外形势的变化适时调整战略，在向南发展的条件失去后，立即做出向东北发展的战略决策，并取得成功。①

中共华南抗日武装斗争的发展，经历了从打国民党旗号、重视与国民党的统战合作到独立自主的过程。对此，杨新新、钟健、尹智博等从不同侧面做了论述。杨新新指出，华南抗战前后，由于未掌握正式军事武装，加之需要利用与国民党地方军政当局的统战关系加紧组织的恢复与重建，导致一段时期内中共广东党内部"重统战工作，轻武装斗争"等倾向始终存在，以致东江等地中共领导的敌后抗日游击武装的建立与初期发展，充满反复与挫折。太平洋战争爆发后，国际国内形势发生变化，国共两党在广东关系公开破裂。中共广东地方党最终放弃此前统战国民党地方当局的"幻想"，彻底走上独立自主开展敌后游击战争之路。②钟健认为，全民族抗战时期，中共中央对华南的战略定位不在军事层面。在日军尚未侵入广东前，中共广东省委没有发展武装的空间，唯有利用统一战线围绕国民党的军队、自卫团、壮丁队开展工作；日军侵粤后，才创建武装，开展敌后游击战。省委最初较为注重通过统一战线和平发展武装，广东统一战线破裂后才开始独立自主发展武装，把重心转向战区和敌后，东江、琼崖和珠三角抗日游击队积极开展敌后游击战，并由此创建根据地。③尹智博、左双文指出，从1940年到1943年，国民党广东当局与中共东江抗日武装接连发生三次大规模武装冲突。在这些斗争的背后，既有中共中央在方针与决策上的指挥，又有国民党中央、日伪势力等混杂其中，映射出这一时期广东国共斗争的复杂性。④

---

① 黄正林：《中国共产党的战略选择与八路军三五九旅南征问题研究》，《近代史研究》2021年第5期；李翔、李添华：《抗战胜利前后五岭根据地计划的提出与放弃》，《中共党史研究》2016年第7期。

② 杨新新：《在"统战"与"敌后游击"间徘徊：中共东江抗日武装的建立及发展（1938—1943）》，《中共党史研究》2018年第2期。

③ 钟健：《从统战到自主：中共广东省委开展武装工作的历史考察（1938—1942）》，《抗日战争研究》2020年第3期。

④ 尹智博、左双文：《中共东江抗日武装发展过程中的国共斗争》，《中共党史研究》2021年第4期。

胡航认为，抗战时期的珠江三角洲并不是一个适合开展敌后武装斗争的地区，但中共仍坚持在这一地区开展武装斗争，在当地国民党及日伪的压力下，为了在斗争环境恶劣的珠三角地区生存和发展，中共对国民党与日伪采取了灵活务实的应对策略，并由此呈现出与华北、华中乃至一江之隔的东江地区不同的斗争形态。①

（2）中共在国民党部队、沦陷区及对华侨港澳同胞的工作

在华南，有不少共产党人在国共合作统一战线的前提下加入国民党军队，一致对外。曾庆榴考察了国民党、共产党、第三党成员在余汉谋部队合作从事抗日工作的史实。②左双文概述了中共在华南沦陷区的抗日斗争。③赵峥以东江华侨回乡服务团为例，探讨战时中国共产党的侨务工作。④游海华对华侨与港澳同胞在东江的抗日活动做了较为细致的研究，特别强调了这些活动对于中共在该地区的发展具有的重要意义。⑤

（3）中共在华南各地组织的发展及抗战动员与文化活动的研究

全民族抗战初期，中共广东党组织经历了由城市向农村、由点及线再到面的发展过程，短时间内由1000余人发展到18000余人。但广东党组织在快速发展中，也存在着关门主义、拉夫式发展、部分新党员素质不高、干部缺乏、新干部思想动摇等问题。党组织通过举办党员干部训练班，对下级组织开展巡视等措施，加强党的建设，为华南抗日游击战争的开展奠定了坚实基础。⑥叶文益认为，中共在华南抗战中实现了前所未有的广泛而深入的社会政治动员。⑦沈成飞论述了战时中共广东组织的基层

---

① 胡航：《抗战时期中共在珠三角地区的生存与斗争》，《广东党史与文献研究》2019年第6期。
② 曾庆榴：《共产党人在广东参加国民党军队抗日的若干史实》，《岭南学刊》2005年第5期；《抗战时期国民党、共产党、第三党成员在余汉谋部的合作》，《广州大学学报（社会科学版）》2006年第5期。
③ 左双文：《中共在华南沦陷区的抗日斗争》，《日本侵华南京大屠杀研究》2021年第2期。
④ 赵峥：《抗战时期中国共产党侨务工作探微——以东江华侨回乡服务团为例的分析》，《华侨华人历史研究》2020年第3期。
⑤ 游海华：《华侨和港澳同胞在东江的抗日活动》，《军事历史研究》2020年第3期。
⑥ 刘杉：《抗战初期中共广东党组织的发展与巩固》，《党史与文献研究》2018年第2期。
⑦ 叶文益：《中国共产党在华南抗战中的社会动员》，《广东党史与文献研究》2019年第3期。

统战工作，以及对国民党基层保甲制度的利用和渗透。[1] 叶文益的专著以专章对广东的救亡报刊、国统区进步报刊、抗日根据地报刊、港澳报刊的抗日宣传做了系统论述。[2] 袁小伦在之前研究的基础上对中共与省港抗战文化做了更广泛深入的考察。[3]

（4）华南中共抗战人物研究

张文彬是抗战前期广东党组织的主要负责人，1942年粤北事件时被捕，在狱中病逝。叶文益经过广泛的调查研究，出版了40余万字的张文彬传记。[4] 刘子健概述了抗战后一阶段广东党和军队的主要负责人尹林平的历史功绩。[5] 方向平还原了华南游击战争主要指挥员梁鸿钧抗战期间的战斗历程。[6]

3. 华南抗战的国民党方面研究

（1）华南抗战正面战场及国统区的研究

魏宏运对日军发动全面进攻时广东军政当局应对不力的情况及其深刻教训做了论述。[7] 邓荣元指出，抗战时期的粤北在物资补给、兵员征调、牵制日军等方面意义重大。[8] 严兴文从中日两个方面分析了第二次粤北会战中国军队获胜的原因，主要有日军的战线较长，山地作战辎重装备优势不明显，补给受限；国民党爱国官兵能奋勇抗敌，粤北民众积极配合。[9] 廖伟群对潮汕正面战场抗战的阶段划分与全国抗战不同的特点、潮汕抗战在策应主要战场、牵制敌人兵力、向南方各省输送战略物资等方面的意义做了有说服力的分析。[10] 沙东迅认为，战时国民党在广东的活动，既有动员和宣传抗战的一面，又有"限共""反共"的一面。[11] 唐富满、欧阳湘

---

[1] 沈成飞：《抗战时期中共广东政权与国民党保甲制度》，《中共党史研究》2009年第4期；《试论抗战时期中共广东党组织基层统一战线工作的策略》，《中共党史研究》2013年第7期。
[2] 叶文益：《广东革命报刊史（1919—1949）》，中共党史出版社2001年版。
[3] 袁小伦：《粤港抗战文化史论稿》，广东人民出版社2005年版。
[4] 叶文益：《张文彬传》，中共党史出版社2016年版。
[5] 刘子健：《临危受命的尹林平》，《广东党史》2009年第1期。
[6] 方向平：《梁鸿钧：碧血洒南粤的司令员》，《广东党史》2000年第4期。
[7] 魏宏运：《1938年羊城遭燹的罪责和教训》，《广东社会科学》2003年第3期。
[8] 邓荣元：《论粤北抗战基地的作用及其重大意义》，《学术研究》2005年第8期。
[9] 严兴文：《论抗战时期第二次粤北会战》，《韶关学院学报（社会科学版）》2006年第4期。
[10] 廖伟群：《抗日战争时期的潮汕正面战场》，《韩山师范学院学报》2017年第2期。
[11] 沙东迅：《抗战时期的广东国民党及其重要活动》，《广东史志》2001年第2期。

研究了战时广东的捐款献机运动。① 郑泽隆、张维缜分别梳理了抗战时期广东国统区的防谍肃奸工作与战后初期广东的受降接收工作。②

关于战时广东当局的军政关系与党务纠纷，出现了一些值得关注的成果。梁馨蕾对国民党内各派系及地方军政势力围绕广东党权展开的争斗进行梳理，对主持中央党务的朱家骅与把持省政的李汉魂之间的斗法着墨尤多，为了解国民党执政期间省级政治生态的基本特征提供了一种个案。③ 刘志鹏则从李汉魂与战时粤省党务的角度对之做了相对更为集中的梳理。④ 围绕过去研究较少的战时军方实力人物余汉谋，王英俊努力发掘新史料，对广东战前及战时余汉谋与陈济棠、余汉谋与李汉魂等的关系做了系列探讨，弥补了过去这方面研究的不足。⑤

（2）战时国民党在华南的基层社会治理、民众动员研究

沈成飞对抗战时期广东国统区的保甲制度做了系统研究，对保甲制与新县制、与户政等的关系、战时保甲长群体等做了探讨，指出在战时国民政府保甲行政的主要目的，乃是将每一个百姓纳入战争的资源网络，保甲长作为国家权力在最基层能否有效贯彻的工具，职责繁重，但地位和待遇问题始终未能得到相应解决，影响了其实际效能的发挥。⑥ 化贯军认为，由于干部工作的乏力，造成新县制实施的人力资源匮乏，甚至吏治腐败，政风恶劣。⑦ 李浩系统梳理了国民党广东当局在民众武装的组训与运用方

---

① 唐富满、欧阳湘：《抗战时期广东捐款献机运动述论》，《抗日战争研究》2013 年第 2 期。
② 郑泽隆：《抗战时期广东国统区防谍肃奸斗争述评》，《民国档案》2003 年第 3 期；张维缜：《战后广东受降初探》，《历史教学（高校版）》2007 年第 9 期。
③ 梁馨蕾：《抗战时期粤省政局的权力博弈与政治生态》，《南京大学学报（哲学·人文科学·社会科学）》2018 年第 4 期。
④ 刘志鹏：《李汉魂与抗日战争时期国民党粤省党务》，《中国地方志》2021 年第 4 期。
⑤ 王英俊：《日军侵粤前夕的广东军政关系》，《民国档案》2019 年第 2 期；王英俊：《1944—1945 年广东军政关系再探》，《抗日战争研究》2019 年第 3 期。
⑥ 沈成飞：《抗战时期的广东保甲制度》，人民出版社 2015 年版；沈成飞：《抗战时期广东国统区新县制的推行》，《历史教学（高校版）》2008 年第 7 期；沈成飞：《试论抗战时期广东国统区户政之推进——兼论其对国民党保甲制推行的影响》，《学术研究》2009 年第 5 期；沈成飞：《抗战时期广东国统区保甲长群体研究》，《抗日战争研究》2009 年第 4 期；沈成飞：《国家权力和乡村势力间的调适与冲突——抗战时期广东黄冈保甲示范乡透视》，《中山大学学报（社会科学版）》2006 年第 2 期。
⑦ 化贯军：《地方治理与人力塑造——试论抗战时期广东省新县制的实施与干部训练》，《中山大学学报（社会科学版）》2011 年第 4 期。

面的情况与得失。① 夏蓉考察了"广东省新生活运动妇女指导委员会"与广东妇女界抗日救亡工作的关系。②

（3）华南国民党抗战人物的研究

左双文对蒋介石与华南抗战的关系进行考察后指出，1936年两广"六一事变"之后，国民党中央恢复对广东的实际控制，蒋介石开始了对广东军政的具体领导和指导。期间，蒋介石对协调广东军政、指导对日布防投入一定心力，曾设想以华南为第二大抗日基地，并捐弃前嫌，起用了一批曾在内战期间参与反蒋的粤系将领。但对于日军大举侵粤，蒋介石在判断与指导上存在明显失误，对华南地区的人事安排和调整未能尽如人意。③ 左双文结合口述史料的可靠性问题对余汉谋、李汉魂、薛岳等人的评价问题做了探讨。④ 郑泽隆发表一系列关于李汉魂研究的论著，既对抗战时期李汉魂军政方面的作为及发挥的正面作用做了较为全面的评述，也注意到了李汉魂在战时"反共"较为坚决的一面，以及在省主席任内对粤省军政矛盾和企图把持党务方面应负的责任。⑤ 夏蓉对李汉魂夫人吴菊芳战时在广东的活动做了梳理。⑥ 2006年，倪俊明、蒋志华等编纂出版了《张发奎将军》大型图传；2012年，张发奎晚年在哥伦比亚大学的口述史《张发奎口述自传》大陆版出版。⑦

（4）抗战时期华南国统区的经济、社会、文化研究

张晓辉等进一步拓展了战时国统区及粤港澳地区经济方面的研究，包括战时的南方外贸运输线、战时国民政府的驻港企业、战时广东省银行农

---

① 李浩：《军民合作下国民党在广东的民众武装工作——以广东民众抗日自卫团为例》，《抗日战争研究》2019年第4期。
② 夏蓉：《"省新运妇委会"与战时广东妇女界的抗日救亡工作》，《广东社会科学》2004年第6期。
③ 左双文：《蒋介石与华南抗战》，《近代史研究》2015年第6期。
④ 左双文：《抗战史事的"自述"与"他述"——以战时粤系军人相关的几则史事为例》，《学术研究》2017年第2期。
⑤ 郑泽隆编：《军人从政——抗日战争时期的李汉魂》，天津古籍出版社2005年版；《抗战初期李汉魂在潮汕的守土御敌活动述评》，《广东史志》2003年第1期；《抗战时期广东国统区的禁赌：缘起、历程与成效》，《华南理工大学学报（社会科学版）》2004年第3期；《李汉魂与抗战时期广东救侨护侨述评》，《广州大学学报（社会科学版）》2006年第3期。
⑥ 夏蓉：《新女性与抗日战争——以吴菊芳为例》，《广东社会科学》2019年第5期。
⑦ 倪俊明、蒋志华：《张发奎将军》，珠海出版社2006年版；胡志伟译注：《张发奎口述自传：国民党陆军总司令回忆录》，当代中国出版社2012年版。

贷业务的开展及其作用、战时的食盐运销和粮食生产等问题。① 霍新宾在探究抗战时期广东国统区的粮食市场管理问题后指出，战前广东已形成较为完善的粮食市场机制，战时为保障粮食供应，采取行政与法律的手段管制粮食供销，在短时间内颇具成效，但由于政府限价背离市价，导致走私与黑市盛行，政府与粮商在反复博弈中达到一种非理想的动态平衡。② 粤汉铁路的物资运输和线路护卫情况是研究华南抗战交通首要问题。田兴荣论述了粤汉铁路在战略物资输送与人员运输方面的重要作用。③ 庞广仪考察了中日之间围绕粤汉铁路展开的攻防，以及国民政府为充分利用粤汉铁路的军运价值所做的努力。④ 袁丁、秦云周梳理了汕头沦陷后广东省银行在沟通潮梅汇路方面所做的努力、对增厚战时国家外汇储备的贡献，以及战时广东省银行与私营侨批业互利互惠的合作经营关系，指出这为充实正面战场的军备物资、赢取日伪发动的华南经济战乃至抗战的最终胜利做出了重要贡献。⑤

柯伟明近年在研究战前及战时广东财政金融史方面成绩颇著。他认为，在广东归政中央之后，出任财政厅厅长的宋子良采取多种措施，在筹集款项、废除苛捐杂税、整顿税务官吏和机构等方面取得显著成绩，但在券币比率、免征洋米税及营业税课税标准等重要问题上显得有心无力。他通过研究 1936—1937 年广东币制改革的券币比率之争指出，广东券币比率的最终确定，实质上是国家与地方之间经过反复博弈后达成的一种利益平衡，表明在中央强化集权、垄断金融的态势下，地方仍有争取利益的空间。他还对 1938 年广东省发行国防公债及各界积极响应取得较理想结果

---

① 张晓辉：《抗战前期国统区的南方外贸运输线》，《民国档案》2006 年第 4 期；张晓辉：《抗战时期国民政府驻港企业研究（1937—1941）》，《抗日战争研究》2009 年第 2 期；张晓辉、屈晶：《抗战时期广东省银行农贷研究》，《抗日战争研究》2011 年第 4 期；张晓辉、潘灯：《南京国民政府盐专卖时期的粤东区食盐运输（1942—1945）》，《中国社会经济史研究》2010 年第 1 期；张晓辉：《李汉魂与抗战时期广东粮食生产》，《军事历史研究》2017 年第 2 期。

② 霍新宾：《市场机制与政府行为——抗战时期广东国统区粮食市场管理的个案考察》，《抗日战争研究》2004 年第 2 期。

③ 田兴荣：《抗战时期粤汉铁路运输之考察》，《军事历史研究》2007 年第 4 期。

④ 庞广仪：《抗战期间正面战场对粤汉铁路攻防战略评述》，《西南交通大学学报（社会科学版）》2017 年第 1 期。

⑤ 袁丁、秦云周：《抗战期间广东省银行沟通潮梅汇路之研究》，《华侨华人历史研究》2020 年第 2 期；秦云周：《华南抗战时期广东省银行与私营侨批业经营关系研究》，《东南亚研究》2021 年第 5 期。

的情况做了探讨。①

关于战时广东经济损失及广东国统区工业重建、商业特殊繁荣等问题，一直深耕这一领域的黄菊艳在之前研究的基础上发表了新的系列论著。她指出，全民族抗战爆发后，广东省政府即着手进行抗战损失专项调查，1939年7月后，该调查纳入省政府的施政计划，按国民政府制颁的损失调查办法和表式按期查报，但由于战时和战后环境的影响及查报过程中存在的问题，损失统计不够完整、准确。她还对日军侵粤造成广州工业化进程的中断与抗战时期广东省营工业的损失与重建问题进行了较为深入的探讨。② 辛秀琴勾勒了战时广东图书馆界的救亡及服务工作。③

4. 日本在华南的侵略罪行、战争破坏等的研究

官丽珍梳理了日军侵粤的种种罪行，包括空中轰炸、经济掠夺、统制与破坏、文化摧残等。④ 肖自力探讨了日军大轰炸之下广州市民的复杂心态。⑤ 吴佩军论述了日军御用情报调查机构"南支调查会"的"南方文库"与日本"南进战略"的关系。⑥ 黄嘉良考察了日伪在沦陷区的粮食统制与应对民众粮食需求之间的冲突与困境。⑦

张传宇是近年以日文资料为主研究日本在华南各种活动及战后对日处置情况的青年学者，在此方面发表了一系列成果，包括日本侵粤计划、在粤日本侨民、日本经济团体、经济侵略活动，以及日粤间的贸易、战后广

---

① 柯伟明：《宋子良与广东归政中央后的财政整理》，《暨南学报（哲学社会科学版）》2017年第10期；柯伟明：《1936—1937年广东币制改革的券币比率之争》，《近代史研究》2017年第6期；柯伟明：《1938年广东省国防公债的筹募与社会响应》，《广东社会科学》2021年第1期。

② 黄菊艳：《抗战时期广东经济损失研究》，广东人民出版社2005年版；黄菊艳：《抗日战争时期广东损失调查述略》，《抗日战争研究》2001年第1期；黄菊艳：《日军侵粤与广州工业化进程的中断》，《广东社会科学》2005年第4期；黄菊艳：《抗战时期广东省营工业的损失与重建》，《民国档案》2000年第2期；黄菊艳：《抗战时期广东后方商业的特殊繁荣》，《中山大学学报论丛》2000年第3期。

③ 辛秀琴：《广东图书馆界的抗战后援工作研究》，《图书馆论坛》2021年第12期。

④ 官丽珍：《对和平与人道的肆虐——1937至1945年日军侵粤述略》，中共党史出版社2001年版。

⑤ 肖自力：《论日军大轰炸下的广州市民心态》，载周勇、陈国平编《给世界以和平——重庆大轰炸暨日军侵华暴行国际学术讨论会论文集》，重庆出版社2008年版。

⑥ 吴佩军：《"南方文库"与日本"南进"战略研究》，《外国问题研究》2020年第1期。

⑦ 黄嘉良：《统制与诉求：沦陷时期日伪对广州民食问题之应对》，《日本侵华南京大屠杀研究》2020年第3期。

州日俘侨遣返等问题，拓展和深化了这方面的研究。①

关于日军在华南地区的经济掠夺、经济统制、走私活动，王键指出，抗战时期台湾成为日本向中国东南沿海地区进行经济侵略的重要基地，日军占据广东、海南后，其经济侵略的重点在于对广州、汕头等沿海地区近代工业的掠夺和物资的严格统制，以及对海南岛物产资源的"开发"。在此过程中，台湾总督府于1936年推动设立的台湾拓殖株式会社起到极为重要的"作用"。②赖正维分析了日本对华南地区经济掠夺与统制的特点，指出因日本在华南的兵力有限，在华南的经济掠夺手段灵活多样并注意借重汪伪势力。③齐春风指出，日本在战时利用香港、澳门、广州湾自由港的地位，策动了大规模走私活动。④曹大臣考察了日军在华南的贩毒活动。⑤

官丽珍认为，日军在侵粤期间实行殖民主义奴化教育，破坏广东各地文化教育设施，野蛮摧残、劫夺历史文化遗产，对广东文化教育事业造成极其严重的损害。⑥沈成飞对沦陷时期广州保甲制度的推行及其特色进行了分析。⑦

自2004年起，中共中央党史研究室组织开展全国规模的"抗日战争时期中国人口伤亡和财产损失"调研工程。广东地区的调研由中共广东省委党史研究室和有关市委党史研究室承担。广东全省损失调查的研究成果为《广东省抗战时期人口伤亡和财产损失》（中共党史出版社2010年版）一书，分为广东省抗战时期人口伤亡和财产损失调研报告、专题、资料、大事记等几个部分。广州、深圳、汕头、东莞、佛山、惠州、湛江、梅州、中山、江门、汕尾、揭阳、河源、普宁、顺德等市的调研成果也陆续完成，如《广州市抗战时期人口伤亡和财产损失》《汕头市抗战时期人口

---

① 张传宇：《日军侵粤计划的演变及其实施研究》，《近代史研究》2017年第3期；张传宇：《沦陷时期广州日本居留民研究》，《抗日战争研究》2014年第2期；张传宇：《抗日战争前的广州日本人群体——以人口及职业问题为核心》，《中山大学学报（社会科学版）》2012年第5期；张传宇：《近代日本与广州间的国际贸易——以日货贸易为中心》，《近代史研究》2012年第6期；张传宇：《广东日本商工会议所的制度创设与人事构成探析》，《抗日战争研究》2016年第4期；张传宇：《抗战与华南日本经济团体的蜕变》，《暨南学报（哲学社会科学版）》2018年第4期；张传宇：《广州日俘侨遣返问题研究》，《抗日战争研究》2021年第1期。
② 王键：《抗战时期台湾拓殖株式会社对广东、海南的经济侵掠》，《近代史研究》2011年第2期。
③ 赖正维：《抗战时期日本对华南地区经济掠夺与统制的特点》，《江海学刊》2004年第1期。
④ 齐春风：《抗战时期日本在港澳湾地区的走私活动》，《中国边疆史地研究》2003年第3期。
⑤ 曹大臣：《日本侵华时期在华南的毒化活动（1937—1945）》，《民国档案》2002年第1期。
⑥ 官丽珍：《抗战期间日本对广东的文化侵略述论》，《广东社会科学》2002年第6期。
⑦ 沈成飞：《广州沦陷时期保甲制度的推行及其特色》，《广东社会科学》2009年第4期。

伤亡和财产损失》《广东省东莞市抗战时期人口伤亡和财产损失》《广东省惠州市抗战时期人口伤亡和财产损失》（上、下册）、《梅州市抗战时期人口伤亡和财产损失》《佛山市抗战时期人口伤亡和财产损失》（上、下册）等，分别在2010—2011年由中共党史出版社出版。

5. 抗战时期的香港、澳门及外交问题研究

莫世祥论述了抗战初期中共党组织在香港的恢复和发展。[①] 张量依据到澳门实地走访、征集文物史料所获，叙述了澳门同胞支援祖国抗战的贡献及战时中共在澳门的组织活动。[②] 游海华对香港秘密大营救问题做了进一步考证。[③] 陈敦德系统阐述了八路军驻香港办事处的活动及其贡献。[④] 关于香港在抗战时期的地位和作用，房正宏认为主要有三个方面：一是进口、转运战略物资到内地；二是为内地难民提供救助；三是利用其特殊地位，与国际上反法西斯的正义力量团结合作，共同打击日本侵略者。[⑤] 张晓辉论述了广州沦陷后香港在中国外贸方面的地位和作用。[⑥]

金以林对战时国民党在香港的党务及内部人事纠葛做了较为深入的探讨。[⑦] 王文隆对战时国民党在澳门的情报工作进行了考察。[⑧] 孙扬讨论了战时中英两国交涉香港问题的过程，认为由于"一号作战"中国军队的失利，收复香港的主动权被英国掌握。[⑨] 黄珍德探讨了全民族抗战前期香港的法币黑市及中英两国的应对。[⑩] 2015年，有两种关于香港对日作战历史的图书出版。[⑪]

陈锡豪指出，战时日本未占澳门，是因为葡日间达成了秘密协定；在

[①] 莫世祥：《抗战初期中共党组织在香港的恢复与发展》，《中共党史研究》2009年第1期。
[②] 张量：《澳门同胞支援祖国抗战初探——兼谈抗战时期中国共产党在澳门的活动》，《抗日战争研究》2003年第1期。
[③] 游海华：《抗战时期香港秘密大营救若干问题考辨》，《党的文献》2020年第4期。
[④] 陈敦德：《八路军驻香港办事处纪实》，解放军出版社2012年版。
[⑤] 房正宏：《香港在全民族抗战中的历史贡献及启示》，《甘肃社会科学》2007年第3期。
[⑥] 张晓辉：《论广州沦陷后香港在中国外贸中的地位和作用（1938.11—1941.12）》，《抗日战争研究》2003年第1期。
[⑦] 金以林：《战时国民党香港党务检讨》，《抗日战争研究》2007年第4期。
[⑧] 王文隆：《战时中国国民党在澳门情报工作初探（1941—1945）》，《抗战史料研究》2012年第1期。
[⑨] 孙扬：《论抗战后期中英处置香港问题之方略（1943—1945）》，《抗日战争研究》2014年第1期。
[⑩] 黄珍德：《全面抗战前期香港的法币黑市与中英应对》，《华南师范大学学报（社会科学版）》2018年第4期。
[⑪] 叶曙明：《图说香港抗战》，广东教育出版社2015年版；刘深：《香港大沦陷（1941.12—1945.8）》，人民日报出版社2013年版。

中国对日抗战时期,澳葡政府的立场有一个变化过程,由基本保持对华合作到明显偏于日本,甚至乘机谋求扩张土地。① 张晓辉认为,澳门经济由于抗战的爆发获得难得机遇,澳门作为香港同内地联系的中枢,其工商各业均获发展,摆脱了自近代以来长期低迷的状态。② 娄胜华指出,特殊的政治环境,造就澳门民族主义社团与国内乃至海外华人社团相异的特殊性,只能以救亡赈难的形式出现并活动,而不能有公开直接的抗日名称和行为。③ 郑振伟勾勒了战时澳门教育界所面临的严峻境况。④ 林发钦等编了以文物、图片形式反映战时澳门情况及有关抗战时期澳门口述回忆的系列图书。⑤

左双文、陈舒媛指出,近代以来,法国在华南地区经营颇久,有着多方面的、重要的战略利益,日军对华南的威胁,实际上也威胁到法国在该地区的存在,故在日军南进之前,法国军方曾有过与中国联手共同抗击日军的提议,中法也就军事合作等问题进行过商谈,但由于法国要全力应对德、意在欧洲的威胁,协议草案的内容又片面于法方有利,中法军事合作谈判陷于停顿。这期间法国既同情中国抗战,愿意有所协助,又极为担心日方报复,因此对中国借道越南运输物资等问题做出种种限制,并最终完全停止,致使战时国民政府的对法外交未能有大的作为。⑥ 蔡梓讨论了在借道越南运输等问题上国民政府及第四战区与法方的博弈。⑦

二 华南抗战研究的评述与展望

从上述简要的介绍不难看出,如果以 2000 年为界,华南抗战史研究的两个阶段均有重要的价值,都取得了重要的成果。

1980—1999 年第一阶段的研究,以本区域的学者为主,以中共党组织、中共游击纵队的活动和作用为中心,对各个重要问题、重大事件、主

---

① 陈锡豪:《抗战时期澳葡政府的对华关系》,《广东社会科学》2001 年第 1 期。
② 张晓辉:《抗战前期澳门的经济社会》,《民国档案》2005 年第 3 期。
③ 娄胜华:《1931—1945 年澳门救亡赈难社团的兴盛与转折》,《民国档案》2007 年第 1 期。
④ 郑振伟:《1941—1945 年间澳门教育界对教师和学生的救济工作》,《民国档案》2013 年第 3 期。
⑤ 林发钦、王熹编著:《孤岛影像:澳门与抗日战争图志》,广东教育出版社 2015 年版;林发钦、江淳主编《平民声音:澳门与抗日战争口述历史》,广东教育出版社 2015 年版。
⑥ 左双文、陈舒媛:《二战时中法在华南的军事合作构想》,《社会科学研究》2021 年第 1 期。
⑦ 蔡梓:《在变局中寻求突围:假道越南运输问题与中国对法博弈（1937—1940）》,《民国档案》2019 年第 3 期。

要部队、重要领导人物，都撰写或编辑出版专著、专集，取得一系列标志性成果，为其后的研究打下了坚实基础。这批学者的开创之功，值得充分肯定。尤其是在20世纪80年代中后期，广东省内党史、档案系统的一批学者、档案工作者与中央档案馆合作，编辑出版70多卷的《广东革命历史文件汇集》（包括广西、香港、华南分局的部分内容），成为研究华南抗战相关问题的史料宝库，至今仍是研究者的案头必备参考资料。仅此一点，该书堪称里程碑式的成果。此外，自20世纪五六十年代起，广东省党史工作者致力于地方党史的访谈和记录，留下了大批亲历者的记录稿，抢救发掘了许多当事人的记录，这些工作在被访谈的当事人均已离世的今天看来，弥足珍贵。

2000—2021年的研究，则取得了如下新的进展：

第一，使用的史料更为丰富，资料来源更为广泛，较多地使用了境内外新开放的原始档案史料和外文史料，以及相关报刊史料，尤其是中国第二历史档案馆、台湾"国史馆"、"中央研究院"近代史研究所、日本亚洲历史资料中心、美国斯坦福大学胡佛研究院档案馆、美国哥伦比亚大学图书馆等的史料，研究论著有着更为坚实的史料基础。

第二，研究领域明显扩大，许多过去未曾研究的问题进入研究者的视野。以近几年我们指导的硕士、博士学位论文为例，与华南抗战有关的题目有50多个，涉及华南抗战时期的方方面面。

第三，研究视野更为开阔，更注意遵守学术规范，对一些问题的讨论更为深入。例如前述李翔、李坤睿、杨新新等人对华南抗日根据地选址问题、中共华南抗日武装斗争从重视与国民党的统战合作到独立自主问题的研究；叶文益、袁小伦等对张文彬、革命报刊及省港抗战文化的研究；沙东迅、郑泽隆对战时广东省政府及李汉魂的研究；张晓辉、柯伟明等关于战时华南地区经济金融问题的研究；黄菊艳、官丽珍等关于日本对华南经济的破坏及战争损失问题的研究；沈成飞对战时保甲制度的研究；等等。

第四，研究队伍不断壮大，参与的学者日益增多，既有像沙东迅、叶文益、张晓辉等资历较深的学者继续耕耘，又有一批中青年学者脱颖而出，还有大批博士、硕士研究生踊跃参与，热情投入。尤其是出现了在前一阶段很少有的华南地区之外的学者参与研究华南抗战相关问题的情况，使华南抗战的研究呈现出研究队伍梯队合理、后继有人的繁荣局面。

关于如何进一步推动华南抗战史的研究，笔者认为，可以从如下几个方面着手。

首先，在研究内容上，要注意把握基本问题，并在充分吸收和借鉴学术界已有成果的基础上，着力于以下三个方面的继续深入。

涉及华南抗战的基本问题有：一是华南地区的抗日救亡运动与抗战准备；二是日机对华南的空袭、战时华南地区的人口伤亡和财产损失；三是中国共产党领导的华南敌后抗战、华南敌后抗日根据地；四是华南地区的国民党抗日战场、战时的国统区；五是日伪在华南的残暴统治与掠夺、战时的沦陷区；六是抗战时期华南地区的经济、文化、教育、社会生活；七是华南抗战历史人物，包括中共方面的张文彬、尹林平、廖承志、方方、曾生、林锵云、王作尧、杨康华、吴有恒、薛尚实、连贯、云广英、古大存、王均予、梁广、冯白驹、饶彰风等，国民党方面的张发奎、余汉谋、吴铁城、李汉魂、曾养甫、薛岳、邓龙光、香翰屏、王俊、叶肇、黄涛、张瑞贵、邹洪、张君嵩，以及李济深、蒋光鼐、蔡廷锴、张炎等的研究；八是抗战时期的粤、港、澳关系及海外华侨与华南抗战研究。

应着力于继续深入研究的方面如下。

第一，中共方面，中共华南工作的基本方针；中共华南党领导机关的领导能力、领导水平、工作方式，华南党的干部来源与构成；中共华南基层党组织的状况，其生存方式、活动方式、党和群众的关系；中共在华南的军事组织和军事工作，中共部队的生存方式、后勤来源、作战形式；中共在华南地区的群众工作、统战工作、经济工作、文化工作；中共在华南国民党军队中的活动；中共地下党的城市工作与对敌伪工作。

第二，国民党方面，国民党军队的抗战准备和作战能力；粤系部队、粤军将领出省作战的真实情况及作战表现；华南抗战正面战场的实际作战情况；军队的后勤保障、作战训练、兵源补充；战时粤系与国民党中央的关系、粤系军人与汪精卫集团的关系；粤系军人的内部派系、人际关系；战时广东的军、政关系；战时国统区的行政、经济、财政、文化教育、灾荒；战后的受降接收、战争遗留问题处置、战后重建。

第三，日伪方面，日本对华南的情报、谋略活动，对两广军人、粤系政客的拉拢和离间企图；日本对华南战略意图的变化；日本对华南军事进攻和军事作战的特点；日本占领华南部分地区之后的统治方式和统治策略；日本对华南的经济调查活动与经济掠夺；华南伪组织、伪军及其头面人物的面貌和基本特征；日本在华南各种侨民、居留民的活动；等等。

从选题来看，华南抗战研究选题的范围已经得到较为充分的拓展，涉及相当多过去未曾触及的题目，现在的问题是如何在此基础上进一步挖掘，把相关选题做得更有水平、更有深度。尤其重要的是，要在前一阶段较为广泛的资料收集和较多的个案研究基础上，进行全面的、系统的、综合的研究，写出一部对之前的工作总结性的、确实有较高水准的华南抗战史。

其次，在研究的视角上，要注意如下几个方面。

全国抗战的视角。这是指从全国看华南，是将华南抗战置于全国抗战的大背景、大格局之下，从抗战全局的视角研究华南抗战，以更为宏观、开放的视角对之进行观察和思考，既要弄清华南抗战在全国抗战中的地位和作用，也要弄清整个抗战局势或者整个反法西斯战争局势的演变对华南抗战的影响。也就是说，还需要一个更为宏观的、国际的视野，而不是仅仅局限于一个地方抗战史、地方党史的层面，画地为牢，受到人为的水平和格局上的限制。

文献整理与学术研究的交叉视角。要进一步做好华南抗战历史的研究，有必要将文献整理与史实研究结合起来，以前者为"基础"，以后者为"建筑"，"建筑"又可反作用于"基础"。做文献整理的学者，与做史实研究的学者，要相互置换位置、置换角度作交叉的审视与研究，要厘清和明确二者间既分又合的有机联系。文献整理要致力于更好地为学术研究的需要服务，学术研究也要及时将有关史料可信程度、史料价值大小、史料适用范围等的判断，反馈于文献整理工作者。

利用与保护并存的视角。历史学者查找史料，是为了从事研究写作，这是史料工作最基本的功能。但今后的整理研究除着眼于这一基本目的之外，还应关注另一个重要目的，就是对涉及华南抗战的各种史料，尤其是一些存续状态差、再生性差、存本较为单一、稀缺的文献资料，同时着眼于延续保护的功能，大大加强其可再生、可延续、可反复利用、可方便利用的方面，以纠正过去一些部门和单位重利用轻保护或轻利用重保护的偏向。

在史料的利用上，目前的史料整理工作虽然取得一些进展，但实际上还远远不够，还有相当多的有关华南抗战的档案沉睡在各地、各级档案馆，已经整理的部分也还需要认真反复校对，有的复印件较为模糊，有必要再比照原件或扫描件进行校对。有些史料的整理，由于整理录入者的水平参差不齐，还不同程度存在各种漏误，也需要反复校对。华南抗战研究工作的深入，一个很重要的增长点，就是更深入、更全面、更细致地发掘和整理各地的档案史料及过去还利用不多的一些行业、机关的专刊、专报类史料，寻找新的研究题目，在史料的利用和解读上超越前人的研究。

此外就是日文、英文、法文等外文史料的利用，过去在这方面取得了一些成绩，但还远远不够，还有很大的拓展空间，需要下更大功夫去发掘和整理，这必将是下一步提升华南抗战研究水平的一个重要途径。

3. 要注意把握研究方法

（1）要立足于科学的、实事求是的考察与分析

华南抗战是发生在特定时空、特殊历史条件下，涉及各种政治力量、各种历史人物、各个历史侧面的丰富而复杂的历史现象，对这一课题的研究，首先是尊重史实、实事求是、论从史出，不任意夸大或缩小，不随意肯定或否定；其次是注重思辨和分析，不是一大堆材料的简单照搬和堆砌，而是剪裁得当，归纳合理，取其精华，去其糟粕，能理清事物的来龙去脉，能明了事情的前因后果，能对各种历史现象做出恰如其分的分析和评判；最后是注重分析研究的整体性与系统性，注重在各种相互关联中全面考察华南抗战历史的方方面面，而不是只见树木，不见森林，取材片面，视角单一，前后脱节，顾此失彼。

（2）立足于历史学的实证研究

有关抗战时期华南地区的历史资料，从其文件性质、产生背景、形成时间、政治倾向、技术水准来看，种类多元，形态各异，必须具备扎实的文献功力，才能适应相应的研究写作要求。因此，研究者应发挥相应的专业优势与具体研究特长，广泛搜集相关史料，充分利用各类中外文献，构建起实证研究的坚实基础。要广泛搜集、查阅广东省内外各图书馆、各地方档案馆所藏抗战时期图书、报刊、档案，各种已刊文献集、资料集，各种文史资料、回忆录等，充分占有华南抗战的相关历史文献，在很好地整理、研读文献的基础上开展研究工作。

（3）立足于弄清史实基础上的比较研究

比较研究，是史学研究的基本方法之一，是让研究者对研究对象观察更清、定位更准、把握更好、认识更全的一个有效方法，华南抗战历史的研究也不例外。在具体的运用上，一是内部各个部分的比较，例如国共两党抗日斗争的比较，国共日不同区域内政治、经济、军事状况的比较，日伪统治不同时段、不同年份的比较，国共不同部队、不同抗日将领的比

较,等等;二是与外部各种同类同质事物的比较,例如抗战时期华南地区的战略地位、战略作用与其他地区的比较,中共在华南领导的抗日斗争与中共在其他区域、其他环境领导的抗日斗争的比较,国民党第四、第七战区与其他战区的比较,日军侵略华南的战略意图、战役行动与日军对其他地区侵略行动的比较,日伪在华南的统治与在其他地区的统治的比较,抗战时期粤系军人与其他派系军人的比较,等等,以揭示其不同的面相和特点。

(4)新的史学研究方法的尝试和运用

过去的华南抗战研究,基本上是采用传统的史学研究方法,今后有条件的青年学者不妨采用一些新的研究方法,进行史实的重构与重建,使华南抗战的研究能够别开生面,在前人研究的基础上,大胆创新,开创新局面,更上一层楼。

从当前地方抗战史研究的实际来看,还应适当注意以下三点:一是地方抗战史研究要有全局观念,要处理好宏观与微观、整体与局部的关系;二是地方抗战史研究要克服"地域性"情结,不夸大自己所属的地区、所研究的局部在整个抗战中的作用,不用不可靠、不切实的资料放大本地区的抗战成果;三是地方抗战史研究要防止因情、因利刻意篡改和编造史实、混淆视听。

时至今日,抗战的历史与功绩已成为国人高度肯定和传扬的有形、无形资源,一些人便有了非记忆不确定因素的刻意杜撰和编织,隐羞扬善,任意发挥,令人真伪莫辨,取舍为难。一些抗战时代的后人也不惜以各种理性、非理性的方式为其祖辈争功争名,重塑"金身"。这无疑会影响对抗战历史做客观真实的研究和还原,专业研究工作者对此种倾向应有所警觉和规避。

第 九 章

湖南抗战史

据不完全统计,全民族抗战时期,在中国抗日战争的正面战场上,中国军队与日军进行的大型战役共有二十多次,其中湖南战场的大型战役主要有三次长沙会战、常德会战、长衡会战和湘西会战六次较大的会战,超过总数的三分之一。湖南战场是抗战相持阶段的主要正面战场,该时期湖南军民表现出的大无畏英雄气概、慷慨赴死的奉献精神,以及战事的惨烈程度,均为历次战争所少见。但这些限于军事的战役难以囊括湖南抗日战争的全部内容,如中共抗战、国际援助、民众动员、战场互动、社会经济和学术文化的交融发展,也属于湖南抗战史研究范畴。新中国成立以来,湖南抗战史研究大致经历四个阶段,在战时湖南政治、军事、经济、社会、文化等方面虽然取得不少成绩,但与湖南对抗战的贡献尚不匹配,亟须整合各方面力量,全方位予以推进。学术研究贵在创新,而要创新,必须梳理已有学术成果。

一 1949—1978 年

据黄美真等初步统计,新中国成立至 1978 年的 30 年间,共出版抗日战争史方面的著作和资料 60 余部,发表论文和文章 400 余篇。[1] 该统计数字中绝大部分并非严格意义上的学术性文章。当时抗日战争研究的重点是中国共产党的抗战历史,且集中于中国共产党革命根据地的研究。[2] 另外,学者们关注的重点,还有苏联对中国抗战的帮助[3],美国对中国抗

---

[1] 黄美真、张济顺、金光跃:《建国以来抗日战争史研究述评》,《民国档案》1987 年第 4 期。
[2] 魏宏运:《抗日战争时期革命根据地的民主选举》,《历史教学》1953 年第 9 期。
[3] 魏宏运:《抗日战争中苏联对中国的援助》,《历史教学》1954 年第 12 期。

战的破坏。① 这些研究尚未涉及中国共产党与湖南抗战的联系。因湖南抗战为国民党正面战场，故易被中国共产党抗战这一研究重点遮蔽。

国民党抗战的研究，除全民族抗战初期被有限度地肯定外，几乎被置于"溃败"的叙事框架。关于全民族抗战初期国民党抗战，有类似表述："当时国民党拥有二百万以上的军队，其中也不乏不甘坐视国土沦亡的爱国军人"；②"有此种种原因，在八月十三日日寇进攻上海以后，蒋介石集团被迫抗战了"，抗日初期蒋介石集团在上海曾与日寇战斗，并且在广州、武汉失守以前，蒋介石集团还有某种程度的抗日积极性。③ 而到抗战相持阶段，国民党抗战往往以溃败的面目出现，如湖南的大城市与大道，几乎完全沦陷敌手。④ 张发亮论及 1944 年 9 月国民党军队豫湘桂大溃败。⑤ 金春明认为，1943 年日寇进攻常德企图抢粮的"湘北战役"，为日进蒋退，一打一拉，没有激烈的战斗。1944 年的豫湘桂战役，国民党军队几倍于敌军，又有美国空军配合，但仍是"一触即溃，一泻千里"。⑥ 湖南抗战整体评价不高。值得注意的是，这些研究多忽视抗战相持阶段前期，湖南战场三次长沙会战的胜利，而多关注湖南战场的"溃败"。

就笔者目力所及，湖南抗战研究多归于其他历史研究之中，专门研究较为少见。章百家说，这个时期学界多将抗战史作为中国革命史或新民主主义革命史上的一个时期加以研究，湖南抗战仅为部分内容。当时的一份《中国通史半殖民地半封建社会时代（下）教学大纲（初稿）——新民主主义革命时期（1919—1949）》，可看出湖南抗战的相关表述，其中第十六章第二节为"国民党军队在豫湘桂战役中的溃败和国民党区人民民主运动的高涨"，具体是"日寇发动豫湘桂战役的战略计划。战役的经过。国民党军队的大溃败。人民生命财产的惨重损失"。⑦ 梁寒冰的《中国革命史讲

---

① 李清禄：《抗日战争时期美国对华政策的侵略实质》，《学术月刊》1965 年第 9 期。
② 平心：《抗日战争与人民解放战争》（下），《世界知识》1949 年第 6 期。
③ 荣孟源：《抗日战争》，《历史教学》1953 年第 5 期。
④ 荣孟源：《抗日战争》，《历史教学》1953 年第 5 期。
⑤ 张发亮：《抗日战争胜利后中国共产党领导人民为争取国内和平民主而斗争的几个问题》，《新史学通讯》1955 年第 4 期。
⑥ 金春明：《抗日战争时期中国共产党和国民党两条抗战路线的斗争》，《历史教学》1963 年第 6 期。
⑦ 《中国通史半殖民地半封建社会时代（下）教学大纲（初稿）——新民主主义革命时期（1919—1949）》，《教学与研究》1956 年第 Z1 期。

授提纲》也述及湖南战场：1944年5月，日寇以12万兵力继续进攻湘北，湘南国民党军队约30万不战而逃，长沙、衡阳等地先后沦陷。8月底日寇继续向湖南、广西进攻，国民党军望风而逃。① 这些研究基本从"溃败"角度观察湖南正面战场。

中国革命史和新民主主义革命史著作中，也会论及湖南抗战。但湖南战场前几次如长沙第一、二、三次会战等皆无描述，将重点放在1944年国民党的正面战场的"大溃败"，即豫湘桂战役。周景濂编著的《中国新民主主义革命史教学参考资料选辑》，视1944年国民党战场为"大溃败"，日本在3月发动正面战场的进攻，国民党军队望风溃逃，日寇迅速占领河南、湖南、广西、广东、福建的大部和贵州的一部，人民损失颇重。② 李新等主编的《中国新民主主义革命时期通史（初稿）》，对抗战时期国民党正面战场评价不高，如第一次长沙会战日军逼近长沙，薛岳"被迫应战"。③ 后来李新在《中国新民主主义革命史讲话》中，强调即使中国共产党解放区战场牵制了日军大量兵力，国民党军在兵力占优势的前提下，因其政治腐败，在豫湘桂战役中惨败。④ 学界关于国民党正面战场的研究不多，抗战后期因湖南战场的"溃败"被纳入研究者视野，且多指豫湘桂战役，常德会战因获得胜利反而提及较少。

关于抗战时期国民党研究方面，朱玉湘考察了国民党政府的田赋征实与粮食征购，其中涉及湖南省从1941年起采用公购余粮的办法，以及湖南省田赋征实的衡量工具、田赋征收比例、稻谷栽培面积和产量等情况。⑤ 其研究较为客观。在台湾学界，一些湖南抗战的亲历者开始出版专著，对湖南抗战进行回忆和研究。1951年徐浩然写成《常德抗日血战史》，该书分上、下两篇，叙述了常德会战的背景、经过，以及国内外舆论。⑥ 1971年黄铿的《衡阳抗战四十八天》在台湾出版。⑦ 该书乃其回忆录，虚构成分较多。

---

① 梁寒冰：《中国革命史讲授提纲（六）》，《历史教学》1955年第2期。
② 周景濂编著：《中国新民主主义革命史教学参考资料选辑》，泰联出版社1953年版，第61页。
③ 李新等主编：《中国新民主主义革命时期通史（初稿）》第3卷，人民出版社1961年版，第134页。
④ 李新：《中国新民主主义革命史讲话》，广东人民出版社1977年版，第100页。
⑤ 朱玉湘：《抗日战争时期国民党政府的田赋征实与粮食征购》，《山东大学学报（历史版）》1963年第1期。
⑥ 徐浩然编：《常德抗日血战史》，台北：文海出版社1951年版。
⑦ 黄铿：《衡阳抗战四十八天》，台北：1973年自印本。

二 1979—2005 年

伴随着改革开放的春风,学术研究百废待兴,直至 2005 年,湖南抗战史研究得到正常发展,呈现几方面较明显的特色。

(一) 专著开始出版

从后见之明而言,湖南抗战"通史性"专著仅出现于该时期。"平江惨案"为国民党顽固派破坏国共合作抗日的典型事件,湖南省平江县原史志办主任吴定邦致力于"平江惨案"史料搜集与研究,他在论述新四军平江留守处的成立及其团结抗日的贡献,以及国民党反动派阴谋的基础上,叙述了平江惨案的经过。① 这是目前所见最早专门研究抗战时期湖南的著作。

石柏林将湖南战场视为相持阶段正面主要战场,并细致考察长沙大火、三次长沙会战、常德会战、长衡战役、芷江战役等湖南战场重大事件。② 湖南为相持阶段正面主战场的观点由石柏林于 1987 年提出,③ 后来基本上为学界认可。周询则聚焦于国民党正面战场后期的重大战役常德会战,勾画出整个战役全貌且重点突出常德守城战。④ 罗玉明从抗战初期的后方基地、抗战相持阶段的前哨阵地、国民党正面战场反攻的起点、抗战胜利的出发点定位湖南战场。⑤ 这几部著作将重点放到湖南正面战场,给予较客观评价。萧栋梁和余应彬撰写出版的《湖南抗日战争史》是第一部,也是目前为止唯一一部湖南抗战学术性通史。该书以国共两党在湖南战场的抗日活动,以及战时湖南经济为研究重点。⑥ 陈先初从"湘北蒙难"一直写到"湘南湘西大劫难",揭露日寇在湖南境内疯狂施暴、屠杀无辜的种种罪行。⑦ 该书属于强调日军暴行的宏观著作。

---

① 吴定邦编写:《平江惨案》,湖南人民出版社 1981 年版。
② 石柏林:《从长沙大火到衡阳失陷——国民党抗战内幕》,湖南人民出版社 1989 年版。
③ 石柏林:《湖南战场与重庆政府对日战略的演变》,《湘潭大学学报(社会科学版)》1987 年第 3 期。
④ 周询:《抗日时期常德会战》,中国文史出版社 1991 年版。
⑤ 罗玉明:《抗日战争时期的湖南战场》,学林出版社 2002 年版。
⑥ 萧栋梁、余应彬:《湖南抗日战争史》,湖南教育出版社 1995 年版。
⑦ 陈先初:《人道的颠覆——日军侵湘暴行研究》,社会科学文献出版社 2004 年版。

其他一些著作虽偏于通俗性，但亦能丰富对于湖南抗战的认识。如湖南省政协文史委员会用照片配以文字说明的形式，较粗略地描述了包括湖南人民抗日救亡运动与湖南战场军事抗战在内的湖南抗战整个历史进程。① 潘泽庆也以图片的形式展现长沙抗战。② 刘启安则用纪实文学的形式"首次独家揭秘"侵华日军常德细菌战。③ 另外，还有诸多"纪实"文字相当流行。如中国第二历史档案馆编的《第二次世界大战中国战区受降纪实》（中共党史资料出版社1989年版）、中共湖南省委党史委编著的《三湘抗日纪实》（湖南师范大学出版社1995年版）、邢祁和陈大雅主编的《辛巳劫难：1941年常德细菌战纪实》（中共中央党校出版社1995年版）、王少华的《楚天云：第六、九战区抗战纪实》（中国档案出版社1995年版）、戚厚杰的《湘江战火——长沙会战纪实》（河南大学出版社1995年版）等纷纷出版。这些虽非严格意义上的学术著作，但对湖南抗战史普及工作有着重要意义。该时期湖南抗战学术与通俗著作并存，皆有不少成果，展现出改革开放后学界对湖南抗战研究的重视。

（二）学术论文发表

在湖南抗战学术研究的起步阶段，某些较宏观问题，如湖南在全国抗战中的地位与作用问题，受到不少研究者关注。戴柏汉和蔡北文强调，湖南是抗战初期的大后方，是抗战相持阶段的正面主战场，芷江是中国近现代史上首次由侵略者向中国乞降洽谈的地点，湖南是众多抗日精英的故乡，故湖南在抗日战争史上占有重要地位。④ 石柏林进一步指出，湖南战场是相持阶段正面战场的一个主要战场，湖南战场军事活动对中国抗日战争与世界反法西斯战争具有重大作用和影响，湖南人民对抗战的支持和国民党军队广大官兵奋不顾身的抗战精神都应予以肯定。⑤ 范忠程论述湖南在全民族抗战时期的重要地位，指出抗战初期湖南军民结成抗日民族统一

---

① 湖南省政协文史委员会编：《湖南抗战画史》，湖南教育出版社1995年版。
② 潘泽庆：《图片中国抗战：长沙抗战》，团结出版社2005年版。
③ 刘启安编：《叫魂：侵华日军常德细菌战首次独家揭秘》，二十一世纪出版社2005年版。
④ 戴柏汉、蔡北文：《湖南在抗日战争史上的地位》，《湘潭大学学报（社会科学版）》1995年第4期。
⑤ 石柏林：《略论湖南战场在抗日战争中的地位、作用及影响》，《抗日战争研究》1996年第2期。

战线，武汉沦陷后湖南成为抗战相持阶段正面战场的主要战场，与日军抗争达6年之久，消耗侵华日军大量有生力量。① 他还认为，全民族抗战时期是湖南社会向现代演进的重要时期。② 这些研究从宏观上肯定抗战中湖南的重要地位，尤其强调湖南作为抗战相持阶段正面主战场的作用。

随着湖南战场被研究者纳入视野，中共在湖南战场的活动和贡献亦受到关注。面对日本侵略者，中国共产党积极动员并团结全国各族人民，形成包括国民党在内的广泛的抗日民族统一战线。爱国僧侣是抗日民族统一战线中不可忽视的力量，丘均元和王世名指出，中共对湘桂佛教僧侣抗日活动有推动作用。③ 赵强和田继胜认为，湘西中共地下党的抗日救亡活动为建立广泛的抗日民族统一战线做出重大贡献，是中共在国统区工作不能忽视的部分。④ 抗战初期共产党人吕振羽在湖南的革命活动受到研究者重视。戴开柱对吕振羽在湖南文化界抗敌后援会中的活动和成绩进行探讨，揭示了吕振羽配合中共宣传抗战救亡理论和捍卫抗日民族统一战线、创办塘田战时讲学院、培训党的基层抗日干部等事迹。⑤ 范忠程也从抗战文化的重要传人、文抗会的主要组织者、塘田战时讲学院的创办人三个角度，分析抗战初期吕振羽在湖南抗日救亡文化运动中的地位和作用。⑥ 他还特别探讨了抗战初期吕振羽在湖南时的抗日文化思想。⑦ 中国共产党与抗战时期湖南战场有密切关系，本不应被忽视。

因湖南属于国统区，故有不少国共合作抗日的活动与实践。顾群将湖南的国共合作分为两个阶段：国共合作形成初期，湖南出现生机勃勃的抗日救亡运动；武汉沦陷后，国共合作遭国民党顽固派破坏，群众抗日热潮趋于低落。⑧ 曾长秋将湖南国共合作细分为三个阶段。⑨ 湖南国共合作的较

---

① 范忠程：《湖南抗战述论》，《抗日战争研究》1996年第4期。
② 范忠程：《抗日战争与湖南社会的演进》，《湖南师范大学社会科学学报》1998年第4期。
③ 丘均元、王世名：《浅述党对湘、桂佛教僧侣抗日活动的推动作用》，《广东民族学院学报（社会科学版）》1985年第1—2期合刊。
④ 赵强、田继胜：《湘西地下党的抗日救亡活动简述》，《吉首大学学报（社会科学版）》1985年第4期。
⑤ 戴开柱：《论抗战初期吕振羽在湖南的革命活动及其历史地位》，《史学集刊》1996年第1期。
⑥ 范忠程：《吕振羽和湖南文化抗战》，《抗日战争研究》1997年第3期。
⑦ 范忠程：《吕振羽与抗日文化宣传》，《湖南师范大学社会科学学报》1997年第5期。
⑧ 顾群：《第二次国共合作在湖南》，《求索》1985年第5期。
⑨ 曾长秋：《第二次国共合作在湖南》，《湖南社会科学》1995年第4期。

典型实践是创办南岳游击干部训练班。戚厚杰在考察干训班的机构设置、人员安排、学员情况、教育训练、作用影响后指出，干训班是由朱德向蒋介石提出建议后创办的，叶剑英等中共高级干部参与了训练工作。① 莫岳云简要叙述了国共两党创办南岳游击干部训练班的史实。② 苗体君重点研究叶剑英在筹建干训班、宣传毛泽东游击战争战略思想、民主管理、理论联系实际、巩固和扩大抗日民族统一战线等方面的贡献。③ 中国共产党建立以国共合作为基础的抗日民族统一战线，使中国人民抗战有了胜利的保障。

湖南战场整体地位提升之下，广大民众的抗战贡献亦受到关注。梁瑞兰认为，抗战初期，在中共的正确领导和国共合作的推动下，湖南人民的抗日救亡运动取得巨大成就。④ 范忠程从抗日救亡宣传、抵制日货运动和支援前线抗战等抗日救亡运动的具体内容入手，揭示其重要意义。⑤ 肖栋梁认为，湖南人民在整个抗日战争中一直站在斗争前列，九一八事变后湖南掀起的抗日救亡运动为正面作战和游击战争的开展打下基础，武汉失守后，湖南民众协同进行六次正面会战与数千次敌后游击战，给全国抗战以有力支援。⑥ 王晓天和王国宇也将湖南民众置于整个抗战中观察，认为民众是湖南抗日救亡运动的主体，也是湖南战时经济的直接生产者和承担者，他们踊跃参军参战，为抗战做出巨大人力、物力、财力牺牲。⑦ 学者们对人民群众作为抗日战争胜利的根本力量进行了充分论证。

湖南为多民族省份，境内少数民族主要居住于湘西、湘南，故湖南少数民族抗战问题亦引起学界重视。聂祖海考述了抗战时期的湘西民变，认为其具有包括抗日在内反抗压迫的主要特点。⑧ 彭清洲和沈桂萍注意到，湘西各族人民或在中国共产党领导下，或自发地起来反抗国民党黑暗统

---

① 戚厚杰：《南岳游击干部训练班》，《民国档案》1991年第3期。
② 莫岳云：《国共合作创办的南岳游击干部训练班》，《历史教学》1996年第4期。
③ 苗体君：《叶剑英在南岳游击干部训练班的贡献》，《衡阳师范学院学报》1997年第4期。
④ 梁瑞兰：《抗战前期湖南人民的抗日救亡运动》，《湖南师范大学社会科学学报》1986年第3期。
⑤ 范忠程：《九一八事变后的湖南抗日救亡运动》，《求索》1994年第1期。
⑥ 肖栋梁：《湖南人民在抗日战争中的贡献》，《湖南社会科学》1995年第4期。
⑦ 王晓天、王国宇：《湖南民众抗战的伟大贡献与牺牲》，《求索》2005年第7期。
⑧ 聂祖海：《试论抗战时期湘西民变的主要特点》，《吉首大学学报（社会科学版）》1985年第4期。

治，开展抗日救亡活动。① 陈廷亮也认为，湖南少数民族无论前方将士或后方民众，皆为中华民族抗日战争做出巨大贡献。② 答振益从组织回民抗日救亡团体、积极开展抗日宣传活动、献金献物支援抗战、声讨汪逆叛国投敌罪行、安置救济各地回族难民、踊跃参军待机杀敌等方面讲述湖南回族的抗日救亡斗争。③

湘西苗民"革屯"运动受到特别关注，有多位研究者聚焦于"革屯"性质问题。伍新福认为，"革屯"是一次革命运动，但存在一定局限性，国民党收编"革屯"军有消除异己的目的。④ 聂祖海和刘善述将"革屯"定性为苗族农民为主体的各族各阶层群众参加的反对封建屯租剥削和地方反动统治的革命斗争。⑤ 雷安平等人给"革屯"加入"抗日救国"的内容，认为"革屯"是一次以苗族群众为主体的，以废除屯租为基本内容的反封建剥削和民族压迫的革命运动，但缺少先进阶级领导。⑥ 石昭明认为，"革屯"是反对封建剥削和民族压迫的民主革命运动，运动决策人中共党员隆子雍适时将"革屯"运动与抗日民族解放战争相结合，符合全国人民的利益。⑦ 这些研究使学界对"革屯"的认识更丰富全面。

湖南抗战具体问题的研究上，国民党正面战场受到关注。李世宇从张治中治湘入手，分析长沙大火责任问题。⑧ 三次长沙会战是湖南战场与日军拉锯的突出表现，研究者多予正面评价。王建辉肯定三次长沙会战的成绩，并分析了中国军队获得胜利的原因和意义。⑨ 余求校将三次长沙会战定为胜利的会战，认为会战体现了国民党中下级军官的高度爱国热情与广

---

① 彭清洲、沈桂萍：《湘西各族人民的抗日救亡斗争》，《中南民族学院学报（哲学社会科学版）》1993年第3期。
② 陈廷亮：《湖南少数民族对抗日战争的重大贡献》，《中央民族大学学报》2005年第4期。
③ 答振益：《湖南回族人民抗日救亡斗争述略》，《民族论坛》1991年第1期。
④ 伍新福：《湘西"革屯"运动述评》，《贵州民族研究》1983年第4期。
⑤ 聂祖海、刘善述：《1936—1938年湘西苗民"革屯"运动》，《民族论坛》1986年第2期。
⑥ 雷安平、龙炳文、龙泽全：《湘西苗民"革屯抗日"史简述》，《湘潭大学学报（社会科学版）》1986年第3期。
⑦ 石昭明：《湘西革屯运动的特点及历史作用》，《中南民族学院学报（哲学社会科学版）》1988年第4期。
⑧ 李世宇：《张治中治湘与长沙大火》，《贵州文史丛刊》1995年第5期。
⑨ 王建辉：《三次长沙会战述评》，《求索》1985年第5期。

大士兵的牺牲精神。① 钟启河和姜海湖给予第一次长沙会战较客观的正面评价。② 张生、平欲晓将第三次长沙会战视为正面战场上占有重要地位的一次成功的歼灭战。③ 常德会战是抗战战略相持阶段后期的一次大规模战役。毛申先认为，常德会战对整个抗战战局产生积极影响，在抗战中占有一定地位。④ 芷江战役又称湘西会战或雪峰山会战，曾长秋认为，作为中日军队在正面战场的最后一次会战，其胜利预示着中国抗战胜利即将到来。⑤ 芷江受降与芷江机场也纳入研究者视野。向国双介绍了芷江机场的修建、使用情况，及其在芷江受降中发挥的重要作用。⑥ 随着学术研究的理性化，湖南正面战场亦受到客观公正的对待。

豫湘桂战役是国民党抗战相持阶段以来失败最严重的一次战役，故研究者多分析其失败原因和影响。刘贵福从国民党的政治军事方针、军队战役的具体指挥等方面分析豫湘桂战役失败原因。⑦ 彭厚文将衡阳保卫战的失败归于蒋介石消极抗战的战略思想。⑧ 刘馥和李薇认为，豫湘桂战役失败使国民党统治出现危机，激化国民党内部矛盾，使国共力量对比发生变化，直接导致史迪威事件的发生。⑨ 但也有学者从豫湘桂战役看到三方面转折的意义，即日本侵略者从战略防御向最后灭亡、中国正面战场从战役失败到战略反攻、中国共产党领导的人民力量从渡过难关向战略反攻。⑩ 柯育芳以小见大，从长衡会战结束时间观察当时整个湖南战场情形，并从长衡会战日军参战兵力观察其失败原因。⑪ 这些研究使湖南正面战场的真实面相得到大致呈现。

从湖南正面战场观察当时国民政府的战略决策等问题受到关注。石柏

---

① 余求校：《三次"湘北大捷"述论》，《湖南党史通讯》1985年第9期。
② 钟启河、姜海湖：《第一次长沙会战述评》，《湘潭大学学报（社会科学版）》1989年第4期。
③ 张生、平欲晓：《抗日战争正面战场的一次歼灭战——第三次长沙会战》，《军事历史》1994年第1期。
④ 毛申先：《常德会战述评》，《辽宁师范大学学报》1988年第4期。
⑤ 曾长秋：《论芷江战役和芷江洽降的历史地位》，《求索》1995年第4期。
⑥ 向国双：《概述抗日战争中的芷江机场》，《抗日战争研究》2004年第3期。
⑦ 刘贵福：《论豫湘桂战役国民党军队失败原因》，《辽宁师范大学学报》1993年第2期。
⑧ 彭厚文：《衡阳保卫战述论》，《湖北大学学报（哲学社会科学版）》1994年第2期。
⑨ 刘馥、李薇：《论豫湘桂战役对抗战后期中国的影响》，《辽宁师范大学学报》1995年第4期。
⑩ 徐江虹：《豫湘桂战役地位论》，《广西民族学院学报（哲学社会科学版）》2005年第5期。
⑪ 柯育芳：《论长衡会战第二阶段战役——从长衡会战结束时间的角度考察》，《抗日战争研究》1996年第4期；《长衡会战日军参战兵力述考》，《抗日战争研究》1998年第3期。

林阐述湖南战场战事活动与重庆国民党政府对日战略变化间的关系。① 陈红民通过南岳军事会议和长沙会战，探讨抗战相持阶段国民政府持久战的总体构想，以及重视湖南战场、屏蔽大后方、不再一味死守重要城市、应战而不求战的军事战略特点。② 王奇生从湖南会战观察国民党军的战略决策机制、情报信息系统、官兵素质、后勤补给、兵役军纪、民众动员等，以及如何回应日军"一号作战"。③ 汤水清等则以湖南省和第九战区为例，研究国民党军队的粮食供给问题，认为国民党从中央到地方、从行政机构到军事组织，确实建立起一套行之有效的运作系统，并采取切实有力措施，妥善解决了军粮供给问题。④ 这些研究跳出湖南看湖南战场，是该阶段为数不多的从全国视野观察湖南正面战场的学术成果。

大而言之，湖南抗战研究可分为湖南抗战与战时湖南。关于战时湖南的成果虽不多，但关于战时经济、文化等方面的研究丰富了人们的认识。抗战时期湖南因处东西南北交冲地带，在经济方面有特殊地位，其中企业迁湘属战时发生之事。傅志明认为，企业迁湘促进了湖南近代工业的发展，改善了湖南的经济状况。⑤ 肖栋梁将湖南从七七事变到1944年的湖南工矿业视为"黄金时代"，探讨了该现象产生的原因、进程、特点和作用。⑥ 雷国珍将经济抗战视为湖南人民抗日救亡运动的突出表现，认为湖南从经济方面支持了全国的军事抗战，而这与中国共产党的正确政策、国共两党的真诚合作等有关。⑦ 刘国武在对相关资料进行认真分析后指出，抗战时期湖南公私财产直接损失高达18亿美元。⑧ 战时湖南经济既有较大发展，同时亦遭巨大损失。

---

① 石柏林：《湖南战场与重庆政府对日战略的演变》，《湘潭大学学报（社会科学版）》1987年第3期。
② 陈红民：《略论抗战相持阶段国民政府的军事战略——以南岳军事会议和长沙会战为中心的研究》，《南京师大学报（社会科学版）》2003年第6期。
③ 王奇生：《湖南会战：中国军队对日军"一号作战"的回应》，《抗日战争研究》2004年第3期。
④ 汤水清、罗玉明、温波：《抗战时期国民党军队的粮食供给——以湖南省和第九战区为例》，《军事历史研究》2004年第3期。
⑤ 傅志明：《抗战时期企业迁湘概况及对湖南经济发展之影响》，《长沙水电师院学报（社会科学版）》1987年第2期。
⑥ 肖栋梁：《抗战时期的湖南工矿业》，《求索》1992年第2期。
⑦ 雷国珍：《论抗战初期湖南的经济抗战》，《湖湘论坛》1995年第3期。
⑧ 刘国武：《抗战时期湖南直接损失述要》，《湖南师范大学社会科学学报》2005年第3期。

湖南战时文化也较特殊。唐正芒从文化名人汇聚、抗日团体与文化阵营、进步报刊及新闻出版、戏剧歌咏等方面介绍长沙抗战文化盛况，并探讨长沙以外湖南其他地区的抗战文化运动情况，以及湖南抗战文化运动的经验和意义。① 唐正芒还指出，研究湖南抗战文化，能拓宽湖湘文化的研究领域。② 抗战初期湖南的救亡图书室属特殊文化事物，李龙如简述其产生、发展过程和特点，以及在抗日救亡运动中所起的作用。③ 战时湖南虽为战场，但湘西社会受战乱较少而相对稳定。王朝晖认为，国民党统治中心内迁重庆后，湘西民族地区的特殊地位反映到教育上即"边民教育"。④ "边民教育"兴盛一时的主要原因是当时大量人才涌入湘西。暨爱民认为，抗战时期因外地学校纷纷迁入和各族人民的共同努力，湘西教育获得空前发展，体系完备，质量提高。⑤ 他还指出，战时湖南小学教育、中等教育、职业教育、师范教育和高等教育，规模空前扩大，教学质量提高，尤其是中等教育跃居全国前列，为湖南后来教育的全面发展奠定坚实基础。⑥ 抗日阵亡将士陵园属于抗战纪念文化设施，1945年秋，湘西会战龙潭战役抗日阵亡将士陵园建成，正是湘西龙潭战役的历史见证，具有重要史料价值。⑦ 总之，研究者揭示出湖南经济、文化的战时特性。

（三）口述回忆为主的"文史资料"出版

1959年，全国政协文史资料研究委员会成立，组织相关人员撰写回忆文章。改革开放后，关于湖南抗战文史资料的搜集受到重视。如《湖南文史资料选辑》第18辑基本上为湖南抗战史料，包括文夕大火、长沙沦陷、常德细菌战，以及湖南文化抗战等。⑧《湖南文史资料》第26辑为纪念抗战全面爆发50周年而出版，是湖南抗战回忆纪实专辑，包括湖南抗日正

---

① 唐正芒：《湖南抗战文化运动概略》（上），《云梦学刊》2000年第2期；唐正芒：《湖南抗战文化运动概略》（下），《云梦学刊》2000年第4期。
② 唐正芒：《探讨湖南抗战文化拓宽湖湘文化研究领域》，《湖湘论坛》2000年第3期。
③ 李龙如：《抗战初期湖南的救亡图书室》，《图书馆》2005年第5期。
④ 王朝晖：《浅谈抗战时期的湘西"边民教育"》，《民族论坛》1990年第3期。
⑤ 暨爱民：《抗战时期湘西民族地区教育的历史考察》，《民族教育研究》2003年第1期。
⑥ 暨爱民：《抗战时期湖南教育发展述论》，《抗日战争研究》2005年第1期。
⑦ 杨吉兴、韩湘特：《湘西会战龙潭战役抗日阵亡将士陵园》，《抗日战争研究》1997年第4期。
⑧ 中国人民政治协商会议湖南省委员会文史资料研究委员会编：《湖南文史资料选辑》第18辑，湖南人民出版社1984年版。

面战场多次战役、人民群众在抗战时期的经历与救亡活动、湘籍将士在外地参加抗战的回忆。①《湖南文史》第47辑为"湘西会战专辑",包括将士回忆、民众参战、战地见闻、日军暴行、文献资料等,从多维角度呈现湘西会战的历史。②《长沙文史》第13辑基本上属于四次长沙会战的口述回忆资料。③这些文史资料专辑集中于抗战时期湖南正面战场。

抗战胜利50周年之际,湘阴县委员会文史资料研究委员会编辑出版《湘阴文史资料》第7辑,专载抗战时期湘阴县县长谢宝树记载第二、三次长沙会战期间湘阴守城情况的《守土日记》。日记后附第二、三次长沙会战湘阴县政府重要文电与动员协同作战统计资料,以及胡震球等人关于谢宝树的口述回忆。④乐昌市政协文史资料研究委员会编辑出版《抗日战争中的薛岳》,分为"薛岳的抗日历程""薛岳战时论著、演讲、报告选录""各报记者访问薛岳印象记""有关历史文献资料选""薛岳与家乡",附"薛岳指挥的历次战役序列表",多数内容涉及湖南抗战。⑤此后,湖南省政协文史资料研究委员会编"二十世纪湖南文史资料文库",其中有《长沙大火》《芷江受降》,多为口述回忆材料。⑥这些均属与湖南抗战有关的文史资料专辑。

除专辑外,湖南省出版发行的诸多文史资料亦有涉及湖南抗战者,如《岳阳市文史资料》第6辑、《凤凰文史资料》第1辑、《沅江文史资料》第4辑、《岳塘文史》第1辑。其他省的文史资料中也有关于湖南抗战者,如《石柱文史资料》第5辑、《贵州文史资料选辑》第21辑、广东省人民政府参事室编的《文史资料选辑》第32辑、《内江文史资料选辑》第12辑。"中华文史资料文库"的政治军事编第4卷《八年抗战》上册,其中

---

① 中国人民政治协商会议湖南省委员会文史资料研究委员会编:《湖南文史资料》第26辑,湖南人民出版社1987年版。

② 中国人民政治协商会议湖南省委员会文史资料研究委员会编:《湖南文史》第47辑,湖南文史杂志社1992年版。

③ 中国人民政治协商会议长沙市委员会文史资料研究委员会主编:《长沙文史》第13辑,1992年版。

④ 中国人民政治协商会议湘阴县委员会文史资料研究委员会编:《湘阴文史资料·守土日记》第7辑,1995年版。

⑤ 乐昌市政协文史资料研究委员会编:《抗日战争中的薛岳》,湖南省地矿厅区调所印刷厂1995年印行。

⑥ 湖南省政协文史资料研究委员会编:《长沙大火》,岳麓书社1997年版;向国双主编《芷江受降》,岳麓书社1997年版。

有"湖南四大会战"部分。① 需要指出的是，这些"文史资料"某些内容有重复，某些资料被多处收录。

此外，某些湖南抗战的史料被编辑出版。如黎维新和周德辉从文化角度汇编抗战初期长沙抗日救亡运动的实录。② 雷安平汇编 1936 年湘西苗民"革屯"抗日运动的概述、书信、回忆录、故事传说等，以多种形式呈现这一历史画卷。③ 章伯锋、庄建平主编的《中国近代史资料丛刊·抗日战争》第 2 卷《正面战场与敌后战场》、第 7 卷《侵华日军暴行日志》等均有湖南抗战内容。④ 中国第二历史档案馆编《中华民国历史图片档案》第 3 卷《抗日战争（2）》有第一、二、三次长沙会战的图片史料。⑤

（四）学术共同体建设

该时期关于湖南抗战的学术会议渐次召开，会后出版论文集，研究成果得以集中呈现。1995 年，中共湖南省委宣传部、省委党史委、省社会科学院、省社会科学联合会共同举办"湖南纪念抗日战争胜利 50 周年"学术讨论会，随后出版论文集。⑥ 2001 年湖南文理学院细菌战罪行研究所成立。2002 年，该所主办"日本细菌战罪行"国际学术研讨会，有中、日、美等国专家学者参加，会后出版论文集。⑦ 2005 年，中共湖南省委党史研究室、湖南省社会科学院、湖南省军区政治部和中共常德市委、常德市人民政府联合主办"湖南省纪念中国人民抗日战争胜利 60 周年"学术研讨会，会后出版论文集。⑧ 2002 年起，《湖南文理学院学报（社会科学版）》开辟"细菌战罪行研究"学术专栏。

---

① 中国人民政治协商会议新乡市北站区文史资料委员会编：中华文史资料文库·政治军事编第 4 卷《八年抗战》（上），中国文史出版社 1996 年版。

② 黎维新、周德辉主编：《长沙文化城：抗战初期长沙抗日救亡文化运动实录》，湖南出版社 1995 年版。

③ 雷安平主编，龙炳文、龙泽全副主编：《湘西苗民革屯抗日辑略》，中南工业大学出版社 1987 年版。

④ 章伯锋、庄建平主编：《中国近代史资料丛刊·抗日战争》，四川大学出版社 1997 年版。

⑤ 中国第二历史档案馆编：《中华民国历史图片档案》，团结出版社 2002 年版。

⑥ 文选德、龚固忠主编：《人民的胜利——湖南纪念抗日战争胜利 50 周年学术讨论会论文集》，湖南出版社 1996 年版。

⑦ 湖南文理学院细菌战罪行研究所编：《揭开黑幕——2002·中国·常德细菌战罪行国际学术研讨会论文集》，中国文史出版社 2003 年版。

⑧ 中共湖南省委党史研究室编：《牢记历史 开创未来：湖南省纪念抗日战争胜利 60 周年学术研讨会论文集》，湖南人民出版社 2005 年版。

三 2006—2015 年

以 2005 年作为湖南抗日战争研究分界线，非因该年于湖南抗战研究有何特殊意义，仅为便于观察湖南抗战研究长期以来的变化，且该年为抗战胜利 60 周年。湖南抗战研究只有从较长时间观察，才能发觉明显变化，若就年份次第更替而言，多属传承而非突变，2005 年前后亦如此。故该部分主要从延续角度观察，发现些许变化。

（一）研究专著

该时期有影响力的学术专著不多，与上阶段相比有衰落之感。该阶段没有湖南抗战的通史性著述，较严谨的学术著作也较少。

战时湖南现代化问题受到研究者重视。刘国武利用法国年鉴学派倡导的整体史学方法，全面展示抗战时期湖南现代化的迅速发展和衰败，详细论述战时湖南政治的演变，经济、文化、教育和卫生的现代化，以及湖南现代化最后遭受的重创，在这些基础上还述及社会生活的变迁。[1] 战时湖南现代化实际上属于畸形的现代化。刘鹤将战时湖南现代化研究具体到湘西，论述湘西政治、经济、教育等方面的现代化，最后讨论"现代文化的繁荣与民族主义意识的勃兴"。[2] 湘西作为抗战时期湖南现代化研究的对象，具有一定的合理性，能呈现战时湖南某些地方现代化的特殊性。抗战时期的很长一段时间，湖南战场集中于湘北地区，湘西地处偏僻而为"大后方"。在国民政府加强大后方建设的情况下，湘西现代化建设迅猛推进。如刘国武所说的抗战后期湖南现代化的"衰败"，在湘西或不存在，故能在某种程度上深化和纠正其研究。陈艳辉则从湖南文化抗战角度研究《力报》。[3] 其中关于现代化的研究，受当时学界影响甚深，特别是受到台湾学者张朋园《湖南现代化的早期进展（1860—1916）》[4] 的影响。

---

[1] 刘国武：《抗战时期湖南的现代化》，甘肃人民出版社 2006 年版。
[2] 刘鹤：《抗战时期湘西现代化进程研究》，光明日报出版社 2012 年版。
[3] 陈艳辉：《湖南〈力报〉（1936—1945）研究：基于文化抗战视角的考察》，湖南人民出版社 2014 年版。
[4] 张朋园：《湖南现代化的早期进展（1860—1916）》，岳麓书社 2002 年版。

湖南文理学院成立的细菌战罪行研究所开始产生学术成果，出版"侵华日军常德细菌战研究丛书"，其中有两本可视为研究专著。陈致远专注于研究侵华日军常德细菌战，出版国内第一本该题材的学术专著。① 聂莉莉运用文化人类学、历史学等多学科理论与方法，结合田野调查，从城乡地理分布、商业活动、民间习俗、政府防疫等考察常德人民惨痛的细菌战受害过程。② 2006 年，该书日文版出版，被刘云和金菁琳翻译成中文后纳入丛书。

其他一些著作则强调通俗性，史话纪实类作品大量出版。如整个湖南抗日战争的实录③，侵华日军三湘罪孽实录④，长沙岳麓山抗战史话⑤，湘北正面战场抗战纪实⑥，三次长沙会战的纪实⑦，常德抗战实录。⑧ 湖南文艺出版社出版湖南抗战纪实系列，包括常德会战、衡阳会战、长沙会战、雪峰山会战。⑨ 芷江保卫战的历史⑩，以及抗战时期与衡阳相关的历史也受到关注。⑪ 除重大战役纪实作品外，一些小战役与相关抗战事迹也引起注意，如常德会战中的慈利阻击战、平江抗战、广益中学抗战外迁、湘雅人

---

① 陈致远：《纪实：侵华日军常德细菌战》，中国社会科学出版社 2015 年版。
② 聂莉莉：《伤痕：中国常德民众的细菌战记忆》，刘云、金菁琳译，中国社会科学出版社 2015 年版。
③ 湖南省政协文史学习委员会编：《湖南抗日战争实录》，中国文史出版社 2015 年版。
④ 中共湖南省委党史研究室编：《国恨家仇——侵华日军三湘罪孽实录》，中央文献出版社 2015 年版。
⑤ 罗军强：《岳麓山抗战史话》，海南出版社 2007 年版。
⑥ 李宣钊编著：《浴血新墙河——湘北正面战场抗战纪实》，现代出版社 2015 年版。
⑦ 关华、宋弘午：《浴血长沙——中国军队三次长沙会战史记》，云南大学出版社 2015 年版。
⑧ 刘李波主编：《常德抗战实录》，湖南人民出版社 2015 年版。
⑨ 张晓然：《八千男儿血——中日常德会战纪实》，湖南文艺出版社 2012 年版；张和平：《落日孤城——中日衡阳会战纪实》，湖南文艺出版社 2012 年版；高军：《血在烧——中日长沙会战纪实》，湖南文艺出版社 2012 年版；曾凡华：《最后一战——中日湘西雪峰山会战纪实》，湖南文艺出版社 2012 年版。
⑩ 芷江侗族自治县人大组织编：《历史·芷江——芷江保卫战》，中国民族摄影艺术出版社 2010 年版；舒绍平：《日落芷江》，中国文史出版社 2011 年版；李松编：《胜利荣光——芷江受降》，北方文艺出版社 2015 年版；陈占彪编：《三岛蜷伏 日月重光：抗战胜利受降现场》，生活·读书·新知三联书店 2015 年版。
⑪ 谌谋盾：《雪峰落日：1945》，中国文史出版社 2012 年版；萧培：《衡阳保卫战》（2014 年修订本），团结出版社 2014 年版；萧培：《血战衡阳四十七天：抗战史上最壮烈的城市保卫战》，武汉大学出版社 2014 年版；衡阳市南岳区党史地方志办公室、衡阳市南岳区委党史联络组编著：《上马杀贼下马学佛》，团结出版社 2015 年版；刘海丰：《攻城血路：衡阳会战中的日军第 133 联队》，武汉大学出版社 2015 年版。

的抗战、衡阳会战中的日军部队。[1] 其他用图片呈现湖南抗战史的著作也纷纷出版,从视觉上产生极大冲击。[2] 尤其是肖中仁主编的"湖南抗战历史连环画"系列,包括四战长沙、喋血雁城、血战常德、湘西会战等。[3] 这些著述在普及湖南抗战知识上做出了一定的贡献。

"日志""事略""事典"等形式的著述纷纷出现。钟启河和刘松茂以"日志"形式完整系统总结和阐述了湖南抗日战争这段反侵略的光辉历史。[4] 钟启河和周锦涛主编了关于湖南抗战阵亡将士的事略。[5] 这两本著作均为湖南抗战研究的基础工作,隶属于"湖湘文库"。叶荣开主编常德抗日事典,使常德抗战史实得以较详细地呈现于世。[6]

该时期出版的大型丛书,如"中国抗日战争战场全景画卷"中,即有《常德八千师:常德保卫战影像全纪录》(长城出版社2015年版)、《三战长沙城:长沙大会战影像全纪录》(长城出版社2015年版)、《梦断衡阳城:衡阳保卫战影像全纪录》(长城出版社2016年版)等卷。"话说中国抗战史"系列中有《长沙大会战:1939—1942》《湘西大会战:1945》。[7]

(二) 学术论文

该时期湖南抗战宏观问题研究渐趋淡化,但某些问题仍受重视,如关于中国共产党湖南抗战活动的研究。这方面的成果虽较上一时期成果数量显著减少,但研究更加深入。姚晓菲较系统地呈现了抗战时期中共湖南地方组织在不同环境下的活动与发展情况,以及在抗日民族统一战线大背景

---

[1] 罗显庆编著:《中日常德会战之慈利阻击战全纪录》,湖南美术出版社2014年版;中国人民政治协商会议平江县委员会,洪志凡主编《平江抗战》,湖南人民出版社2015年版;熊立秀:《伤口:慈利抗战纪实》,湖南人民出版社2015年版;陈胸怀:《风雨苍茫:广益中学抗战外迁访记》,湖南大学出版社2015年版;黄珊琦主编《湘雅人的抗战:纪念中国人民抗战胜利70周年》,湖南地图出版社2015年版;刘海丰:《攻城血路:衡阳会战中的日军第133联队》,武汉大学出版社2015年版。

[2] 中共湖南省委党史研究室编著:《战以图存:湖南抗战谱》,中央文献出版社2015年版;夏远生编著:《中国抗日战争全景录(湖南卷)》,湖南人民出版社2015年版;邹容文、周志刚图:《发现另一个湖南·抗战纪》,湖南科学技术出版社2009年版。

[3] 肖中仁编:《湖南抗战历史连环画》,湖南人民出版社2014年版。

[4] 钟启河、刘松茂编著:《湖南抗战日志》,国防科技大学出版社2008年版。

[5] 钟启河、周锦涛主编:《湖南抗战阵亡将士事略》,湘潭大学出版社2011年版。

[6] 常德市档案局、叶荣开著:《常德抗日事典》,中国文史出版社2015年版。

[7] 马正健:《长沙大会战:1939—1942》,贵州人民出版社2011年版;龚晓虹:《湘西大会战:1945》,贵州人民出版社2011年版。

下发挥的作用。① 罗玉明在前人研究基础上，系统阐述了中共中央和中共湖南省各地党组织坚持抗战、坚持敌后游击战的史实，并总结其在湖南战场的作用与功劳。② 这些研究较全面地阐发了中共在湖南抗战中的作用和贡献。

战时湖南研究成为重点，经济、教育、文化等方面研究从边缘走向中心，成果显著增多，且更趋细致，诸多选题均属首次出现，这正是学术研究积累至一定程度的产物。战时湖南工矿业研究方面，王安中在萧栋梁研究的基础上，更客观地分析了战时湖南工矿业发展的动因及趋势，侧重于政策扶持、国内市场、基础设施建设、管理水平、技术水平、经济格局等"经济"层面。③ 刘国武在全面综述战时湖南工矿业兴起、发展、衰落的基础上，强调战时工矿业为抗战提供了重要物质基础，奠定了湖南工业发展基础，加速了湖南社会的演进。④

工矿业具体行业研究也是重点。徐凯希关注抗战时期后方手工业勃兴的原因，认为手工业为坚持长期抗战，提升鄂西、湘西山区工业发展水平等发挥了突出作用。⑤ 段贤敏认为，随着抗战兴起，工业和铁路机车用煤数量激增，凭借蕴藏丰富的煤炭资源和所处的重要战略地位，湖南煤矿业的作用以及在全国的地位得到显著提升。⑥ 某种程度上说，战时湖南煤矿业的兴起奠定了湖南的工业化基础。杨亚伟的研究与段贤敏类似，只是将研究对象转移到机械工业。⑦ 金阿勇认为，迁湘工业一定程度上改变了湖南近代工业布局，促进湖南近代工业发展，但因属短期行为，其对湖南经济发展的促进作用有限。⑧ 这些研究使战时湖南工矿业有了更丰富立体的呈现。

战时湖南农业农村研究兴起，且涉及诸多具体内容。李圣菊系统论述

---

① 姚晓菲：《抗日战争时期中共湖南地方组织的活动与发展》，硕士学位论文，湘潭大学，2006年。
② 罗玉明：《中国共产党与湖南抗战》，《湘潭大学学报（社会科学版）》2006年第6期。
③ 王安中：《抗战时期湖南工矿业发展趋势新探》，《湖南社会科学》2011年第2期；王安中：《抗战时期湖南工矿业发展动因探析》，《求索》2008年第8期。
④ 刘国武：《抗战时期湖南的工矿业》，《抗日战争研究》2009年第2期。
⑤ 徐凯希：《抗战时期后方手工业研究——以湖北、湖南为例》，《华中师范大学学报（人文社会科学版）》2007年第1期。
⑥ 段贤敏：《抗战时期湖南煤矿业研究》，硕士学位论文，湘潭大学，2010年。
⑦ 杨亚伟：《抗战时期湖南机械工业》，硕士学位论文，湘潭大学，2011年。
⑧ 金阿勇：《抗战时期迁湘工业研究》，硕士学位论文，湘潭大学，2008年。

战时湖南粮食品种的改良与推广工作，认为湖南粮食品种的改良与推广为抗战提供大量军民用粮，也增强了国统区粮食管理的宏观调控能力。① 刘国武在考察抗战时期湖南农业的曲折发展态势后指出，湘北、湘中地区屡遭日军蹂躏，农业出现衰退，而湘西、湘南地区农业则因处大后方，发展迅速，并与近代科技实现初步结合。② 其研究比他此前出版专著中的相关认识有了显著变化，关注到湖南不同地域间农业发展的不平衡性，认识更具体。刘鹤和何云辉注意到，抗战时期农业机构的迁建，促进了湘西的农业发展。③ 抗战时期湖南茶业受到研究者关注，余志君等考察了抗战时期湖南茶业管理处的设立及其所采取的统制经济措施，并分析了统制经济政策的影响。④ 姚顺东从1942年湖南农产品展览会入手，观察时人尤其是各级政府对农业改良的认识和从事农业改良工作的积极性。⑤ 战时湖南农业研究起点较高，该时期研究更为细致。

战时湖南商业金融业开始受到研究者关注。刘国武认为，战时湖南省政府统制全省商贸，使省内外商贸联系加强，资本增加，商贸公司增多，出现一些新兴商贸中心。⑥ 他还关注到战时湖南金融业，认为战时湖南金融业随着全民族抗战的爆发迅速转入战争轨道，成为西南金融网建设的重要组成部分，在健全全省金融机构、维护法币信誉、扩大经营业务、促进全省经济发展等方面发挥了重要作用。⑦ 刘鹤认为，抗战时期内迁人口促进湘西经济市场化，拉动市场需求，进一步推动湘西大米、茶叶等食品商品化，也提高纱布、民族饰品生产的市场化程度，促进了旅游业、饮食业和理发、照相等服务业的发展。⑧ 战时湖南经济得到较全面研究，涉及相当广泛。

战时湖南教育研究更细化，该方面以刘鹤的系列成果为代表，侧重于

---

① 李圣菊：《论抗战时期湖南粮食品种的改良与推广》，《华南农业大学学报（社会科学版）》2007年第2期。
② 刘国武：《抗战时期湖南农业述论》，《抗日战争研究》2009年第4期。
③ 刘鹤、何云辉：《抗战时期农业机构的迁建与湘西农业的发展》，《农业考古》2010年第4期。
④ 余志君、张黎：《抗战时期湖南茶业管理处略考》，《古今农业》2011年第3期；余志君：《抗战时期统制经济政策与茶业的发展——以湖南安化为例》，《湖南师范大学社会科学学报》2011年第2期。
⑤ 姚顺东：《抗战中的湖南农产品展览会述评》，《武陵学刊》2014年第4期。
⑥ 刘国武：《抗战时期湖南的商业和贸易》，《衡阳师范学院学报》2007年第4期。
⑦ 刘国武：《论抗战时期湖南的金融》，《衡阳师范学院学报》2009年第4期。
⑧ 刘鹤：《抗战时期内迁人口与湘西经济市场化的历史考察》，《求索》2011年第10期。

湘西地区。刘鹤认为，抗战时期张治中大力推进乡村教育，实地考察湘西民族地区教育，增加湘西等地教育经费，结合移民安置发展了湘西教育。[1]他关注抗战时期湘西民族地区各级各类学校课程设置的现代化趋势，注意到内迁学校特别是内迁教师传入新的教学方法，明显改进了湘西的教学方法。[2] 他还注意到，随着大量湘西籍精英回迁和外地教师内迁，湘西教师队伍的地缘、学历、性别、年龄结构皆出现重大变化，现代小学中学教师队伍得以建立并趋于成熟。[3] 暨爱民和刘鹤认为，抗战时期湘西教育的现代转型最终完成，培养了大量适应战时需要的人才，为民族抗战做出重要贡献，强化了湘西各民族的中华一体感和民族国家认同，推动了后来湘西现代教育的全面发展。[4] 王昌在分析抗战时期迁入湘西学校大体情况的基础上，探究这些学校对湘西教育发展的直接推动作用，以及对整个湘西地区社会现代化进程的贡献。[5] 李在全阐述抗战时期平教会在湖南创办衡山实验县、乡村师范学校、农民抗战教育和训练地方行政干部，促进了湖南社会经济文化发展和政治改良。[6] 这些研究从实证角度避开了过往一些研究的空泛叙事。

战时湖南文化研究既有宏观论述也有微观考察。萧栋梁从宏观上论述湖南不仅是九一八事变后全国抗战文化运动兴起最早、声威最壮、影响最大的省份之一，且作为全国抗战文化的传播、辐射中心，丰富、发展、壮大了全国抗战文化运动声威和内涵，推动了全国抗战文化的深入发展。[7] 对于战时文化的微观研究亦有进展，如关于《新华日报》与《中央日报》常德会战宣传的比较[8]，关于湘西地方政府抗战宣传的考察[9]。抗战精神是战时文化的内核，值得深入挖掘。夏远生论述了以毛泽东为代表的无产阶

---

[1] 刘鹤：《张治中与抗战初期湘西民族地区的教育发展》，《怀化学院学报》2008年第4期。
[2] 刘鹤、张绍军：《抗战时期湘西民族地区课程设置和教学方法的现代化》，《吉首大学学报（社会科学版）》2011年第5期。
[3] 刘鹤：《抗战时期湘西民族地区现代教师队伍建立和发展的历史考察》，《广西师范大学学报（哲学社会科学版）》2012年第1期。
[4] 暨爱民、刘鹤：《论抗战时期的湘西教育》，《抗日战争研究》2012年第3期。
[5] 王昌：《论抗战时期内迁学校对湘西社会的历史影响》，硕士学位论文，吉首大学，2012年。
[6] 李在全：《抗战时期湖南的乡村建设运动——以平教会为中心》，《湖南师范大学教育科学学报》2006年第2期。
[7] 萧栋梁：《论湖南抗战文化的历史地位和作用》，《抗日战争研究》2007年第4期。
[8] 陈冠宇：《〈新华日报〉与〈中央日报〉"常德会战"宣传比较研究》，硕士学位论文，湘潭大学，2015年。
[9] 刘鹤：《抗战时期民族地区地方政府抗战宣传的历史考察——以湘西为例》，《怀化学院学报》2012年第6期。

级革命家群体倡扬的湖南抗战精神。① 战时湖南学术也有研究者述及。周国林认为，抗战时期张舜徽任教湖南蓝田国师，使其得以站在较高学术平台，跟众多学者交往，与学术界广泛对话，深化学术见解，且遍览群籍，结撰名作，积累材料，制定计划，立下一生治学规模。② 张凝较全面调查和研究湖南省抗战阵亡将士纪念设施。③ 这些研究虽非纯粹文化研究，但从广义文化理解上呈现了多样性。

战时湖南社会研究成为重点，且社会救济是重中之重。何多奇等认为，抗战时期湖南人口变迁对湖南经济、文化发展有重要影响，并使湖南人民思想意识得到升华和解放。④ 战时国民党"拉壮丁"成为普遍现象，徐德莉从宏观与微观角度观察战时湖南"拉壮丁"伪造案情况。⑤ 战时与战后救济受到研究者关注，茹佳楠考察全民族抗战爆发至抗战胜利期间湖南难民及其救济问题，认为在各方救济下，难民压力虽得以缓解，但也暴露出政府许多不足与缺陷。⑥ 戴蓉芳具体论述了战时湘西地区难民救济问题。⑦ 关于战后救济，夏洪亮认为，湖南善后救济分署成立后开展的系列农业善后救济工作，有效缓解了湖南灾情并献力于湖南农业恢复和发展，但因各方面因素制约，存在诸多不足。⑧ 钟声和高翔宇则关注战后美国援华救济联合会在湖南农村重建工作上的努力。⑨ 战争给社会带来诸多问题，如何善后显得尤为重要。

战时湖南国民党军政研究，学者不再专注于战场战役研究。兵役工作的好坏，关系战争前途。隆鸿昊认为，抗战时期湖南军政当局在基层开展兵役宣传，实行抽签法等系列措施，兵役工作总体而言取得很大成就，但

---

① 夏远生：《毛泽东与湖南抗战精神》，《船山学刊》2015年第5期。
② 周国林：《抗战时期张舜徽先生在湖南的学术成就》，《湖南大学学报（社会科学版）》2015年第2期。
③ 张凝：《湖南省抗战阵亡将士纪念设施调查与研究》，硕士学位论文，辽宁大学，2015年。
④ 何多奇、黎程、刘乃秀：《抗战时期湖南人口变迁及其社会影响》，《重庆师范大学学报（哲学社会科学版）》2007年第3期。
⑤ 徐德莉：《宏观与微观的二重面相：以抗战时期湖南事关"拉壮丁"伪造案为例》，《贵州社会科学》2012年第11期。
⑥ 茹佳楠：《抗战时期湖南的难民及难民救济》，硕士学位论文，湘潭大学，2015年。
⑦ 戴蓉芳：《抗日战争时期湘西地区难民救济研究》，硕士学位论文，吉首大学，2015年。
⑧ 夏洪亮：《抗战胜利后湖南农业善后救济工作述论》，《怀化学院学报》2012年第1期。
⑨ 钟声、高翔宇：《抗战胜利后美国援华救济联合会与湖南农村重建工作述论》，《广东社会科学》2013年第1期。

也有基层军政人员虐待壮丁等弊端。① 邓野关注蒋介石对"方先觉投敌案"的裁决，认为该案体现出民国政治某些诡秘的运行规则。② 刘大禹讨论朱家骅与战时国民党湖南省党部改组的关系，认为抗战时期国民党省市党部建设受到派系冲突的制约，人事难以保持稳定。③ 南岳军事会议仍受关注。朱汉国分析1938年南岳军事会议的背景、议题与成果，认为这是国民政府在抗日战争相持阶段到来时召开的一次具有战略转变意义的会议。④ 秦程节强调1938年南岳军事会议对日军事战略的调整，以及其产生的重大积极影响。⑤ 曹子洋述评四次南岳军事会议，在肯定其积极作用的同时，亦指出因蒋介石始终坚持片面抗战路线，实行消极防御，在国民党军队的顽疾改造方面无所作为，导致军事上不断出现溃败。⑥

该时期湖南抗战研究改变此前政治史和历史事件的研究重点，涉及更多领域，注重战时湖南的经济、教育、文化、社会现象，研究也更全面细致。

(三) 史料

2004年中共中央原党史研究室组织"抗日战争时期中国人口伤亡和财产损失调研"，全国各地陆续开展调研统计，故该时期湖南各地方抗战时期人口伤亡和财产损失统计纷纷出版，包括湘潭市、永州市、长沙市、邵阳市、常德市、郴州市、怀化市，以及"重大惨案及口述资料"专卷。此外还有萧栋梁主编的《抗战时期湖南经济损失和人口伤亡研究》和湖南省委党史研究室编的《湖南省抗日战争时期人口伤亡和财产损失》。⑦ 该方面数据统计成为重点，但形成的调研成果，水平参差不齐。

相关回忆录也结集出版。董学生主编有《长沙会战》（上、下），以回

---

① 隆鸿昊：《抗战时期湖南兵役初探》，《抗日战争研究》2013年第3期。
② 邓野：《蒋介石对方先觉投敌案的裁决》，《历史研究》2006年第5期。
③ 刘大禹：《朱家骅与战时国民党湖南省党部的改组（1940—1944）》，《民国档案》2015年第2期。
④ 朱汉国：《1938年南岳军事会议评析》，《抗战史料研究》2012年第1辑。
⑤ 秦程节：《南岳军事会议对日军事战略调整及其影响》，《长沙理工大学学报（社会科学版）》2015年第5期。
⑥ 曹子洋：《抗战时期国民党四次南岳军事会议述评》，《抗战史料研究》2015年第1辑。
⑦ 萧栋梁主编：《抗战时期湖南经济损失和人口伤亡研究》，社会科学文献出版社2013年版；湖南省委党史研究室编：《湖南省抗日战争时期人口伤亡和财产损失》，中共党史出版社2015年版。

忆录、亲历记为主,也包括战报、新闻报道、书信等文献史料。① 薛岳和余建勋等的《湖南会战》,虽同为回忆录、亲历记,但选编范围较广,包括三次长沙会战、常德会战、长衡会战、湘西会战的相关回忆。② 另外,个人回忆录也有进展。国民党将领葛先才将军抗战回忆录即属亲历湖南多次抗战战役的回忆录。③ 湖南图书馆编著的抗战老兵口述在当时产生相当影响。④ 朱清如调查侵华日军常德细菌战受害者情况,进行口述历史材料的搜集与研究。⑤ 回忆录、口述提供了较为鲜活的湖南抗战记忆。

"湖湘文库"中收录 5 卷《抗日战争湖南战场史料》和 1 卷《湖南抗日救亡运动史料》,系编者从中国第二历史档案馆、湖南省档案馆等机构搜集档案史料汇集出版。⑥ 张华将湖南文理学院细菌战罪行研究所十余年搜集的中、日、美、俄等国关于常德细菌战的各种档案文献资料分类编纂出版。⑦ 从总体情况而言,史料方面发掘力度尚属不足。

(四) 学术共同体

湖南文理学院细菌战研究所持续发力,2006 年 12 月,该所主办"第二次日本细菌战罪行国际学术研讨会",2015 年主办"第三次侵华日军细菌战罪行国际学术研讨会"。其他相关学术会议陆续召开,2014 年 9 月 3 日至 5 日,中国抗战文化基金会、湖南省湖湘文化交流协会等单位,在洞口县举办雪峰山抗战研讨会。2015 年 8 月 20 日,为庆祝中国人民抗日战争暨世界反法西斯战争胜利 70 周年,毛泽东思想生平研究会、湘潭大学、毛泽东思想研究协同创新中心共同主办"毛泽东与抗日战争"学术研讨会。2015 年 12 月,湘潭大学主办纪念抗日战争胜利 70 周年学术讨论会。

湖南高校的诸多研究者多为单打独斗,尚未形成学术共同体意识。但不得不肯定《抗日战争研究》在湖南抗日战争研究上的推动作用,为湖南

---

① 董学生主编:《长沙会战》(上、下),岳麓书社 2010 年版。
② 薛岳、余建勋等:《湖南会战》,中国文史出版社 2010 年版。
③ 葛先才著,李祖鹏编:《长沙·常德·衡阳血战亲历记:国民党将领葛先才将军抗战回忆录》,团结出版社 2007 年版。
④ 湖南图书馆编著:《湖南抗战老兵口述录》,湖南人民出版社 2013 年版。
⑤ 朱清如:《控诉:侵华日军常德细菌战受害调查》,中国社会科学出版社 2015 年版。
⑥ 湖南省档案馆、中国第二历史档案馆编:《抗日战争湖南战场史料》,湖南人民出版社 2012 年版;罗玉明主编《湖南抗日救亡运动史料》,湖南人民出版社 2011 年版。
⑦ 张华编:《罪证:侵华日军常德细菌战史料集成》,中国社会科学出版社 2015 年版。

抗日战争研究提供强大的学术支持。

四　2016—2021 年

2016 年以来，随着全国抗日战争研究的不断推进和深入，湖南抗战研究也出现新的发展趋势，某些新领域和新方向正在萌发，史料来源更为丰富，研究更为细致实证，研究水平渐长。

（一）研究专著

彭新华记录抗战英烈史恩华及其大哥史恩荣的一生，追随他们的足迹，回顾国民革命军五十二军的抗战历史。[①] 李岳平等依据大量一手资料，客观记述中日军队在衡阳城的拉锯鏖战，反映衡阳外围战斗，以及此役后期洪桥保卫战、常宁保卫战和衡阳沦陷后的抗日游击战的情形，叙述衡阳守城军民团结御侮、忠勇卫国的抗战脉络和史实。[②] 周龙与王翊民运用多方面史料，客观记述薛岳一生，尤其是他在抗日战争期间的作战表现。[③] 王娅妮泰通过发掘大量书信、档案、回忆录等材料，深入考证和研究 1938 年的长沙大火。[④]

叙述正面战场抗战历史的 9 卷本《正面战场抗战启示录》面世，其中，邢烨和许海芸阐述抗日战争期间中日双方以长沙为中心的激烈攻防战[⑤]；沈岚探讨发生于 1944 年 4 月至 12 月间的豫湘桂会战[⑥]；蒋耘介绍抗战时期侵华日军发动的最后一次会战，即芷江雪峰山地区的湘西会战。[⑦] 这些成果不断丰富人们关于湖南抗战的认识。

（二）学术论文

中共湖南抗战研究方面既有对新问题的探究，也有对旧问题的新阐

[①] 彭新华：《史恩华传》，湖南文艺出版社 2017 年版。
[②] 李岳平、李银、陈桂芬：《衡阳抗日保卫战史稿》，中央文献出版社 2016 年版。
[③] 周龙、王翊民：《战将薛岳：中美日多方面史料记述一代抗日悍将风云》，现代出版社 2017 年版。
[④] 王娅妮泰：《长沙文夕大火》，商务印书馆 2016 年版。
[⑤] 邢烨、许海芸编著：《长沙会战》，航空工业出版社 2016 年版。
[⑥] 沈岚编著：《豫湘桂会战》，航空工业出版社 2016 年版。
[⑦] 蒋耘编著：《湘西会战》，航空工业出版社 2016 年版。

释。八路军南下支队转战湖南问题以往虽有人关注,但尚未引起足够重视,李勇和罗玉明认为,八路军南下支队虽未直接实现最初的战略目标,但在恢复和发展各地党组织、建立抗日民主政权、宣传发动群众抗日、开展卓有成效的统战工作等方面发挥了正面作用。① 段千千等认为,徐特立的兵役主张对抗战初期湖南兵役问题产生了积极影响。② 文化抗战历来属湖南抗战研究重点。王继平和杨晓晨认为,中国共产党领导的湖南文化抗战可分为三个阶段,且是中国共产党领导的国统区文化抗战的重要组成部分。③ 这些研究总体上的推动力尚显不足,中共湖南抗战研究在资料发掘、问题意识、细节考证等方面,尚大有可为。

常德细菌战研究不断推进。在陈致远团队努力下,该方面取得不少新进展。朱清如检讨1941—1942年常德细菌战防疫工作,认为当时防疫体系在相当被动的情况下建立起来,很不健全,且缺乏鼠疫防疫经验,防疫工作出现不少失误。④ 他还分析认为,日军发动常德细菌战的重要目标在于造成经济破坏。⑤ 常德细菌战的史料发掘与研究问题是关注重点,陈致远利用中、俄、美、日等国历史档案与文献资料,考察和揭露1941年侵华日军在湖南常德实施的细菌战过程、后果等。⑥ 张华利用美国当时收集的常德细菌战情报探讨相关问题,认为美方动用多方情报收集途径,美方在收集过程中对细菌武器和细菌战发生的认知,前后是有变化的。⑦ 谭雪从社群范式下档案如何推动社会公正与和解出发,观察常德日本细菌战档案公开问题⑧,其研究偏重档案学。

战时社会与经济问题,虽然新的推进较少,但也开拓出新领域。程林

---

① 李勇、罗玉明:《八路军南下支队转战湖南述论》,《湘潭大学学报(哲学社会科学版)》2019年第4期。
② 段千千、唐正芒:《徐特立的兵役主张及其对抗战初期湖南兵役的影响》,《湖南工业大学学报(社会科学版)》2018年第6期。
③ 王继平、杨晓晨:《论中国共产党领导的湖南文化抗战》,《湘潭大学学报(哲学社会科学版)》2021年第2期。
④ 朱清如:《1941—1942年常德细菌战防疫工作检讨》,《湖南社会科学》2016年第1期。
⑤ 朱清如:《"经济效果":侵华日军细菌战之重要目标——以常德细菌战为例》,《湘潭大学学报(哲学社会科学版)》2016年第5期。
⑥ 陈致远:《从中、俄、美、日史料看"常德细菌战"》,《湖南社会科学》2016年第1期。
⑦ 张华:《美国对常德细菌战情报的收集》,载徐蓝主编《近现代国际关系史研究》第13辑,世界知识出版社2017年版。
⑧ 谭雪:《常德日本细菌战档案公开——社群范式下档案如何推动社会公正与和解进程》,《档案学研究》2016年第3期。

研究全民族抗战时期湘西的垦荒活动。① 黄均霞将关注重点放在战时湖南省政府开办粮政上。湖南省政府通过统制生产、加强购储与控制粮价，将粮政迅速纳入战时轨道。在田赋征实后，湖南省政府调整战时粮政，强化"农业国防"。② 余志君等认为，抗战时期洪江民林督导试验区的筹办，在推广林业生产与科学知识，发展湘西林业经济等方面有重要意义。③ 各种社会问题受到关注，某些属新问题。杨乔注意到抗战时期湖南各级政府开展的"破除迷信运动"，认为其成效虽有限，但对于破除迷信、移风易俗、提高民众觉悟、维护抗战国策具有积极作用。④ 皮学军则关注战时湘西霍乱的防治工作。⑤ 这些不少属于新问题，有待继续发掘和深入研究。

国民政府军政研究在某些问题上有所突破。张晓燕利用湘西保靖县档案馆馆藏档案，研究抗战时期湘西地区监犯调服军役的特殊现象。⑥ 严海建和施祺分析当时国际形势与国内战局发展变化对余程万弃守常德案处理的直接影响。⑦ 中美空军联合作战在湖南战场后期有重要作用，既是中美合作的产物，也是世界反法西斯统一战线联合的典范。祁雪春论述长衡会战时中美空军的联合作战，田燕飞关注"湘西会战"中美空军作战。⑧ 隆鸿昊注意到，第九战区在士兵训练方面采取一系列规范措施，并组建相关机构重视新兵训练，使军队战力有所提高，多次击败日军进攻图谋。⑨ 他从士兵训练角度解释湖南战场能多次战胜日军的原因。贺怀锴将豫湘桂战役的失败归于蒋介石战略战术指导的诸多失误，认为战役的失败影响了1945年后的中国政局。⑩ 1938年长沙大火历来受人关注，刘大禹和李常宝

---

① 程林：《抗日战争时期湖南芷江的垦荒事业》，硕士学位论文，武汉大学，2018年。
② 黄均霞：《"农业国防"：抗战时期湖南粮政的开办与调整》，《求索》2018年第3期。
③ 余志君、张黎：《论抗战时期湘西洪江民林督导实验区的筹办及历史意义》，《怀化学院学报》2019年第10期。
④ 杨乔：《抗战时期湖南的"破除迷信运动"》，《求索》2018年第2期。
⑤ 皮学军：《抗战时期湘西霍乱的防治研究》，《抗战史料研究》2017年第1辑。
⑥ 张晓燕：《抗战时期湘西地区的监犯调服军役探析——基于湘西保靖县馆藏相关档案的研究》，《民族论坛》2016年第5期。
⑦ 严海建、施祺：《军法惩处的轻与重：余程万弃守常德案研究》，《日本侵华南京大屠杀研究》2020年第1期。
⑧ 祁雪春：《中美空军在长衡会战中联合作战述评》，《中共桂林市委党校学报》2016年第1期；田燕飞：《"湘西会战"中美空军作战研究——基于抗战后期国民政府对日反攻战略调整之视角》，《湖南工业大学学报（社会科学版）》2021年第5期。
⑨ 隆鸿昊：《抗战时期第九战区的士兵训练》，《日本侵华南京大屠杀研究》2020年第2期。
⑩ 贺怀锴：《蒋介石与豫湘桂战役》，《四川师范大学学报（社会科学版）》2021年第2期。

在火灾原因方面有所推进。① 这些成果在已有研究基础上不断突破。

湖南抗战记忆史的出现，是湖南抗战研究发展至一定程度的产物。郭辉从理论上呼吁加强抗战记忆研究的重要性。② 郭辉和傅伟男关注衡阳保卫战的宣传塑造和生产途径。③ 邓庄和周丹将衡阳抗战纪念地视为纪念性空间，观察其在传播文化、塑造社会记忆、构筑国族认同等方面的功能。④ 近年来记忆史备受关注，湖南抗战记忆问题也不例外。

值得一提的是，该时期学界开始对湖南抗战研究进行理论思考。李斌将湖南抗战精神视为中国人民伟大抗战精神的重要组成部分，认为湖南抗战精神体现了以爱国主义为核心的伟大民族精神。⑤ 高其荣试图构建湘北抗战的概念框架和话语体系，认为"第一次长沙会战"应该称为"湘北会战"，湘北会战和其他三次长沙会战中的三次湘北战役一起构成湘北抗战的主体部分。⑥ 这些尚属初步理论思考，意味着湖南抗战理论研究尚存极大空间。

(三) 史料

国家档案局主持"抗日战争档案汇编"工程，该时期湖南抗战部分即已出版不少。长沙市档案馆编辑出版《长沙市档案馆藏日军罪行与惩治战犯档案汇编》和《长沙市档案馆藏抗日战争善后和祭悼英烈档案汇编》，《长沙市档案馆藏日军罪行与惩治战犯档案汇编》分为日军罪行、惩治战犯两个部分，选取长沙市档案馆馆藏抗日战争胜利后中国军队和政府在长沙调查、通缉、逮捕与审判日本战争罪犯的档案资料，进行全文影印出版，所选档案多首次公布，真实记录日本帝国主义侵犯长沙的罪行，客观反映抗战胜利后长沙地区调查日军罪行与惩治日本战犯的情况。《长沙市

---

① 刘大禹：《酆悌与长沙文夕大火新探——基于〈酆悌遗著：焚余日记〉的解读》，《民国档案》2013 年第 4 期；李常宝：《1938 年长沙大火的再考察——兼与刘大禹〈酆悌与长沙文夕大火新探〉一文商榷》，《南京社会科学》2015 年第 7 期。
② 郭辉：《抗战记忆的建构及其价值》，《兰州学刊》2020 年第 2 期。
③ 郭辉、傅伟男：《衡阳保卫战的宣传塑造与记忆生产（1944—1949）》，《日本侵华南京大屠杀研究》2020 年第 4 期。
④ 邓庄、周丹：《纪念性空间文化传播与认同的建构——以衡阳抗战纪念地为例》，《新闻传播》2018 年第 11 期。
⑤ 李斌：《湖南抗战精神的建构与诠释》，《求索》2018 年第 4 期。
⑥ 高其荣：《构建湘北抗战的概念框架和话语体系》，《云梦学刊》2019 年第 4 期。

档案馆藏抗日战争善后和祭悼英烈档案汇编》选自长沙市档案馆收藏的抗战时期长沙从事战争善后与祭悼英烈的公文档案,包括各种调查表册、报告、指令、训令、电报等,集中真实地反映长沙进行抗日战争善后、掩埋阵亡将士骸骨和祭悼英烈的活动。此时期出版的档案还有《抗战时期湖南人口伤亡及财产损失档案汇编》《绥宁县抗战后援档案汇编》《临澧县抗日战争宣传档案汇编》《桂阳县抗战军粮档案汇编》《邵阳抗日武装档案汇编》《临澧县抗战兵役档案汇编》《祁阳抗战军政档案汇编》《抗战时期邵阳县政府抚恤档案汇编》《安化县抗战兵役档案汇编》(全2册)等,客观反映湖南各地抗战情况。

(四)学术共同体

2016年3月,长沙市抗战文化研究会第一届会员代表大会在长沙召开,标志着长沙市抗战文化研究会正式成立。2017年,岳阳县新墙河抗战文化研究会成立。2017年,湖南理工学院马克思主义学院举办"湘北抗战及其精神传承"学术研讨会。2017年,中国社会科学院近代史研究所《抗日战争研究》编辑部、湖南省社会科学院、抗日战争纪念网在衡阳主办"第一届抗日战争军事史暨湖南抗战"学术研讨会。2018年,中国社会科学院近代史研究所《抗日战争研究》编辑部、湖南省社会科学院历史文化研究所、湖南文理学院、抗日战争纪念网在湖南文理学院举办"第二届抗战区域研究暨湖南抗战"学术讨论会。

该时期湖南抗战研究出现一些新动向,一是档案材料的开发利用;二是新的研究方向的出现,如记忆史、理论研究等;三是湖南抗战话语体系的建构。但相较于上一时期研究而言,或因时间较短,在学术专著、论文等方面的成果略显不足,《抗日战争研究》等重要刊物上较少见相关研究成果的发表。

五 结语

湖南抗日战争研究虽已有80余年历史,取得诸多可圈可点的成绩,但就整体而言,尤其是与全国抗战史研究相较,则存在诸多不足,这些均与湖南抗战在全民族抗战中的重要历史地位不相匹配。

第一,拓展研究主题。已有湖南抗战研究中,某些个案问题的细致实证研究较少，某方面问题的专题实证研究也较少。湖南抗日战争研究经2006年至2015年前后的高速发展后，在论题方面难有较大突破。近些年湖南抗战研究甚至有偃旗息鼓之状。如果始终局限于湖南抗战与战时湖南的研究，则难有明显突破，这两方面的某些领域研究已有一定基础，但尚有广大研究空间。如何实现"总体研究要深、专题研究要细"的要求，尚需进一步努力。

湖南抗战研究主题方面，可做如下安排：一是中共抗战的细致研究。中国共产党在湖南抗战中起着重要作用，维护国共合作和抗日民族统一战线，主持南岳干训班，在沦陷区开展抗日游击战，为湖南抗战做出过突出贡献。但诸多方面的已有研究均较为宏观，偏于活动描写与史实叙述。故在充分占据史料上，可以进行更细致的实证研究。二是人民群众抗战研究。人民群众的抗战实际上占据相当重要地位，却往往被研究者忽视。湖南抗战中的人民群众也是如此。从某些回忆录中可以得知，人民群众在湖南战场的多次战役中均有相当积极的表现。这些均有进一步深入研究的必要。三是国际视野的跨国研究。湖南抗战不仅是中国抗日战争的重要组成部分，也是世界反法西斯战争的重要组成部分，可以从国际视野进行观察，将湖南战场置于世界反法西斯战场中，分析其在世界反法西斯战争中的地位和影响，应更多地关注其他国家关于湖南抗战的报道，观察国际舆论对湖南抗战的态度和认识。另外，飞虎队等则是典型的国际化抗战。四是地理位置的区域研究。湖南处于东西南北交界之地，于重庆而言是天然屏障。湖南战场的地理位置值得更为深入地进行研究，此或能解释湖南正面战场为何发生多次战役会战。五是军事战场的互动研究。湖南战场不能单独存在，如第一次长沙会战，实际包括湘北、鄂南、赣西等战场；湘西会战时，浙西战役实为配合行动。这些战场的联动值得关注。六是和平文化的实证研究。和平文化历来是怀化地区抗日战争研究重点，芷江即被称为国际和平城市，怀化学院有湖南省和平文化研究会，湖南省社会科学规划办批准成立了湖南省和平文化研究基地。但这些年来，和平文化研究多停留于宏观叙事，实证研究略感不足。七是抗战精神的湖南特色研究。抗战精神内涵可概括为"天下兴亡、匹夫有责"的爱国情怀；视死如归、宁死不屈的民族气节；不畏强暴、血战到底的英雄气概；百折不挠、坚韧不拔的必胜信念。而湖南抗战精神应有具体的考察和分析。八是战时湖南的全面研究。战时湖南学术史、语言文化史、科技史、美术史、思想史等皆有继续深入研究的必要，这些方面的研究尚有诸多不足。另外，湖南抗战理论研究不足，或是各方面研究受到影响的重要原因。

第二，丰富研究视野。湖南抗日战争早期研究中，宏观问题研究偏于归纳总结，多以史实陈述为主。若从时段上观察湖南抗战研究，总体上应跟随时代潮流，实证研究逐渐占据主导地位。但发展到最近几年，渐感与全国抗战研究相较，显得成果平平，较少见高水平论文与专著。近些年来全国抗战研究不仅在细致实证研究上持续发力，而且在理论方法上不断创新，故有进一步省思的余地。

湖南抗战研究视野方面，可做如下安排：一是竭尽可能占据多元史料。研究视野与史料占有关系密切，需要尽可能获得多元史料，才能更好更立体地深入理解研究对象，才能使研究视野更为丰富。二是多维立体观察研究对象。充分占有史料才有可能多维立体地考察研究对象，有时难明真相，或因身在此山中，横看成岭侧成峰则道出多维的重要性。三是持之以恒关注研究对象。学术研究需要有持之以恒精神，如此才能在深度上进行发掘，获得更细致研究，收获更多创新。四是研究方法必须吐故纳新。研究方法的采用直接决定研究视野，除传统研究方法外，还应使用新方法，已有记忆史视角值得推广。另外，身体史、阅读史、语言史等新文化史研究方法皆可采用，如此将开拓更多新域。五是学术交流力求正常频繁。常态化的学术交流能实现与其他学者互相学习，有利于提升知识素养，加强研究能力，开阔研究视野。

第三，加强史料整理。湖南抗战研究方面，早期的纪实、军情等材料编撰，记录湖南抗战的同时，也有史料作用，兹不赘述。新中国成立后，湖南抗战研究基本处于停滞状态，史料整理亦如此。改革开放后，曾出版过大批口述回忆，这些或有专著，或散见于各种"文史资料"，其中不乏重复错漏处。近些年有少量档案汇编出版。此即湖南抗战史料整理的基本情况。

湖南抗战史料整理方面，可做如下规划：一是口述回忆的集中整理出版。这些口述回忆史料可以按照事件与时间等归类，加以适当注解，以方便研究者使用。二是报刊史料的发掘与系统梳理。应基本摸清抗战时期湖南发行报刊的情况，基本摸清全国大报大刊报道湖南抗战的情况，基本摸清海外大报大刊报道湖南抗战的情况。三是档案史料的发掘与整理。不仅要弄清湖南省各县市档案馆收藏湖南抗战档案情况,也应从中国第二历史档案馆、台湾"国史馆"、中国国民党党史馆,以及美国、英国、日本等多国档案馆入手,进行全面梳理。四是时人日记的发掘和整理。民国人物留下诸多日记材料,其中不乏湖南抗战的记录,这些材料散见于各处,需要进行较细致遴选。五是图像史料的发掘与整理。这类史料目前并不多见,但据笔者了解,当时有不少人士拍摄战场图片,摄制战场影像,皆有相当史料价值。六是抗战遗址遗迹与实物史料的整理。这类史料不能直观呈现,但可通过编目、照片,附以简介的形式,编撰成专书出版,供研究者参考使用。

第四,建设学术共同体。虽有湖南抗战相关的学术研讨会召开,特别是近几年在《抗日战争研究》编辑部推动下,连续召开湖南抗战学术研讨会,希望能够形成长效机制。湖南抗日战争研究学术共同体建设举步维艰,没有全省性抗日战争研究的学术组织。各高校与研究机构均未形成较固定的研究团队。项目驱动方面也严重不足,如山东、河北、山西、台湾等省抗战皆有重大项目在推进,大后方、西北、华南等区域性抗战也有重大项目助力。湖南作为抗战相持阶段的正面主战场,理应受到重视。

湖南抗战研究学术共同体方面,可做如下规划:一是争取重大项目的经费支持。研究经费短缺历来是史学研究短板,诸多人士皆认为史学研究不需要太多经费即可开展,但若要开展大型项目,凝聚研究者共同开展湖南抗战研究,则非有项目驱动不可。二是获得学术刊物的发表支持。学术刊物尤其是湖南地方学术刊物,可开办专栏以提供发表便利。学术研究成果只有发表才能形成影响。三是组建学术团队的力量支持。学术研究需要组织团队,这也是湖南抗战研究的显著不足,单打独斗往往难以集中发力,且持续性较弱,合作意识的缺失使研究成果显得零散。四是举办学术会议的交流支持。学术会议是重要交流平台,应定期举办"湖南抗战学术研讨会",进行省内交流与国内外交流,将湖南抗战研究成果推向国内外,同时也能汲取国内外相关研究经验。五是筹建研究中心的机构支持。湖南抗日战争研究中心的筹建,不仅便于对外学术交流,更能产生品牌效应。六是形成学术组织的团体支持。湖南省史学界有必要组织湖南省抗日战争研究会,省内形成固定学术团体,便于与其他省抗战学术团体进行交流。

从本质上而言，史料整理工作与学术共同体建设属于基础，若无这两方面的扎实推进，只能行而不远。几十年来，湖南师范大学、湖南省社会科学院、湖南大学、湘潭大学、湖南文理学院、湖南理工学院等研究机构和高校，均在湖南抗战研究上做出突出贡献。新时代湖南抗战研究理应得到进一步深化和推进，以产生更多高质量成果。

第 十 章

抗战大后方史

抗战大后方是与根据地、沦陷区相对应的战时中国的三大政治版图之一，是抗战时期中国各派政治势力和社会各界普遍使用的概念，也是中国共产党话语体系中的重要术语。[①] 抗战大后方既是中国抗日战争的大后方，也是世界反法西斯战争的大后方。对中国抗战大后方的研究既从属于区域抗战史研究范畴，又可反映抗战史研究的整体水平，具有全国性甚至世界性意义。

一 大后方研究的发展历程

严格意义上的抗战大后方研究肇始于20世纪80年代，但是，相对而言，该方面的研究成果较为有限，未能引起国内外学界及社会的广泛关注。从2005年纪念抗日战争胜利60周年开始，抗战大后方研究进入新的发展阶段，初步形成较具特色的研究板块；2011年，西南大学中国抗战大后方研究中心（以下简称"研究中心"）正式运行后，抗战大后方研究进入快速发展阶段，逐渐发展成为抗日战争研究领域的重要板块。

（一）20世纪八九十年代

20世纪80年代，在老一辈学者的辛勤耕耘下，重庆方面在抗战陪都

[①] 潘洵：《抗战大后方研究的新进展及新趋向》，《光明日报》2020年8月13日第16版；张轲风：《大西南与小西南：抗战大后方战略主导下的西南空间分层》，《中国历史地理论丛》2012年第1期；洪富忠、汪丽媛：《中共视野下的"大后方"考释》，《重庆工商大学学报（社会科学版）》2017年第6期；高士华：《抗战大后方研究中的时空问题》，《史学月刊》2021年第8期；等等。

史研究、中共中央南方局史研究、抗战国统区工人运动史研究、国共关系史研究、抗战国统区文学研究等方面形成在全国具有一定影响的特色领域,①并积累了一批有关抗战大后方历史的档案文献资料。②

(二) 2005—2010 年

从 2005 年纪念抗日战争胜利 60 周年到 2010 年重庆抗战工程实施,中国抗战大后方研究迈入一个新阶段。首先,为纪念抗日战争胜利 60 周年,重庆市启动抗战时期重庆大轰炸的研究,西南大学重庆大轰炸研究中心承担主要研究任务,于 2006 年分别获准国家社科基金项目("真相、正义、和平:抗战时期重庆大轰炸及其遗留问题研究")和重庆市重大招标项目("重庆大轰炸研究"),并于 2007 年 9 月举办重庆大轰炸暨侵华日军暴行国际学术研讨会。

其次,2008 年,在中共中央宣传部和国内外学界的鼎力支持下,重庆市开始实施中国抗战大后方历史文化研究与建设工程,西南大学中国抗战大后方研究中心也在整合学校相关科研机构和相关学科研究力量的基础上成立,并试运行。2009 年 4 月,在重庆市委宣传部支持下,重庆中国抗战大后方研究中心在西南大学抗战大后方研究中心的基础上正式组建,并试运行。同年 9 月,由新组建的研究中心承办的"战时国际关系:中日战争国际共同研究第四次讨论会"成功召开,国内外研究抗战史的知名专家学

---

① 黄淑君:《重庆工人运动史(1919—1949)》,西南师范大学出版社 1986 年版;彭承福:《周恩来在重庆领导抗日民族统一战线的历史经验》,《西南师范大学学报(人文社会科学版)》1990 年第 2 期;张弓、牟之先主编:《国民政府重庆陪都史》,西南师范大学出版社 1993 年版;杨光彦、张国镛:《关于重庆国民政府的几个问题》,《史学月刊》1996 年第 1 期;彭承福:《抗战时期中共中央南方局在国民党统治区工作的历史功绩》,《中共党史研究》1996 年第 2 期。此外还有 1995 年由重庆出版社出版的一批专著,主要有杨光彦等主编《重庆国民政府》;唐守荣主编《抗战时期重庆的防空:陪都防空》;王明湘《中共中央南方局与八路军驻重庆办事处》;苏光文主编《抗战时期重庆的文化》;苏光文《抗战时期重庆的对外交往》;周勇主编《国民参政会》;韩渝辉主编《抗战时期重庆的经济》;彭承福主编《重庆人民对抗战的贡献》;李定开主编《抗战时期重庆的教育》;程雨辰主编《抗战时期重庆的科学技术》;唐润明《抗战时期重庆的军事》;陆大钺、唐润明编著《抗战时期重庆的兵器工业》;冯开文主编《陪都遗址寻踪》;罗传勋主编《重庆抗战大事记》;重庆日报社编著《抗战时期的重庆新闻界》;重庆抗战丛书编纂委员会编《陪都人物纪事》。

② 主要有林默涵总主编《中国抗日战争时期大后方文学书系》(10 编 20 卷),重庆出版社 1989 年版;等等。

者齐聚山城重庆,提出支持中国抗战大后方研究的《重庆宣言》。

再次,2010年5月,在中共中央宣传部大力支持下,中共重庆市委办公厅印发《重庆中国抗战大后方历史文化研究与建设工程规划纲要(2008—2015)》,决定用8年时间全面完成"历史文化研究、文物抢救保护、文献档案资料建设、文艺精品创作、文化设施建设、对外交流合作"六大建设任务。

最后,到2010年时,经过各界的努力,抗战大后方研究局面逐渐展开,研究领域涉及抗战大后方的政治、军事、经济、金融、文化教育、文学艺术、科技与图书馆事业等各方面,初步奠定了抗战大后方的研究格局。但是,在标志性成果、国际影响力、社会服务等方面,均有待进一步深入拓展。

(三) 2011—2021年

2011年11月26日,西南大学举办"中日战争暨抗战大后方史料整理与研究"学术研讨会,并在会上宣布中国抗战大后方研究中心正式成立。①

经过十多年的努力,研究中心已成为中国抗战大后方史研究的学术重镇,学术传承创新、高端人才培养的重要基地,服务国家重大战略需求的国家级智库,在海内外学术界和社会上产生的影响越来越大,中国抗战大后方研究已俨然成为中国抗日战争史学科领域令人瞩目的学术品牌。

第一,形成历史、文学、教育等近十个学科共同参与的抗战大后方研究新格局,推动高校哲学社会科学高质量发展。近十年来,抗战大后方研究由地方史或区域史的冷门话题发展成为具有全域性、整体性的热点课题,成为抗战史研究的重要板块。② 研究中心积极联络国内外学术研究力量,形成抗战大后方研究的学术联盟,整合不同学科的学术资源和研究力量,通过设立跨学科研究项目、建立资源共享机制等方式,打破院系壁垒、学科壁垒,发挥出了综合性大学学科群优势及平台优势,建成了一支学科交叉的高水平研究团队。

---

① "2011年重庆中国抗战大后方历史文化研究中心的成立,具有标志性意义,抗战大后方研究由此从以往的散兵作战进入有组织有规划的新阶段。"参见王建朗《回顾与前瞻:抗日战争研究三十年》,《抗日战争研究》2021年第3期。

② 潘洵:《抗战大后方研究的新进展及新趋向》,《光明日报》2020年8月13日第16版。

第二，推出一系列标志性研究成果，建构中国抗战大后方研究的话语体系和知识体系。有学者初步总结了"抗战大后方"概念的内涵及外延。①有学者探讨中国共产党的大后方话语体系，充分彰显了中国共产党在大后方的作用。②有论者指出，抗战大后方不是国民党或国民政府的大后方，而是中国正面战场的指挥枢纽和战略保障基地，是中国共产党领导的抗日民族统一战线的前沿阵地，是战时中国与世界的联结点。③概言之，在各方共同努力下，一系列新资料和新成果得以出版。最引人注目的是国内首套全面反映中国抗战大后方历史文化面貌的巨制——《中国抗战大后方历史文化丛书》④，该丛书是由著名史学家章开沅担纲主编完成的，包括60种档案文献、30种学术研究、10种普及读物等，共计100册，其中，档案资料主要发掘了以中国大陆和中国台湾地区，以及国外一些档案馆、图书馆保存的相关特色档案文献，具有重大价值的史料，有的尚属首次公布。这些最新成果的面世，使大后方研究在国内外学界声名鹊起。

二　大后方研究的相关论题

所谓"大后方"或"后方"，是与"前线""前方"相对应的概念，是在战争中专指远离战线的地区，包括后方地域及其区域内的军事、政治、经济、文化、科技等的建设与发展，以及对战争的支持、支援力量。就价值边界言，"抗战大后方"属于国防战略的范畴，是抗战时期支持和支援前线战争的战略基地；就空间边界言，当时国民政府对日抗战战略后方大体分为三个层次，即核心地区（四川、重庆）、拓展地区（西南地区

---

① 抗战大后方是抗日战争时期国民政府支持和支援对日作战的后方战略基地，它的战略地位的形成、演变与日本侵华造成的民族危机密不可分，也与国民政府对日本侵略、中国抗战实力与形势的认识和判断有密切关系，其有特定的价值、空间及时间边界。参见潘洵《论抗战大后方战略地位的形成与演变——兼论"抗战大后方"的内涵和外延》，《西南大学学报（社会科学版）》2012年第2期。

② 周勇、周昌文：《中国共产党抗战大后方工作研究的几个基本问题》，《抗日战争研究》2015年第4期。

③ 周勇：《关于中国抗战大后方研究的几个基本问题》，《重庆大学学报（社会科学版）》2015年第6期。

④ 章开沅总主编：《中国抗战大后方历史文化丛书》（共100册），重庆出版社2011—2019年版。

的云南、贵州、广西和西康，西北地区的陕西、甘肃、宁夏、青海)、外围地区（包括上述地区以外的国民政府控制的地区）；就时间边界言，"抗战大后方"还是一个动态的时间范畴，其战略地位随抗战的兴起而确立，随抗战的发展而演变，也随抗战的结束而结束。[①]

（一）整体方面

抗战大后方研究是一个综合性研究论题，凡是发生在大后方的事件均为其研究对象，不过，归纳起来仍不外乎军事、政治、经济、社会、教育、科技、文化等诸方面。经过学界多年来的深入研究，以上各个方面均有较大进展，并形成了较具特色的研究论题。

抗战大后方军事研究，主要集中于无差别轰炸、中共中央南方局军事工作、川军抗战、国民政府军事委员会、志愿兵运动、知识青年从军运动、内迁重庆兵工企业等方面。[②] 抗战大后方政治研究，主要是关注国共关系[③]、国统区统战工作[④]、红岩精神[⑤]、中共领导的民主运动[⑥]、国民党与重庆国民

[①] 潘洵：《论抗战大后方战略地位的形成与演变——兼论"抗战大后方"的内涵和外延》，《西南大学学报（社会科学版）》2012年第2期。

[②] 唐润明：《抗战时期重庆的军事》，重庆出版社1995年版；温贤美：《刘湘率军出川抗战经过及其作用和影响》，《社会科学研究》1994年第2期；璞玉霍：《周恩来与南方局的军事工作》，《军事历史研究》1997年第1期；潘洵、赵国壮：《侵华日军无差别轰炸的演进及其性质》，《中国历史研究院集刊》2020年第2期；潘洵、刘小苑：《抗战大后方的志愿兵运动研究》，《中华文化论坛》2020年第6期；姜涛：《再造党军：知识青年从军运动与青年军》，《近代史研究》2020年第6期；王兆辉：《烽火兵工》，陕西师范大学出版社2020年版；等等。

[③] 章百家：《抗日战争时期国共两党的对美政策》，《历史研究》1987年第3期；张小满：《论重庆谈判前后国共双方的舆论宣传》，《史学月刊》2001年第6期；潘洵：《论第二次国共合作的历史地位与现实价值》，《西南大学学报（社会科学版）》2011年第6期；黄天华：《中间势力的分合与国共两党的因应——以抗战中期民盟组建为考察中心（1939—1941）》，《四川师范大学学报（社会科学版）》2013年第2期；刘宇：《从"防共"到"拥共"：龙云与中国共产党关系的演变（1927—1949）》，《史学集刊》2020年第5期。

[④] 彭承福：《周恩来在重庆领导抗日民族统一战线的历史经验》，《西南师范大学学报（人文社会科学版）》1990年第2期；胡传章：《简述抗日民族统一战线中的八路军办事处》，《江苏社会科学》1995年第6期。

[⑤] 潘洵、刘志平主编：《红岩精神》，中共党史出版社2018年版。

[⑥] 谢本书：《中国共产党领导昆明学生民主运动的历史回顾》，《云南师范大学学报（哲学社会科学版）》1987年第4期；王新生：《试论中国共产党与抗战时期的民主运动》，《中共党史研究》1995年第6期；齐平：《中国共产党与抗战时期的第一次民主宪政运动》，《长白学刊》2000年第5期；陈雷：《中国共产党与抗战时期第二次民主宪政运动》，《长白学刊》2006年第2期。

政府①、民主宪政运动②、地方政治等论题。③ 抗战大后方经济研究，较早被学界定义为国统区经济研究，自新中国成立后该方面的问题就开始得到学界的关注，20世纪五六十年代，学界的研究成果多否定国民政府的经济政策及经济活动，改革开放后，此一评价趋于客观，相关研究进一步深入。④ 之后，研究论题更趋于广泛，比如国家资本⑤、经济开发⑥、工业矿业⑦、货币流通⑧、

---

① 陈廷湘：《论抗战时期国民党的政制建设》，《抗日战争研究》1992年第2期；石柏林：《论抗战时期国民政府的战时政治体制》，《抗日战争研究》1994年第1期；黄天华：《四川政潮与蒋介石的因应（1937—1940）》，《历史研究》2017年第2期；汪朝光：《全国抗战时期国民党的地方政治改革》，《社会科学研究》2018年第5期；黄天华：《抗战后期地方军人筹组"西南联防政府"及各方因应》，《四川师范大学学报（社会科学版）》2020年第6期。

② 王玉祥：《张君劢与抗战时期的民主宪政运动探析》，《历史档案》1996年第2期；樊伟：《抗战时期民主党派在重庆的抗日民主活动》，《重庆师院学报（哲学社会科学版）》1997年第1期；闻黎明：《黄炎培与抗日战争时期的第二次宪政运动》，《近代史研究》1997年第5期；闻黎明：《抗日战争时期的中国第三种力量》，《抗日战争研究》1998年第2期；祝天智：《抗战时期宪政运动的博弈分析》，《福建论坛》2005年第6期；闻黎明：《抗日战争时期宪政运动若干问题的再研究》，《近代史研究》2006年第5期；李翠艳：《1939—1940年知识界关于"宪政与抗战"的讨论及其价值体现》，《抗日战争研究》2006年第4期；等等。

③ 耿密：《抗战时期川康建设期成会对大后方基层吏治的观察与反应》，《广西社会科学》2021年第10期。

④ 尹倩：《近年来抗战时期国统区经济研究综述》，《学术探索》2004年第9期。

⑤ 丁日初、沈祖炜：《论抗日战争时期的国家资本》，《民国档案》1986年第4期。

⑥ 王瑞成：《抗战时期后方经济新论》，《四川大学学报（哲学社会科学版）》1996年第3期；潘洵、杨光彦：《近代西南地区经济开发述论》，《西南师范大学学报（人文社会科学版）》1998年第1期；王瑞成：《战时后方经济的若干关系》，《西南师范大学学报（人文社会科学版）》2000年第3期；王红岩：《抗日战争时期西北经济开发述评》，《西北大学学报》2004年第5期；黄正林：《内生与转型：抗战时期中国大后方农村经济发展的两大变化》，《河北学刊》2015年第3期。

⑦ 唐润明：《抗战时期重庆工业发展刍论》，《重庆师院学报（哲学社会科学版）》1989年第3期；孙宅巍：《抗战胜利后国统区工业述评》，《民国档案》1992年第1期；侯德础：《抗战时期大后方工业的开发与衰落》，《四川师范大学学报（社会科学版）》1994年第4期；肖向龙：《抗战时期的后方民营工业》，《西南师范大学学报（人文社会科学版）》2000年第2期；张守广：《论抗战时期后方的企业家群体》，《中国经济史研究》2005年第3期；张国镛、张成明：《抗战时期重庆工业的外引内联述论》，《西南师范大学学报（人文社会科学版）》2005年第4期；叶春红：《试论抗战时期中国西部工业之进步》，《民国档案》2006年第3期；谭刚：《滇越铁路与云南矿业开发（1910—1940）》，《中国边疆史地研究》2010年第1期；谭刚：《抗战时期西北皮毛贸易与大后方经济变动》，《中国历史地理论丛》2012年第1辑；谭刚：《抗战时期广西企业公司研究（1941—1944）》，《抗日战争研究（社会科学版）》2013年第3期；谭刚：《1931—1937年欧亚航空公司的经营管理与业绩分析》，《西南大学学报（社会科学版）》2013年第2期；王荣华：《战时中国粮食工业公司研究》，《中国经济史研究》2019年第4期；卢徐明：《纸张与战争：全面抗战时期四川的纸张紧缺及其社会反应》，《抗日战争研究》2019年第4期；袁森：《全面抗战时期民营工业企业研发活动考察——以黄海化学工业研究社为中心》，《抗日战争研究》2021年第2期；等等。

⑧ 齐春风：《抗战时期大后方与沦陷区间的法币流动》，《近代史研究》2003年第5期。

通货膨胀①、统制政策②、金融财政③、交通建设④、区域贸易⑤、税收⑥、特产行业⑦，等等。抗战大后方社会研究，逐渐从社会群体⑧、团体组织⑨等论题，转向日常生活⑩、社会动员⑪、抢米风潮⑫等论题。抗战大后方教育研

---

① 赵小勇：《抗战初期大后方通货膨胀新论》，《安徽师范大学学报（人文社会科学版）》2004年第3期；高蓉芳、刘志英：《全面抗战时期国民政府内债与通货膨胀的恶化——以国民政府抵押内债为主的探讨》，《中国社会经济史研究》2021年第2期；等等。

② 金志焕：《抗战时期国民政府的棉业统制政策》，《社会科学研究》2014年第3期；王荣华：《战时国民政府对重庆面粉业的管控——以粮食部陪都粮政密查队为中心》，《史学月刊》2021年第1期；等等。

③ 刘志英：《抗战大后方金融网中的县银行建设》，《抗日战争研究》2012年第1期；张朝晖：《试论抗战时期大后方金融网的构建路径及特点》，《抗日战争研究》2012年第2期；刘志英：《抗战大后方重庆金融中心的形成与作用》，《中国社会经济史研究》2013年第3期；赵国壮：《糖业融资与近代金融资本市场——以近代四川业糖者融资问题为中心》，《中国社会经济史研究》2013年第2期；刘志英：《全面抗战时期国民政府对省地方银行的监管》，《历史研究》2015年第4期；等等。

④ 董长芝：《抗战时期大后方的交通建设》，《抗日战争研究》1993年第1期；谭刚：《抗战时期大后方的内河航运建设》，《抗日战争研究》2005年第2期；谭刚：《陇海铁路与陕西城镇的兴衰（1932—1945）》，《中国经济史研究》2008年第1期；等等。

⑤ 谭刚：《西南土产外销与大后方口岸贸易变迁（1937—1945）——以桐油、猪鬃、生丝和药材为中心》，《近代史研究》2013年第2期；赵国壮：《抗战时期大后方酒精糖料问题》，《社会科学研究》2014年第1期；李中庆：《抗战时期四川手工棉纺织业的暂时繁荣》，《抗日战争研究》2016年第3期；等等。

⑥ 郝银侠：《抗战时期国民政府棉田征实制度研究》，《抗日战争研究》2010年第2期；柯伟明：《民国时期地方税收权力的流失——以1939—1949年重庆营业税为中心的考察》，《安徽史学》2012年第1期；等等。

⑦ 赵国壮：《抗日战争与后方特产行业发展——基于川东桐油业的考察》，《抗日战争研究》2015年第3期；等等。

⑧ 闻黎明：《论抗日战争时期教授群体转变的几个因素——以国立西南联合大学为例的个案研究》，《近代史研究》1994年第5期；黄义祥：《在华日本人民的反战斗争》，《中山大学学报（社会科学版）》1995年第3期；郑会欣：《抗战时期后方高级公务员的生活状况——以王子壮、陈克文日记为中心》，《近代史研究》2018年第2期；严海建：《战争的慢性消耗：抗战时期大后方知识人的病痛与死难》，《南京大学学报（哲学·人文科学·社会科学）》2020年第1期；常云平、陈英：《抗战大后方难民移垦对生态环境的影响》，《西南大学学报（社会科学版）》2009年第5期；等等。

⑨ 夏蓉：《抗战时期妇女指导委员会与妇女宪政运动》，《民国档案》2009年第2期；夏蓉：《抗日战争时期中共与新生活运动促进总会妇女指导委员会》，《中共党史研究》2009年第8期；宋青红：《抗战期间"新运妇指会"组织者群体研究》，《抗日战争研究》2012年第2期；谭刚：《抗战时期重庆城市工人生活水平的量化分析》，《民国档案》2014年第3期；等等。

⑩ 黄天华：《抗战时期川康两省的社情与民情（1939—1942）》，《民国档案》2007年第1期。

⑪ 谭刚：《重庆城市广场政治空间的形成与抗战精神动员——以都邮街"精神堡垒"广场为中心（1937—1945）》，《抗日战争研究》2018年第1期；谭刚：《抗战动员与节日娱乐：全面抗战时期重庆街头游行及其功能》，《城市史研究》2018年第2期；等等。

⑫ 陈默：《阴谋、误判、解读：1940年成都抢米风潮中的反共摩擦》，《四川大学学报（哲学社会科学版）》2021年第1期。

究，主要集中于大学内迁①、高等教育②、民众教育③等方面。大后方科技史研究，重点强调战时一大批高教及科研机构西迁推动了西部地区科技发展。④

（二）专题方面

抗战大后方研究范围极其广泛，研究成果非常之多，本章仅选择军事

---

① 经盛鸿：《抗战期间沦陷区的高校内迁》，《南京师大学报（社会科学版）》1989年第2期；余子侠：《抗战时期高校内迁及其历史意义》，《近代史研究》1995年第6期；马敏：《抗战期间教会大学的西迁——以华中大学和湘雅医学院为例》，《华中师范大学学报（哲学社会科学版）》1996年第2期；徐国利：《浅析抗战时期高校内迁的作用和意义》，《安徽史学》1996年第4期；侯德础、张勤：《高校内迁与战时西南科技文化事业》，《抗日战争研究》1998年第2期；侯德础：《抗日战争时期中国高校内迁史略》，四川教育出版社2001年版；张成明、张国镛：《抗战时期迁渝高等院校的考证》，《抗日战争研究》2005年第1期；王荔、胡怡、刘继青：《抗战时期大学内迁与高等教育的布局调整》，《云南师范大学学报（哲学社会科学版）》2010年第4期；蒋宝麟：《抗战时期中央大学的内迁与重建》，《抗日战争研究》2012年第3期；尚季芳：《抗战时期内迁高校与西北地区现代化——以国立西北师范学院为中心的考察》，《西北师大学报（社会科学版）》2012年第5期；韩戌：《抗战时期内迁高校的地方化——以光华大学成都分部为例》，《抗日战争研究》2014年第3期；唐正芒、周鹏飞：《抗战胜利后内迁高校的东返复员述略》，《中州学刊》2015年第7期；

② 潘国琪：《抗日战争时期国民党统治区的教育述评》，《浙江社会科学》1995年第4期；金以林：《战时大学教育的恢复和发展》，《抗日战争研究》1998年第2期；朱蓉蓉、李飞：《抗战时期国民政府的大学军事教育》，《高等教育研究》2015年第8期；陈平原：《抗战烽火中的中国大学》，北京大学出版社2015年版；倪蛟：《抗战时期大后方大学生的日常生活——以重庆时期国立中央大学为例》，《江苏社会科学》2016年第1期；倪蛟：《抗战时期国立中央大学的学生生活》，南京大学出版社2016年版；韩戌：《抗战时期的部校之争与政学关系——以私立大夏大学改国立风波为中心的研究》，《近代史研究》2016年第1期；汪洪亮：《抗战建国与边疆学术：华西坝教会五大学的边疆研究》，中华书局2020年版；张铭雨：《全面抗战时期大后方大学教师和学生生活水平结构研究》，《重庆大学学报（社会科学版）》2020年第6期；等等。

③ 彭泽平、段润涵：《抗战时期大后方民众教育略论——以陪都重庆为中心的考察》，《西南大学学报（社会科学版）》2015年第3期；朱煜：《抗战大后方的民众教育馆——以四川省和重庆市为中心的研究》，《近代史研究》2017年第4期；等等。

④ 何一民：《抗战时期重庆科技发展述略》，《西南师范大学学报（人文社会科学版）》1993年第1期；张瑾、张新华：《抗日战争时期大后方科技进步述评》，《抗日战争研究》1993年第4期；黄立人：《论抗战时期的大后方工业科技》，《抗日战争研究》1996年第1期；潘洵：《中国西部科学院创建的缘起与经过》，《中国科技史杂志》2005年第1期；唐正芒：《抗战时期西南大后方科技发展的特殊篇章》，《广州大学学报（社会科学版）》2006年第5期；潘洵、彭星霖：《抗战时期大后方科技事业的"诺亚方舟"——中国西部科学院与大后方北碚科技文化中心的形成》，《西南大学学报（社会科学版）》2007年第6期；潘洵、李桂芳：《抗战时期大后方科技社团的发展及其影响》，《西南大学学报（社会科学版）》2010年第5期；李俊：《抗战时期大后方科学防治作物病虫害的兴起及其成效述论》，《中国社会经济史研究》2017年第3期；等等。

方面的无差别轰炸论题、政治方面的国民参政会论题、经济方面的金融史论题、社会方面的城市史论题、教育方面的高等教育研究、科技方面的资源调查研究等进行具体讨论。

1. 大后方无差别轰炸研究

重庆是抗战时期中国的战时首都，也是侵华日军无差别轰炸的首要目标，是抗战时期中国遭受日军无差别轰炸持续时间最长、次数最多、造成损失最惨重的一座城市。从1992年至今，发表的有关重庆大轰炸的著作10余部，研究论文上百篇，重点探讨了重庆大轰炸与日军侵华战略，重庆大轰炸的过程与特点，重庆大轰炸的人口伤亡与财产损失，重庆大隧道窒息惨案，重庆大轰炸的国际国内影响，重庆的反轰炸斗争以及重庆大轰炸遗留问题等。其中，以潘洵有关侵华日军重庆大轰炸系列研究论著最具代表性，他的系列研究不仅突破了长期局限于地方史的研究视野，而且也在继承过去侧重于战争暴行研究的基础上，进行了纵向和横向的对比，将该研究推向了一个新的高度。潘洵等的专著《抗日战争时期重庆大轰炸研究》① 在纵向上将重庆大轰炸置于人类战略轰炸演进历程中进行考察，在横向上把重庆大轰炸置于抗战时期日军侵华战争和对大后方战略轰炸的总体背景中进行分析。2014年，国家社科基金重大项目"侵华日军无差别轰炸的史料整理与研究"（首席专家：潘洵）获准立项。项目组立足国际视野，广泛收集中国大陆、中国台湾、日本、英国、美国等地典藏的相关档案、报刊、影像等资料，编纂完成《侵华日军无差别轰炸史料选编丛书》（25卷），同时综合利用加害方、受害方、关联方三方资料开展研究。2020年，有学者全面梳理包括大后方无差别轰炸在内的整个侵华日军对中国的无差别轰炸情况，并将其定义为"国家恐怖主义"行径。②

近年来，随着抗日战争研究的不断拓展和深入，以及域外档案资料的系统整理，抗战大后方无差别轰炸研究在已有研究的基础上已全面展开，并在轰炸记忆、国际比较、新域拓展等方面成绩斐然。

在记忆史视角的轰炸书写方面，战争记忆是关于战争的历史记忆，是

---

① 潘洵等：《抗日战争时期重庆大轰炸研究》，商务印书馆2013年版。
② 潘洵、赵国壮：《侵华日军无差别轰炸的演进及其性质》，《中国历史研究院集刊》2020年第2期。

交战国双方的全体社会成员基于不同的"战争体验"而形成的记忆,是由个体记忆、集体记忆和民族记忆等多个层面的记忆组成的集合体。近年来,伴随着历史学的"记忆转向",国内外学者也开始关注抗战时期大后方民众的"轰炸记忆"。黄正光讨论了造成各方有关侵华日军无差别轰炸历史记忆不同建构的原因,以及历史记忆和无差别轰炸罪行之间的关系。[1] 潘洵、高佳考察战时、战后、新时期受害方、加害方、关联方关于"重庆大轰炸"历史记忆的演变和发展,分析了造成有关各方历史记忆差异的原因。[2]

在国际视域下的多维研究方面,侵华日军对抗战大后方的无差别轰炸行为,是涉及加害方、受害方和关联方的国际性问题,亟须"置于世界反法西斯战争的总体背景中进行分析"[3]。潘洵关注无差别轰炸的国际影响问题,认为对重庆实施的无差别轰炸不仅制造了对中国城市无差别轰炸的新纪录,也开启了"二战"中大规模持续战略轰炸的"恶例"[4];张瑾、闫立光等利用传媒学的研究方法,从《纽约时报》等西方主流媒体对无差别轰炸的报道来观察"二战"期间中国战时首都重庆的形象及大后方军民的风貌,同时还认为西方主流媒体的报道真实记录了日军的无差别轰炸的暴行,具有较高的史料研究价值。[5] 米德(Rana Mitter)、谭刚、唐润明、高佳、吴光会、程亚运等学者的相关研究也多立足于国际视角,在研究中比较广泛地利用英美和日本的史料,关注了无差别轰炸的国际影响等重要问题。

近年来,随着无差别轰炸研究越来越受到关注,相关史料不断被整理挖掘,对于抗战大后方无差别轰炸研究不断深入,所涉地域及范围进一步得到

---

[1] 黄正光:《无差别轰炸:民众的历史记忆与罪证之间(1937—1946)》,《民国档案》2019年第4期。

[2] 潘洵、高佳:《抗战时期侵华日军"轰炸记忆"的演变与建构——以"重庆大轰炸"为中心的考察》,《西南大学学报(社会科学版)》2018年第6期。

[3] 潘洵:《视野·理念·史料:关于深化重庆大轰炸研究的思考》,《西南大学学报(社会科学版)》2014年第4期。

[4] 潘洵:《时空视野下重庆大轰炸历史地位的思考》,《抗战史料研究》2015年第2辑。

[5] 张瑾、陈微:《西方主流媒体对重庆大轰炸的报道分析——以〈时代〉周刊为例》,《重庆大学学报(社会科学版)》2008年第3期;张瑾、高瑜:《西方主流媒体对重庆大轰炸的报道分析——以〈基督教科学箴言报〉为例》,《重庆大学学报(社会科学版)》2009年第1期;闫立光、郭永虎:《抗战期间〈泰晤士报〉关于日军无差别轰炸重庆报道探析》,《重庆师范大学学报(社会科学版)》2018年第6期。

拓展。在研究地域上，除重庆大轰炸外，学者们对四川、云南、贵州、广西、陕西、甘肃等地重点城市的轰炸情况进行了梳理与研究。在研究范围上，学界已对日军轰炸大后方的文化教育机构、工矿企业、医疗卫生设施、外国驻华机构等开展专题研究，取得了一系列颇具新意的研究成果。

不过，该研究领域和专题内容仍有进一步拓展的空间。目前的轰炸研究在时间及空间上的失衡现象较严重，已有的成果从空间分布上来说，大都集中在对重庆、兰州、成都等省会城市的关注上，尤其是重庆相关问题研究相当丰富，几乎占到了2/3的比重；从时间分布上来说，已有研究多集中于1939—1941年，较少有前后延展，或者拉通进行研究。同时，已有研究多从宏观角度着手，缺乏"向下看，往细做"的眼光和意识。因此，不同学科的融合发展，跨学科的合作研究，是寻求发展、突破传统的又一路径。关于抗战大后方无差别轰炸的影响，既有对中日战争战略的影响，也有对英美各国战略的影响，还有对中国大后方经济社会文化等方方面面的影响，尤其是对后方社会，将视线下移，把研究兴趣和精力适当转移到对民众、对基层社会，以及对微观事物的关注上。[①]

2. 国民参政会研究

国民参政会是抗日战争时期由国民政府组织成立的包括国民党、共产党、各民主党派和无党派社会人士在内的代表民众参政议政的政治咨询机关。国民参政会作为第二次国共合作和中国近代政治民主化的产物，为多党派合作和政治协商提供了历史经验。20世纪70年代之前，关于国民参政会的研究，以中国台湾地区和海外学者为主力军。改革开放以后，大陆学界在资料整理和学术研究方面取得一系列成果，将国民参政会研究推向新高度。[②]

在专题研究方面，整体来看，大陆学界关于国民参政会的研究成果非常丰富，对相关问题均做了较为深入的分析。比如，《国民参政会》一书将国民参政会置于国共合作的背景中考察，透过国共关系的发展变化勾勒

[①] 潘洵：《抗战大后方无差别轰炸研究的进展及思考》，《史学月刊》2021年第8期。
[②] 唐伯友、扶小兰：《四十年来国民参政会研究综述》，《重庆师范大学学报（社会科学版）》2019年第1期；四川大学马列教研室编：《国民参政会资料》，四川人民出版社1984年版；孟广涵主编，重庆市政协文史资料研究委员会、中共重庆市委党校合编：《国民参政会纪实》，重庆出版社1985年版（1987年出版续编）；蒋梅主编，中国第二历史档案馆：《国民参政会历届大会休会期间驻会委员会会议记录选编：1938—1948》，九州出版社2021年版。

出国民参政会的三个历史发展阶段，从总体上论述国民参政会的主要史实与发展脉络，为后续研究打下坚实基础。① 王丰将国民参政会与抗日民族统一战线联系起来，并将其分为前、中、后三个时期考察，始终围绕国共关系展开论述，以动态视角观察国民参政会。② 王凤青考察参政员黄炎培在国民参政会历届大会、驻会委员会历次大会及各种组织机构中的言行、境遇、作用等，展现了中间党派在国民参政会中扮演的角色。③

具体而言，相关研究主要集中于国民参政会产生的历史背景、性质、作用、与中共及中间党派的关系、相关历史人物及会议提案、与政治民主化的关系等方面。

在历史背景方面，学界基本认为抗日战争爆发以及国共第二次合作是国民参政会得以成立的历史大背景，而与参政会建立有直接关联的事件大多被认为是1937年"国防参议会"的设立。④ 有论者指出，国民参政会是国共两党及其他党派、团体与爱国人士在日寇大举侵华的现实下各自主动或被动吸取国人意见、摒弃错误的方针政策，由对立、内战逐步靠拢形成合作抗日格局的产物。⑤ 这一观点与众多学者的看法基本一致，成为学界主流观点。

在国民参政会性质方面，大陆学界提出了许多不同的见解。20世纪80年代，大多学者偏向于认为国民参政会是国民党控制的单纯的咨询机构，⑥ 发挥的作用十分有限。从90年代起，许多学者受海外研究成果的影响，开始关注其民意机关的属性。吴海晶认为，国民参政会具有抗战时期准民意机关和国民政府咨议机关的双重性质。⑦ 章红指出，国民参政会是民国兼具进步意义与广泛代表性的民主政治形态，是民国政治体制发展的

---

① 周勇主编，重庆抗战丛书编纂委员会编：《国民参政会》，重庆出版社1995年版。
② 王丰：《国民参政会与抗日民族统一战线》，华文出版社2008年版。
③ 王凤青：《黄炎培与国民参政会》，社会科学文献出版社2011年版。
④ 陈明钦、杨淑珍：《国民参政会浅析》，《西南师范学院学报（人文社会科学版）》1984年第1期；简慕兰：《第二次国共合作与国民参政会》，《江汉大学学报》1986年第1期；刘炼：《抗日时期的国民参政会》，《历史教学》1986年第3期；吴海晶：《国民参政会若干问题探析》，《成都大学学报（社会科学版）》1999年第2期。
⑤ 俞曙民、孔庆泰：《论国民参政会的成立及其首届首次会议》，《历史档案》1988年第2期。
⑥ 陈明钦、杨淑珍：《国民参政会浅析》，《西南师范学院学报（人文社会科学版）》1984年第1期；简慕兰：《第二次国共合作与国民参政会》，《江汉大学学报（社会科学版）》1986年第1期；刘炼：《抗日时期的国民参政会》，《历史教学》1986年第3期。
⑦ 吴海晶：《国民参政会若干问题探析》，《成都大学学报（社会科学版）》1999年第2期。

重要一环。① 部分学者在此基础上提出了新的看法，如薛恒认为，国民参政会是国民政府在抗战时期设立的中央咨议机关，其超出咨询机关之任，却未及民意机关之权，是具有过渡转型特点的献计献策、参政议政的咨议机构。② 詹松提出"人民政协萌芽"新论，指出当今人民政协传承了国民参政会咨议机构的性质，两者是继承与发展的关系。③

在历史作用方面，学界基本按照其积极作用与局限性两部分论述，其中积极作用主要包括政治上推动民族团结、抗日救亡和抗日民族统一战线的开展、钳制国民党反动势力分裂投降的企图、促进民主运动的高涨与政治民主化；④ 经济上动员了人力物力支援抗战，协助政府推进经济建设。⑤ 局限性则主要体现在国民党把持国民参政会进行反共活动、参政职能发挥有限、无法完全代表民意等。⑥

在其与中共的关系方面，学界主要通过中共参政员在参政会上的斗争及中共的相关工作这两个维度展开研究。有学者讨论董必武在宣传中共主张、团结抗战、实现新民主主义宪政等方面的斗争及邓颖超在争取妇女权利等方面的努力。⑦ 有论者分析国民参政会围绕争取民主政治、实施统战政策等方面内容。⑧ 近年来，有学者探讨了中共在国民参政会上的形象塑造问题。⑨

---

① 章红：《国民参政会述论》，《抗日战争研究》1996年第3期。

② 薛恒：《国民参政会性质之辨》，《南京社会科学》2003年第4期。

③ 詹松：《国民参政会与人民政协——兼论国民参政会之性质》，《重庆社会主义学院学报》2005年第3期。

④ 邱正伦：《国民参政会在抗战中的地位和作用》，《西南师范大学学报（人文社会科学版）》1987年第5期；梁华栋、孙远方：《论国民参政会初期的积极作用》，《东岳论丛》1988年第4期；等等。

⑤ 周勇：《论国民参政会在抗日战争时期的地位与作用》，《探索》2005年第5期；陈国勇：《论国民参政会对抗战经济的贡献》，《学理论》2009年第19期。

⑥ 王新生：《国民参政会在抗日战争中的作用》，《河南师范大学学报（哲学社会科学版）》1995年第4期；沈和江：《从国民参政会的成立看抗战初期国民政府的政治态度——兼谈国民参政会的局限性》，《河北师范大学学报（哲学社会科学版）》2002年第4期。

⑦ 梁华栋：《董必武与抗日战争时期的国民参政会》，《中共党史研究》1993年第4期；苟翠屏：《邓颖超与抗日战争时期的国民参政会》，《西南师范大学学报（人文社会科学版）》1997年第1期。

⑧ 张毛毛：《国民参政会与中国共产党争取民主政治的斗争》，《近代史研究》1986年第2期；王启华：《抗战时期的国民参政会与中共统战策略》，《上海市社会主义学院学报》2005年第5期；陈明钦：《围绕二届一次国民参政会的斗争》，《西南师范大学学报（人文社会科学版）》1985年第3期；等等。

⑨ 李向洋、王建华：《革命与自我革命——中共在国民参政会上的话语政治研究》，《人文杂志》2019年第1期；洪富忠：《政治动员、政治参与、政党形象：抗战期间国共两党的形象嬗变——基于国民参政会的观察》，《历史教学问题》2019年第4期。

关于参政员个体的研究，涉及的人士较多，主要有王世杰、黄炎培、林森、邹韬奋、陈嘉庚、冰心、喜饶嘉措等。①

在政治民主化进程作用方面，有论者将战时民主宪政运动与参政会联系起来，指出参政会推动宪政运动的展开，并增强了民众的宪政意识。② 有学者重点讨论国民参政会在多党合作和协商民主方面的贡献与作用。③ 还有学者指出国民参政会是我国多党合作制的渊源，具有开创性意义。④

3. 大后方金融史研究

20世纪五六十年代，学界对战时国民政府的经济政策和大后方经济多予以否定评价。改革开放后，随着相关研究的深入发展，学界对相关问题的评价趋于公允，当然也包括对大后方经济金融的评价。近年来，大后方金融史也越来越受到学界重视，发展十分迅速。

在大后方金融史研究中，国内学者对大后方不同地区的金融业都展开了研究，其中对以重庆为核心的西南金融中心研究颇多⑤，相关著作不断问世⑥，同时兼顾对西北地区金融业的研究。⑦ 战时大后方构建起了一个金融网络，国内学者对此论述颇多。⑧ 作为大后方金融网中最重一

---

① 闻黎明：《王世杰与国民参政会（1938—1944）》，《抗日战争研究》1993年第3期；王凤青：《抗战前期黄炎培在国民参政会调解国共争端的努力》，《抗日战争研究》2008年第2；邵雍：《林森与国民参政会》，《徐州师范大学学报（哲学社会科学版）》2011年第2期；洪富忠：《孔祥熙与国民参政会》，《近代中国》2018年第2期；周勇：《陈嘉庚斥汪电报提案考证》，《近代史研究》1987年第5期；熊飞宇：《冰心与国民参政会论略》，《福州大学学报（哲学社会科学版）》2015年第2期；赵勇：《参政为抗战救国，弘法为团结固疆——喜饶嘉措大师4次重庆之旅及出席国民参政会述略》，《中国藏学》2018年第4期。

② 陈雷、陈闪：《试论国民参政会在战时民主宪政运动中的作用》，《历史档案》2005年第4期。

③ 韩继伟：《抗战时期国民参政会在多党合作中的地位与作用》，《重庆社会主义学院学报》2015年第4期；曾群芳：《试论抗日战争时期国民参政会中的协商民主思想》，《山西社会主义学院学报》2016年第3期。

④ 刘俊杰：《抗战时期的国民参政会是多党合作制的渊源》，《中共南昌市委党校学报》2008年第4期。

⑤ 刘志英：《抗战大后方重庆金融中心的形成与作用》，《中国社会经济史研究》2013年第3期；杨斌、张士杰：《试论抗战时期西部地区金融业的发展》，《民国档案》2003年第4期。

⑥ 唐润明主编：《中国战时首都档案文献·战时金融》，重庆出版社2014年版；刘志英、张朝晖等：《抗战大后方金融研究》，重庆出版社2014年版。

⑦ 李云峰、赵俊：《1931—1937年间西北金融业的恢复和发展》，《民国档案》2004年第1期。

⑧ 刘志英：《抗战大后方金融网中的县银行建设》，《抗日战争研究》2012年第1期；张朝晖：《试论抗战时期大后方金融网的构建路径及特点》，《抗日战争研究》2012年第2期；刘志英：《国家银行与抗战大后方金融网的构建》，《陕西师范大学学报（哲学社会科学版）》2016年第2期。

环的银行，自然也吸引了国内学者的目光，但相关研究呈现出一定的不平衡性。①

在大后方金融史研究中，以国民政府为切入点的研究视角由来已久，在 20 世纪国内学者就对国民政府的金融和货币政策展开了研究。② 进入 21 世纪，这类型的研究更加系统和细化，在国民政府的金融政策方面，国内学者对于国民政府的金融监管、金融法律、农村合作金融等方面的研究都有显著成果；③ 在国民政府的货币政策方面，国内学者则围绕货币的区域流动、货币安全、抗战后期通货膨胀等具体问题展开了研究。④ 除此之外，以四联总处为切入点的研究，也是大后方金融史研究的一大热点，自 20 世纪 80—90 年代开始就逐渐吸引了国内学者的目光，从四联总处的发展历程出发，并从国民政府的金融监管、农贷、工贷等角度为四联总处在抗战时期的金融职能作用做了较为系统的论述。⑤ 进入 21 世纪后，随着相关档案史料、学术著作的出版，⑥ 有关于四联总处的研究呈现出纵深化和多样化的特点，国内学者进一步深入剖析了四联总处在大后方金融管制方面

---

① 张守广：《川帮银行的首脑——聚兴诚银行简论》，《民国档案》2005 年第 1 期；林幸司：《日中战争与重庆银行业》，《抗日战争研究》2013 年第 4 期；刘志英：《抗战时期海外华侨与大后方侨资银行的建立》，《晋阳学刊》2020 年第 1 期；等等。

② 董长芝：《论国民政府抗战时期的金融体制》，《抗日战争研究》1997 年第 4 期；陈建智：《抗日战争时期国民政府对日伪的货币金融战》，《近代史研究》1987 年第 2 期。

③ 张天政、成婧：《西京银行公会与抗战时期国民政府的金融监管》，《中国社会经济史研究》2013 年第 2 期；刘志英：《全面抗战时期国民政府对省地方银行的监管》，《历史研究》2015 年第 4 期；张天政、李冬梅：《20 世纪 40 年代前期重庆银行公会对政府金融法规的因应》，《中国经济史研究》2013 年第 1 期；李顺毅：《资金来源结构与合作金库的发展——基于抗战时期农村金融的考察》，《民国档案》2010 年第 2 期；张天政：《抗战时期国家金融机构在陕西的农贷》，《抗日战争研究》2009 年第 2 期。

④ 齐春风：《抗战时期大后方与沦陷区间的法币流动》，《近代史研究》2003 年第 5 期；徐德莉：《抗战时期国民政府巩固货币金融安全的政策考察》，《云南财经大学学报》2014 年第 4 期；杨菁：《试论抗战时期的通货膨胀》，《抗日战争研究》1999 年第 4 期。

⑤ 黄立人：《四联总处的产生、发展和衰亡》，《中国经济史研究》1991 年第 2 期；魏宏运：《重视抗战时期金融史的研究——读〈四联总处史料〉》，《抗日战争研究》1994 年第 3 期；姜宏业：《四联总处与金融管理》，《中国经济史研究》1989 年第 2 期；刘祯贵、侯德础：《试论抗日战争时期四联总处的工矿贴放政策》，《四川师范大学学报（社会科学版）》1997 年第 2 期；刘祯贵：《对抗日战争时期四联总处农贷政策的几点思考》，《四川师范大学学报（社会科学版）》1998 年第 2 期。

⑥ 王红曼：《四联总处与战时西南地区经济》，复旦大学出版社 2011 年版；易棉阳：《金融统制与战时大后方经济——以四联总处为中心的考察》，北京大学出版社 2016 年版。

的作用,[①] 同时从货币、大后方金融网络构建、以人物为中心等方面论及四联总处的作用，进行了相关研究。[②]

4. 大后方城市史研究

20世纪八九十年代，中国近代城市史在"七五""八五""九五"国家计划推动下，产出一批学术成果，其中就有涉及抗战时期大后方城市的著述。[③] 20世纪90年代中期"重庆抗战丛书编纂委员会"编纂的一套"重庆抗战丛书"对重庆的城市新闻、教育、文化、兵器工业发展状况进行了介绍。[④] 随着区域城市史研究的推进，何一民较早地对人口西迁与大后方西南城市进行研究，认为人口西迁不仅规模大而且质量高，带来城市发展所需的资金、人才与技术，促使西南城市性质结构与功能的转变，推动了城市的近代化发展。[⑤]

进入21世纪后，更多以大后方城市为研究对象的专著相继出版。何一民系统研究抗战大后方西南地区城市的分布格局、城市结构、城市体系，包括重庆、四川、云南、贵州各区域中心城市、次中心城市各自的发展状况；谭刚全面系统地对大后方城市的社会生活变迁问题进行探讨，对衣食住行、精神文化、习俗观念、公共空间等方面进行细致描述与分析，探析大后方城市的转型问题。[⑥] 赵亮对抗战时期整个西部城市的发展状况、

[①] 四联总处与大后方金融管制方面的论文，参见王红曼《"四联总处"对战时货币发行的法律监管》，《中国社会经济史研究》2008年第3期；刘慧宇《论四联总处战时金融运作与代中央银行制形成》，《中国经济史研究》2020年第2期。

[②] 王红曼：《四联总处与战时西南地区的通货膨胀》，《中国社会经济史研究》2006年第4期；王红曼：《四联总处与西南区域金融网络》，《中国社会经济史研究》2004年第4期；陈礼茂：《四联总处与战时大后方金融网》，《时代金融》2020年第3期；尤云弟：《四联总处的创建及初期运作——以蒋介石为中心的考察》，《史学月刊》2013年第8期。

[③] 隗瀛涛主编：《近代重庆城市史》，四川大学出版社1991年版；王仁远、陈然、曾凡英：《自贡城市史》，社会科学文献出版社1995年版；周勇主编，重庆市地方史研究会编：《重庆：一个内陆城市的崛起》，重庆出版社1997年版。

[④] 重庆抗战丛书编纂委员会编：《抗战时期重庆的新闻界》《抗战时期重庆的科学技术》《抗战时期重庆的兵器工业》《抗战时期重庆的文化》《抗战时期重庆的经济》，重庆出版社1995年版。

[⑤] 何一民：《抗战时期人口"西进运动"与西南城市的发展》，《社会科学研究》1996年第3期。

[⑥] 何一民主编：《抗战时期西南大后方城市发展变迁研究》，重庆出版社2015年版；何一民、刘扬：《抗战时期西南大后方城市发展与空间分布的变化》，《西南民族大学学报（人文社会科学版）》2015年第6期；何一民、刘扬：《抗战时期西南大后方城市发展及其特点》，《民国研究》2015年第2期；谭刚：《动荡中的社会转型：大后方城市社会生活变迁（1937—1945）》，科学出版社2017年版。

特点和发展原因进行了探析;王永飞与李云峰研究了抗战时期的西北城市,认为西北城市的性质、结构、功能和规模都有着新的转变,传统城市转型变为多功能综合性区域中心城市,一些因交通、工矿新兴的城市大量出现,农村小集镇也蓬勃发展。[1]

以大后方某一城市为研究点的单体城市研究大量出现,主要城市有重庆、贵阳、成都、西安、宝鸡等。值得一提的是重庆,重庆单体城市史的研究自20世纪末以来依旧十分丰富,研究主题进一步扩展,视角更为多元。[2] 限于篇幅,关于其他城市的研究,不一一列举。

5. 大后方高等教育研究

抗日战争时期,平津京沪地区的高等院校为远离战火被迫西迁至中国西北、西南地区。四川、重庆、云南、广西、陕西、甘肃等未被日军占领的地区成为高校与师生们在特殊时期的栖息之所。西迁的高等院校与西部地区已有或新建的高校在抗战大后方弦歌不辍,维护与促进中国高等教育发展,为抗战输送人才、技术与精神力量。

20世纪80年代,学界已关注高校内迁的情况,推出了一批大后方高等教育史研究成果。比如,惠世如主编的论文集收录了概述抗战时内迁西南的众多高校的文章,涉及迁移状况、办学概况、师生教学、师生生活等方面,并且讨论了西迁高校参与大后方社会生产建设和抗战宣传的情况。[3] 经盛鸿对高校内迁这一历史活动进行了较为全面的总结,既划分了内迁的阶段,又评述了高校内迁的成就、影响与不足。[4]

20世纪90年代,抗日战争史逐渐成为研究的热门学术领域,大后方高等教育史再获得更多关注,高校内迁研究成为热点论题。一些学者

---

[1] 赵亮:《抗日战争时期中国西部城市的发展》,《成都大学学报(社会科学版)》2004年第4期;王永飞、李云峰:《抗日时期西北城市发展论述》,载中国史学会、宁夏大学编《中国历史上的西部开发——2005年国际学术研讨会论文集》,商务印书馆2007年版。

[2] 谢先辉、唐润明:《二战对中国内陆城市重庆的影响》,《民国档案》2002年第3期;潘洵:《抗战时期重庆大轰炸对重庆城市社会变迁的影响》,《西南师范大学学报(人文社会科学版)》2005年第6期;谭刚:《抗战时期重庆城市工人生活水平的量化分析》,《民国档案》2014年第3期;张瑾:《"新都"抑或"旧城":抗战时期重庆的城市形象》,《四川师范大学学报(社会科学版)》2015年第6期;谭刚:《重庆城市广场政治空间的形成与抗战精神动员——以都邮街"精神堡垒"广场为中心(1937—1945)》,《抗日战争研究》2018年第1期。

[3] 惠世如主编:《抗战时期内迁西南的高等院校》,贵州民族出版社1988年版。

[4] 经盛鸿:《抗战期间沦陷区的高校内迁》,《南京师大学报(社会科学版)》1989年第2期。

主要对大后方高等教育的发展状况进行了研究，认为国民政府的教育政策与相应的行政措施推动了大学教育在大后方地区的恢复与发展，从而为抗战胜利、中国教育事业、西部教育现代化产生积极的影响力量。①另一些学者则关注高校内迁这一历史活动，研究内迁的时间、过程、阶段、地区、路线及对抗日救亡、高等教育事业、西部教育与社会产生的历史意义。②

进入 21 世纪后，大后方高等教育史研究主题与视角趋于多元。金以林梳理战时高等教育从内迁、重建到复员的相关史实；侯德础概述高等院校内迁运动史；余子侠与冉春以战时西部教育开发为视角，探讨西部开发教育方针和高校西迁重组等问题。③ 陈平原结合散文、杂感、诗词、日记等历史资料，以人文学者的视角，从生活细节着手将那段高校内迁、烽火中的西南联大历史娓娓道来。④ 还有学者对某些高校进行个案研究。⑤

与此同时，学界在传统课题上有着更为细致、深化地探讨，同时也增加了许多新的研究主题。

部分学者在研究高校内迁状况与内迁高校发展的同时，认为高校内迁促进教育观念、教学方法、师资力量、各级各类教育的进步，对西部教育产生深远、巨大的影响。⑥ 一些学者则从现代化的视角探讨了对西部地区

---

① 潘国琪：《抗日战争时期国民党统治区的教育述评》，《浙江社会科学》1995 年第 4 期；金以林：《战时大学教育的恢复和发展》，《抗日战争研究》1998 年第 2 期。

② 余子侠：《抗战时期高校内迁及其历史意义》，《近代史研究》1995 年第 6 期；徐国利：《浅析抗战时期高校内迁的作用和意义》，《安徽史学》1996 年第 4 期；徐国利：《关于"抗战时期高校内迁"的几个问题》，《抗日战争研究》1998 年第 2 期；马敏：《抗战期间教会大学的西迁——以华中大学和湘雅医学院为例》，《华中师范大学学报（哲学社会科学版）》1996 年第 2 期；常云平：《试论抗战期间内迁重庆的高等院校》，《西南师范大学学报（哲学社会科学版）》1997 年第 6 期。

③ 金以林：《近代中国大学研究：1895—1949》，中央文献出版社 2000 年版；侯德础：《抗日战争时期中国高校内迁史略》，四川教育出版社 2001 年版；余子侠、冉春：《中国近代西部教育开发史——以抗日战争时期为重心》，人民教育出版社 2008 年版。

④ 陈平原：《抗战烽火中的中国大学》，北京大学出版社 2015 年版。

⑤ 王东杰：《国家与学术的地方互动：四川大学国立化进程（1925—1939）》，生活·读书·新知三联书店 2005 年版；倪蛟：《抗战时期国立中央大学的学生生活》，南京大学出版社 2017 年版；汪洪亮：《抗战建国与边疆学术：华西坝教会五大学的边疆研究》，中华书局 2020 年版；姚远：《融汇西东：西北联大教育思想》，陕西人民出版社 2020 年版。

⑥ 夏绍先：《抗战时期云南的教育——内迁院校与云南教育的发展》，《云南师范大学学报》2002 年第 6 期；王静：《抗战时期高校内迁对西南高等教育的影响》，载张诗亚主编《直面血与火——国际殖民主义教育文化论集》，内蒙古大学出版社 2006 年版。

的影响，认为内迁高校促进西南、西北地区观念、教育、经济等方面的现代化。① 还有学者讨论内迁高校对大后方经济与文化资源的开发的影响，以及对云南社会风尚的影响。②

有学者关注高校内迁后的教育教学、院系建设、办学模式与特点、学生管理工作。③ 有学者探讨高校师生在大后方的生活问题。④ 有学者分析抗战时期高校联办的历史背景与意义⑤。

王荔等学者认为，高校内迁的布局调整与国民政府的西部开发政策有关；蒋宝麟强调，中央大学内迁最为彻底，与校长罗家伦的特殊政治地位相关，重建工作中无不体现着政府通过教育政策加大中央大学内部的国家力量；韩戍认为，光华大学地方化是中央内部和中央与地方之间斗争的结果；王春林指出，东北大学省籍问题中折射的是教育部、学校当局及师生对办学主旨的认识与利益权衡的差异。⑥

关于抗战胜利后高校复员问题，引起学者充分重视。有学者论述北平师范大学复员运动的背景、经过与结果，揭示了抗战后高校复员的艰难过

---

① 张成洁、莫宏伟：《抗战时期高校内迁对西南地区观念近代化的影响》，《贵州文史丛刊》2002 年第 3 期；莫宏伟：《论高校内迁对西南地区教育近代化的影响》，《贵州民族学院学报（哲学社会科学版）》2003 年第 3 期；张成洁：《抗战时期高校内迁对西南地区现代化的影响》，《贵州社会科学》2006 年第 3 期；尚季芳：《抗战时期内迁高校与西北地区现代化——以国立西北师范学院为中心的考察》，《西北师大学报（社会科学版）》2012 年第 5 期。

② 熊贤君：《抗战时期内迁高校的西部开发》，《河北师范大学学报（教育科学版）》2003 年第 1 期；盛美真：《抗战内迁中云南社会风尚的变化及转向》，《贵州大学学报（社会科学版）》2011 年第 2 期。

③ 金灿灿：《略论西迁浙大（1937—1946）的院系设置》，《浙江大学学报（人文社会科学版）》2012 年第 5 期；陈康：《抗战内迁时期私立大学办学的特点与动因》，《河南师范大学学报（哲学社会科学版）》2014 年第 6 期；王卓凯、李嘉盈：《北平师大西迁时期学生管理工作的特色及其启示》，《思想政治教育研究》2017 年第 6 期。

④ 李巧宁、陈海儒：《抗战期间内迁高校学生的日常生活——以西南联大和西北联大为例》，《甘肃社会科学》2011 年第 6 期；李丽霞：《抗战时期内迁高校教师群体的住房问题探究》，《兰州学刊》2015 年第 3 期。

⑤ 余子侠：《抗战时期高校联办的历史解析》，《河北师范大学学报（教育科学版）》2015 年第 4 期；余子侠、王海凤：《国立西北联合大学合分成败论》，《西北工业大学学报（社会科学版）》2018 年第 3 期。

⑥ 王荔、胡怡、刘继青：《抗战时期大学内迁与高等教育的布局调整》，《云南师范大学学报（哲学社会科学版）》2010 年第 4 期；蒋宝麟：《抗战时期中央大学的内迁与重建》，《抗日战争研究》2012 年第 3 期；韩戍：《抗战时期内迁高校的地方化——以光华大学成都分部为例》，《抗日战争研究》2014 年第 3 期；王春林：《抗战时期东北大学的省籍问题：以 1944 年壁报风潮为中心》，《抗日战争研究》2018 年第 3 期。

程；有论者认为，高校复员无异于二次创业的筚路蓝缕，亦是十分艰苦周折；有学者探讨全国教育善后复员会议的高校复员原则与落实情况，认为会议计划不够详善，加之其他因素使事实上的高校复员困难重重；有学者详细研究浙江大学复员筹备与经过，认为这场东返的成功源自校长的英明带领和全体师生的团结与努力。①

6. 大后方资源调查

大后方资源丰富，出于发展地方经济、厚植抗战经济力的需要，20世纪三四十年代，政府机关、高校和企业、调查团体以及个人均在大后方搜集了大量的调查资料，这批资料是研究此阶段大后方社会经济状况的重要史料，激发了国内学者对大后方调查活动的研究兴趣以及资料汇编著作的出版，成果颇丰。②

目前国内学者对于政府机关所开展的资源调查活动研究，主要集中在资源委员会和农业改进推广机构两方面，前者侧重资源委员会对于大后方矿产资源的调查活动研究，论及资源委员会及前身国防设计委员会在大后方开展的矿产资源调查、调查的方法、作用的评析等内容；③ 后者则侧重对大后方本土农业资源、水资源、土地资源等的调查活动，论及大后方各地各类农业改进和推进机构所做的相关调查。④

就专题性研究而言，目前学界主要关注西南联大和"永久黄"团体对西南联大在人口资源、地方经济、地质矿产资源、生物资源，以及黄海化

---

① 孙邦华：《抗战胜利后北平师范大学复员运动述论》，《北京社会科学》2014年第6期；唐正芒、周鹏飞：《抗战胜利后内迁高校的东返复员述略》，《中州学刊》2015年第7期；于潇、张玮：《全国教育善后复员会议与抗战胜利初期高校的复员》，《宁波大学学报（教育科学版）》2018年第1期，田正平、罗佳玉：《抗战胜利后高等教育复员的困境与突破——以国立浙江大学为个案的考察》，《高等教育研究》2021年第10期。

② 任竞主编：《抗战时期大后方经济社会资料汇编》，国家图书馆出版社2020年版；李文海主编，夏明方、黄兴涛副主编：《民国时期社会调查丛编》，福建教育出版社2004—2014年版；郑成林选编：《民国时期经济调查资料汇编》，国家图书馆出版社2013年版；王强主编《近代农业调查资料》，凤凰出版社2014年版。

③ 卢勇：《早期抗战的重要机构——国防设计委员会述略》，《抗日战争研究》2009年第3期；王卫星：《资源委员会与战时国防重工业建设》，《抗日战争研究》1997年第4期；任伟伟：《二十世纪三十年代南京国民政府国防设计委员会（资源委员会）之调查工作探究》，《东岳论丛》2012年第2期；薛毅：《国民政府资源委员会研究》，社会科学文献出版社2005年版。

④ 王川：《清末、民国时期西康地区的农业改进及其实际成效》，《民国档案》2004年第4期；慈鸿飞：《1912—1949年西北地区农业资源开发》，《中国经济史研究》2004年第2期。

学工业社在川盐、五倍子等方面做的调查活动。① 有学者研究西南实业协会、中国国民经济研究所、中国西部科学院、中国工程师学会、静生生物调查所等社会团体关于大后方资源所做的调查。② 对于调查者个人的专题研究较少，主要集中在翁文灏、张肖梅、卢作孚等人的调查活动。③

三　大后方研究的开放格局

2011年以降，中国抗战大后方研究硕果累累，在诸多方面均有突破，学术影响力也初步显现，但始终与困难相伴、负重前行。筹划中国抗战大后方研究的未来走向，不仅是抗日战争史学界的分内之事，也是中国史学界共同的事业。

尽管早在2010年工程实施之际，重庆方面已经意识到，要"以重庆的研究队伍、文化资源为基础，注意处理好重庆与西南、西北地区的关系，整合西部、全国乃至于境外的队伍与资源，形成既有整体部署又形式灵活的研究模式，共同完成这一宏大的系统工程。"④ 但是，由于各种因素的影响，大后方研究仍发展成为重庆一枝独秀的局面，而未能完全形成遍地开花的格局。为改变此一局面，西南大学中国抗战大后方研究中心发起"中国抗战大后方高端论坛"，旨在聚合各方研究力量，形成联动效应。该论坛得到《抗日战争研究》编辑部和西部兄弟院校的积极响应。2016年

---

① 马玉华：《西南联大与西南边疆研究》，《中南民族大学学报（人文社会科学版）》2009年第3期；袁淼：《全面抗战时期民营工业企业研发活动考察——以黄海化学工业研究社为中心》，《抗日战争研究》2021年第2期；戴美政：《曾昭抡评传》，云南人民出版社2010年版；赵津、李健英：《中国化学工业奠基者"永久黄"团体研究》，天津人民出版社2014年版。

② 耿密、潘洵：《抗战时期西南实业协会的成立及其主要活动》，《重庆社会科学》2009年第3期；赵国壮、李丹柯：《张肖梅与20世纪三四十年代中国经济调查及研究》，《西部史学》2019年第2期；侯江：《抗战内迁北碚的中央地质调查所与中国西部科学院》，《地质学刊》2008年第4期；于波、陈燕：《20世纪40年代"静生生物调查所"在云南》，《云南民族大学学报（哲学社会科学版）》2013年第5期；赵国壮：《资源调查与对日战争：20世纪三四十年代西南地区桐油业调查资料研究》，《近代史学刊》2017年第1期。

③ 李学通：《七七事变前国民政府的经济备战——以翁文灏为核心的考察》，《抗日战争研究》2003年第1期；赵国壮、李丹柯：《张肖梅与20世纪三四十年代中国经济调查及研究》，《西部史学》2019年第2期；侯德础、赵国忠：《爱国实业家卢作孚与中国西部科学院》，《四川师范大学学报（社会科学版）》2000年第1期。

④ 马献忠：《中国抗战大后方历史文化研究与建设前景广阔——访重庆市委宣传部常务副部长周勇教授》，《中国社会科学报》2010年7月8日第16版。

以来，该论坛已经成功举办 6 届：2016 年 12 月第一届（重庆·西南大学）、2017 年 10 月第二届（兰州·西北师范大学）、2018 年 11 月第三届（桂林·广西师范大学）、2019 年 11 月第四届（贵阳·贵州师范大学）、2020 年 11 月第五届（成都·四川师范大学）、2021 年 11 月第六届（昆明·云南大学）。①

"中国抗战大后方高端论坛"在推动中国抗战大后方研究进一步深入、沟通西部各兄弟院校之间的感情、打造西部高校学术研究联盟等方面均发挥了重要作用。每一届论坛均有其特色。第一届是邀约制参会，来自广西师范大学、西北师范大学、西北大学、四川师范大学、贵州师范大学、贵州理工学院、重庆市委统战部、重庆市委党史研究室、重庆大学、红岩联线文化发展管理中心、重庆社会科学院、重庆市档案馆、重庆中国三峡博物馆、重庆市图书馆等 10 余个单位的 40 余位专家学者参与论坛。与会专家一致认为，一方面，不能孤立地看待抗战大后方研究，要注重大后方与其他地区的互动，要注意从多视角进行审视；另一方面，要将抗战史研究更好地服务于社会，进而推动全社会对抗战大后方研究的重视和支持。第二届是以文与会，来自国内 60 多所高等院校及科研机构的近百位学者参会，论坛聚焦"大后方政治、经济与社会变迁"，所论议题涉及政治、经济、军事、社会、思想与文化、民族与边疆，以及西北抗战大后方的历史地位等方面。第三届形成三方办会模式，奠定西南大学、《抗日战争研究》编辑部与西部一所高校共同举办的格局，同时邀请 9 位中国台湾地区学者共同研讨。论坛议题不仅涉及政治、经济、文化、军事、社会、外交等多个方面，而且积极落实习近平总书记"共享史料，共写史书"的指示，形成这样的共识："抗战研究不能自说自话，必须具有国际视野，应加强对外交流与合作，与时俱进，积极了解国外抗战研究动态。"② 在第四届论坛上，抗战大后方的政治、经济、社会问题依然是学界关注的热点，但是微观史视角下的社会生活史、文艺教育史和科技史研究成为新亮点，同时，越来越多的青年学者开始关注大后方研究。③ 到第五届，除议题更加广泛外，青年学者已成为论坛的主力。为此，此届论坛开创"中国抗战大后方研究硕博论坛"这一学术品牌，在凝聚、培养以抗战史研究为志业的硕

---

① 受新冠疫情影响，第六届论坛于 2021 年 7 月 9—10 日在线上举行。
② 唐凌、黄佳：《第三届中国抗战大后方研究高端论坛综述》，《抗日战争研究》2018 年第 4 期。
③ 高晓波：《第四届中国抗战大后方研究高端论坛综述》，《抗日战争研究》2019 年第 4 期。

士、博士研究生，以及促进抗战史研究学术梯队建设方面发挥了重要作用。① 经过5年的积淀，第六届论坛备受学界瞩目。这次论坛共收到投稿150余篇，经专家审稿，遴选出51篇参会论文，有来自16个省市的63位学者参会。同时，与会学者的构成呈现出三种研究力量汇聚的格局：抗战史学界前辈持续引领大后方研究的新方向；作为中坚力量的青年才俊不断推出极具分量的研究成果；作为新生力量的年轻学者、硕士、博士将抗战大后方研究作为未来的学术志向。总之，连续六届论坛的举办，更加开放的研究格局业已形成，抗战大后方研究未来更可期。

另外，研究中心也举办了"南南工作坊"。抗战大后方研究并非局限于西南、西北地区，而是逐渐与根据地研究、沦陷区研究形成有效互动。为此，2016年以来，西南大学先后与南京大学、南开大学建立起一年一次的定期工作坊制度，旨在推动各方的互鉴及互动。

在全面发展的同时，大后方研究亦遇到新领域拓展乏力、标志性成果难产等瓶颈。至2021年，中国抗战大后方研究领域出版了一批较具分量的学术著作，举办了以"中日战争国际共同研究"为代表的系列国际学术会议，获评三项国家社会科学基金重大招标项目及一项特别委托项目、一项国家社会科学基金抗日战争研究专项工程项目，并形成国共合作、中共中央南方局、重庆大轰炸、抗战大后方金融、抗战大后方工业、抗战大后方教育、抗战大后方文艺、抗战大后方手工业等特色研究领域，中国抗战大后方研究俨然成为抗日战争研究及第二次世界大战研究的重要板块。但是，接下来如何拓展新的研究领域，形成新的学术增长点，进而持续推动相关研究深入发展，成为十年之际中国抗战大后方研究最主要的问题。

一方面，组织抗战大后方研究笔谈。潘洵率先发表文章，阐述史学界研究抗战大后方的新认识、新格局、新成果，并从研究视角、研究资料、研究取向三个方面，论述抗战大后方研究的新趋向，同时提出今后的努力方向。② 《史学月刊》于2021年组织"抗战大后方史料整理与研究"笔谈。高士华指出，应注重一极与整体失衡、少数民族抗战、区域内外关系、抗战前后连贯性四个方面的问题。潘洵从资料、理论、范式、领域四

---

① 汪洪亮：《第五届中国抗战大后方研究论坛综述》，《抗日战争研究》2020年第4期。
② 在研究视角上，更加注重宏观视野与本体突破；在研究资料上，更加注重新史料发掘和深度解读；在研究取向上，更加注重在地化的现实关怀。参见潘洵《抗战大后方研究的新进展及新趋向》，《光明日报》2020年8月13日第16版。

个方面检讨关于侵华日军无差别轰炸的研究及未来走向。曹必宏认为，资源委员会档案资料的开发和利用是大后方研究的一个新的学术增长点。①

《西南大学学报》刊发"新时期中国抗战大后方研究的反思及展望"笔谈，继续讨论相关问题。朱英指出，要有意识地引导和鼓励更多优秀学者加入抗战史研究，这样的学者一般都对某些专题进行过多年的精深研究，也十分了解相关领域的研究进展与薄弱环节。他们将研究时段延伸至抗战时期之后，一是能够对原有研究对象进行更长时段的考察，获取某些新认识与新结论，二是有可能弥补以往抗战史研究中的不足。陈谦平认为，"十四年抗战"概念确定后，我们需要重新考量"抗战大后方"提法。"抗战大后方"是一个整体，所以我们对"抗战大后方"的历史研究应该有一个整体的历史架构。徐勇探讨构建抗战大后方研究"开放格局"的重大意义。江沛强调，应关注战时大后方财经建设对持久抗战的支撑作用。张生结合现代物理学概念，从历史研究的"视界"、历史的"远去"及历史事件的"涟漪"三个方面提出推动抗战大后方研究的主张。②

另一方面，西南大学中国抗战大后方研究中心于2022年1月举办"中国抗战大后方研究的回顾与展望"讨论会。潘洵指出，抗战大后方既是地方的，也是全国的，更是世界的。周勇认为，在整体上谋划中国抗战大后方研究的走向是中国史学界共同的事业。吴景平指出，要进一步处理好抗战大后方研究与世界反法西斯战争以及第二次世界大战之间的关系。朱英强调，要重视对"后抗战时代"相关问题的研究，以"后抗战"的视角对抗战这一时间段进行考察，无论是对抗战大后方研究还是对整个中国史的研究都是有意义的，不能忽略抗战结束后的几年时间。陈谦平重视抗战大后方研究在各地区之间的协作，期望能够继续搜集和整理档案，除台北"国史馆"的史料外，也要关注俄、英、美、日本的档案文献。徐勇倡导"开放精神"，就是要加强对外合作和交流，要与海外学者交换史料，交流研究心得，切磋研究方法。高士华强调，在重视大后方与沦陷区、敌

---

① 高士华：《抗战大后方研究中的时空问题》；潘洵：《抗战大后方无差别轰炸研究的进展及思考》；曹必宏：《深化抗战大后方历史研究的"利器"：资源委员会档案资源的开发及研究前景》。以上均发表于《史学月刊》2021年第8期。

② 朱英：《努力推进抗战史暨抗战大后方研究》；陈谦平：《抗战大后方刍议》；徐勇：《"弹着图"与"枪后"：开放格局中的抗战大后方研究》；江沛：《关注战时大后方财经建设对于持久抗战的支撑作用》；张生：《现代物理学概念的借用：历史研究的新可能——以抗战大后方研究为例》。以上均发表于《西南大学学报（社会科学版）》2021年第6期。

后根据地之间关系的同时,还应注意与邻国的关系,比如苏联、阿富汗、印度、缅甸等。张生提出这样的问题:中国抗战大后方的研究和中国抗战的研究,区别在哪里?它们之间学理的分际在哪里?如果把抗战大后方的研究等同于抗战史的研究,就会消磨掉自身的特色与个性。大后方的研究与沦陷区和根据地的研究之所以有一个明显的区别,就是它有特殊的空间,有特定的时空主体。江沛谈了三点体会:第一,要深入发掘文献资料,包括搜集、整理和出版西北地区史料、建立数据库等。第二,要关注大后方对战区、抗战前线的支撑关系,真正发掘出大后方与抗战的密切关联。抗战胜利不仅是前线不倒,更在于大后方的坚韧。第三,要重新思考战争的双重意义,将大后方抗战研究与之后西南、西北地区的发展联系起来,深入理解大后方时期作为西部经济现代化的奠基期以及战争遗产对于西南、西北的价值和意义等问题。王建朗提出大后方研究的定位问题。他主张不仅应该在时间段上向前后拓展,空间地域也要拓宽,不要局限于西南、西北地区。他认为大后方研究兼具区域史与整体史研究的两个性质,是区域史与抗战史研究的重要组成部分。此外抗战时期是中国历史上重要的转折时期,其间发生了许多重大的变化,我们尤其要关注不可逆转的变化、短期之内发生重大影响的变化、人心与思想上的变化等。整个社会对民主政治的追求、参与前所未有,而且是合法参与。因此,抗战时期中国政治、经济各方面的变化是我们以后需要注意的方向。我们可以进一步拓宽视野,通过大后方研究来推动抗战史研究,再以抗战史的发展推动整个近代史的研究。

无论是2011年成立大会,抑或高端论坛、南南工作坊,更或是各组笔谈、十周年会议,与会学者均对如何开展、深化抗战大后方研究提出了建设性意见和建议。以下汇集各家之言,提出几种可能,希望能够推动形成更具开放性的研究格局。

多层次协同。其一,向内挖潜。加强科研团队建设,走内涵式发展道路,将科研团队与智库建设、文科实验室深度融合,进而发挥老中青传帮带作用,激活青年学者的科研创新活力,持续推出标志性科研成果。西南大学计划筹建重庆历史研究院、复建"中国西部科学院"等学术平台,并借国家革命文物协同研究中心申报契机,优化研究中心学术平台。其二,区域协作。一方面是优化西部大后方研究学术联盟,在区域史与整体史之间持续关注大后方各省的研究。全民族抗战时期,大后方各地区面临的形势和任务有所不同。① "大后方北邻蒙古、苏联，没有战争，东部和南部属于前线省份，两面环敌，不仅仅是一个动态的范畴，而且因为与战争息息相关，大后方各个地区特点不同，战争体验在整个大后方中是不平衡的，影响有强弱之分。"因此，根据不同地区历史地位与作用分别开展有针对性的研究，是深化抗战史认识的需要，也是展现抗日战争伟大历史画面的需要。另一方面是加强与东中部高校及研究机构的协作，重视跨区域研究，"大后方和沦陷区之间没有边界，不是一个绝对封闭的区域，而且前方经常处于变动之中，互相之间的影响和交流虽然因战争的影响而减弱，但一直存在"。"不管是敌后根据地、大后方还是沦陷区，都处在变动之中，此消彼长，犬牙交错的情况一直存在。"② "随着战事发展和形势演变，所谓沦陷区、国统区和根据地的范围与边界在不断变化，有的连成一片，也有的分散各处。"③ 其三，国际合作。持续发挥重庆作为"中日战争国际共同研究"永久基地的平台作用，围绕战争暴行、战争记忆、历史书写等论题，与相关单位开展国际合作研究。

多论题拓展。第一，中国共产党在大后方的活动是一个大有可为的研究领域。在新时期，研究好、宣传好这段历史，有助于看清楚中国共产党获得巨大成功的原因。（1）从宏观视角探究大后方中国共产党活动的历史，比如，"在中共党史研究中，过去研究大后方的党史往往就成了南方局的历史"，并且"在南方局的相关研究中，对长江局只是作为前后承继的需要而适当叙述，并没有把长江局真正纳入大后方的视野"④。（2）全面检视大后方中国共产党隐蔽战线活动。大后方中共活动既有军事谈判，出版《新华日报》和《群众》周刊，参加国民参政会等公开活动，也有情报和保卫工作、秘密社会工作，以及特殊的军事、政治、经济、文化等隐蔽战线活动。两方面的活动相互补充，缺一不可。在强调公开活动历史意义的同时，也应全面客观地研究隐蔽战线活动，才能更好地还原大后方中国共产党活动的历史全貌。（3）基于大时代观审视大后方中国共产党民间外交活动。战时，中国共产党积极开展对外交往，尤其是中共中央南方

---

① 尚季芳：《论西北抗战大后方的地位》，《历史教学》2020年第5期。
② 高士华：《抗战大后方研究中的时空问题》，《史学月刊》2021年第8期。
③ 吴敏超：《区域抗战史研究的关怀与路向》，《中共党史研究》2021年第5期。
④ 洪富忠、汪丽媛：《中共视野下的"大后方"考释》，《重庆工商大学学报（社会科学版）》2017年第6期。

局，通过争取外国记者、争取与各国使馆和国际机构广泛接触等方式，搭起与国际社会联系、交往的桥梁，开创中国共产党外事工作的新局面，奠定了新中国外交事业的基础，学界对此虽有一定的研究，[①]但是此种经验启示颇值得进一步总结。第二，在科技史领域寻求突破，重视科学研究、农业试验及改良、工业技术创新及应用等论题的探求，推动大后方科技史研究进一步深入。2020年底，中国第二历史档案馆公布了总计44180卷350余万画幅的资源委员会档案，这无疑将成为深化抗战大后方工业史、科技史研究的利器。[②]第三，在日常生活研究领域注重"变中观常"并"倾听静默的声音"。以往大后方研究多侧重于政治、军事、经济、外交等层面，取得了相当成就，不过对于社会生活、文化艺术等层面关注相对较少，或者只是关注某一面相，未能进行细致入微的探讨。[③]然而，"这些辗转于战火硝烟下的普通民众，他们的痛苦和命运，虽然在大历史的书写中从来没有缺位，但是由于历史材料的留存、历史书写的习惯及学术兴奋点等因素，他们被关注的程度远远不够，多数民众成为历史书写中的失声者"。"让民众在历史书写中发出声音，既是历史研究者应有的关怀，也是历史研究者需要克服的严峻挑战。"[④]

多视角创新。第一，纵横交错。多年来，学界已提倡从"亚太战争"及"全球史"视角来检视中国抗战大后方研究，虽有成果但并不卓著，仍需持久发力。在纵向上，要从近代以来中华民族复兴的曲折变迁演变中来探讨和分析抗战大后方的历史，在横向上，应把抗战大后方置于世界反法西斯战争的总体背景和中国抗日战争的发展进程中进行考察。第二，瞻前顾后。既要关注抗日战争爆发前西部地区社会经济发展状况，又要重视抗日战争胜利后战争对西部地区社会经济发展的持续影响。"后抗战"视角则在近年受到较多关注。比如，战时国民政府各类机构、工矿企业、文教机构等西迁，这对

[①] 彭承福：《抗战时期中共中央南方局在国民党统治区工作的历史功绩》，《中共党史研究》1996年第2期；中共中央文献研究室编：《周恩来年谱（1898—1949）》（修订本），中央文献出版社1998年版；王福琨、邓群主编：《中共中央南方局的统一战线工作》，中共党史出版社2009年版；朱蓉蓉：《抗日战争时期的民间外交研究》，博士学位论文，苏州大学，2010年；中共中央统战部、重庆市委统战部编著：《重庆与中国统一战线》，华文出版社2010年版。

[②] 曹必宏：《深化抗战大后方历史研究的"利器"：资源委员会档案资源的开发及研究前景》，《史学月刊》2021年第8期。

[③] 吴敏超：《区域抗战史研究的关怀与路向》，《中共党史研究》2021年第5期。

[④] 黄道炫：《倾听静默的声音》，《中共党史研究》2021年第5期。

西部的影响并非仅限于战时，在战后，甚至在当下，此种影响一直存在。故而，从"后抗战"视角审视抗战大后方历史无疑将成为新的学术增长点。第三，跨界聚焦。除文史哲传统学科持续深耕抗战大后方研究以外，体音美等艺术类学科，以及生态学、地质学、建筑学等理工学科亦聚焦抗战大后方研究，多学科、跨界的研究必将推动其不断走向深化。

多资源挖掘。第一，持续重视抗战遗产的保护及利用。除抗战文物及遗址以外，抗战亦给大后方留下大量的文化遗产，比如文化城桂林、农都柳州沙塘、盐都自贡、甜城内江、红色延安、陪都重庆等文化遗产、文化符号，这些文化遗产亟待全面发掘，并进行有效的研究、开发及利用。第二，持续加大大后方文献资料整理力度。资料整理与学术研究并行不悖，是抗战大后方研究声名鹊起的重要因素。学界虽已在抗战大后方党的文献、抗战损失、抗战大后方经济、抗战大后方文学等方面的资料整理上取得较大成就，但是，毫无疑问，仍有大量海外藏大后方文献、众多独具特色市县级档案，以及鲜活的口述史料亟待搜集整理，这同样是未来十年抗战大后方研究的关键变量。第三，在大后方影像资料搜集、整理与研究中形塑战争记忆。随着数字信息技术的快速发展，影像传播的影响得到前所未有的重视，历史影像亦走进寻常百姓家，成为塑造公众历史记忆的重要媒介。①"在最近十来年的抗日战争史研究中，图像（包括画册、照片、影像等）越来越引起专业史学工作者的注意，将之与档案文本同等对待和利用"，"图像证史，正在成为抗战史研究的新路径"②；"历史影像史料的大量引进和运用将打开抗战史，尤其是大后方历史研究的崭新领域，极大地推动和深化这一领域的研究。"③ 有理由相信，搜集、整理及研究大后方影像资料，无疑将拓展抗战大后方研究的新领域。

多现实关怀。长期以来，服务国家和地方发展需要，一直是抗战大后方研究的重要取向。第一，助力海峡两岸形成共同历史认知，助力人类命运共同体的构建，有关战时国共合作及反法西斯战争的国际合作等方面的

---

① 习贤德：《战争记忆初探：以中国、日本战争电影为例》，《郑州大学学报（哲学社会科学版）》2015年第3期。
② 周东华、魏正凯：《沦陷区研究中"图像"史料的运用问题》，《民国档案》2020年第1期。
③ 周勇：《从历史影像中深化新闻史研究——以抗战大后方影像史料搜集整理为基础的思考》，《新闻研究导刊》2017年第24期；周勇等：《〈苦干〉与战时重庆：影像史学视野下的战时首都》，重庆大学出版社2020年版。

研究必将持续推进。第二，紧扣"一带一路"、西部大开发、成渝双城经济圈及中国（西部）科学城的建设等，抗战大后方的资源调查、经济开发、科技创新等方面的研究仍是热点话题领域。第三，形塑共同历史记忆、引导公众社会认知的抗战大后方历史文化遗产的研究将持续受到关注，并与区域文化与文明建设形成同频共振。第四，弘扬以爱国主义为核心的伟大民族精神的抗战大后方红色文化、大后方民众抗战及抗战精神等研究将成为新的学术增长点。[1]

---

[1] 潘洵：《抗战大后方研究的新进展及新趋向》，《光明日报》2020年8月13日第16版。

第十一章

沦陷区史

日本侵华时期，中国大片国土沦为敌占区（又称"沦陷区"或"日占区"）。日本侵略者在东北、华北、华中、华南等地扶植各类傀儡政权，目标是"以华治华"，变中国为其殖民地。

沦陷区研究早在全民族抗战时期便已出现。新中国成立后，沦陷区研究经历了曲折的发展过程，一度甚至是没人触碰的禁区。

需要说明的是，沦陷区研究范围极其广泛，尤其是新中国成立后经过近75年的积淀，许多领域已经成为相对独立的研究科目，其中最为明显的是南京大屠杀与"慰安妇"等日军暴行研究，本书已有专章进行考察，故本章不再回顾和总结相关研究成果。

一　研究概况

关于沦陷区的研究，早在20世纪30年代既已开始，其中以毛泽东的文章《研究沦陷区》最为著名。[1] 需要强调的是，毛泽东的目的，是在战争相持阶段通过研究日本"在沦陷区已经干了些什么并将要怎样干"，以为制定对日战略时的重要参考。这与抗战胜利后学者们研究沦陷区的重点有所不同。但是，文中列举的日伪政权、奴化教育、移民、宣传、伪军、

---

[1] 毛泽东：《研究沦陷区》（1939年10月1日），载中共中央文献研究室、中央档案馆编《建党以来重要文献选编（1921—1949）》第16册，中央文献出版社2011年版，第669—671页。这是毛泽东为延安时事问题研究会编《时事问题丛书》第2集《日本帝国主义在中国沦陷区》（解放社1939年版）一书写的序言。同一时期，有关沦陷区情况的出版物有东人编的《沦陷后各地的记实》（怒吼出版社1938年版），为今日研究沦陷区提供了一手资料。

经济掠夺、日军暴行等，时至今日依然是沦陷区研究的主要内容。

(一) 1949—1978 年

改革开放以前，沦陷区研究大多在日本侵华史脉络中展开。研究的指导思想延续战时揭露日本"政治进攻"和"经济进攻"两方面的主要内容。所谓政治进攻，就是在沦陷区扶植伪政权，分裂中国的抗日民族统一战线，制造国共摩擦，引诱中国投降。其中奴化教育、移民、征兵、宣传和伪军政策也被看作政治进攻的组成部分。所谓经济进攻，就是日本在沦陷区发展工商业，并用以破坏我国的抗战经济。① 这种指导思想与新中国成立初期，学界对帝国主义侵华史研究的定位相符，即"站在中国人民的立场上，暴露帝国主义侵略中国的事实，揭发帝国主义侵略的罪恶，力求恢复历史的本来面目"。② 因此，细菌战、南京大屠杀等日军暴行在20世纪五六十年代成为学界关注较多的研究对象。③

1956年全国掀起"向科学进军"热潮。1958年，国务院科学规划委员会制定39个经济史研究课题，其中两项为编纂"东北垦殖史资料"和"满铁史资料"，由当时的东北人民大学承担。两项课题在规划之初，便致力于收集整理"'满铁'所遗留下来的一些日文书刊、某些档案，以及中央'铁道部'保存的有用资料"，"揭露日本帝国主义在东北的农业'拓殖'及其所给予东北人民的深重灾难方面的资料"。④ 从研究东北沦陷史的角度来讲，这两项课题具有非常重大的意义。因为在日本投降之际，日伪当局焚毁了大部分关东军和伪满洲国的档案，给研究这段历史造成了极大的困难，而满铁的档案保存比较完整，辅之以其他调查报告等文献，能够为全面揭示日本侵略东北的历史提供重要线索。受此影响，20世纪60年代初，王立达和孔经纬分别对全民族抗战时期沦陷区的中日"合办事业"、

---

① 延安时事问题研究会编：《日本帝国主义在中国沦陷区》，解放社1939年版，第1页。
② 丁名楠等：《帝国主义侵华史》第1卷，人民出版社1961年版，"弁言"第2页。
③ 郭士杰撰：《日寇侵华暴行录》，联合书店1951年版；储华撰：《日寇的滔天罪行——惨无人道的细菌战争》，大东书局1951年版。1962年南京大学历史系高兴祖教授组织学生采访完成口述资料《日本帝国主义在南京的大屠杀》(南京大学历史系编著，南京大学出版社1979年版)，为南京大屠杀专题研究开辟了学术道路。
④ 《中国近代经济史资料编辑工作的规划》，《经济研究》1958年第5期；《东北人民大学编辑"东北垦殖史资料"及"满铁史资料"的初步计划》，《经济研究》1958年第7期。

日本移民东北的政策及影响进行了初步考察。① 虽然两位学者强调，论文旨在揭露日本帝国主义对沦陷区的经济掠夺和殖民统治的罪行，但其探讨的对象在此后很长一段时间内都是沦陷区经济史研究的重要内容。此外，两位学者大量引用外文资料，成为新中国成立后学界对沦陷区经济史研究有益的学术探索。

这一时期，沦陷区历史资料的收集和整理也取得进展，主要表现为全民族抗战时期相关文献的翻印和全国政协等机构对文史资料的征集和出版，为沦陷区研究的发展提供了宝贵的口述资料。② 不过，"文化大革命"开始后，有关帝国主义侵华史的研究被定性为写"挨打受气史"，是"犯了方向性的严重错误"，导致沦陷区研究一度成为学术禁区。③

20世纪70年代初，对伪满政权的研究得到吉林省委的支持，其契机是中国对日本右翼错误史观的批判。④ 20世纪70年代中期，受社会上反对投降主义思潮的影响，学界出现了一些对汪精卫投降卖国的批判性研究。⑤ 在此之前，日伪政权是新中国成立初期甚少有学者着墨的领域，从这一意义来说，上述成果虽然在今天看来学术性稍显不足，但为20世纪80年代以后兴起的对日伪政权与汉奸的研究奠定了基础。

（二）1979—1995年

改革开放以后，学术研究的环境逐渐宽松，日本侵华史研究与抗日战

---

① 王立达：《抗日战争期间内日本帝国主义在中国沦陷区设立的中日"合办事业"》，《史学月刊》1960年第2期；孔经纬：《一九三一至一九四五年间日本帝国主义移民我国东北的侵略活动》，《历史研究》1961年第3期。

② 延安时事问题研究会编《日本帝国主义在中国沦陷区》（上海人民出版社1958年版）是从1939年解放社出版的该书翻印而来。中国抗战进入相持阶段时，延安成立过一个"时事问题研究会"，主要研究四个问题：日本问题、沦陷区问题、国际问题、抗战中的中国问题。配合研究工作的进度，该会还着手编辑"时事问题丛书"。其中，在1939年9月编辑出版的《日本帝国主义在中国沦陷区》一书，作为"时事问题丛书"第2集。

③ 金光耀、张济顺：《抗日战争时期沦陷区研究述评》，载曾景忠编《中华民国史研究述略》，中国社会科学出版社1992年版，第300页。

④ 参见张辅麟《筚路蓝缕 锲而不舍——解学诗的学术历程与成果评述》，《社会科学战线》2007年第5期。

⑤ 丁贤俊、闻少华：《辛亥革命时期的一个投降派》，《吉林社会科学学报》1975年第6期；丁贤俊、闻少华：《一个投降派的典型——汪精卫》，《历史研究》1976年第4期；史锋编写：《汪精卫卖国记》，上海人民出版社1976年版。

争史研究全面起步，整体呈现出三个特点："一是突破了过去长期封闭的国共关系格局，国共共同抗战的基本思路确定了"；"二是开始纠正过度夸大'路线斗争'的虚妄之词，对一些重大事件和人物重新评价"；"三是在研究指导思想上，以实事求是的态度，充分研究历史资料，全面解读历史，这成为大家的共识"①。在此背景下，沦陷区研究取得进展，其中东北沦陷区（伪满政权）以及汪伪政权的研究最先取得突破。

1980年，吉林社会科学院姜念东、解学诗等人利用满铁的大量日文档案，比较完整地梳理了伪满政权成立至覆灭的全过程。② 有学者称1980年《伪满洲国史》一书的出版"对东北沦陷区研究，的确具有拓荒意义"③。同年，中央领导同志通过中央党史研究室向辽宁、吉林、黑龙江地方政府下达编写东北抗联史的任务；1986年10月，在中共中央推动和辽宁、吉林、黑龙江三省地方政府的支持下，《东北沦陷十四年史》编纂委员会成立，使东北沦陷区研究成为一项集合地方政府与科研单位共同进行的大课题。

有关汪精卫及汪伪政权的研究，史学界延续20世纪70年代中期以投降派为典型进行批判性研究的学术方向。1981年，南京大学马列主义教研室"汪精卫问题研究组"选编《汪精卫集团卖国投敌批判资料选编》，作为内部参考资料由南京大学学报编辑部印行，成为国内第一本汪伪政权资料集。此后在北京师范大学蔡德金与复旦大学余子道、黄美真等学者推动下，一系列有关汪伪政权的资料得以整理出版。④

1984年，中央批准中央档案馆、中国第二历史档案馆、吉林省社会科学院合编《日本帝国主义侵华档案资料选编》，推动了沦陷区研究中有关伪政权、汉奸等资料的收集与整理。后来推出的成果以伪满政权、汪伪政权，以及日本在东北、华北的侵略活动为主。其中，《日汪的清乡》选编中国第二历史档案馆和一些市、县级档案馆收藏的汪伪政府档案，以及新

---

① 汪文庆、刘一丁：《抗日战争史研究与中国社会进步——访中国抗日战争史学会会长何理教授》，《百年潮》2007年第7期。

② 姜念东、伊文成、解学诗、吕元明、张辅麟：《伪满洲国史》，吉林人民出版社1980年版。

③ 参见张辅麟《筚路蓝缕　锲而不舍——解学诗的学术历程与成果评述》，《社会科学战线》2007年第5期。

④ 相关内容参见本书第二章"伪满洲国史"。

四军和日军的部分档案资料，为研究汪伪政权在各地"清乡"的具体情况奠定了基础。20世纪90年代初，中国第二历史档案馆陆续影印出版一批包括政府公报、行政院会议录等有关汪伪政权政治运作的官方记录文献，价值极高。① 此外，《历史档案》《民国档案》《浙江档案》等刊物陆续披露有关汪伪政权的一些专题史料，为汪精卫与汪伪政权的研究提供了较为客观的基础材料。

对伪政权相关档案资料的整理和出版，使学界开始关注伪政权中相关人物的日记、审讯记录及文史资料。周佛海的日记是其中最早获得整理出版的。除遗缺1939年全年日记外，周佛海的日记记录了他1937年7月1日至1945年6月9日每天的主要活动与各方面的人事关系，以及1947年在狱中所记内容。② 周佛海是民国时期的重要人物，他的日记对于研究汪伪政权具有极高的史料价值。对审讯记录的编辑与出版，以南京市档案馆编的《审讯汪伪汉奸笔录》为代表。③ 该书收录的22个日伪汉奸的审讯材料，涉及抗日战争的一系列重大事件，如伪冀东防共自治政府、伪临时政府、伪维新政府的出笼，汪精卫早期的"和平运动"，"日汪密约"谈判，汪伪头面人物的历次访日活动，伪国民政府的"还都"，汪伪政权内部的倾轧与争斗，汪伪巨奸与重庆政府某些要人暗通声气、密谋联合反攻等，对研究日本侵华罪行、汪伪政权性质，以及日、汪、蒋的关系具有重要意义。此外，汪伪集团重要人物罗君强、陈春圃等人的反省、回忆材料与汪伪政权部长、省长以上（军队上将衔以上）的党、政、军、警、特要员的口述资料，在这一时期都得到较为系统的整理。④

---

① 主要有中国第二历史档案馆编《汪伪国民政府公报》，江苏古籍出版社1991年版；中国第二历史档案馆编《汪伪政府行政院会议录》，中国档案出版社1992年版。

② 周佛海的日记因战乱造成部分流失，先后有多个版本面世。第一本《周佛海日记》是香港创垦出版社1955年出版的，仅收录1940年的内容；第二本是蔡德金编注的《周佛海日记》（2册），中国社会科学出版社1986年出版，收录除1939年的内容以外，还包括1937年7月1日到1945年6月9日的内容；第三本是公安部档案馆编注的《周佛海狱中日记：1947年1月—9月》（中国文史出版社1991年版），收录周佛海1947年在狱中所记。2003年，中国文联出版社将上述版本整合，恢复以往出版时有删节的内容，出版《周佛海日记全编》。

③ 南京市档案馆：《审讯汪伪汉奸笔录》（上、下），江苏古籍出版社1992年版。

④ 罗君强等人的反省及回忆资料可参见黄美真编《伪廷幽影录：对汪伪政权的回忆纪实》，中国文史出版社1991年版，其他汪伪政要的口述资料可参见华东七省市政协文史工作协作会议编《汪伪群奸祸国纪实》，中国文史出版社1993年版。

相较东北沦陷区与汪伪政权相关资料的大规模发掘与整理，学界对华北与华南沦陷区的了解，在一段时间内仅限于一些回忆性文章，缺乏比较系统的资料。纪念抗日战争胜利40周年及卢沟桥事变爆发50周年是华北沦陷区相关史料整理与出版的重要契机。河南、山东、北京、天津等省市的大学、研究机构、地方档案馆先后推出一些具有地方特色的资料选编，内容涉及日军在河南的暴行、日伪在北京的"治安强化运动"，日伪北京新民会、冀东日伪政权等。① 这些资料，部分来源于日伪时期华北政务委员会、北京市公署、北京市警察局和日本驻华军事机关的档案材料，比较完整而有系统；部分来源于亲历者的忆述，在今天看来都是研究沦陷区社会状况的珍贵资料。

这一时期中国现代史学会等学术团体，以及《历史研究》《近代史研究》等学术期刊在推动沦陷区研究方面也发挥了一定的引领作用。1987年7月中国现代史学会主办的七七抗战50周年学术讨论会，便有论文介绍日本掠夺沦陷区、攫夺沦陷区海关等情况；② 1989年10月举行的第二届抗日战争史学术研讨会，论题包括七七事变后日本掠夺华北资源等。③ 1991年，中国抗日战争史学会成立，在其组织下，天津档案馆藏国民政府行政院河北平津区敌伪产业处理局档案、伪天津特别市政府档案、天津市政府档案及天津海关档案得到系统的整理与精选，为学界开展日本在华北沦陷区经济掠夺历史的研究提供了线索，打下了基础。④

（三）1996—2005年

抗日战争史学会与《抗日战争研究》的创办，有力地推动了抗日战争

---

① 代表性成果有陈传海等编《日军祸豫资料选编》，河南人民出版社1986年版；北京市档案馆编《日伪在北京地区的五次强化治安运动》（上、下），北京燕山出版社1987年版；北京市政协文史资料研究委员会编《日伪统治下的北平》，北京出版社1987年版；北京市档案馆编《日伪北京新民会》，光明日报出版社1989年版；南开大学历史系、唐山市档案馆编《冀东日伪政权》，中国档案出版社1992年版；《沦陷时期的天津》，天津市政协委员会文史资料研究委员会1992年编印；《日伪军在鲁西北的罪行录》，中共聊城地委党史办公室等1992年编印。

② 吴明：《中国现代史学会"七七"抗战50周年学术讨论会综述》，《近代史研究》1987年第6期。

③ 中国人民抗日战争纪念馆编研部：《第二届抗日战争史学术研讨会述要》，《近代史研究》1990年第1期。

④ 中国抗日战争史学会、中国人民抗日战争纪念馆编，居之芬主编：《中国抗日战争史丛书·日本对华北经济的掠夺和统制——华北沦陷区经济资料选编》，北京出版社1995年版。

史研究的进展。抗日战争胜利50周年之际，学界回顾历史，展望未来，对抗战史研究的发展进行了热烈的讨论。沦陷区研究虽然未能成为学界关注的热点，但是，"抗日战争时期，中国形成了三个统治区域"的看法，在抗战史领域基本达成共识。① 继而有学者正式将"沦陷区和汉奸问题"列入"需要着重研究"的范畴，提出："对于日本侵略者在沦陷区所犯下的滔天罪行，应加以全面的、具体的揭露，同时也要研究沦陷区人民的反抗斗争。这种斗争是一种特殊的斗争，有公开的，也有隐蔽的；有武装的，也有非武装的。斗争的形式有多种多样，参加斗争的人员包括各个阶层、各种职业的人。在极端困苦的条件下，沦陷区的人民并没有屈服。在研究沦陷区人民反抗斗争的同时，还要着重研究汉奸的问题，这不但是抗日战争中要研究的问题，也是全部中国近代史，特别是帝国主义侵华史中一个普遍的问题。对于产生汉奸的原因，汉奸的卖国罪行，这是研究抗日战争史不可忽视的问题。"②

受社会上关注抗日战争国际历史地位及其与中国近现代社会发展关系的影响，学者们也拓宽视野，将目光转向海外资料与尚未出版的地方档案，研究的对象也从重大事件等宏大叙事，转向更加具体的实证研究。

以地域为中心的分区研究依然是这一时期沦陷区研究的主要特征。20世纪90年代中期以后，华北沦陷区相关文献资料不足的情况得到重视，中央档案馆等机构相继推出以"日伪政权与沦陷区""华北治安强化运动""华北大'扫荡'"为主题的资料集。③ 同一时期对日本资料的挖掘与整理也成为学界努力的方向。广西师范大学出版社影印出版的原日本在华调查机构末次研究所情报资料，具有很高的学术价值。④ 其中的"华北沦陷区经济"（第61册）、"第二期抗战与汪伪政权的建立"（第66、67册）、"沦陷区经济"（第67册）、"满蒙问题"（第73—77册）等剪报，在保持原貌的基础上全部影印出版，极大弥补了沦陷区研究中报刊资料零散、利用率不高的缺

---

① 王桧林：《抗日战争时期的中国总格局——一个战争、两个战场、三种政权》，《抗日战争研究》1991年第2期；张宪文：《抗日战争史研究之我见》，《抗日战争研究》1995年第2期。
② 李侃：《对抗日战争史研究的几点意见》，《抗日战争研究》1996年第3期。
③ 中央档案馆、中国第二历史档案馆、吉林省社会科学院合编：《华北治安强化运动》，中华书局1997年版；中央档案馆、中国第二历史档案馆、吉林省社会科学院合编：《华北大扫荡》，中华书局1998年版。
④ 季啸风、沈友益主编：《中华民国史史料外编——前日本末次研究所情报资料》（全99册），广西师范大学出版社1996—1997年版。

憾。与此同时，华中、华南沦陷区也相继有资料集与成果推出。①

(四) 2006—2021 年

鉴于抗日战争史研究的历史意义，其研究方向与重点有时会受现实中日关系的影响。抗战胜利 60 周年之际，"研究分析日本侵华政策和罪行，揭露日本右翼势力歪曲历史、颠倒黑白的种种谬论，成为新的热点、焦点"。这与日本右翼势力试图为侵略战争翻案有密切的关系。② 在这种背景下，沦陷区研究在继承前一阶段从宏大叙事转向更加具体的实证研究的基础上，在日伪政权、军事侵略、经济统制与掠夺、奴化宣传教育、地方社会等方面都有突破。

对日伪政权的研究，不再局限于伪满政权、汪伪政权、伪中华民国临时政府等，新民会、日伪治安维持会、红十字会、日伪警察机构、日伪省公署等都成为学界关注的对象。军事侵略方面，比较有代表性的是对"治安强化运动"研究的深入。"治安强化运动"自新中国成立以来虽然一直是沦陷区研究的热点，但仍存在明显的不足。江沛指出，以往研究对"治安强化运动"的基本过程描述"不是十分完整"，"较为重要的抗战史研究成果几乎都要提及'治安强化运动'，将其看作是华北乃至全国抗战中一个十分重要的事件，但究竟包括哪些活动？其基本过程是什么？实际效果究竟如何？民众的反应是什么？敌后国民党军及中共根据地政府、八路军有什么样的应对策略？这些都在以往研究成果中涉及较少"。鉴于此，他利用 20 世纪八九十年代学界编印、编译的文献档案，较为详细地论述了"治安强化运动"的来龙去脉，日本侵华政策结构性调整后的态势，敌我双方的心态变化，还进一步探讨了华北与华中沦陷区日伪政权在统治方式上的特点。③

经济统制与掠夺方面，延续了以往对各地在沦陷期间经济掠夺与统制状况的研究传统，同时也出现了一些对个案及地方经济、日伪财政状况的

---

① 资料集主要有上海市档案馆编《日本在华中经济掠夺史料》，上海书店出版社 2005 年版。相关研究成果有黄美真主编《日伪对华中沦陷区经济的掠夺与统制》，社会科学文献出版社 2005 年版；袁成毅《浙江抗战损失初步研究》，陕西人民出版社 2003 年版；黄菊艳《抗战时期广东经济损失研究》，广东人民出版社 2005 年版；等等。

② 汪文庆、刘一丁：《抗日战争史研究与中国社会进步——访中国抗日战争史学会会长何理教授》，《百年潮》2007 年第 7 期。

③ 江沛：《日伪"治安强化运动"研究》，南开大学出版社 2006 年版，"导言"第 8 页。

具体探讨。其中，尤其值得称道的是，有学者开始关注日伪经济统制的实施路径和过程①，使日本对华经济侵略的历史面相更加具体化。奴化宣传教育的研究，在这一时期更加注重对相关历史事实的论述，考察的对象具体到"满洲医科大学"、高等教育、中等教育、职业教育等微观领域，以及电影、文学、新闻统制等宣传领域。沦陷区地方社会的研究，在这一时期获得较大进展的领域。其中，尤以对民众生活的考察为多。

至抗战胜利70周年，沦陷区研究出现了一些通史性的论著。另外，中共建党百年，也促使学界思考如何在中共党史的脉络中推进沦陷区研究。

目前，国内学术界已形成若干沦陷区研究重镇，不少硕士和博士研究生以沦陷区为主题撰写学位论文，使沦陷区研究更加丰富与多元。

值得一提的是，《抗日战争研究》《民国档案》《日本侵华南京大屠杀研究》《历史教学问题》等刊物在推动沦陷区研究方面发挥了重要作用。

二 沦陷区研究的相关论题

学界对沦陷区的研究经历了一个从宏观到微观的过程，目前已经在日伪政权、经济掠夺、奴化宣传教育、汉奸人物、地方社会、军事侵略等方面形成一定规模。

（一）日伪政权

有关日伪政权的研究主要包括：日伪政权的成立及其基本情况、日伪政权的政治形态、政治体制和政治统治运作。

在沦陷区研究全面起步阶段，学界对日伪政权的研究基本与揭露日本侵华罪行、批判投降主义联系在一起，涌现出一批介绍日伪政权成立始末及其基本情况的成果。② 其中，有关伪满政权和汪伪政权的研究在20世纪

---

① 朱英、左海军：《沦陷时期日伪政府对保定商会的体系再造及其控制》，《江苏社会科学》2013年第1期。

② 此类论著主要有蔡德金《汪精卫集团叛国投敌的前前后后》，《近代史研究》1983年第2期；蔡德金、尚岳编《魔窟——汪伪特工总部七十六号》，中国文史出版社1986年版；复旦大学历史系中国现代史研究室编《汪精卫汉奸政权的兴亡：汪伪政权史研究论集》，复旦大学出版社1987年版；黄美真、张云《汪精卫集团叛国投敌记》，河南人民出版社1987年版；吴庆仁《伪满政权机构沿革概述》，《历史档案》1988年第4期；李侃《郑孝胥与伪满洲国初期傀儡政权》，《抗日战争研究》1995年第4期；等等。

八九十年代达到高峰。据初步统计，对汪精卫叛国投敌原因的研究成果在20世纪八九十年代多达50余种，大部分学者注意到汪精卫叛国投敌是汪蒋关系、日本的诱降政策、汪精卫的投降主义理论、恐赤思想、汪精卫的个性等各种历史原因综合合力的结果，但如何确立这些因素的主次关系，至今仍然未形成定论。

对伪满政权的此类研究，随着"东北沦陷十四年史"课题的开展，在学界引起争论。有学者认为，"把东北沦陷时期的历史称为伪满洲国史是不适当的"，"东北的历史依然是中国现代史、中华民国史的组成部分"，"无论是日本帝国主义的侵略还是东北军民的抗日斗争都不是伪满洲国史所能包容得了的"[1]。这种阐释对其他日伪政权的研究同样具有启示意义，一定程度上推动了对日伪政权的深入探讨。

20世纪90年代末，有学者强调加强对日伪政权政治形态、政治体制和政治统治运作研究的重要性。[2] 也有学者意识到，如果只关注上层政权的政治和政治斗争史，会"使我们对沦陷区只有比较笼统而模糊的印象：日本侵略者在沦陷区敲诈勒索、竭泽而渔、滥杀无辜、无恶不作，但这些带有强烈感情色彩的辞藻丝毫也帮不了我们了解认识日伪政权的实际统治状况和沦陷区基层社会的情形"[3]。车霁红将伪满基层政权与伪满警察制度研究结合起来，同时注意其与东北旧有封建基层统治制度的关系，全面立体地对伪满的基层政权进行剖析，在东北沦陷区研究中属开拓性研究成果。[4] 王士花利用中国社会科学院近代史研究所图书馆藏的山东、河北、山西、河南的相关档案，基本厘清了1941—1943年日军在华北农村侵占过的大致区域，以及在华北建立的行政区划与辖区情况。她的研究证实，在华北沦陷区，除了伪临时政府以及后来的华北政务委员会外，日军在各省、道、县、区、乡皆建立了系统的行政机构。她认为，"日伪在农村的基层政权，关系到日伪政令执行的程度，关系到日本在华统治的基础"[5]。

---

[1] 苏崇民：《关于东北沦陷史研究上的几个问题》，《东北亚论坛》1994年第3期。
[2] 余子道指出，"全面考察伪政权的政治形态、政治体制和政治统治运作过程的研究尚未见到"。参见余子道《回眸与展望：建国以来的沦陷区和伪政权研究》，《抗日战争研究》1999年第3期。
[3] 潘敏：《江苏日伪基层政权研究（1937—1945）》，上海人民出版社2006年版，第1—2页。
[4] 车霁红：《伪满基层政权研究》，黑龙江人民出版社2000年版。
[5] 王士花：《日伪时期华北农村的县级政权》，载中国社会科学院近代史研究所编《中国社会科学院近代史研究所青年学术论坛2001年卷》，社会科学文献出版社2002年版。

潘敏探讨了苏南与苏中地区日伪基层政权的状况及运作，伪中央政权与地方政权、基层政权的关系，日伪基层政权的主要职能，以及日伪行政人员的执行情况及心态。① 张同乐强调"政治史和政治制度层面"的研究视角，对华北日伪政权结构、政权运作、军政要员、省市级伪政权进行了较为全面和系统的研究。②

近年，日伪政权的研究进一步具体化③，学界出现了不少有关"治安维持会"、伪政权警察机构等的研究成果，对深入了解日伪政权的政治运作具有一定意义。④ 不过，关于伪组织的研究，目前考察的内容局限于组织的形成、结构、人员、职能、施政等，偏向文本解读，由此导致研究始终无法摆脱"揭露其傀儡本质"的范围。

日、伪关系是学界研究日伪政权比较关注的论题。长久以来，学界基于伪政权傀儡性质的基本认识，比较强调日本政策的一贯性。对于日本外务省、拓务省、兴亚院之间的摩擦，以及对中国"分治政策"造成的现地军人与伪政权之间的纠葛，学者们虽有关注，但缺乏深入、细致的考察。⑤ 有学者详细考证了日本华中派遣军与日伪政权之间的合作与冲突，发现"华东日伪的复杂关系体现在几乎每一个历史层面，制约其关系的因素多样且互相牵制。"⑥ 近年有年轻学者利用中、日两国档案，通过对日本承认汪伪政府之经纬、1941年汪精卫访日等个案的考察，重点探讨日本内部关

---

① 潘敏：《江苏日伪基层政权研究（1937—1945）》，上海人民出版社2006年版。
② 张同乐：《华北沦陷区日伪政权研究》，生活·读书·新知三联书店2012年版。
③ 比如，对于沦陷区保甲制度的研究有张济顺《沦陷时期上海的保甲制度》，《历史研究》1996年第1期；沈成飞《广州沦陷时期保甲制度的推行及其特色》，《广东社会科学》2009年第4期；王翔《汪伪南京市的保甲组织与基层社会控制》，《民国研究》2014年第1期；杨巍巍《承续与强化：沦陷时期的武汉保甲制度》，《武汉学研究》2020年第2期。
④ 郭贵儒、李仁杰：《伪天津市治安维持会述论》，《河北师范大学学报（哲学社会科学版）》2008年第2期；赵秀宁：《沦陷初期的伪青岛治安维持会研究》，《日本侵华南京大屠杀研究》2020年第4期。
⑤ 代表性的研究有石源华《论日本对华新政策下的日汪关系》，《历史研究》1996年第2期；蔡德金《历史的怪胎——汪精卫国民政府》，广西师范大学出版社1993年版；张生等《日伪关系研究——以华东地区为中心》，南京出版社2003年版；余子道等《汪伪政权全史》，上海人民出版社2006年版；蔡德金《关于〈汪日密约〉的谈判、签约与被揭露》，《档案与史学》1997年第2期。
⑥ 张生等：《日伪关系研究——以华东地区为中心》，南京出版社2003年版，"导论"第9页。

于日伪政权的分歧，认为"日军中央党权人物"在最初的日汪关系中取得主导权，这"为未来日本对汪政策的调整埋下了伏笔"①。这一研究思路突破了以往在日本侵华史脉络中强调日伪政权侵略本质与结果的研究范式，注重从日本决策过程探寻其扶植汪伪政权的目的。

日伪政权与重庆国民政府之间的关系，各日伪政权之间的关系，以及日本伪政权与日本及轴心国之间的关系，是近年学界比较关注的议题，探讨的内容既揭示了各政治势力在其中的博弈，又反映了国共两党在沦陷区所做的努力，有助于理解沦陷区在抗战全局中的地位。取得较大进展的是国共两党在沦陷区的活动。已有研究对中共在沦陷区地下干部的培养，救助并动员青年学生、工人的历史事实进行了详细的梳理②；对国民党争夺沦陷区教育权、掌理沦陷区工作的机构、与汪伪周旋的情况也进行了考察。③ 相对而言，有关日伪政权与重庆国民政府之间的关系、各日伪政权之间关系的研究虽有进展，但仍稍显薄弱。早在20世纪90年代，就有学者注意到，由于日军占领的区域只是中国的局部，所以汪伪政府虽然"以伪中央政府自居，但是其统辖之所极其有限"，"对其他地区性伪政权的辖属关系也是非常薄弱的"。再加上各伪政权直接受现地日军部制约，其出笼过程、机构体制、日方的操纵控制方法程度也各有不同，所以华北、蒙疆伪政权基本保持着相当大的独立性。④ 虽然有学者考察了南北伪政权对河南沦陷区的争夺⑤，但是对于汪伪的"统一"问题还有待系统地探讨。

---

① 张展：《日本承认汪伪政府之经纬》，《抗日战争研究》2014年第3期；张展：《1941年汪精卫访日与日本内部争执》，《抗日战争研究》2019年第2期。

② 张振鹍：《抗日战争中沦陷区青年学生投奔大后方的回顾》，《抗日战争研究》2008年第3期；黄伟：《全面抗战时期中共对沦陷区青年学生救助研究》，《安徽史学》2019年第4期；王富聪：《抗战时期中共晋察冀城工组织获取华北沦陷城市物资研究》，《党史研究与教学》2019年第4期；左双文：《中共在华南沦陷区的抗日斗争》，《日本侵华南京大屠杀研究》2021年第2期；王富聪：《抗战时期中共对华北沦陷城市青年学生的动员工作》，《江西社会科学》2021年第6期。

③ 沈岚：《抗战时期国民政府争夺沦陷区教育权的斗争——以南京及周边地区为研究中心》，《民国档案》2005年第2期。

④ 相关内容可参见《日伪在沦陷区的统治》，载中国第二历史档案馆编《中华民国史档案资料汇编》第5辑，江苏古籍出版社1997年版；中央档案馆等编《日本帝国主义侵华档案资料选编·汪伪政权》，中华书局2004年版。

⑤ 张生：《论汪伪对国民党政治符号的争夺》，《抗日战争研究》2005年第2期；谢晓鹏、曹书林：《抗战时期南北伪政权对河南沦陷区的争夺》，《郑州大学学报（哲学社会科学版）》2018年第2期。

日伪政权与日本及轴心国之间的关系，目前以汪伪政权的研究成果为多。该议题的出现与学界对日本东京东洋文库汪伪政府"驻日大使馆"档案的发现有密切关系。现有研究对汪伪政权与意大利、德国的关系，以及汪伪"驻日大使馆"的运转情况进行了较为细致的探讨①，对研究日伪政权的对外关系具有极大的启发意义。

（二）经济掠夺

学界最初关注的是经济掠夺的实施工具，包括"兴中公司""华北开发会社""华中振兴会社"等日资或"日中合办"的企业。20世纪五六十年代，在揭露和批判日本侵华罪行的研究导向下，有学者开始考察上述企业为侵华战争服务的事实。②随着相关档案资料的出版，以及日文文献的发掘，张利民转换视角，一改以往从结果探析历史事实的思路，详细考证"华北开发会社"的资金来源，论证其与日本政府和军部的关系，依靠确凿的史料证明这些企业的所谓经济活动是在官方主导下进行的，使该领域的研究得以深入。③

目前，学界已就沦陷区是日本实现"以战养战"战略目标的资源供给地；全民族抗战初期，日本内阁第三委员会确立经济统制政策，兴亚院是负责实施的主要机构，统制的形式及重点在太平洋战争爆发后有变化等观点，基本达成共识，并在此前提下，对日本在东北、华北、华中沦陷区的

---

① 石源华：《研究汪伪政府的新史料——日本东洋文库藏汪伪政府驻日"大使馆"档案概述》，《民国档案》1999年第2期；陈仁霞：《德国承认汪伪政府始末》，《江苏社会科学》2003年第5期；曹大臣：《汪伪驻日大使馆考论》，《历史研究》2009年第4期；臧运祜、张展：《战时中日特殊关系下的外交畸形——关于汪伪驻日使领馆实态的考察》，《民国档案》2014年第2期。

② 关于华北开发会社，比较有代表性的研究成果有徐行《抗日战争时期日本在华北的经济侵略机构——华北开发株式会社》，《历史教学》1984年第6期；解学诗《兴中公司与"七·七"事变》，《社会科学战线》1987年第3期；解学诗、宋玉印《"七·七"事变后日本掠夺华北资源的总枢纽——华北开发会社的设立及其活动轨迹》，《中国经济史研究》1990年第4期；居之芬《日本支那开发式会社的经济活动及其掠夺》，《近代史研究》1993年第3期。

③ 张利民：《日本华北开发会社资金透析》，《抗日战争研究》1994年第1期；张利民：《华北开发株式会社与日本政府和军部》，《历史研究》1995年第1期。张利民论文主要考察的是日本政府与军部在华北开发株式会社机构设置、人事安排、运营等方面的主导性。王萌《华北国策会社集团与战时日本对华北通货政策》（《日本侵华南京大屠杀研究》2020年第1期）具体论证了华北开发会社是日本军政当局利用"联银券"大量"征发"民间物资的实际操作者，具有一定的学术意义。

经济掠夺进行了系统的研究。①

有关沦陷区经济掠夺的研究，存在一种比较极端的观点，具体表现为日本右翼提出的"建设东北"论，以及部分台湾学者提出的"殖民统治有益"论。其共通之处，在于把"经济掠夺"视作"经济开发"，认为日本在沦陷区的统治为当地带来近代化，成为沦陷区日后发展的基础。② 这些观点无疑是在美化日本侵华历史。20世纪90年代，在大陆史学界"有人不肯承认日伪进行过开发或主张回避这个问题"，称撰写沦陷史时应尽量少涉及经济问题，更不能将其作为重点，否则便有美化日本帝国主义之嫌。对此，有学者以东北沦陷区为例明确指出："经济开发是客观存在的，在一段时期还是日本殖民侵略的重点，并且是有计划大规模地进行的，采取回避态度不仅是不可取的也是不可能的。日本帝国主义侵占我国东北。疯狂的镇压，残酷的扫荡，血腥的统治都是实行或巩固其殖民统治的手段，最终的目的在于奴役东北人民、掠夺东北的财富，就是说，更深的根源在于经济。回避或简单化地处理经济问题，不是突出了侵略而是将侵略局限于政治领域，反而难以达到全面地、深刻地揭示日本帝国主义侵略的目的。只有深入地研究认真地总结其经济开发问题，明确地说明其掠夺的规模和手段，才有利于更深刻地阐明这段殖民地时期的历史。"③

此后经过近30年的努力，学界对日本经济掠夺的研究充分证明，沦陷区受到经济统制的行业涉及国民经济的方方面面，具体包括工矿业、交通运输、货币金融、轮船航运业、烟草业、手工业、粮食等。已有研究对日本在这些领域实施的经济统制政策、采取的措施、产生的影响进行了详

---

① 代表性的专著有居之芬、张利民主编《日本在华北经济统制掠夺史》，天津古籍出版社1997年版；王士花《"开发"与掠夺——抗日战争时期日本在华北华中沦陷区的经济统制》，中国社会科学出版社1998年版；黄美真主编《日伪对华中沦陷区经济的掠夺与统制》，社会科学文献出版社2005年版；孙瑜《统制与掠夺——日伪统治时期中国东北殖民地工业体系研究》，黑龙江人民出版社2021年版。代表性的论文有居之芬《日本对华北经济的统制和掠夺》，《历史研究》1995年第2期；张利民《抗战期间日本对华北经济统治方针政策的制定和演变》，《中国经济史研究》1999年第2期。

② 有关"建设东北"论及"殖民统治有益"论，可参见王希亮《伪满洲国时期经济开发与产业冒进剖析》，《抗日战争研究》2011年第4期；孙瑜《日本右翼"建设东北"谬论批驳》，《中国社会科学报》2015年7月13日第4版；程朝云《不能高估日本殖民统治对台湾经济发展的作用——驳"殖民统治有益论"》，《近代史研究》2018年第4期。

③ 苏崇民：《关于东北沦陷史研究上的几个问题》，《东北亚论坛》1994年第3期。

细梳理，不但阐明了日本在沦陷区经济掠夺的规模和手段，在论述中也注意对农村和城市经济的特点进行区分。① 近年，学界对日本在沦陷区民族企业的"军管理"问题有所关注，指出此举也是日伪经济统制的一种方式，其采取攫夺拆卸、"合作"经营、租赁变卖等形式，使中国的民族企业遭受重创。②

对日本经济掠夺以及对日伪之间矛盾的强调，使学界一度忽视了对日伪政权经济政策与财政状况的研究。从日本扶植傀儡政权的根本目的来讲，日伪政权才是日本实施经济掠夺最基本的工具。目前，有学者对汪伪"中央"一级的财政问题进行研究，也有学者对基层日伪政权财政加以探讨。③ 已有研究注意到日伪政权经济政策的傀儡性质及掠夺本质，但如何区分日伪政权中日、伪的不同角色，探讨日伪政权经济体制崩溃的原因，还有待学界进一步深化研究。

（三）奴化宣传教育

奴化宣传教育被视为日本对华政治进攻的手段，也是沦陷区研究的重要组成部分。

奴化宣传教育的政策和体制，是该领域研究的重点之一。已有研究通过梳理日伪相关档案，对东北、华北、华中沦陷区的奴化宣传教育政策和体制都有详细的考证。④ 不过，学界最初多关注日本奴化宣传教育的危害，

---

① 代表性的研究成果有曾业英《日本对华北沦陷区的金融控制与掠夺》，《抗日战争研究》1994年第1期；王士花《华北沦陷区粮食的生产与流通》，《史学月刊》2006年第11期；朱荫贵《抗战时期日本对中国轮船航运业的入侵与垄断》，《历史研究》2011年第2期；石嘉《战时日本对华中沦陷区烟草业的统制（1937—1945）》，《史林》2021年第1期。

② 相关研究成果有庄志龄《"军管理"与日本战时对上海华资企业的攫夺》，《档案与史学》2001年第6期；周宗根《1938—1939年大生纺织公司对日本"军管理"的应对》，《抗日战争研究》2018年第4期；张若愚《华中沦陷区"军管理"工厂"发还"探析——以南通大生纺织公司为例》，《民国档案》2020年第2期。

③ 潘健：《汪伪政权财政研究》，中国社会科学出版社2009年版；潘敏：《江苏日伪基层政权研究（1937—1945）》，上海人民出版社2006年版；桂强：《战争与财政：汪伪政权县财政整理之考察（1941—1945）——以上海市奉贤地区为例》，《军事历史研究》2021年第6期。

④ 代表性研究成果有孙新兴《日本在青岛的殖民奴化教育》，《抗日战争研究》2003年第1期；钟春翔《抗战时期的山东日伪教育》，《抗日战争研究》2003年第1期；李清民、钟春翔《日本侵占山东期间的奴化教育初探》，《山东社会科学》2004年第7期；王士花《华北沦陷区教育概述》，《抗日战争研究》2004年第3期；郭贵儒《华北沦陷区日伪奴化教育述论》，《河北师范大学学报（哲学社会科学版）》2005年第6期；王希亮《东北沦陷区殖民教育史》，黑龙江人民出版社2008年版。

少有对相关史实的实证研究。进入 21 世纪以后，有学者以东北沦陷区为例，建议对奴化教育研究往实证方向发展。①

目前，学界从高等教育、中等教育、小学教育、职业教育、日语教育等方面对奴化教育进行了考证。② 研究表明，日本通过日伪政权中的教育机构，以强迫或收买的方式，使沦陷区的各级学校服务于奴化统治，目的是奴化学生，培养汉奸，使沦陷区成为日本侵华文化工具的战略基地。不仅如此，日军还试图通过加强对中小学进行奴化教育等方面的活动，摧毁农民反抗外来侵略的精神防线。③

对日伪政权留日学生政策的研究是沦陷区奴化教育研究取得较大进展的领域。20 世纪 90 年代末，王奇生通过梳理中国第二历史档案馆馆藏档案发现，全民族抗战爆发后，虽然国民政府停止派遣留日学生，但沦陷区的各伪政权并没有停止此项工作，而且将此作为维系日伪"亲善"和"共存共荣"的重要方策。④ 此后，学界加强对该论题的研究，对华北日伪政权、汪伪政权的留日学生政策，汪伪对留日学生的教育以及经费来源，汪伪留日教育的执行机构等进行了探讨。⑤

日军每占领一地，便迅速由随军的日军特务机关组建"宣抚班"等组织进行奴化宣传。所谓"宣抚班"，早在全民族抗战时期朱德便有精辟评价："宣抚班"是日军特务机关宣传"建设东亚新秩序""日满华提携"

---

① 参见王希亮《东北沦陷区殖民教育史》，黑龙江人民出版社 2008 年版。
② 余子侠：《日伪统治下华北沦陷区的高等教育》，《近代史研究》2006 年第 6 期；余子侠：《日伪统治时期华北沦陷区的职业教育》，《抗日战争研究》2007 年第 2 期；周竞风：《华北沦陷区伪青少年组织研究》，《社会科学辑刊》2008 年第 5 期；王显成：《沦陷时期北京市伪政权对中等教育的统制政策》，《史学月刊》2012 年第 6 期；吴洪成、钱露：《抗战时期河北沦陷区中小学奴化教育初探》，《河北师范大学学报（教育科学版）》2012 年第 5 期；朱丁睿：《日本对伪北京大学的殖民管控与奴化教育》，《抗日战争研究》2021 年第 4 期。
③ 朱德新：《日伪对冀东农民的精神侵略》，《民国档案》1995 年第 3 期。
④ 王奇生：《沦陷区伪政权下的留日教育》，《抗日战争研究》1997 年第 2 期。
⑤ 孔凡岭：《伪满留日教育述论》，《抗日战争研究》1997 年第 2 期；余子侠：《日伪统治下的华北留日教育》，《近代史研究》2004 年第 5 期；周孜正：《汪伪的留日学生教育》，《抗日战争研究》2004 年第 3 期；周孜正：《浅论汪伪时期在日中国留学生的经费来源》，《抗日战争研究》2005 年第 3 期；周孜正：《试探沦陷区中国青年赴日留学原因》，《民国档案》2004 年第 3 期；张玉成：《汪伪时期日伪奴化教育研究》，山东人民出版社 2007 年版；曹必宏：《汪伪留日教育政策与管理机构述略》，《江苏师范大学学报（哲学社会科学版）》2014 年第 1 期。

与"反共"思想，对沦陷区民众进行各种挑拨离间的机构。① 近年，有学者系统研究了日军在华北、华中、华南沦陷区"宣抚"工作的实际情况。② 新民会和同仁会作为"宣抚"工作的实际承担者也受到学界关注。

新民会是侵华日军华北方面军特务部仿照伪满洲国"协和会"在华北沦陷区组织并控制的一个所谓民众团体。20 世纪 80 年代末，学界便开始关注其在日本侵华中的作用。20 世纪 90 年代初，曾业英按照时间顺序，对新民会从 1937 年 12 月 24 日成立到 1945 年 8 月 24 日解散的历史进行了梳理。③ 此后，由于资料不足，对新民会的研究一直没有新的进展。21 世纪以来，随着海外资料与地方史料的挖掘，新民会成为沦陷区研究走向深入的一个研究主题。王强利用一批日文资料对新民会的来龙去脉进行了更为系统的介绍，出版了新民会研究的第一本专著。④ 此外，还出现了一批以地方新民会为研究对象的学术成果，范围涵盖新民会当年活动的河北、河南、山西、山东四省与北京、天津、青岛三个城市。⑤

同仁会是日本 1902 年在华成立的医疗卫生团体，以往学界多关注其医疗活动，近年才发现其在抗战期间医疗"宣抚"的功能。同仁会的医疗工作，因具有防止疫情蔓延、维护公共卫生安全的直观效果，被日军视为最有效且直接的"宣抚"方式而加以重点推行，但其实质，除了保障日军、日侨生命健康外，更是为了对抗欧美医疗机构，安抚民心，同时将殖民医学理念植入占领区，达到控制当地医疗卫生的目的，并在一定程度上

---

① 朱德：《三年来华北宣传战中的艺术工作》（1940 年 7 月 24 日），载《朱德选集》，人民出版社 1983 年版，第 72 页。

② 王萌：《谋心——日本在中国沦陷区的"宣抚工作"（1937—1945）》，社会科学文献出版社 2021 年版。

③ 曾业英：《略论日伪新民会》，《近代史研究》1992 年第 1 期。

④ 王强：《汉奸组织新民会》，天津社会科学院出版社 2006 年版。

⑤ 主要研究成果有张洪祥、杨琪《抗战时期华北沦陷区的新民会》，《史学月刊》1999 年第 5 期；刘大可《山东沦陷区新民会及其活动》，《山东社会科学》2001 年第 3 期；申海涛、张引《抗战时期华北农村的新民会——以河北省保定道为例》，《保定学院学报》2008 年第 3 期；马义平《日伪河南省新民会述略》，《华北水利水电学院学报（社会科学版）》2008 年第 6 期；张玉莲《沦陷区新民会的"民意"协商——以忻县新民联合协议会为例》，《山西师大学报（社会科学版）》2010 年第 2 期；刘洁《华北沦陷区基层社会控制的实态——基于通县新民会的考察》，《抗日战争研究》2015 年第 2 期；符静《权力、金钱与立场的博弈——从新民会的全联会看日伪在华北沦陷区的基层统治矛盾》，《史学集刊》2018 年第 5 期；刘江《应对与调适：日伪华北新民会组织机构变迁（1937—1945）》，《学术研究》2019 年第 9 期。

试图抹除中国民众的创伤记忆，掩饰日军犯下的暴行。①

奴化宣传方面，电影、文学、新闻统制等一直是学界普遍关注的对象。已有研究通过对电影、文学、新闻统制等领域的考察，揭示了日伪奴化宣传的本质和特点。② 此外，有学者从扶持亲日文化的角度对抗日史学与亲日史学进行研究，探讨日伪奴化宣传与文化控制在不同阶段的需求，是奴化宣传研究领域比较有特点的研究成果。③

（四）汉奸人物

对汉奸人物的研究，基本是从汪精卫、陈公博、周佛海等汪伪政权核心人物开始的。以人物传记的形式，揭露这些人卖国投降的罪恶行径，成为20世纪八九十年代汉奸研究的主要内容。④ 这些研究成果在伪政权研究方兴未艾的年代，在可读性和历史知识普及方面发挥了积极作用。

随着日伪政权研究的深入，如何定义、评价为伪政权服务的人，汉奸如何形成等问题引起学界讨论。有学者认为，自伪满政权开始，中国便出现了"日本有目的扶植的、有组织的汉奸集团"，而在伪政权中服务的部长、省长以上官员自然属于该集团。⑤ 不过，沦陷区除此类大汉奸以外，为生存而与日伪当局进行合作的群体也值得关注。

"灰色"与"对日协力者"是日本学者古厩忠夫阐释"战时上海"学说时使用的概念，用于指称"为了生计而不得不替日伪工作的普通民众"与"原本就是城市的精英阶层，政治上并不积极投靠敌伪，但由于在敌伪

---

① 参见王萌《抗战时期日本在中国沦陷区内的卫生工作——以同仁会为对象的考察》，《近代史研究》2016年第5期；张慧卿《后大屠杀时期日军当局在南京医疗"宣抚"的实质》，《学海》2018年第6期；张慧卿《"宣抚"抑或控制：大屠杀后日军在南京的卫生防疫》，《江海学刊》2019年第3期；王格格《全面侵华初期日本在华北沦陷区的医疗"宣抚"考论》，《民国档案》2021年第2期。

② 代表性研究成果有汪朝光《抗战时期沦陷区的电影检查》，《抗日战争研究》2002年第1期；陈言《抗战时期沦陷区"色情文学"新探》，《抗日战争研究》2002年第1期；郭贵儒《日伪在华北新闻统制述略》，《民国档案》2003年第4期。

③ 符静：《上海沦陷时期的史学研究》，社会科学文献出版社2010年版。

④ 黄美真主编：《汪伪十汉奸》，上海人民出版社1986年版。该书以人物传记形式揭露汪精卫、陈公博、周佛海、褚民谊、陈璧君、罗君强、王克敏、王揖唐、梁鸿志、李士群10位汉奸头目卖国投降的罪恶活动。相关著作还有蔡德金《汪精卫评传》，四川人民出版社1988年版；李理、夏潮《汪精卫评传》，武汉出版社1988年版；闻少华《汪精卫传》，吉林文史出版社1988年版；钟玉如、龚由青、金裕志《通敌内幕：大汉奸周佛海浮沉录》，中国文史出版社1990年版。

⑤ 汪朝光：《抗战时期伪政权高级官员情况的统计与分析》，《抗日战争研究》1999年第1期。

时期曾担任行政部门或经济组织的负责人，而不可避免地与敌伪当局发生了种种联系"的人。① "灰色地带"说是美国学者提出的，认为"沦陷区民间社会与殖民者之间的关系，并非绝对黑白分明的'民族主义'与'帝国主义'的对立，而具有相当程度的暧昧性；中国百姓既非'爱国'也不'卖国'，而是处于中间的'灰色地带'"②。"灰色""灰色地带"说在中国学界引起广泛讨论，目前虽然对于界定"灰色"的标准仍未形成共识，但推动了沦陷区研究视角从政治转向经济、社会和文化，为揭示沦陷区民众真实生存状态提供了新路径。

汉奸是如何形成的，是汉奸人物研究的另一个热点问题。已有研究成果既有对汪精卫、陈公博等大汉奸附敌原因的具体分析，也有从宏观角度对汉奸群体成因的探讨。③ 该论题的争议点，表现在部分海外学者对伪政权的认知上。他们认为，把汪精卫集团、汪政权视作"伪"，是一种以共产党或国民党为中心的意识形态史观。鉴于此，张生等人以华东地区为中心，把汉奸史放在日伪关系史中进行探讨，强调"汉奸文化"的历史渊源，突出日本利用汉奸的策略、政策，以及日、伪之间既合作、勾结，又有矛盾、冲突的复杂关系，以此回应试图为汉奸脱罪的海外潮流。④ 近年，有学者通过对汉奸人物的性格，在不同时期对自身的认知、定位及与政治力量互动等方面的考察，分析汉奸成为汉奸的原因，既丰富了日伪政权的研究，也为该论题提供了新的研究视角。⑤

---

① 参见葛涛《"三极"与"灰色"——评日本学者古厩忠夫的"战时上海"学说》，上海纪念抗日战争胜利60周年研讨会论文，上海，2005年8月。
② 王克文：《欧美学者对抗战时期中国沦陷区的研究》，《历史研究》2000年第5期；张福运：《如何评判沦陷时期的南京民间社会——"抗争"与"灰色地带"以外的视角》，《抗日战争研究》2011年第1期。
③ 关于汪精卫投敌原因的探讨，一度是汪伪政权研究的热点，进入21世纪以后，学界更多从宏观角度探讨汉奸群体的成因，主要研究成果有黄东《塑造顺民——华北日伪的"国家认同"建构》，社会科学文献出版社2013年版；付启元《抗战时期汉奸形成原因探析》，《民国档案》2002年第4期；伍小涛《乱世暗流：抗战时期部分知识分子走上汉奸之路探因》，《人文杂志》2007年第4期；车霁虹《东北沦陷初期伪满汉奸集团成因及傀儡角色》，《北方文物》2011年第3期。
④ 参见张生等《日伪关系研究——以华东地区为中心》，南京出版社2003年版，"导论"第1—2页。
⑤ 代表性的研究成果有李志毓《汪精卫的性格与政治命运》，《历史研究》2011年第1期；郝昭荔《汉奸的自我认知与思想改造——以伪青岛市市长姚作宾为个案的考察》，《抗日战争研究》2020年第3期。

(五) 地方社会

沦陷区的地方社会曾是海外学者（主要是欧美和日本学者）较为关注的对象。近年，中国大陆学界在口述史发展与个体日记大量出版的有利条件下，[①] 对沦陷区地方社会的研究取得进展，使沦陷区研究突破了以往对日本在沦陷区"干了什么，怎样干"的研究框架。整体而言，该领域的研究有三种类型。

第一种是通过对地方社会经济在沦陷前后变化的考察，揭露日本的侵略罪行。此类研究多以南京、太原、杭州等城市为考察对象。[②] 这对于了解战时地方社会的基本状况，以及战争对地方社会的具体影响非常有益，但结论容易出现同质化，比如在战前经济建设发展良好，民众生活稳定，但是沦陷以后，城市秩序遭到破坏，且在日伪的高压统治与竭泽而渔的掠夺破坏下，社会经济发展远不及战前水平。

除了城市，沦陷区农村经济情况也是学者关注的对象。王士花对华北农村的政治、经济、文化教育等方面的情况进行了详细的考察与剖析；[③] 李淑娟从村屯组织的建立与变迁、土地产权结构的演变和生产关系的变化、农业生产、农民负担四个方面对沦陷时期东北三省及内蒙古的农村社会进行了考察。[④] 有学者认为，上述研究多从日本殖民统治的施政与影响进行阐释，故以东北农村为例，强调农村固有阶层结构的主体性，尝试破

[①] 关于口述史资料的重要性，刘大年在1991年抗日战争史学会成立时便已强调，到21世纪初，有关抗战时期口述资料的整理与研究已经取得很大进展。参见刘大年《做什么，怎么做？——在中国抗日战争史学会成立大会上的讲话》，《抗日战争研究》1991年第1期。口述史研究成果中，比较有代表性的有郭文杰《八年梦魇：抗战时期天津人的生活》，天津古籍出版社2016年版。个体日记中，比较有代表性的有萨空了《香港沦陷日记》，生活·读书·新知三联书店1985年版；董毅《北平日记》，人民出版社2009年版；颜滨《1942—1945：我的上海沦陷生活》，人民出版社2015年版；等等。

[②] 李沛霖、经盛鸿：《沦陷时期南京的人口变迁和市民生活》，《南京社会科学》2014年第10期；翟一帜：《日军占领期间太原市民日常经济生活》，硕士学位论文，山西大学，2013年；金科：《沦陷时期杭州普通民众的日常生活研究（1937—1945）》，硕士学位论文，浙江师范大学，2019年。

[③] 王士花：《日伪统治时期的华北农村》，社会科学文献出版社2008年版。

[④] 李淑娟：《日伪统治下的东北农村（1931—1945）》，当代中国出版社2005年版；李淑娟等：《日本殖民统治与东北农民生活（1931—1945）》，社会科学文献出版社2014年版。

除传统产业史的局限,重新阐释中国农村在日本殖民统治下的变迁。①

第二种是以城市与乡村民众的生活为对象的研究。② 很长时间以来,"抗争"是研究沦陷区民众生活的基本出发点,强调"除极少数甘心附敌的汉奸外,沦陷区广大工人、农民、青年学生和其他爱国人士,基于民族大义,为争取自由和生存权纷纷投入自发的或有组织的抗日斗争中,并汇入全民抗战的洪流"③。不过,随着"灰色""灰色地带"说的流行,利用个体日记而非日伪档案,强调"不能单纯依赖日本占领军或日伪政府的观察视角,有必要关注'老百姓讲述自己的故事'"④的研究多了起来。相对而言,以城市民众为对象的研究成果比较多,其中既有对青年知识分子的考察,也有对民族资本家与日方"有限合作"问题的探讨。⑤ 以乡村民众为对象的研究成果尚不多见。值得一提的是,基于"灰色""灰色地带"说的流行,学界出现了对沦陷区中国民众意识形态的讨论。经盛鸿以南京为例指出,当地民众对沦陷的反应以抗争为主。⑥ 有学者认为,用"民族抗争"论与"灰色地带"说讨论抗战时期民众的民族立场,有其局限性,提出以美国人类学家斯科特(James C. Scott)"弱者的武器"理论中的"暗礁"重新定义沦陷区中国人表现出的各种意识形态。⑦ 对此,江沛指出,"我们不可能认同战争状态下民众必然寻求与占领者进行合作的观点,但可以努力理解强权对于民众生存的物质与精神形态的扭曲和撕裂,反

---

① 王大任:《撕裂的乡村——日本殖民统治对中国东北农村阶层结构的冲击与异化》,《中国经济史研究》2018年第4期。

② 2015年臧运祜指出,在沦陷区研究中,"1亿多城市与乡村民众的生活状况,尚有很大的开拓空间"。参见臧运祜《抗日战争时期的沦陷区研究述评》,《中共党史研究》2015年第9期。

③ 张福运:《如何评判沦陷时期的南京民间社会——"抗争"与"灰色地带"以外的视角》,《抗日战争研究》2011年第1期。

④ 李秉奎:《抗战时期沦陷区城市青年的生存与心态——以北平、上海两位青年的日记为例》,《河北学刊》2018年第6期。

⑤ 对青年知识分子的考察,主要有崔巍《抗战时期沦陷区的学术研究及知识分子状况述论——以1940至1945年南京市为例》,《民国档案》2007年第3期;李秉奎《抗战时期沦陷区城市青年的生存与心态——以北平、上海两位青年的日记为例》,《河北学刊》2018年第6期。对民族资本家的探讨主要有蒋宝麟《战时沦陷区内民族资本与日方的"有限合作"问题——以上海刘鸿生企业为例》,《中国社会经济史研究》2009年第1期。

⑥ 经盛鸿:《不屈的南京民众——沦陷时期南京市民的自发抗日斗争》,《南京社会科学》2005年第8期。

⑦ 张福运:《如何评判沦陷时期的南京民间社会——"抗争"与"灰色地带以外"的视角》,《抗日战争研究》2011年第1期。

思战争之恶对于人类生活及心理的扭曲及戕害"。他同时认为"围绕着工作、食物、自主权、仪式的持续不断的琐碎的冲突，贯穿于日常生活中无所不在却难以确定的反抗，是最有意义和最有成效的"。他把沦陷区民众的这种反抗称之为"日常反抗"，认为这"或许才是沦陷区民众政治表达的主要方式之一"①。

第三种是对沦陷区外国人生活状况的研究，包括基督教会众、日本居留民、私立大学师生等。② 这与近年对海外史料的发掘与利用有关。

（六）军事侵略

关于沦陷区的军事侵略，比较多见的是对"治安强化运动"与"清乡"运动的研究。关于前者，江沛基本弄清了"治安强化运动"的基本过程、实际效果，以及与华中地区"清乡"运动的异同，是该领域的代表作。③ 关于后者，20世纪80年代余子道对"清乡"运动的研究，"首次将'清乡'运动作为一个独立事件，而非日伪对沦陷区统治的一个侧面进行研究"，"揭开了大陆学界对日伪'清乡'运动的研究序幕"④。胡德坤从日本"治安战"的角度探讨中国敌后战场，把沦陷区研究与中国共产党抗日战争史相结合，为深化日本的军事统治研究提供了新的思路。⑤

近年来，研究视野进一步拓宽，开始关注实施军事统治的伪军。"日军以伪军为爪牙控制乡村，伪军以武装为后盾，跃升为沦陷区农村的'主角'"⑥，无论是对民众的剥削、压迫，还是在与中共或国民党军敌后游击

---

① 江沛：《关于抗战时期沦陷区民众生存状态的若干思考》，《民国档案》2020年第1期。
② 比较有代表性的研究成果有陈祖恩《从战时征用到战时教育——中日战争时期的上海日本人学校》，《史林》2004年第6期；经盛鸿《日伪时期的南京英美侨民及其活动》，《安徽史学》2007年第4期；经盛鸿《武士刀下的南京——日伪统治下的南京殖民社会研究》，南京师范大学出版社2008年版；王森《华北沦陷区基督教会研究——以卫理公会为中心（1937—1945）》，博士学位论文，华中师范大学，2013年；张传宇《沦陷时期广州日本居留民研究》，《抗日战争研究》2014年第2期；等等。
③ 江沛：《日伪"治安强化运动"研究》，南开大学出版社2006年版。
④ 余子道：《日伪在沦陷区的"清乡"活动》，《近代史研究》1982年第2期；徐嵩：《华中地区日伪"清乡"运动中构建竹篱笆研究（1941—1945年）》，硕士学位论文，上海社会科学院历史研究所，2022年。
⑤ 胡德坤：《中国敌后战场的抗战与日本"治安战"的失败》，《抗日战争研究》2010年第3期。
⑥ 姜子浩：《豫东沦陷区伪军的生存策略——以伪军与伪政权的粮食竞逐为中心》，《日本侵华南京大屠杀研究》2019年第2期。

队之间的斗争中都充当了日军和日伪政权的帮凶。

关于伪军与日军的关系，已有研究认为两者之间的合作中带有竞争。沦陷区之大，牵制了日军有限的兵力，日军需要吸纳伪军，以弥补伪政权的弱势，间接控制地方基层。而伪军为了自身的生存，利用日军"以华治华"的策略扩张地盘。姜子浩以1940年华北沦陷区成为日军"战时粮仓"，粮食供应"本地化"为背景，通过考察日、伪双方对粮食的争夺，生动阐释了伪军与日军之间的复杂关系。他认为，"从维持治安的角度看，伪军的存在或是不可或缺的，但从获取资源的角度而言，伪军却是日军调度农村粮食、调剂城乡民食难以逾越的障碍"①。

关于伪军的构成，既有研究注意到"日军特务机关着力吸纳河南沦陷前后出现的民间武装，将其转化为县警备队、保甲自卫团等"情况。曹书林利用大量日文档案，通过考察进一步指出，"沦陷区内除了存在民团等自卫武装外，仍有一些宗教、会团等秘密结社武装。对此类武装力量，日军亦是加以怀柔利用"②。

伪军中，汪伪的军事力量和伪满的军事力量具有特殊性。③ 尤其"伪满军队中存在大量拥有伪满军军籍的日系军官"，是其独有的现象。张圣东通过对伪满政权中警察预备队录用日系军官的过程、日系军官战后待遇补偿等问题的考察，指出：日系军官制度得以产生的原因在于，"相较于朝鲜、中国台湾等被纳入日本'领土'的'正式殖民地'而言，伪满是一个采取'独立'于日本的傀儡国家形式的'非正式殖民地'"，日本发动的侵华战争，不但"给相关国家的人民带来灾难，也给本国人包括一部分加害者带来了伤害"④。

---

① 姜子浩：《豫东沦陷区伪军的生存策略——以伪军与伪政权的粮食竞逐为中心》，《日本侵华南京大屠杀研究》2019年第2期。

② 参见姜子浩《豫东沦陷区伪军的生存策略——以伪军与伪政权的粮食竞逐为中心》，《日本侵华南京大屠杀研究》2019年第2期；曹书林《日伪对地方武装团体的改编与利用——以河南沦陷区为中心》，《日本侵华南京大屠杀研究》2022年第3期。

③ 参见余子道《汪伪军事力量的发展和消亡》，载复旦大学历史系中国现代史研究室编《汪精卫汉奸政权的兴亡：汪伪政权史研究论集》，复旦大学出版社1987年版，第127—180页；叶铭《武装的傀儡：汪伪政权警卫部队之管窥》，《抗日战争研究》2018年第2期；贺怀锴《傀儡之军：汪伪政府海军述论（1940—1945）》，《民国档案》2019年第1期。

④ 参见张圣东《从战时到战后：伪满军中的日系军官》，《抗日战争研究》2020年第4期。

三 沦陷区研究中存在的问题与前瞻

沦陷区研究经过 70 多年的发展，已经从揭露、批判日本侵华罪行的初级阶段，进入客观深入进行学术研究的成熟阶段。资料的发掘与整理推动了这一领域的发展，其研究大致包括日本侵华与中国人民的抗争两种类型，研究取向既有对战争的反思，又受海外学界一些方法、概念的影响，同时也根据现实中日关系适时调整研究重点。

沦陷区研究取得的成果显而易见，但也存在一些值得学界进一步思考和深化的空间。

首先，应着力解释先进与侵略、落后与反抗这两对矛盾的统一问题。这也是近代中外关系史研究经常碰到的，至今依然困扰着学界同人。①

以经济掠夺为例，研究日本在沦陷区的经济掠夺，"势必涉及它的经济计划、统制政策、投资、技术装备、劳动、生产、流通、分配和消费等经济问题。经济开发自然包括新建扩建工厂、矿山、电站、铁路、公路、水利工程等各种设施。进行经济开发的结果，自然会增加产量、品种，提高设备能力改善装备，改变工农业比重，促进工业化进程"②。对于沦陷时期"经济开发"的结果，目前不少相关研究成果，以揭露与批判为主，但是如何使论述与结论之间不产生矛盾，还需要学界深入思考。这个问题早在 20 世纪 90 年代便有学者提出，而且这种论述与结论之间的矛盾亦出现在奴化宣传教育、日伪的防疫研究等领域，至今没有得到很好的解决。

其次，应关注沦陷区社会经济变动与日本战时经济体制的关系、日本的侵略政策对其后中国社会的影响等。

日本在沦陷区的统治，影响是方方面面的，部分研究者喜欢用"与抗战全面爆发前相比，沦陷区政治、经济、文化结构发生了天翻地覆的变化"③来形容，是否真的有变化，主要是哪些方面有变化，没有变化的是什么，还需要具体情况具体分析，避免泛泛而论。

比如，已有学者注意到沦陷时期部分手工业的复兴，认为"不同手工

---

① 谢维：《近代史所 1992 年学术年会讨论综述》，《近代史研究》1993 年第 3 期。
② 苏崇民：《关于东北沦陷史研究上的几个问题》，《东北亚论坛》1994 年第 3 期。
③ 王森：《华北沦陷区基督教会研究——以卫理公会为中心（1937—1945）》，博士学位论文，华中师范大学，2013 年，"内容摘要"第 1 页。

行业在沦陷时期变迁之复杂绝不仅仅是用衰退所能概括",从而提出用"重构"来代替"衰退"的说法。① 这一讨论,大概会在未来持续一段时间。要解决这个问题,除注意不同地区社会经济状况外,还需要了解一些日本史,尤其是日本的近代政治史,了解侵华日军、各沦陷区统治者的行为与其本国政治环境存在的千丝万缕的关系。唯其如此,才能明白其中的行为逻辑,从而避免出现自说自话的现象。

再次,应打通沦陷区、根据地、国统区研究之间的壁垒。沦陷区工作是中国共产党在抗战时期全盘工作中的一个重要组成部分,具体又分为在农村和城市(包括交通要道地区)两种类型。在农村,主要是发动农民群众,开展游击战争;在城市及交通要道地区,由于日伪军的力量比较强大,所以基本以开展秘密工作,隐蔽精干,积蓄力量,支援农村为主。中共在沦陷区农村的活动,基本与根据地的开辟和建设是重合的。比如,冀中平原抗日根据地,"周围环绕着平汉、北宁、津浦和石德四条铁路;中间星罗棋布着敌人500余个据点;公路、河流、贯通各地"②,其所处的华北平原在广义上已经于卢沟桥事变后成为日军的沦陷区。所以,这部分内容应该成为根据地研究或者中共反"清乡"、反"扫荡"的研究对象。③ 不仅如此,把沦陷区研究同根据地、国统区的研究相结合,呈现的面相必将更加丰富,视野也更为开阔。

最后,应不囿于成说,实事求是,推陈出新。有学者曾将之称作"历史研究生命力之所在","不同观点的出现不仅与研究者所掌握的材料有关,而且与选择研究框架有关"④。沦陷区史与城市史、地方史交叉,既属于抗战史领域,又属于日本侵华史范畴,还是近代中国城市史、乡村史的考察对象。在中外文资料极大丰富的今天,学界一定可以有更宽阔的视野,发现沦陷区研究的新问题,找到更全面理解沦陷区历史的新途径。

---

① 桂强:《日伪经济统制与上海郊县手工业的变迁(1937—1945)》,《历史教学问题》2021年第6期。所谓"衰退"论,主要指马俊亚《抗战时期江南乡村经济的衰变》(《抗日战争研究》2003年第4期)提出的观点。

② 海燕:《敌占区工作在冀中》,载冀中人民抗日斗争史资料研究会编《冀中人民抗日斗争文集》第1卷,航空工业出版社2015年版,第199页。

③ 有关"清乡"运动,主要研究成果有余子道《日伪在沦陷区的"清乡"活动》,《近代史研究》1982年第2期;曹凡云、王祖奇《论日本对"清乡"活动的决策与主导》,《安徽史学》2016年第6期;等等。不过,既往研究大多并没有把沦陷区研究与中共抗日战争研究结合起来。

④ 谢维:《近代史所1992年学术年会讨论综述》,《近代史研究》1993年第3期。

第十二章

战时中外关系史

学界对战时中外关系的各主要方面、各重要双边关系及重大事件，都进行认真研究，且已取得丰硕成果。为方便读者总体把握战时中外关系的全貌及特征，本章在一级提纲上不以双方关系展开，而是以中国战时外交发展线索为据，从国民政府外交决策和外交因应出发，注重中国自身为主的外交应对。在二级提纲上，将双边关系单独列出，旨在丰富对外交事件的认识，而非进行条块分割。本章重点介绍一些有重大影响且与战时外交发展线索有关联的事件，试图展现战时中外关系的全貌。

一 研究概述

新中国成立以后相当长一段时间，关于抗战的研究集中于共产党领导下的敌后战场，以国民政府为外交主体的战时中外关系研究较为少见。除一些通史性著作涉及战时中外关系外，专门的学术论文罕见。改革开放后，抗日战争研究进入一个繁荣时期，全国性学术团体抗日战争史学会的成立和《抗日战争研究》的创刊，标志着抗日战争史学科的兴起。作为该学科的一个重要组成部分，战时中外关系的研究也大有进展。[①] 自20世纪90年代以来，抗战时期中外关系的研究已经成为中国大陆史学界关注的重点之一，随着研究视角与研究方法的变化，研究的结论更趋多元化，对于

[①] 本章的写作参考了王建朗、郦永庆《50年来的近代中外关系史研究》（《近代史研究》1999年第5期）和王建朗《抗日战争时期中外关系研究述评》（《抗日战争研究》1999年第3期）两篇文章。本章引用部分除特别注明外，不再一一列出。

国民政府战时对外关系的评价更加客观和公允。①

1931年9月18日，日本发动九一八事变，第二次世界大战的远东策源地形成，中国进入局部抗战时期。以其为标志，中国外交进入抗战外交时期。由于日本逐步侵华而导致了中日民族矛盾的激化，中国外交的重心也开始逐步发生变化。如何通过对外关系获取外援，建立起国际上有利于中国的同盟，驱逐日本侵略者，成为战时中外关系的核心目的。在局部抗战时期，中国一度倚重国联外交。

关于九一八事变的研究，可以说是成果累累。比较有影响的专著有：易显石等《九一八事变史》（辽宁人民出版社1981年版）、刘庭华《九一八事变研究》（国防大学出版社1986年版）、姜念东等《伪满洲国史》（吉林人民出版社1986年版）、解学诗《伪满洲国史新编》（人民出版社1995年版）等。学者们对九一八事变的历史背景、经济原因、事变经过及历史教训等，都进行了比较深入的研究。进入21世纪后，新资料的出版极大推进了相关问题的研究，其中如王建朗主编《中华民国时期外交文献汇编1911—1949》（中华书局2015年版）、《李顿调查团档案文献集》（南京大学出版社2019年版）等。在上述专著及资料集的基础上，学界推出了大量围绕国联外交的论文，从多个角度论述中国在九一八事变后的外交因应。

国联报告书出台后，南京国民政府在外交上继续依赖国联，但由于日本退出国联，中日之间事实上有了直接交涉。长城抗战后，发生华北事变，体现出日本侵华政策的延续性。臧运祜《七七事变前的日本对华政策》（社会科学文献出版社2000年版）是研究这一主题的代表性著作。

七七事变后，中国进入全民族抗战时期，对外关系随着日本侵华的深入而逐渐发展出战时特色。中国加入世界反法西斯同盟，并在很长时期内独立撑起东方战场，挡住日军的大规模进攻。在与战时盟国的关系中，抗战废约得以实现，盟国内部在紧密配合的同时也存在矛盾和摩擦。战时中外关系事实上存在各种面相，即使是在与轴心国的关系方面，也存在着秘密交涉。依据学界现有通行标准，以太平洋战争爆发为分界线，此前称之

---

① 陈谦平：《近十年来抗日战争时期国民政府对外关系研究述评》，《抗日战争研究》2002年第2期。

为抗战前期，此后可称之为抗战后期。

与这一时期极为活跃的中外关系相适应，相关研究成果异常丰富。除若干抗战史著作中的有关论述外，仅就外交史专著而言，综合性专著有陶文钊、杨奎松、王建朗《抗日战争时期中国对外关系》（中共党史出版社1995年版）、王建朗《抗战初期的远东国际关系》（台北东大图书股份有限公司1996年版）、彭敦文《太平洋战争爆发前国民政府外交战略与对外政策》（武汉大学出版社2010年版）。最新的抗战外交的综合性专著当属王建朗《中国抗日战争史》第5卷"战时外交"（社会科学文献出版社2019年版）。有关双边关系的专著有：陶文钊《中美关系史（1911—1950）》（重庆出版社1993年版）、《战时美国对华政策》（武汉大学出版社2010年版）；王淇主编《从中立到同盟——抗日战争时期美国对华政策》、任东来《争吵不休的伙伴——美援与中美抗日同盟》、王真《动荡中的同盟——抗日战争时期的中苏关系》、李嘉谷《合作与冲突，1931—1945年的中苏关系》、曹振威《侵略与自卫——全面抗战时的中日关系》、王真《没有硝烟的战线——抗战时期的中共外交》、马振犊、戚如高《友乎？敌乎？德国与中国抗战》（以上专著均由广西师范大学出版社于1996—1997年出版）；徐蓝《英国与中日战争（1931—1941）》（北京师范学院出版社1991年版）；李世安《太平洋战争时期的中英关系》（中国社会科学出版社1994年版）；陈谦平《抗战前后之中英西藏交涉（1935—1947）》（生活·读书·新知三联书店2003年版）；张永攀《英帝国与中国西藏（1937—1947）》（中国社会科学出版社2007年版）；黄庆华《中法建交始末——20世纪40—60年代中法关系》（黄山书社2013年版）；等等。有关重大事件的专题研究专著有：黄友岚《抗日战争时期的"和平工作"》（解放军出版社1988年版）；项立岭《转折的一年——赫尔利使华与美国对华政策》（重庆出版社1988年版）；牛军《从赫尔利到马歇尔——美国调处国共矛盾始末》（福建人民出版社1988年版）；等等。

抗战前期，中国的对日作战处于孤军奋战状态，故中国外交的中心任务是争取外援。一些研究者指出，这一时期国民政府的外交基本上是成功的。中国推动美国修改立法，限制对日贸易，并给予中国财政援助，使美国外交走上中国所期望的道路。中国还撇开意识形态分歧，争取到苏联的大规模援助，尽可能延缓德国与日本的靠拢过程，并从德国获得相当数量的军事物资。这一尽力争取友邦、孤立敌国的外交政策是明智的。[①]

太平洋战争爆发后，中国领衔签署《联合国家宣言》。1943年1月，中国与英、美分别订立平等新约，废除英、美在中国的不平等特权。战争后期，中国参与联合国的创建，并成为联合国安理会的常任理事国，国际地位得到显著提高。[②] 学者们对此一致予以肯定，但在一些具体问题上则存在着分歧。战时中外关系的演变及其结果，对战后中国及世界有着深远影响。

（一）九一八事变后的国联外交及中外交涉

谁是九一八事变的发动者？一些日本学者认为是关东军少数人的独断专行。我国多数学者认为，这是日本军部精心策划的侵略事件。也有人持"追认说"，认为事变是由关东军的一些高级幕僚策划的，但日本军部和内阁在事变后给予支持。有学者指出，日本政府并不反对军方发动战争。阴谋固然由军方策划，但政策还是出自内阁。九一八事变的发动是日本天皇制国家意志的体现。[③] 一个基本的事实是，九一八事变之前，日本已经完成侵略中国东北的军事部署，"在'满蒙危机'的喧嚣中加紧准备发动侵华战争"[④]。

九一八事变后的中国外交因应以及国联调查团的组建，已在抗战史研究领域得到充分探讨。基于已有的中外文档案，学界对于九一八事变后中外双边交涉做出比较清晰的梳理，英、美等国的对华外交举措已为学界所了解。[⑤] 日内瓦国联档案可以利用后，学界又相继发表基于国联档案的系

---

① 章百家：《抗日战争前期国民政府对美政策初探》，载中美关系史丛书编辑委员会主编《中美关系史论文集》第2辑，重庆出版社1988年版；章百家：《抗日战争时期国共两党的对美政策》，《历史研究》1987年第3期；王建朗：《二战爆发前国民政府外交综论》，《历史研究》1995年第4期。

② 步平、王建朗主编：《中国抗日战争史》第5卷，社会科学文献出版社2019年版，"前言"第4—5页。

③ 郎维成：《日本军部、内阁与"九·一八"事变》，《世界历史》1985年第2期。

④ 中国社会科学院近代史研究所编：《日本侵华七十年史》，中国社会科学出版社1992年版，第309页。

⑤ 徐蓝：《英国与"九一八"事变》，《北京师范学院学报（社会科学版）》1989年第6期；金光耀、朱利：《〈李顿文件〉所见之李顿中国之行》，《复旦学报（社会科学版）》2003年第4期；崔海波：《九一八事变期间中国、日本与国联的交涉》，吉林大学出版社2016年版。

列论文，进一步推动了九一八事变后涉及国联交涉的研究。[1] 在国联组建调查团之前，美国已经进行过一次实地调查。[2] 为了解东北的实际情形，英国也曾派遣其外交人员实地考察。[3] 上述成果为深入研究九一八事变后的国际交涉及中国政府的应对方略提供了很好的基础。

九一八事变后，在日益加深的民族危机面前，南京国民政府采取"攘外必先安内"的政策。这一政策至今仍受到学界一致批评。略有变化的是，在一些具体问题上出现新的认识。有学者提出，蒋介石以安定内部建设后方为由，否定即时抗日论，而以长期抵抗为号召，使"安内攘外"成为国民党牌号的抗日理论。这一理论不应等同于投降理论。国民政府的"安内攘外"是把"安内"作为抗日的前提。在重点"安内"的同时，国民政府对"攘外"并非无所作为，而是做了一些准备工作。[4] 在内外交困中，南京国民政府在国民党中央政治会议之下设立"特种外交委员会"作为临时性决策机构，应对日本侵略下的外交困境。该机构虽然做了很多工作，但在对日交涉问题上始终无计可施。[5] 为更好应对外交危局，国民政府部分立法委员、监察委员牵头成立"国民外交协会"，创办《国民外交杂志》，呼吁抗日救亡。[6] 在诉诸国联的同时，中国曾一度考虑对日绝交，此后，对日绝交与宣战的声音一直存在于国民政府决策层，并依据时局的变化时而加强。[7]

在上诉国联、求助英法的同时，国民政府将美国视为关键外交对象，认为美国的参与对于解决中日问题极为重要。英法亦极力希望美国加入调

---

[1] 陈海懿、郭昭昭：《国际性与主体性：中日冲突和国际联盟调查团的产生》，《抗日战争研究》2017年第3期；陈海懿：《九一八事变后美国的因应和国联调查团产生》，《民国档案》2019年第4期。

[2] 张俊义：《九一八事变后美国官方对事变真相的调查——汉森、索尔兹伯里东北调查纪实》，载王建朗、栾景河主编《近代中国：政治与外交》下卷，社会科学文献出版社2010年版。

[3] 陈海懿、徐天娜：《九一八事变后的英国与国联调查团组建——基于英国档案文献的考察》，《史林》2019年第4期。

[4] 陈先初：《从安内攘外到联共抗日——局部抗战时期国民政府内外政策述评》，《抗日战争研究》1992年第2期。

[5] 左双文：《"九一八"事变后南京国民政府设立的特种外交委员会》，《近代史研究》2003年第1期。

[6] 左双文：《九一八事变后的〈国民外交杂志〉》，《史学月刊》2007年第3期。

[7] 肖如平、李红梅：《九一八事变后孙科政府的对日绝交方案》，《历史教学》2009年第8期。

解中日问题。美国基于自身利益最终决定列席国联行政院会议，并由国务卿史汀生发表不承认主义的声明。① 关于美国对九一八事变的态度，存在着不同意见。一些人认为，美国实行的是绥靖政策，对侵略者予以纵容。"不承认主义"并不是支持中国反对日本侵略，不承认的只是日本对美国在华权益的攫取。② 另一些人认为，美国提出"不承认主义"，以明确的语言反对日本用武力手段侵占中国土地，损害中国主权，这无疑是对日本侵略的一种阻遏。"不承认主义"在当时的作用虽很有限，但它是一种未来干涉主义，保留了美国在有利条件下加以干涉的权利。因此，它对日本的侵略不是助长，而是遏制。③

"一·二八"淞沪抗战爆发时，调查团正准备启程经美国来华。如何理解和认识国联调查团与"一·二八"淞沪抗战的关系，学界已经多有讨论，一般将其置于九一八事变后中国国联外交的大线索之内加以讨论，形成很多重要共识，认为这从形式上改变了国民政府在东北贯彻的"不抵抗政策"④。随着顾维钧档案的引入，最新的研究认为，国联调查团来华之初，试图介入上海停战谈判，但遭到各方反对。⑤

日本为了造成所谓的既定事实，在调查团来华之前决定扶植伪满政权。1932年3月10日，日本与伪满签订所谓"日满密约"，将伪满完全变为日本的傀儡。9月15日，日本发表声明，承认伪满。尽管遭到日本的阻挠和干涉，李顿调查团如期完成调查任务。⑥ 1932年10月2日，国联公布《李顿报告书》。国内学界对于《李顿报告书》的评价经历了从否定为主到

---

① 吴景平、赵哲：《评美国对九一八事变和一二八事变的态度——兼析"史汀生主义"的提出及局限性》，《抗日战争研究》1993年第3期。

② 胡德坤：《"九·一八"事变与绥靖政策》，《武汉大学学报（哲学社会科学版）》1979年第3期；王明中：《"满洲危机"与史汀生主义》，载中国美国史研究会编《美国史论文集（1981—1983）》，生活·读书·新知三联书店1983年版。

③ 陶文钊：《中美关系史（1911—1950）》第4章，重庆出版社1993年版；易显石：《略论美国对九一八事变的态度》，载汪熙主编《中美关系论丛》，复旦大学出版社1985年版。

④ 余子道：《抵抗与妥协的两重奏——"一·二八"淞沪抗战》，广西师范大学出版社1994年版；肖如平：《南京国民政府与"一·二八"淞沪抗战研究》，浙江大学出版社2016年版。

⑤ 李珊：《国联调查团来华期间调停中日冲突的尝试及其失败》，《抗日战争研究》2020年第4期。

⑥ 中国社会科学院近代史研究所编：《日本侵华七十年史》，中国社会科学出版社1992年版，第360—361、368—369页。

肯定其具有一定积极意义的客观评价的转变过程。1933年2月24日，国联大会通过决议案，相较《李顿报告书》，进一步指出日本发动九一八事变，制造伪满的事实清楚，要求日本依据国联决议将军队撤退到铁路区域以内。

学界在内、外两个方面推进了对九一八事变的学术探讨。但整体而言，相较于单方面研究的推进，国民政府对九一八事变整体应对的研究仍有探讨空间。探究九一八事变后国民政府的应对方略，国联决议及其报告作为一种结果，可以了解"是什么"这一面相，但难以体现此种决议的过程及背后的各方交涉。如欲探明作为国联主要成员国的英法与美国的外交交涉，须通过梳理英国外交文件及美国外交文件来实现，从中能够发现国联决议的"为什么"，至于国民政府"怎么办"，则需要通过国民政府外交档案探讨国民政府决策层对英美动议的研判。从国际法层面而言，对于九一八事变爆发原因的法理阐释仍可深入，从法理层面驳斥日本向国联提交的所谓事变借口，并对日俄战争以来的中外条约关系进行探讨。

（二）长城抗战、华北事变与中国外交

从总的对外关系而言，华北事变是九一八事变后至七七事变之前中日关系的一个过渡时期。当国联中日问题十九国委员会准备出台中日问题报告书时，日本蓄意扩大侵略，跨过长城，染指华北。国联大会最终不承认伪满，否认日本以武力改变的中国东北现状。日本随即宣布退出国联，步步进逼华北。如何应对日本侵略，呼吁国际社会的广泛支持成为中国国联外交以及对外关系中需要面对的新形势。

从冀察两省入手侵略华北，这是日本自1933年起侵华政策的重点，它的目标是独霸中国。中国进行了长城抗战，但因实力悬殊，中国政府忍受着日本接连不断的侵凌，希望谋取欧美列强的援助。日本则把国际上的对华援助及合作视为其独霸中国目标的障碍，为此发表了所谓的《天羽声明》，被称为亚洲的门罗主义。[①]

攻占热河及长城之战是日本帝国主义从东北到华北、从关外到关内侵略的过渡，逼签《塘沽协定》是日本对这一时期侵华成果的总结，这个协

---

① 中国社会科学院近代史研究所编：《日本侵华七十年史》，中国社会科学出版社1992年版，第390—391页。

定标志着日本从九一八事变开始的对华军事侵略告一段落，日本对华侵略进入一个新阶段。① 对于国民政府而言，《塘沽协定》是九一八事变后国民党对日政策由妥协到有限抵抗，再到妥协过程的一个重要转折点。中日双方经过第一阶段上海秘密谈判，第二阶段北平秘密谈判，第三阶段塘沽停战谈判，由于军事战场的失利，公开外交与秘密外交的不协调，导致中国对日交涉失败。②

对于长达一年半的《塘沽协定》善后交涉，国民党中央确立"委曲求全"方针，但在国民政府内部仍存在对日强硬派。黄郛为负责人的华北当局坚持"不签字，不换文"，欲以此种方式逃避国人指责，同时坚决不承认伪满，在所有的国联外交及对外交涉中均力图防止任何可能承认伪满的因素。事实上，由于总方针系委曲求全，唯一的方式是通过谈判、磋商，"连一点强硬姿态也不敢摆出来"。黄郛事后退居莫干山，南京政府任命王克敏代理行政院驻平政务整理委员会委员长。随后发生的天津日租界《国权报》社长胡恩溥和《振报》社长白愈恒相继被杀事件（又称"河北事件"）以及黄郛不愿复职说明国民党"委曲求全"方针的破产，国民党的对日外交走入死胡同。③

《塘沽协定》签字后，日本并未放弃吞并中国的计划。1935年5月，日本挑起"河北事件"，意在将国民党中央军逐出华北，策划所谓的华北自治。学界早就指出，华北事变是九一八事变的继续，是七七事变前日本帝国主义为侵吞华北而制造的一系列事件的总称。④ 黄郛离开华北外交前线后，由北平军分会代理委员长何应钦主持华北交涉。"河北事件"发生后，日方迫使东北军于学忠部、国民党中央军及政治力量退出河北，并迫使华北当局以书面形式予以确认，此即《何梅协定》。参与华北交涉的当事人何应钦否认存在《何梅协定》，国内学界早在20世纪80年代即论述了该协定的出台经过及原委。⑤ 在很长一段时期内，学界批评华北交涉妥协退让、丧权辱国，此种批评当然是无可厚非的，但是，从20世纪90年

---

① 中国社会科学院近代史研究所编：《日本侵华七十年史》，中国社会科学出版社1992年版，第383页。
② 肖前：《塘沽协定签订前的中日谈判》，《近代史研究》1990年第1期。
③ 杨天石：《黄郛与塘沽协定善后交涉》，《历史研究》1993年第3期。
④ 佟冬、解学诗：《华北事变是九一八事变的继续——评日本军国主义侵略华北的阴谋》，《抗日战争研究》1991年第1期。
⑤ 邵云瑞、李文荣：《关于"何梅协定"的几个问题》，《近代史研究》1982年第3期。

代中期起，学界亦开始认识到，何应钦华北交涉的直接目的在于"保全平津"，这也是华北交涉的最低目的。"交涉保住了平津的领土主权，并使中日冲突限于地方范围，为中国争取到了一段相对缓和的备战时间"①。至于《何梅协定》的责任人，学界最新的研究认为，何应钦是遵照蒋介石和汪精卫的意旨行事，蒋、汪才是幕后决策者。蒋介石之所以同意何应钦做出书面承诺，其重要原因在于当时的华北未到所谓"最后关头"②。

以华北分治为中心的日本对华政策，是日本政府与军部共同意志的体现，也是日本局部侵华行动的指导与依据。从这些政策的制定与实施来看，日本从九一八事变，经由华北事变，迅速走向"中国事变"，这个历史过程并非偶然，不但是日本实施大陆政策的必然结果，而且构成日本侵华"十五年战争史"的一个重要阶段。③

这一时期，国民政府的外交逐渐走上联络英、美以对抗日本的道路。有研究者对1933年中美棉麦借款和1935年币制改革进行分析，指出这两个事件都具有远远超出经济层面的影响。国民政府企图通过借款加强与欧美的联系，进而寻求在政治上、财政上和技术上的支持，以遏制日本逐步升级的入侵。而以币制改革为标志，国民政府的财政金融政策明显出现摆脱日本而倒向英、美的趋势。中国表示接受国联决议，日本宣布退出国联，"日本退出国联是它在道义和外交上的失败，是中国的胜利"④。在国联外交及争取国际援助的过程中，面对日本日益进逼导致的华北危机，中国驻外使馆启动升级行动，与主要国家的外交关系从公使级升格为大使级。中国与意大利首先升级为大使级外交关系。⑤

经过初期的经济技术合作，国联框架内的对华经济技术援助取得一定成效。宋子文欧美之行除达成棉麦借款协议外，另有两个成果：一是与美国等国达成白银协定；二是扩充了与国联的技术合作协定。除上述经济技术合作之外，宋子文还与美国达成航空军事技术合作协议，美国帮助中国组建空军。⑥日本发表所谓《天羽声明》，反对中国与英美进行经济技术合

---

① 杨晨：《何应钦与华北交涉（1933—1935）》，《抗日战争研究》1994年第2期。
② 肖如平：《蒋介石、汪精卫与"何梅协定"》，《晋阳学刊》2018年第6期。
③ 臧运祜：《七七事变以前的日本对华政策及其演变》，《抗日战争研究》2007年第2期。
④ 郑会欣：《1933年的中美棉麦借款》，《历史研究》1988年第5期；吴景平：《英国与1935年的中国币制改革》，《历史研究》1988年第6期。
⑤ 石源华：《中华民国外交史》，上海人民出版社1994年版，第420—423页。
⑥ 周树立：《国民政府1930年代前期与西方的经济技术合作》，《史学月刊》2010年第12期。

作，反对中国向外争取军事援助，将中国视为日本势力范围。《天羽声明》系后来日本提出"东亚新秩序"侵略口号的思想和理论基础。《天羽声明》是日本对华政策与南京国民政府内外方针及欧美列强对华政策相冲突的结果。①

《天羽声明》外交闹剧之后，伴随着日本陆军对华北的独立策划，日本外务省提出所谓"改善"中日关系的"广田三原则"：一是放弃"以夷制夷"，不得再借助欧美势力反对日本；二是事实上承认伪满的存在；三是共同防共。此时，国民政府曾针锋相对提出改善中日关系的三项基本原则：一是彼此尊重完全独立及平等地位；二是维持真正的友谊；三是用和平手段解决争端，恢复九一八事变之前的状态。日本要求中国首先承认"广田三原则"，然后方能进行其他条件的谈判。国民政府此时认为，随着《何梅协定》《秦土协定》的签订，日本侵略华北的欲望已暂时得到满足，中日之间有可能出现一段时间的和平，这是中国提出改善中日关系三原则的基本判断。②

中日围绕所谓"广田三原则"的交涉构成七七事变前中日之间的主要外交斗争。整个交涉分为三个回合。第一个回合是在"华北自治运动"期间，即1935年10月至11月；第二个回合是在1936年1月前后；第三个回合是在1936年9月至12月的张群—川越会谈中。国民政府的对策是在不接受但不拒绝交涉的总原则下，通过交涉途径导中日交涉于常轨，以便给中日关系留下外交折冲余地。作为一种防御性策略，日本不会允许中国一直拖延下去，交涉必然破裂。③

九一八事变后中苏复交问题一直得到研究者的重视，此问题的不同方面逐渐得以展现。④ 中苏复交的大背景是中日民族矛盾开始上升为中外关系中的主要矛盾，中国外交的主方向是抵抗日本侵略。因此，尽力获得外援广泛获取国际同情，是中国外交主要的考虑。新近的研究认为，中苏复

---

① 宋志勇：《〈天羽声明〉与日本对华政策》，《历史教学》1990年第5期。
② 中国社会科学院近代史研究所编：《日本侵华七十年史》，中国社会科学出版社1992年版，第396—397页。
③ 彭敦文：《中日"广田三原则"交涉中的国民政府的外交策略》，《民国档案》2001年第3期。
④ 李义彬：《南京国民政府的联苏制日方针》，《历史研究》1991年第1期；李嘉谷：《九一八事变后中苏关系的调整》，《抗日战争研究》1992年第2期；金光耀：《1932年中苏复交谈判中的何士渠道》，《近代史研究》1999年第2期。

交之所以一再拖延，既有国民政府在形势判断和内外政策上的错误因素，也有内外环境本身的困难。在对苏复交的决策过程中，国民政府始终对"复交"与"联苏"严加区别。而最终促使它决定无条件复交的根本原因，不在联苏制日，而在阻止苏联亲日疏华及承认伪满洲国。在1935年初的对日和对苏关系上，蒋介石由对日"亲善"，尝试以"共同防苏"换取日本对华政策的改善。但由于日本所提条件令中方难以接受，最终迫使蒋介石及国民政府走上对苏不惜联合与对日不应惧战的道路。① 国民政府在中苏复交后主动向苏联提出了签订互不侵犯条约和互助条约的问题，但在七七事变之前一直未有结果。②

中德关系在这一时期迅速发展。学者们主要对德国军事顾问来华、中德之间的贸易及德国协助中国发展国防工业这三个问题进行了比较充分的研究，认为这一时期中德关系发展的速度之快，为其他任何国家所不可比。③ 学者们指出，德国顾问既参与了国民党的"剿共"军事，也参与了"一·二八"淞沪抗战和长城抗战。他们在协助国民党整训军队和进行军事教育方面颇有成就，使中国军队的现代化迈出一大步，这对以后的中国抗战不无帮助。有学者把这一时期称为中德关系的"蜜月时代"④。最新的论著集中论述了国民党与德国的关系，对于九一八事变后至七七事变前的中德关系置于国民党的视角下加以论述，尤其注意对国民政府在国联争取德国支持的外交活动进行了系统论述。通过系统论述，新的研究认为，国民政府在中日冲突中争取德国的同情与支持，出发点是最大限度地争取国际力量维护中国利益，这仍是有远见的对外政策目标。⑤

七七事变前，在广田三原则交涉过程中，国民政府从张群出任外交部

---

① 鹿锡俊：《1932年中国对苏复交的决策过程》，《近代史研究》2001年第1期；鹿锡俊：《蒋介石与1935年中日苏关系的转折》，《近代史研究》2009年第3期。
② 孙艳玲：《抗战前期中国争取同苏联订立互助条约始末——兼析〈中苏互不侵犯条约〉的签订》，《抗日战争研究》2006年第1期。
③ 李兰琴：《试论20世纪30年代德国对华政策》，《历史研究》1989年第1期；马振犊：《抗战爆发前德国军火输华述评》，《民国档案》1996年第3期。
④ 吴景平：《汉斯·克兰与抗战前的中德关系》，《近代史研究》1992年第6期。
⑤ 张北根：《国民党与德国的关系（1912—1945）》，社会科学文献出版社2017年版，第83—97页。

长后，开始筹划整体对外战略，以便在为中日最终的决战中取得尽可能多的外援。学界亦认识到，国民政府尽可能推迟中日决战的爆发，蒋介石本人于国民党五全大会上发表了所谓和平最后关头的讲话。币制改革等经济技术合作已经显示了国民政府在采取"大国合作制日"的策略，而随后提出了签署太平洋地区公约的建议，并努力付诸实施。①

二　七七事变与全民族抗战初期的外交

七七事变是全民族抗战的起点，这已经是当下学界的共识。关于七七事变起因的研究，大致是从三个不同的层次上进行的。② 第一个层次是从根本上指出，所谓打第一枪的问题是不能成立的，因为作为最基本的事实，这一枪是在中国北平城外而不是在日本东京城外打响。所谓"不法射击"的纠缠，本身就十分荒谬。日军在丰台的军事演习本身就违反了《辛丑条约》的规定。③ 第二个层次针对日方的种种观点进行驳斥。有学者通过细致考证，指出日方编造的中国第二十九军士兵打响第一枪、中国共产党派人居中放枪、日军士兵失踪等战争起因说法，极其荒谬。日本所谓七七事变"偶发论"，不值一驳。实际上，日本人才有打响第一枪的嫌疑。日本华北驻屯军、日本驻平津特务机关及日本侵华激进派，共同策划了卢沟桥事变。④ 第三个层次是探究七七事变如何从一个地方冲突演变成全面战争。中国政府虽然做出万不得已时起而抵抗的准备，但仍希望求得事变的和平解决，并打算做出一定的妥协。日本步步紧逼，把中国逼上抗战的道路，日本挑起战争的责任是不可推卸的。

事变爆发之初，蒋介石迅速启动预定的军事防御计划，调动部队赴华北。2000 年之前，学界将蒋介石的应对概括为"和"与"战"的抉择，

---

① 彭敦文：《"七・七事变"前夕国民政府大国合作制日策略的实施》，《武汉大学学报（人文社会科学版）》2008 年第 2 期。
② 王建朗：《抗日战争时期中外关系研究述评》，《抗日战争研究》1999 年第 3 期。
③ 蔡德金：《对卢沟桥事变几个问题的思考》，《抗日战争研究》1997 年第 3 期。
④ 荣维木：《炮火下的觉醒——卢沟桥事变》，广西师范大学出版社 1996 年版；曲家源、白照芹：《卢沟桥事变史论》，人民出版社 1997 年版。

并已经依据相当丰富的材料对和战抉择的过程加以精到的评论。① 在论述蒋介石具有抗战决心的基础上，又进一步分析了他避战的愿望。② 学界以往研究蒋介石在七七事变后的对日交涉时，对他善变的指挥风格多有疑问。这种应对时局的态度果真是他在战略方针上的摇摆吗？有学者认为应将系统研究与个案研究相结合，并强调其要诀就是实事求是。③ 七七事变后，蒋介石及其领导下的国民政府是如何应对的，他的军事部署及外交方针的依据何在？对华北前线的指挥命令是不是他战略意图的真实表现？这些问题事实上都还有进一步开掘的余地。

对于七七事变后中外关系的理论认识，学界早已经有了精到的总结：中国是一个具有半殖民地特征的大国，这一特征决定了中国在国际关系中的地位以及中国外交的特殊性。作为半殖民地，列强在中国分别据有重大权益，这种关系错综复杂，牵一发而动全身，某一强国的异军突起，必将以其他列强权益的削弱为代价；作为大国，中国无论在经济意义上还是战略意义上，在东亚都占有重要地位。因此，中日之间的冲突乃至战争，其影响必定不只局限于中日两国，必将引起世界各大国的反应。中国政府在对日交涉的同时，力求引起国际社会对事变的关注，敦促列强发声，企图借列强之力迫使日本做出让步。④

新近的研究认为，卢沟桥事变爆发后，蒋介石发给宋哲元等的电文，是基于事变本身做出的，并不能以此分析他在对日全局上的战略思考。就卢沟桥事变本身而言，蒋介石希望能局部解决，并趁机让中央军进驻平津地区，防止日本夺取华北。与此同时，他也做好了全面开战的心理准备。为局部解决卢沟桥事变，蒋介石的应战声明及战略部署，是希望日军暂缓发动全面战争。蒋介石虽然通过外交渠道释放出中国和解的意愿，并希望

---

① 学界对在卢沟桥事变后蒋介石是否抗战所持的观点可分为三种，可参见荣维木《卢沟桥事变研究综述》（《抗日战争研究》1992年第3期）一文，在此不赘述。新近的研究仍未能提出有别于此三种观点的论证，但开始注重对蒋介石决策过程的研究。参见杨奎松《七七事变后蒋介石的和战抉择》，载中国社会科学院近代史研究所编《纪念七七事变爆发70周年学术研讨会论文集》，社会科学文献出版社2009年版；彭敦文《太平洋战争爆发前国民政府外交战略与对外政策》，武汉大学出版社2010年版。
② 王建朗：《卢沟桥事件后国民政府的战和抉择》，《近代史研究》1998年第5期。
③ 王建朗：《抗战研究的方法与视野》，《抗日战争研究》2016年第1期。
④ 陶文钊、杨奎松、王建朗：《抗日战争时期中国对外关系》，中共党史出版社1995年版，第22—23页。

英美等从中调停，但在军事上的准备却在加速进行。①

有学者认为，英国在七七事变后选择了一条"自私自利的，被迫援华的政策"，或者称其为一种"以自我为中心的务实原则"②。新近的研究则总结性提出，英国"无力遏制日本独霸步伐"，其做法是尽力淡化七七事变的实质，希望中日双方通过和平谈判解决事变。③ 整体而言，学界在梳理七七事变后的英国对中日两国的政策时，注意到英国基于自身利益的考量，但在具体的解释上有所差异。有学者明确指出，平津沦陷之前英国曾两次发出联美呼吁。④ 值得注意的是，以往的研究倾向于将七七事变后的英美视为一体，甚至将英法美视为一体，事实上，后来的研究表明，英美之间在最初即存在分歧。⑤

客观认识英国对七七事变的反应过程，需要从当时英国外交决策内部的意见出发，并重视其内部讨论。新近的研究指出，卢沟桥事变爆发后，英国最初并不认为这是一个严重事件，但仍在中国提出外交呼吁前与美国进行了沟通，希望能联合行动，共同劝解中日不要升级冲突。此即英国第一次联美尝试。虽然英法均认为美国的参与非常关键，但美国通过赫尔声明表明无意参与调停行动。在英、法劝解下，中国避开国联，向《九国公约》签字国发出呼吁，亦是希望美国能发挥作用。国民政府虽然表明了和平的诚意，但日本意在夺取华北，而这触碰了国民政府的底线，中日冲突不可避免。英国为了化解即将爆发的战争，再一次做出联美尝试，而结果同样令人失望。⑥ 美国内部就是否立即启动中立法有过两种意见，一是驻华大使詹森建议不要设置中国取得美国武器援助的障碍，而部分议员则建议立即实施中立法，避免被拖入远东战争之中。罗斯福采取折中办法，只

---

① 侯中军：《战略与策略的平衡抉择：再论"七七事变"后蒋介石的应对》，《上海师范大学学报（哲学社会科学版）》2019 年第 2 期。
② 李世安、陈淑荣：《卢沟桥事变后英国对日政策的转变》，《河南师范大学学报（哲学社会科学版）》2008 年第 4 期。
③ 张皓：《无力遏制日本独霸步伐：英国政府对七七事变的应对》，《社会科学》2016 年第 2 期。
④ 王建朗：《抗战初期的远东国际关系》，台北：东大图书股份有限公司 1996 年版，第 43—47 页。
⑤ 王纲领论述了抗战前期美国外交官对华政策的分歧。参见王纲领《抗战前期美国外交官对华政策的分歧》，载中国社会科学院近代史研究所民国史研究室等编《一九三〇年代的中国》，社会科学文献出版社 2006 年版，第 461—472 页。
⑥ 侯中军：《论七七事变与英国的最初因应》，《近代史研究》2018 年第 2 期。

允许商用船只运送军用物资到中国或日本。① 整体而言，就英美两国的反应来看，"美国对于远东冲突的反应明显比英国消极。这与1931年九一八事变时恰好相反"。九一八事变时，美国竖起"不承认主义"的旗帜走在前面，而英国却不予积极配合。②

七七事变发生后，国际上对中国能否坚持抗战缺乏信心，许多外国观察家认为，中国不出三个月就要失败。应该指出，抗战爆发时中国面临的国际形势相当险恶。平津沦陷后，国民政府意识到中日全面战争已经来临，为了吸引国际舆论的关注，也为了展示中国抗战决心，中国在八一三淞沪抗战中，展现出英勇顽强的作战精神。国民政府在广泛争取英法美苏等国援助的同时，仍在尝试国联途径制裁日本侵略。日本的对华外交策略是坚决排斥第三国的参与，鼓吹中日间的直接交涉。中国则力争使事件"国际化"，促使国际社会参与中日冲突的解决。中国政府所诉求的第一个国际组织便是国际联盟。③

英法等国希望中国不要诉诸国联，但中国仍认为国联是中国可以求助的途径之一。9月12日，顾维钧向国联秘书长提出申诉，要求国联受理日本侵华事件，因为中国是国联会员国，日本的行为违反了国联盟约第10条和第11条。在制裁无望的情形下，中国要求国联宣布日本为侵略者。英国在咨询委员会设立的小组委员会内，提出召开九国公约签字国会议。④ 在顾维钧为团长的中国出席国联代表团的申诉下，国联大会通过了两个报告书和一个决议，建议各国不要减弱中国的抵抗力，但未明确日本为侵略者，而是进一步将问题推给九国公约会议。⑤

日本两次拒绝布鲁塞尔会议的邀请，没有参加会议。会议最终通过一份宣言，谴责日本发动战争，并指出没有任何法律允许一国可以使用武力干涉他国内政，宣言警告称，如果日本固执地坚持其与其他签字国相反的见解，则会议各国代表将"不得不考虑其共同态度"。布鲁塞尔会议虽然

---

① 陶文钊：《中美关系史（1911—1950）》，重庆出版社1993年版，第178—179页。
② 陶文钊、杨奎松、王建朗：《抗日战争时期中国对外关系》，中共党史出版社1995年版，第32页。
③ 陶文钊、杨奎松、王建朗：《抗日战争时期中国对外关系》，中共党史出版社1995年版，第36页。
④ 陶文钊、杨奎松、王建朗：《抗日战争时期中国对外关系》，中共党史出版社1995年版，第36—43页。
⑤ 徐蓝：《布鲁塞尔会议与中日战争》，《民国档案》1990年第1期。

没有解决任何实际问题,但其积极意义在于,国际社会认清了日本侵华的本质,各国对华的道义支持,随时可以变为实质性的援助。①

德国于布鲁塞尔会议期间向中国传递了日本建议和谈的消息。学界曾有相当一部分论著认为抗战初期的陶德曼调停是"日德帝国主义的勾结",是国民党"卑鄙无耻的投降行径"。新近的研究更为客观。德国在陶德曼调停中的态度基本上是中立的,不是说德国同情中国人民的抗日战争,而是德国出于其自身利益考虑要求中日停战。研究者还指出,以陶德曼调停为转折点,日本侵华战争的战略和政略都呈现出不同的特点。② 后续的研究,在细节上进一步丰富了调停的具体过程及阶段性认识。③ 陶德曼调停失败后,德国感到中日和解无望,其远东政策开始逆转。在长期化的战争面前,它不可能长久地既忠实于盟友日本,又交好于中国,德国的远东战略更为需要的是日本而非中国。德国先是宣布承认伪满政权,继而撤出军事顾问,停止对华军火交易。④

七七事变打断了中国已经开启的废约历程。⑤ 如何在既有条约体系内寻找到有利于中国抗战的条款,在国际规则之内尽力争取自身的合法权利,是此时中国应对不平等条约体系束缚的不得已办法。广源轮案发生后,国民政府依据中美之间的旧有条约规定,拒绝日本方面的诉讼请求,取得对日外交的一大胜利。⑥

以往一般认为,中国是《中苏互不侵犯条约》的受惠方,强调中方的主动性。随着新的档案史料的引入,研究者指出,恰恰是苏联急于签订互不侵犯条约,而中方并不积极,中方希望签署的是中苏互助条约。谈判关键时刻,苏联将互不侵犯条约作为对华提供军事援助的前提,中方才同意签订该约。中国不希望在未得到苏联重大支持的情况下给外界以亲苏的印象,进而影响与其他大国的外交。在该约的附件内,中方承诺不与第三国

---

① 陶文钊、杨奎松、王建朗:《抗日战争时期中国对外关系》,中共党史出版社1995年版,第56—61页。
② 王建朗:《陶德曼调停中一些问题的再探讨》,《中共党史研究》1989年第4期。
③ 陈仁霞:《陶德曼调停新论》,《历史研究》2003年第6期。
④ 陶文钊、杨奎松、王建朗:《抗日战争时期中国对外关系》,中共党史出版社1995年版,第二章第四节。
⑤ 王建朗:《中国废除不平等条约的历程》,江西人民出版社2000年版;李育民:《中国废约史》,中华书局2005年版。
⑥ 侯中军:《论"广源轮"案》,《人文杂志》2016年第7期。

签订共同防共协定，这缓解了苏联对日本联华反苏的担忧。①

苏联是抗战初期对华援助最多的国家，这一判断已经是学界公论。但是对于苏联援助的数额及使用情况，并未形成一致意见。研究者统计分析了苏方著作中对华物资援助的数额，然后与中方的记载相比较，认为从1937年9月至1941年6月，苏联援华飞机904架，其中重型和中型轰炸机318架，坦克82辆，牵引车24辆，汽车1526辆，各类大炮1190门，轻重机枪9720挺，步枪5万支，步枪子弹16700多万发，机枪子弹1700多万发，炸弹31100颗，炮弹187万发，飞机发动机221台，以及飞机全套备用零件、汽油等军火物资。②

三 "苦撑待变"：太平洋战争爆发前的中国外交

欧战爆发之前，英美在远东对日尽力做出妥协。有研究者认为，对日绥靖是美英远东政策的基调，在日本发动侵略时，继续把战争物资卖给日本，并认为曾存在一个远东慕尼黑阴谋。③ 但有学者不同意这种看法，认为英美既对日妥协，又援华制日，随着时间的推移，援华制日成为主流，这个转折点就是1938年的桐油贷款。美国的远东政策，主要倾向不是牺牲中国，而是阻止蒋介石投降日本，促使他积极抗日；不是害怕中国人民革命力量的兴起，而是希望中国各种抗日力量联合抗日。④ 相较而言，英国对日妥协较美国严重，1938年的英日《海关协定》、1939年的《有田—克莱琪协定》、1940年的封锁滇缅路事件，都是对日妥协。⑤ 在滇缅路事件后，国民党内曾谋划调整外交路线，甚至出现联德之议，反映出中国不

---

① 陶文钊、杨奎松、王建朗：《抗日战争时期中国对外关系》，中共党史出版社1995年版，第二章。

② 李嘉谷：《抗战时期苏联援华飞机等军火物资数量问题的探讨》，《近代史研究》1993年第6期；李嘉谷：《评苏联著作中有关苏联援华抗日军火物资的统计》，《抗日战争研究》1994年第2期。

③ 刘天纯：《远东慕尼黑阴谋与中国人民抗日战争——纪念抗日战争胜利四十周年》，《中国社会科学院研究生院学报》1985年第4期。

④ 王斯德、李巨廉：《论太平洋战前美国远东战略及其演变》，《历史研究》1982年第6期；邓蜀生：《罗斯福对华政策经纬》，《世界历史》1985年第4期。

⑤ 徐蓝：《英国与中日战争（1931—1941）》，首都师范大学出版社1991年版。

满意英国对日本的妥协。①

究竟有无一个远东慕尼黑阴谋？有学者认为，不能把召开讨论中日战争的国际会议等同于西方慕尼黑式的会议。中国推动的太平洋会议，目的在于达成有利于中国的方案，且使日本遭到英美制裁。因此，很难认定太平洋会议是一个慕尼黑式的会议。②有学者认为，在抗战前期中国最大限度孤立敌国、争取友邦的外交方针是明智的，并基本取得成功：一是促使美国修改中立法，限制对日贸易；二是撇开意识形态的分歧，争取到苏联的大规模援助，延缓了德国与日本靠拢的过程。③

在被动应付日本军事侵华的外交过程中，中国亦曾尝试主动出击，建立一个针对日本的军事同盟。在日本侵占海南岛之前，国民政府虽有结盟抗日的方针，但在实际的外交行动上动作迟缓，主要原因在于结盟抗日的外部条件尚未成熟。检讨抗战前期的国民政府外交，《苏德互不侵犯条约》的订立及日德意同盟是学界观察国民政府外交应对的两个重要节点，围绕两个节点前后的外交研究比较充分。这两个节点当然十分重要，但国民政府为应对日本侵略而展开的外交举措仍有很多重要的线索需要予以梳理。④日军侵占海南岛之后，国民政府曾提出类似于军事同盟的中法英军事合作构想，但由于资料的限制，学界对于此时期的中法英军事同盟设想所知甚少，关注点主要是同时期的英、法、苏互助谈判，而非中、法、英的军事同盟设想。⑤但仍需要指出的是，在中文资料比较缺乏的情形下，既有研

---

① 左双文：《转向联德，还是继续亲英美？——滇缅路事件后国民党内曾谋划调整外交路线》，《近代史研究》2008年第2期。

② 王建朗：《太平洋会议是怎么回事——关于远东慕尼黑的考察之一》，《抗日战争研究》1996年第3期。

③ 章百家：《抗日战争前期国民政府对美政策初探》，载中美关系史丛书编辑委员会主编《中美关系史论文集》第2辑，重庆出版社1988年版；章百家：《抗日战争时期国共两党的对美政策》，《历史研究》1987年第3期。

④ 王建朗：《二战爆发前国民政府外交综论》，《历史研究》1995年第4期；鹿锡俊：《蒋介石对日德意三国同盟的反应》，《近代史研究》2013年第3期；鹿锡俊：《蒋介石对〈苏德互不侵犯条约〉的反应》，《近代史研究》2011年第3期。

⑤ 王建朗较早论及此构想，并对英美法态度进行了评论，参见王建朗《二战爆发前后国民政府外交综论》，《历史研究》1995年第4期；关培凤提出了建立反日同盟思想这一课题，参见关培凤《中国与世界反法西斯联盟》，武汉大学出版社2009年版，第47—63页；鹿锡俊明确提出英法苏互助合作问题，参见鹿锡俊《蒋介石对〈苏德互不侵犯条约〉的反应》，《近代史研究》2011年第3期。

究已经提出了组建中法英苏同盟这一构想的重要历史线索。①

从 1939 年 2 月日本侵占海南岛，至 1939 年 9 月德国突袭波兰，国民政府为组建有英法加入的远东军事同盟曾多方交涉。在蒋介石授意下，国民政府相关部门先提出中法英军事合作计划，欧战爆发后，又主动提出中法英军事合作备忘录，希望与英法结成军事同盟。对于蒋介石所提出的中法英远东地区的军事合作计划，英国态度消极，但在国民政府的要求下，并未断然拒绝，而法国一直态度暧昧，并不正面予以回答。英法两国，尤其是法国，寄望于美国的参与。美国方面态度明确，不会加入类似计划。英国认为，中国对欧洲局势保持中立，将有益于中国的抗日战争，因为中立意味着日本无法公开在远东排挤英法两国；法国虽然也不愿成立军事同盟性质的中法英协定，但不愿公开拒绝中方的提议，其担忧在于，中国会因此而倒向日本，进而威胁到法国在远东的利益。②

宣战问题是战时中国外交的一个重要问题，牵涉到战时外交的各个方面。既有的研究，已经涉及了国民政府内部关于宣战的讨论，并注意到了以蒋介石为首的国民政府在对日宣战问题上的态度及其前后之变化。现有事实性的叙述，对于深入探讨国民政府的对日宣战问题提供了必要的线索。③ 新近的研究指出，是否对日宣战，亦是中国主动外交的一个重要方面。国民政府在九一八事变后就曾调研过对日宣战问题，并取得一些共识；全民族抗战爆发后国民政府进一步分析对日宣战的利害，认为不宜宣战。日本详细研究相关问题后，亦认为宣战弊大于利。德国突袭波兰后，宣战问题演变为国民政府如何应对日本对华宣战。在此前后，英国不建议中国对日宣战。从根本上而言，中日双方是否相互宣战，取决于各自对利弊两端的判断。④

国民政府在积极争取外援抗日的同时，仍保留对日秘密交涉的渠道。学界已经改变一味指责七七事变后国民政府投降的观点，但分歧还是存在的，一个主要的原因就在于断续存在的中日秘密交涉。有学者认为，秘密

---

① 王建朗：《欧洲变局与国民政府的因应——试析二战爆发后的中国外交》，《历史研究》2014 年第 4 期。

② 侯中军：《二战爆发前后国民政府的中法英军事结盟计划》，《近代史研究》2019 年第 3 期。

③ 王树荫：《国民党对日宣战问题初探》，《北京师院学报（社会科学版）》1988 年第 3 期；张皓、叶维维：《1937 年 7 月至 1938 年 1 月关于对日宣战问题的论争》，《晋阳学刊》2015 年第 2 期；等等。

④ 侯中军：《论全面抗战爆发后国民政府的对日宣战》，《湖北社会科学》2019 年第 7 期。

交涉是对抗战的动摇,因为中日之间的"和平交涉"不是国际法意义上的"媾和",其性质是政治诱降。蒋介石每当军事上严重失利、日本施弄诱降策略时,便谋求妥协。① 另有学者认为,战争中的双方在不分胜负的情况下,暗中直接交涉或通过第三者斡旋达成妥协以结束战争,乃正常之举。妥协是双方面的,妥协不等于投降。关键不在形式,而在内容,在于蒋介石准备做出什么样的让步。蒋介石在交涉中始终坚持恢复七七事变前的状态,反对日本的防共驻兵,是有基本原则的。在当时的国力和国际环境下,蒋介石提出的交涉条件是恰当的。②

欧战爆发后,由于英美注意力的西移,中国更加孤立,国民政府期望在可以接受的条件下与日本达成妥协。中日之间的秘密接触达到空前程度,其路线、规模和深度都是前所未有的,其中最重要的一次是日本称之为"桐工作"的日蒋香港—澳门会谈。③ 无论是对秘密交涉持批评态度的学者,还是视其为战时正常因应的学者均认为,尽管日本意图通过谈判不战而胜,但中国也有自己的打算。蒋介石有时对"和谈"并非真心实意,有时带有明显的策略目的,谈判被作为兵不厌诈的策略而使用。④ 研究者认为,对和谈问题的任何简单化的看法都将妨碍对事物全貌和本质的认识。⑤

自九一八事变以来,日本军事当局内部一直在争论谁是日本的第一假想敌,苏联一直占据着这一最重要敌人的身份,因此北进方针长期居于日本战略中不可动摇的地位。全面战争爆发后,日本被迫放弃北进,改为向南发展。欧战爆发后,日本向英法施加压力,阻断滇越铁路的运输,并要求关闭滇缅路。1941 年 4 月 13 日,苏日订立《苏日中立条约》,为日本南进解除后顾之忧。美国为缓和太平洋上的压力,开始对日接触和谈判。美国此时的政策表现出矛盾性:既想利用与日本的谈判,乃至牺牲中国的局

---

① 沈予:《论抗日战争期间日蒋的"和平交涉"》,《历史研究》1993 年第 2 期。
② 蔡德金:《如何评价卢沟桥事变爆发后蒋介石的对日交涉》,《抗日战争研究》1996 年第 3 期。
③ 陶文钊、杨奎松、王建朗:《抗日战争时期中国对外关系》,中共党史出版社 1995 年版,第四章。
④ 王建朗:《抗日战争时期中外关系研究述评》,《抗日战争研究》1999 年第 3 期。
⑤ 杨天石:《抗战前期日本"民间人士"和蒋介石集团的秘密谈判》,《历史研究》1990 年第 1 期;杨天石:《"桐工作"辨析》,《历史研究》2005 年第 2 期;汪熙:《太平洋战争与中国》,《复旦学报》1992 年第 4 期;沈予:《论抗日战争期间日蒋的"和平交涉"》,《历史研究》1993 年第 2 期。

部利益来安抚日本，拖住日本南进步伐，又不准备无限制地向日本让步，以致牺牲整个中国，甚至还要大力援助中国。① 为应对日本逐渐扩大的战争威胁，美国加大援华力度，对华援助逐渐由经济层面提升到军事层面，《租借法案》通过后，又派出"马格鲁德使团"，并组建美国援华空军志愿队。②

法国是中国抗战前期争取的重要大国之一，但整体而言，目前的研究仍然相对薄弱，成果少见。研究指出，战时中法关系由于受到各种因素制约，法国对华政策摇摆不定，但中国仍尽力争取到了法国的一些军事援助，尤其是法国军事顾问团短期到访。③ 1940年6月之前，在过境越南运输援华物资问题上，法国事实上一直给予中国便利，并未完全断绝。④ 天主教在华传教士是"二战"期间中国需要处理的一个重要涉外问题。⑤

学界曾用"苦撑待变"来简要概括抗战前期的国民政府抗日战略，"苦撑待变"既是军事战略又是外交战略的指针。在东亚具有重要影响的大国可以分为三类：一是英法美；二是德国；三是苏联。明智而妥善地处理与这三类国家的关系，是实现"苦撑待变"的基础，即"中立德国，不使为敌"；"联合苏联，争取军援"；"依靠英美，力促其变"。⑥ 除上述大国之外，对于中小国家如荷兰，国民政府都曾联络交涉，引为外援。⑦

整体而言，七七事变爆发后至1939年9月欧洲战争爆发之前，为抵抗日本侵略，中国在外交上采取两种路线：一方面通过国联和《九国公约》组织，寻求从国际上联合制裁日本侵略；另一方面，积极向英、法、美、苏、德等国求援。在寻求制裁日本以及向列强求援的过程中，已有研究亦充分注意到英法美德等国的调停活动。事实上，在"二战"爆发之前，除一般性的求援外，国民政府基于抵抗日本侵略而做出的外交应对还有更为

---

① 陶文钊、杨奎松、王建朗：《抗日战争时期中国对外关系》，中共党史出版社1995年版，第五章。

② 步平、王建朗主编：《中国抗日战争史》第5卷，社会科学文献出版社2019年版，第七章（二）。

③ 陈晋文：《法国军事顾问团来华与抗战前期中法关系》，《民国档案》1998年第2期。

④ 刘卫东：《论抗战前期法国关于中国借道越南运输的政策》，《近代史研究》2001年第2期。

⑤ 杨卫华：《抗战时期中国对德意传教士的控制政策与地方实践》，《近代史研究》2020年第6期。

⑥ 王建朗：《二战爆发前国民政府外交综论》，《历史研究》1995年第4期。

⑦ 侯中军：《论全面抗战爆发后的中荷关系》，《民国档案》2020年第4期。

积极的一面：提议成立针对远东地区的中、法、英军事同盟，并建议让美、苏加入。尤其值得指出的是，早在日本侵占海南岛后，为打破僵局，蒋介石就曾希望组建由中法英苏等参加的军事同盟类组织。档案资料表明，国民政府确曾向英法美等国提出过正式建议，并被认真讨论。① 虽然对欧战有各种预判，但欧战爆发后，国民政府并未欢欣鼓舞，而是在重重疑惑和担心中度过最初阶段。苏德的突然妥协出乎中国意料，国民政府不得不谨慎应对，并力图因势利导。此时，蒋介石对德宣战的主张和设想，竟然受阻于下属而未能实现。②

四 太平洋战争爆发后加入反法西斯同盟与战时盟国外交

1941年太平洋战争爆发。中国对日、德、意宣战，日本对英美宣战后，久悬不决的对日宣战问题终于明朗化，中国内部主流意见认为应立即对日宣战，并建议反法西斯国家一致对轴心国集团宣战。此议得到美国赞同。国民政府迅即对日宣战，而日本则并未做出对等的反应。日本始终未能对华宣战，其背后的逻辑或许在于：即使战败于美英，亦不会影响到在华已经获得的种种权益，此种逻辑显然是不成立的。③ 1942年1月1日，中国领衔签署《联合国家宣言》，这是中国走向大国地位的起点。宣言签署后，罗斯福对宋子文表示，欢迎中国成为"四强"之一。1943年《莫斯科宣言》发表，确认美英苏中四国对战时及战后世界安全的重大责任，美国不时予中国以鼓励。但在最初，国民政府领导人对"四强"一词使用频率不高，且颇为克制。④

在抗战前期，废约问题并未进入中国对英美外交的议事日程，但作为对中国的一种道义支持和精神声援，美英政府数次声明，将在远东战争结束后与中国讨论废约问题。研究者指出，中国战场的重要性及中国在新的

---

① 侯中军：《二战爆发前后国民政府的中法英军事结盟计划》，《近代史研究》2019年第3期。
② 王建朗：《欧洲变局与国民政府的因应——试析二战爆发前后的中国外交》，《历史研究》2004年第4期。
③ 侯中军：《论全面抗战爆发后国民政府的对日宣战》，《湖北社会科学》2019年第7期。
④ 王建朗：《大国意识与大国作为——抗战后期的中国国际角色定位与外交努力》，《历史研究》2008年第6期。

国际关系中的重要地位，使得中国与英美等盟国间不平等条约的存在成为一种荒谬现象。中国与英美都开始考虑提前废约的问题。① 与英美等成为战时盟国后，为鼓舞中国人民的抗战意志，废约问题开始提上日程。《联合国家宣言》发表后，英美同意与中国就废除不平等条约问题展开谈判，学者们对废约问题有深入详细的研究。美英在废约问题上态度基本是一致的，但在具体约文方面，英国提出若干保留条款，尤其是提出保留香港。英国坚持殖民主义态度，不肯讨论交回新界租借地问题。② 有学者通过进一步比较研究后指出，英美的确在总体上力求协调，并在全局上保持同一步调，但他们之间存在很大差异。在沿海贸易与内河航行权、经营商业的国民待遇及购置不动产等问题上，英美都存在分歧。英美之间分歧产生的原因，不在于英美在华经济利益或英美国内体制上的差异，更深层的原因是，英美对于战后世界的勾画，对于中国角色的期待和定位都有着相当不同的认识。③ 1943年1月11日，中美新约、中英新约同时订立，中国终于实现抗战废约，这是一件具有历史意义的事件。从法理而言，中国在国际社会中的平等地位已经得到确认。新约的订立，是包括中国共产党在内的全体中国人民奋勇抗战的直接结果。④

太平洋战争爆发后，美英开始对华提供巨额贷款。抗战时期的中美租借关系对于整个战时中美关系发展有重要影响，对于战争及战时财政经济影响巨大。⑤ 在谈判新约的过程中，美国对华迅速达成5亿美元贷款协议，这笔贷款无任何附加条件，是继《联合国家宣言》后，中国大国地位的实际体现。英国对华贷款则相对充满波折，1944年5月2日双方才达成协议，英国同意供给中国政府不超过5000万镑贷款，第一次以不超过1000万镑作为公债担保，以后视情况增加。⑥

战时中英关系还需注意蒋介石访问印度及滇缅路问题。一般认为，相

---

① 王建朗：《中国废除不平等条约的历史考察》，《历史研究》1997年第5期。
② 刘存宽：《1942年关于香港新界问题的中英交涉》，《抗日战争研究》1991年第1期；李世安：《1943年中英废除不平等条约的谈判和香港问题》，《历史研究》1993年第5期；陶文钊：《太平洋战争期间的香港问题》，《历史研究》1994年第5期。
③ 王建朗：《英美战时废约政策之异同与协调》，《抗日战争研究》2003年第3期。
④ 王建朗：《中国废除不平等条约的历史考察》，《历史研究》1997年第5期。
⑤ 吴景平：《抗战时期中美租借关系述评》，《历史研究》1995年第4期。
⑥ 陶文钊、杨奎松、王建朗：《抗日战争时期中国对外关系》，中共党史出版社1995年版，第七章第二节。

较于中美关系的发展，中英关系似乎充满矛盾。1942年蒋介石访印，试图调解英印关系，但显然未能达到目的。在访印之后，蒋介石继续投入相当精力介入英印政治纠纷，引发英国的猜疑和不满，蒋更多的是出于其解放亚洲被压迫民族的政治理念。① 1943年宋子文访英，希望解决中英之间存在的诸多悬而未决的难题，缓和了两国紧张的关系。② 鉴于中英之间的矛盾，宋美龄访英之行则未能实现。③ 英国此时仍企图向西藏扩张，中国在对英交涉中坚持西藏是中国固有领土的严正立场。④

需要特别指出的是，1943年中国军事代表团访英，英国首相丘吉尔发表广播讲话《胜利后的英国》，否定中国的"四强"地位。中方立即提出强烈抗议，英国外交部亦认为丘吉尔讲话有不妥之处，并向中方作出解释，曾在3月22日以丘吉尔名义起草一份电报草稿，对前一天的讲话进行解释。罗斯福亦希望丘吉尔找机会发表声明，承认中国的"四强"地位。但是，对于丘吉尔是否确曾发出这份解释性电文，学术界有不同意见。有学者指出，英国外交部确实曾起草了一份发给艾登的电报，建议艾登利用以后的场合表达如下意思："在世界重建的任务中，我们期待着中国作为能够在世界事务作出最大贡献的四大强国之一。"但丘吉尔认为没有必要发表这样一份声明，因为他认为将中国视为同英国、美国或苏联一样的世界强国是与事实不相符的，他不想签署这样的声明。⑤ 侯中军通过梳理英国外交部档案证实了这一说法。致艾登的上述电文，应该仅限于纸面。报告是由英国外交部远东司起草的，该司司长克拉克在草稿结尾处签了自己的名字。⑥

太平洋战争爆发后，设立中国战区。在军事方面，中国与盟国发生关

---

① 陈谦平：《1942年蒋介石访印与调停英印关系的失败》，《南京大学学报（哲学·人文科学·社会科学）》1991年第3期；肖如平：《抗战时期蒋介石访问印度的再考察》，《浙江大学学报（人文社会科学版）》2018年第5期；张俊义：《蒋介石访印与战时中英关系——基于英国视角的考察》，《晋阳学刊》2020年第6期。

② 陈谦平：《太平洋战争爆发后的中英关系》，《南京大学学报（哲学·人文科学·社会科学版）》1995年第4期。

③ 肖如平：《抗战时期英国邀访宋美龄再考察》，《近代史研究》2016年第3期。

④ 陈谦平：《1943年中英关于西藏问题的交涉》，《历史研究》1996年第4期。

⑤ 陈谦平：《第二次世界大战期间中国的一次外交努力——宋子文1943年访英述评》，《南京大学学报（哲学·人文科学·社会科学）》1995年第4期。

⑥ 侯中军：《英国与国民政府的战后处置计划兼及台湾问题（1941—1943）——以英方外交决策和报告为中心》，《中山大学学报（社会科学版）》2016年第3期。

系最多的是缅甸战役,盟国之间在缅甸战役问题上的合作与纷争,构成大战期间中国对外关系的重要方面。此时,中国战区之内,中国没有派代表参加美英联合参谋长会议,美英两国也没有讨论过中国大陆的战略指挥和部署,中国基本上仍是独立作战。在缅甸保卫战中,蒋介石与史迪威的指导思想存在很多分歧。受多种不利因素影响,盟军战败。[1]

中美关系发展迅速,但是,由于历史、文化、传统、价值观、制度和实力等方面的差异,中美在战争中是一对不协调的盟国,双方合作中充满摩擦与冲突,特别是史迪威与蒋介石之间的矛盾,颇引人注目。有论者指出,史蒋矛盾,不只是个人性格上的冲突,而是美国与国民党政策矛盾的体现。[2] 美国以战胜日本为首要目的,要求蒋介石全力抗日,并曾企图增强和发挥共产党部队的抗日作用。而蒋介石此时已开始把战后与中共的斗争放在重要位置,总想保存实力,消极抗战。这是史蒋分歧的根本原因。[3] 蒋介石对美国多有不满,对美国援华物资太少不满,对美英联合参谋长会议和军火分配委员会中没有中国代表不满,对史迪威监管与控制美国援华租借物资不满。[4] 战时生产局是抗战时期中美关系的重要内容之一,作为史迪威事件后美国支援中国抗战的关键机构,战时生产局缓解了中美因租借物资管理权而产生的矛盾,但战时生产局并未扩大美国的援华力度,反映了战时中美军事合作机制的缺陷,以及中国在美国战略版图中的边缘地位。[5]

五 强权政治下战后世界政治经济秩序的重建

联合国是当今世界最为重要的国际组织,创建于世界反法西斯战争期

---

[1] 陶文钊、杨奎松、王建朗:《抗日战争时期中国对外关系》,中共党史出版社1995年版,第七章第三节。

[2] 王建朗:《抗日战争时期中外关系研究述评》,《抗日战争研究》1999年第3期。

[3] 魏楚雄:《论"史迪威事件"及其原因》,《近代史研究》1985年第1期;章百家:《抗战时期中美合作的历史经验——由史迪威在华经历所想到的》;金光耀:《蒋介石与史迪威和陈纳德的关系》,均载史迪威研究中心编《史迪威将军与中国——纪念史迪威将军逝世45周年》,重庆出版社1992年版。

[4] 陶文钊、杨奎松、王建朗:《抗日战争时期中国对外关系》,中共党史出版社1995年版,第七章第三节。

[5] 皇甫秋实:《中美调整租借物资管理模式的尝试与局限——以中国战时生产局为中心的考察》,《近代史研究》2020年第3期。

间，是反法西斯盟国联合作战及筹划战后国际秩序的产物。作为世界反法西斯战争的重要盟国，中国曾积极参与联合国的各项筹备工作，学界对此主题的研究已经比较丰富。基本上，可以从参与战后国际政治秩序的重建和参与战后国际经济秩序的重建两大线索来理解中国走向大国行列的历史进程。中国在战后秩序缔造过程中，有自己的独立思考，与其他三强既有共同主张，又有独立见解，为战后秩序做出了独特的努力和贡献。①

梳理现有研究成果，可以发现，在布雷顿森林会议前召开的国际粮食问题会议一直未能进入两大秩序研究的线索之内。国际粮食问题会议是盟国筹划战后国际政治经济秩序的第一个正式会议，是一个起点。中美、中英新约订立后，中国已从法理上成为主权平等的一员，在美国的主持下，中国参与了粮农组织的筹备与创建工作，在树立大国形象的同时，进一步奠定了中美合作的基础。联合国家粮农会议是战时盟国为构建战后国际政治、经济秩序，首次召开的大规模国际会议。②

抗战后期国民政府在中国走向大国的进程中不乏主动作为。太平洋战争爆发不久，中国便开始考虑自身在战后的地位问题。对于亚洲事务，中国作为东亚大国，担负起了对地区邻国的道义责任，扶助朝鲜抗日力量，支持越南独立运动。中国对确保四个大国在国际组织中的优势地位进行过认真思考，在时间上比以往的认识要早得多，涉及的方面也比较广泛，绝不只是单纯地呼应美国提出的构想，而是有着自己的主动思考。③ 在太平洋战争爆发前，基于对国际联盟的失望，国民政府及国民党有过在战后产生集体安全组织的提法，但只是一般性呼吁，没有具体的政策讨论。在领衔签署《联合国家宣言》后，中国决策层就联合国的组织架构、运作机制以及中国在其中的地位提出多个方案，将确保中国的大国地位作为参与筹建联合国的首要目标。国民政府在敦巴顿橡树园会议上采取务实方针。至旧金山会议中国的大国地位已基本确立时，中国代表团才更多地关注联合国的组织和机制。④

学界认为，中国大国地位的取得，并非英美的恩赐，而是对一种历史

---

① 王建朗：《浅议二战后国际秩序设计的几个特点》，《近代史研究》2013年第6期。
② 程朝云：《国民政府与联合国粮农组织的创建及早期活动》，《近代史研究》2020年第4期。
③ 王建朗：《大国意识与大国作为——抗战后期的中国国际角色定位与外交努力》，《历史研究》2008年第6期。
④ 金光耀：《国民政府与联合国的创建》，《中国社会科学》2003年第6期。

现实的承认，中国在参与筹建联合国过程中做出了自己的贡献。① 中国参与创建联合国与中国四强地位的确立有密切关系，中国为联合国的成立和《联合国宪章》的制定做出了积极贡献，"体制性地标志着中国跨入大国行列，影响深远"。② 基于相关档案，既有研究已经指出"国民政府在敦巴顿橡树园会议上采取务实的方针"，确保了中国的大国地位，到旧金山会议上中国才将对联合国的主张一一提出。③

学界通常认为，中国参与政治秩序的重建系从敦巴顿橡树园会议开始，历经旧金山会议、伦敦会议，直到 1946 年 1 月首届联大开幕。参与国际经济秩序的重建从参与布雷顿森林会议开始计算，历经伦敦会议、日内瓦会议、哈瓦那会议，最终形成战后国际经济秩序。在中国参与战后世界经济秩序重建的一些重要领域，学界已有一定的研究，认为中国在国际货币基金组织、世界银行及关贸总协定创建时考虑不发达国家的利益，并将不发达国家的工业化作为战后世界经济发展的重要内容。④ 在战后金融体系重建方面，学界认为中国在参与国际货币基金组织的过程中秉持"实利为要"的态度，争取中国应得的份额，在建设战后国际货币金融秩序中做出了自身的贡献。⑤

在参与战后国际政治经济秩序重建的过程中，中国一方面建立起大国地位，另一方面也感受到强权政治的新的不平等。这是在抗战废约实现后，中国国家在对外关系中面临的一种新的环境。中美关系矛盾和冲突的严重性也大大超过人们以往的认识。在开罗会议上，蒋介石的态度并不积极，中国对会议的准备及会议中的会晤采取了低姿态。⑥

在雅尔塔会议上，美苏两国达成关于苏联参战的秘密协议，在没有中国代表出席的情形下制定了有损中国主权的条款。中国曾通过多种渠道探

---

① 李铁城：《中国的大国地位及对创建联合国的贡献》，《中国社会科学》1992 年第 6 期；刘少华：《中国与联合国的创建》，《世界历史》1996 年第 3 期。
② 步平、王建朗主编：《中国抗日战争史》第五卷，社会科学文献出版社 2019 年版。
③ 金光耀：《国民政府与联合国的创建》，《中国社会科学》2003 年第 6 期。
④ 张士伟：《中国与战后国际经济组织的创建》，《近代史研究》2013 年第 1 期。
⑤ 王丽：《重建战后金融体系的努力：国民政府与国际货币基金组织》，《史林》2015 年第 1 期；高作楠：《参与构建战后国际货币金融秩序：中国与布雷顿森林会议》，《民国档案》2018 年第 2 期。
⑥ 王建朗：《信任的流失：从蒋介石日记看抗战后期的中美关系》，《近代史研究》2009 年第 3 期。

听《雅尔塔密约》的内容。顾维钧通过与李海的私人关系，在赫尔利以私人身份向蒋介石通报之前，已经得悉密约的准确内容。在宋子文与美方商议对苏谈判方针的同时，蒋介石与苏联驻华大使亦就中苏谈判的前期工作进行多次谈话。在筹备即将进行的中苏谈判时，宋子文、顾维钧等曾密议以战后民族解放潮流的高涨阻止苏联对华主权的侵犯，顾维钧进而建议尽量拖延中苏谈判。美苏两国都在关注中国赴苏代表团人选，顾维钧在临近出发的时刻被排除在大名单之外。[1] 在出席旧金山会议中国代表团组成问题上，中国共产党提出派代表参加旧金山联合国制宪会议。国民党起初拒绝中共的提议，后在顾维钧的建议下，又经罗斯福劝解，蒋介石最终接受了联合中共组成代表团的建议。[2]

宋子文在旧金山会议尚未结束之时，提前回国，准备中苏谈判。在第一阶段谈判后，宋子文坚辞外交部长，由王世杰接任，继续中苏第二阶段的谈判。有学者指出，中苏谈判及所签条约是第二次世界大战后期主要盟国间力量对比关系和战争所造成的客观形势的历史记录，是苏美之间以及苏联与国民党政府之间进行政治交易的结果。[3] 中苏《友好同盟条约》谈判期间，国民政府随时向美国求援，美国总统杜鲁门推脱美方责任，认为中方做出了超越雅尔塔协定的让步，并在谈判最后关头开始态度趋向强硬，这大体上是一个旧式的不平等条约。[4] 抗战结束前后，中国在外交上遭遇两大挫折，一是中苏《友好同盟条约》，二是英国重占香港，这两点很能说明中国国际地位提高后所处的实际地位。[5] 在新中国成立后相当长的时期内，学界对这项条约持肯定态度。改革开放后，学界出现一分为二的评价，认为苏联此举既有协助中国对日作战的一面，也有恢复沙俄在日俄战争中失去权益的一面，不应全面肯定。对于中国革命，该约也产生了双重影响。[6] 战后，香港被列入中国战区受降范围之内，然而英国主持香

---

[1] 侯中军：《1945年中苏谈判前国民政府围绕雅尔塔密约的外交交涉》，《学术月刊》2021年第4期。
[2] 邓野：《旧金山会议中国代表团组成问题》，《历史研究》1994年第3期。
[3] 刘存宽：《雅尔塔协定与1945年中苏条约》，《史学集刊》1991年第1期。
[4] 陶文钊、杨奎松、王建朗：《抗日战争时期中国对外关系》，中共党史出版社1995年版，第十一章；王建朗：《中国废除不平等条约的历史考察》，《历史研究》1997年第5期。
[5] 王建朗：《抗日战争时期中外关系研究述评》，《抗日战争研究》1999年第3期。
[6] 王真：《动荡中的同盟——抗战时期的中苏关系》，广西师范大学出版社1993年版，第六章。

港的受降，并重新占领了香港。①

美国在抗战后期卷入国共政争。赫尔利来华是一个标志性事件。赫尔利访问延安时接受中共的五点建议，过去曾被认为是一个骗局。现在，绝大多数研究者认为赫尔利是认真的，因为赫尔利调处国共矛盾的目的，是要使中共武装置于国民政府控制之下，建立以国民党为中心的民主联合。赫尔利回重庆后变卦，转而支持蒋介石的三点反建议另有其原因。研究者大多认为赫尔利的行为基本符合罗斯福的对华政策，但在扶蒋抑共方面有时比美国政府的政策走得远些。②

六 中国共产党对外关系的发展

抗战时期是中共初次登上外交舞台的时期，也是中共外交政策走向成熟的时期。中共的对外政策在理论和实践上都与建立统一战线这个总政策相关联。抗战初期，在中共的国际反日统一战线的构想中，苏联一直占据最重要的地位。但与苏联和共产国际的特殊关系有时也产生一些消极作用，此点在1939年8月前后尤为明显。③ 有学者依据毛泽东与斯大林之间关于建立统一战线和联合政府的三封往来电报，认为毛泽东第一封电报并非中共的真实想法，只是试探斯大林的态度。这反映了中苏两党关系的微妙和复杂，对动机的判断必须以系统、全面的史料考证为前提。④

学界对于抗战时期的中共对美政策已经有相当多的研究，在中共党史学界以及国际关系史学术界，凡涉及中共外交的著作，对此均有提及。⑤ 欧战爆发后，中共对美英等国的认识尽管时有反复，但在总体上已经意识

---

① 刘存宽：《英国重占香港与中英受降之争》，《抗日战争研究》1992年第2期。
② 牛军：《赫尔利与1945年前后的国共谈判》，《近代史研究》1986年第1期；陶文钊：《赫尔利使华与美国政府扶蒋反共政策的确定》，《近代史研究》1987年第2期；章百家：《美国对华政策新解》，《历史研究》1990年第4期。
③ 牛军：《抗战时期中共对外政策的演变》，《抗日战争研究》1991年第1期。
④ 沈志华：《动机判断与史料考证——对毛泽东与斯大林三封往来电报的解析》，《近代史研究》2019年第5期。
⑤ 杨奎松：《中间地带的革命：国际大背景下看中共成功之道》，山西人民出版社2010年版；陶文钊：《中美关系史》，上海人民出版社2016年版；牛军：《从延安走向世界——中国共产党对外关系的起源》，中共党史出版社2008年版。最近的研究参见牛军《合作—"中立"—对抗：1944—1946年中共对美政策再探讨》，《四川大学学报（哲学社会科学版）》2016年第1期。

到，意识形态的差异并非不可逾越的障碍。1938年10月，在中共中央六届六中全会上，毛泽东阐明了中共在外交问题上的政策原则，即坚持自力更生为主，同时不放松争取外援，体现了中共坚持的阶级观念。1940年7月以后，随着美国援华制日的立场渐趋明朗，中共提出了注意英美与德意的区别，不应反对利用英美的外交。①

中共外交起源于抗战后期，战时美苏国共的四方关系，一直是中共外交的重要研究议题。太平洋战争爆发后，中共对美政策出现十分积极的变化，中共努力争取舆论的同情，并多次表示愿意与美军合作。② 美军观察组抵达延安，开启中共"半独立外交"的序幕。美军延安观察组是抗战时期中共与美国政府之间建立起来的联系渠道，在研究中共对美外交起源时，延安观察组是一个必须涉及的课题。在充分使用已有资料的基础上，学界对观察组的研究已经涉及派遣的缘起、目的、经过及结果。一般认为，美军观察组的目的是搜集有关日军的情报、了解中共的实力和在对日反攻中的作用，以便探寻日后美国与中共合作的可能性。③ 仍需要指出的是，学界对中共外交的理论认识存在一定的模糊之处。

在研究美军观察组时，学者们大多使用美国所藏相关观察组成员的档案以及当事人的各种回忆录，中共档案使用较少。据知情者披露，中央档案馆所藏相关档案有70多件，已经可以为学界所用。中共领导人与美军观察组成员之间建立起了良好的工作关系和友谊，亦是现有研究中提出的一种认识。④ 关于中共领导人与美军观察组的交往，以及其给观察组留下的良好印象，有研究认为这是中共刻意构建自身的抗战形象，并对外弘扬不屈不挠的抗战精神。⑤ 美国学者将20世纪40年代后期中共与美国关系的恶化归因为"一种悲剧式的演变必然导致的结果，不能责怪任何一方"。

---

① 章百家：《抗日战争时期国共两党的对美政策》，《历史研究》1987年第3期。
② 陶文钊：《四十年代中美关系史上新的一页》，《党史研究》1987年第6期；王邦宏：《论太平洋战争时期美国政府与中国共产党的关系》，载汪熙主编《中美关系史论丛》，复旦大学出版社1985年版。
③ 杨冬权：《关于1944年美军观察组考察延安的几个问题——基于中央档案馆藏相关档案的研究》，《党的文献》2015年第5期。
④ 于化民：《中美关系史上特殊的一页——中共领导人与延安美军观察组交往始末》，《东岳论丛》2006年第4期。
⑤ 彭波：《从美军观察组访问延安看中共抗战形象的构建》，《毛泽东思想研究》2018年第6期。

中国学者认为,"那一时期的事件反映出政治上估计的错误,而美国方面应当承担主要的责任"①。中共与美国之间一直存在着合作的机会,但美国政府并未意识到它需要利用这种"机会",中共提出的在平等的基础上发展合作关系的任何建议,都难以被美国领导人接受。②

随着苏联对英法美政策的变化,中共中央的立场也有所变化。有一种传统论点认为,抗战时期苏联只支持国民政府,没有支持中共。但有学者认为,苏联在抗战时期给了中共有限的支持。"这种支持被限制在一定的范围内,支持的程度也有一定限制。"苏联在支持中共问题上存在局限性,是不彻底的,苏联对中共实行的是向心控制。这种控制在中共已经成长为一个成熟的马克思主义政党的条件下,"实际上已是不可能",控制力是逐渐减弱的。③

在与苏联及共产国际打交道的过程中,中共的独立自主意识开始增强,抗战时期中共对苏关系的主导方面是独立自主。中共的独立自主意识是在长期的革命实践中,特别是汲取盲目服从共产国际的错误指导而给中国革命造成严重损失的教训后才逐步形成的。抗战时期的复杂形势锻炼了中共独立自主正确制定和执行自己的政治路线、斗争策略和行动方针的能力。六届六中全会后,中共对革命中的许多问题都独立自主地进行处理,展示了党的智慧和魄力,比如在整风运动及苏联请求出兵问题、联合政府问题上的表现。④

七 结 语

抗日战争是中国走向复兴的转折点,经此一战,中国的国运和中华民族的命运得到改变。尽管抗日战争史研究已经取得极为丰富的成果,但"同中国人民抗日战争的历史地位和历史意义相比,同这场战争对中华民

---

① 袁明、[美]哈里·哈丁主编:《中美关系史上沉重的一页》,北京大学出版社1989年版,第9页。
② 章百家:《抗日战争时期国共两党的对美政策》,《历史研究》1987年第3期。
③ 王真:《动荡中的同盟——抗战时期的中苏关系》,广西师范大学出版社1993年版,第201—202、220页。
④ 王真:《动荡中的同盟——抗战时期的中苏关系》,广西师范大学出版社1993年版,第四章。

族和世界的影响相比，我们的抗战研究还远远不够，要继续进行深入系统的研究"①。如何深入系统研究，一个基本共识是，要把抗日战争史作为一门科学来研究，必须"坚持科学态度，拒绝历史虚无主义，维护学术规范与尊严"，只有这样，"理性之花的开放才是长盛不衰的"②。

从理论而言，需要继续加大国际法理论的引入。十四年抗战说的确立，从理论上对战时中外关系的研究提出了一个问题：如何认识和评判七七事变之前的中日外交关系？相较于七七事变之后，抗战前期的中日关系仍属于正常的国家间外交关系，而战争时期的正常外交的维系，是否会从理论上冲击"战争"的定义？是否需要细化不同的战争烈度和规模，将"冲突"一类的低烈度、小规模、偶发性的军事战斗排除于战争之外？对于前辈学者而言，不存在这样一个难题。传统国际法认为，战争必须以宣战的形式开始，但根据现代国际法的规则，是否存在国际法上的战争状态，交战各方是否存在交战意识是决定性的因素。战争爆发的法律后果，一是外交与领事关系的断绝；二是经济贸易关系的中断；三是条约关系的变化；四是交战国人民及其财产带有敌性。③

从具体外交案例而言，国际法理论的引入仍将在判定历史事实方面发挥基础性作用，必将对进一步提升战时外交研究的理论水平起到引领作用。九一八事变爆发后，中国上诉国联，国联派遣李顿调查团来华调查。基于对中日两国历史及现实的调查结果，《李顿报告书》不承认日本单方改变现状，要求日本军队退回铁路区域内，但是并未从法理上判定日本发动九一八事变的理由是否违反中日之间的条约规定。国内学界仍需继续努力，从国际法上论述日本违反了中日间的条约规定。英国内部的调查报告，亦未能明确中日各自是否违反条约规定。对九一八事变爆发的国际法研究，仍需深入。宣战问题是另一个需要深入论述的国际法问题。中国自九一八事变后就开始考虑对日绝交宣战，但一直到太平洋战争爆发，方对日宣战，而日本始终未对华宣战。探究宣战的国际法理及相关问题的深层

---

① 《习近平：让历史说话用史实发言，深入开展中国人民抗日战争研究》，《人民日报》2015年8月1日第1版。
② 王建朗：《抗战研究的方法与视野》，《抗日战争研究》2016年第1期。
③ [英]劳特派特修订：《奥本海国际法》下卷第一分册，石蒂、陈健译，商务印书馆1972年版，第二节。

次影响仍极有必要。此外，对于伪满、汪伪政权的国际法研究仍非常薄弱，如何从法理上研究伪政权及其历史，仍属一个理论上的空白点。作为研究伪政权的类似课题，汉奸及通敌研究的范畴和性质问题仍属于相当大的理论盲区，比如对留学生的派遣及处置，其背后依据的条约及国际法问题仍未能得到相应梳理，甚至未能明确其与通敌的性质区别，目前的研究仍以事实层面的梳理和感情方面的表述居多。

派系之争与国民政府的外交方针选择问题，亦值得关注。外交选择与派系之争是否存在正相关性？派系之争是争夺最高控制权的斗争，后期则是向蒋介石争宠的明争暗斗，在国民党内部，这种斗争与外交方针存在什么样的关系？这些问题都将影响到对战时外交基本方面的认识。

派系之争曾经是观察七七事变前南京国民政府内政外交一个重要视角，经过学界的努力，已经取得若干重要的成果。关于派系之争的内涵及外延以及派系影响下的外交抉择，目前已经有了有益的探索。学界已经明确，在局部抗战时期存在两种类别的政治斗争：一种是派系之争；另一种则是政党之争。九一八事变前后，在蒋介石那里，派系之争的重要性优先于政党之争。随着中国内外环境的变化，蒋介石关注的重点亦有变化。这种变化的发生，取决于蒋介石对时局的考量和认识。蒋此时难免将派系恩怨、个人恩怨掺杂于其对外交形势的认识之中，但派系之争是否被置于国家利益之上，仍需具体分析。

从研究方法而言，要注意历史细节对于历史事件后续结果的重要性，要重视对中外档案的全面及仔细的梳理和判读。"国民党在抗战后期实际上已经失去美国的坚定支持，这不可不察。"对抗战后期的民主运动，美国持一定程度的同情、肯定与支持态度，并敦促国民党政府做出响应。[①] 对于细节的考察离不开对中外档案的仔细梳理与比对，美军观察组研究的推进已经验证了细节研究的重要性。

从国际视野而言，应继续深化与国际同行的交流与合作。抗战外交是战时国际关系的组成部分，研究战时中外关系必须具备国际视野。我们对于抗战的研究与认识"不仅与战时的敌国有着极大的不同"，"与战时盟国英、美、苏也有着诸多不同"。客观而言，"我们的某些数字和结论在国际

---

① 王建朗：《抗战研究的方法与视野》，《抗日战争研究》2016年第1期。

学术界难以得到更多的认同",其中原因固然是由于国际学术界对我们的抗战和抗战史了解不够,但也要认识到,我们在与国际学界沟通上也存在着可以改进的地方。①

---

① 王建朗:《抗战研究的方法与视野》,《抗日战争研究》2016年第1期。

第十三章

海外华侨与抗日战争

在波澜壮阔的全民族抗战中,海外华侨是抗日民族统一战线的重要组成部分。为支持祖国抗战,海外华侨以空前的规模被组织起来,开展抗日救亡运动,为抗日战争的胜利做出重要贡献。新中国成立以后,大陆学界在华侨与抗战研究方面取得丰硕成果,成绩斐然,但是从整个抗日战争研究视野下考量,该领域还有很多方面可以拓展。

一 华侨与抗战研究的阶段性发展

据不完全统计,新中国成立以后,大陆学界出版华侨与抗战研究方面的学术著作近20部,资料与档案汇编、口述史、回忆录、论文集、图文集等20多部。就论文成果而言,1954—2021年,学术期刊发表的直接以华侨与抗战为主题的论文约330篇。[①] 从时间段来看,华侨与抗战研究在改革开放以后八九十年代比较兴盛,但并没有出现泾渭分明的阶段性特征。除抗战胜利逢十纪念日等这些特别的时间节点会出现发表热潮外,整体而言一直在稳步发展。

(一) 1949年至改革开放初期:零散研究阶段

新中国成立至改革开放前,有关华侨与抗战的研究几乎一片空白。通过中国知网搜索发现,1949—1981年发表的华侨研究相关论文中,只有极少数文章涉及抗战时期的华侨。如金传焕等在分析华侨对福建的投资时,

---

① 在中国知网以"华侨 抗日战争"为"篇名、关键词、摘要"进行搜索,并按发表年度逐年进行筛选而得,只包括直接论述华侨与抗战的比较重要的学术论文,不包括书讯、新闻报道、致辞、与华侨关联不大的文章。下文相关数据均来自此次统计,不再一一注明。

提到抗战时期华侨投资的一些数据。① 林金枝在有关近代华侨投资国内企业的研究中，也涉及抗战时期的投资和侨汇。② 陈永阶概述了南洋华侨筹赈祖国难民总会（以下简称"南侨总会"主席）陈嘉庚在抗战中的重大贡献和爱国主义精神。③ 苏南介绍了抗战时期华侨在人力、物力、财力等方面做出的杰出贡献。④

该时期华侨与抗战研究的缺位，与当时的时代背景密切相关。新中国成立后，一方面，由于国际冷战格局和西方阵营对新中国的封锁，中国大陆的海外移民基本停止；另一方面，由于历次运动，特别是"文化大革命"期间"左"的路线干扰，有海外关系的归侨侨眷受到各种冲击，华侨华人与祖国的联系基本中断。加之华侨与抗战的主题涉及国民党，因此，华侨与抗战研究少有学者关注。

（二）20世纪80年代：兴起与发展阶段

1982年，有2篇关于华侨与抗战的论文发表。就此而言，这一年或可看作有关华侨与抗战研究的开始。⑤ 至1991年，据不完全统计，中国大陆学界发表的有关华侨与抗战的重要论文有80多篇。其中，80年代中后期出现华侨与抗战研究的小高潮。如1985年抗战胜利40周年，相关论文达到18篇；之后的1987年也有19篇。1989年是南侨机工回国参加抗战50周年，这一主题也引起学者关注。⑥ 刘侃指出，这一阶段的华侨与抗战研究有三个特点：1. 区域性研究占较大比例；2. 对著名华侨领袖人物的研究有新进展；3. 开拓出新的研究领域。⑦ 曾瑞炎认为，这一阶段华侨与抗

---

① 金传焕、庄为虹：《旧中国的福建华侨投资》，《中国经济问题》1959年第8期。
② 林金枝：《近代华侨投资国内企业的几个问题》，《南洋问题研究》1978年第1期；林金枝：《近代华侨投资国内企业的几个问题》，《近代史研究》1980年第1期。
③ 陈永阶：《"华侨旗帜 民族光辉"——纪念陈嘉庚先生诞辰一百零五周年》，《暨南大学学报（哲学社会科学版）》1980年第1期。
④ 苏南：《华侨对国内外的贡献》，《东南亚研究资料》1981年第3期。
⑤ 徐安如：《越南华侨爱国报纸〈全民日报〉》，《印支研究》1982年第3期；历史系七八级世界现代史研究组：《抗日战争中的缅甸华侨》，《西南师范大学学报（人文社会科学版）》1982年第2期。
⑥ 林少川：《回国参战 功昭日月——纪念南侨机工回国参战50周年（1939—1989）》，《南洋问题研究》1989年第4期；秦钦峙：《抗日战争时期的南洋华侨机工》，《云南社会科学》1989年第4期。
⑦ 刘侃：《近年来有关华侨与抗日战争的研究概况》，《华侨华人历史研究》1988年第4期。

战研究取得重要进展的原因主要有：海外华侨对抗战贡献巨大，超过华侨对祖国任何一次革命运动的支援，是一个重要的研究主题；纪念抗日战争和世界反法西斯战争胜利40周年、纪念七七全民族抗战50周年，推动了华侨与抗日战争的研究；等等。①

除上述特点外，综观这个阶段的论文发表与著作出版情况，还有以下两个特点：第一，学术队伍不断壮大，涌现出黄慰慈、许肖生、曾瑞炎、李国梁（笔名"郭梁"）、蔡仁龙、任贵祥等专家。他们相继发表多篇高质量论文，对华侨与抗战的基本问题均有考察和分析。如曾瑞炎这样评价海外华侨在抗战中的地位与作用，称"海外华侨抗日救亡运动是我国全民族抗战中不可缺少的一个重要组成部分。其运动之深入，群众之广泛，爱国之热烈和对祖国的贡献之巨大，实为华侨历史所未有。他们对促成和维护国共第二次合作抗战，起了不可低估的积极作用"。②第二，出版了几部华侨与抗战研究的学术著作与史料书籍。③ 如曾瑞炎的著作"全面综合论述了华侨与抗日战争的关系与地位，是国内第一部研究这段历史的专著，对侨史专家和史学工作者深入研究华侨史和抗日战争史有参考价值"。④ 又如，任贵祥的著作充分运用翔实、可靠的史料进行量化分析，特别是对一些有争议的问题（如抗战时期华侨捐款数额）进行考证与辨析，是华侨与抗战研究的奠基性著作之一。⑤ 蔡仁龙与李国梁的著作收录了历史文献、档案资料、报刊资料和回忆录等丰富多元的史料，对华侨参加抗战情况进行整体概述，既有史料价值，又有学术价值，成为后续研究的重要参考资料。⑥ 此外，这个时段出版的华侨史专著（包括通史、

---

① 曾瑞炎：《华侨与抗日战争研究述评》，《华侨华人历史研究》1990年第2期。
② 曾瑞炎：《抗日战争时期海外华侨作出的历史贡献》，《四川大学学报（哲学社会科学版）》1984年第2期。
③ 曾瑞炎：《华侨与抗日战争》，四川大学出版社1988年版；秦钦峙、汤家麟：《南侨机工回国抗日史》，云南人民出版社1989年版；任贵祥：《华侨第二次爱国高潮》，中共党史资料出版社1989年版；黄慰慈、许肖生：《华侨对祖国抗战的贡献》，广东人民出版社1991年版；全国政协文史资料研究委员会华侨组编：《峥嵘岁月——华侨青年回国参加抗战纪实》，中国文史出版社1988年版；泰国归侨联谊会《英魂录》编委会编：《泰国归侨英魂录》，中国华侨出版社1989—2021年版；泉州华侨抗日史编委会编：《菲岛华侨抗日风云》，鹭江出版社1991年版；等等。
④ 中国华侨历史学会、中国华侨华人历史研究所编：《侨史研究十年——中国华侨历史学会成立十周年纪念刊》，中国华侨出版社1991年版，第44页。
⑤ 李帆：《简评〈华侨第二次爱国高潮〉》，《华侨华人历史研究》1991年第3期。
⑥ 蔡仁龙、郭梁主编：《华侨抗日救国史料选辑》，中共福建省委党史工作委员会、中国华侨历史学会1987年印行。

国别史与专题著作）大多有专门讨论华侨支援抗战的章节。①

总之，改革开放初期，随着学术研究百花齐放、百家争鸣，侨务战线拨乱反正，华侨史研究开始出现兴盛的局面，作为华侨史研究重要主题的华侨与抗战研究也取得喜人成果。

（三）20世纪90年代：繁荣阶段

进入90年代以后，华侨与抗战研究不断向前推进，呈现出繁荣景象。据不完全统计，1992—2001年，中国大陆学界发表的重要论文有90多篇。这一阶段的研究有几个特点：

第一，1995年抗战胜利50周年，华侨与抗战研究出现"井喷"现象。是年发表相关重要论文50多篇，是迄今为止数量最多的一年。

第二，研究领域得到进一步拓展。除宏观研究以外，此前学界关注较多的是国别与区域、人物与社团两类主题。在这一阶段，有学者专门阐述华侨的政治贡献；② 有学者探讨华侨与中国共产党的关系，包括中共的华侨政策、华侨对中共领导的抗日武装的支援。③ 此外，还有学者关注华侨对西南大后方的开发；等等。④ 无论是研究领域，还是研究新视角，都体现了学界对华侨与抗战研究的细化与深化。

第三，出现若干新观点。魏宏运提出"海外战场"的观点，认为在全民族抗战时期，除正面战场和敌后战场外，还有一个由世界各地华侨开辟的、范围更为广大的"海外战场"，是中国抗日战争的重要组成部分。对华侨与抗战的一些基本问题，他提出了自己的看法，认为学界以往关于抗战时期海外华侨人数的争议中，"华侨总数为1000万左右是可信的"。此外，他还详细梳理了世界各地华侨为抗日救亡捐输财物的具体数字，认为

---

① 温广益等编著：《印度尼西亚华侨史》，海洋出版社1985年版；黄滋生、何思兵：《菲律宾华侨史》，广东高等教育出版社1987年版；李学民、黄昆章：《印尼华侨史》，广东高等教育出版社1987年版；杨国标、刘汉标、杨安尧：《美国华侨史》，广东高等教育出版社1989年版；朱杰勤：《东南亚华侨史》，高等教育出版社1990年版；李春辉、杨生茂主编《美洲华侨华人史》，东方出版社1990年版；李白茵：《越南华侨与华人》，广西师范大学出版社1990年版；林远辉、张应龙：《新加坡马来西亚华侨史》，广东高等教育出版社1991年版。

② 李云峰、王杉：《抗日战争中华侨在政治上的贡献》，《西北大学学报（哲学社会科学版）》1995年第3期。

③ 郑甫弘：《抗日战争时期中共的华侨政策》，《八桂侨史》1992年第2期。

④ 钟铁：《论抗战时期华侨对西南后方的经济开发》，《华侨华人历史研究》1992年第4期；钟铁：《华侨与战时陪都经济》，《八桂侨史》1992年第4期。

这种爱国义举汇聚成华侨历史上最伟大的一次运动。①

第四，华侨与抗战研究的学术专著和资料著作陆续出版。② 一个趋势是将华侨与抗战研究纳入中共党史研究范畴。如《中国共产党通史》第4卷辟有"中共在抗战时期的侨务工作"的章节，便是将中共党史与华侨史结合起来的尝试。③

（四）21世纪以来：平稳发展阶段

从学术期刊重要论文的发文量来看，进入21世纪以来，中国大陆学界的华侨与抗战研究进入平稳发展阶段。这20年的发文量（共计150多篇）略低于前20年（近180篇），除2005年与2015年抗战胜利逢十周年纪念的特殊时间节点外，其余年份的发文量均在个位数（2016年可能因溢出效应，发文量为13篇）。

从著作出版情况看，这个阶段的学术成果十分丰富，出版了一批著述成果。这些著作有三个特点：一是有关南侨机工的专题成果比较丰富；④二是成果形式更加多样，除学术专著外，⑤ 回忆录、口述史、图片集等成果也比较多；⑥ 三是涌现出几位年轻的作者。

---

① 魏宏运：《抗战时期的华侨捐输与救亡运动》，《近代史研究》1999年第6期。
② 任贵祥：《华夏向心力——华侨对祖国抗战的支援》，广西师范大学出版社1993年版；林少川：《陈嘉庚与南侨机工》，中国华侨出版社1994年版；黄小坚、赵红英、丛月芬：《海外侨胞与抗日战争》，北京出版社1995年版；泰国归侨联谊会《湄江风云》编委会编：《湄江风云——泰国华侨抗日爱国活动回忆录》，中国华侨出版社1993年版；龚陶怡今编：《菲律宾华侨抗日斗争纪实》，中国国际广播出版社1997年版；叶奇思编著：《赤子丹心》，中国华侨出版社1998年版；任贵祥：《华侨支援祖国抗战纪实》，中国民主法制出版社1999年版。
③ 沙健孙主编：《中国共产党通史》第四卷，湖南教育出版社2001年版。
④ 华侨博物院编：《南侨机工》，文物出版社2005年版；陈毅明、汤璐聪编：《南侨机工抗战纪实》，鹭江出版社2005年版；陈达娅、陈勇编著：《再会吧南洋——海南南洋华侨机工回国抗战回忆》，中国华侨出版社2007年版；吴强、陈毅明、汤晓梅编著：《南侨机工档案史料选编——云南省档案馆馆藏部分》，中国华侨出版社2009年版；杨国贤、姚盈丽编著：《南侨机工英名录》（上、下册），中国华侨出版社2016年版。
⑤ 中共延安市委统战部编：《延安时期侨务工作史略》，中国文化出版社2012年版；任贵祥：《海外华侨与祖国抗日战争》，团结出版社2015年版；夏玉清：《南洋华侨机工研究（1939—1946)》，中国社会科学出版社2016年版。
⑥ 中国人民抗日战争纪念馆、中华全国归国华侨联合会文化交流部编：《华侨与抗日战争》，中国华侨出版社2006年版；徐云编著：《丰碑永铸：华侨华人与抗日战争图片集》，暨南大学出版社2015年版；中国侨乡文化研究中心、中国华侨华人研究所编：《丰碑：华侨华人与世界反法西斯战争》，中国华侨出版社2020年版。

二 华侨与抗战研究的重要论题

华侨与抗战研究涉及的议题和领域大致可分为以下几个方面：一是华侨对抗战的贡献；二是华侨与中国共产党的关系；三是国民政府的侨务工作；四是区域、国别华侨与抗战；五是华侨在侨居地的反法西斯斗争；六是各省籍华侨与抗战；七是华侨人物研究。

（一）华侨对抗战的贡献

华侨在抗战中的贡献、作用、地位以及华侨支援抗战的方式与特点是学界关注最多的研究领域，成果也最丰富。

对华侨在抗战中的贡献，中国共产党和国民党都曾给予高度评价与赞扬。毛泽东在中共七大上称："中国军队的广大官兵，在前线流血战斗，中国的工人、农民、知识界、产业界，在后方努力工作，海外华侨输财助战，一切抗日政党，除了那些反人民分子外，都对战争有所尽力。"[①] 朱德在延安华侨第三次大会上指出："华侨中包括着各民族的优秀分子。海外侨胞对于祖国抗战建国事业，向来踊跃参加，他们是反法西斯的重要力量。"[②] 国民党对华侨的贡献频频给予高度肯定，指出侨胞自"抗战以来，输财出力，贡献特多"；"在任何一种出钱的事，总是特别踊跃，自动输将，不但从无一次的推诿，而且从无一次冷淡过，每次捐集的数目都超政府预算"，"是一万分的对得起祖国"。[③] 有学者把全民族抗战时期华侨的抗日救亡运动称作华侨历史上的第二次爱国高潮，也是华侨历史上最伟大的爱国运动。[④]

14年抗战期间，海外华侨以各种形式全面支援抗战，主要包括经济、人力、政治三方面。

1. 经济支援

华侨对抗战经济上的支援最为突出，也是学界研究的重点。

---

① 毛泽东：《论联合政府》（1945年4月24日），载中共中央文献研究室、中央档案馆编《建党以来重要文献选编（1921—1949）》第22册，中央文献出版社2011年版，第134—135页。
② 《延安华侨举行三届大会》，《解放日报》1941年10月7日第4版。
③ 黄小坚：《华侨对抗日战争的杰出贡献》，《华侨华人历史研究》1995年第3期。
④ 任贵祥：《华侨第二次爱国高潮》，中共党史资料出版社1989年版。

捐款捐物。捐款是华侨支援祖国抗战最引人注目的方面。据国民政府财政部统计，全民族抗战8年，华侨捐款总数超过13.2亿元国币。①诸多研究显示，华侨抗战捐款具有参与人员广泛、持续时间长、捐款形式多样、组织严密等特点。除直接捐款外，海外华侨还大量捐献抗战所需各种物资，大到飞机、汽车，小到药品、食品、寒暑衣物等，无所不包。②其中，有关华侨捐款献机运动有不少研究成果。③

购买国债。有学者称，抗战时期，国民政府向国内外发行6期公债，包括救国公债、国防公债、金公债等多种债券，总额达30亿元国币，海外华侨踊跃购买，数量巨大。1939—1942年，海外华侨购买公债达11亿元国币，占国民政府发行公债总额的1/3强。④而抗战胜利后国民政府并没有履行三年后还债的承诺。因此，华侨购买的巨额公债，绝大部分相当于无偿捐献。

汇寄侨汇。来自海外的侨汇同样是抗战时期财政经济的重要支柱和外汇主要来源。研究显示，抗战时期侨汇数量增幅巨大。1937—1945年，侨汇合计达95.74亿元国币。从侨汇来源地看，太平洋战争之前侨汇主要来源于南洋，之后则主要是美国和英国。侨汇对抗日战争的贡献主要体现在三个方面：一是巨额侨汇弥补了抗战时期国际收支的逆差，二是侨汇为维持抗战时期法币币值的稳定起了积极作用，三是侨汇净余额投向生产领域，促进了后方生产的发展。⑤

投资国内。华侨的经济贡献还体现在抗战背景下回国投资。不少学者

---

① 伍国基：《抗日战争中侨胞捐输助战之盛况》，《暨南学报（哲学社会科学版）》1985年第3期；郑应洽：《试论海外华侨对抗日战争的特殊作用与贡献》，《暨南学报（哲学社会科学版）》1995年第4期；黄小坚：《华侨对抗日战争的杰出贡献》，《华侨华人历史研究》1995年第3期。

② 王佩琏：《华侨对抗日战争的巨大贡献》，《首都师范大学学报（社会科学版）》1995年第4期。

③ 曾瑞炎：《华侨航空救国运动》，《文史杂志》1989年第4期；任贵祥：《抗日战争时期华侨航空救国运动与对日空战》，《军事历史》1991年第5期；陈文敬：《华侨"航空救国"建功勋》，《福建党史月刊》1995年第6期；张永汀、刘风才：《略论抗日战争时期华侨的航空救国运动》，《辽宁行政学院学报》2006年第3期；唐富满、欧阳湘：《抗战时期广东捐款献机运动述论》，《抗日战争研究》2013年第2期。

④ 黄小坚：《华侨对抗日战争的杰出贡献》，《华侨华人历史研究》1995年第3期；郑应洽：《试论海外华侨对抗日战争的特殊作用与贡献》，《暨南学报（哲学社会科学版）》1995年第4期；等等。

⑤ 易棉阳、曾鸿燕：《华侨汇款与抗日战争》，《玉林师范学院学报》2008年第6期；潮龙起主编：《历史丰碑：海外华侨与抗日战争》，暨南大学出版社2015年版，第164—170页；等等。

分析了抗战时期华侨投资的背景、特点与意义。这一时期华侨的投资是不计利润的爱国性投资；投资主要集中在太平洋战争爆发前，阶段性特征明显；投资地区由战前以东南沿海地区为主向大西南、大西北转移；投资领域由以往以非生产领域为主向生产性投资特别是向为抗战服务转移。① 也有华侨投资的专题研究。如贺金林分析了抗战时期海外华侨投资兴办垦殖事业，为国内农业发展与难民安置所做的贡献。② 这些研究从不同的视角丰富了华侨通过投资支援祖国抗战这一相对薄弱的研究领域。

抵制日货。华侨还在海外的侨居地开展了另一种形式的经济支援——抵制日货斗争。诸多研究显示，世界各地华侨主要通过抵制日货、阻断对日本的原料供应、举行罢工等形式进行对日经济斗争。世界各国华侨开展的抵制日货运动，使日本的对外贸易陷入困境。美国多地华侨发起阻止美国废铁运往日本的斗争，造成日本军事工业原料的短缺，直接冲击日本军火生产，配合了祖国的抗日斗争。不过，虽然很多研究涉及这一主题，但专门研究还比较少。

2. 人力支援

抗战时期大批华侨回国投身抗战前线，为抗日救亡英勇献身。华侨从人力上支援抗战也有多种途径。首先是直接回国参战。比如，广东籍华侨回国参战者有4万多人。③ 华侨回国参战有两个群体受到较多关注，一个是南洋华侨机工回国服务团（一般简称为"南侨机工"），另一个是投身航空救国运动的美国华侨。此外，还有华侨救护队、服务团等在前线和后方的服务，有华侨组织慰劳团回国慰问考察。

1939年，南侨总会主席陈嘉庚应国民政府请求，在南洋招募华侨汽车司机和修理师回国在新开辟的滇缅公路和西南各省服务。先后有9批共计3000多名南侨机工响应陈嘉庚的号召回国，担负起滇缅公路的军运任务。日机轰炸、车祸和疾病夺去了许多南侨机工的生命，目前学界对此存在"三个三分之一"的说法，即有约1/3的南侨机工牺牲在滇缅公路上，有1/3的南侨机工战后复员回到南洋，还有1/3留在国内（主要分布在西南地区及其祖籍地广东、福建、海南等地）。作为响应祖国号召回国抗战的

---

① 任贵祥：《华夏向心力——华侨对祖国抗战的支援》，广西师范大学出版社1993年版，第83—88页；张赛群：《抗日战争期间华侨在国内投资分析》，《八桂侨刊》2008年第4期。
② 贺金林：《抗战期间华侨与国内的垦殖事业》，《抗日战争研究》2010年第1期。
③ 黄小坚：《华侨对抗日战争的杰出贡献》，《华侨华人历史研究》1995年第3期。

民族英雄，南侨机工为祖国抗战做出了独特贡献。

然而，他们中很多人在当时和后来遭遇了种种不公正待遇。改革开放以后，在南侨机工幸存者及其家属、专家学者以及有关部门的共同推动下，南侨机工这一群体及其历史贡献重新走入人们的视野，相关研究逐渐增多，成为学界和社会各界关注的热点。

林少川是较早关注该领域研究的学者。他在20世纪80年代末采访了国内100多位南侨机工及部分家眷，抢救和整理了大量的一手资料。之后，他主要根据这些口述资料，发表多篇关于南侨机工的文章，还出版了专著。① 他编辑出版的南侨机工文史资料丛书②侧重于口述史，是正史研究的重要补充，体现了历史的深度与温度。有关南侨机工的口述资料，对我们了解南侨机工在辉煌贡献之外的历史侧面大有助益。

近年来，南侨机工研究出现更加专业且深入的研究成果。自2015年以来，夏玉清先后发表10多篇有关南侨机工的论文，并出版了专著。③ 他的专著可以说是南侨机工研究的力作，具有读一书而知全貌的作用。其研究最大的特色与贡献，是以第一手原始档案资料为主，全景式还原了南侨机工回国支援抗战的过程，囊括了南侨机工的方方面面。对南侨机工"三个三分之一"的说法，夏玉清认为，此说缺少事实依据，不过他并没有进一步论证。南侨机工后人陈达娅通过对云南省档案馆藏华侨机工档案的整理，发现回国服务的南侨机工中殉职的近1800人，抗战胜利后幸存者复员登记1144人，其中实际返回南洋的467人，因此推断留在国内的应为600多人。④ 这一说法也有待进一步证实。

海外华侨回国参战的另一形式——航空救国，特别是美国华侨航空救国的主题也受到关注。有学者统计，抗战前夕和抗战时期回国服务的美国华侨青年航空人员约有200人。美国华侨飞行员回国后，绝大部分加入中国空军行列，大大充实了中国空军的力量。他们英勇杀敌，战功卓著，包括黄毓

---

① 林少川：《陈嘉庚与南侨机工》，中国华侨出版社1994年版。林少川的《烽火赤子心：滇缅公路上的南侨机工》（新华出版社2015年版）是在《陈嘉庚与南侨机工》的基础上修订增补之后的再版。

② 该丛书2021年由德宏民族出版社出版，共两卷，包括林少川、王稼祥主编的《南侨机工文史资料丛书之一·赤子功勋 民族忠魂——南侨机工实录》与林少川、郭畅弦主编的《南侨机工文史资料丛书之二·赤子功勋 民族忠魂——南侨机工图文录》。

③ 夏玉清：《南洋华侨机工研究（1939—1946）》，中国社会科学出版社2016年版。

④ 陈达娅：《抗日战争胜利后华侨机工尚存人数》，《八桂侨刊》2009年第2期。

全、黄新瑞在内的数十名美国华侨飞行员为国捐躯。① 广东空军从队长到队员几乎全是华侨。"在驱逐机飞行员中，华侨几占四分之三。"他们"战绩卓绝，尤其蜚声于空军界"，被誉为"保卫祖国领空的华侨英雄"。②

鉴于抗战时期中国缺医少药，海外华侨组织十几批医疗救护队，带着医药和设备回国服务，他们奋斗在前线救死扶伤。比如，新加坡华侨、著名生理学家林可胜，舍弃国外优越的工作和生活条件，只身回国组织阵地救护队，创建救护总站。③

许多回国参战的华侨青年，冲破国民党的封锁和阻挠，先后到达延安和其他抗日根据地。不少学者对这一主题进行了研究。由于华中、华东根据地邻近闽粤两省等侨乡，所以大量华侨青年踊跃参加新四军。由于他们具有较高的思想文化水平，其不仅成为新四军的兵力来源之一，部分人还成为新四军中的骨干。叶挺、项英在致海外华侨团体的信中曾赞誉道："抗战以来，我海外侨胞热心救国"，不仅"时赐物质及精神之援助"，而且"踊跃参加本军工作，前线敌后以及后方各部门，均有我侨胞之足迹"。④

3. 政治支援

华侨还通过舆论开展政治活动，支援祖国抗战。他们一方面推动和维护抗日民族统一战线，反对和谴责国民党顽固派破坏团结抗战的行径和汪伪投降派的投降卖国罪行，另一方面开展国际宣传与民间外交活动，争取国际社会对中国抗战的理解、同情与支持。不少研究都有这方面的分析。如任贵祥认为，海外华侨在世界各地开展的舆论声援和民间外交活动，是"具有重大政治意义的贡献"。⑤ 蔡仁龙等分析了华侨与抗日民族统一战线的相互作用。⑥ 李云峰等认为，华侨开展的一系列政治活动，为祖国的抗战事业做出了巨大贡献。⑦ 谭虎娃认为，海外华侨因具有"不党不派"的

---

① 方雄普：《美国华侨的航空救国活动》，《华侨华人历史研究》1988年第2期。
② 曾瑞炎：《华侨航空救国运动》，《文史杂志》1989年第4期。
③ 陈民：《抗日战争中救死扶伤的华侨生理学家林可胜》，《抗日战争研究》1992年第2期；李筑宁、李丽：《战火中飘扬的中国"红十字"——林可胜与救护总队》，《党史纵横》1996年第9期。
④ 包爱芹：《略论海外华侨对抗战的贡献》，《聊城师范学院学报（哲学社会科学版）》1999年第3期。
⑤ 任贵祥：《华夏向心力——华侨对祖国抗战的支援》，广西师范大学出版社1993年版。
⑥ 蔡仁龙、杨秋君：《抗日民族统一战线与华侨抗日》，《南洋问题》1986年第1期。
⑦ 李云峰、王杉：《抗日战争中华侨在政治上的贡献》，《西北大学学报（哲学社会科学版）》1995年第3期。

相对独立的政治地位和话语平台,所以"敢言人之不敢言,敢为人之不敢为",在建立、维护和发展抗日民族统一战线的曲折历程中做出了积极贡献。他高度评价爱国华侨是抗日民族统一战线的有力促成者、坚定维护者和忠实践行者。[①] 此一阶段学界也出现了不同视角的研究。如周勇等认为,当时由美国华人资助、美国记者拍摄的纪录片《苦干》,以影视方式展现了中国抗战前期的真实状况,使太平洋战争爆发前的美国主流社会、广大民众了解到日本在中国犯下的罪行和中国的巨大牺牲,从而对中国的抗日战争产生了新认识。《苦干》展现了海外华侨运用舆论援华的新史实和新作为。[②]

(二) 华侨与中国共产党的关系

华侨与中国共产党的关系,一直是华侨与抗战研究的重点领域,主要包括三个方面:一是中共的侨务政策与统战工作对团结动员华侨支援抗战的作用与影响;二是华侨对中共及其领导的抗日根据地和抗日武装的支持;三是华侨对中共态度和认知的转变及其在海外对中共形象的传播。

学界普遍认为,抗战时期中共高度重视对华侨的统战工作,制定务实灵活的侨务政策,其卓有成效的华侨统战工作、真诚合作和坚决抗战的态度激发了海外华侨的爱国主义精神,对华侨支援祖国抗战和认同中共发挥了积极作用。[③] 陈红分析中共中央南方局的海外统战工作及其为推动港澳同胞和海外华侨参与抗日救亡活动等方面发挥的关键作用。[④] 曹景文考察新四军和华中抗日根据地采取多种措施争取海外华侨和国际友人的援助所开展的统战工作。[⑤] 李军晓探讨八路军驻香港办事处在为中共领导下的人民抗日武装发动募捐和接收、转运海外捐赠的款项和物资,动员、输送大批爱国华侨青年和专业技术人员回国参战,推动和支持成立众多华侨及港澳同胞回乡服务团,与侨领陈嘉庚和司徒美堂建立密切联系等方面开展的

---

① 参见谭虎娃《爱国华侨与抗日民族统一战线》,《淮阴师范学院学报(哲学社会科学版)》2012 年第 5 期。

② 周勇、刘婧雨:《从影像史学视角考察美国电影纪录片〈苦干〉》,《西南大学学报(社会科学版)》2018 年第 6 期。

③ 陈文胜:《抗日战争时期中国共产党对华侨的统战工作》,《八桂侨刊》2009 年第 3 期;邱永文:《抗日战争时期中国共产党海外华侨统战初探》,《中央社会主义学院学报》2015 年第 4 期;康小怀:《抗战时期陕甘宁边区侨务工作探析》,《甘肃社会科学》2017 年第 6 期;等等。

④ 陈红:《抗日战争时期中共南方局的海外统战工作及意义探析》,《四川省社会主义学院学报》2019 年第 2 期。

⑤ 曹景文:《新四军对海外人士的统战工作》,《党史文汇》2015 年第 6 期。

统战工作。① 赵峥以东江华侨回乡服务团为个案，探讨抗战时期中共的侨务工作。②

不少研究侧重于分析海外华侨对中共领导的抗日武装与抗日根据地的支援。曾瑞炎详细分析华侨从政治、经济、人力、物力等方面对中共及其领导下的抗日根据地所做的积极贡献。③ 郑山玉认为，在新四军的创建和发展过程中，华侨是重要的补充力量，为新四军注入新鲜血液。华侨青年具有良好的政治思想素质和较高的文化教育水平，在新四军中成为出色的抗日骨干。④ 郑复龙分析东南亚华侨援助新四军的原因及其方式。⑤ 除财力与物力的支援外，海外华侨还奔赴延安和抗日革命根据地参加抗战。研究显示，抗战时期学习、工作和战斗在各抗日根据地的归侨约2000人。⑥ 在延安和陕甘宁边区的归侨，以高度的爱国热情和专业的工作能力，成为根据地政治、经济、文化、社会、科技、卫生、军事等各个领域建设的骨干力量。⑦

抗战时期，由于国民党在宣传上对中共的抹黑与污蔑，起初，海外华侨对中共存在偏见和误解。随着抗战形势的发展变化，中共提出建立最广泛的抗日民族统一战线，成为抗战的中流砥柱，从而赢得海外华侨的理解与支持。不少学者分析海外华侨对中共态度和认知转变的原因，认为中共对华侨的宣传与统战工作发挥了重要作用。中共重视爱国侨领的作用，将争取爱国华侨领袖的理解、认同和支持作为侨务工作的突破口。其中陈嘉庚1940年访问延安是最具历史意义的事件。学界一致认为，陈嘉庚的延安之行是中共领袖与海外侨领首次直接交往，无论对陈嘉庚个人政治思想的转变，还是在中共华侨统战工作方面都具有重要的历史意义。陈嘉庚返回南洋后，如实介绍延安的真实情况和新气象，断言"中国的希望在延

---

① 李军晓：《八路军驻香港办事处述略》，《抗日战争研究》1997年第3期。
② 赵峥：《抗战时期中国共产党侨务工作探微——以东江华侨回乡服务团为例的分析》，《华侨华人历史研究》2020年第3期。
③ 曾瑞炎：《华侨支援抗日根据地的事迹述略》，《西南师范大学学报（人文社会科学版）》1987年第2期。
④ 郑山玉：《简论华侨在新四军中的地位与作用》，《党史研究与教学》1996年第2期。
⑤ 郑复龙：《论东南亚华侨援助新四军的历史成因及其贡献》，《华侨华人历史研究》2002年第3期。
⑥ 陈文胜：《抗日战争时期中国共产党对华侨的统战工作》，《八桂侨刊》2009年第3期。
⑦ 陈文胜：《抗日战争时期中国共产党对华侨的统战工作》，《八桂侨刊》2009年第3期；康小怀：《抗战时期陕甘宁边区侨务工作探析》，《甘肃社会科学》2017年第6期。

安","国民党蒋政府必败,延安共产党必胜"。作为具有广泛号召力和影响力的侨领,陈嘉庚对中共的赞誉在华侨中间产生了积极影响。① 值得注意的是,越来越多的学者从传播学视角分析华侨在海外宣传中共形象方面发挥的作用。如黎海波根据二级传播理论,认为以毛泽东为主要代表的中国共产党人,通过与著名侨领陈嘉庚和华侨记者黄薇的人际交往,以大众传播方式,在海外华侨与国际社会中成功树立起中共的正面形象。② 雷艳芝认为,陈嘉庚自延安归来后,通过多种方式,广泛传播中共的真实形象,颠覆了华侨对国民党的既有认知,为中共形象的国际传播做出了重要贡献。③

(三)国民政府的侨务工作

学界对国民政府侨务工作的研究成果比较丰富。研究显示,抗战时期国民政府的侨务工作,以太平洋战争为界,可分为两个阶段。太平洋战争爆发前,侨务工作"自以动员侨胞人力物力,参加抗战建国大业为第一义,举凡鼓励侨胞捐献,策动侨胞救国组织,加强抗建宣传,指导侨胞回国服务,鼓励侨胞回国投资,推动国民外交等,均为当务之急"。④ 动员和争取华侨支援抗战成为国民政府侨务政策与侨务工作的出发点。太平洋战争爆发后,南洋沦陷,超过百万华侨回国避难,这个时期国民政府的侨务工作一方面以救侨护侨为重心;另一方面,国民政府也号召南洋华侨协助当地政府抗日。⑤ 国民政府号召华侨协助侨居地抗日,这一主题的研究还比较少见。

关于国民政府侨务工作及其成效,主要有两种看法。曾瑞炎的看法具有代表性。他认为,"尽管在侨务工作中局部方面还存在一些问题,但就整体来看,抗日战争时期仍不失为国民党执政以来侨务工作开展得最成功、取得成效最大的一个阶段。如果以某些消极情况来否定或贬低这个时期国民政府的全盘侨务工作,那就背离了历史的实际"⑥。大部分学者持相同的看法。如包爱芹认为,抗战时期国民政府重视侨务工作,侨务政策比

---

① 任贵祥:《毛泽东与陈嘉庚交往论略》,《党的文献》2010年第2期。
② 黎海波:《抗战时期中共侨务对外传播的路径、方式与经验》,《理论月刊》2016年第7期。
③ 雷艳芝:《海外华侨与中国共产党形象的国际传播——以陈嘉庚为例的分析》,《华侨华人历史研究》2021年第4期。
④ 任贵祥:《抗日战争时期国民政府侨委会侨务工作述评》,《史学月刊》2016年第1期。
⑤ 曾瑞炎:《抗战时期国民政府的侨务工作》,《抗日战争研究》1994年第1期。
⑥ 曾瑞炎:《抗战时期国民政府的侨务工作》,《抗日战争研究》1994年第1期。

较灵活务实，侨务工作活跃且成效显著，调动了华侨支援抗战的积极性，增强了华侨对祖国的向心力。① 也有学者持不同看法。任贵祥认为，国民政府的侨务政策存在几方面严重问题：一是将与中共的党争扩及海外侨胞，限制或阻止华侨对中共及其领导的抗日军队的支援，对倾向中共的华侨进行打击迫害，甚至杀害中共抗日根据地的归侨青年；二是腐败和失职问题，特别是滇缅公路中断后遣散南侨机工，对其生活困境不闻不问；三是对太平洋战争爆发后大批难侨回国救济缺乏预判与必要准备，救侨不力，而对抗战结束后华侨的复员同样未能有效应对。② 窦文金也认为，国民政府的侨务工作，既有积极的一面，也有消极的一面。其中之一是党务、侨务一体化，以党务控制侨社，变海外侨社为国民党一党的天下。国民党还把国内的党派斗争延伸到海外，对侨社中的进步力量进行排斥打击。南京国民政府的侨务工作，多是从狭隘的利己利党主义原则出发，目的是维护国民党的统治，这是其侨务工作的本质。③

有不少研究聚焦国民政府的侨务机构。抗战时期，国民政府专事侨务工作的机构主要有两个：一个是政府系统的侨务委员会，另一个是国民党海外部。学界对前者研究较多，对后者研究较少；对前者的地位与作用多给予正面评价，对后者则存在较大争议。谢国富较早分析抗战时期国民政府侨务委员会的历史沿革及内部机构设置，认为侨务委员会为侨务工作的展开提供了有利条件，为动员华侨支援祖国抗战发挥了作用。④ 陈国威从制度史视角考察国民政府侨务委员会的历史沿革、机构设置与职能、人事和经费等，认为该委员会在协助政府积极利用海外侨力、保侨护侨等方面发挥了一定的作用。⑤ 有学者认为，国民政府侨务委员会的工作不仅促进了抗日救国事业的发展，也极大地增强了海外华侨对祖国的认同感。⑥ 任贵祥对国民政府侨务委员会的评价是"功不可没，可圈可

---

① 包爱芹：《1925—1945年国民政府侨务政策及工作述论》，《华侨华人历史研究》2000年第2期。
② 任贵祥：《抗日战争时期国民政府侨委会侨务工作述评》，《史学月刊》2016年第1期。
③ 窦文金：《南京国民政府侨务工作剖析（1927—1949年）》，《八桂侨史》1996年第4期。
④ 谢国富：《侨务委员会组织概况》，《民国档案》1992年第4期。
⑤ 陈国威：《1932—1945年国民政府侨务委员会述论》，《华侨华人历史研究》2010年第4期。
⑥ 冀满红、赵金文：《略论抗战时期的南京国民政府侨务委员会》，《东南亚研究》2014年第3期。

点"、"得大于失，功大于过"，但是对国民党海外部的评价则全盘否定，认为国民党海外部"将国民党偏狭的侨务理念贯彻到海外党务工作中，有碍于华侨团结抗战的大局，积极充当国共摩擦分裂的角色，影响恶劣。因此，战时海外部的侨务工作总体上不能予以肯定，功小过大，得失难抵"。[1] 陈国威对此持不同看法，认为抗战时期国民政府侨务工作存在党政两套体系，是多方面原因造成的，不能因两套体系的存在就否定其侨务工作，甚至指责"以党代政，助长了官僚主义"等。他在论述中指出，国民政府侨务委员会与国民党海外部二者分工合作，相辅相成，太平洋战争发生后，后者填补了侨务委员会在海外没有分支机构的缺陷，发挥了更大作用。[2] 当然，他也认为，国民党海外部将党争带到民族大义方面，削弱了抗战力量。[3]

国民政府的救侨工作，近年出现了一些专门研究。贺金林认为，救济与安置归国难侨是1941—1943年国民政府侨务工作的重心。他既梳理了国民政府救济难侨的整体情况，也对各省的救济情况进行了考察。[4] 袁丁等学者认为，全民族抗战爆发前国民政府对东南亚归国华侨的救济，不仅反映了这一时期国民政府侨务工作的成就，也体现了国民政府国家意识和政府职能的转变，是近代侨务现代化的体现。[5] 广东、福建、广西等重点侨乡省份以及云南、贵州等大后方是接收、安置难侨的主要地区，这些地方的救侨工作均受到学者的关注。[6]

有学者对国共两党的侨务工作和侨务政策进行比较分析。任贵祥认为，抗战时期国民党的侨务工作虽然取得很大成绩，但存在严重弊端，而

---

[1] 任贵祥：《抗日战争时期国民政府侨委会侨务工作述评》，《史学月刊》2016年第1期。
[2] 陈国威：《1924—1945年国民党海外部与侨务工作考论》，《华侨华人历史研究》2008年第3期。
[3] 陈国威：《抗战时期中国国民党海外部的演变及主要活动》，《八桂侨刊》2018年第1期。
[4] 贺金林：《太平洋战事前后国民政府救济难侨的活动》，《华侨华人历史研究》2005年第3期。
[5] 袁丁、李亚丽：《国民政府的救济难侨活动（1931—1937）——以广东为中心》，《华侨华人历史研究》2003年第1期。
[6] 唐凌：《抗战时期广西的救侨工作》，《八桂侨史》1999年第4期；凌彦：《抗战期间云南省紧急救侨委员会初探》，《广东社会科学》2008年第4期；闫亚平：《抗战时期的广东省紧急救侨委员会》，《广东石油化工学院学报》2014年第2期；谢从高：《抗战时期国民政府救侨政策研究——以安徽宣城侨乐村为例》，《八桂侨刊》2014年第4期；李龙：《抗战时期福建的难侨侨眷救济与安置》，《福建史志》2016年第5期。

中共的侨务政策失误少，逐渐得到越来越多华侨的拥护；国民党的侨务工作虎头蛇尾，失去侨心，而中共的抗日民族统一战线政策赢得了侨心。① 张雷指出，抗战时期中共与华侨的交往比以往任何时候都密切，中共不但把华侨当作抗日民族统一战线的组成部分，还把华侨看作世界反法西斯统一战线的组成部分，把对华侨的统战工作提到一个新的战略高度。而国民政府的侨务政策因其狭隘的阶级偏见，将反共思想贯彻到侨务政策之中，将反共意志强加给各国华侨，致使国民党的侨务政策丧失了侨心。②

（四）区域、国别华侨与抗战

抗战时期，世界各地的华侨积极行动起来支援祖国抗战。由于各地情况不同，世界各地华侨支援祖国抗战也呈现出不同的情形。

东南亚。东南亚华侨人数最多，对抗战的支援最为突出，也是学界关注较多的地区。对东南亚华侨的研究既有地区的整体研究，也有具体国别研究。

吴行赐较早分析七七事变后至太平洋战争爆发前东南亚华侨抗日救亡运动的特点，认为东南亚华侨的抗日救亡运动有着深厚的群众基础和广泛性，是克服了来自侨居地殖民当局、日本帝国主义及国内投降势力的种种限制、干扰和破坏才实现的，侨领发挥了组织领导、带头示范和桥梁纽带作用。③ 关于东南亚华侨从人力上支援抗战，除南侨机工群体外，有学者也注意到其他回国参战的华侨群体，如新加坡华侨返国参战团、星洲华侨战时服务团、新加坡机器工程回国服务队和救护队、菲律宾华侨司机服务团、菲律宾华侨飞行员战斗队和修整飞机工程员服务队、泰国华侨团体输送回国抗战的机工和医务工作者等。④ 贺圣达对东南亚华侨在"二战"中的地位与作用给予评价。他指出，"东南亚华侨的抗日斗争与中国的抗战和世界反法西斯战争相结合，有力地配合了祖国抗战和盟军在东南亚战场上的对日作战和反攻，直接成为世界反法西斯战争的组成部分……

---

① 任贵祥：《抗日战争时期国共两党侨务政策比较研究》，《开放时代》1995年第4期。
② 张雷：《抗战时期国共两党的华侨政策及日伪对华侨的争夺》，《安徽广播电视大学学报》2007年第3期。
③ 吴行赐：《论抗日战争前期南洋华侨抗日救亡运动的特点》，《学术研究》1982年第6期。
④ 黄慰慈、许肖生：《东南亚华侨对祖国抗战的贡献》，《暨南学报（哲学社会科学版）》1985年第3期。

对东南亚华侨在第二次世界大战中的地位和作用,应做出公正的评价。让它们在中国华侨华人史、东南亚历史乃至世界反法西斯侵略斗争史上占有一席之地"。①

国别研究也取得不少成果,体现出各国华侨抗战的特性。许肖生概述马来亚华侨在当地掀起的抵制日货运动、日系矿场华工罢工斗争、三次反日示威运动。其中,三次反日示威运动学界关注较少,参加这一活动的华侨与当地人民达数十万人之多,体现了国际反法西斯统一战线的力量。② 廖小健分析新加坡与马来亚成为南洋华侨抗日救亡运动中心的原因。③ 黄昆章考察在荷印政府多方阻挠破坏的背景下,印尼华侨开展的多种援助活动,揭示了华侨在不同侨居国支援抗战的复杂环境。④ 向大有总结出越南华侨抗击日本法西斯侵略斗争的四个特征。⑤ 张世均认为,菲律宾华侨的抗日救亡活动,在中国和菲律宾的历史上都产生了深远的影响,谱写了中国和菲律宾现代史上的重要篇章。⑥ 因有中国远征军赴缅作战,缅甸的抗战有不同于其他地区的特点。田玄考察了缅甸华侨、印度华侨以各种方式对中国远征军、驻印军给予的支援。⑦

美洲。20世纪80年代,有几位学者对美洲华侨特别是美国华侨对抗战的支援与贡献进行考述。黄慰慈等认为,美国华侨不仅通过捐款捐物、宣传抗日、回国参战、抵制日货、制止美国向日本提供军事原料支援抗战,还为争取美国民众与国际社会对中国抗战的理解和支持开展了国际统战活动。⑧ 许肖生将美国华侨支援抗战的活动归纳为"三大运动"——资助祖国抗战的筹赈运动、支持抗战到底的反日宣传和示威运动、破坏敌国原料供给的阻运废铁赴日运动。他认为,全民族抗战时期美国华侨救国捐

---

① 贺圣达:《中华海外儿女抗日在南洋——东南亚华侨的武装抗日斗争》,《云南民族大学学报(哲学社会科学版)》2005年第6期。
② 许肖生:《马来亚华侨对祖国抗战的贡献》,《华南师范大学学报(社会科学版)》1984年第4期。
③ 廖小健:《新马华侨抗日救亡热潮原因初探》,《东南亚研究》1987年第3期。
④ 黄昆章:《印尼华侨对抗日战争的贡献》,《东南亚研究》1987年第3期。
⑤ 向大有:《越南华侨华人抗日斗争的特征及贡献》,《八桂侨刊》2015年第4期。
⑥ 张世均:《菲律宾华侨对抗日战争的贡献》,《北京师范大学学报(人文社会科学版)》2002年第2期。
⑦ 田玄:《华侨支援滇缅抗战的一些情况》,《抗日战争研究》1995年第1期。
⑧ 黄慰慈、许肖生:《美国华侨对祖国抗战的贡献》,《福建论坛(文史哲版)》1984年第6期。

款居各国华侨捐款数额之首。① 梅伟强不仅考述美洲华侨在经济、军事、政治等各方面对祖国抗战的支援,也对美国华侨在侨居地为反法西斯战争所做贡献做出简要分析。② 进入20世纪90年代后,有学者从新视角研究美国华侨与抗战的关系。廖小健在探讨反法西斯战争对美国华侨的影响后指出,反法西斯战争是美国华侨社会和美国华侨华人法律地位的转折点。因中美成为同盟国,出于战略部署的需要,加上美国华侨对反法西斯战争的贡献,美国于1943年废除已实行60年之久的《排华法案》,允许包括华工在内的华人入境和入籍美国;1945年年底又通过《战时新娘法》,允许参加过美国军队的华人将妻儿接到美国定居。这些都从根本上改变了美国华侨的法律地位,为战后美国华侨社会的发展奠定了基础。③

潮龙起专注于美洲华侨抗战研究,其专著《美洲华侨与抗日战争》是迄今为止唯一一部有关区域华侨与祖国抗战的著作,对美洲华侨与抗战进行了系统、全面、深入的研究。④ 其研究的创新点在于:一是深度分析了抗战时期华侨对祖国认同的建构。抗战时期,海外华侨的民族主义与爱国主义空前高涨,这种民族主义是需要动员、组织与激发的。此前还没有对此进行有深度的研究。二是专章论述美洲洪门在民族大义面前捐弃党派门户之见,组织动员洪门会员及整个华侨社会积极支援祖国抗战的贡献。抗战对华侨秘密会党洪门组织的影响很大,在华侨与抗战研究领域,这一主题的研究相对薄弱。

欧洲。欧洲是"二战"的主战场。但是,由于"二战"期间欧洲华侨人数较少,特别是他们在法西斯统治下艰难求存,有关欧洲华侨与抗战的研究相对缺乏。李明欢在其专著中比较全面地介绍了欧洲华侨对祖国抗战的支援。⑤ 她也专门撰文分析了"二战"期间因种种原因留居欧洲的华侨,

---

① 许肖生:《略谈美国华侨抗日救亡的三大运动》,《华南师范大学学报(社会科学版)》1985年第2期。
② 梅伟强:《伟绩丰功 永垂史册——谈谈美洲华侨抗日救亡运动》,《五邑大学学报(社会科学版)》1987年第3期。
③ 廖小健:《反法西斯战争与美国华侨社会的发展变化》,《八桂侨史》1995年第3期。
④ 潮龙起:《美国华侨堂会与中国抗战》,《暨南学报(哲学社会科学版)》2015年第11期;潮龙起、吴俊青:《社会动员视域下的民族主义话语与抗战时期华侨祖国认同的构建》,《华侨华人历史研究》2020年第4期;潮龙起、陈惠扬:《试析抗战时期美国华侨的国民外交运动》,《广东社会科学》2021年第3期;潮龙起:《美洲华侨与抗日战争》,江苏人民出版社2021年版。
⑤ 李明欢:《欧洲华侨华人史》,中国华侨出版社2002年版。

在残酷的战争环境下顽强生存并与欧洲人民并肩抵抗法西斯的史实。① 章志诚概述了欧洲华侨通过组织抗日救国团体、大力开展宣传抗日、抵制日货、声讨民族败类、捐款献物、团结国际友人等为支援祖国抗战所做的贡献。② 陈肖英探讨了旅荷华侨在抗战前期开展的抗日救国宣传、组建抗日救国团体、发动抗日救国捐赠等运动。③

大洋洲。大洋洲华侨支援祖国抗战的研究逐渐丰富。谢国富的研究表明，只有3000多人的新西兰华侨，成立了统一的社团组织进行抗战动员，创办《中国大事周刊》等宣传抗战的刊物，捐款购买国债，抵制日货，开展国民外交争取新西兰政府与民众对抗战的支持与同情，对祖国抗战做出了独特的贡献。④ 黄昆章在有关澳大利亚华侨研究的专著中，概述了当时只有七八千人的澳大利亚华侨宣传抗战、捐款捐物支援抗战以及回国抗战的历史。⑤ 张秋生等概述了澳大利亚华侨大力支援祖国抗战的史实后指出，太平洋战争爆发后，大批华裔青年踊跃参军，与澳大利亚士兵并肩战斗，还有大批华人海员和华工随军服役，为世界反法西斯战争做出卓越贡献。⑥

已有研究大多关注华侨踊跃捐献的爱国热情和捐献成绩，而较少关注这种爱国捐献中存在的问题。吴敏超通过考察新西兰华侨捐款过程中的具体面相与相关纷争，分析抗战华侨捐献中存在的问题，以及捐款与抗战对当地华侨社会本身的影响。她认为，应该一分为二地看待抗战时期华侨的爱国捐款；长期强制征收捐款，对经济较为困难的华侨，会成为较为沉重的负担，特别是对抗捐者制定的惩罚，不能不说太过严厉。她以新西兰华侨为个案，呈现了众多普通华侨对抗战所做的可贵贡献。虽然新西兰华侨人数较少，且以普通劳动者为主，但在抗战捐款中创下骄人成绩。抗战捐款不仅要关注富商侨领，普通华侨大众的力量同样不应忽视。她指出，抗日战争影响了各国华侨社会的走向，华侨与抗日战争的历史，不仅是一部

---

① 李明欢：《第二次世界大战期间的旅欧华侨》，《华侨华人历史研究》2001年第4期。
② 章志诚：《欧洲华侨支援祖国抗战的活动与贡献——纪念中国人民抗日战争胜利60周年》，《八桂侨刊》2005年第5期。
③ 陈肖英：《从〈抗战要讯〉探究旅荷华侨华人的抗日救国运动》，《八桂侨刊》2020年第2期。
④ 谢国富：《抗日战争期间的新西兰华侨》，《华侨华人历史研究》1992年第2期。
⑤ 黄昆章：《澳大利亚华侨华人史》，广东高等教育出版社1998年版，第184—188页。
⑥ 张秋生、王娟：《澳大利亚华侨华人与世界反法西斯战争》，《民国档案》2015年第3期。

感人的爱国史，也是一部当地华侨社会的成长和演变史。①

非洲。有关非洲华侨支援祖国抗战的研究较少。黄小用等考述了非洲华侨通过积极捐款捐物、抵制日货、进行抗日宣传、投身于反法西斯战争等方式支援祖国抗战的历史事实。② 李安山在其专著中专辟一章，比较详尽地介绍了非洲华侨支援祖国抗战的情况。③ 李安山还从非洲华侨抵制日货活动、非洲华侨抗日后援团体及抗日救国募捐三个方面考察了非洲华侨为支援抗战所做的贡献。④

日本。抗战时期，海外华侨中有一个特殊的群体，那就是身处日本的华侨。作为"敌国"侨民，日本华侨的处境具有特殊性。陈昌福较早对七七事变后日本华侨的概况、留学生抗日运动、在日华侨与东南亚的贸易联系等进行过简要的考察。⑤ 罗晃潮探讨了日本军国主义对日本华侨的迫害和打击、日本华侨的艰难处境，以及在日本高压政策下华侨以自己方式进行的反日斗争，特别是华侨青年纷纷回国投身祖国抗战事业的事迹。⑥ 臧运祜和张展指出，抗战时期的在日华侨"既因战争而缺失了祖国应有的保护，又加之傀儡政权的'外交'不但无所作为，反而助纣为虐地成为日本的帮凶，华侨们的权益任由侵犯，生计困窘、生活维艰。在日华侨的上述生活状况也可以说是战时中日特殊关系的一个缩影"⑦。赵入坤考察了日本军国主义者对旅日华侨的种种迫害，描述了旅日华侨在恶劣环境下开展的各种抗日活动。⑧ 不过，总体而言，学界对抗战"特殊"时期中日两国关系背景下身处"夹缝"之中的日本华侨社会的研究还不多。

---

① 吴敏超：《抗日战争与华侨社会的演变——以新西兰华侨捐款风波为中心的探讨》，《抗日战争研究》2016年第1期；吴敏超：《从临时难民到落地生根：二战前后的新西兰华侨女性》，《近代史研究》2018年第6期；杜继东主编《新西兰华侨华人史》第1卷，社会科学文献出版社2020年版，第239—288页。
② 黄小用、贺鉴：《论非洲华侨对祖国抗日的贡献》，《抗日战争研究》2001年第3期。
③ 李安山：《非洲华侨华人史》，中国华侨出版社2000年版，第280—315页。
④ 李安山：《试论抗日战争中非洲华侨的贡献》，《世界历史》2000年第3期。
⑤ 陈昌福：《"七·七"事变后的旅日华侨》，《上海师范大学学报（哲学社会科学版）》1988年第4期。
⑥ 罗晃潮：《抗战时期日本华侨的反日爱国斗争》，《八桂侨史》1993年第2期。
⑦ 臧运祜、张展：《战时日本华侨的生活状况——基于汪伪大使馆有关档案的考察》，《抗日战争研究》2013年第1期。
⑧ 赵入坤：《旅日华侨与抗日战争》，《中国矿业大学学报（社会科学版）》2015年第4期。

（五）华侨在侨居地的反法西斯战争

华侨不仅积极支援祖国的抗战，在侨居地还开展了各种形式的反法西斯活动。如前所述，有不少学者关注这一主题，在研究华侨支援祖国抗战的同时，也会涉及他们在侨居地开展的反法西斯活动。其中，对东南亚华侨在侨居地的抗日活动研究较多。

东南亚华侨的境遇较为特殊。太平洋战争爆发后，东南亚沦陷，日军占领东南亚，当地华侨作为"敌国"侨民首当其冲，遭到日军的疯狂报复。但东南亚华侨没有束手就擒，在侨居地展开了艰苦卓绝的抗日斗争。周南京详细考述了日军占领东南亚以后对当地华侨的屠杀、迫害与经济掠夺，以及华侨进行的抗日武装斗争和地下抗日运动，揭示了华侨在另一个战场的抗战场景。他认为，东南亚华侨的武装斗争和抗日救国运动是中国抗日战争在海外的延伸。东南亚华侨的抗日武装斗争并不是孤立的，他们与当地人民相互合作，互相支援，抗击共同的敌人。共产党与国民党两个系统在东南亚拥有比较完整的组织结构和网络，在组织、领导东南亚华侨抗日武装斗争和抗日救亡运动中发挥了重要作用。东南亚华侨地下抗日报刊是东南亚华侨抗日斗争的重要组成部分，其历史作用还未得到重视。[1]

（六）各省籍华侨与抗战

广东、福建、广西等省籍华侨对祖国抗战的支援也受到关注。由于陈嘉庚等著名侨领祖籍福建，学界对福建籍华侨的研究相对较多。比如，有学者较早从宏观层面探讨了福建籍华侨从物质、舆论、道义、人力各方面对祖国抗战的支持。[2] 有论者通过数据与史料的比较分析，阐述了福建籍华侨在抗战中的地位与作用。福建籍华侨最早在海外组织抗日团体，而且组建了东南亚诸国最重要、数量最多、动员力最强、规模最大的抗日团体；福建籍华侨的侨汇占当时中国侨汇总额的1/3以上；回国投资的华侨中，福建籍华侨占将近一半。[3] 广东是第一大侨乡，不过，有关广东华侨

---

[1] 周南京：《东南亚华侨与抗日战争（之一）——纪念中国抗日战争与世界反法西斯战争胜利70周年》，《八桂侨刊》2015年第3期。

[2] 林金枝：《福建华侨在祖国抗日战争中的贡献》，《历史教学》1987年第3期；曹敏华：《福建华侨对祖国抗日战争的贡献》，《理论学习月刊》1989年第Z1期。

[3] 王亚君：《福建华侨在抗日战争中的作用与贡献》，《福建党史月刊》2015年第11期。

与抗战的研究比较少，而且多为通史性著作和论文中散见一些广东华侨的内容。有的学者偏重地方华侨史料的梳理[①]，有的学者侧重华侨对广东抗日根据地的支援。[②] 此外，也有学者对广西籍华侨[③]、浙江籍华侨[④]支援抗战的历史进行研究。

（七）华侨人物研究

在海外华侨支援祖国抗战的光辉历程中，侨领发挥了领导者、组织者、推动者和示范带头者的作用。因此，有关侨领的研究一直是华侨与抗战研究的主要议题之一。

陈嘉庚。陈嘉庚被毛泽东誉为"华侨旗帜，民族光辉"，关于他的研究成果最为丰富。曾瑞炎指出："陈嘉庚领导南洋华侨在精神上筑起了抗日救国的长城，聚成了一条打击日本帝国主义的海外战线，成为中国全民族抗战的一支重要力量。"[⑤] 陈嘉庚领导华侨支援抗战的贡献主要体现在三个方面：第一，为南洋华侨抗日救亡团体的成立和发展发挥了特殊的、无可替代的作用；第二，领导和组织南洋华侨从财力、物力和人力上支持祖国抗战；第三，充分发挥其华侨领袖的崇高威望和特殊作用，为维护和巩固抗日民族统一战线做出了巨大贡献。这是学界一致的看法。[⑥]

关于陈嘉庚1940年春夏率领南洋华侨回国慰劳视察团对重庆和延安的考察是研究重点之一。延安之行是陈嘉庚一生的转折点与里程碑。学界普遍认为，通过此次访问和考察，陈嘉庚对国共两党的认识有了根本转变，对抗战胜利和中国未来发展充满了希望。陈嘉庚的宣传活动在很大程

[①] 李存章:《广东（梅州籍）华侨在抗日战争中的贡献》，《广东史志》1995年第3期；黄绮文:《海外潮侨与祖国抗战》，《汕头大学学报》1995年第3期。

[②] 李翔:《中共与东江华侨回乡服务团》，《红广角》2018年第6期；游海华:《华侨和港澳同胞在东江的抗日活动》，《军事历史研究》2020年第3期。

[③] 赵和曼:《广西籍华侨对抗日战争的贡献》，《八桂侨史》1999年第3期；杨建党:《东南亚广西籍华侨在抗日战争中的卓越贡献》，《东南亚纵横》2007年第1期。

[④] 郭剑波:《试论浙南华侨对抗日战争的贡献》，《浙江师范大学学报（社会科学版）》2007年第6期。

[⑤] 曾瑞炎:《陈嘉庚对祖国抗战的贡献》，《近代史研究》1986年第1期。

[⑥] 包爱芹:《论陈嘉庚对支援祖国抗战的特殊作用与贡献》，《山东师大学报（社会科学版）》1998年第4期；陈蓉祯:《爱国侨领陈嘉庚对祖国抗日战争的历史贡献及启示》，《长春大学学报》2016年第3期；代金平、秦锐:《陈嘉庚爱国精神在抗战中的表现及其时代意义》，《牡丹江师范学院学报（哲学社会科学版）》2017年第1期。

度上改变了广大华侨对中共的认识和看法。① 陈嘉庚与毛泽东、朱德、周恩来等中共领导人的交往也受到学者关注。② 陈嘉庚与蒋介石关系的转变同样是学界较为关注的主题。陈嘉庚一直拥护南京国民政府和蒋介石。抗战时期,蒋介石和国民党的不抵抗政策、破坏国共团结抗战的分裂行为,以及国民党的贪污腐败等现象引起了陈嘉庚的反感。特别是对重庆与延安等地的考察之后,他认清了国民党的真面目,进而成为中共的支持者。③ 关于陈嘉庚坚决反对汪伪投降卖国,坚决维护抗日民族统一战线,学界对此也多有研究。④

有关陈嘉庚的研究尚有可拓展的空间。其一,可关注陈嘉庚对侨居地反法西斯斗争做出的贡献。其二,可关注陈嘉庚在维护华侨利益、记录和保存史料方面做出的贡献。日本投降后,陈嘉庚出于维护华侨利益之目的,很有远见地及时提出组织调查委员会,调查敌寇占领期间华侨所受生命财产的损失,作为向日本政府索赔及揭露日军暴行的资料。该调查委员会编成的《大战与南侨——马来亚之部》⑤ 一书,成为战时东南亚华侨损失的历史见证,也是日本帝国主义发动侵略战争、对华侨犯下滔天罪行的铁证。⑥ 陈嘉庚眼光长远,在避难爪哇期间,著书《南侨回忆录》记录华侨支援抗战的历史和回国考察见闻,出版后成为畅销书,在海内外引起强烈反响,在东南亚华侨社会中与斯诺的《西行漫记》一样受欢迎。在帮助

---

① 张荣久:《陈嘉庚访问延安的发现与惊喜》,《文史春秋》2004年第11期;徐建国:《陈嘉庚访问延安的特定时期影响》,《重庆社会科学》2015年第5期;夏蒙:《陈嘉庚率南侨慰劳团回国慰劳抗战纪事》,《福建党史月刊》2019年第10期。

② 曾瑞炎:《陈嘉庚与朱德在延安》,《文史杂志》1988年第3期;高士振:《毛泽东与华侨领袖陈嘉庚》,《党史文汇》2004年第4期;任贵祥:《周恩来与陈嘉庚交往述评》,《党史研究与教学》2008年第4期;任贵祥:《毛泽东与陈嘉庚交往论略》,《党的文献》2010年第2期。

③ 李少雄:《试论陈嘉庚对国共两党的认识及转变》,《福建师范大学学报(哲学社会科学版)》1992年第4期;庄明理、洪丝丝:《陈嘉庚与蒋介石决裂经过》,《文史精华》1995年第6期;樊斌:《著名华侨领袖陈嘉庚与蒋介石决裂内情》,《文史春秋》2010年第9期。

④ 方式先:《陈嘉庚怒斥汪精卫的几件史实》,《史学月刊》1984年第1期;肖用:《陈嘉庚在国民参政会上的电报提案》,《文史精华》1996年第6期;刘正英:《从志向相同到公开决裂——陈嘉庚与汪精卫》,《党史纵览》2002年第6期。

⑤ 南洋华侨筹赈祖国难民总会编印的《大战与南侨——马来亚之部》,1947年由新加坡南洋出版社发行。之后,该书几成绝版。2007年8月,马来西亚隆雪中华大会堂、马来西亚纪念日据时期殉难同胞工委会出版了该书的重版缩印本。2010年,位于厦门的陈嘉庚纪念馆发现此书原版书后购入作为馆藏。

⑥ 林斯丰:《陈嘉庚对中华民族抗日战争的重大历史贡献》,《集美大学学报(哲学社会科学版)》2015年第1期。

华侨正确认识中共方面，该书起到了与《西行漫记》同样的作用。① 不仅如此，《南侨回忆录》作为真实且客观反映华侨支援祖国抗战的珍贵史料，成为有关华侨与抗战研究的重要资料来源之一。其三，可关注陈嘉庚领导华侨抗战救国面临的各种压力和困难。虽然陈嘉庚得到广大华侨的拥护与支持，但也面临英国殖民当局的压力、华侨社会内部对立者的攻击、访问延安后国民党的倒陈运动、东南亚沦陷后的人身安全等问题。学界应加强这些方面的研究，更好呈现历史的多面性与复杂性，使后人对华侨支援祖国抗战所做贡献有更全面深入的了解与认识。

司徒美堂。张兴汉指出，美洲洪门致公堂领袖司徒美堂在抗战中的贡献主要包括以下五个方面：1. 打破门户之见、团结洪门致公堂与华侨社会中一切爱国力量，发动侨胞募捐抗战；2. 坚决维护抗日民族统一战线，促进国共合作；3. 热情接待与保护到美国避难的抗日将领和爱国人士，进行抗战宣传；4. 积极建言献策，沟通侨汇，维护侨眷利益；5. 动员华侨回国投资，支援祖国建设。② 任贵祥对比分析了司徒美堂与其他爱国侨领的共性，称他们都具有高尚的民族气节，与陈嘉庚等侨领一样，曾经支援辛亥革命，是华侨两次爱国高潮的参与者与见证者，具有不断追求进步、与时俱进的品格。他也分析了司徒美堂有区别于其他侨领的特点，称司徒美堂不像陈嘉庚等东南亚侨领，不是富商，没有家财万贯，无力为祖国抗战捐献大量财物。但是，作为社会活动家，司徒美堂以无私的爱国精神和感召力激发带动了广大华侨支援祖国抗战，其贡献是无法用金钱来衡量的。这些观点都很有创见。③ 张国雄分析了太平洋战争爆发后，司徒美堂为推动美国废除《排华法案》所发挥的作用。他认为，司徒美堂一生追求真理、追求进步，其从底层华侨成长为爱国侨领的历程，反映了爱国侨胞自近代以来所走过的道路。④

蚁光炎。泰国侨领蚁光炎是唯一为抗战献身的富商侨领，不少学者对他的生平事迹进行了研究。任贵祥指出，蚁光炎素来爱侨爱国爱乡，抗日战争爆发后积极支持并率领泰国华侨开展抗日救亡运动，最后被日本侵略

---

① 曾昭铎：《陈嘉庚对祖国抗战的四大杰出贡献》，《华侨华人历史研究》1995年第3期。
② 张兴汉：《司徒美堂与祖国抗战——纪念司徒美堂诞辰120周年》，《暨南学报（哲学社会科学版）》1988年第1期。
③ 任贵祥：《司徒美堂与抗日战争》，《史学月刊》2004年第11期。
④ 张国雄：《美洲华侨的旗帜——司徒美堂》，《五邑大学学报（社会科学版）》2003年第1期。

者暗杀。蚁光炎是广大华侨支援祖国抗战、挽救民族危亡的楷模，在祖国抗日战争史上占有重要地位，产生了深远影响。① 黄小坚等高度评价蚁光炎为抗日救亡舍身成仁的爱国奉献精神，认为他的精神遗产不仅是属于中国、属于中华民族的，也是属于泰国、属于世界的。蚁光炎是海外华侨的杰出代表，海外华侨是中国革命胜利的有功之臣，对中国历史发展具有推动作用，应该正确评价他们在中国现代历史发展中的地位与作用。②

其他人物。对其他侨领的研究也推出一些成果。如对"南洋华侨筹赈祖国难民总会"两位副主席李清泉、庄西言的研究。李清泉是菲律宾著名爱国侨领，因其祖籍福建，所以在有关福建华侨的研究中多被提及。③ 他是建立南洋华侨抗战统一组织的倡导者，在临终之际将 10 万美元的遗产捐献给祖国作为抚养难童费用。④ 庄西言是印尼侨领，领导印尼华侨抵制日货，声讨汪精卫，反对卖国投降。他不但参加了陈嘉庚组织的"南洋华侨回国慰劳视察团"，还在陈嘉庚到印尼避难时给予帮助。据说，庄西言曾因此被日军逮捕并关押三年多，受尽折磨，但始终不屈。⑤

除对著名侨领的研究外，在抗战中为国捐躯的华侨英烈也受到关注，特别是对印尼归侨李林的研究，不同时期都有成果面世。李林 1915 年出生于福建漳州，4 岁时随养母到荷属东印度（今印度尼西亚）爪哇与父亲团聚。在印尼生活期间，她耳闻目睹荷兰殖民统治者对印尼当地人和华侨的欺压，在心中埋下反抗帝国主义者的种子。1929 年高小毕业随母亲回国后，考入陈嘉庚先生创办的集美学校。九一八事变爆发后，她挥笔写下"甘愿征战血染衣，不平倭寇誓不休"的誓词。七七事变爆发后，李林在晋西北抗日战场开展抗日救亡运动。1940 年，李林为掩护专署机关和群众转移，身陷重围，饮弹自尽，年仅 25 岁。⑥ 李林从一位普通的华侨青年成

---

① 任贵祥：《泰国侨领蚁光炎抗日救国史事述评》，《抗日战争研究》1999 年第 4 期。
② 黄晓坚、欧阳惠：《蚁光炎先生思想探析》，《汕头大学学报》2002 年第 3 期。
③ 林金枝：《闽籍华侨对祖国抗日战争的贡献》，《南洋问题》1986 年第 4 期；江榕惠：《东南亚闽南籍华侨对抗日战争的贡献》，《福建论坛》（文史哲版）1995 年第 5 期。
④ 许国栋：《菲律宾的著名侨领李清泉》，《华侨华人历史研究》1988 年第 3 期；郑山玉：《爱国侨领李清泉对祖国抗日救亡斗争的贡献》，《党史研究与教学》1989 年第 4 期；李天锡：《李清泉对祖国抗战的贡献及其成功因素》，《八桂侨史》1997 年第 3 期。
⑤ 李湘君、张尧耕：《爱国侨领——庄西言》，《福建党史月刊》1995 年第 7 期。
⑥ 庶纪：《从少便有忧国心——李林的少年时代》，《革命人物》1985 年第 S2 期；石彤：《抗战中的华侨妇女》，《华侨华人历史研究》1988 年第 4 期；陈忠杰、郑坤全：《华侨抗日女英雄李林》，《福建党史月刊》2019 年第 10 期。

长为抗日民族英雄,不是偶然的,她是海外侨胞爱国主义的典范。

此外,吴敏超对华侨人物的研究具有启发意义。她通过对抗战时期国民党高官朱家骅与印尼华商黄氏家族关系的分析,立足于考察抗战这一宏大叙事背景下家族与个体在时代大变动中如何协调自身利益与民族大义之间的关系,阐释时代巨变中个体的处境。她强调,要改变现有的以中国为中心的研究视角,站在海外华侨立场上,关注时局对他们的冲击与影响,理解他们在动荡的时局中的立场与选择。①

三 关于华侨与抗战研究的思考

华侨与抗战研究既是华侨史研究的重要主题,也越来越成为抗战史研究的一个有机组成部分。经过1949年以来70多年的发展,华侨与抗战研究取得丰硕成果,但是,也存在一些不足和需要进一步拓展的领域。

(一)华侨与抗战研究仍属边缘

就华侨与抗战的主题在整个抗日战争研究中的定位而言,可以说仍然处于边缘。② 据不完全统计,1992—2020年,《抗日战争研究》杂志刊发的有关华侨与抗战这一主题的论文只有20篇左右。抗日战争是全体中华民族的解放战争,海外华侨作为中华民族的一分子,为抗战的胜利做出巨大贡献,发挥了国内同胞难以替代的作用,华侨与抗战的历史应该成为抗战研究的中心议题之一。牛津大学历史系教授米德(Rana Mitter)认为,华侨在抗战中的重要贡献、国际组织在中国的活动和作用,以及抗日战争时期的社会福利和社会保险等问题,都是抗战史研究的新领域。③ 虽然这是10多年前的看法,但是,就华侨对抗战的贡献而言,目前仍然是抗战史研究需要加强的领域。

(二)研究领域有待拓展

第一,已有研究大多立足于华侨对祖国的贡献这一单向视角,学者们

---

① 吴敏超:《抗战变局中的朱家骅与侨商黄氏家族》,《抗日战争研究》2014年第4期。
② 张秀明:《从"大抗战史观"看华侨与抗日战争研究——基于〈抗日战争研究〉杂志的思考》,《华侨华人历史研究》2015年第3期。
③ 周勇、吴兵:《名至实归:评米德著〈被遗忘的盟国〉》,《抗日战争研究》2013年第4期。

对于抗战对华侨的影响、战争给华侨造成的损失等关注不多，只有少数成果。程希从抗战对华侨与祖国关系、与居住地关系，以及对华侨社会自身的影响等方面分析了抗战对华侨的影响。① 黄晓坚等学者依据有关资料，梳理了抗战时期受日本侵略的国家和地区华侨的人口伤亡和财产损失。虽然是一种估算，但史料可靠，极具价值。② 罗诗雅从生活史、社会史视角考察普通华侨民众在抗战这一特殊时期的艰难处境。③ 沈惠芬探讨战时因侨汇的减少乃至中断，侨乡侨眷生活陷入极度贫困，甚至走上绝路的惨况。④ 这些研究从不同角度讨论战争对华侨及其眷属带来的影响与创伤，很有意义。但是，还有许多问题有待厘清。比如，就战争给华侨带来的人口伤亡和财产损失而言，研究成果还比较少见，而且缺乏可靠、一致的结论。抗战胜利后，国民政府侨务委员会曾经对东南亚、日本、中国香港等9个国家和地区的华侨人口伤亡数和财产损失数进行初步估计，分别合计为人口伤亡25.3万人、财产损失22.3193亿美元。这一数据为不少研究者引用。⑤ 但是，这一数据并不全面，也非确凿的调研数据。还有学者根据太平洋战争期间东南亚民众死亡人数不少于600万人，当时华侨占东南亚总人口10%的比例推算，认为东南亚被杀害的华侨不少于60万人。⑥ 黄晓坚等综合各种资料进行统计后指出，抗战时期海外华侨人口伤亡为41.4772万人，财产损失22.1093856亿美元、25.55亿元国币、123.2326万镑、145万盾。⑦ 可见，对这一基本问题还需要进一步加强研究。

第二，对华侨对居住地反法西斯战争的贡献与作用缺乏深度系统研究。虽然如前所述，有不少学者已关注到华侨对居住地反法西斯战争的贡

---

① 程希：《抗日战争对海外华侨的影响》，《华侨华人历史研究》1995年第3期。
② 黄晓坚、李玉茹：《抗战时期的华侨人口伤亡和财产损失——统计与探讨》，《华侨华人历史研究》2015年第3期。
③ 罗诗雅：《抗战时期普通华侨的心态和东南亚华人社会——基于侨批档案的考察》，《浙江档案》2018年第6期。
④ 沈惠芬：《华侨汇款与侨眷生活：抗日战争时期福建跨国留守群体生活的变迁》，《福建论坛（人文社会科学版）》2021年第9期。
⑤ 谢国富：《1941—1945年海外华侨战时基本损失基本情况》，《华侨华人历史研究》1993年第2期。
⑥ 贺圣达：《中华海外儿女抗日在南洋——东南亚华侨的武装抗日斗争》，《云南民族大学学报（哲学社会科学版）》2005年第6期。
⑦ 黄晓坚、李玉茹：《抗战时期的华侨人口伤亡和财产损失——统计与探讨》，《华侨华人历史研究》2015年第3期。

献，但仍然缺乏系统性且有深度的研究。世界各地华侨不仅是中国抗战的重要力量，也是世界反法西斯战争的重要力量之一，应该从这个视角与高度对华侨在"二战"中的贡献进行深入研究与重新审视。

第三，区域、国别研究不均衡，国内各侨乡研究不均衡。现有的华侨与抗战研究，多集中于东南亚和北美洲，对于非洲、欧洲、大洋洲等地区的研究较少。国别研究方面，新加坡、马来西亚、菲律宾、美国等研究成果较多，其他国家的研究相对薄弱。国内各地侨乡方面，有关福建籍华侨抗战研究成果较多，对作为第一侨务大省的广东籍华侨抗战研究较少。此外，对云南、广西等大后方华侨抗战研究也不多。

（三）重复性研究较多

综观华侨与抗战研究成果，重复性研究、低水平研究比较严重。比如，2005 年抗战胜利 60 周年发表的 20 多篇相关文章中，大多是重复性、一般性研究，史料和观点都没有多少新意。2015 年抗战胜利 70 周年出现的发文热潮中，有一篇文章在 6 个不同刊物发表。此外，有关华侨与抗战的绝大多数文章，引用与下载数量都比较少。既有研究之间缺少互鉴，后续研究对早期研究很少参考借鉴，也有学者对最新研究结论缺乏了解。如一些基本数据，早期的研究因资料所限等原因，数据不全面，后来的研究逐渐达成共识，但有学者却没有采用新的数据。

（四）研究力量比较薄弱

就研究队伍而言，研究力量仍比较薄弱。任贵祥是较早开展华侨与抗战研究，且成果十分丰富的学者，自 20 世纪 80 年代至今发表了约 20 篇学术论文，并出版多部专著。但这样的权威专家并不多。据林勇等人的统计，1985—2014 年，发表过华侨与抗日战争研究论文的学者共有 310 位，其中，发文量超过 5 篇的学者只有 5 位，占约 1.6%；发文 1 篇的学者占 86%；发文 2—4 篇的学者占 12%。[①]

（五）史料来源尚需拓展

华侨与抗战研究的史料来源主要有几个方面：一是当时国内的相关报

---

① 林勇、吴元：《华侨与抗日战争研究文献综述——基于 CNKI 收录期刊论文（1985—2014）》，《八桂侨刊》2015 年第 4 期。

刊，包括国民政府与中共主办的报刊等；二是当时海外出版的华文报刊，近年由于这些报刊的数字化，对这些报刊史料的利用也越来越多；三是档案资料的利用。随着越来越多档案资料的对外开放，广东、福建、云南等地档案馆史料以及台湾方面的有关档案史料都得到了较多的运用。但是，外文资料的运用以及对国外研究成果的借鉴引用几乎是空白。[①] 海外华侨作为支援中国抗战的外部力量和在世界各地参与反法西斯战争的重要力量，他们的奉献与牺牲得到了侨居地民众和政府的尊重与肯定。国际社会如何看待与评价这段历史，值得我们关注与借鉴。

海外华侨这一特殊群体在中华民族反侵略战争和世界反法西斯战争中做出了卓越贡献。华侨对祖国抗战的贡献与作用已经有了丰富的研究成果，但是，华侨对侨居地以及世界反法西斯战争的贡献还未得到充分研究。特别是侨居地政府与民众以及国际社会如何看待这段历史，需要进一步关注。战争给海外华侨带来了巨大的生命财产损失，战争对华侨社会的发展也产生了巨大影响。这方面的研究也很不充分。总之，华侨与抗日战争这个主题还有许多领域值得开拓，还有不少课题值得深入研究。历史并未终结，学术研究任重道远。

[①] 黄昆章：《"华侨与抗日战争研究"刍议》，载黄小坚主编《海峡两岸"华侨与抗日战争"学术研讨会文集》，中国档案出版社 2000 年版，第 18 页。

第十四章

战后处置与战争遗留问题

1945年8月15日，日本昭和天皇通过广播，宣布接受《波茨坦公告》，向盟军无条件投降，中国人民抗日战争暨世界反法西斯战争取得胜利。那么，如何在战后迅速集中、管理、遣返滞留中国范围内日本俘虏和侨民；如何审判策划、发动、实施日本侵略战争的战争罪犯，以教育日本民众、维护世界和平、防止日本军国主义复活和侵略战争的历史悲剧再次重演；如何严惩抗战期间违背民族大义、自甘附逆的汉奸，关乎弘扬抗战精神、关乎弘扬民族正气，故国共两党均采取一系列惩奸政策与措施，各自具有何种效果与不同特点？特别是抗战胜利后，面临国共合作破裂、内战一触即发的现实环境，遣返日本侨俘、审判日本战犯、惩处汉奸等，既掺杂了国共合作与斗争的国内政治因素，又深受世界反法西斯同盟从合作走向冷战格局的国际环境影响。当然，这些事关中国与世界的战后处置与战争遗留问题，反过来既影响着世界范围内的和平思潮、和平运动与美苏关系、冷战格局，也影响着中国的政治变动、解放战争，甚至战后中日关系发展走向。

一 遣返日本侨俘

抗战胜利后，滞留在中国的日本战俘、侨民（以下简称"日本侨俘"）大体分布是，中国东北地区除59.4万日本侨俘被押送苏联外，其余侨俘尚有110万；关内地区（含台澎地区）日本侨俘约210万，合计约320万日本侨俘。[①] 如此规模庞大的日本侨俘，一方面由于日本战败投降，

[①] 徐志民、米卫娜、关亚新：《战后在华日本侨俘遣返研究》，江苏人民出版社2021年版，第1页。

心理失衡、恐慌，尤其是想到战时的所作所为与累累罪行，更是害怕中国人的报复，故归心似箭；另一方面，部分日本侨俘不甘失败，私自藏匿武器，勾结土匪，暗中联络国民党各派系，妄图"残留"中国，以待他日"东山再起"，成为影响战后中国社会稳定的潜在威胁因素。因此，如何集中管理和尽快遣返日本侨俘，就成为摆在国民政府面前的一个重要问题。1945年8月15日，蒋介石在重庆发表"以德报怨"讲话，呼吁并要求中国人民对待日本侨俘不计前嫌、宽大为怀。9月30日，中国陆军总司令部颁布《中国境内日侨集中管理办法》，规定华北各地日侨集中于北平、天津、大同、青岛，华东地区的日侨集中于上海、厦门，四川、两湖、河南等地的日侨集中于汉口，台澎地区的日侨向当地各个县市集中，以待遣返。学界对上述问题均进行了研究。

（一）东北地区的日本侨俘遣返

东北地区日本侨俘遣返研究的代表人物，是辽宁省社会科学院历史研究所张志坤和关亚新，他们或合作或单独发表了一系列有关东北各地日本侨俘遣返的研究论著。从2005年以来，张志坤、关亚新通过查阅档案史料、历史文献、调查采访等，对抗战胜利后东北地区遣返日本侨俘的分布情况、遣返准备、遣返进程和历史影响进行分析和思考，比较系统地研究了东北各地遣返日本侨俘的历史进程。例如，他们介绍了松花江以北中共控制区遣返日本侨俘的情况，所谓松花江以北地区主要指黑龙江全省、吉林省东部、内蒙古自治区东北部地区，也就是抗战胜利后的中共控制区，这里当时约有20万名日本侨俘。在美国政府的协调和帮助下，国共美两国三方制定详细而周密的计划，即国民党东北行辕日侨俘管理处1946年7月制定的《关于中共区内日侨俘遣送之计划》，以及东北民主联军遣送日人办事处处长李敏然与军事调处执行部美方遣送官贝尔，在哈尔滨草签的《遣送东北中共管制区日人之协定书》。随之，东北民主联军建立健全遣送日侨俘机构，正式宣布遣送日侨俘决定，动员群众参加遣送日侨俘工作，公开各项遣送日人法令，统一调度输送日侨俘，及时将松花江以北地区日侨俘送到交接地，国民党当局按计划接收中共控制区的日本侨俘，当地中国老百姓也不计前嫌，为这一地区的日本侨俘提供了善意的帮助，基本上在1946年八九月间将18.2万多名日本侨俘遣送完毕，体现了中华民族宽厚仁爱的国际人道主义精神。①

张志坤和关亚新关于东北地区日本侨俘研究的集大成之作，是《葫芦岛日侨遣返的调查与研究》。该书在占有大量史料的基础上，系统介绍了近代日本向中国东北移民的历史和苏联出兵中国东北后日本的弃民政策，以及日本侨俘在战后初期的逃亡与被中国政府收容的情况，阐释了日本的移民政策与弃民政策、向中国东北移民与日本侨俘遣返之间的因果关系、历史联系；介绍了中国政府遣返东北地区日本侨俘的准备、部署、安排和进程，并分章概述了沈阳及其周边地区、长春市及其周边地区、松花江以北地区、吉林东部与通化和安东地区的日本侨俘的遣返历程，以及日籍技术人员在留用解除后的遣返情况；分析了葫芦岛百万日侨大遣返的历史影响，认为这既是中华民族博大胸怀的历史见证和人道主义的历史丰碑，也是中美、国共合作处理战后问题的成功范例。② 战后遣返东北地区日本侨俘的历史已经结束，但并未"过去"，留下了不少惨痛的历史教训和发人深思的日本残留孤儿问题。究竟谁应该对这段历史负责？如何避免类似的悲剧重演？

因此，东北地区日本侨俘遣返问题颇受学界重视。由于当时遣返日本侨俘的主要港口是葫芦岛，故学界通常称东北地区的日本侨俘遣返为"葫芦岛百万日本侨俘大遣返"或"葫芦岛大遣返"。荆杰指出，抗战胜利后国共双方以民族大义为重，分别在各自实际控制区建立遣返日本侨俘的机构，并相互配合，协调行动，从1946年5月7日至12月31日，短短半年时间，即从葫芦岛遣返日本侨俘158批，计1017549人，其中日俘16607人。即使1946年11月国共双方在东北对峙和开战后，也未停止遣返日本侨俘工作，仍在战争缝隙之中协商、合作遣返日本侨俘。到1948年夏，东北地区的百万日本侨俘基本遣返完毕，共计遣返日本侨俘1051047人。他认为，葫芦岛大遣返彰显了中国人"以德报怨"的崇高品质和中国政府"睦邻友好"的大国风范，体现了国共两党"求同存异"的大局观。③ 池

---

① 张志坤、关亚新：《松花江以北地区日侨俘遣返始末》，《东北亚论坛》2008年第5期；关亚新、张志坤：《千余青年学生参加中共控制区日侨俘遣返》，《中国社会科学报》2010年5月4日第15版。
② 张志坤、关亚新：《葫芦岛日侨遣返的调查与研究》，社会科学文献出版社2010年版。
③ 荆杰：《"葫芦岛百万大遣返"始末》，《党史博采》2008年第7期；荆杰：《葫芦岛百万大遣返——国共关系史上最愉快的合作》，《党史文苑》2008年第10期。

凤臣、王凤山介绍了中国东北地区日本侨俘的遣返经过，及其在中日友好运动中的"历史的回响"，认为葫芦岛是这些日本侨俘的一个"生命的驿站"，他们的命运由此发生重大转折。① 于苏军较为详细地考察了抗战胜利后的东北政局和日本侨俘问题，以及中美苏三国四方达成的遣返日本侨俘的协议和具体的遣返过程。②

中国东北地区的日本侨俘虽主要经过葫芦岛遣返回国，但并非经葫芦岛一个港口遣返，还有经过吉林省、朝鲜，乘坐苏联红十字船遣返回国者。金龟春、孟庆义早在1993年就撰文介绍抗战胜利后延边专员公署根据中国共产党"三大纪律八项注意"不虐待俘虏的政策，将日本战俘分散到人民群众中去，并保证吃住，留用那些有一技之长的日本战俘及其家属，并从生活上对他们关怀和照顾，且积极创造条件帮助他们回国。但是，在1948年年初国共大决战前夕，若通过葫芦岛遣返反而变得更加危险，故延边专员公署致函朝鲜人民委员会委员长金日成，请其协助在延边的日本战俘及其家属回国，并获得金的支持。随后，这些在延边的日本战俘及其家属通过图们江口岸，经过朝鲜的元山口岸，乘坐苏联的红十字会船返回日本。③ 曲晓范在论述战后中国对东北地区日本侨民的安置和遣返问题时指出："1948年6月，在辽沈战役即将打响之际，国统区和共产党解放区又一次组织遣送日侨工作……共产党占领区的遣送是通过朝鲜会宁地区日本居留民会和朝鲜苏军司令部协助、由新成立的吉林省民政厅负责从图们口岸出境，经朝鲜南阳、清津、元山回国的，本次中共延边解放区共遣送日侨349人。"④ 可见，在东北中共控制区日本侨俘的遣返不仅得到了朝鲜的协助，而且得到了驻朝苏军的支持。

（二）华北地区的日本侨俘遣返

米卫娜长期研究河北、北平的日本侨俘遣返问题，至今已经取得不少研究成果。她的硕士学位论文就是《抗战胜利后北平市对日侨的集中、管

---

① 池凤臣、王凤山：《"生命的驿站"——百万日侨大遣返纪实》，《党史纵横》2006年第8期。
② 于苏军：《105万日本侨俘葫芦岛大遣返》，《东北史地》2012年第3期。
③ 金龟春、孟庆义：《中日友好关系史上难忘的一页——记延边专员公署对日战俘及家属的关怀》，《延边大学学报（哲学社会科学版）》1993年第3期。
④ 曲晓范：《战后中国对东北地区日本侨民的安置和遣返——近现代中国政府和人民妥善处理中日历史遗留问题的一个范例》，《日本学论坛》2002年第3期。

理和遣返》。该文首先介绍了抗战时期华北的日侨情况和抗战胜利后中国政府遣返日本侨俘的计划；其次，重点阐述北平市日侨集中管理处成立后对日本侨俘的集中、管理和教育问题，以及留用日籍技术人员和征用日籍员工从事劳役工作的情况；最后是将北平市的日本侨俘遣送回国。中国政府本着宽大的原则和"以德报怨"的精神，从1945年12月至1946年5月底，共遣送日侨69批，合计78536人，基本完成了北平市遣返日本侨俘的任务，体现了中国人民的大国国民风范和气度。① 米卫娜与申海涛合作研究，重点考察了1945年12月河北省日侨集中管理处的成立及其制定的各项规章制度，以及河北省在丰台、长辛店、石家庄设立的三处日侨管理所的情况，统计河北省遣返日侨使用之经费，大体还原了集中管理日侨的原貌和日籍技术人员的留用情况；指出河北省日侨从1946年1月7日开始遣送，至同年5月底共遣送日侨32批，基本完成河北省集中管理和遣返日本侨俘的任务。② 2012年，米卫娜出版专著《近代华北日侨问题研究（1871—1946）》，其中第五章"战后中国政府对华北日侨的集中、管理和遣返"，论述重点仍是河北、北平的日本侨俘遣返。③

孔繁芝、尤晋鸣等学者以山西省档案馆保存的、涉及抗战胜利后日军"残留"山西及其最终历史结局的档案资料为基本依据，参阅大量历史文献，调查采访日军"残留"的相关人员，编撰出版专著，再现了1945年8月至1949年5月"山西残留"事件，详细收录了"残留"日军日侨的名簿，以及他们在解放战争中伤亡、遣返的名簿。④ 以这些资料为基础，孔繁芝、尤晋鸣指出，日本战败投降后，驻扎山西的日军第一军司令官澄田睐四郎、参谋长山冈道武等人，与阎锡山相互勾结，进行有计划地组织"残留山西"的活动。山西"残留"日军日侨一方面妄图利用山西资源复兴战后日本经济，并将山西作为日本帝国主义卷土重来和挺进大陆的前沿基地；另一方面配合阎锡山的部队阻挠中国人民的解放战争，再次荼毒中国人民。结果是，这批约7000名残留日军和数千名日侨，到1949年5月

---

① 米卫娜：《抗战胜利后北平市对日侨的集中、管理和遣返》，硕士学位论文，河北大学，2006年；米卫娜：《抗战胜利后北平市日侨的遣返工作》，《北京社会科学》2012年第2期；等等。
② 米卫娜、申海涛：《战后河北省对日侨的集中管理与遣返》，《抗日战争研究》2007年第4期。
③ 米卫娜：《近代华北日侨问题研究（1871—1946）》，人民出版社2012年版。
④ 山西省档案馆编著：《二战后侵华日军"山西残留"——历史真实与档案征引》（全3卷），山西人民出版社2007年版。

山西大同解放前后，不是被陆续遣返，就是被人民解放军歼灭或俘虏，彻底粉碎了他们妄图"残留山西"的迷梦。①

　　胡荣华以天津市档案馆所藏华北地区遣返日本侨俘的历史资料为基础，重点阐述了天津地区日本侨俘及华北各地途经天津而遣返日本侨俘的历史经纬。该文首先介绍了1946年1月18日成立的天津日侨管理处，以及该处负责的日侨调查、登记、管理、感化教育、遣返回国等各项工作，指出当时滞留在天津的侨民，最初也是由日侨管理处代为管理，而且日侨管理处由天津市市长张廷谔和副市长杜建时分任正副处长，显示出中国政府对遣返日本侨俘工作的高度重视；其次，仔细考察了天津日侨管理处对于华北各地来津日本侨俘的管理工作，如集中组织、宣传教育、对日本侨俘的饮食起居进行照顾等；最后，对日本侨俘的财物管理采取区别对待的方法，既收回他们在侵华战争期间从中国掠夺的财物，也维护日本侨俘的基本财产权利。胡荣华总体上肯定了中国政府遣返日本侨俘的举措，认为这对于华北地区的社会稳定和安抚民众的情绪具有重要作用，同时体现了中华民族与人为善、宽宏大量的民族品格。②

　　渠占辉是较早综合性地研究华北地区日本侨俘遣返问题的学者。他根据遣返日本侨俘机关的统计资料指出，华北各地途经塘沽、青岛、秦皇岛、连云港遣返日本侨俘380489人，各地留用日籍技术人员9561人，据此推算华北地区日本侨俘总数至少有390050人。当然，途经华北各地港口遣返回国的日侨，并非都是华北地区的日本侨俘，如当时就有少数东北地区的日本侨俘在解放战争开始后转道华北各港口回国，河南的日本侨俘除部分转道汉口外，还有一部分经连云港回国。对此，渠占辉详细考察了抗战胜利后华北各地省市政府成立的日本侨俘管理机构及其集中管理和遣返日本侨俘的情况，指出从1945年秋至1946年1月，山西、山东、北平、青岛、河北、内蒙古东北部地区、天津等地都成立了日本侨俘集中管理处，负责日本侨俘的集中管理和遣返事宜，到1946年8月大规模遣返日本侨俘的工作基本结束后相继被裁撤，剩余日本侨俘的遣返工作由相关省市政府下属的外事部门继续办理，直至中华人民共和国成立后，才转入新

---

① 孔繁芝、尤晋鸣：《二战后侵华日军"山西残留"——历史真实与档案记录》，《抗日战争研究》2011年第2期。

② 胡荣华：《战后天津暨华北地区日俘日侨遣返研究》，《抗日战争研究》2008年第3期。

中国时期送还日本侨俘的下一阶段。①

(三) 华东、华中及台澎的日本侨俘遣返

抗战胜利后，上海成为华东、华中地区日本侨俘遣返的主要通道。吕佳航以战后上海日侨遣返问题作为自己的硕士学位论文选题②，并发表自己关于战后上海日侨集中管理和遣返的研究成果。他与丁勇华合作研究后，指出战后日侨归国时携带行李的重量，并非通常所谓的"30公斤"为限，而是有所变动的，即从"每人准带之行李以其能自行携带者为限"，到"30公斤为限"，随后又恢复原规定，再到上海地区后来施行之日侨可携带90公斤行李；强调在遣返日本人的过程中，中国政府准其携带的物品重量并非一成不变，因而不能以偏概全地以某一时段或某一地区之规定作为全面比较衡量的标准。他们认为国民政府并没有"强制遣返所有日人"，而是对于日籍技术人员采取了留用的政策，尽管随着国内和国际环境的变化，对于留用的控制变得益发严密，却未曾令行禁止，且可以肯定的是，日本人中确有一部分被留在中国。③ 至于战后上海日侨的集中管理和社会生活研究，吕佳航与忻平指出以汤恩伯为总司令的第三方面军在接收上海日侨后，于1945年10月成立上海日侨管理处，对上海日侨分区集中管理，采取保甲与自治组织相结合的管理方式，一方面解决日侨的基本生活，另一方面调处中国国民与日侨生活中的问题和冲突；同时，通过学校教育、社会教育加强日侨的思想改造，并丰富其精神文化生活，这种对日侨改造的人性化、科学化，体现了国民政府"以德报怨"的精神。④

上海作为中国重要的交通贸易港口和主要的经济城市，当地被没收的敌伪"产业"，尤其是大型企业与公司，在战后百废待兴的情况下需要继续留用部分日籍员工与技术人员。朱婷以"中机公司"留用日籍技术人员和职工为例，分析了抗战胜利后国民政府的日人"留用政策"⑤。马军从中

---

① 渠占辉：《战后华北地区日侨的收容与遣返》，《抗日战争研究》2011年第3期。
② 吕佳航：《战后上海日侨遣返研究》，硕士学位论文，上海大学，2009年。
③ 吕佳航、丁勇华：《战后上海日侨遣返问题》，《兰台世界》2008年9月上。
④ 忻平、吕佳航：《"身有所寄，心有所托"——战后上海待遣日侨的集中管理》，《社会科学家》2010年第10期。
⑤ 朱婷：《抗战胜利后国民党政府的"留用政策"与"中机公司"》，《上海社会科学院学术季刊》1998年第4期。

央、上海地方和具体企业三个层面，解析了国民政府留用日籍技术人员政策的酝酿、制订和实践过程；指出中美之间关于这一政策始终存在着较大分歧，加之战火刚熄，中国民间还普遍弥漫着激烈的仇日情绪，因而战后上海的日籍技术人员留用工作并不顺畅。他认为，需要从以下四个方面把握战后国民政府留用日籍技术人员的政策：第一，国民政府希望留下更多的有用之人，而美国则主张尽快、尽早地全数遣返，这当然也反映了双方不同的国家利益。第二，战后中国普通民众的反日民族主义情绪和企业高层管理人士技术现实主义考虑的差异。第三，一般的日本技术人员以其技术能力而受到留用，其作为一种谋求生计的个人行为，与此前作为日本国家行为的侵华战争并不存在着必然、紧密的联系。但在战后初期特殊的历史环境下，两者常常容易被不同程度地混淆起来。第四，就全国范围而言，在当时国共激烈内战的情况下，日籍技术人员是双方极力争取的智力资源。[①] 1949年5月，上海解放后，新中国继续对剩余日籍技术人员留用数年，可为明证。

　　作为战前与战后国民政府以及汪伪政府首都的南京，尤其是发生过惨绝人寰的"南京大屠杀"惨案之地，在战后遣返日本侨俘过程中的宽大为怀更体现了中国人民"以德报怨"的民族品格。王艳飞主要运用南京档案馆等处的档案资料，以及知情人的口述资料，对当时设在国民政府首都南京的日侨日俘管理所的成立、内部管理体系以及管理政策实施情况等诸多方面进行了个案研究，指出日本投降后，留在南京的日侨日俘并没有受到当地民众严厉的报复，相反，由第三方面军负责接收的京沪地区日侨日俘的管理却成为全国贯彻执行蒋介石"以德报怨"政策的典型，甚至可以说南京日本侨俘的遣返，也是当时全国对日侨日俘管理的一个缩影。[②] 日本国内至今仍有一部分人在不断否认"南京大屠杀"、推卸战争责任，以及美化其对外侵略扩张战争。一方面是中国人民的"以德报怨"，另一方面是日本保守和右翼分子的"拒不反省"，确实值得我们深思。

　　浙江地区的日本侨俘，也是通过上海港遣返回国的。姚隽鸣介绍了抗战胜利后国民政府第三战区司令长官顾祝同对30000多名日俘的缴械与受降，以及对分散浙江各地的约1200名日侨的集中与管理，并妥善安排这

[①] 马军：《战后国民政府留用日籍技术人员政策的演变及在上海地区的实践》，《史林》2011年第6期。

[②] 王艳飞：《南京日俘日侨的集中与管理》，硕士学位论文，南京师范大学，2004年。

些日本侨俘的生活和改造,征用一些日本侨俘从事战后浙江的交通、市政建设等恢复重建工作。从1946年3月至5月,短短两三个月的时间,这些日侨、日俘全部被遣送至上海,然后乘船返回日本。姚隽鸣在总体肯定国民政府"以德报怨"式的遣返政策的同时也指出,过于宽大的遣返政策导致那些犯有较大罪行的日本战俘没有得到应有的惩处和改造,这也是战后日本右翼势力猖獗的重要原因之一。① 何扬鸣、楼圆玲利用浙江省档案馆收藏的《东南日报》等资料,考察了日本战败投降后,浙江省内数万名日本军人和几千名日本侨民的生活情况,以及国民政府对日侨俘的集中、管理和遣返,认为投降后的日本侨俘对战败很不服气,对中国人民的善意和真诚的思想教育,要么浑然不知,要么口是心非,且这种情形从战败至今没有什么变化,以致日本国内不时发出各种否认侵略战争责任的奇谈怪论。②

武汉既是近代以来日本侨民涌入华中地区的一个主要据点,也是抗战胜利后华中地区日本侨俘的集中地。蒋敏华指出,抗战胜利后集中于武汉的日本侨民有13970人,韩国侨民有1393人,德国侨民有63人,国民政府对他们进行封闭式管理和"说教"式"训导",并留用了部分日籍技术人员。具体来说,从1945年12月14日,首批被遣送回国的1300名日侨乘坐"江亚"号轮船离开武汉回国,到1946年6月15日,最后一批日本侨民乘"海玄"号轮船驶离武汉,历时7个多月的集中管理与遣返期间内,共有13992名日、德、韩外侨被遣送回国。截至1946年6月底,武汉仅余19名日本侨民、30名韩国侨民、48名德国侨民,其他侨民全被遣返回国。③ 甘成质指出,从政策层面看,汉口市政府的做法是严格执行蒋介石"以德报怨"对日政策的缩影;从实际层面看,汉口市政府根据本地情况,灵活处理各种问题,从而有效保证了日侨集中区的秩序,为日侨安全归国做出应有的努力。不过,这两个层面的努力都未达到改造日侨思想的目标。④

台澎地区的日本侨俘遣返,近年来也受到学界的广泛关注。褚静涛介绍了1945年12月台湾省行政长官公署成立的台湾省日侨管理委员会,考

---

① 姚隽鸣:《战后浙江地区日俘与日侨集中管理与遣返》,硕士学位论文,杭州师范大学,2008年。
② 何扬鸣、楼圆玲:《〈东南日报〉对战后日本侨民的报道》,《浙江档案》2009年第10期。
③ 蒋敏华:《战后日侨的管理与遣送》,《长江日报》2005年10月5日第4版。
④ 甘成质:《战后汉口日侨的训导与管理研究》,硕士学位论文,华中师范大学,2012年。

察了从1946年3月至1948年12月，台湾省分五期遣返日本侨俘和征用日籍技术人员的情况。①曹必宏指出，抗战胜利后由台湾警备总司令部第三处负责遣返日本战俘，并于1945年12月设立基隆、高雄二港口运输司令部，专司日俘之集中检查与遣送等工作，同时设立铁道运输司令部，负责将各地的日俘用火车以最快的方式运送至各港口，最终遣送日俘165638人，以及日本、琉球侨民322149人。②章慕荣指出，台湾光复后首先对日俘进行集中和管理，继而利用日俘进行战后台湾重建工作，并对其进行精神教育和改造，但为时不长，1946年4月底已全部遣返约167424名日俘。③苏小东重点介绍了中国海军第二舰队对台澎地区日本海军的接收准备、过程，以及协助台湾警备司令部遣返日侨俘的史实，指出遣返台澎地区日俘日侨是由台湾警备总司令部集中统一安排实施的，海军只是力所能及地承担了对其中日本海军战俘集中前后直至登船的监管、检查、警戒等工作。④徐志民、刘晓欣较为系统地梳理了台湾光复后遣返日本侨俘的历史进程，认为这既是中国遣返日本侨俘的重要组成部分，也反映了战后初期台湾面临复杂的岛内形势与国际环境，特别是台胞对日本侨俘和殖民统治的切身感受与认识，至今仍值得海峡两岸人民深思。⑤

（四）新中国协助日本侨俘回国

1949年10月，中华人民共和国成立后，当时中国大陆至少遗留4万余名日本侨民，以及被解放军俘虏和随后苏联转来的1000多名日本战犯。⑥1950年10月，中国红十字会会长李德全在摩纳哥参加国际红十字会第21届理事会时，与日本红十字会的岛津忠承接触。岛津向李德全提出希望协助调查在华日本人的情况。随后，中国红十字会向中国政府申请，并获得批准使用天津、秦皇岛、上海三地作为日侨归国的出境港口，从1953年3月至1958年7月，共分21批，遣返34000余名日侨回国。中国红十字会协助日侨回国事迹在国际上产生广泛影响，进一步推动了当时中

---

① 褚静涛：《台湾光复后日本移民的遣返与征用》，《史学月刊》2000年第6期。
② 曹必宏：《台湾地区遣返日俘纪实》，《中国档案报》2005年10月28日第2版。
③ 章慕荣：《台湾光复后日俘处理问题》，《南京社会科学》2005年第10期。
④ 苏小东：《抗战胜利后中国对台澎地区日本海军的接收》，《台湾研究集刊》2006年第1期。
⑤ 徐志民、刘晓欣：《台湾光复后的日本侨俘及其遣返》，《中国地方志》2020年第3期。
⑥ 吴庆生：《50年代中国政府协助日侨回国略论》，《绍兴文理学院学报（哲学社会科学版）》2001年第2期。

日民间交往的扩大与加深，推动了中日两国人民友好关系的进一步发展，被称为"架设中日友好关系的桥梁"①。

中共中央非常重视境内日本侨民的回国事宜。1952年7月，中共中央和中央人民政府批准协助日本侨民归国计划，并成立由中国红十字会等有关部门组成的中央日侨事务委员会；9月，制定《中共中央关于处理在华日侨问题的决定》《政务院关于处理日侨若干问题的规定》等文件，总的方针是，除少数战犯及刑事罪犯应该依法处理外，对在华日侨本着自愿原则，分期分批协助他们回国。由于没有正常的外交渠道，1952年12月1日，中国政府发表公开声明，宣布中国政府保护守法日侨和协助愿意回国的日侨回国的一贯立场，并表示欢迎日本方面的相关机关或人民团体派人来华同中国红十字会就日侨回国的具体问题进行协商，使之得到妥善解决。②

随后，中国红十字会声明，受中央人民政府委托协助日侨回国。有学者指出，廖承志作为新中国初期对日外交工作的重要负责人，坚持"两个区分"的方针，积极解决日侨归国的问题，并以此作为打开战后中日民间外交的一个缺口，这不仅体现了中国政府的人道主义精神，而且掀开了战后中日民间友好交往的高潮，促使中日关系由半官半民向邦交正常化方向发展。③潘德昌指出，20世纪50年代新中国在与日本无外交关系的情况下，民间外交先行，通过日本访华三团体与中国红十字会对日侨回国的交涉和落实，打开了战后中日关系的一个缺口，到日侨回国交涉后期已进入"官民并举"阶段，从而为中日关系邦交正常化奠定了基础，认为日侨回国交涉是战后初期中日民间外交的成功典范。④刘振甲认为，由于1958年长崎中国国旗事件的影响，在华日侨的送还工作暂时中止，更关键的是日

---

① 吴佩华、许立莺：《架设中日友好关系的桥梁——建国初期中国红十字会协助日侨归国探析》，《日本问题研究》2009年第2期。吴庆生认为，从1953年3月到1958年7月，中国政府由中国红十字会出面将愿意归国的日本侨俘，分21批，共计34424人（其中战俘1017人）遣返日本，指出这一高尚的行为在日本侨民中留下良好的影响，在日本国内引起巨大的反响，为中日邦交正常化积累和创造了条件。参见吴庆生《50年代中国政府协助日侨回国略论》，《绍兴文理学院学报（哲学社会科学版）》2001年第2期。

② 徐志民：《日侨归国考——20世纪50年代中日关系一瞥》，《中山大学学报（社会科学版）》2021年第1期。

③ 陈国文、邓卫红：《廖承志与日侨归国》，《贵州大学学报（社会科学版）》2008年第5期。

④ 潘德昌：《日侨遣返交涉的民间外交》，《日本问题研究》2010年第1期。

本政府于 1959 年颁布《未归还者特别措施法》，将 13000 多名未归国的在华日侨宣布为战争阵亡者而消除了这些人的户籍，导致日后确认这些日侨身份极为麻烦。1972 年中日邦交正常化后，中国政府继续协助日侨归国，特别是残留孤儿。①

二 审判战争罪犯

1945 年 8 月 15 日，日本宣布无条件投降，中国人民抗日战争取得伟大胜利，从而使战后审判日本战犯变为现实。11 月 6 日，国民政府成立"战争罪犯处理委员会"，作为处理日本战犯的最高权力机构，先隶属陆军总司令部，后改属国防部。12 月以后，国民政府分别在南京、上海、北平、沈阳、太原、济南、徐州、汉口、广州、台北 10 地设立审判战犯的军事法庭，其中南京军事法庭直属国防部，其他各地特别军事法庭隶属各战区、行辕或绥靖区。1945 年 12 月及翌年 1 月，国民政府相继颁布《战争罪犯处理办法》《战争罪犯审判办法》《战争罪犯审判办法实施细则》等，作为审判日本战犯的法律准绳。于是，从 1945 年底至 1948 年 7 月战犯处理委员会的解散，国民政府共计审理日本战犯 2435 人，其中判处死刑 149 人（4 人在行刑前病死或减刑），实际执行 145 人，判处其他徒刑 400 多人，其他全部释放。随着国民政府在大陆败退，1949 年 2 月在押之日本战犯被其送往日本监押，但他们在 20 世纪 50 年代全被释放。不过，同时期新中国却开启了对解放战争时期俘虏和苏联转交之日本战犯的沈阳审判与太原审判。与其他审判中日本战犯嫌疑人的胡搅蛮缠、拒不认罪相比，沈阳审判和太原审判的日本战犯嫌疑人却是痛哭流涕、深刻忏悔和反省。新中国对日本战犯的审判与东京审判、国民政府的审判缘何有如此差异，值得深思。

（一）国民政府审判日本战犯研究

新中国成立初期，中国学界对国民政府审判日本战犯并无多少研究。笔者所见较早的相关研究成果，是胡菊蓉的《中国军事法庭对日本侵华部

---

① 刘振甲：《战后日本遗华日侨的形成与演变》，《世纪桥》2007 年第 12 期。

分战犯审判概述》一文。该文主要介绍日本投降后国民政府的受降，以及为审判日本战犯成立战争罪犯处理委员会、军事法庭等机构和对日本战犯审判的概况。① 随之，胡菊蓉又出版专著，以南京大屠杀案为线索，梳理了国民政府对昭和天皇战争犯罪问题的态度，以及对日索赔等情况。② 需要指出的是，这些成果已是20世纪80年代的事情了。缘何新中国成立初期学界并未关注这一事关中国人民感情的历史事件？刘统认为有两个原因：其一，中华人民共和国成立后认为国民政府对日审判是其勾结日本战犯出卖中华民族的利益，导致这段历史被长期湮没，无人提起；其二，国民政府战后审判日本战犯的历史资料，或在三年解放战争期间遗失，或毁于战火，仅有南京军事法庭还有部分资料可见，其他大多只能从报刊获悉片言只语，难以还原真貌，致使学界鲜少问津这一问题。③

随着20世纪80年代以来日本右翼势力不断否认侵华战争性质、美化侵略战争，中国学界再次将目光转向曾经被忽略的国民政府对日本战犯的审判工作。

首先关注的是国民政府审判日本战犯的方针、政策。宋志勇认为，战后初期国民政府确立"以德报怨""宽大迅速"的审判方针，并在这一方针指导下开展日本战犯的罪行调查，制定审判战犯的法律法规，且在审判中不断完善，故总体上说这次审判是严肃的、公正的；不过，由于"以德报怨""宽大迅速"也导致仅有极少数日本战犯受到惩罚，大多数日本战犯则逃脱正义审判，这虽使部分日本民众感激国民政府，有利于战后中日关系的恢复和发展，但仍有一部分日本人不肯认账，攻击中国的军事审判"不公正"。宋志勇强调，应加强国民政府对日本战犯审判研究，以回应日本右翼分子的攻击。④ 日本学者伊香俊哉指出，国民政府虽在战时已经开始制定战后审判日本战犯的相关政策，但直到东京审判开始都未做好准备工作，且受美国对日政策的影响，不仅没有追究昭和天皇的战争责任，而且对大批日本战犯采取"宽大"政策，实行"杀一儆百"式处置方法，并希望以此促进日本人对侵略战争的反省。他强调，战后日本人应该清楚并

---

① 胡菊蓉:《中国军事法庭对日本侵华部分战犯审判概述》，《史学月刊》1984年第4期。
② 胡菊蓉:《中外军事法庭审判日本——关于南京大屠杀》，南开大学出版社1988年版。
③ 刘统:《国民政府审判日本战犯概述（1945—1949）》，《民国档案》2014年第1期。
④ 宋志勇:《战后初期中国的对日政策与战犯审判》，《南开学报》2001年第3期。

接受这一点。① 李方来分析了国民政府对战后台籍战犯的方针——"依法办事",即按照国际法,分国籍处置台籍战犯,但由于台湾人国籍的复杂性,导致这一方针实施起来并不顺利,导致现实与方针的背离,成为台湾二二八事件的隐患之一。②

其次是国民政府战后审判日本战犯的历史经过和主要措施。李新市介绍了国民政府组团参与东京审判的历史概况,以及对土肥原贤二、板垣征四郎等甲级战犯的询问与举证,总体上肯定了国民政府对日本战犯的检察和审判。③ 刘统从国民政府审判日本战犯的法庭和法律前期准备、审判日本战犯的经过,重点考察了国防部南京军事法庭、上海军事法庭、广州军事法庭等对日本战犯的个案审判,如广州军事法庭不仅判处曾率军攻陷香港、柳州、南宁等地并纵容所部日军犯下累累罪行的日本华南派遣军司令官田中久一死刑,而且审判了日军驻汕头宪兵吉川悟保、黑木正司等残杀国民党情报人员的案件,回顾了国民政府审判日本战犯的经过,披露了不少此前学界甚少关注的审判案件与案情。他指出,国民政府战后初期对日本战犯的审判,不仅是对东京审判的重要配合,而且是中国近代史上首次对侵略者的正义审判,但由于中国国内政治形势的影响,审判战犯未能涉及中共所属抗日根据地,且使日本侵华元凶昭和天皇、冈村宁次等从战犯名单中漏网,一些乙、丙战犯也大多被释放,逃脱了正义审判。④ 左双文利用台北"国史馆"档案文献和相关史料,分析了国民政府对日军暴行的调查情况、战犯名单的确定,以及为部分日本战犯纵容开脱的真相,认为国民政府处理日本战犯的态度随着国际国内形势的变化而不断变化,即战争结束后国民政府无论从主观上还是客观上都为战后惩处日本战犯做了一些努力,蒋介石在出台宽大方针的同时仍希望严惩一些罪恶昭彰的日本战犯,但此后不久则出于换取日本和在华日军合作的需要,转而开始包庇和开脱部分日本战犯,丧失了战胜国应有的态度和立场。⑤

最后是对国民政府审判日本战犯工作的评价。学界对国民政府审判日

---

① [日]伊香俊哉:《中国国民政府对日本战犯的处置方针》,芦鹏译,《南京大屠杀史研究》2012年第4期。
② 李方来:《原则与现实:国籍问题与台籍战犯审判》,《黑龙江史志》2013年第13期。
③ 李新市:《国民党方面参加审判日本战犯述论》,《开封大学学报》1998年第1期。
④ 刘统:《国民政府审判日本战犯概述(1945—1949)》,《民国档案》2014年第1期;刘统:《民国法庭如何审判日本战犯》,《同舟共进》2014年第3期;等等。
⑤ 左双文:《国民政府与惩处日本战犯几个问题的再考察》,《社会科学研究》2012年第6期。

本战犯的评价，往往与其审判过程和具体的审判工作密切相关。李荣介绍了战后初期国民政府处理日本战犯的领导机构与相关法规，以及对战犯的逮捕、拘押、引渡和审判，指出国民政府此举维护了国家利益和民族尊严，体现了中华民族的宽容美德和人道主义精神，推动了近代中国国际法的应用与发展，并通过审判战犯搜集、调查和保留了一批重要的日本侵华史料，成为批驳日本保守右翼分子错误言论的铁证。① 翁有利简述国民政府审判日本战犯的历史经过后指出，从审判的形式上看其具有一定的进步意义，符合人民意愿和历史潮流，体现了中华民族与人为善的传统美德，颁布的审判战犯法律法规填补了我国法律史上的一大空白，留下了珍贵的审判战犯资料。但是，从审判的过程和内容上看，国民政府出于一党一己私利，处理日本战犯过于宽大，乃至营私舞弊，使包括冈村宁次在内的大批战犯逃脱了应有惩罚。② 这是对国际法的践踏，是对整个中华民族的犯罪。严海建认为，战后国民政府处置日本战犯之所以采取宽大政策，一方面反映了国民政府从中日两国和解友好的大局出发妥善处理战犯问题的立志，另一方面也受到战后初期中国国内国际面临的现实因素的制约：其一，借助投降之日军配合对沦陷区的接收；其二，为保持与美国之盟友关系而追随美国，对日采取宽大政策；其三，国民政府本身对战时日军罪行的调查不足，造成引渡、审判、惩处日本战犯的实际困难，故国民政府处置日本战犯从政策层面看表现为宽大，但在实践层面又不免失之宽纵。③ 张发坤指出，国民政府审判日本战犯不仅有国际法律依据，而且完全符合审判的法定程序，决不允许日本一些政要和右翼分子为战犯招魂和翻案。④

战后国民政府曾设立 10 所军事法庭审判日本战犯，但持续时间最长、影响最大、最直接体现国民政府审判日本战犯的政策、态度的是南京军事法庭的审判，亦称南京审判。1945 年 11 月 7 日，由南京"首都地方法院"的首席检察官陈光虞出面，召集首都警察厅、南京市政府等 14 个机关团体之代表，成立"南京市调查敌人罪行委员会"。12 月 10 日，南京市政

---

① 李荣：《国民政府审判侵华日军战犯略论》，《抗日战争研究》1995 年第 3 期。
② 翁有利：《国民党政府处置日本战犯述评》，《西南师范大学学报（哲学社会科学版）》1998 年第 6 期。
③ 严海建：《宽大抑或宽纵：战后国民政府对日本战犯处置论析》，《南京社会科学》2014 年第 7 期。
④ 张发坤：《不许为日本战犯翻案——中国国民政府审判日本战犯的前前后后》，《江汉大学学报》1997 年第 2 期。

府又成立"南京市抗战损失调查委员会"。这两个委员会都以南京大屠杀案为调查重点,配合即将开始的南京审判。1946年2月15日,国民政府在南京成立"国防部审判战犯军事法庭",简称"南京军事法庭",先由国防部次长刘斐主持工作,1947年1月重组后由石美瑜任庭长,统一负责审判从日本引渡回国及各地移交南京军事法庭之日本战犯。南京审判作为国民政府最具代表性的日本战犯审判,审判了南京大屠杀元凶之一谷寿夫、杀人魔王酒井隆,以及进行杀人比赛的向井敏明、野田毅与杀人屠夫田中军吉等臭名昭著的日本战犯,并分别判处死刑,以告慰南京大屠杀遇难同胞。①

因此,学界关于南京审判的研究,主要集中于南京大屠杀案的研究。经盛鸿在探讨南京军事法庭的设立背景,南京大屠杀案的审理过程、特点与历史意义后指出,南京审判对南京大屠杀案的审理具有合法性、严密性,以及宽严结合的政策性等特点,确认日军南京大屠杀案共计杀害中国战俘与无辜平民30万人以上,强调南京军事法庭对南京大屠杀案的审判具有东京审判不可替代的特殊意义。② 严海建分析了战后南京军事法庭审判南京大屠杀案的社会影响和认识,强调这一审判维护了国家利益和民族尊严,符合历史潮流和民众的正义要求。但是,由于审判仅仅注重国内影响,甚少考虑对日本之影响;政治干预在某种程度上影响了审判的法律意义;对于日本战犯过于宽大,尤其对战犯的教育和改造不够等,都在一定程度上限制了南京审判的效果。③ 严海建还指出,南京军事法庭审判南京大屠杀案期间,通过检举战犯罪行、搜集证据、法庭审判、判决执行等环节引起社会各界的广泛参与,尽力弥补了受害者的个体创伤,而且通过媒体报道、公开庭审等方式传播,产生了关于日军南京暴行的集体记忆。但是,由于国共内战及冷战开始后意识形态因素的影响,在南京解放后这一集体记忆逐渐被漠视或淡忘了。④

---

① 李东朗:《国民党政府对日本战犯的审判》,《百年潮》2005年第6期;徐志民:《抗战胜利后国民政府审判日本战犯研究》,《杭州师范大学学报(社会科学版)》2015年第5期。
② 经盛鸿:《论南京"审判战犯军事法庭"对南京大屠杀案的审判》,《南京社会科学》2013年第6期。
③ 严海建:《对战后南京大屠杀案审判的再认识》,《南京师大学报(社会科学版)》2008年第3期。
④ 严海建:《国民政府对南京大屠杀案审判的社会影响论析》,《福建论坛(人文社会科学版)》2011年第4期。

关于实施和参与南京大屠杀暴行之日本战犯的审判，尤其是纵容所部进行南京大屠杀的谷寿夫的审判，受到学者较强关注。严海建认为，南京军事法庭以谷寿夫作为南京大屠杀案的重要案犯，是建立在对南京大屠杀暴行事实的调查基础之上的。他批驳日本右翼分子和部分旧日军军人团体所谓中方在无法引渡更多相关责任人到华受审而结案的"替罪羊"说和罔顾史实之"冤枉"论，强调南京审判对谷寿夫的责任认定和判决，完全依据事实和法理，是较为客观的，并非认定其为南京大屠杀案的唯一责任者，因为法庭同时也明确了其他案犯的共同责任。① 高明明首先介绍了谷寿夫在中国的作战行为和被审判的过程，然后根据南京大屠杀受害者、亲历者、调查者的证言和相关照片、影像、文献等，分析和驳斥了其所谓所部军纪严明，所驻扎之地没有屠杀、强奸等犯罪行为，驻留时间与南京大屠杀时间不符等狡辩"理由"，证明了谷寿夫及其部队参与南京大屠杀的事实，认为审判谷寿夫，彰显了公平与正义。② 徐树法介绍了谷寿夫被引渡回南京接受审判、被处决、为其侵略战争暴行付出代价的过程。③

当然，南京军事法庭对日本战犯的审判既不局限于南京大屠杀案，也不仅限于谷寿夫等个别乙级战犯，还包括其他乙级、丙级战犯。王静思回顾了南京审判的法庭设立、相关法律法规的制订、对日本战犯的逮捕和引渡，以及审判和判决酒井隆、谷寿夫、向井敏明、野田毅等人的经过与结果，指出该审判的一大污点是释放了冈村宁次，但总体而言仍是"一场正义的审判"，彰显了国际正义价值、道义与和平理念。④ 许亚洲介绍了1947年南京审判的经过与结果，尤其是谷寿夫、向井敏明、野田毅、田中军吉等杀人恶魔被判处死刑，以及纵兵实施南京大屠杀的另一元凶松井石根最终也被东京审判判处绞刑，从而使南京大屠杀30万同胞的冤魂得到了一丝慰藉。⑤ 罗军生通过采访南京军事法庭庭长石美瑜的家属，肯定了石美瑜为把酒井隆、谷寿夫、向井敏明、野田毅、田中军吉等日本战犯绳之以法而做出的努力，但由于国民政府高层的干预，最终使冈村宁次等逃

---

① 严海建：《法理与罪责：国民政府对战犯谷寿夫审判的再认识》，《江海学刊》2013年第6期。
② 高明明：《审判谷寿夫》，《文史月刊》2013年第11期。
③ 徐树法：《战犯谷寿夫伏法记》，《党史纵览》1997年第3期。
④ 王静思：《南京审判回顾》，《湖南广播电视大学学报》2011年第1期。
⑤ 许亚洲：《1947年，南京审判日本战犯》，《文史精华》2000年第4期。

脱审判，指出这并非其个人能力所及，反映了蒋介石等国民党高层为一己之私而对南京审判的政治干预。① 需要指出的是，南京审判绝不仅仅是对这几个罪大恶极的日本战犯的审判，更多的战犯审判，以及审判情景、审判的史料、审判的影响，亟待学者的广泛发掘和深入研究。

如前所述，国民政府除在南京设立军事法庭审判日本战犯外，还在北平、上海、沈阳、太原、济南、徐州、汉口、广州、台北等九地设立审判日本战犯的军事法庭，但学界对这九地军事法庭审判日本战犯的研究并不多，目前仅对太原、上海、徐州等地军事法庭有专门研究。太原军事法庭原庭长郭华1963年回忆了1949年前山西对日本战犯的审判和处理情况。房建昌以此为基础，并利用北京图书馆善本部所藏《太原绥靖公署审判日本战犯军事法庭记录》，考察了太原军事法庭于1946年12月1日审判11名日本战犯的情况，以及日本投降时驻山西第一军司令官澄田睐四郎勾结逃脱军事审判，并组织部分日军"残留"山西的历史事实。② 金桂昌、叶昌纲、孔繁芝、尤晋鸣等学者，以史料为依据，详细阐述了以澄田睐四郎为首的日本战犯，勾结阎锡山，"残留"山西各地，并帮助阎锡山打内战，再次屠杀中国人民的罪行。③ 陈正卿主要介绍了上海军事法庭对日本战犯的逮捕、引渡、审判和处决。④ 徐家俊指出，上海提篮桥监狱是战后关押日本战犯的重要场所，也是中国首次审判日本战犯的地方，而该监狱内首个被枪毙的日本战犯是杭州宪兵队的黑泽次男。⑤ 赵杰介绍了徐州军事法庭从1946年2月开始，用两年多的时间审判在徐州及其附近地区犯下各种战争罪行的日本战犯的情况，如判处日本驻宿迁宪兵分队伍长井上源一死刑，判处白川义弘、渡边市郎、中川恭治、中岛慎太郎有期徒刑10年，以及其他战犯不同的刑罚，为古彭大地受难同胞找回了公道。⑥

---

① 罗军生：《石美瑜与战后南京对日军战犯的审判》，《党史纵览》2006年第1期。
② 房建昌：《解放前山西对日本战犯的处理》，《沧桑》1999年第2期。
③ 金桂昌：《解放战争时期阎锡山与日本战犯的勾结》，《中国民航学院学报》1985年第1期；叶昌纲：《战后日军残留山西始末》，《近代史研究》1992年第3期；孔繁芝、尤晋鸣：《二战后侵华日军"山西残留"——历史真实与档案记录》，《抗日战争研究》2011年第2期；山西省档案馆编著：《二战后侵华日军"山西残留"——历史真实与档案征引》，山西人民出版社2007年版。
④ 陈正卿：《审判上海日军战犯》，《检察风云》2005年第14期。
⑤ 徐家俊：《提篮桥监狱内枪决的第一个日本战犯》，《民国春秋》1997年第1期。
⑥ 赵杰：《日本战犯在徐州受审》，《档案与建设》2005年第9期。

（二）新中国审判日本战犯研究

新中国成立后，中国大陆除亟待遣返的部分日本侨俘外，尚有1109名日本战犯。这些日本战犯由两部分组成，一是抗战胜利后"残留"山西之日本军人勾结阎锡山，并加入其军队与人民解放军作战，最终被人民解放军俘虏700多人，其中140人被认定为战犯，关押在太原战犯管理所；二是1945年8月苏联出兵中国东北俘虏之部分日本战犯，在毛泽东首次访苏期间与斯大林达成接收这些日本战犯的协议，1950年7月29日苏联向中方转交969名日本战犯，并全被关押在抚顺战犯管理所。[①] 1951年1月16日，人民革命军事委员会总政治部、最高人员检察署、公安部虽发出《关于侦查处理在押日本战争犯罪分子的通知》，但由于国内"三反""五反"运动和抗美援朝战争而暂时中止，直至1954年初再次开始对日本战犯的调查取证和侦讯工作。在切实掌握这些日本战犯的犯罪证据后，中共中央从战后中日关系大局出发，于1955年12月28日决定对在押之日本战犯不判死刑和无期徒刑，有期徒刑也是极少数，一般战犯则不予起诉。[②] 1956年4月25日，毛泽东主席签署全国人大通过的《关于处理在押日本侵略中国战争中犯罪分子的决定》，对日本战犯实施"镇压与宽大相结合"的方针。1956年6月21日、7月15日、8月16日，最高人民法院特别军事法庭分批释放335、328、354名日本战犯，共计1017名。同时，最高人民法院特别军事法庭分别在沈阳、太原两地审判45名战犯，并判处他们8—20年不等的有期徒刑。截至1964年3月，这45名日本战犯，除一人服刑期间病亡外，其他44人均刑满释放或提前释放。

新中国的沈阳、太原审判过程中，日本战犯主动认罪，纷纷要求对自己加刑，甚至要求判处自己极刑，这与东京审判、国民政府审判日本战犯时的拒不认罪真是天壤之别。不仅如此，新中国审判和释放之日本战犯在回国后，长期致力于中日友好与交流，被认为世界战犯改造史上的"奇迹"。但是，新中国政府处理日本战犯结束后不久，中国大陆便进入十年"文化大革命"，中国学界即使有心却也无力关注和研究这一

[①] 董玉峰：《接收日本战犯》，《人民公安》2000年第7期。
[②] 中共中央文献研究室编：《周恩来年谱（一九四九—一九七六）》上卷，中央文献出版社1997年版，第531页。

问题。随着"文化大革命"结束和改革开放,尤其是日本右翼分子、保守学者不断为侵略战争翻案,编撰歪曲侵略历史的教科书,甚至部分日本政要公然参拜供奉甲级战犯的靖国神社等,从而激起了中国学界探讨沈阳、太原审判和改造日本战犯的成功原因,借以警示日本右翼分子和保守学者。

中国学界虽关注沈阳审判,但专门研究沈阳审判的学术成果并不太多,截至目前主要是当年参与侦讯、审判日本战犯者的回忆和相关报道。1955年从中南政法学院法律系毕业后主动请缨到东北参与审判日本战犯工作的余力,回忆了沈阳审判两次开庭审理日本战犯的经过,认为中国对日本战犯的宽大处理在国际上产生了强烈反响,同时也是这些被释放的日本战犯转变为积极从事中日友好活动的重要推动力。① 李甫山回忆了参与侦讯日本战犯的工作,以日本战犯的大量战时罪行使他们低下头,并表示真心忏悔的情况。② 王天平介绍了苏联向中方转交969名日本战犯的历史过程和抚顺战犯管理所对这些战犯的改造情况,以及沈阳审判审理和判决日本战犯的经过。③ 王和利、张家安、赵兴文探讨了中共中央组建"东北工作团"侦讯日本战犯的犯罪事实,但中央在1955年就决定宽大处理日本战犯,特别是1956年4月25日,毛泽东主席签署《关于处理在押日本侵略中国战争中犯罪分子的决定》,为审判日本战犯指明了方向,认为中国政府审理日本战犯所坚持的"镇压与宽大相结合"方针,既体现了法律尊严,也体现了中华民族的博大胸怀。④ 沈宗艳在简述沈阳特别军事法庭审判日本战犯的历史经过后指出,沈阳审判是东京审判、伯力审判的继续,是完全按照法律程序的正义审判,因此,日本战犯全都在法律面前承认侵华罪行。⑤

客观地说,专门研究太原审判的成果也不多,除个别亲历者的回忆外,主要是一些关于太原审判的介绍性文章。如当年报道太原审判的马明,不仅回忆了报道太原审判中日本战犯的情况,而且回忆了自己亲身经

---

① 余力:《审判日本战犯亲历记》,《源流》2009年第6期。
② 李甫山:《我参与侦讯日本战犯始末》,《党史博览》2008年第5期。
③ 王天平:《沈阳审判日本战犯始末》,《中国档案报》2001年9月14日第1版。
④ 王和利、张家安、赵兴文:《特别军事法庭在沈阳审判日本战犯始末》,《江淮文史》2001年第1期。
⑤ 沈宗艳:《沈阳特别军事法庭审判日本战犯简述》,《辽宁省社会主义学院学报》2009年第1期。

历太原审判的历史过程，认为这一审判是正义压倒邪恶的审判。① 崔汉明介绍了太原审判开庭前日本战犯的犯罪事实、为进行审判所做的准备、法庭上日本战犯的悔罪和忏悔，以及审判富永顺太郎战争犯罪和特务间谍犯罪案的相关情况。② 孙凤翔在简述山西日本战犯的来龙去脉，以及国民政府和新中国两次在太原审判日本战犯的经过后指出，国民政府的审判使大批日本战犯漏网，并残留山西继续毒害中国人民，而新中国的太原审判促使日本战犯主动认罪，发生巨大转变，是一次非常成功的审判。③ 孔繁芝、张瑞萍也介绍了国民政府和新中国政府在山西太原对日本战犯的两次审判，肯定了新中国之太原审判对日本具有改造和教育意义。④ 谷峰描述了太原审判中日本战犯认罪的诚恳态度，即跪地磕头认罪。⑤

学界虽然分别研究沈阳审判、太原审判的成果不多，但综合研究新中国审判日本战犯的成果相对丰富一些。王战平于1991年出版纪实著作，叙述了最高人民法院特别军事法庭审判日本战犯的准备、过程、结果和影响。⑥ 黄晓云回顾了1956年最高人民法院特别军事法庭审判日本战犯的历史瞬间，再次强调这一正义的审判。⑦ 赵社民、孟国祥从战时中共及其领导的八路军、新四军成功改造日本战俘的政策和经历，以及战后国共双方在审判日本战犯问题上的斗争切入，介绍了新中国的沈阳审判和太原审判，指出这两次审判是战后盟国审判日本战犯中最成功的例证，其审判惩治与教育改造相结合的成功实践对中日关系的长远发展具有特殊的意义。⑧ 叔弓从新中国的日本战犯来源，介绍了中国共产党处理日本战犯的政策，以及对这些战犯的沈阳审判、太原审判。⑨ 高建考察了新中国审判日本战

---

① 马明：《太原审判日本战犯报道的回忆》，《新闻采编》1996年第2期；马明：《正义压倒邪恶的审判——太原审判日本战犯亲历记》，《党史文汇》2005年第8期。
② 崔汉明：《正义的审判》，《文史月刊》1995年第3期。
③ 孙凤翔：《简述山西日本战犯的来龙去脉》，《文史月刊》1995年第3期。
④ 孔繁芝、张瑞萍：《山西太原对日本战犯的两次审判（下）》，《山西档案》2008年第1期。
⑤ 谷峰：《太原审判：日本战犯跪地磕头谢罪》，《山西老年》2014年第6期。
⑥ 王战平主编：《正义的审判——最高人民法院特别军事法庭审判日本战犯纪实》，人民法院出版社1991年版。2005年，此书更名为《最高人民法院特别军事法庭审判日本战犯纪实》，再次由人民法院出版社出版。
⑦ 黄晓云：《正义的审判——1956年最高人民法院特别军事法庭审判日本战犯回顾》，《中国审判》2009年第4期。
⑧ 赵社民、孟国祥：《中共审判日本战犯工作述评》，《南京社会科学》2009年第8期。
⑨ 叔弓：《1956：中国审判日本战犯实录》，《纵横》2006年第6期。

犯的历史背景、审判准备和经过，以及审判的特征和意见，指出新中国审判日本战犯不仅是战后盟国审判日本战犯中效果最好、最成功的一次，而且是一次具有国际意义的审判，为有关日本的第二次世界大战史画上句号，对于今天而言仍有重大现实意义。①

东京审判、伯力审判、南京审判及其他各地审判日本战犯时，往往遇到的是日本战犯的无理狡辩、顽固抗拒，甚至认罚不认罪，而为何在太原审判、沈阳审判中日本战犯积极主动认罪，并痛哭流涕地向中国人民谢罪？其关键就是新中国对日本战犯实施了成功的"改造"，使他们认识到了自己的错误和罪责，从此由"鬼"变成了"人"，学者由此开始关注太原战犯管理所、抚顺战犯管理所关于日本战犯改造的成功经验。叶晓欣、曹世木总结太原战犯管理所改造日本战犯的主要措施，即注重对日本战犯进行政治思想教育，尊重日本战犯的人格、风俗习惯，保障其应有的权利，尤其在日本战犯的生活和医疗方面给予人道主义关怀，定期不定期地组织日本战犯外出参观，了解中国社会主义现代化建设情况和中国人民的建设热情，并允许日本战犯家属来所探视。因此，太原战犯管理所改造日本战犯的成效显著，不仅使日本战犯分清了是非，通过过去与现在的对比，认识到自己的罪责，表示甘愿认罪服法，而且在被释放回国后不忘中国人民的恩情，成立"中国归还者联络会"，积极反对日本军国主义，为促进中日友好而奋斗。②武胜利介绍了太原战犯管理所日本战犯的生活和改造情况，指出这些日本战犯通过在中国的游览参观和学习，对比过去自己所犯下的战争罪行，更加愧疚；他们的态度影响了来华探视的日本眷属对中国的态度，故当被释放而离开中国时反而出现了依依不舍的离别之情。③他们通过在新中国的改造，终于从鬼变成了人。

抚顺战犯管理所对日本战犯的成功改造，被称作"抚顺奇迹"，在当代中日关系史上都有一定的位置，不仅受到学者关注，而且原抚顺战犯管理所的成员也纷纷回忆当时改造日本战犯的情况。原抚顺战犯管理所所长金源，回忆担任抚顺战犯管理所副所长、所长期间改造日本战犯的历史，指出通过他们的努力，这些骄纵、不可一世的日本战犯低下头，从战争狂

---

① 高建：《新中国审判日本战犯研究》，《日本侵华史研究》2014 年第 3 期。
② 叶晓欣、曹世木：《太原战犯管理所改造日本战犯纪实》，《文史月刊》2007 年第 1 期。
③ 武胜利：《太原战犯管理所的日本战俘》，《文史精华》1995 年第 9 期。

人、杀人魔王变成自食其力的劳动者和中国人民的朋友。① 原抚顺战犯管理所护士赵毓英，回忆了在中华人民共和国成立初期的生活艰苦、缺医少药的困难年代，从中央到抚顺地方高度重视日本战犯改造工作，并创造条件从生活、医疗等各方面特殊照顾日本战犯，促使他们从思想上转变认识，深刻反省在中国犯下的种种罪行。② 李正军指出，新中国成立后中共中央决定对日本战犯采取法律与道德相结合、惩办与教育相结合的办法，充分给予人道主义待遇，在思想和劳动改造的基础上使之自觉地认识自己的罪行，并将之概括为一个不杀、从宽处理；生活优待、尊重习惯；尊重人格、彰显人道；救死扶伤、感化战犯的三十二字经验，从而将这些曾经冥顽不灵的日本战犯感化成声讨军国主义和为中日友好而努力的重要力量。③ 柳立敏、张澍军认为，抚顺战犯改造中的思想政治教育作用机制，是以传输知识为基点，以德性为根基，以社会实践为催化剂，不断匡正受教育者的理念，引导受教育者从自发上升到自觉，对今天的思想政治教育仍有重要的启示和借鉴意义。④

客观地说，中国学界关于新中国审判、改造日本战犯的研究成果与这一历史事件本身的地位、作用和影响仍不相匹配。新中国成功改造日本战犯和宽大处理日本战犯，不仅对近代以来的中国而言具有划时代的历史意义，而且对于国际上处理战犯问题也具有重要的启示意义。不过，迄今为止，中国学界没有一部系统的、有分量的新中国审判及改造日本战犯史学术著作，现有相关的学术论文数量不多，且研究模式单一，往往仅限于概述性地介绍中国接收苏联转交之日本战犯和解放战争俘获的日本战犯，然后就是对战犯的改造和审判，以及他们被宽大释放回国后对中日关系做出的努力。其实，国际关系、心理学等方面的因素，也可以引入战后审判与改造研究中来。这些日本战犯回国后，除了中日友好的社会活动外，他们日常生活与社会活动如何，日本社会又是如何看待和接纳他们的，等等，

---

① 金源、邵名正等：《从战争狂人到朋友——改造日本战犯的成功之路》，群众出版社1986年版；金源：《奇缘——一个战犯管理所长的回忆》，解放军出版社1999年版；金源：《再生之路——改造日本战犯的回忆》，《人民公安》2000年第8期。
② 《改造日本战犯——原抚顺战犯管理所护士赵毓英自述》，《当代护士》2005年第11期。
③ 李正军：《抚顺战犯管理所对日本战犯的改造及影响》，《党史纵横》2011年第3期；李正军：《抚顺战犯管理所对日本战犯的改造》，《党史博览》2012年第6期。
④ 柳立敏、张澍军：《论抚顺战犯管理所战犯改造中的思想政治教育作用机制》，《思想教育研究》2013年第6期。

都需要学者的深入挖掘和分析。目前，学界关于新中国审判和改造日本战犯的回忆性文章、学术研究，虽然为深入开展这一研究奠定了基础，但在资料积累方面仍然大有可为。例如，当年参与或经历日本战犯接收、管理、改造、审判、释放，以及在中日两国友好交流中与原日本战犯有过接触者，现在或已进入暮年，或已退休赋闲，应该鼓励他们写出关于这一历史的回忆录，提供一些当年的日记，或者直接进行口述采访，以保留珍贵的历史资料。再者，随着20世纪五六十年代的相关档案文献的解密与开放，有志于从事新中国改造和审判日本战犯的研究者要抓住机遇，及时开拓这一研究领域。

三　战争责任问题

日本人的战争责任广义上是指日本人发动和实施侵略战争导致的战争责任及衍生的相关责任；狭义上则是指第二次世界大战时期日本谋划、发动、实施侵略战争的罪行和由此对国内外应承担在法律、政治和道义上的责任，以及因日本政府未能妥善处理战争遗留问题而拖延至今的相关责任及其认识问题。战后初期，日本国内围绕战争责任问题曾有多次讨论，涉及追究天皇、政府、军部、财阀和文学界、医学界、教育界、宗教界等各界人士，在发动、执行、协助或默许侵略战争方面的责任，以及原日军官兵的战争暴行责任。随着冷战开始和美国转变对日政策，日本保守派和右翼势力否认战争责任，美化侵略战争的"翻案逆流"不仅变得明目张胆，而且日益猖獗。特别是20世纪80年代以来，战后日本人的战争责任认识，以日本历史教科书事件、参拜靖国神社等历史问题为中心，逐渐突破国界限制，演变成为影响东亚国际关系的重要问题，备受国际社会关注。

中国作为日本侵略战争的最大受害国，本应最有理由和最有资格追究日本的战争责任，但在战后较长时间内并未真正地追究日本人的战争责任。其主要原因如下：第一，抗战胜利后国民政府和蒋介石打着"以德报怨"旗号，遣返了大批日本战俘和侨民，只是通过东京审判和在中国国内的审判，惩处了个别罪大恶极的日本战犯，没有追究昭和天皇和日本国民的战争责任。第二，解放战争时期，国共双方无暇顾及追究日本人的战争责任，随着蒋介石败退台湾和冷战开始，因美国转变对日政策，台湾国民党当局也随之改变对日政策，不再追究日本的战争责任。第三，美国为扶植日本和组建东亚"反共"包围圈,不仅在1951年9月召开了与日本片面媾和的旧金山会议,而且唆使日本与台湾的国民党当局"复交",从而使日本以与中华人民共和国"复交"为砝码要挟台湾放弃了战争赔偿。① 第四,新中国为争取日本,推进中日关系正常化,继承和坚持了区分日本军国主义分子和广大日本人民的两分论,把战争责任归咎于一小撮军国主义分子,认为日本人民也是战争受害者。

20世纪50年代以来,毛泽东、周恩来等党和国家领导人在各种场合重申和强调了两分论。1955年3月,中共中央政治局讨论通过《中共中央关于对日政策与对日活动的方针和计划》,认为当时不宜提出战争赔偿和结束战争状态的问题。② 1972年9月,中日复交之际,中国政府不仅再次重申了关于日本战争责任的两分论,而且向中国民众做了大量耐心细致的工作,保证了在放弃战争赔偿的情况下顺利实现中日邦交正常化。9月25日,周恩来总理在欢迎田中首相访华的晚宴上又强调了两分论:"自从1894年以来的半个世纪中,由于日本军国主义者侵略中国,使得中国人民遭受重大灾难,日本人民也深受其害。前事不忘,后事之师,这样的经验教训,我们应该牢牢记住。中国人民遵照毛泽东主席的教导,严格区分极少数军国主义分子和广大日本人民。"③ 为使广大人民群众接受放弃战争赔偿要求和中日复交,中共中央和国务院要求各级党组织召开会议,宣传关于放弃战争赔偿的主要理由:如果要求赔偿则会增加日本人民的负担;蒋介石已经放弃战争赔偿,我们共产党人应该有更宽广的胸怀;中国人民搞建设要靠自力更生,等等,在不少群众中产生了积极影响。两分论也因此成为20世纪70年代以来中国政府和广大民众看待日本战争责任的主流观点,尤其是在宣传中日友好和推动早日签订《中日和平友好条约》的背景下,中国学界很少有人研究日本的战争责任问题。

20世纪80年代开始,因两次历史教科书事件和中曾根康弘首相参拜靖国神社问题导致中日历史问题日益突出,从而使中国学者开始关注日本的战争责任问题。首先,20世纪80年代末,随着昭和天皇病重和离世,中国学者尤为关注昭和天皇的战争责任问题,至今大体经历了三个阶段。

---

① 刘建平:《战后中日关系的"赔偿问题"史》,《中国图书评论》2009年第3期。
② 张香山:《通往中日邦交正常化之路》,《日本学刊》1997年第5期。
③ 田桓主编:《战后中日关系文献集(1971—1995)》,中国社会科学出版社1997年版,第103—104页。

一是20世纪80年代末至90年代初的开始阶段①，二是20世纪90年代后半期的发展阶段②，三是21世纪以来的高潮阶段。前两个阶段的研究成果主要是强调昭和天皇在侵华战争中的主动性和应负的战争责任，现阶段研究昭和天皇战争责任的内容日益多样化。例如，考察昭和天皇在"二战"中具体的战争责任，探讨近代日本天皇制与天皇的战争责任之间的关系，分析昭和天皇在日本法西斯化过程中的作用与影响，以及战后未被追究战争责任的原因，可以说中国学界的研究取得了积极成果。③ 但是，日本人是怎样看待昭和天皇的战争责任呢？截至目前，笔者仅见邴剑简单介绍了日本人对昭和天皇战争责任的不同认识。④ 总体而言，日本人如何看待天皇的战争责任仍是中国学者研究的薄弱环节。

其次，中国学者从具体的战时日军战争罪行入手，追究日本相应的战争责任。例如，有学者考察了战时日军强征中国劳工并导致劳工大量伤亡

---

① 1989年1月7日，昭和天皇病逝。如何评价在位长达63年的时间里，给日本国民带来战争灾难和战后繁荣的昭和天皇，不仅在日本国内引发热烈讨论，而且在遭受日本侵略战争灾难的中国也出现探讨天皇战争责任的文章。参见沈才彬《关于裕仁天皇的战争责任》，《日本学刊》1989年第3期；乃禾《日本昭和天皇的战争责任》，《日本学论坛》1989年第3期；宋志勇《裕仁天皇的战争责任与东京审判》，《日本学论坛》1989年第4期；陶直《历史事实是改变不了的——从对日皇裕仁战争责任的议论说起》，《瞭望》1989年第9期；等等。这些文章都认为昭和天皇有不可推卸的战争责任。

② 随着中国人民抗日战争暨世界反法西斯战争胜利50周年，以及日本右翼分子、保守派否认战争责任日益猖獗，特别是1996年桥本龙太郎首相参拜靖国神社，都给中国人民以极大的刺激，因而追究昭和天皇的战争责任及其免于起诉所造成的影响，成为中国学者关注的重要内容。这方面的代表性成果有刘映春《裕仁天皇的战争罪责缘何未被追究》，《当代世界》1995年第4期；李家振《论日本天皇裕仁在法律上的战争责任》，《春秋》1995年第4期；马新民《侵华战争责任属于谁？——从〈昭和天皇独白录〉谈起》，《百科知识》1995年第1期；丁晓杰、阿莉塔《裕仁天皇侵华战争责任探析》，《内蒙古师大学报（哲学社会科学版）》1997年第5期；等等。

③ 21世纪以来，中国学界研究昭和天皇战争责任的代表性成果有张卫军《日本的近代天皇制和天皇的战争责任》，《济宁专科学报》2000年第4期；丁志强《试析天皇在日本法西斯化过程中的作用及其战争责任》，《日本问题研究》2004年第3期；李建军《论日本昭和天皇裕仁的战争责任——兼驳日本右翼"天皇无罪史观"》，《贵州大学学报（社会科学版）》2002年第5期；吴广义《裕仁天皇的战争责任》，《历史教学》2005年第1期；吴广义《日本侵华战争与裕仁天皇的战争责任》，《日本学刊》2005年第4期；程亚文《天皇的战争责任》，《博览群书》2005年第9期；孙艺年《裕仁天皇的战争责任何以未被追究》，《哈尔滨工业大学学报（社会科学版）》2005年第5期；张红《天皇的战争责任——兼谈日本天皇制度的演变》，《黑龙江史志》2009年第2期；程兆奇《裕仁天皇战争责任的再检讨》，《军事历史研究》2015年第6期；龚娜《昭和天皇逃脱东京审判与日本错误历史观的形成》，《东北亚学刊》2016年第4期；等等。

④ 邴剑：《日本对裕仁天皇战争责任的认识》，《党史纵横》2006年第8期。

的史实，提出日本企业的战争责任和民间赔偿问题①；有学者从日军强征中国和东南亚各地"从军慰安妇"的史实，探讨战时日军暴行和战后日本人的战争责任认识②；步平考察了日本实施化学战及其在战败投降之际遗弃在华化学武器的战争责任③；等等。毛惠玲分析了日本的战争赔偿责任，金子道雄、林代昭等认为，日本的战争赔偿责任不容推卸。④ 但是，日本利用战后初期美国转变对日政策和中国海峡两岸分裂对峙的状态，逃避了本应偿付的对华战争赔偿责任。有学者根据日本逃避侵华战争赔偿责任的历史与现实，从国际法视角探讨日本的战争责任，分析日本推卸战争责任或战争责任问题被长期搁置的原因，追究日本政府的战争责任。⑤

再次，中国学者越来越关注战后日本社会各界，包括日本文学界、教育界、医学界、宗教界、新闻界、政界、民间、右翼的战争责任认识。例如，王向远考察了战时日本文学界"投笔从戎"或以文学服务于日本侵华战争的史实，分析了战后日本文学界的战争责任认识。他对日本文学、作

---

① 安平：《日本企业的战争责任及民间赔偿问题——以制造"花冈惨案"的鹿岛建设公司为例》，《抗日战争研究》1998年第1期；王希亮：《追究战争责任 还我历史公道——"花冈事件"诉讼案"和解"的背后》，《学习与探索》2001年第3期；等等。

② 朱和双：《东南亚国家的"慰安妇"问题与日本的战争责任》，《东南亚》2001年第3期；步平：《"慰安妇"问题与日本的战争责任认识》，《抗日战争研究》2000年第2期；朱和双：《东南亚国家的慰安妇问题与日本的战争责任》，《东南亚》2001年第3期；华强：《二战时期日军"慰安"制度的国际化倾向》，《抗日战争研究》2006年第2期；朱忆天：《日本慰安妇制度源流考》，《史林》2015年第1期；刘萍：《性别维度下的"慰安妇"问题研究及其限界》，《史学理论研究》2022年第1期；等等。

③ 步平：《关于追究日本生化战战争责任的思考》，《常德师范学院学报（社会科学版）》2003年第1期。

④ 毛惠玲：《日本的战争赔偿责任》，《抗日战争研究》1995年第4期；金子道雄、林代昭：《日本的战争赔偿责任不容推卸》，《国际政治研究》1996年第1期；乔林生：《日本战争赔偿与美国的责任》，《日本问题研究》2004年第2期；等等。

⑤ 代表性成果有郑兆璜、孙进丰《日本文部省篡改侵华史在国际法上的责任》，《法学》1982年第9期；张少冬、陈艳华、邝剑《国际法视角下日本战争责任之再认识》，《甘肃政法成人教育学院学报》2006年第3期；鲁志美、隋东晨《试析日本掩盖战争罪行与推卸战争责任的原因及实质》，《北方论丛》1999年第1期；王希亮《论日本战争责任问题长期搁置的历史原因》，《日本学刊》2001年第5期；徐成华、高元庆《日本承担侵华战争责任的四大缺失》，《领导理论与实践》2007年第3期；李圭洙、廉松心《日本的战争责任问题和新国家主义》，《吉林大学社会科学学报》2018年第1期；一叶《寻求共识的历史认识：关于日本的战争责任与战后责任》，《亚太安全与海洋研究》2015年第5期；[日]山田朗、李彬、万健《日本战争责任论的当下与今后课题——从战争"记忆"继承观点出发》，《西南民族大学学报（人文社会科学版）》2017年第8期；等等。

家和作品与侵华战争的关系进行了系统阐述和论证,在其《"笔部队"和侵华战争》的第十三章"日本有'反战文学'吗"和第十四章"日本战后文坛对侵华战争及其战争责任认识"中,介绍了战后初期关于文学者的战争责任问题的争论和追究,认为这种讨论在后期走调和半途而废了。他认为,战后日本不存在所谓的反战文学,只有个别勇于表现侵略罪恶的作家。[1] 刘炳范指出,战后初期日本所谓文学界战争责任的讨论成了反对战败和相互攻击的手段,而并非真正反省本身的战争责任,战时和战后日本文学者的战争责任及其反省意识都比较淡薄。[2] 林敏主要从《花之城》这部具体的战时作品入手,分析日本战时征用作家的战争责任。[3]

由于我们坚持区分少数军国主义分子和广大日本人民的两分论,某种程度上忽视了日本民众的战争责任研究。随着日本学者从战后以来不断强调日本民众同样负有不同程度协助或支持战争的责任,中国学者也开始注意日本民众的战争责任问题。孟国祥在《民国档案》2003年第4期发表的《关于日本大众对侵略战争应承担的责任问题》一文,开启了中国学界探讨日本民众战争责任问题的先河。随之,王希亮介绍了日本国内民众追究日本侵略战争责任的运动及其影响,为我们了解日本民众的战争责任态度提供了线索。[4] 总体而言,中国学者研究的重点仍是批判日本保守派、右翼分子的"大东亚战争肯定论"、皇国史观、英美同罪史观、司马史观、自由主义史观等歪曲侵略历史、美化侵略战争、否认战争责任的谬论。

中国学者对日本教育界、医学界、宗教界、新闻界、政界的战争责任及其战争责任认识的研究逐步深入。具体而言,步平系统梳理了日本教科书诉讼案,以及由此反映战后日本的战争责任认识[5];吴广义考察了日本学生的战争历史认识。[6] 这些是涉及日本教育界的战争责任认识的代表性

---

[1] 王向远:《战后日本文坛对侵华战争及战争责任的认识》,《北京师范大学学报(社会科学版)》1999年第3期;王向远:《"笔部队"和侵华战争:对日本侵华文学的研究与批判》,北京师范大学出版社2002年版。

[2] 刘炳范:《战后日本文化与战争认知研究》,中国社会科学出版社2003年版。

[3] 林敏:《从〈花之城〉看日本"征用作家"的战争责任》,《四川大学学报(哲学社会科学版)》2003年第5期。

[4] 王希亮:《日本民间追究战争责任运动及其影响》,《日本学刊》2006年第4期。

[5] 步平:《教科书诉讼案和日本的战争责任认识》,《黑龙江社会科学》1998年第1期。

[6] 吴广义:《关于日本学生战争历史认识问题的考察》,《抗日战争研究》2002年第4期。

成果。杜颖介绍了日本医学界对战争责任的认识及其实践活动。① 关于日本宗教界的战争责任及其认识，忻平、刘炳范、徐炳三等学者分别考察了日本佛教、神道教、基督教等的战争责任问题，反思原本以普度众生或助人向善的宗教关怀，为何在战时转向协助战争？② 日本各界关于自身战争责任并非毫无反思，如日本的佛教、基督教等在战后都曾发表过战争责任"告白"，祈求本国教众和亚洲邻国教众谅解。日本新闻界也在检讨自身的战争责任，特别是读卖新闻社成立"日本读卖新闻战争责任检证委员会"，调查和研究日本各界从九一八事变到太平洋战争期间的战争责任，这种"检证战争责任"现象引起步平、诸葛蔚东等学者的关注。③ 在日本各界的战争责任问题研究中，战后日本政界的战争责任认识研究是重点。王朝文重点考察了20世纪80年代以来日本政客频繁否定侵略战争历史的原因，分析了影响这一错误行为的国际因素和日本国内因素。④ 王希亮不仅评述了战后初期日本的"一亿总忏悔"与"天皇退位论"，而且系统梳理了战后日本政界的战争观，是研究日本政界战争责任认识的代表作之一。⑤

最后，日本人的战争责任认识事关战争记忆、民族感情，事关中日关系和东亚地区的和平稳定与合作发展，既是学界关注的重点，也是学界研究的热点，相关成果较为丰富。20世纪90年代，就有学者从日德比较的视角，探讨日本人与德国人不同的战争责任观，也有学者积极评价日本进步学者研究战争责任的成果，对日本学者研究战争责任的重要机构和刊物做了详细介绍。⑥ 还有学者考察了日本的战争责任问题，分析了日本的战

---

① 杜颖：《日本医学界对战争责任的反省》，《日本研究》2007年第4期；杜颖：《日本当代医学界反省战争责任的认识及其实践活动》，《黑龙江社会科学》2007年第6期。
② 忻平：《日本佛教的战争责任研究》，《华东师范大学学报（哲学社会科学版）》2001年第5期；刘炳范：《论日本神道教的变迁及其战争问题认识的影响》，《日本研究》2003年第3期；徐炳三：《日本基督教会战争责任初探》，《抗日战争研究》2009年第1期；等等。
③ 日本读卖新闻战争责任检证委员会撰稿：《检证·战争责任：从九一八事变到太平洋战争》，郑钧译，新华出版社2007年版；步平：《〈检证·战争责任〉读后》，《抗日战争研究》2007年第2期；诸葛蔚东：《关于"检证战争责任"现象》，《读书》2008年第3期；等等。
④ 王朝文：《为什么日本政客要否定侵略战争的历史》，《世界经济与政治》1995年第1期。
⑤ 王希亮：《评"一亿总忏悔"与"天皇退位论"》，《抗日战争研究》2003年第1期；王希亮：《战后日本政界战争观研究》，社会科学文献出版社2005年版。
⑥ ［日］北住炯一：《日本与德国的战争责任及战后补偿》，安成日、李金波译，《外国问题研究》1998年第3期；孙叔林：《以史为鉴 着眼未来——〈日本的战争责任〉（中文版）评析》，《日本学刊》1999年第6期；宋志勇：《日本战争责任资料中心与〈战争责任研究〉》，《抗日战争研究》1995年第4期；等等。

争责任观和日本各界在战争责任问题上的反复态度,为我们整体上把握日本的战争责任认识提供了信息。① 步平与王希亮合著的《战后五十年日本人的战争观》一书,分上下两篇。在上篇,步平介绍了经抚顺战犯管理所改造的原日本战犯组织"中归联"的证言活动,日本和平遗族会的战争责任告白与和平运动、家永教科书诉讼案的来龙去脉,以及日本中学生与和平运动组织对细菌战和化学战的战争责任追究等,阐明了战后日本进步派的战争责任观的积极变化。在下篇,王希亮重点批判了 1995 年自民党历史研讨会出版的《大东亚战争之总结》的错误战争观,指出了《战后五十年国会决议》的不足和问题,揭露了日本遗族会与靖国神社参拜之间的关系,以及"自由主义史观研究会"的历史观的本质目的及其恶劣影响,论述了战后日本保守派在错误战争观上的"一脉相承"及其肆意泛滥。② 该书从"左""右"两个方面梳理了战后 50 年日本人战争责任观的变化,为 21 世纪的日本战争责任问题研究奠定了基础。

21 世纪以来,随着小泉纯一郎首相连续参拜靖国神社导致中日关系恶化和国际局势变化,日本的战争责任和历史认识问题成为影响东亚国际关系和民众感情的一个重要因素,当然也越来越受到学界的关注和研究。例如,吴广义从近代日本侵华历史和侵华战争罪行入手,考察日本天皇、政府、军部、财阀、右翼,以及教育界、新闻界、宗教界、法律界等具体应负的责任,分析了日本历史认识问题的特殊性、发展变化、主要表现、代表理论、推动势力、制约力量、发展态势及症结所在③,有助于了解产生日本历史认识问题的因果关系和日本应该承担的战争责任。步平从日本战败投降之际的日本人的精神崩溃谈起,考察了日本国内各种回避社会反省的所谓"战败责任"论,同时认为东京审判这种从外部追究日本战争责任的行动是"对日本人心灵的一次强烈冲击"。他还从日本民众主体意识的觉醒、知识分子的战争责任认识等方面,阐述了日本社会内部对战争责任

---

① 左立平:《战后日本战争责任观述评》,《军事历史》1993 年第 5 期;赵承刚:《经济大国、政治小国、历史"敌国"——试论日本朝野在战争责任问题上态度之反复》,《贵州社会科学》1995 年第 3 期;姜克实:《战争责任问题的历史与现状》,载北石主编《战后日本五十年国际学术研讨会论文集》,东北师范大学出版社 1995 年版;[日]藤原彰:《日本人的战争认识》,步平译,《抗日战争研究》1999 年第 4 期;等等。

② 步平、王希亮:《良知与冥顽:战后五十年日本人的战争观》,黑龙江人民出版社 1999 年版。

③ 吴广义:《解析日本的历史认识问题》,广东人民出版社 2005 年版。

的追究。① 这也是步平为建立跨越国境的历史认识所做的努力与尝试。徐志民以日本各界的战争责任认识的连续性为"经",以其因应国内外时局的阶段性为"纬",把战后日本人的战争责任认识分为四个阶段,重在阐述每个阶段日本人战争责任认识的变迁,意在探寻战后日本人的战争责任认识的规律性与特殊性,分析日本人的战争责任认识与中日历史认识问题的症结关系,希望以此增进彼此了解并加强互信。② 还有学者从历史根源、文化动因、感情因素等方面,分析战后日本人战争责任意识淡薄的原因和错误的战争责任观的主要目的、表现形式、制约因素,以及由此导致的恶劣影响。③

总之,中国学界关于日本的战争责任问题研究,具有以下几个特点。第一,起步较晚,始于1989年昭和天皇病逝和冷战结束后,到1995年抗战胜利50周年之际才迎来真正追究日本战争责任的研究热潮。第二,研究内容分为日本的战争责任问题和日本人的战争责任认识两大部分,前者主要集中于战时日军的战争犯罪和战后遗留问题,如战争中屠杀平民、虐待战俘、强征劳工、反人道的细菌战和化学战等,以及战后遗留的民间赔偿问题、"从军慰安妇"问题、遗弃在华化学武器销毁问题等,后者也越来越受到关注,但需要继续深入和细化。第三,研究时限主要是战后初期和20世纪80年代以来,往往忽视了其间的日本人的战争责任认识。第四,研究资料中日文史料、文献和日本学者的现有成果利用尚嫌不足,这是战争责任问题研究的短板和弱项,需要补充,从而与日本学者保持平等对话和交流。

只有客观、准确、深入地研究日本的战争责任问题,理性、全面、系统地把握战后日本人的战争责任认识,才能更有针对性地批驳日本右翼分子、保守学者错误的战争责任观,才能为解决战争遗留问题和中日历史认识问题奠定更为坚实的学术基础和认识基础。

---

① 步平:《跨越战后——日本的战争责任认识》,社会科学文献出版社2011年版。
② 徐志民:《战后日本人的战争责任认识研究》,社会科学文献出版社2012年版。
③ 陈景彦:《论日本人的历史认识及其感情因素》,《日本学刊》2002年第5期;王希亮:《论战后初期日本战争责任意识的淡化与皇国史观的回潮》,《东北亚研究》2004年第3期;王希亮:《试析日本战争责任问题的尖锐化趋势》,《日本学刊》2004年第4期;文天植:《试论日本战争责任感薄弱的原因》,《今日科苑》2006年第12期;等等。

第十五章

抗战史料整理和出版

历史研究是一切社会科学的基础,史料则是历史研究的基础。自抗日战争胜利以来,中国大陆地区抗日战争史研究经历了独特的发展历程,抗日战争史料的出版情况大体上与此历程相契合。经过70多年的发展,特别是改革开放以来40多年的发展,抗日战争史已经成为中国近代史研究的重要领域,且已形成独立的分支学科。对新中国成立以来大陆地区抗战史料的出版轨迹和成果进行回顾和评述,既有助于进一步推动抗日战争史学科的发展,也有助于学界同人,特别是青年学者把握学术动态,选择研究方向。因相关史料汗牛充栋,卷帙浩繁,绝非本章所可囊括,故本章不可能面面俱到,挂一漏万,在所难免,取舍仅出自个人的研判,还请读者多多包涵。

一　概述

新中国成立后,抗日战争史研究在相当长时期内从属于中国革命史或中共党史范畴,相关史料的搜集、整理和出版也乏善可陈。至1978年,仅有很少几部公开出版的史料和零星的内部资料供研究者参考。20世纪50年代,中国现代史料编辑委员会翻印了原延安时事问题研究会编辑的《抗战中的中国丛刊》,包括《"九一八"以来国内政治形势的演变》《抗战中的中国经济》《抗战中的中国政治》《抗战中的中国军事》《抗战中的中国文化教育》;再版了该丛刊中的《从"九一八"到"七七":国民党的投降政策与人民的抗战运动》(上海人民出版社1958年版),作为补编的《抗日战争时期的中国人民解放军》(原名为《抗日战争时期的八路军与新四军》,人民出版社1953年版)、《日本帝国主义在中国沦陷区》(上海人民出版社1958年版）；并补充编辑了《抗日战争时期国民党统治区情况资料》（1957年内部印行）。中国科学院近代史研究所编辑出版了《陕甘宁边区参议会文献汇辑》（科学出版社1958年版）。后来，北京师范大学历史系编印了《抗日战争时期汉奸汪精卫卖国投敌资料》（1964年内部印行），复旦大学历史系翻译出版了《日本帝国主义对外侵略史料选编》（上海人民出版社1975年版）。就笔者目力所及，此外无更多资料面世。

1978年改革开放后，由于各方面因素的推动，抗战史研究开始兴起，并从中国革命史和中共党史研究中逐步剥离出来，向独立的分支学科发展，史料的整理和出版也呈现出良好的势头。不过，由于这一时期相关档案尚未开放，出版的史料种类及数量仍然有限。

1991年后，随着中国抗日战争史学会的成立及《抗日战争研究》的创刊，越来越多的学者开始投身于抗日战争史研究，对资料的需求更加迫切。同时，为促进学术发展，国家档案管理政策也开始调整，历史档案逐步解禁，丰富了史料来源，史料收集和整理不再是无米之炊，极大地促进了抗日战争史料的整理出版工作。

国际方面，2001年日本成立亚洲历史资料中心，并对外开放。美国于1999年1月11日宣布成立"纳粹战争罪行和日本帝国政府档案跨机构工作组"。该工作组的主要任务是发掘、筛选、确定和建议解密美国政府档案中有关纳粹及日本战争罪行的档案。自2007年起，美国战略情报局、中央情报局、国务院、陆军情报部、联邦调查局等政府机构收藏的有关日本战争罪行及战后国际社会审判战犯的档案逐步解密开放，其中包括中国抗日战争相关档案。此外，英、法、荷以及日内瓦国联和联合国档案馆所藏与中国抗战有关的档案也逐步开放。海外所藏档案的开放，为抗日战争史料的搜集和整理提供了更多来源。在国家政策的支持和科研资金的资助下，中国国内相关学术机构、学者，与海外馆藏机构合作，加强对相关档案的复制整理。因此，自2011年起，海外所藏有关抗日战争史料在中国国内大量刊布成为抗战史料整理出版的新趋势和特点。

国内方面，2015年，在抗战胜利70周年之际，习近平总书记发表有关加强抗日战争史研究的讲话，极大地鼓舞了学界。全国哲学社会科学工作办公室随即启动国家社会科学基金"抗日战争研究专项工程"，其重要的一项工作，即加强对海内外有关抗日战争史料的搜集整理。2016年，国家档案局加大对相关档案的开放力度，并启动《抗日战争档案汇编》编纂工程，对全国130余家各级档案馆所藏抗战档案进行全面梳理、鉴定和编纂，分年度影印出版。国家力量的投入，成为抗日战争史料整理出版繁荣的巨大推动力。

中国传统的史料以官方档案文献（包括官书、官报）为正统。1980年以后西方新史学思潮传入中国，在促使学术视野逐步下移的同时，也给传统史料学带来巨大变革。这一时期，除继续注重官方档案的收集外，学界尤着力于个人史料，如日记、函电、回忆录、年谱等资料的发掘。最为重要的是，现代学术意义上的口述史料的挖掘和整理，使传统史学研究中的口述史料成为与官方档案同样重要的史料类别，而之前不受学界重视的影像史料也成为重要的史料来源，极大拓展了抗战史料的类别。口述史料、影像史料为抗日战争史研究注入新的内容，发表了不少以"抗战口述史""抗战影像史"为题的学术成果。

就出版形式而言，2000年前以传统的点校排印为主。进入21世纪后，由于点校排版速度太慢不能满足研究者对史料的需求，同时随着计算机技术的发展，影印成为主要的出版形式，且规模越来越大，部分史料的卷册数量从数十册到上百册不等。这些史料的出版，为抗日战争史研究奠定了较为坚实的基础，有力地推动了该领域的发展。

由于出版的史料数量及种类繁多，且形式千差万别，为叙述方便，本章将以史料内容及史料类别相结合的方式展开叙述。由于部分史料包含的内容较丰富，很难进行精准地划分和归类，只能根据实际情况适当进行归类。许多包含长时段内容的史料，如以"中国近代史""中华民国史"为题的史料，虽包含丰富的抗战史资料，但除非特别需要，一般不作罗列和评述。

二 综合性史料

1997年，在卢沟桥事变爆发60周年之际，两套综合性抗日战争大型资料集面世，引起学界关注。它们分别是中国第二历史档案馆编辑的《中华民国史档案资料汇编》第5辑《南京国民政府》第2编《第二次国共合作与八年抗战》（江苏古籍出版社）[①]，以及由章伯锋、庄建平主编，中国

[①] 外交卷和教育卷1997年出版，其余卷1998年出版。

社会科学院近代史研究所《近代史资料》编译室编辑的《抗日战争》（四川大学出版社）。这两套资料集各有特点，互为补充。

《第二次国共合作与八年抗战》是中国第二历史档案馆在20世纪50年代编辑的《中国现代政治史资料汇编》的基础上补充编辑而成。该套资料具有以下特点：第一，篇幅大，涵盖面广，资料系统全面。该编共27册，1000万字，包括抗战时期有关政治、军事、外交、财政经济、文化教育五个方面。其中又以财政经济分册篇幅最大，共10册，分为财政和经济两大类。以财政为例，所收资料涵盖战时财政政策与措施、战时预决算与财政收支、战时财政施政报告、地方财政与自治财政、第三次全国财政会议概况等内容，基本反映了战时国民政府的财政政策及概况。其次是军事分册，包括战时国民政府军事制度演变，对日作战方针、计划与部署，正面战场和敌后战场作战概况，日军侵华暴行及其损失，较为全面地反映了战时国民政府对日作战的方针演进和两个战场历次重要战役的战况。政治分册收入国民政府战时体制形成与变化，抗战期间制订发布的重要方针、政策、法令，国民党中央历次重要会议，国民参政会与地方参议会，国共两党军事摩擦，抗战时期党派社团的发展变化，少数民族与华侨抗战，民众运动，重大惨案等方面的内容。外交和文化教育等分册虽然篇幅较小，但也注意资料的全面性，尽量收录能够反映这两方面历史的综合性资料。第二，资料权威，学术价值较高。所收资料，均来源于该馆所藏战时国民政府中央及各部原始档案。第三，在史料的编辑上，秉持历史唯物主义原则，全面地反映历史事实。比如军事分册辑录正面战场与敌后战场的大量档案资料，特别是首次辑录国民政府军队与日军进行的20余次会战的详细资料，较为客观地反映了正面战场的作战情况及其重要性。在当时的形势下，这反映了编者的学识与胆识。这套资料出版后，极大促进了抗战史研究的深入和发展，至今仍然是规模最大的有关抗战史研究的综合性档案汇编。

作为中国史学会主编的《中国近代史资料丛刊》之一的《抗日战争》资料集，由长期从事资料编辑整理工作的专业学者完成，在体例设计、结构安排、资料取舍以及考证等方面，均显示出较高的水准。

该资料集按专题划分为《从"九一八"至"七七"》《正面战场与敌后战场》《民族奋起与国内政治》《抗战时期中国外交》《国民政府与大后方经济》《日伪政权与沦陷区》《侵华日军暴行日志》共7卷，900多万字。资料来源丰富，包括文献档案、政府公报、报刊资料、回忆录、文史资料、日记、私人档案，以及美、英、日、苏、德、法等国外交文件，涵盖抗战史的各个方面，较为系统全面地反映了整个抗日战争的全貌。在资料选择上，编者较为注意资料的全面性和重要性，同时力求在部分专题上有所突破。在外交卷中，鉴于当时有关外交资料，特别是外文资料缺乏的状况，除重点编译已刊布的美、英、德、法的外交文件，以及《苏联对外政策文件集》《日本外交年表并主要文书》等资料外，还选译英、美国家档案馆的未刊档案，包括美国国家档案馆总馆所藏"美国参谋长联席会议档案""陆军部作战计划处档案""二次大战中缅战场档案"、罗斯福总统图书馆藏"地图室档案"、陆军部藏"延安观察组—迪克西使团"缩微胶卷，以及英国公共档案馆丘园新馆藏"外交部档案""首相府档案""内阁档案"等，近100万字，当中不乏一般研究者在当时条件下难以寻觅的珍稀史料，为战时外交研究者提供了极具学术价值的资料。

上述两套资料集，是改革开放以来最早编辑出版的综合性史料，虽然以目前的学术眼光看，存在这样或那样的缺陷，但在国内抗日战争史研究的起步阶段，两套资料相互补充，为该学科的发展奠定了重要的基础。

三 战争爆发原因相关史料

1931年，日军制造九一八事变，侵占中国东北。1937年，日军又制造卢沟桥事变，占领平津。日本侵略者和右翼势力对于两次事变发生的原因和责任归属，一直以谎言蒙蔽世人。只有凭借扎实的史料，让史料说话，才能揭破日本的谎言，还原历史真相。

九一八事变是日本14年侵华战争的起点。有关九一八事变的中文资料，最早有辽宁省档案馆编辑的《九一八事变》（中华书局1988年版）、《"九·一八"事变档案史料精编》（辽宁人民出版社1991年版）。此后，辽宁省档案馆又整理编辑《辽宁省档案馆珍藏张学良档案》（广西师范大学出版社1999年版），其中的"张学良与九一八事变"部分，精选馆藏未刊有关奉系军阀的密电、密令，从档案史料的角度，揭示日本发动九一八事变的原因及东北沦陷的经过、日军占领东北后种种暴行及地方损失情况、南京政府和张学良的应对措施、国联为解决"中日争端"召开的历次会议情况及国际社会反响等。

九一八事变爆发后，国联行政院决定组建以李顿为团长的国际调查团，全面调查事件经过。调查形成的文件及资料藏于瑞士日内瓦国联和联合国档案馆及国联图书馆，内容极为丰富。张生主编的《李顿调查团档案文献集》（南京大学出版社 2019 年版），选编瑞士日内瓦国联和联合国档案馆及国联图书馆所藏资料，并广泛搜集中国台湾地区，以及美国、英国、日本相关机构收藏档案和文献，汇编成 14 卷，690 万余字，是迄今规模最大且所收文本最为丰富的李顿调查团专题资料集，多角度呈现了九一八事变爆发后国内外的反应及中日双方的应对。为便于学者研究利用，所涉及的英文和日文档案文献资料均翻译成中文。

卢沟桥事变是日本发动全面侵华的起点。近年来，经中日学界的共同努力，广泛搜寻，发现了不少有价值的史料，尤其是日文史料。由徐勇、李学通、罗成康主编的《卢沟桥事变史料全编》（中华书局 2021 年版），是对中日双方史料进一步挖掘的成果。全书共 8 册，分为中文部分和日文部分。中文部分，重点关注台北"国史馆"及中国第二历史档案馆等机构收藏的重要档案，包括来往函电、命令、情报、会谈记录等，并搜集民国时期出版的相关史料集作为补充。日文部分，主要收集日方各馆藏机构的原始档案及出版的相关学术研究成果，重点注意其核心、关键性史料，力求最大限度地还原基本史实。该书的出版，为进一步深入研究卢沟桥事变及日本侵华史提供了史料基础，对解决目前存在的诸多认识分歧也有裨益。

四 日本侵华政策、策略及进程相关史料

自九一八事变始，日本侵华时间长达 14 年，其侵华政策、策略及进程是学界研究的重点。但是，日本于战败前夕有计划地销毁了大量档案，对相关研究造成极大影响。改革开放后，中国学界多方面进行资料搜集工作，并取得了一些成绩。

在日文资料编译方面，20 世纪 70 年代，中国社会科学院近代史研究所中华民国史研究组最早开始翻译日本出版的相关资料，汇编成《中华民国史资料丛稿·译稿》，1979 年起由中华书局陆续出版，包括《中国事变陆军作战史》《昭和十七、八（1942、1943）年的中国派遣军》《昭和二十（1945）年的中国派遣军》《香港作战》《长沙作战》《河南会战》《湖

南会战》《广西会战》《缅甸作战》《日本海军在中国作战》等专题。天津市政协编译组翻译的《华北治安战》（天津人民出版社1982年版），是由日本防卫厅防卫研究所战史室，依据日本大本营和陆军省的机密档案、日志和颁布的命令，以及日方主要决策者、高级指挥官的日记和回忆录，日本特务机关搜集的各种情报等资料编纂的、反映侵华日军在华北的侵略政策及进程的一部重要的资料汇编。此外，复旦大学历史系编译的《日本帝国主义对外侵略史料选编》（上海人民出版社1975年版）、四川人民出版社出版的《日本军国主义侵华资料长编——〈大本营陆军部〉摘译》（1987年版），也是重要的参考资料。这些资料的翻译和出版，成为当时中国国内有关日本侵华决策及其进程研究起步的基础性史料。

除档案文献外，这一时期翻译出版的日军官兵的回忆录和日记，也为研究日军侵华战略及进程提供了重要的资料来源，如《冈村宁次回忆录》（中华书局1987年版）、《今井武夫回忆录》（中国文史出版社1987年版）、重光葵的《日本侵华内幕》（解放军出版社1987年版），以及水野靖夫的《反战士兵手记》（解放军出版社1985年版）、日本中国归还者联络会编辑的《侵华日军战犯手记》（中共党史出版社1991年版），等等。

21世纪以来，随着中国对外开放政策的推进，学界加强了对海外所藏相关史料的搜集整理工作。2012年，线装书局影印出版了李力、郭洪茂等主编的《近现代日本涉华密档》，该丛编系根据吉林省档案馆从国外购买的缩微档案文献整理影印，全部为日本官方文件，包括"海军省卷"（70册）、"陆军省卷"（153册）。2013年，线装书局又出版金成民主编的《战时日本外务省涉华密档（1931—1945）》（173册），内容为1931—1945年日本外务省与日本驻华使领馆往来电文、日本陆海军部门发给外务省的与侵华军事行动有关的电文等。这部分档案原件藏于美国，编者购得缩微胶卷后，采取专题和编年相结合的体例，重新进行整理编排，影印出版。在此基础上，线装书局还与中国人民抗日战争纪念馆合作，由汤重南任主编，从2015年至2020年，分专题先后影印出版《日本侵华密电·九一八事变》（59册）、《日本侵华密电·七七事变》（51册）、《日本侵华战争军事密档·侵占台湾》（64册）、《日本侵华战争军事密档·最高决策》（45册）等资料。

北京大学徐勇、臧运祜联合中日两国学者，对日本国立国会图书馆、防卫省防卫研究所战史研究中心、外务省外交史料馆、东洋文库、亚洲历史资料中心电子数据库，中国台湾地区"国史馆"、中研院图书馆，以及美国国会图书馆等海内外馆藏机构所藏战时日本决策方面的资料，包括部分尚未公开的资料，进行全面系统的搜集整理，汇编成《日本侵华决策史料丛编》46册，分17个专题影印出版（社会科学文献出版社2017年版）。该套资料的一个重要特点，即在关注传统的政治、军事层面的同时，将视角投向战时日本社会经济动员、思想文化控制等方面，较为全面地呈现了战时日本军国体制的形成过程。每个专题还附有专题解说、资料点评，便于研究者对史料的理解和运用。该资料集是目前中国学界全面反映日本侵华决策的学术成果，出版后获教育部第八届高等学校科学研究优秀成果奖一等奖。

对日文档案史料的发掘，国内学界最重要的成果还体现在对"满铁档案"的收集整理方面。作为在日本国家特定法令下设立的特殊机构"南满洲铁道株式会社"（以下简称"满铁"），以"经营铁路"为幌子，在40多年的时间内，全面从事对中国的政治、军事、经济、文化等方面的侵略活动。满铁设有各门类的调查机关，兼有为日本侵华政策提供情报支持的功能，因而是日本帝国主义在中国实行殖民统治的重要机构。满铁在其历史上，积累了数十万件被称为"满铁资料"的调查报告和档案文书，记录和反映了日本军国主义侵略中国的全过程，以及当时中国和东北亚地区各方面的情况。这些资料存量大，收藏分散，内容庞杂。新中国成立后，虽然有一些收藏机构和学者进行过整理编辑，但一直缺乏一部较为全面系统的资料汇编。

最早出版有关满铁及其相关机构资料的是广西师范大学出版社。从1999年起，该社与辽宁省档案馆合作，影印出版"满铁密档"系列，包括《满铁与侵华日军》（21册）、《满铁与移民》（20册）、《满铁与劳工》（18册）、《满铁机构》（24册）。此外，该社还与黑龙江省档案馆、吉林省档案馆合作，出版《东北日本移民档案》（15册，分为黑龙江卷、吉林卷）、《日本关东宪兵队报告集》（共4辑）；与天津图书馆合作，出版《天津日本租界居留民团资料》（13册）等一大批关于日本侵华政策及进程方面的珍稀文献。

2011年，由解学诗、苏崇民主编的《满铁档案资料汇编》由社会科学文献出版社出版，成为改革开放后满铁资料整理的集大成者。该套资料的编辑历时50年，全书按照专题分为15卷，约1200万字。在编辑上，编者颇具学术眼光，即不将满铁史作为孤立的企业史，而是以满铁为主线，通过资料全面反映日本的殖民侵华政策和在"这种政策指引下满铁所进行的特殊的宽领域的侵华掠华实态"①。该书在资料编辑上具有以下特点：第一，选材广泛。全书按满铁档案文书、满铁资料、满铁图书及个人文书四大类分别收录满铁资料，包括国内馆藏的满铁档案，中国官方历史档案，日本外务省、陆军省、海军省档案中有价值的资料，同时对中外有关代表性著述也做了必要的收选，较为全面系统地反映了日本侵略者对东北、华北沦陷区统制、封锁以及强制掠夺乃至武装掠夺的全过程。第二，严格按照史料学的方法，对史料进行认真清理、筛选、比对和翻译，力求尽可能全面地反映满铁历史的基本史料，体现了编者对满铁历史以及满铁资料的熟悉程度。此外，汇编采取整理排印方式出版，不仅方便读者利用，且体现了编者的史料学功底。这套资料是目前满铁资料整理编辑工作中最具史料价值的资料汇编。

近代以来，包括满铁在内的日本在华机构和组织对中国进行了多方面的调查，并形成海量调查报告，不仅为研究日本战时决策的形成提供了第一手资料，也反映了近代以来日本对中国经济、文化、社会等方面的渗透。21世纪以来，中国学界开始对这些调查资料进行搜集整理，并采取影印方式出版。国家图书馆出版社从2015年以来推出的《近代日本对华调查资料》大型丛刊，主要收集近代以来日本各调查机构对中国进行的政治、社会、经济、城市、农村、教育等领域的调查资料，分类汇编，影印出版。2016年出版《中国社会科学院近代史研究所藏"满铁剪报"类编》；2019—2021年相继出版《近代日本对华调查档案资料丛刊》第1—5辑，分别为《满铁调查月报》（邵汉明、王建朗主编，100册）、《经济调查》（郭连强、金以林主编，50册）、《贸易调查》（邵汉明、王建朗主编，100册）、《农业调查》（邵汉明、王建朗主编，140册）、《兴亚院调查》（李晓明主编，60册）。

中国第二历史档案馆编辑的《日本对华调查档案资料选编》及其"续编"（社会科学文献出版社2020年版），共100册，5万余页，主要收录

---

① 解学诗：《满铁档案资料汇编》，社会科学文献出版社2011年版，"前言"。

该馆所藏的满铁及其所属机构，以及其他调查机构于1916—1945年在中国各地调查形成的报告，内容涵盖文化、产业、交通、工业、农业、经济建设、社会状况、人民生活水平等方面，反映了日本对中国持续数十年的调查情况。

此外，黑龙江省档案馆、辽宁省档案馆分别编辑的《满铁调查报告》（8辑，广西师范大学出版社2005—2016年版）；许金生编辑的《近代日本在华报刊通信社调查史料集成（1909—1941）》及其"补遗"（线装书局2014、2018年版），也为了解和研究日本侵华政策提供了参考。

在英文档案的发掘方面，民国时期文献保护工作办公室编辑的《二战时期西南太平洋战区日本战俘讯问档案汇编》（30册，国家图书馆出版社2021年版），系1942—1945年第二次世界大战期间西南太平洋战区的盟军机构对被俘日军战俘及平民的讯问记录，其内容除战俘的个人信息和军事履历外，还包括日军部队的部署与调动情况、武器装备、日占区情况、日军损失等大量有价值的史料。

在中文史料方面，20世纪80年代，中央档案馆、中国第二历史档案馆利用其馆藏优势，联合吉林省社会科学院开始合作编辑《日本帝国主义侵华档案资料选编》，并由中华书局出版。自1988年出版第1册起，历时30余年，于2020年全部出齐。该套资料共20册，1000余万字。全书按专题划分为《九一八事变》《东北大讨伐》《细菌战和毒气战》《东北历次大惨案》《东北经济掠夺》《华北事变》《伪满傀儡政权》《汪伪政权》《伪满宪警统治》《华北大"扫荡"》《华北治安强化运动》《华北历次大惨案》《南京大屠杀》《日汪的清乡》《华北华中经济掠夺》《河本大作与日军山西"残留"》《华中经济掠夺》《日军在南方的暴行》《日军对抗战后方的轰炸》《中国抗战损失》，内容涉及日军对中国的军事、政治、经济、文化侵略及暴行等方面。其史料主要来源于战后审判日本战犯的供词和审判档案，虽然史料类别较为单一，且供词也存在一定的史实错讹，但为抗日战争史研究提供了基础史料。北京档案馆编辑的《日伪在北京地区发动的五次强化治安运动》（北京燕山出版社1987年版），收录了日伪在北京地区发动的五次"强化治安"运动的有关文件，以及1946年国民党政府对日军在"强化治安"期间所犯罪行的部分调查材料，也是研究日军"强化治安"运动的重要史料。

五　正面战场及国统区相关史料

正面战场和敌后战场构成中国抗日的两个主要战场。有关正面战场资料的整理出版，集中于20世纪80年代末至90年代，主要由综合性的档案资料和回忆录资料构成。因正面战场史料分藏海峡两岸，而大陆方面所藏档案不足，故相对于敌后战场，学界推出的正面战场资料，种类和数量都偏少。

全面反映国民党正面战场作战概况的专题资料，较早有中国第二历史档案馆依托本馆所藏档案编辑的《抗日战争正面战场》（江苏古籍出版社1987年版）、《抗日战争时期国民党军机密作战日记》（档案出版社1995年版）。《抗日战争正面战场》所收资料，主要为国民政府对日作战方针与计划部署，以及战略防御阶段、战略相持阶段重要战役战况，包括函电、作战计划、战斗详报、作战日记等。该资料集后经补充，增添中国海军和空军作战史料，扩编为上、中、下3册，由凤凰出版社于2005年出版。这些档案基本上反映了全民族抗战时期国民党军对日作战方针的演变和历次战役的作战情况。《抗日战争时期国民党军机密作战日记》收录了1939年1月至1945年12月国民党军各战区对日作战情况。2016年，中国第二历史档案馆又编辑《国民政府抗战时期军事档案选辑》（重庆出版社2016年版），收录国民政府战时军事组织制度，作战方针、计划与部署，拱卫大后方及持久抗战概况，抗战胜利与各地受降等方面的内容，包括各部门之间来往函电，发布的条例、训令、密令，以及重要指挥官收发的电文、撰写的战场总结等资料。这三部史料集收录史料均系该馆收藏的国民政府官方档案，具有权威性，极大地推动了大陆学界对国民党正面战场的研究。

由全国政协文史资料委员会主持编辑的《原国民党将领抗日战争亲历记》丛书，从1985年起，由中国文史出版社陆续出版，包括《九一八到七七事变》《七七事变》《八一三淞沪抗战》《南京保卫战》《徐州会战》《晋绥抗战》《中原抗战》《武汉会战》《湖南四大会战》《闽浙赣抗战》《粤桂黔滇抗战》《远征印缅抗战》12个专题。这是改革开放后第一部较为全面系统地记录国民党正面战场抗战的专题丛书，从亲历者的视角反映了正面战场国民党军队作战的情况。

在战争进程、重要战役及区域抗战方面，从20世纪80年代起，学界开始搜集整理出版专题资料。这些资料，或按战场划分，或按战役划分，或按地域划分，形式多样。如中共中央党校党史教研室编辑的《卢沟桥事变与平津抗战》（1985年印行），武汉市档案馆等编辑的《武汉抗战史料选编》（1985年印行），上海社会科学院历史研究所编辑的《八一三抗战史料选编》（上海人民出版社1986年版）、《"九·一八"—"一·二八"上海军民抗日运动史料》（上海社会科学院出版社1986年版），四川省政协文史资料委员会编辑的《川军抗战亲历记》（四川人民出版社1985年版），云南省政协文史资料委员会编辑的《滇军出滇抗战记》（云南人民出版社1995年版），四川省档案馆编辑的《川魂：四川抗战档案史料选编》（西南交通大学出版社2005年版），厦门市档案馆编辑的《厦门抗日战争档案资料》（厦门大学出版社1997年版），湖南省档案馆与中国第二历史档案馆合编的《抗日战争湖南战场史料》（湖南人民出版社2012年版），厦门各档案馆及部分学者合作编辑的《闽东抗日战争档案史料》（厦门大学出版社版）①，四川省档案局（馆）编辑的《抗战时期的四川——档案史料汇编》（重庆出版社2014年版），宁夏档案局（馆）编辑的《抗战时期的宁夏——档案史料汇编》（重庆出版社2015年版），宜昌市政协、中共宜昌市委党校编辑的《宜昌抗战史料汇编》（中央文献出版社2015年版），任月海主编的《察哈尔抗战史料》（内蒙古大学出版社2016年版），等等。

陪都重庆是战时中国政治、经济、文化中心。有关大后方的抗战史料，重要的有章开沅、周勇主编的《中国抗战大后方历史文化丛书》。② 该丛书的《中国战时首都档案文献》，分为"战时政治""战时工业""战时金融""战时教育""迁都·定都·还都"等卷，是一部全面反映抗战时期重庆及大后方历史的综合性史料集。除中国大陆地区馆藏档案及文献外，该丛书还广泛收集中国台湾地区，以及日、美、英等国馆藏史料。此外，该丛书还包括一些专题史料，如《抗战时期大后方经济开发文献选编》《抗战时期国民政府在渝纪实》《中共中央南方局历史文献选编》，以及中国第二历史档案馆编辑的《国民政府抗战时期外交档案选辑》，力图

---

① 自2015年开始出版，至2020年已出版8辑。
② 该套丛书由国内多个档案机构、学术团体及学者编辑，自2011年起，由重庆多家出版机构分别出版。

呈现大后方的政治、经济、军事、外交、文化等全貌。

抗战时期国统区财政经济问题是抗战史研究的重要内容。1993年，重庆市档案馆、重庆市人民银行金融研究所编辑的《四联总处史料》由档案出版社出版。该资料集共3册，点校排印，是改革开放后最早出版的有关战时经济的专题史料。四联总处系战时国民政府最核心的金融决策机关，该资料集出版后引起学界高度关注，学者们利用该批资料推出了一批优秀学术成果。

随后，中国第二历史档案馆相继编辑出版《四联总处会议录》（64册）、《行政院经济会议、国家总动员会议会议录》（17册）（广西师范大学出版社2003—2004年影印版）。前者系四联总处379次会议的完整记录，反映了抗战时期国民政府金融政策和经济政策的演变过程；后者收录了战时行政院经济会议、国家总动员会议、战区经济委员会会议等三个不同类型的经济机构在不同时期的会议录，详细记录了国民政府战时经济政策、大后方物价变动情况，以及国民政府对敌经济战的实施情况。此外，中国第二历史档案馆还与四川联合大学经济研究所合编《中国抗日战争时期物价史料汇编》（四川大学出版社1998年版），系从该馆所藏物价史料中选编而成，对抗战时期国统区的经济研究也颇有参考价值。

由殷梦霞、李强编辑，国家图书馆出版社影印出版的《重庆海关总税务司署贸易册》《战时消费税国货类别税收统计表》（2011年），系选择1942年日伪强行接管上海海关总税务司署后，国民政府紧急成立的重庆海关总税务司署的原始统计资料汇编而成。这两套资料是研究抗战后期大后方经济史、贸易史的重要文献。

工矿企业的发展集中反映中国工业的发展水平。20世纪五六十年代，上海社会科学院经济研究所开始编辑出版《上海资本主义典型企业史料》[①]，包括《南洋兄弟烟草公司史料》《刘鸿生企业史料》《荣家企业史料》《大隆机器厂的发生发展与改造》《恒丰纱厂的发生发展与改造》等。改革开放后，重庆市档案馆、重庆天原化工厂合编出版《吴蕴初与中国天字化工企业》（科学技术出版社重庆分社1990年版）。此外，上海市档案馆编辑出版《吴蕴初企业史料·天原化工厂卷》《吴蕴初企业史料·天厨味精厂卷》（档案出版社1989、1992年版），以及其他专题史料。中国第

---

① 该套资料由上海人民出版社1958年开始出版，至1981年完成出版。

二历史档案馆编辑的《国民政府抗战时期厂企内迁档案选辑》(重庆出版社 2016 年版),是一部全面反映战时工业内迁的综合性资料集,内容十分丰富,不仅包含国民政府有关内迁计划方案、厂企迁移情况、迁移厂企数量规模,还涉及迁移及重建中的困难、厂企与主管部门的矛盾与交涉、政府扶持措施、内迁厂企的合并与重组、发展概况及对抗战及大后方的贡献,等等。

个人档案[①],包括报告、电文、函札、日记、回忆录、年谱等,或是对个人活动轨迹、见闻、社会观察的记录,或是对撰主思想情感的阐发,信息多元,记录较为翔实,是历史研究极为珍贵的史料。民国时期军政人物曾留下极为丰富的个人史料,但散藏海内外。近年来,学界着力发掘,成效显著。如复旦大学吴景平与海外学者合作,对美国胡佛研究所藏宋子文档案进行系统整理编辑,并由复旦大学出版社出版,包括《宋子文驻美时期电报选(1940—1943)》(与郭岱君合编,2008 年)、《宋子文与外国人士往来函电稿(1940—1942)》(与林孝庭合编,2009 年)、《战时岁月——宋子文与外国人士往来函电稿新编(1940—1943)》(与林孝庭合编,2010 年)、《风云际会——宋子文与外国人士会谈记录(1940—1949)》(与郭岱君合编,2010 年)。

此外,改革开放以来出版的个人史料,重要的还有:《顾维钧回忆录》(中华书局 1985 年版)、《张治中回忆录》(文史资料出版社 1985 年版)、《何廉回忆录》(朱佑慈等译,中国文史出版社 1988 年版)、《在蒋介石身边八年——侍从室高级幕僚唐纵日记》(公安部档案馆编注,群众出版社 1991 年版)、《缪云台回忆录》(中国文史出版社 1991 年版)、《胡厥文回忆录》(中国文史出版社 1994 年版)、《李宗仁回忆录》(华东师范大学出版社 1995 年版)、《世纪之履:李默庵回忆录》(中国文史出版社 1995 年版)、《钱昌照回忆录》(中国文史出版社 1998 年版)、《陈光甫日记》(邢建榕、李培德编注,上海书店出版社 2002 年版)、《陈布雷回忆录》(东方出版社 2009 年版)、《翁文灏日记》(李学通等整理,中华书局 2010 年版)、《黄绍竑回忆录》(东方出版社 2011 年版)、《在华五十年:司徒雷登回忆录》(中央编译出版社 2011 年版)、《陈克文日记》(陈方正编辑校订,社会科学文献出版社 2013 年版)、《翁文灏与抗战档案史料汇编》(陈

[①] 这里的个人档案,指以个人为题出版的史料,内容包括官方与私人部分,一些馆藏机构按照人物归类收藏。为叙述方面,这里不做特别细分。

谦平编，社会科学文献出版社 2017 年版）、《翁文灏往来函电集（1909—1949）：从地学家到民国行政院院长》（李学通编，团结出版社 2020 年版），以及《翁文灏年谱》（李学通著，山东教育出版社 2005 年版），等等。

国家图书馆编辑的《抗战阵亡将士资料汇编》（国家图书馆出版社 2012 年版），辑录抗战时期阵亡将士的名录、传记等资料共计 11 种，虽然比较零散，但却是大陆方面出版的第一部有关军队伤亡的原始统计资料。书中亦不乏较为珍贵的资料，比如国民政府联合勤务总司令部 1947 年编辑的《中华民国忠烈将士姓名录》，收录了全民族抗战时期阵亡将士的姓名、番号、阵亡地等信息，对于研究抗战时期国军伤亡及抚恤情况具有重要的史料价值。

2016 年，国家档案局启动《抗日战争档案汇编》编纂工程，截至 2021 年，已出版 68 种 455 册。该资料集内容极为丰富，不仅包括国民政府的战略方针、战争进程、战斗经过，也涵盖财政经济、军需供应、兵工生产、兵役制度、战时救济、民众动员、人员伤亡、财产损失、日军暴行等。之前不为学界所知的市县级基层资料是其中的亮点。重要的有：由金城出版社出版、中国第二历史档案馆编辑的《一·二八淞沪抗战档案汇编》（23 册）、《长城抗战档案汇编》（30 册）、《抗战军粮档案选编》（20 册）、《抗战兵役档案选编》（30 册）；由中华书局出版，重庆市档案馆编辑的《抗战时期国民政府军政部兵工署第五十工厂档案汇编》（8 册），桂阳县档案馆编辑的《桂阳县抗战军粮档案汇编》（1 册），自贡市档案馆编辑的《抗战时期自贡富荣盐场增产赶运档案汇编》（2 册），巴彦淖尔市档案馆编辑的《巴彦淖尔市档案馆藏抗战时期赈济档案汇编》（2 册），邵阳市档案馆编辑的《抗战时期邵阳县政府抚恤档案汇编》（1 册），安化县档案馆编辑的《安化县抗战兵役档案汇编》（2 册），浙江省丽水市档案馆、云和县档案馆编辑的《抗战时期浙江省铁工厂档案汇编》（1 册）等等。

从 1989 年起，中国第二历史档案馆先后影印出版《国民政府暨总统府公报》《立法院公报》《国民政府外交部公报》《国民政府行政院公报》《经济部公报》《国民政府资源委员会公报》《中央党务公报》，这些公报是关于国民政府战时政治、经济、军事、文化等方针大略的重要文献，是研究抗战的第一手史料。

除政府公报外，无论是官方还是民间，均创办有种类繁多的以抗战为主题的报刊，发表大量的新闻报道、战场纪实、社论时评，是研究抗战史的重要资料。其中一些刊物存世稀少，且分藏各地，利用不便。新中国成立不久，人民出版社曾影印出版《八路军军政杂志》，人民文学出版社影印出版《解放日报》（1941—1947），北京图书馆影印出版《新华日报》（1938—1947），均为红色报刊，且种类较少。改革开放后，近代的报刊开始出现影印版，如《中央日报》《申报》《大公报》等。2006年，全国图书馆文献缩微复制中心影印出版《抗日战争期刊汇编》（40册），共收录44种国共两党出版的抗日刊物，如《救亡》《前锋》《抗敌》《统一抗战》《呐喊》《抗战星期刊》《抗战六月》《抗战一年》《前导》《抗战时代》《血路周刊》《抗战戏剧》《抗战与交通》《敌伪经济情报》《战斗》《战时妇女》《战时教育》等，内容涉及抗战时期政治、经济、教育、文化、社会等各方面，极大方便了学者利用。

战时出版的有关抗战问题的著述，虽观点各异，甚至针锋相对，但真实反映了时人对时局的不同看法，解决中日问题的不同路径及主张，不同阶层、组织、群体对抗战的态度，对政府、社会的观感，乃至生存状态、个人命运等，是研究战时新闻史、思想史、社会史、情感史等的重要史料，具有多方面的史料价值。这些出版物因产生于民国时期，一般称为民国文献。因损坏严重，20世纪80年代以来，学界及馆藏机构对其进行了不同程度的抢救性修复、复制，并影印出版了部分文献。如上海书店出版的《民国丛书》，大象出版社出版的《民国史料丛刊》等，收录数千种民国时期的出版物，当中包含数量不菲的抗战刊物。2015年抗战胜利70周年之际，由虞和平主编的《中国抗日战争史料丛刊》（大象出版社）及杨奎松主编的《抗日战争战时报告初编》（上海三联书店）同时出版，成为新世纪以来战时图书影印再版的集大成之作。这两套丛书虽都根据图书内容分类编排，但因依托的馆藏机构不同，故卷册规模也不相同。前者搜集全国各大图书馆、档案馆，乃至海外馆藏机构藏抗战文献资料4400余种，约65万页，分为1038册，包括国民政府各行业公报、统计年鉴、研究论著、纪实考察报告、大事记、战争纪要、演说词、言论集、战报、写真记、纪念册、回忆录等，是迄今规模最大的抗战文献丛刊。后者择选上海图书馆保存的抗战图书350余种，分为10个大系类，108部报告，共123卷。同年，上海科学技术文献出版社推出《淞沪抗战史料丛书》（12辑），收录上海图书馆馆藏战时出版的有关"一·二八"淞沪抗战和八一三淞沪抗战具有代表性的战斗详报、通讯、纪实、回忆录及报告文学等，是反映淞沪抗战的专题文献集。

金以林、罗敏主编的《中华民族抗日战争军事资料集》（100册，社会科学文献出版社2020年版），专注于抗战军事，从战前及战时出版的抗战文献及留存下来的内部文件，包括部分机密文件中，精选反映抗战军事的文献341种，近5万页，分为15个专题影印出版。

六　中共领导的敌后战场及抗日根据地相关史料

中国共产党领导的敌后战场和抗日根据地，是中共党史研究的重要内容，长期以来一直是学界关注的重点，因此有相当部分资料涵盖在中共党史资料中，包括档案文献、领导人文选、日记、回忆录等资料，比如《中共中央文件选集》《毛泽东军事文选》《朱德军事文选》《彭德怀军事文选》等。新中国成立后出版的大型回忆录《红旗飘飘》《星火燎原》，涉及大量中共领导的敌后抗日根据地的史实。解放军出版社从1986年起陆续出版《中国人民解放军高级将领回忆录丛书》，收录30多位高级将领的回忆录，如《徐向前回忆录》《聂荣臻回忆录》《粟裕战争回忆录》《王新亭回忆录》《叶飞回忆录》《吕正操回忆录》《许世友回忆录》《杨成武回忆录》《宋任穷回忆录》《张宗逊回忆录》《陈再道回忆录》《陈锡联回忆录》《洪学智回忆录》《杜平回忆录》《郑维山回忆录》《刘华清回忆录》《张震回忆录》等，这些回忆录包含丰富的抗战史料。1990年以后，有关抗战历史的专题回忆录开始出版，如张劲夫的《抗日战争时期我在安徽的经历》（安徽人民出版社1998年版）、刘大年的《我亲历的抗日战争与研究》（中央文献出版社2000年版）、朱亚民的《我与浦东抗日游击战——忆淞沪支队逐鹿浦江两岸》（上海人民出版社1996年版）、杨迪的《抗日战争在总参谋部——一位作战参谋的历史回眸》（解放军出版社2003年版）等。

关于综合性反映中共抗战的资料，重要的有中国人民解放军历史资料丛书编审委员会编辑的《中国人民解放军历史资料丛书》中的《八路军》《新四军》两部资料集（解放军出版社1989—1994年版），包括历史文献、综述、回忆录、图片、表册等史料类别，从多个角度全面反映了八路军、新四军的作战情况及根据地开辟及建设情况。2015年，该两部资料经修订补充，以《中国抗日战争军事史料丛书》为题再版，共90册，全面反映了中国共产党领导的八路军、新四军、东北抗日联军、华南人民抗日游击队等在敌后坚持抗战的情况。中国人民革命军事博物馆编辑的《百团大战历史文献资料选编》（解放军出版社1991年版），为了解和研究八路军百团大战的作战概况提供了重要的参考。

中共在敌后建立的抗日根据地，是与日军进行作战的后方基地。1984年，由中共中央党史资料征集委员会主持，联合中央档案馆及各省党史工作委员会共同组成编审委员会，编辑出版《中国共产党历史资料丛书》，按照晋察冀、冀热辽、冀鲁豫、鄂豫边区、豫皖苏、华中、苏北、苏中、苏南、皖江、淮南、山东等19个抗日根据地分别编辑出版。该套丛书由不同的单位或学者分别整理编辑，各根据地所存史料多寡不一，故并无统一的编纂体例。资料类别包括原始档案、文献、回忆录、大事记等，重点收集各根据地开辟及建设方面的档案文献资料，特别是中共中央关于深入敌后进行游击战的方针指示。因相当部分系各省市档案馆所藏原始档案，故史料具有权威性，迄今仍然是研究敌后抗战及根据地建设最基础的史料。

此外，各地党史工作委员会或档案馆也编辑出版或内部印行了相关的抗日根据地资料，主要有新四军暨华中抗日根据地研究会编辑的《新四军和华中抗日根据地史料选》（上海人民出版社1982年版），镇江地区茅山革命历史纪念馆筹备工作小组编辑的《新四军在茅山：抗日斗争史料选》（江苏人民出版社1982年版），豫皖苏鲁边区党史办公室、安徽省档案馆编辑的《淮北抗日根据地史料选辑》（1984年内部印行），广东省党史资料征集委员会编辑的《琼崖抗日斗争史料选编》（1986年内部印行），内蒙古自治区党史资料征集委员会等编辑的《大青山抗日游击根据地资料选编》（内蒙古人民出版社1986年版），中共北京市委党史研究委员会编辑的《北京地区抗战史料》（紫禁城出版社1986年版），山西省档案馆编辑的《太行党史资料汇编》（山西人民出版社1989年版），以及中共河南省委党史工作委员会编辑的《豫皖苏抗日根据地》《河南（豫西）抗日根据地》（河南人民出版社1985年、1988年版），等等。

上述史料，内容涵盖较广，除政治、军事外，还包括根据地政权建设、经济建设、民众动员等方面，反映了八路军、新四军深入敌后开展游击战争，配合正面战场作战，开辟敌后根据地的概况，是研究敌后战场的第一手资料。

陕甘宁边区作为抗战时期中共中央所在地，在国共合作的背景下，国民政府承认其合法地位，起着抗战领导核心的作用。有关边区的史料，主要有《陕甘宁边区政权建设》编写组编辑的《陕甘宁边区精兵简政资料选辑》（求实出版社1982年版）、甘肃省社会科学院历史研究所编辑的《陕甘宁革命根据地史料选辑》（甘肃人民出版社1981—1985年版）、陕西省档案馆等编辑的《陕甘宁边区政府文件选编》[①]、中央档案馆等编辑的《陕甘宁边区抗日民主根据地》（中共党史资料出版社1990年版），等等。

在海外史料的搜集整理方面，中共上海市委党史研究室、上海市政协文史资料委员会编辑的《中流砥柱：卡尔逊抗战史料》（上海书店出版社2017年版），系美国哥伦比亚大学东亚图书馆向上海图书馆捐赠的"卡尔逊抗战史料"数字资料的影印本，内容为美军军事观察员埃文斯·卡尔逊（Evans F. Carlson）于1937—1938年考察延安及抗日根据地时搜集保存的根据地文献、照片等史料，有的系孤本，比如晋察冀边区《抗敌报》，极为珍贵。

卢沟桥事变爆发后，在民族危机前，国共两党实现第二次合作，这是抗日战争两个战场都能够取得胜利的重要条件。有关国共合作的资料，主要有中共党史研究会编辑的《抗日民族统一战线与第二次国共合作》（中国文史出版社1987年版）、浙江省政协文史资料研究委员会编辑的《第二次国共合作在浙江》（浙江人民出版社1987年版）、中共中央党史资料征集委员会编辑的《第二次国共合作的形成》（中共党史资料出版社1989年版）、重庆市政协文史资料研究委员会等编辑的《抗战时期国共合作纪实》（重庆出版社1992年版）、中央档案馆编辑的《中国共产党关于西安事变档案史料选编》（档案出版社1997年版）等。

有关根据地经济建设的专题资料较为丰富，主要有财政部财政科学研究所等编辑的《抗日战争时期陕甘宁边区财政经济史料摘编》（陕西人民出版社1981年版），魏宏运主编的《晋察冀边区财政经济史资料选编》（南开大学出版社1984年版），山东省财政科学研究所、山东省档案馆合编的《山东革命根据地财政史料选编》（1985年内部印行），河南省财政

[①] 1986年档案出版社开始出版，后改由陕西人民教育出版社出版，至2016年已出15辑。

厅、河南省档案馆合编的《晋冀鲁豫抗日根据地财经史料选编》（档案出版社1985年版），财政部财政科学研究所等编辑的《华中抗日根据地财政经济史料选编》（档案出版社1985—1986年版），中国人民银行金融研究所、中国人民银行山东省分行金融研究所合编的《中国革命根据地北海银行史料》（山东人民出版社1986—1988年版）等。这些资料基本涵盖了各革命根据地有关经济建设和发展方面的史料，包括纲领、政策、法令、条例、概况、统计等，涉及农业、手工业、商业、贸易、金融、财政、交通、互助合作、人民生活等方面。

此外，谢忠厚主编的《冀鲁豫边区群众运动资料选编》（河北人民出版社1991年版）及《冀鲁豫边区群众运动宣教工作资料选编》（河北人民出版社1994年版），关注到群众运动与根据地建设的关系，为中共抗战研究的深入和拓展，提供了较有价值的史料。

七　日伪政权与沦陷区相关史料

日本在侵华过程中，先后扶植成立伪满洲国、伪北平政府、伪南京政府等傀儡政权，以及其他市县乡基层伪政权，作为统治占领区的工具。由于日本战败投降前，日伪机关销毁了几乎全部档案文书和秘密资料，有关伪政权及沦陷区资料的搜集整理出版，重点集中在伪政权发布的各类公报、公开出版的各类图书，以及部分原始档案、个人回忆录等方面。

伪满洲国是日本帝国主义在中国扶持的第一个伪政权，且存续时间最长，影响最大。李茂杰主编的《伪满洲国政府公报全编》（163册，线装书局2009年版），收录自1932年3月1日伪满洲国成立，到1945年8月日本投降、伪满洲国政权垮台为止14年间，伪满国务院总务厅发行的全部公报3948期，包括法律、法令、训令等，采用中日文对照双语版影印出版，是迄今为止最为全面，且版本最为精良的伪满政府官方文件汇编。《伪满洲国地方政府公报汇编》（48册，线装书局2009年版），重点搜集影印伪满的市县级政府公报。上述两套资料，基本涵盖了伪满洲国从中央到地方政府的公报，集中反映了日本政府的殖民政策和统治概况。

吉林省档案馆编辑的《溥仪宫廷活动录（1932—1945）》（档案出版社1987年版），以伪满洲国宫内府所编的《宫廷汇报》为主，兼收溥仪在伪满洲国时期发布的"诏书""敕语""教令"等官方文书。辽宁省档案馆编辑的《溥仪私藏伪满秘档》（档案出版社1990年版），收录1932—1936年溥仪就任伪满执政和皇帝后形成的档案共206件，内容主要为溥仪与日本勾结建立伪满洲国的来往函电、密约、密谕等资料。这两套资料，为了解和研究日伪勾结内幕、日本关东军操纵控制伪政权的手段，以及作为傀儡的溥仪及其追随者当时的活动及心理状态等，提供了第一手资料。谢群主编的《伪满洲国联合协议会记录档案》（30册，国家图书馆出版社2021年版），从长春市图书馆特藏文献中择选80种伪满"全国"及地方协议会会议记录，兼及部分"协和会"图书影印出版，包括日、满、汉文字，对于研究日本对东北的殖民统治及奴化教育具有重要参考价值。

孙邦主编的《伪满史料丛书》（吉林人民出版社1993年版），选辑了1200多篇亲历者回忆录。中央档案馆编辑的《伪满洲国的统治与内幕——伪满官员供述》（中华书局2000年版），收录了曾在伪满洲国任职的各级官员在战后的供述材料。吉林省图书馆特藏部编辑的《伪满洲国史料》（33册，全国图书馆缩微文献复制中心2002年版），汇集了1927年日本图谋东北至1945年日本投降期间出版的有关伪满洲国历史的书籍和资料，分为政治军事、经济社会、文化教育、史志四编，是一部有关伪满洲国历史的文献资料汇编。上述资料对于从政治、经济、军事、文化等方面了解伪满洲国的政权运行状况、对东北人民的殖民统治政策均有重要的史料价值。

华北伪政权方面，有全国政协编辑的《日伪统治下的北平》（北京出版社1987年版），南开大学历史系、唐山档案馆合编的《冀东日伪政权》（档案出版社1993年版），北京市政协编辑的《日伪统治下的北京郊区》（北京出版社1995年版），以及国家图书馆出版社出版的《北平伪中华民国临时政府公报》（2010年版）及《华北政务委员会公报》（2012年版）等。其中《北平伪中华民国临时政府公报》《华北政务委员会公报》，系国家图书馆编辑的《民国文献资料汇编》中的两部，前者系统收录了1938年1月17日至1940年3月30日北平伪中华民国临时政府的公报，后者收录了1940—1944年伪华北政务委员会出版的324期公报，是研究华北伪政权极为重要的基础资料汇编。

汪伪政权方面的史料，主要有中国第二历史档案馆整理影印的《汪伪国民政府公报》（江苏古籍出版社1991年版）、《汪伪政府行政院会议录》（档案出版社1992年版）、《汪伪中央政治委员会暨最高国防会议录》（广西师范大学出版社2002年版），以及编辑整理的专题资料《日伪在沦陷区的统治》（江苏古籍出版社1997年版）。上述资料记录和反映了汪伪政权实际运作的基本情况。黄美真主编的《汪伪政权资料选编》（上海人民出版社1984—1985年版），包括《汪精卫集团投敌》《汪精卫国民政府成立》《汪精卫国民政府：清乡运动》等专题，资料来源于汪伪政府档案、日本政府内阁和军部档案、亲历者回忆录、审判汉奸档案，以及当时报刊和国内外有关资料等。由蔡德金编辑的《周佛海日记全编》（中国文联出版社2003年版），涉及内容极其广泛，对于了解周佛海与日本勾结离渝叛逃的过程、心理动机，以及汪伪政权具体运作情形，均具有重要的史料价值。南京档案馆编辑的《审讯汪伪汉奸笔录》（凤凰出版社2004年版）、黄美真选编的《伪廷幽影录》（东方出版社2010年版），均系汪伪集团成员，包括罗君强、陈春圃等要员的狱中供述以及个人回忆。

经济掠夺是日本发动侵略战争的主要目的之一。有关沦陷区的专题经济史料主要有：江苏省工商行政管理局编辑的《汪伪政府工商行政管理法规选编》（1985年印行），居之芬主编的《日本对华北的掠夺和统制——华北沦陷区资料选编》（北京出版社1995年版），居之芬、庄建平主编的《日本掠夺华北强制劳工档案史料集》（社会科学文献出版社2003年版），上海市档案馆编辑的《日本在华中经济掠夺史料》（上海书店出版社2005年版），对于研究日军在华北、华中经济侵略政策及活动具有重要的史料价值。

在占领区全面推行奴化教育是日本的重要殖民政策。武强主编的《东北沦陷十四年教育史料》（3辑，吉林教育出版社1989—1998年版），选辑伪满教育年鉴、伪满各类学校规程与法令，并编辑有伪满教育大事记，是研究14年东北沦陷奴化教育史的基础史料。宋恩荣、余子侠主编的《日本侵华殖民教育史料》（人民教育出版社2016年版），对国内各档案馆所藏相关档案文献进行全面梳理，并收录部分报刊资料及文史资料，按地区分为4卷，内容涵盖日伪在沦陷区推行的殖民教育政策、教育行政制度、各级各类教育情况、教育团体及其活动等方面，较为全面地反映了日本在东北、华北、华东、华中、华南和台湾地区进行殖民奴化教育的概况。

值得指出的是，改革开放后，有关伪政权及沦陷区史料的编辑，不再单纯局限于揭露伪政权的卖国罪行，而是力图从政治、经济、文化、社会等角度，全面反映伪政权的建立、运行过程，以及殖民地的形态特征。

八　日军暴行资料

1980年以来，揭露日军在侵华过程中犯下的种种暴行，批判日本右翼否定战争的侵略性质，一直是抗战史研究的重要课题和内容，出版的资料最为丰富。如军事科学院编辑的《凶残的兽蹄：日军暴行录》（解放军出版社1994年版），中国抗战史学会、《近代史资料》编辑部编辑的《日军侵华暴行实录》（北京出版社1995年版），中共中央党史研究室编辑的《日军侵华暴行纪实》（中共党史出版社1995年版），北京市档案馆编辑的《日本侵华罪行实证》（人民出版社1995年版），李秉新等编辑的《侵华日军暴行总录》（河北人民出版社1995年版），上海市档案馆编辑的《日本帝国主义侵略上海罪行史料汇编》（上海人民出版社1997年版），中央档案馆、中国第二历史档案馆等编辑的《日本侵略华北罪行档案》（河北人民出版社2005年版）等。但这些资料也存在来源和类别较为单一的不足。

进入21世纪以来，随着侵华日军暴行史研究从揭露批判向实证研究的转变，在国家科研基金的资助下，史料整理出版出现较大变化。一是史料类别和范围逐步扩大，除档案外，注意对实证性资料的挖掘，比如幸存者的证言、证词、录音、录像的采集，遗址遗迹的实证调查，以及第三方资料的搜集，文本从中文向多语种文本扩大。二是资料规模扩大，特别是日本侵略者制造的一些重大惨案和犯下的一些重大罪行，如侵华日军南京大屠杀、重庆大轰炸、细菌战等暴行，均以资料丛书或丛编的形式编辑，构成较为完整的资料体系。三是在战后遗留问题、人口与财产损失等资料方面，均有重大的突破和进展。

南京大屠杀资料的搜集整理起步于20世纪80年代初。中国第二历史档案馆相继整理出版《侵华日军南京大屠杀史料》（江苏古籍出版社1985年版）、《侵华日军南京大屠杀档案》（江苏古籍出版社1987年版）、《日本帝国主义侵华档案资料选编：南京大屠杀》（中华书局1995年版）等。

这一时期，学界还翻译出版了南京沦陷时留守在南京的西方人士留存的日军暴行资料，如《拉贝日记》（江苏人民出版社1997年版）、《魏特琳日记》（江苏人民出版社2000年版）。此外还有章开沅编译的《南京大屠杀的历史见证》（湖北人民出版社1995年版）、《天理难容——美国传教士眼中的南京大屠杀》（南京大学出版社1999年版），朱成山编辑的《侵华日军南京大屠杀外籍人士证言集》（江苏人民出版社1998年版），以及原侵华日军士兵本多胜一、长沼节夫的《天皇的军队："衣"师团侵华罪行录》（刘明华译，警官教育出版社1996年版），东史郎的《东史郎日记》（张国仁、汪平等译，江苏教育出版社1999年版）等。上述资料的出版，大大丰富了南京大屠杀研究的史料来源。

2000年以来，为进一步推动南京大屠杀研究，中国社会科学院中日历史研究中心建议并支持南京学者开展大规模、系统性的资料搜集工作。2011年，由时任南京大学中华民国史研究中心主任张宪文领衔，联合南京各学术及馆藏机构的学者共同编辑的《南京大屠杀史料集》，历时10年，分3批由江苏人民出版社、凤凰出版社出齐。

《南京大屠杀史料集》共72册，4000万字，是一部汇集有关南京大屠杀事件多种文献的多卷本资料丛书。该丛书不拘于体例结构，仅按照专题简单分册，把能够搜集到的、分散在海内外各个机构的相关资料进行较为完整的集中。除尽可能全面收录之前已经出版的资料外，还挖掘整理了大量新史料，其中2/3的史料是此前少见的重要文献。该丛书最具价值之处，是其史料来源突破单一中文资料的局限，搜集了多国馆藏机构的档案文献，涉及中、英、日、德、意、俄等多种文字，涵盖了加害方（日本）、受害方（中国）、第三方（西方国家）的资料，特别是侵华日军官兵日记、书信，当时英、美、德等国的新闻记者、传教士、医生、企业机构和使领馆人员留下的各种文字资料，以及战后远东国际军事法庭和南京国防部军事法庭审判战犯等方面的史料，类别除原始档案、报刊资料、口述资料、日记、信函外，还收录影像资料，构成较为完整的资料体系，从不同角度揭示了南京大屠杀的真相。该资料集的出版，为南京大屠杀研究提供了最基础、最全面的史料，极大地促进了学术研究的进展，不仅具有重要的学术价值，也具有深远的社会意义。

1938—1944年日军对中国战时首都重庆的无差别轰炸，历时之久，范围之广，造成的人道灾难及财产损失之严重均是空前的，是侵华日军战争暴行的突出表现之一。但在相当长时间内，相较于南京大屠杀，关于重庆大轰炸的研究成果不多，这与史料挖掘不足有很大关系。有鉴于此，自2000年以来，重庆市政府及学界投入多方力量致力于大轰炸史料的搜集和整理出版工作，取得很大成绩。2007年，由周勇主编的《重庆大轰炸档案文献史料丛书》（2007年内部印行）完成，分档案、文献、证言三类，共5编12卷，总计600万字。其中前四编包括"人员伤亡""财产损失""反空袭斗争档案""证人证言"，第五编由文献史料、重庆大轰炸日志、报刊资料和回忆录组成。此书后以《重庆大轰炸文献》之名列入由章开沅任总主编、周勇任副总主编的《中国抗战大后方历史文化丛书》，由重庆出版社于2011年公开出版，包括"轰炸经过与人员伤亡""财产损失""证人证言""日志"等部分。其中"轰炸经过与人员伤亡"附列"重庆大隧道惨案专门档案"，搜集了65件重要档案。

日军暴行资料的搜集，自2000年以来，在一些领域，特别是战后遗留问题上有了新的突破。如"慰安妇"问题、日本强征劳工问题、日军实施细菌战问题等。苏智良等编辑的《上海日军慰安所实录》（上海三联书店2005年版），对日军在上海设立的100多所慰安所遗迹进行了全面的实地调查。王希亮、周燕编译的《侵华日军731部队细菌战资料选编》（社会科学文献出版社2015年版），杨彦君主编的《侵华日军第七三一部队罪行实录》（60卷，中国和平出版社2015年版），近藤昭二、王选编辑的《日本生物武器作战调查资料》（社会科学文献出版社2019年版），均收集中、日、美三国保存的日本细菌战档案资料，涉及日本政府、军队、医疗机构、医生等，充分揭露了日军在中国进行细菌战和人体实验的犯罪史实。马静主编的《二战日军细菌战档案汇编》（18册，国家图书馆出版社2021年版），系国家社会科学基金"抗日战争研究专项工程"的项目成果之一，其资料来源于国家图书馆从海外征集的有关日军细菌战的英文档案文献，内容包括日军策划或实施的细菌战攻击、日军针对战俘的暴行及进行细菌试验的情况、日军进行的人体试验报告、战后对日军细菌武器及细菌战的调查，以及对相关人员的讯问材料。为方便读者利用，每组档案均编制详细提要，辑为一册另行出版。张华编辑的《罪证：侵华日军常德细菌战史料集成》（中国社会科学出版社2015年版），系第一部关于日军在常德实施细菌战的专题史料集，包括中、日、美、俄相关档案文献，当时的报刊报道，受害者回忆录，以及日本细菌战部队老兵的证词和战后审判资料。

此外，李秉刚主编的《日本侵华时期辽宁万人坑调查》（社会科学文献出版社 2005 年版）、大同煤矿"万人坑""二战"历史研究会编辑的《抗日战争时期大同煤矿"万人坑"史料汇编》（中共党史出版社 2015 年版）等资料，主要采集亲历、亲见、亲闻者回忆、实地调查等资料汇编而成。

抗战时期人口伤亡和财产损失一直是抗战史研究的难点，原因之一是资料缺失和统计数据不完整。自 2004 年起，中共中央党史研究室组织全国党史部门及相关机构，在全国范围内开展"抗日战争时期中国人口伤亡和财产损失"调研工程，编辑《抗日战争时期中国人口伤亡和财产损失调研丛书》。该丛书于 2014 年起由中共党史出版社陆续分批出版，截至 2021 年，已出版 A 系列 44 种 76 册，B 系列 59 种 65 册，集中反映了日本侵华对中国造成的人员伤亡及财产损失。

九　战后审判史料

第二次世界大战结束后，为惩治日军战争暴行，重建战后秩序，同盟国对日本战犯进行了公开审判。除东京国际军事法庭对日本主要战犯进行的审判外，在亚洲，同盟国各国还对日本 BC 级战犯分别进行审判，包括中国政府自主进行的审判。这些审判，均留下数量不等的庭审资料，如审判记录、法庭证据、控辩双方的辩护词、判决书等。但由于这些史料长期未解密，故除了 20 世纪 50 年代莫斯科外国文书籍出版局以中文印行《前日本陆军军人因准备和使用细菌武器被控案审判材料》，中国方面翻译出版《远东国际军事法庭判决书》（张效林译，五十年代出版社 1953 年版）外，其他资料一直没有在国内公开出版。1990 年以来，由于日本右翼不断对战后审判进行攻击，为回击日本右翼的谬论，从国际法的角度揭露日军的暴行及侵略实质，学界不断呼吁相关资料的解密和开放。

2012 年，上海交通大学东京审判研究中心搜集整理的《远东国际军事法庭庭审记录》（英文版，全 80 册）由国家图书馆出版社、上海交通大学出版社影印出版，使得战后审判资料整理出版工作有了重大突破。该书收录 1946 年 5 月 3 日至 1948 年 11 月 12 日东京法庭的庭审记录，内容包括法庭成立、立证准备、检方辩方立证及反驳立证、检方最终论告、辩方最终辩论、检方回答、法庭判决的全部资料，为东京审判研究提供了第一手文献，对于促进东京审判研究，揭露日本军国主义的罪行，回击日本右翼抹杀战争罪责的谬论，维护东京审判的正义性与合法性，都具有重要的学术价值和社会意义。为便于读者利用，该中心对资料逐步进行翻译，计划分4辑出版全译本，截至2021年，已经出版两辑。

有关中国政府对日本战犯自主进行的审判，包括国民政府审判及中华人民共和国对日本战犯的审判，近年来在资料搜集整理方面也取得重大进展。2020年，上海交通大学东京审判研究中心与中国第二历史档案馆合编的《中国对日战犯审判档案集成》由上海交通大学出版社出版。该套资料具有两个特点：第一，史料具有权威性，所收档案全部为当时国民政府处理战犯的各级机构、审判法庭的原始官方文献。第二，规模巨大，史料类别丰富，收录法规类、事务类、战犯名册、审判类、战争罪行类五个方面的文件，共563个案卷，汇编成100册，包括处置战犯的法规训令、战犯起诉书、民众请愿书、战犯供词、法庭判决书、证人名单、法庭审判记录等文件。其中最重要的是国民政府战犯处理委员会88次会议的会议记录，为研究国民政府对日政策的酝酿制定过程、审判战犯法规的出台经过、战犯引渡、具体战犯的处置意见等，均提供了翔实的资料。稀见史料如事务类档案中的人事与总务档案，为其他馆藏所无。因此，该资料集是迄今为止公开出版的最完整的国民政府审判战犯文献，填补了对日战犯审判资料方面的空白。由于资料集规模较大，为方便读者查阅利用，编者编辑了全书人名索引，以及重要案例简介、法庭沿革简介等作为附录。此外，徐州市档案局（馆）编辑的《侵华日军战犯徐州审判档案汇编》（国家图书馆出版社2019年版），系汇编该馆收藏的国民政府设置的10个军事法庭之一的徐州法庭审判战犯的档案资料及部分报刊资料而成。江苏省档案馆编辑的《江苏省档案馆藏审判日本侵华战犯档案汇编》（中华书局2020年版），收录了该馆所藏的审判战犯前期的准备工作档案、审判办法及施行细则，以及对部分战犯的判决书、起诉书等文件。

2005年，中央档案馆整理的《日本侵华战犯笔供》（8册）由中国档案出版社出版，收录新中国成立后公开审判的45名日本侵华战犯的亲笔认罪供词。2015年和2017年，该馆又进一步整理出版《中央档案馆藏日本侵华战犯笔供选编》第一、二辑（120册，中华书局出版），共收录842名日本战犯的亲笔供词，为研究新中国审判日本战犯的情况，以及战时日本的侵华政策，揭露日军的罪行提供了最为直接的证据。

对日本战犯的审判，是抗战胜利后的一件大事，当时各大媒体均进行广泛报道，留下许多珍贵资料。曹群主编的《东京审判——庭审旧闻》（上海书店出版社2007年版），汇辑1943年12月至1949年1月上海各大媒体围绕东京审判起源及审判过程的新闻报道，对于了解东京审判的过程及国内外舆论的反应提供了参考。对日战犯审判文献丛刊编委会选编的《二战后审判日本战犯报刊资料选编》（国家图书馆出版社2014年版），从当时国内外出版的约100种报刊中选录近6000条相关新闻报道，内容广泛，包括国民政府对日本战犯审判的方针、战犯逮捕、远东国际军事法庭审判情况、法庭审判进展，以及同盟国进行的BC级战犯审判等，较为全面地反映了战后国人对于审判的认识、态度及当时的舆情。

审判战犯史料的解密及出版，拓展了抗战史研究的领域。近年来，战后审判研究成为抗战史研究的热点及新的学术增长点。

十　口述史料

自20世纪80年代以来，口述史料采集整理及口述史研究一直受到重视，成果丰硕。时因抗日战争胜利刚过去四五十年，尚有相当数量的战争亲历者在世，故学界抢救性地对幸存者进行采访，积累了相当丰富的口述史料。这些亲历、亲见、亲闻的史料来自不同的生命个体，对战争的体验与感悟千差万别，为了解和研究抗日战争史提供多元视角，相应也促进抗战史研究从宏观向微观转移。2011年以后，随着幸存者的陆续离世，学界重点对已采集的口述史料进行重新整理出版。初期口述史料的搜集较多地集中在日军暴行方面，如南京大屠杀、日军掳掠劳工、日军殖民统治以及"慰安妇"问题等方面，后期关注的视角从单一的暴行史向多方面转移，尤其是转向普通老兵、普通民众，多方面、多层次呈现战争的个体体验。从内容看，有关抗战史的口述史料主要有以下几类。

（一）综合性的口述史料

这类资料涵盖各种身份的口述者，如亲历战争的军政人物、普通士兵、学者、工商业者、寻常百姓，等等，口述内容包罗万象，涉及战争的各个方面。崔永元团队编辑的《我的抗战：300位亲历者口述历史》（中国友谊出版公司2010年版），收录300位抗战亲历者，尤其是普通小人物，如中国士兵、文艺工作者、情报工作者、修路民夫、知识分子，甚至战俘、伪军等的口述资料，多方面呈现了战争的实态及个人的体验，是迄今最有分量的口述史料集。该书出版后，配合同名电视纪录片的播出，在学术界和社会上均引起较大反响。汪新、李铠、吕进等编辑的《烽火忆抗战——抗日战争口述史料合集》（华文出版社2015年版），系由《中共党史资料》《中华魂》《统一论坛》三家杂志于1995年纪念抗战胜利50周年之际向海内外征文征集到的抗战口述史资料结集而成，其内容不仅包括正面战场及敌后战场的重要战役、战斗经过、民众动员、医疗救护、生产建设、文化教育、受降复员，也涉及战时国际合作、日军暴行、战犯审判等。

（二）战争受害者口述史料

日本侵略中国长达14年，给中国人民造成巨大灾难，数千万中国百姓遭受生命、身体和财产损失。记录战争伤害，不仅是学术研究的需要，也是人类反思战争、珍惜和平的现实需要。抗战口述资料的采集最初即从采访战争受害者起步的，这方面的成果最为丰富。张连红、张生等编辑的《南京大屠杀史料集（25—27）：幸存者调查口述》（3册，江苏人民出版社2006年版），收录20世纪80年代以来南京市有关部门、学校、个人对日军南京大屠杀受害者、幸存者、目击者的调查资料1600余份，共130万字，按照调查时间及被调查者身份的不同分为九个部分。何天义用10年时间，走访征集战俘劳工口述资料1000多件，整理访谈资料400万字，并选取600多人的访谈资料，结集出版《二战掳日中国劳工口述史》（齐鲁书社2005年版）；随后又整理出版《日军侵华集中营——中国受害者口述》（大象出版社2008年版），从受害者的角度真实地反映了"二战"时期日本残酷虐待中国劳工的罪行。抗战时期，浙江是最早沦陷的地区之一。2005年，杭州师范大学人文学院学生在全省范围内展开口述历史调查活动，把120余份幸存者口述资料，编辑成《烽火岁月中的记忆：浙江抗日战争口述访谈》（袁成毅、丁贤勇主编，北京图书馆出版社2006年版），揭露了日军在浙江的暴行，反映了浙江人民的抗日斗争。江西省在全省范围内展开对抗战史料的搜集发掘工作，编辑出版《永远的惨痛——江西省抢救抗战时期遭受日军侵害史料·口述实录》（尹世洪、傅修延主编，人民出版社2010年版），以市县为单位，收录了大量口述史料。抗战时期的难民问题，是一个严重的社会问题，但学界一直关注不够。杨圣清《苦痛的记忆——中条山战役难民口述历史实录》（人民出版社2011年版），以难民口述的形式，真实再现了1941年5月日本帝国主义在中条山制造的惨案，及当地难民的惨状。由王选主持、山东大学学生志愿者组成的鲁西细菌战调查协会，历时10年，对抗战时期卫河流域日军侵略造成的战争灾难，包括造成的霍乱大流行进行田野调查，并将口述记录汇编成《大贱年：1943年卫河流域战争灾难口述史》（12卷，中国文史资料出版社2017年版），再现了1943年鲁西地区因灾荒频发，疾病流行，日伪、土匪肆虐所造成的百姓流离失所的惨痛社会场景。常熟市档案馆编辑的《警钟长鸣：侵华日军常熟暴行口述档案》（上海社会科学院出版社2008年版），以及沈秋农主编的《铁蹄下的江南名城：常熟老人口述日军暴行》（中国社会科学出版社2017年版），均揭露了日军在常熟犯下的种种暴行。

（三）抗战老兵口述资料

抗战老兵，不仅包括正面战场，也包括敌后战场的老兵。他们经历大大小小的战斗，对战争有直接的体验。有关抗战老兵的口述资料在整个抗战口述资料中占有相当的分量。[1]

邓贤编辑的《在同一面战旗下：中国二战老兵回忆录》（五洲传播出版社2005年版）[2]，收录52名"二战"时期响应国民政府号召从军的学生兵在印缅战场上的口述经历，生动展现了印度蓝姆伽基地的训练及印缅战场的激战等诸多历史细节。由张连红、吴先斌、张定胜编辑的《南京保卫战老兵口述史》（南京出版社2020年版），系《南京保卫战史料与研究丛书》之一，收录25名曾参加1937年南京保卫战老兵的口述采访资料，记录了他们亲身经历的南京保卫战。淞沪战争纪念馆编辑的《口述淞沪抗战》（3辑，上海人民出版社2007—2013年版），以口述历史的方式，记录了国民党军队中普通士兵所经历的1932年及1937年两次淞沪抗战的经

---

[1] 旅日华人学者田刚、李素桢采访部分曾经侵略中国的日本老兵，并将访谈记录汇编成《铁证：日本侵华老兵口述历史证言》（中华工商联合出版社2017年版），揭露了这些日本老兵在战争期间犯下的暴行，以及他们转向反战的思想历程。他们还采访了部分遗属对战争及和平的思考，为抗战史研究提供了另一视角的史料。

[2] 该书于2021年由四川人民出版社再版。

历。光炜、周进主编的《亲历抗战：20位抗战老兵口述》（新华出版社2014年版），抢救性地采访并记录了20位90岁以上高龄抗战老兵的经历。湖南图书馆编辑的《湖南抗战老兵口述录》（湖南出版社2013年版），系采访87位湖南籍抗战时期的中下级军官和士兵的记录资料。

此外，学界还对一些分散的回忆录、口述资料进行重新编辑汇集。2020年，为纪念中国人民抗日战争暨世界反法西斯战争胜利75周年，中央党史和文献研究院整理编纂《口述抗战》（6册，中共党史出版社2020年版），从《中共党史资料》《百年潮》及中国人民解放军历史资料丛书《八路军》《新四军》《东北抗日联军》等资料书刊中精选240多篇中共抗战将士等亲历者的口述史料、回忆文章，再现了中共抗战的艰辛历程。沈阳市档案馆（沈阳市文史研究馆）对馆藏20世纪五六十年代及80年代完成的对东北抗战亲历者的访谈资料进行重新整理，影印出版《黑土地上的红色记忆——东北抗日义勇军、抗日联军亲历者口述档案汇编》（沈阳出版社2020年版），全书分为东北抗日义勇军篇和东北抗联篇两部分，反映了东北抗日义勇军、抗日联军的抗战事迹。

（四）专题性口述资料

这类资料主要反映某一战役、事件、地区，或特殊群体的抗战经历。李小江主编的《让女人自己说话：亲历战争》（生活·读书·新知三联书店2003年版），系中国学术界较早出版的反映抗战史的口述记录，该书以"女性的声音"表述了不同身份的女性对战争的记忆和感受。张成德、孙丽萍主编的《山西抗战口述史》（山西人民出版社2005年版），从1500名亲身经历山西抗战的受访者中，选取辑录665人的口述资料，从政治、经济、文化、军事、风俗、生态、卫生、宗教、妇女、灾荒、瘟疫、市场、伦理道德等方面，反映1937—1945年山西各地社会状况，特别是普通百姓在战争下的生存状态。由齐红深主持的国家"十五"规划"日本侵华殖民地教育口述历史研究"课题，搜集到1280位亲历者的口述史料、3000多件历史图片和教科书等实物，先后出版《抹杀不了的罪证——日本侵华教育口述史》（人民教育出版社2006年版）、《流亡——抗战期间东北流亡学生口述历史》（大象出版社2008年版），从青年学生的视角，记录了日本帝国主义在中国进行殖民教育和奴化教育的历史，以及日本帝国主义的侵略给东北人民带来的深重灾难。2011年，齐红深又编辑出版《黑暗下的星火——伪满洲国文学青年及日本当事人口述》（大象出版社 2011 年版）。该书采访收集沦陷时期为抵制日本奴化教育组成的文学团体和读书会组织"星火"的 42 位成员和中日两国当事人的回忆，从不同角度还原了"星火"组织的兴起、活动形式，以及惨遭日军镇压的历史。丁元元编辑的《不问西东：西南联大在沪校友访谈录》（中国致公出版社 2020 年版），采访了居住在上海的原西南联大老校友在抗战时期的经历。

数十年来，口述史工作者通过调查访问，挖掘、记录和整理口述者的口述资料，抢救了一批即将消逝的鲜活的史料，弥补了文献史料中的空白，为还原历史真相提供了可能，从而推动了抗战史研究的深入发展。近年来，国民党正面战场研究、日军虐使中国劳工研究、日军暴行史研究等诸多问题的推进，一定程度上得益于这一时期相关口述史料的整理出版。不过，也应该看到，口述史料质量参差不齐，一些号称"口述"的史料，并没有按照现代学术意义的口述史料技术标准进行采集，一些是对当事人回忆录，甚至文献史料的改编。

十一　影像史料

影像史料因其"直观""具象"的特性，所包含的历史信息往往比文字、绘画更直接和准确，在反映瞬间的历史现场方面，具有强烈的震撼力，因而具有重要的史料价值，不仅可补文字史料之阙，也是研究历史的"第一手资料"。

改革开放以后，特别是进入 21 世纪以来，影像史料引起史学界和社会上的高度重视。抗日战争在近代中国历史上的地位与影响不言而喻，相关历史影像整理出版成果较为丰硕。大量抗战时期影像的整理和出版，在给观者强烈感官刺激的同时，也为抗战史研究提供了重要的史料来源。比如对战争场景的还原、历史细节的呈现等，均比文字史料更具有说服力，从而极大丰富了抗战史料类别。综览有关抗战影像史料的成果，大致分为以下几种类型。

（一）总体反映抗日战争历史的影像集

这方面的成果比较多，主要有新华通讯社摄影部编辑的《日本侵华图片史料集》（新华出版社 1984 年版），张承钧、沈强主编的《中国抗日战争画史》（英、中文版，外文出版社 1995、2014 年版），杨克林、曹红编著的《中国抗日战争图志》（广东旅游出版社 1995 年版），朱少华等主编的《第二次世界大战画史》（蓝天出版社 2005 年版），中国国家博物馆等编辑的《中国民众抗战画史》（四川人民出版社 2005 年版），军事科学院军事历史研究所编著的《中国抗日战争史画》（军事科学出版社 2005 年版），秦风编著的《抗战一瞬间》（广西师范大学出版社 2005 年版），孙东升、王根广主编的《见证抗日（1931—1945）影像档案》（九州出版社 2005 年版），秦风老照片馆编辑的《抗战中国国际通讯照片》（广西师范大学出版社 2008 年版），李学通、高士华、金以林主编的《国家记忆：海外稀见抗战影像集》（山西出版传媒集团、陕西人民出版社 2015 年版），张宪文、杨天石总主编的《美国国家档案馆馆藏中国抗战历史影像全集》（化学工业出版社、军事科学出版社 2016 年版），《近代史资料》编辑部与温志平、黄明军合作编辑的《日军侵华图集》（人民出版社 2019 年版）等。其中，《美国国家档案馆馆藏中国抗战历史影像全集》规模最大，全书分为 30 卷，收录 8000 余幅图片。《国家记忆：海外稀见抗战影像集》，按照专题分为《从九一八事变到全民族抗战》《日本社会与侵华战争》《中缅战场》《战时中美合作》《大后方的社会生活》《从反攻到受降》6 卷，较为完整地呈现了抗战发展的过程及全貌，且收录照片均来源海外所藏战时拍摄的照片，质量较好。

抗战时期，以宣传抗日救亡为主题的画报大量涌现，成为战时宣传、社会动员和文化教育活动的重要形式。任竟主编的《抗战时期画报资料选编》（10 册，国家图书馆出版社 2019 年版），择选抗战时期出版的有关抗战题材的画报 42 种，包括摄影、漫画、木刻等艺术作品，涉及抗战宣传、民众动员、民众生活、文化教育等内容，多方面呈现了中国军民的抗日历程。

（二）反映中共领导的敌后抗战的影像集

主要有军史资料图集编辑组编辑的《中国人民解放军历史资料图集（抗日战争时期）》（长城出版社 1982 年版），《太行革命根据地画册》编辑组编辑的《太行革命根据地画册》（山西人民出版社 1987 年版），王雁编辑的《沙飞纪念集》（海天出版社 1996 年版），延安革命纪念馆编辑的《延安革命史画卷》（民族出版社 2000 年版），中共中央党史研究室编辑的

《中国共产党抗战图志（1931—1945）》（中共党史出版社 2005 年版），顾棣编辑的《中国红色摄影史录·影像篇》（山西人民出版社 2009 年版），田涌、田武编著的《晋察冀画报：一个奇迹的诞生·中国红色战地摄影纪实》（金城出版社 2012 年版），高初编辑的《最前线：中国共产党抗战图像志》（金城出版社 2015 年版），等等。这些影像集用视觉语言多方面呈现了中共领导的敌后抗战的历史。

（三）反映战争战役、局部抗战等内容的专题影像集

伪满皇宫博物院编辑的《伪满洲国旧影》（吉林美术出版社 2001 年版），张志强主编的《伪满洲国的"照片内参"》（山东画报出版社 2004 年版），旅顺博物馆编辑的《"满铁"旧影——旅顺博物馆藏"满铁"老照片》（中国人民大学出版社 2007 年版）等，再现了日本对东北的殖民统治。廖大伟等主编的《侵华日军的自白：来自一·二八、八·一三淞沪战争》（上海社会科学院出版社 2002 年版），以及秦风编辑的《1937：淞沪会战》（山东画报出版社 2005 年版），以影像形式呈现日军对上海的两次侵略战争。沈弘编译的《抗战现场：〈伦敦新闻画报〉1937—1938 年抗日战争图片报道选》（中国社会科学出版社 2005 年版），汇集了《伦敦新闻画报》的记者 1937—1938 年拍摄的所有抗战现场照片。此外，江苏省档案馆编辑的《江苏抗日战争图片集》（档案出版社 1987 年版），拓晓堂主编的《华北抗战——北京图书馆藏近代照片资料集》（书目文献出版社 1996 年版），北京市委党史研究室等编辑的《北京抗战图史》（北京出版社 2005 年版），中共河北省委党史研究室编辑的《河北抗战史图鉴》（中央编译出版社 2005 年版），天津市政协等编辑的《天津人民抗日斗争图鉴》（天津古籍出版社 2005 年版），董丹、辛巍编辑的《黑龙江抗日历史图鉴》（黑龙江人民出版社 2005 年版），李昭淳主编的《历史的烙痕：抗战时期广州老照片》（岭南美术出版社 2005 年版），陈建华编辑的《广州抗战史迹图文集》（广州出版社 2006 年版），中国第二历史档案馆编辑的《台湾光复纪实》（江苏人民出版社 2005 年版），汪力成主编的《日寇入侵浙江旧影录》（杭州出版社 2005 年版），龙陵县文体局编辑的《松山战役影像志》（云南美术出版社 2011 年版），孙明经摄影、孙健三等撰述的《遍地盐井的都市：抗战时期一座城市的诞生》及《定格西康——科考摄影家镜头里的抗战后方》（广西师范大学出版社 2005、2010 年版），东北烈士纪念馆编辑的《历史的瞬间——苏联红军在东北》（人民出版社 2005年版）等，反映了各地的抗战及战时社会情况。

（四）揭露日军战争罪行的影像集

因南京大屠杀最为典型地反映了日军的暴行，编辑出版的相关影像资料数量最多，主要有中国第二历史档案馆等编辑的《侵华日军南京大屠杀暴行照片集》（1985 年印行）、《南京大屠杀图证》（吉林人民出版社 1995 年版）、《侵华日军南京大屠杀图集》（江苏古籍出版社 1997 年版），郭长建、朱成山主编的《南京大屠杀图录》（五洲传播出版社 2005 年版），张宪文主编的《南京大屠杀史料·历史图像》（江苏人民出版社 2006 年版）等。反映其他日军暴行的有：侵华日军第七三一部队罪证陈列馆编辑的《侵华日军细菌部队罪证图片集》（黑龙江人民出版社 1992 年版）、郭长建等编辑的《侵华日军关东军七三一细菌部队》（五洲传播出版社 2005 年版）、李秉刚主编的《日本奴役中国劳工罪行图证》（中华书局 2005 年版）、李晓方编著的《泣血控诉》（中央文献出版社 2005 年版）、樊建川编辑的《抗俘：中国抗日战俘写真》（中国对外翻译出版公司 2006 年版）、黄正祥主编的《日军暴行：日军宿州大轰炸影像史料》（中国文史出版社 2015 年版），等等。

这些影像有当时中国摄影记者拍摄的照片，西方记者或其他外国人士留下的照片，也有当时日本战地记者拍摄的照片。由于拍摄者身份不同，呈现的视角多元，其内容并不局限于战争二字，而是反映了战争时期的政治、经济、民众生活、医疗救护、文化教育以及战争灾难等诸多面相。比如著名摄影家孙明经拍摄的《定格西康——科考摄影家镜头里的抗战后方》中，有多幅反映康定喇嘛的生活，以及学校教育、民族文化融合的照片。在出版的影像资料中，一些照片系首次公布，极为珍贵，比如东北烈士纪念馆编辑的《历史的瞬间——苏联红军在东北》（人民出版社 2005 年版），收录"二战"后期随苏联红军到东北参加作战的摄影记者尼·什库林等拍摄的大量纪实照片，呈现了苏联红军出兵东北，在中国军民配合下，击溃日本关东军的全过程，在一定程度上填补了文献史料的空白。

除上面述及的资料外，《民国档案》《近代史资料》等专业学术刊物刊发的有关抗战历史的单篇资料，达数百篇，数百万字，也极具参考价值。

值得一提的是抗战史料工具书的出版。如由美国哥伦比亚大学东亚图书馆中文部主任、东亚研究所研究员王成志主编的《北美藏中国抗日战争历史档案文献提要》（复旦大学出版社2017年版），为学界了解外国所藏抗战史料的资料线索和收藏情况也极有助益。

总之，历史资料与历史研究相辅相成的关系，在抗战史研究中得到了较好体现。总结新中国成立以来抗战史料的整理出版工作，可谓成就巨大，成果丰硕。不过，也存在一些问题和缺陷。

一是重复出版现象较为突出，特别是民国时期的旧报刊、期刊，旧出版物，以及影像资料，以各种题目、各种形式重复影印，造成资源及人力的巨大浪费，也易造成读者无所适从。对于这些资料，应综合统筹，或在编辑时反复权衡比较，一些已是常见的史料，不妨采用存目的方式。

二是大量采用影印出版的形式，且盲目追求规模，动辄数十册，甚至于上百册，不仅个人，即使是一些学术机构也无力购买，且学者查阅也不方便。一些编者缺乏学术意识，在编辑中往往采取"拿来主义"，对史料缺乏比较筛选，胡子眉毛一把抓，一些价值不大的史料也被收录，出版后只能束之高阁。有些资料缺乏编辑环节，只是将档案原样影印，前后遗漏舛误时有发生。

三是史料出版不平衡，政治、军事史料出版较多，经济、社会等史料在数量及种类上仍然偏少，特别是一些外文资料，包括藏在海外的大量抗战史料，仍然没有被引入国内出版。